高等院校石油天然气类规划教材

采油工艺原理

(第四版·富媒体)

主 编 张士诚 韩国庆
副主编 马新仿 牟建业
　　　　田树宝 檀朝东

石油工业出版社

内 容 提 要

本书以采油方式和增产措施为主线，系统讲述了油井生产系统基本流动过程的动态规律，全面阐述了自喷、气举、有杆泵、无杆泵采油技术和注水、压裂、酸化等增产措施的基本原理与设计方法，介绍了解决"砂""蜡""水""稠""腐蚀""水合物"等生产问题的技术方法以及智能采油技术。本书增加了采油工程专业术语的英文表述，突出了教材的基础性、通用性、实用性和先进性。书中以二维码为纽带，配套了富媒体资源，通过动画或视频方式表述工艺过程和工艺原理，提高了教材的信息化水平。

本书可作为高等院校石油工程专业教材，也可供从事采油、井下作业和油田开发的技术人员学习参考。

图书在版编目（CIP）数据

采油工艺原理：富媒体/张士诚，韩国庆主编．—4版．—北京：石油工业出版社，2023.12

高等院校石油天然气类规划教材

ISBN 978 – 7 – 5183 – 5915 – 8

Ⅰ.①采… Ⅱ.①张…②韩… Ⅲ.①石油开采-高等学校-教材 Ⅳ.①TE35

中国版本图书馆 CIP 数据核字（2023）第 037642 号

出版发行：石油工业出版社

（北京市朝阳区安华里二区1号楼 100011）

网　　址：www.petropub.com

编辑部：（010）64523579

图书营销中心：（010）64523633

经　销：全国新华书店

排　版：三河市聚拓图文制作有限公司

印　刷：北京中石油彩色印刷有限责任公司

2023 年 12 月第 4 版　2023 年 12 月第 1 次印刷

787 毫米×1092 毫米　开本：1/16　印张：22.75

字数：582 千字

定价：56.90 元

（如发现印装质量问题，我社图书营销中心负责调换）

版权所有，翻印必究

第四版前言

　　1981年出版的《采油工艺原理》是我国石油高等院校石油工程专业（原采油工程专业）的经典教材，由我国著名采油工程专家王鸿勋教授和张琪教授担任主编，华东石油学院、大庆石油学院和西南石油学院多名教师共同打造而成，为石油高校的通用教材。1989年，王鸿勋教授和张琪教授对该教材进行了修订和完善，出版了《采油工艺原理（修订本）》。2000年，张琪教授结合当时的采油工程技术发展，以采油工程方案编制为主线，对教材重新进行了修订，作为面向21世纪课程教材，出版了《采油工程原理与设计》。经过四十多年的不断修订和发展，该教材已经形成了完善的结构框架和教学内容，在国内十多所高校获得了广泛应用。

　　随着我国主力油田开发进入中高含水期和非常规油气资源的开采，采油工程在理论和技术方面都有了很大的进展，为及时将这些新理论和新技术融入教材，中国石油大学（北京）采油工程教学团队秉承"继承与发展"的理念，在继承原教材"基础性、系统性和科学性"的基础上，对原教材进行了修订，主要特点如下：

　　（1）以采油工程的核心内容，即采油方式和增产措施为主线，继续沿用原教材前八章的传统架构。

　　（2）增加了智能采油技术（第九章），介绍了人工智能、大数据等信息化技术在采油工程中的应用。

　　（3）根据现场实际应用情况和新的技术发展，对各章节内容进行了删减和补充，突出了实用性和先进性。

　　（4）增加了采油工程专业术语的英文表述，提高了教材的通用性。

　　（5）以二维码为纽带，配套了富媒体资源，通过动画或视频方式表述工艺过程和工艺原理，提高了教材的信息化应用水平。

　　编者结合多年教学实践和国内外采油工程技术的新进展，对本教材各章节都做了相应的修订。第一章油井流入动态部分，考虑到矿场主要采用表皮系数表征非完善井，删除了原教材的非完善井修正内容，同时增加了水平井流入动态内容；第二章增加了柱塞气举；第三章增加了有杆泵抽油机井系统效率计算方法；第四章删除了矿场基本不用的水力活塞泵，增加了螺杆泵采油方法；第五章增加了包括桥式偏心和同心注水技术的注水工艺以及深部调剖技术；第六章增加了压裂设计方法和非常规油气体积压裂技术，以及水力压裂工艺等；第七章内容进行了重组，增加了酸蚀蚓孔形成机理、扩展规律和蚓孔长度计算的酸化理论新进展；第八章删减了工艺过程，增加了天然气水合物开采和腐蚀与防腐等内容；增加了第九章智能采油技术。修订后的内容充分体现了采油工程技术的新进展。

本教材符合国家本科教育质量标准中对石油工程专业采油工程课程4学分（64学时）的内容要求，使用本教材的高校可根据人才培养目标定位对教学内容有所侧重，合理安排授课学时，部分章节可以通过自学掌握。

本书由张士诚、韩国庆担任主编，马新仿、牟建业、田树宝、檀朝东担任副主编。具体编写分工如下：第一章由田树宝编写；第二章和第三章由韩国庆编写；第四章和第八章由马新仿编写；第五章和第六章由张士诚编写；第七章由牟建业编写；第九章由檀朝东编写。全书由张士诚统稿。

本书是中国石油大学（北京）采油工程教学团队的集体成果。在编写过程中得到中国石油大学（北京）教务处、石油工程学院和石油工业出版社的大力支持，在资料的收集和整理过程中引用了众多学者和专家的研究文献，大庆油田、新疆油田技术人员为部分章节提供了富媒体资源，王飞副教授和王雷老师参与了英文专业术语的校核和例题、习题的试算工作，梁星原老师参与了最后的校核工作，在此一并表示感谢。

采油工程涉及的技术领域广、发展速度快，虽然本书补充了近年来的一些新技术，但受作者水平和篇幅限制，难免有不完整和错误之处，敬请使用本教材的师生和读者批评指正。

2023年是中国石油大学建校70周年，谨以此书向以王鸿勋教授、张琪教授为代表的老一辈采油工程教育家们表示崇高的敬意！

2023年6月

第一版前言

《采油工艺原理》是根据1977年底石油部在华东石油学院召开的石油院校教材会议的决定,由大庆、西南、华东石油学院三个院校联合编写的。在编写过程中,努力贯彻少而精、理论联系实际及反映新技术的原则。在教材内容上加强了基础理论。

《采油工艺原理》共分七章,即自喷、抽油、注水、压裂、酸化、砂蜡水和封隔器及管柱。它是在60年及65年石油院校编写的《采油工程》、《采油原理》教学实践的基础上重新编写的。为了适应具有我国特点的分层开采的需要,增加了封隔器及管柱一章,主要介绍了封隔器设计计算及管柱受力分析的基本概念。

随着采油工艺技术与理论的发展,在这次编写中对自喷、抽油、注水、压裂、酸化、砂蜡水各章,都作了程度不同的增删。共同的特点是尽量加强了工艺理论的分析,力图使采油工程中一些主要参数的选择、工程效果及生产预测等能够建立在一定的理论基础之上,以便提高学生从事采油工作的设计能力。

为了便于在教学中逐步培养学生分析、解决实际问题与从事科研的能力,在编写过程中尽可能阐明解决具体采油工程中某些问题的思路和方法,并提出了方法上存在的问题及改善的途径。

本书第一章自喷中的1~4节及第三章的注水,由大庆石院蒋汉青编写。第五章的酸化及第一章的第5节,由西南石院潘迎德编写。第七章的封隔器及管柱,由西南石院曾宪平编写。第六章的砂蜡水,由华东石院陈月明编写。第二章的抽油,由华东石院张琪编写。第四章压裂,由华东石院王鸿勋编写。西南石院袁兴柏参加了本书的定稿工作。华东石院采油教研室的一些同志也参加了这项工作。全书由华东石院王鸿勋副教授与张琪主编,由大庆石院副教授胡靖邦主审。西南石院副教授任书泉审查了第五章。

由于时间仓促,加上编写人员水平有限,书内错误之处在所难免。希望使用此教材的师生、读者提出批评指正。

编者
1981年5月

目　录

第一章　油井流入动态与井筒多相流动计算 ... 1
第一节　油井流入动态 ... 1
第二节　井筒气液两相流动规律 ... 19
参考文献 ... 38
习题 ... 39

第二章　自喷与气举采油 ... 40
第一节　自喷生产系统 ... 40
第二节　节点分析方法 ... 43
第三节　气举采油 ... 48
参考文献 ... 63
习题 ... 63

第三章　有杆泵采油 ... 64
第一节　抽油装置及泵的工作原理 ... 64
第二节　抽油机悬点运动规律及悬点载荷 ... 69
第三节　泵效计算 ... 79
第四节　游梁式抽油机平衡、扭矩与功率计算 ... 85
第五节　有杆抽油系统设计 ... 93
第六节　示功图分析 ... 100
参考文献 ... 104
习题 ... 104

第四章　无杆泵采油 ... 106
第一节　电动潜油离心泵 ... 106
第二节　螺杆泵 ... 112
第三节　水力射流泵 ... 125
参考文献 ... 130
习题 ... 130

第五章　注水 ... 131
第一节　水源、水质及注水系统 ... 131
第二节　注水井吸水能力分析 ... 138
第三节　注水工艺 ... 153
第四节　注水井调剖 ... 163
参考文献 ... 168
习题 ... 168

第六章 水力压裂技术 169
第一节 造缝机理 169
第二节 裂缝几何参数计算模型 174
第三节 压裂液 179
第四节 支撑剂 189
第五节 水力压裂设计 205
第六节 非常规油气储层体积压裂技术 219
第七节 水力压裂工艺 226
参考文献 229
习题 230

第七章 酸处理技术 231
第一节 酸化化学与酸岩反应动力学 231
第二节 砂岩储层基质酸化 239
第三节 碳酸盐岩储层基质酸化 251
第四节 碳酸盐岩储层酸压技术 260
参考文献 272
习题 273

第八章 复杂条件下的石油开采技术 275
第一节 防砂与清砂 275
第二节 防蜡与清蜡 286
第三节 腐蚀与防腐 291
第四节 油井堵水 295
第五节 稠油和高凝油开采技术 305
第六节 天然气水合物开采技术 316
第七节 井底处理新技术简介 319
参考文献 326
习题 326

第九章 智能采油技术 327
第一节 智能采油原理及方法 327
第二节 深度学习的抽油机井示功图诊断技术 335
第三节 数据驱动的页岩气井压裂产能预测和施工参数优化 345
第四节 智能采油技术展望 353
参考文献 354
习题 354

富媒体资源目录

序号	名称	页码
1	动画 2-1-1 自喷井流动环节	41
2	视频 2-1-1 气液临界流动	42
3	视频 2-3-1 气举基本过程	48
4	视频 2-3-2 气举启动过程	52
5	动画 2-3-1 连续气举布阀设计过程	58
6	视频 3-1-1 抽油机各部分工作过程	64
7	视频 3-1-2 常规型游梁式抽油机	65
8	视频 3-1-3 前置式抽油机	66
9	视频 3-1-4 塔式长冲程抽油机	66
10	视频 3-1-5 抽油泵工作过程	68
11	视频 3-1-6 杆式泵基本结构	69
12	视频 3-3-1 气体影响	83
13	视频 3-3-2 气锁	83
14	动画 3-6-1 理论示功图与泵工作过程	101
15	动画 4-1-1 电潜泵	106
16	动画 4-2-1 井下螺杆泵	112
17	动画 4-3-1 射流泵	125
18	动画 5-3-1 常规偏心配水器	155
19	视频 5-3-1 桥式偏心分层注入技术	156
20	视频 5-3-2 智能分层注水	157
21	视频 5-3-3 高效测调	159
22	动画 6-0-1 水力压裂工作原理	169
23	动画 6-0-2 大型压裂现场	169

续表

序号	名称	页码
24	动画 6-1-1　裂缝扩展	172
25	视频 6-4-1　支撑剂悬浮实验	199
26	视频 6-4-2　支撑剂沉降平板实验	199
27	彩图 6-6-3　水力裂缝(HF)与天然裂缝(NF)相交的代表性图	221
28	视频 6-6-1　页岩气钻井完井分段压裂	223
29	视频 6-6-2　大通径桥塞压裂工艺	224
30	动画 6-6-1　可溶桥塞射孔联作压裂	224
31	动画 6-7-1　直井分层压裂	226
32	动画 6-7-2　水平井投球滑套分段压裂	227
33	动画 6-7-3　裸眼水平井投球滑套分段压裂	227
34	动画 6-7-4　桥塞—射孔联作分段压裂工艺流程	227
35	彩图 7-2-1　砂岩储层基质酸化示意图	240
36	彩图 7-2-2　砂岩岩心酸化驱替后照片	240
37	彩图 7-3-1　碳酸盐岩储层基质酸化示意图	251
38	彩图 7-3-2　岩心酸化驱替后酸蚀蚓孔照片及酸蚀蚓孔 CT 扫描图	251
39	彩图 7-3-7　劈裂岩心内部蚓孔形态	254
40	彩图 7-3-11　宏观尺度蚓孔与孔隙尺度下溶蚀	256
41	彩图 7-4-8　酸液滤失示意图	264
42	彩图 7-4-9　酸液滤失模拟示意图	264
43	彩图 9-3-1　Pearson 相关性计算结果热力图	346

第一章　油井流入动态与井筒多相流动计算

油气从油藏流入井底和从井底流到井口的流动是油气开采的两个基本流动过程（图1-0-1），也是油井各种举升方式设计和生产动态分析的共同理论基础。采油工程师的主要工作目标是保证油气畅流入井和井筒高效举升，因此，必须掌握油井流入动态和井筒内的流动规律，它们在油井生产过程中是两个相互衔接、相互协调的流动过程，但有着不同的流动规律。本章将分别介绍其基本规律及计算方法。

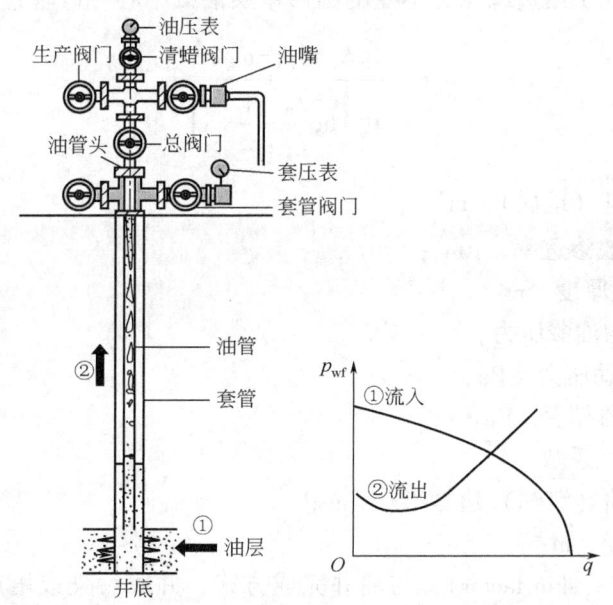

图1-0-1　油井生产两个基本流动过程及其规律示意图
①—油气从油藏流入井底；②—油气从井底流到井口；p_{wf}—井底流动压力；q—油井产油量

第一节　油井流入动态

油气开采的第一个流动过程是油气从油藏流向井底，它遵循多孔介质内的渗流规律，采油工程中常用油井流入动态来表述其宏观规律。

油井流入动态是指油井产油量 q 与井底流动压力 p_{wf} 的关系，它反映了油藏向该井供油的能力。表示产量与流压关系的曲线称为流入动态曲线（inflow performance relationship curve），简称IPR曲线，也称指示曲线（index curve）。从单井来讲，IPR曲线表示了油层工作特性，因而，它既是确定油井合理工作方式的依据，也是分析油井动态的基础。典型IPR曲线的基本形状如图1-1-1所示，可以看出油井流入动态与油藏驱动类型

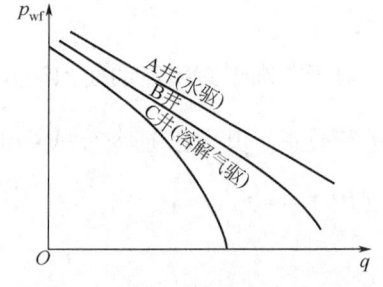

图1-1-1　典型的油井流入动态曲线

— 1 —

有关。但是即使在同一驱动方式下，p_{wf}—q 关系的具体数值还将取决于油藏压力、油层厚度、渗透率及流体物理性质等。有关不同驱动方式下 p_{wf}—q 关系与油藏物性参数及完井状况之间的定量关系已在渗流力学中做过详细的讨论，本节仅从研究油井生产动态的角度来讨论不同条件下流入动态曲线及其绘制方法。

一、垂直井单相液体的流入动态

当井底流压大于饱和压力，地层为单相油流时，油井产量与流压关系可以应用渗流力学理论得到。

1. 垂直井单相液体稳态流动和拟稳态流动条件下的产量计算公式

根据达西定律，在供给边缘压力不变的圆形单层油藏中心一口垂直井的产量公式为

$$q_o = \frac{2\pi K_o h(\bar{p}_r - p_{wf})}{\mu_o B_o \left(\ln \frac{r_e}{r_w} - \frac{1}{2} + S \right)} a \tag{1-1-1}$$

式中　q_o——油井产量（地面），m^3/s；

K_o——油层有效渗透率，μm^2；

h——油层有效厚度，m；

$\bar{p}_r$——井区平均油藏压力，Pa；

p_{wf}——井底流动压力，Pa；

μ_o——地层油的黏度，$Pa \cdot s$；

B_o——原油体积系数；

r_e——油井供油（泄油）边缘半径，m；

r_w——井眼半径，m；

S——表皮系数（skin factor），与油井完成方式、井底污染或增产措施等有关，可由不稳定试井求得；

a——采用不同单位值的换算系数，采用流体力学达西单位及法定（SI）单位时 $a=1$，采用法定实用单位，即 $q(m^3/d)$、$K(\mu m^2)$、$h(m)$、$\mu(mPa \cdot s)$、$p(MPa)$ 时 $a=86.4$，若实用单位中 p 用 kPa 时，则 $a=0.0864$。

对于圆形封闭油藏，即泄油边缘上没有液体流过，拟稳态条件下的产量公式为

$$q_o = \frac{2\pi K_o h(\bar{p}_r - p_{wf})}{\mu_o B_o \left(\ln \frac{r_e}{r_w} - \frac{3}{4} + S \right)} a \tag{1-1-2}$$

对于非圆形封闭泄油面积油井拟稳态条件下的产量公式，可根据泄油面积 A 和油井位置进行校正。其方法是令公式中的 $\frac{r_e}{r_w} = X$，根据泄油面积形状和井的位置可确定相应的 X 值（图1-1-2）。

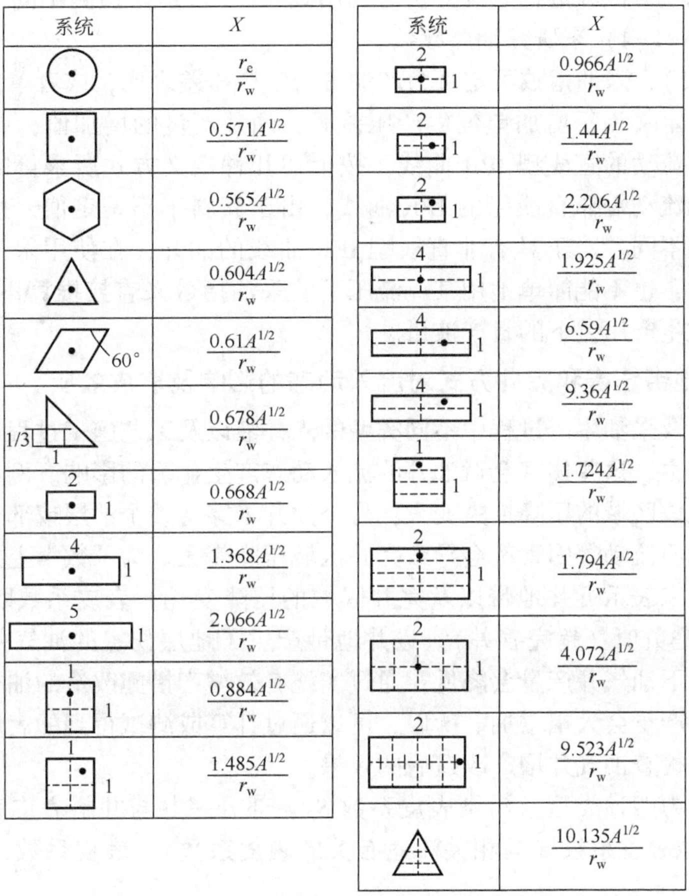

系统	X	系统	X
⊙	$\dfrac{r_e}{r_w}$	2·1	$\dfrac{0.966A^{1/2}}{r_w}$
□·	$\dfrac{0.571A^{1/2}}{r_w}$	2·1	$\dfrac{1.44A^{1/2}}{r_w}$
⬡·	$\dfrac{0.565A^{1/2}}{r_w}$	2·1	$\dfrac{2.206A^{1/2}}{r_w}$
△·	$\dfrac{0.604A^{1/2}}{r_w}$	4·1	$\dfrac{1.925A^{1/2}}{r_w}$
◇·60°	$\dfrac{0.61A^{1/2}}{r_w}$	4·1	$\dfrac{6.59A^{1/2}}{r_w}$
▷ 1/3·1	$\dfrac{0.678A^{1/2}}{r_w}$	4·1	$\dfrac{9.36A^{1/2}}{r_w}$
2·1	$\dfrac{0.668A^{1/2}}{r_w}$	1·1	$\dfrac{1.724A^{1/2}}{r_w}$
4·1	$\dfrac{1.368A^{1/2}}{r_w}$	2·1	$\dfrac{1.794A^{1/2}}{r_w}$
5·1	$\dfrac{2.066A^{1/2}}{r_w}$	2·1	$\dfrac{4.072A^{1/2}}{r_w}$
·1	$\dfrac{0.884A^{1/2}}{r_w}$	2·1	$\dfrac{9.523A^{1/2}}{r_w}$
1·1	$\dfrac{1.485A^{1/2}}{r_w}$	△	$\dfrac{10.135A^{1/2}}{r_w}$

图 1-1-2 泄油面积形状与油井的位置系数

2. 采油指数的概念及计算

在单相流动条件下,油层物性及流体性质基本不随压力变化,这样产量公式可写成

$$q_o = J(\bar{p}_r - p_{wf}) \tag{1-1-3}$$

其中

$$J = \dfrac{2\pi K_o h a}{\mu_o B_o \left(\ln X - \dfrac{3}{4} + S\right)} \tag{1-1-4}$$

在一些文献中,把式(1-1-3)称为油井流动方程。由式(1-1-3)可得

$$J = \dfrac{q_o}{\bar{p}_r - p_{wf}} \tag{1-1-5}$$

J 称为采油指数(productivity index,或 PI),它是一个反映油层性质(厚度、渗透率)、流体参数(原油地下黏度、体积系数)、完井条件(表皮系数、完井半径)及泄油面积等与产量有关的综合指标,因而,可用采油指数 J 的数值大小来评价和分析油井的生产能力。采油指数可以通过式(1-1-4)来计算,但由于需要的油藏和流体基本参数较多,计算过程较为繁琐,矿场一般使用系统试井资料(稳定试井)来求得采油指数 J。只要测得 3~5 个稳定工作制度下的产量及其流压,便可绘制该井的实测 IPR 曲线。单相流动时的 IPR 曲线为直线,其斜率的负倒数即为采油指数;在纵坐标(压力坐标)上的截距即为油藏压力。有

了采油指数就可以在对油井进行系统分析时利用式(1-1-3)来预测不同流压下的产量。另外，还可根据式(1-1-4)来研究油层参数。

根据式(1-1-5)，采油指数可定义为产油量与生产压差之比，或者单位生产压差下的油井日产油量；也可定义为每增加单位生产压差时，油井产量的增加值，或IPR曲线的负倒数。对于单相液体流动的直线型IPR曲线，按上述几种定义方式所求得的采油指数都是相同的，而对于多相流动等非直线型IPR曲线，由于其斜率不是定值，按上述几种定义所求得的采油指数则不同。对于具有非直线型IPR曲线的油井，在使用采油指数时，应该说明相应的流动压力，也不能简单地用某一流压下的采油指数来直接推算不同流压下的产量。产液指数是指单位生产压差下的日产液量。

3. 油井近井地带伤害和完井方式对流入动态的影响及表皮效应

在钻井、完井及采油生产过程中不同类型的入井液以及工艺施工过程都有可能对油气井的近井地带产生伤害，这些伤害会对油井的流入动态产生显著的影响。例如近井地带储层受到伤害后，会导致该区域的压降损失变大；另外油井未穿透整个油层或部分射开生产层、射孔完井和高速非达西流动等因素都会导致完井区域压降变大。为了数学上的简化，在产能方程中引入表皮系数来表示近井地带以及完井区域的压降变化。表皮系数既可以是正值（不完善井），也可以是负值（超完善井）。近井地带产生了地层伤害的油气井，表皮系数为正值，相同生产条件下油气井产量会降低；通过实施有效增产措施改造的油气井，表皮系数通常为负值，油气井产量会大幅增加。所以，可以通过计算或测试得到的表皮系数来评价油气井伤害程度或评价检查油气井增产改造后的效果。

表皮系数可分为四种类型：污染表皮系数S_d、部分完井与井斜表皮系数$S_{c+\theta}$、射孔完井表皮系数S_p和拟表皮系数（与相关流速有关的表皮系数），表皮系数为以上四种表皮系数之和。

1）直井污染表皮系数

图1-1-3(a)表示近井带污染，K_s，r_s分别为污染带渗透率和污染带半径；图1-1-3(b)表示污染前后压力分布。

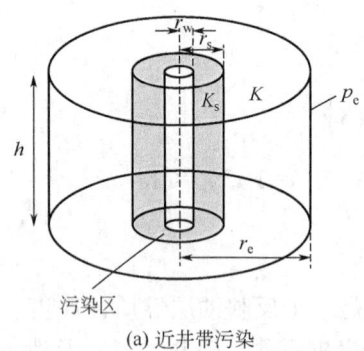
(a) 近井带污染

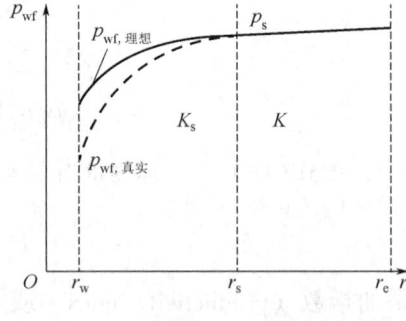
(b) 污染前后压力分布

图1-1-3 油气井污染带压降示意图

理想状况（无污染）：

$$p_s - p_{wf,理想} = \frac{q\mu}{2\pi Kh} \ln \frac{r_s}{r_w} \tag{1-1-6}$$

真实状况：

$$p_s - p_{wf,真实} = \frac{q\mu}{2\pi K_s h} \ln \frac{r_s}{r_w} \qquad (1-1-7)$$

污染造成的附加压降为

$$p_{wf,理想} - p_{wf,真实} = \frac{q\mu}{2\pi K_s h} \ln \frac{r_s}{r_w} - \frac{q\mu}{2\pi K h} \ln \frac{r_s}{r_w} \qquad (1-1-8)$$

表皮系数定义为近井地带由于污染造成的稳态附加压降：

$$\Delta p_s = \frac{q\mu}{2\pi K h} S \qquad (1-1-9)$$

由于理想井底压力与真实井底压力间的差值由表皮效应引起，即

$$\Delta p_s = p_{wf,理想} - p_{wf,真实} \qquad (1-1-10)$$

$$\frac{q\mu}{2\pi K h} S = \frac{q\mu}{2\pi K_s h} \ln \frac{r_s}{r_w} - \frac{q\mu}{2\pi K h} \ln \frac{r_s}{r_w} \qquad (1-1-11)$$

求解得到表皮系数 S：

$$S = \left(\frac{K}{K_s} - 1 \right) \ln \frac{r_s}{r_w} \qquad (1-1-12)$$

式（1-1-12）为 Hawkin（1956）公式，可以利用该公式来评价油气井近井地带由于污染造成的影响。

2）部分完井与井斜表皮系数

油气层在生产过程中由于某些原因，只射开部分层段，比如有气顶、或有底水、或含水夹层，这类储层需要部分打开，来控制气、水产出。在部分完井条件下，打开厚度小于油藏厚度，会产生垂向汇聚流效应，引起附加压降，特别是垂向渗透率较低时，产生的附加压降更明显，这个附加压降可以用部分完井表皮系数表示。

图 1-1-4 为油藏打开部分相对于油藏的位置，h_w 为油层打开厚度，h_1 为打开部分最上面位置距离油层顶部的距离，h 为油层总厚度。

定义无因次变量

$$h_{wD} = h_w / h$$

$$S_C = \left(\frac{1}{h_{wD}} - 1 \right) \ln \frac{\pi}{2 r_D} + \frac{1}{h_{wD}} \ln \left(\frac{h_{wD}}{2 + h_{wD}} \sqrt{\frac{A-1}{B-1}} \right) \qquad (1-1-13)$$

其中

$$r_D = \frac{r_w}{h} \sqrt{\frac{K_V}{K_H}} \qquad (1-1-14)$$

$$A = \frac{1}{h_{wD} + \frac{h_{wD}}{4}}; \quad B = \frac{1}{h_{wD} + \frac{3 h_{wD}}{4}} \qquad (1-1-15)$$

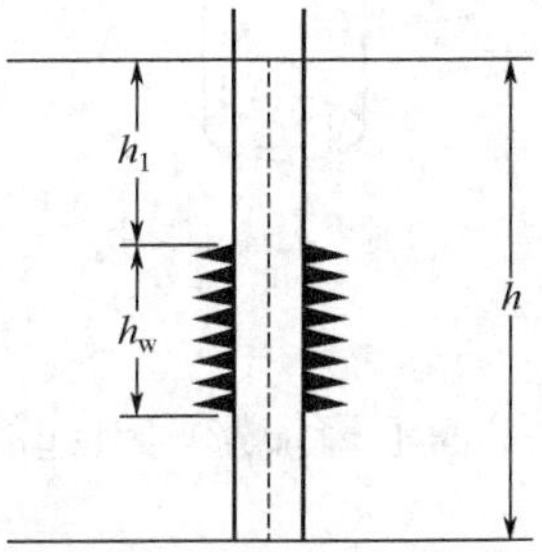

图 1-1-4 部分完井示意图

式中　K_V——油层垂向渗透率；
　　　K_H——油层水层渗透率；

Besson（1990）推导了井斜表皮系数表达式，对于渗透率各向同性油藏：

$$S_\theta = \ln \frac{4 r_w \cos\theta}{h} + \cos\theta \ln \frac{h}{4 r_w \sqrt{\cos\theta}} \qquad (1-1-16)$$

3）射孔完井表皮系数

射孔完井是一种常见的完井方式，油气从地层流入射孔孔眼内，再从射孔孔眼流入井筒内。射孔孔眼深度一般几十厘米，延长了井筒半径，射孔也改变了流态，使得渗流阻力与裸眼完井时不同，即与理想条件下的渗流相比引起了附加渗流阻力，该附加阻力在产量方程里用射孔表皮系数 S_p 表示。

图1-1-5为射孔示意图，左图为剖面图，右图为俯视图。射孔的几个参数为：射孔深度 l_{perf}，射孔密度（单位长度射孔数目），射孔间距 h_{perf}，射孔相位角 θ，射孔孔径 r_{perf}，各参数意义显示于图中。射孔密度与射孔间距互为倒数，常用的射孔密度为 16 孔/m、32 孔/m。常见射孔相位角有 60°、90°、120°、180°、360°（或 0°）。

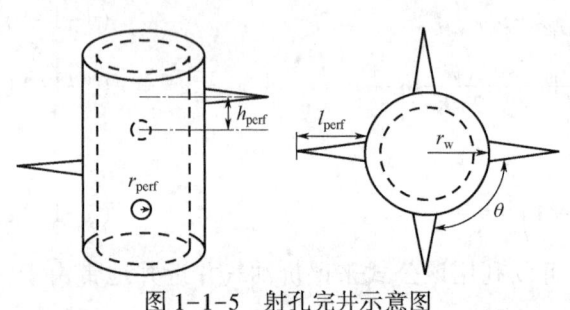

图 1-1-5　射孔完井示意图

射孔后，井筒周围流体流动相对较复杂，既有垂向上向孔眼汇聚的流动，也有平面上向孔眼汇聚的流动，直接计算压降较难，需要通过数值计算。射孔后的压降与理想条件下的压降比较，得到附加压降，通过表皮定义得到由射孔参数组成的射孔表皮系数。Karakas 和 Tariq（1988）推导了射孔表皮系数的半解析公式，把射孔后的流态分解为三部分，即垂向上的汇聚流作用、平面上汇聚流作用和射孔相位角很小时的井筒阻碍作用，如图1-1-6所示。相应地，射孔表皮系数分解为三项之和，$S_p = S_H + S_V + S_{wb}$，S_H、S_V、S_{wb} 分别表示平面汇聚流影响、垂向汇聚流影响和井筒阻碍作用。

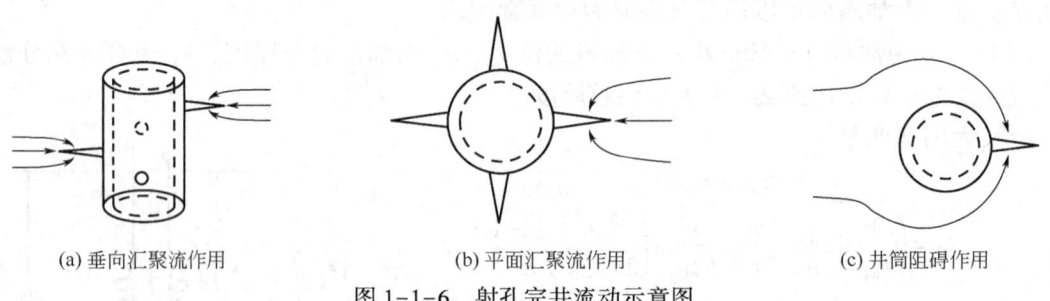

(a) 垂向汇聚流作用　　　(b) 平面汇聚流作用　　　(c) 井筒阻碍作用

图 1-1-6　射孔完井流动示意图

平面汇聚流影响引起的表皮系数：

$$S_H = \ln \frac{r_w}{r'_w(\theta)} \tag{1-1-17}$$

其中

$$r'_w(\theta) = \begin{cases} \dfrac{l_{perf}}{4}, & \theta = 0 \\ a_\theta(r_w + l_{perf}), & \theta \neq 0 \end{cases} \tag{1-1-18}$$

a_θ 的取值见表 1-1-1。

垂向汇聚流作用主要受到射孔长度、射孔间距、垂向渗透率与水平渗透率之比的影响，垂向渗透率越低，弯曲流线造成的附加压降越大。射孔中的压降较小，射孔孔径大小对压降影响相对较小。因此，射孔表皮系数主要来自于垂向上的汇聚流影响。

垂向汇聚流影响引起的表皮系数：

$$S_V = 10^a h_D^{b-1} r_D^b \qquad (1-1-19)$$

其中

$$a = a_1 \ln r_D + a_2 \qquad (1-1-20)$$

$$b = b_1 r_D + b_2 \qquad (1-1-21)$$

$$h_D = \frac{h_{\text{perf}}}{l_{\text{perf}}} \sqrt{\frac{K_H}{K_V}} \qquad (1-1-22)$$

$$r_D = \frac{r_{\text{perf}}}{2h_{\text{perf}}} \left(1 + \sqrt{\frac{K_V}{K_H}}\right) \qquad (1-1-23)$$

a_1、a_2、b_1、b_2 的取值见表 1-1-1。

表 1-1-1　垂向汇聚流影响引起的表皮计算参数取值

射孔相位角	a_θ	a_1	a_2	b_1	b_2	c_1	c_2
0°（360°）	0.250	-2.091	0.0453	5.1313	1.8672	1.6×10^{-1}	2.675
180°	0.500	-2.025	0.0943	3.0373	1.8115	2.6×10^{-2}	4.532
120°	0.648	-2.018	0.0634	1.6136	1.7770	6.6×10^{-3}	5.320
90°	0.726	-1.905	0.1038	1.5674	1.6935	1.9×10^{-3}	6.155
60°	0.813	-1.898	0.1023	1.3654	1.6490	3.0×10^{-4}	7.509
45°	0.860	-1.788	0.2398	1.1915	1.6392	4.6×10^{-5}	8.791

井筒阻碍作用引起的表皮系数为

$$S_{\text{wb}} = c_1 e^{c_2 r_{\text{wD}}} \qquad (1-1-24)$$

$$r_{\text{wD}} = \frac{r_w}{l_{\text{perf}} + r_w} \qquad (1-1-25)$$

当射孔相位角为 0°（360°）时，井筒阻碍作用明显，其余角度，阻碍作用较弱，系数 c_1 较小，计算出的 S_{wb} 较小，该项对 S_p 的贡献较小。c_1、c_2 的取值见表 1-1-1。

4）拟表皮系数

拟表皮系数是指与流速、多相流相关的表皮系数，比如高速非达西流会引起附加压降，多相流动相对于单相流动而言会引起附加压降。对于高产气井，该表皮系数 $S_{\text{rate-dependent}}$ 往往不能忽略，而对于常规油气井，该项可以忽略。其表达式为

$$S_{\text{rate-dependent}} = Dq \qquad (1-1-26)$$

式中，D 为非达西流系数，可通过试井方式获得。稳态试井中，通过改变产量，获得与产量对应的表皮系数，从而获得 D。计算出表皮系数后就可以用式（1-1-2）得到不完善井或超完善井的流入动态关系。

二、垂直井油气两相渗流时的流入动态

油气两相渗流发生在溶解气驱油藏中，油藏流体的物理性质和相渗透率将明显地随压力而改变。因而，溶解气驱油藏油井产量与流压的关系是非线性的，这与单相流油井的线性 IPR 流入动态规律有很大差别，要研究这种井的流入动态，就必须从油气两相渗流的基本规律入手。

根据达西定律,对于平面径向流,直井油气两相渗流时油井产量公式为

$$q_o = \frac{2\pi r K_o h}{\mu_o B_o} \frac{dp}{dr}$$

令

$$K_{ro} = \frac{K_o}{K}$$

式中,K_{ro} 为油相相对渗透率,积分可得

$$\frac{q_o}{2\pi K h} \int_{r_w}^{r_e} \frac{dr}{r} = \int_{p_{wf}}^{p_e} \frac{K_{ro}}{\mu_o B_o} dp$$

$$q_o = \frac{2\pi K h}{\ln \frac{r_e}{r_w}} \int_{p_{wf}}^{p_e} \frac{K_{ro}}{\mu_o B_o} dp \tag{1-1-27}$$

式中,μ_o、B_o 及 K_{ro} 都是压力的函数,只要找到它们与压力的关系,就可求得积分,从而找到产量和流压的关系。μ_o 及 B_o 由高压物性资料或经验相关式得到,而 K_{ro} 与压力的关系则必须利用生产气油比、相渗透率曲线来寻找。

显然,利用上述方法来绘制 IPR 曲线是十分繁琐的,因而,在油井动态分析和预测中通常结合生产测试资料来绘制 IPR 曲线。

1. Vogel 方法

1968 年 Vogel 发表了适用于溶解气驱油藏的无因次 IPR 曲线及描述该曲线的方程。它们是根据对若干典型溶解气驱油藏流入动态曲线的计算结果提出的。计算时假设:(1)圆形封闭单层均质油藏,油井位于中心;(2)含水饱和度恒定;(3)忽略重力影响;(4)忽略岩石和水的压缩性;(5)油、气组成及平衡不变;(6)油、气两相的压力相同;(7)拟稳态下流动,在给定的某一瞬间,各点的脱气原油流量相同。

计算结果表明,产量与流压的关系随采出程度 $\frac{N_P}{N}$ 而变。如果以流压与油藏压力的比值 $\frac{p_{wf}}{\bar{p}_r}$ 为纵坐标,以相应流压下的产量 q_o 与流压为零时的最大产量 q_{omax} 之比为横坐标则不同采出程度下的 IPR 曲线很接近。

Vogel 对不同流体性质、气油比、相对渗透率、井距及压裂过的井和井底有污染的井等各种情况下的 21 个溶解气驱油藏进行了计算。其结果表明:IPR 曲线都有类似的形状,只是高黏度油藏及油井污染严重时差别较大。Vogel 在排除了这些特殊情况之后,绘制了一条如图 1-1-7 所示的参考曲线(常称为 Vogel 曲线)。这条曲线可看作是溶解气驱油藏渗流方程通解的近似解。

图 1-1-7 的曲线可用下面的方程(Vogel 方程)

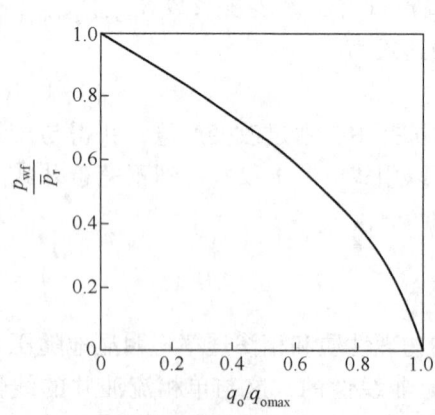

图 1-1-7 溶解气驱油藏无因次 IPR 曲线
(Vogel 曲线)

来表示:

$$\frac{q_o}{q_{omax}} = 1 - 0.2 \frac{p_{wf}}{\bar{p}_r} - 0.8\left(\frac{p_{wf}}{\bar{p}_r}\right)^2 \quad (1-1-28)$$

式中，q_{omax} 是井底流压等于 0 时的油井理论最大产量（称为最大无阻流量，absolute open flow potential，AOFP 或 AOF）。实际上油井不可能按照 AOFP 产量生产，但该指标可以用来评价比较不同油井之间的产能差异。

Vogel 参考曲线与各种情况下的计算曲线比较表明：除高黏度及井底污染严重的油井外，参考曲线更适合于溶解气驱早期（即采出程度较低时）情况。

应用 Vogel 方程可以在不涉及油藏参数及流体性质资料的情况下绘制油井的 IPR 曲线和预测不同流压下的油井产量，使用很方便，但是，必须给出该井的某些测试数据。

已知油藏压力 $\bar{p}_r$ 及一个测试流压 p_{wftest} 的产量 q_{otest} 时，应用 Vogel 方程绘制 IPR 曲线的步骤如下：

（1）计算 q_{omax}：

$$q_{omax} = \frac{q_{otest}}{1 - 0.2 \frac{p_{wftest}}{\bar{p}_r} - 0.8\left(\frac{p_{wftest}}{\bar{p}_r}\right)^2}$$

（2）给定不同流压，用下式计算相应的产量：

$$q_o = \left[1 - 0.2 \frac{p_{wf}}{\bar{p}_r} - 0.8\left(\frac{p_{wf}}{\bar{p}_r}\right)^2\right] q_{omax}$$

（3）根据给定的流压及计算出的相应产量绘制 IPR 曲线。

如果油藏压力未知，但只要测得两种油井工作制度下的产量及相应的流压，可由下式求得油藏平均压力后，再计算 IPR 曲线：

$$\bar{p}_r = \frac{B \pm \sqrt{B^2 + 4AC}}{2A} \quad (1-1-29)$$

其中 $A = \frac{q_1}{q_2} - 1$；$B = 0.2\left(\frac{q_1}{q_2} p_{wf2} - p_{wf1}\right)$；$C = 0.8\left(\frac{q_1}{q_2} p_{wf2}^2 - p_{wf1}^2\right)$

图 1-1-8 中绘制了用 Vogel 方程计算的和用数值模拟计算的不同开采阶段的 IPR 曲线，由 IPR 曲线的对比表明：

（1）按 Vogel 方程计算的 IPR 曲线，最大误差出现在用小生产压差下的测试资料来预测最大产量，一般误差低于 5%。虽然，随着采出程度的增加，到开采末期误差上升到 20%，但其绝对值却很小。

（2）如果用测试点的资料按直线外推时，最大误差可达 70%~80%，只是在开采末期约 30%。

上述认识仅仅是根据对一般的溶解气驱油藏与用数值模拟计算的结果进行对比得到的，矿场实践表明，除前述的某些特殊情况外，用 Vogel 方程来预测溶解气驱油藏的油井产量将会得到较满意的结果。

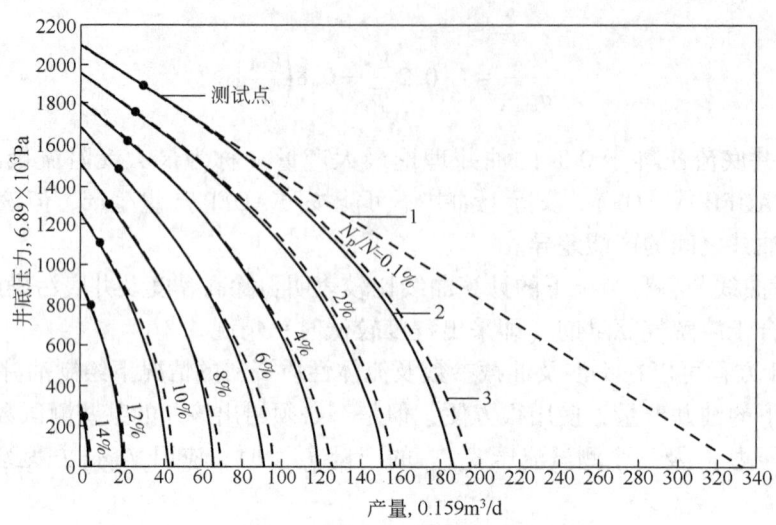

图 1-1-8 不同方法计算的 IPR 曲线
1—用测试点按直线外推；2—数值模拟计算结果；3—用 Vogel 方程计算的结果

2. 费特柯维奇方法

对溶解气驱油藏，即油气两相渗流，产量和压力的关系式为

$$q_o = \frac{2\pi Kh}{\ln\frac{r_e}{r_w} - \frac{3}{4} + S} \int_{p_{wf}}^{\bar{p}_r} \frac{K_{ro}}{\mu_o B_o} dp$$

费特柯维奇假设 $\frac{K_{ro}}{\mu_o B_o}$ 与压力 p 成直线关系，故

$$q_o = \frac{2\pi Kh}{\ln\frac{r_e}{r_w} - \frac{3}{4} + S} \int_{p_{wf}}^{\bar{p}_r} cp\, dp = \frac{2\pi Kh}{\ln\frac{r_e}{r_w} - \frac{3}{4} + S} \frac{c}{2}(\bar{p}_r^2 - p_{wf}^2)$$

其中

$$c = \frac{1}{\bar{p}_r}\left(\frac{K_{ro}}{\mu_o B_o}\right)_{\bar{p}_r}$$

令

$$\begin{cases} q_o = \dfrac{2\pi Kh}{\ln\dfrac{r_e}{r_w} - \dfrac{3}{4} + S}\left(\dfrac{K_{ro}}{\mu_o B_o}\right)_{\bar{p}_r} \dfrac{\bar{p}_r^2 - p_{wf}^2}{2\bar{p}_r} \\ J_o' = \dfrac{2\pi Kh}{\ln\dfrac{r_e}{r_w} - \dfrac{3}{4} + S}\left(\dfrac{K_{ro}}{\mu_o B_o}\right)_{\bar{p}_r} \dfrac{1}{2\bar{p}_r} \end{cases}$$

则

$$q_o = q_{o\max}\left[1 - \left(\frac{p_{wf}}{\bar{p}_r}\right)^2\right] \tag{1-1-30}$$

或

$$q_o = J_o'(\bar{p}_r^2 - p_{wf}^2) \tag{1-1-31}$$

当 $p_{wf} = 0$ 时，$q_{o\max} = J_o' \bar{p}_r^2$。

三、垂直井 $\bar{p}_r > p_b > p_{wf}$ 时的流入动态

当油藏压力 $\bar{p}_r$ 高于饱和压力 p_b，而流动压力 p_{wf} 低于饱和压力时，油藏中将同时存在单相和两相流动，拟稳态条件下产量的一般表达式为

$$q_o = \frac{2\pi Kh}{\ln\dfrac{r_e}{r_w} - \dfrac{3}{4}} \int_{p_{wf}}^{\bar{p}_r} \frac{K_{ro}}{\mu_o B_o} dp$$

在 $\bar{p}_r > p_b > p_{wf}$ 的条件下，油井以定产量生产时，油藏中低于饱和压力区的气体饱和度将迅速恢复到临界饱和度 S_{gc}，并保持常数。因井筒附近压降大，将使气体饱和度有所增加，如图 1-1-9 所示。这样，泄油面积内按气体饱和度分为三个区域，即 $S_g = 0$ 区、$S_g = S_{gc}$ 区和 S_g 在井筒附近随压力而变化的区域。产量公式中的积分则可根据气体饱和度分区而写成三部分：

$$\int_{p_{wf}}^{\bar{p}_r} \frac{K_{ro}}{\mu_o B_o} dp = \int_{p_b}^{\bar{p}_r} \frac{1}{\mu_o B_o} dp + \int_{p_{sgc}}^{p_b} \frac{K_{ro}}{\mu_o B_o} dp + \int_{p_{wf}}^{p_{sgc}} \frac{K_{ro}}{\mu_o B_o} dp \qquad (1-1-32)$$

假定相对渗透率只是饱和度的函数，则式(1-1-32)可简化为

$$\int_{p_{wf}}^{\bar{p}_r} \frac{K_{ro}}{\mu_o B_o} dp = \int_{p_b}^{\bar{p}_r} \frac{1}{\mu_o B_o} dp + K_{rc} \int_{p_{sgc}}^{p_b} \frac{1}{\mu_o B_o} dp + \int_{p_{wf}}^{p_{sgc}} \frac{K_{ro}}{\mu_o B_o} dp$$

则产量公式为

$$q_o = \frac{2\pi Kh}{\ln\dfrac{r_e}{r_w} - \dfrac{3}{4}} \left(\int_{p_b}^{\bar{p}_r} \frac{1}{\mu_o B_o} dp + K_{rc} \int_{p_{sgc}}^{p_b} \frac{1}{\mu_o B_o} dp + \int_{p_{wf}}^{p_{sgc}} \frac{K_{ro}}{\mu_o B_o} dp \right) \qquad (1-1-33)$$

式中 K_{rc}——气体处于临界饱和度 S_{gc} 时的相对渗透率；
p_{sgc}——气体处于临界饱和度 S_{gc} 时的压力。

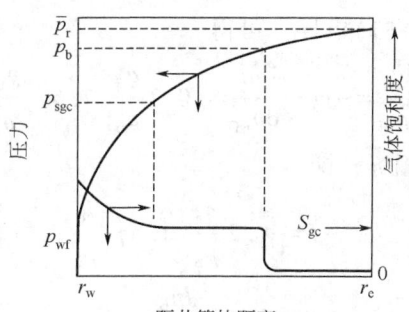

图 1-1-9 $\bar{p}_r > p_b > p_{wf}$ 时井周围压力和气体饱和分布示意图

显然，利用式(1-1-33)计算不同流压下的产量是很麻烦的，它不仅需要不同压力下的流体性质参数及相对渗透率与饱和度及其与压力的关系。在油井设计和分析中通常采用一些近似的简便方法。下面介绍一种常用的简化方法——组合 IPR 方法（Composite IPR）。

在 $\bar{p}_r > p_b > p_{wf}$ 时典型的 IPR 曲线如图 1-1-10 所示。在 $p_{wf} > p_b$ 时，由于油藏中全部为单相液体流动，采油指数 J 为常数，IPR 曲线为直线。此时的流入动态可表示为

$$q_o = J(\bar{p}_r - p_{wf}) \qquad (1-1-34)$$

采油指数可由测试结果求得：

$$J = \frac{q_{\text{otest}}}{\bar{p}_r - p_{\text{wftest}}} \quad (1-1-35)$$

流压等于饱和压力时的产量 q_b 为

$$q_b = J(\bar{p}_r - p_b) \quad (1-1-36)$$

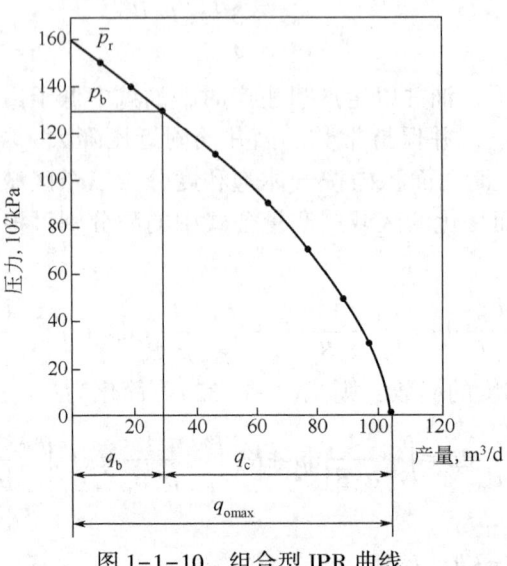

图 1-1-10 组合型 IPR 曲线

当 $p_{\text{wf}} < p_b$ 后，油藏中出现两相流动，IPR 曲线将由直线变成曲线。如果用 p_b 及 q_c 代替 Vogel 方程中的 $\bar{p}_r$ 及 q_{omax}，则可用 Vogel 方程来描述 $p_{\text{wf}} < p_b$ 时的流入动态，由此可得

$$q_o = q_b + q_c \left[1 - 0.2 \frac{p_{\text{wf}}}{p_b} - 0.8 \left(\frac{p_{\text{wf}}}{p_b} \right)^2 \right], \quad p_{\text{wf}} < p_b \quad (1-1-37)$$

分别对式(1-1-34)和式(1-1-37)求导，可得

$$\frac{dq_o}{dp_{\text{wf}}} = -J; \quad \frac{dq_o}{dp_{\text{wf}}} = -0.2 \frac{q_c}{p_b} - 1.6 q_c \frac{p_{\text{wf}}}{p_b^2}$$

当 $p_{\text{wf}} = p_b$ 时，上述两个导数相等，即

$$-J = -0.2 \frac{q_c}{p_b} - 1.6 q_c \frac{1}{p_b}$$

则

$$q_c = \frac{J p_b}{1.8} \quad (1-1-38)$$

将 $J = \dfrac{q_b}{\bar{p}_r - p_b}$ 代入式(1-1-38)，得

$$q_c = \frac{q_b}{1.8 \left(\dfrac{\bar{p}_r}{p_b} - 1 \right)} \quad (1-1-39)$$

如果测试时的流压高于饱和压力（即 $p_{\text{wftest}} > p_b$），则可直接用式(1-1-35)、式(1-1-36)和式(1-1-39)求得 J、q_b 和 q_c，然后用式(1-1-37)计算不同流压下的产量，从而绘出相应

的 IPR 曲线。

如果测试时流压低于饱和压力（即 $p_{wftest}<p_b$），则不能用式(1-1-35)求单相流动时的采油指数 J。根据式(1-1-35)、式(1-1-37)、式(1-1-38)和式(1-1-39)可得到

$$J=\frac{q_o}{\bar{p}_r-p_b+\dfrac{p_b}{1.8}\left[1-0.2\dfrac{p_{wf}}{p_b}-0.8\left(\dfrac{p_{wf}}{p_b}\right)^2\right]} \quad (1-1-40)$$

只要将测试得到的产量、流压及 $\bar{p}_r$ 和 p_b 代入式(1-1-40) 便可求得 $p_{wf}>p_b$ 条件下的单相流的采油指数，再用式(1-1-37) 求出 $p_{wf}<p_b$ 时不同流压对应的产量。

四、油气水三相 IPR 曲线

随着油气不断开采，水驱前缘到达油井井底，导致油井见水，油层中出现油气水三相流动。油气水三相流入动态是产水油井采油工程设计的基础。油井见水后，随着油层含水饱和度的不断增加，油井的采液指数会出现先减小，后期迅速增大的规律，见水后采油举升的设计必须考虑油井见水后供液能力或流入动态的变化规律。

在油田开发方案设计中需要预测未来不同开发阶段、不同含水率下的油井供液能力和流入动态曲线。未来不同开发阶段的地层压力值和采液指数是确定未来流入动态曲线的关键参数，未来地层压力值可通过油藏工程方法或油藏数值模拟方法来预测，不同开发时期不同含水率下的采液指数值可通过相对渗透率曲线等参数来计算预测。

Petrobras 提出了一种计算三相流动 IPR 曲线的方法。该方法主要利用产水油井的系统试井测试资料以及加权平均方法来计算。

如图 1-1-11 所示，曲线 A 为 $f_w=0$ 时油层的 IPR 曲线，称为油 IPR 曲线；曲线 B 为 $f_w=100\%$ 时的 IPR 曲线，称为水 IPR 曲线；曲线 C 为某一含水率时的 IPR 曲线，称为油气水三相综合 IPR 曲线。

Petrobras 方法计算综合 IPR 曲线的实质是按含水率取纯油 IPR 曲线和水 IPR 曲线的加权平均值。当已知测试点计算采液指数时，是按产量加权平均；当预测产量或流压时是按流压加权平均。

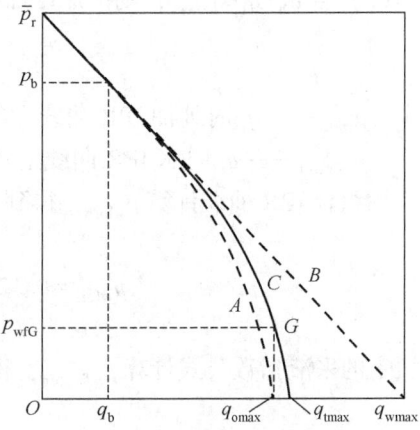

图 1-1-11 油气水三相 IPR 曲线

1. 采液指数计算

已知一个测试点的 p_{wftest}、q_{ttest} 和饱和压力 p_b 及油藏压力 $\bar{p}_r$。

(1) 如果 $p_{wftest} \geqslant p_b$，则 $J_L=\dfrac{q_{ttest}}{\bar{p}_r-p_{wftest}}$；

(2) 如果 $p_{wftest}<p_b$，因为

$$q_{oil}=q_b+(q_{omax}-q_b)\left[1-0.2\dfrac{p_{wftest}}{p_b}-0.8\left(\dfrac{p_{wftest}}{p_b}\right)^2\right]$$

$$q_{water}=J_L(\bar{p}_r-p_{wftest})$$

其中 $q_b = J_L(\bar{p}_r - p_b)$; $q_{omax} = q_b + \dfrac{J_L p_b}{1.8}$

由 $q_{ttest} = f_w q_{water} + (1-f_w) q_{oil}$，则可推出采液指数：

$$J_L = \dfrac{q_{ttest}}{(1-f_w)\left(\bar{p}_r - p_b + \dfrac{p_b}{1.8}A\right) + f_w(\bar{p}_r - p_{wftest})} \quad (1-1-41)$$

其中 $A = 1 - 0.2\dfrac{p_{wftest}}{p_b} - 0.8\left(\dfrac{p_{wftest}}{p_b}\right)^2$

式中 q_{ttest}——流压 p_{wftest} 时总产液量；

q_{oil}——在 p_{wftest} 下纯油 IPR 曲线的产油量；

q_{water}——在 p_{wftest} 下水 IPR 曲线的产水量；

f_w——含水率；

q_{omax}——油 IPR 曲线的最大产油量。

2. 某一产量 q_t 下的流压 p_{wf} 计算

(1) 若 $0 < q_t < q_b$，则

$$p_{wf} = \bar{p}_r - \dfrac{q_t}{J_L}$$

(2) 若 $q_b < q_t < q_{omax}$，则按流压加权平均进行推导，得到

$$p_{wf} = (1-f_w) p_{wfoil} + f_w p_{wfwater}$$

式中 p_{wfoil}——q_t 时纯油 IPR 曲线上的流压；

$p_{wfwater}$——q_t 时水 IPR 曲线上的流压。

用组合 IPR 曲线计算 p_{wfoil}，得到

$$p_{wfoil} = 0.125 p_b \left[-1 + \sqrt{81 - 80\left(\dfrac{q_t - q_b}{q_{omax} - q_b}\right)}\right]$$

用恒定的采液指数公式计算 $p_{wfwater}$，得到

$$p_{wfwater} = \bar{p}_r - \dfrac{q_t}{J_L}$$

于是可推出

$$p_{wf} = f_w\left(\bar{p}_r - \dfrac{q_t}{J_L}\right) + 0.125(1-f_w) p_b \left[-1 + \sqrt{81 - 80\left(\dfrac{q_t - q_b}{q_{bomax}}\right)}\right] \quad (1-1-42)$$

(3) 若 $q_{omax} < q_t < q_{tmax}$，则综合 IPR 曲线的斜率可近似常数。

因为 $\left.\dfrac{dp_{wf}}{dq_t}\right|_{q_t = q_{omax}} = \dfrac{8f_w - 9}{J_L}$

所以
$$p_{wf}=f_w\left(\bar{p}_r-\frac{q_{omax}}{J_L}\right)+\frac{(q_t-q_{omax})(8f_w-9)}{J_L} \qquad (1-1-43)$$

五、水平井流入动态

进入 21 世纪以来，水平井技术在全世界范围内得到了广泛应用。尤其对于低渗透致密油气藏、页岩油气藏等非常规油气藏，水平井已经成为开发的主要手段。水平井与直井相比，能够大幅度增加油气井与地层的接触面积，提高单井产能。由于水平井三维泄流体积形状和渗流形态等渗流特征都与直井不同，导致水平井的流入动态规律与直井有较大差异。常用的水平井流入动态模型主要包括水平井单相流体的流入动态模型以及油气两相流入动态模型。水平井单相流体的流入动态模型主要包括单支水平井稳态流动模型、单支水平井拟稳态流动模型以及复杂水平井产能模型。

1. 水平井单相流体的流入动态

1）单支水平井稳态流动流入动态模型

Joshi 于 1988 年提出了水平井稳态流动解析产能方程，将水平井的三维流动问题处理为两个二维流动问题（沿水平面向水平井的流动和沿垂直面向水平井井轴的流动，如图 1-1-12 所示），并运用等效渗流阻力方法进行推导得到产能方程。

$$q=\frac{2\pi K_h h\Delta pc}{\mu B_o\left(\ln\frac{a+b}{L/2}+\frac{h}{L}\ln\frac{h}{2r_w}\right)} \qquad (1-1-44)$$

其中
$$a=\frac{L}{2}\left\{0.5+\left[0.25+\left(\frac{2r_e}{L}\right)^4\right]^{0.5}\right\}^{0.5}; \quad b=\sqrt{a^2-(L/2)^2} \qquad (1-1-45)$$

式中，a 和 b 分别为椭圆形泄流面积的长轴和短轴；c 为单位换算系数，取值同式（1-1-1）中的 a 值。

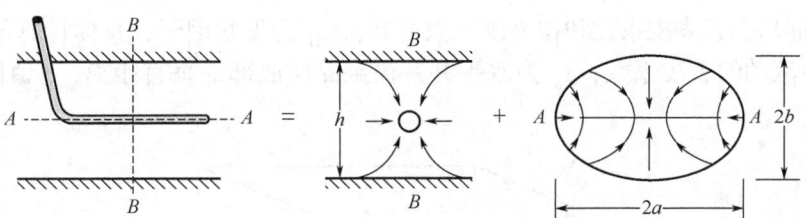

图 1-1-12　Joshi 水平井产能模型示意图

流动阻力包括两项——xy 平面上椭圆泄流面积内水平井引起的外部流动阻力和 yz 平面上水平井周围流态转换引起的内部流动阻力（假设水平井沿 x 方向钻进），得到的产量公式可用于水平井产量评价和确定油井流入动态。

2）单支水平井拟稳态流动流入动态模型

Babu 和 Odeh 于 1989 年提出了水平井拟稳态流动产能方程。该方程假设水平井位于箱状油藏中（图 1-1-13），引入泄流面积形状因子 C_H 和部分穿透油藏表皮系数 S_R 来描述水平井的渗流特征，并用瞬时点汇函数（格林函数）方法进行求解得到水平井产能方程。

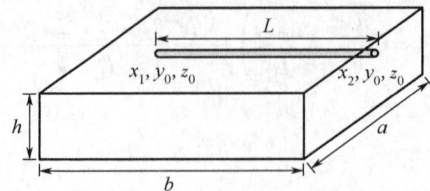

图 1-1-13　Babu 和 Odeh 水平井产能模型示意图

$$q=\frac{\sqrt{K_yK_z}\,b\Delta pc}{141.2\mu B_o\left[\ln\left(\dfrac{A^{0.5}}{r_w}\right)+\ln C_H-0.75+S_R+S\right]} \quad (1\text{-}1\text{-}46)$$

其中

$$\ln C_H=6.28\frac{a}{h}\sqrt{\frac{K_z}{K_y}}\left[\frac{1}{3}-\frac{y_0}{a}+\left(\frac{y_0}{a}\right)^2\right]-\ln\left(\sin\frac{\pi z_0}{h}\right)-0.5\frac{a}{h}\sqrt{\frac{K_z}{K_y}}-1.088 \quad (1\text{-}1\text{-}47)$$

$$A=ah$$

式中，S 为完井和储层伤害表皮系数之和；c 为单位换算系数，取值同式（1-1-1）中的 a。

3）复杂水平井产能模型

Economides 等学者于 1991 年和 1996 年提出了一个针对任意复杂形状水平井（单支水平井、多分支水平井、多底水平井等，图 1-1-14）的通用产能方程，其中采油指数 J 表示为

$$J=\frac{q}{\bar{p}_r-p_{wf}}=\frac{\bar{K}x_e c}{887.22B_o\mu\left(p_D+\dfrac{x_e}{2\pi L}\sum S\right)} \quad (1\text{-}1\text{-}48)$$

其中

$$\bar{K}=\sqrt[3]{K_xK_yK_z}\,;\qquad p_D=\frac{x_e C_H}{4\pi h}+\frac{x_e}{2\pi L}S_x$$

$$S_x=\ln\left(\frac{h}{2\pi r_w}\right)+\frac{h}{6L}+S_e\,;\quad S_e=\frac{h}{L}\left[\frac{2z_w}{h}-\frac{1}{2}\left(\frac{2z_w}{h}\right)^2-\frac{1}{2}\right]-\ln\left(\sin\frac{\pi z_w}{h}\right)$$

式中，$\sum S$ 为储层伤害表皮系数和拟表皮系数之和；C_H 为形状因子，具体计算值见表 1-1-2；S_x 为考虑垂向流动的表皮系数；z_w 为水平井井筒到储层底部的垂直距离；c 值同式（1-1-1）中的 a。

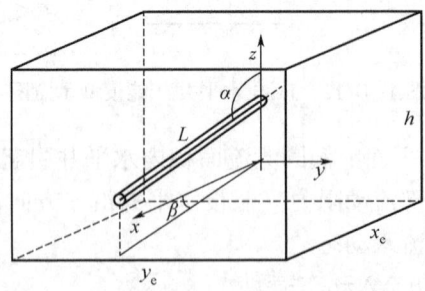

图 1-1-14　Economides 复杂水平井产能模型示意图

α—水平井水平段与垂向坐标轴的夹角；β—水平井的水平段与 x 坐标轴的夹角；
L—水平井水平段的长度；h—油层有效厚度

表 1-1-2 复杂形状水平井（单支水平井、多分支水平井、多底水平井等）形状因子

复杂水平井形状	矩形油藏边界具体参数		形状因子 C_H
单支（—）	$x_e = 4y_e$	$L/L_e = 0.25$	3.77
		$L/L_e = 0.5$	2.09
		$L/L_e = 0.75$	1.00
		$L/L_e = 1$	0.26
	$x_e = 2y_e$	$L/L_e = 0.25$	3.19
		$L/L_e = 0.5$	1.80
		$L/L_e = 0.75$	1.02
		$L/L_e = 1$	0.52
	$x_e = y_e$	$L/L_e = 0.25$	3.55
		$L/L_e = 0.4$	2.64
		$L/L_e = 0.5$	2.21
		$L/L_e = 0.75$	1.49
		$L/L_e = 1$	1.04
	$2x_e = y_e$	$L/L_e = 0.25$	4.59
		$L/L_e = 0.5$	3.26
		$L/L_e = 0.75$	2.53
		$L/L_e = 1$	2.09
	$4x_e = y_e$	$L/L_e = 0.25$	6.69
		$L/L_e = 0.5$	5.35
		$L/L_e = 0.75$	4.63
		$L/L_e = 1$	4.18
十字形	$x_e = y_e$	$L/L_e = 0.25$	2.77
		$L/L_e = 0.5$	1.47
		$L/L_e = 0.75$	0.81
		$L/L_e = 1$	0.46
米字形	$x_e = y_e$	$L/L_e = 0.25$	2.66
		$L/L_e = 0.5$	1.36
		$L/L_e = 0.75$	0.69
		$L/L_e = 1$	0.32
斜线形	$x_e = y_e$ $L/x_e = 0.75$	$\phi = 0°$	1.49
		$\phi = 30°$	1.48
		$\phi = 45°$	1.48
		$\phi = 75°$	1.49
		$\phi = 90°$	1.49
十字形（多分支）	$x_e = y_e$ $L_x/x_e = 0.4$	$L_y = 2L_x$	1.10
		$L_y = L_x$	1.88
		$L_y = 0.5L_x$	2.52
井字形	$x_e = y_e$ $L_x/x_e = 0.4$	$L_y = 2L_x$	0.79
		$L_y = L_x$	1.51
		$L_y = 0.5L_x$	2.04
三横形	$x_e = y_e$ $L_x/x_e = 0.4$	$L_y = 2L_x$	0.66
		$L_y = L_x$	1.33
		$L_y = 0.5L_x$	1.89
四横形	$x_e = y_e$ $L_x/x_e = 0.4$	$L_y = 2L_x$	0.59
		$L_y = L_x$	1.22
		$L_y = 0.5L_x$	1.79

注：x_e—矩形油藏的长度，y_e—矩形油藏的宽度，L—单支水平井水平段长度，ϕ—单支水平井水平段和 x 轴的夹角，L_x—多分支水平井沿 x 轴方向的长度，L_y—多分支水平井沿 y 轴方向的长度。

2. 斜井和水平井油气两相渗流的流入动态

Cheng 对溶解气驱油藏中斜井和水平井的流入动态进行了数值模拟，并用回归方法得到了类似 Vogel 方程的不同井斜角井的油气两相渗流 IPR 方程：

$$q' = A - Bp' - Cp'^2 \tag{1-1-49}$$

其中

$$p' = \frac{p_{wf}}{p_r}, \quad q' = \frac{q_o}{q_{omax}}$$

式中，A、B、C 为取决于井斜角的系数，其值见表 1-1-3。

表 1-1-3 不同井斜角系数取值

井斜角 θ	A	B	C
0°（直井）	1	0.2	0.8
15°	0.9998	0.2210	0.7783
30°	0.9969	0.1254	0.8682
45°	0.9946	0.0221	0.9663
60°	0.9926	−0.0549	1.0395
75°	0.9915	−0.1002	1.0829
85°	0.9915	−0.1120	1.0942
88.56°	0.9914	−0.1141	1.0964
90°	0.9885	−0.2055	1.1818

方程（1-1-49）的优点是只需一组测试点，便可求得 IPR 曲线。缺点是方程没有归一化，即当 $p_{wf} = 0$ 时，$q_o \neq q_{omax}$；当 $p_{wf} = \bar{p}_r$ 时，$q_o \neq 0$。

Bendakhlia 等用两种三维三相黑油模拟器研究了多种情况下溶解气驱油藏中水平井的流入动态关系，得到了不同条件下 IPR 曲线。结果表明：早期的 IPR 曲线近似于直线，随着采出程度增加，曲度增加，接近衰竭时曲度稍有减小。

Bendakhlia 建议用下式拟合 IPR 曲线图版：

$$\frac{q_o}{q_{omax}} = \left[1 - v\left(\frac{p_{wf}}{\bar{p}_r}\right) - (1-v)\left(\frac{p_{wf}}{\bar{p}_r}\right)^2 \right]^n \tag{1-1-50}$$

发现吻合很好（图 1-1-15）。v 和 n 两个参数随采出程度变化的关系曲线如图 1-1-16 所示。

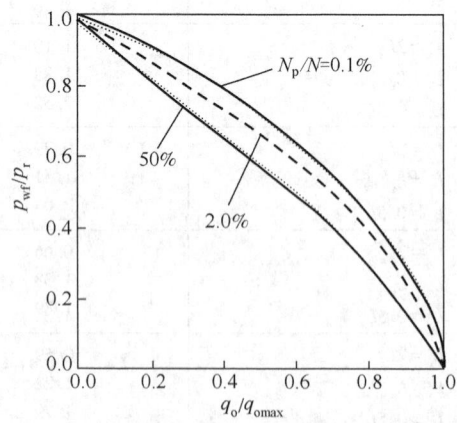

图 1-1-15 拟合的 IPR 曲线与实际曲线的对比
--- 为拟合的 IPR 曲线；…… 为实际曲线

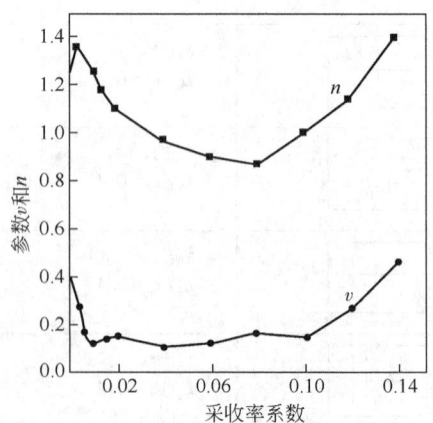

图 1-1-16 参数 v、n 与采收率系数之间的关系

第二节　井筒气液两相流动规律

无论哪种举升方式的油井，在井筒中流动的大都是油气两相或油气水三相混合物。对于天然气生产井，由于气藏出水、井筒积液等原因井筒中也会出现气水混合物。对采油工程或采气工程来说，油气水混合物在井筒中的流动规律——井筒多相流理论是研究各种举升方式下油井生产规律以及天然气井携液生产共同的基本理论。在许多情况下，油井生产系统的总压降大部分是用来克服混合物在油管中流动时的重力和摩擦损失。它不仅关系到油井能否自喷及机械采油设备的负荷，而且决定着可能获得的最大产量。为了掌握油井生产规律及合理地控制和调节油井工作方式，必须熟悉气液混合物在油管中的流动规律。

气液多相管流，由于其流体的非均质性和流动型态的多变性，目前还没有切实可用的严格数学解，其计算方法经过多年发展，已经形成了经验方法、半经验方法和理论分析方法：（1）经验方法主要从气液两相流动的物理概念出发，或者使用量纲分析法，或者根据流动的基本微分方程式，得到反映某一特定的两相流动过程的一些无量纲参数，然后再根据实验数据得到描述这一流动的经验关系式；（2）半经验方法是根据所研究的两相流动过程的特点，采用适当的假设和简化，再从两相流动的基本方程式入手，求得描述这一流动过程的函数关系式，再用实验方法确定出式中的经验系数；（3）理论分析方法是针对各种流动型态的特点，使用流体力学方法对其流动特性进行理论分析，进而建立起描述这一流动过程的关系式。

不同学者提出的计算多相管流方法，由于实验条件限制和差异，以及研究过程中对某些因素的不同考虑，使得各种方法的使用范围、计算工作的繁简程度及计算结果各有不同。本节重点讲述有关多相垂直管流的基本概念，以及在实际中应用得较多，比较有代表性的可适用于垂直井、斜井和水平井的气液两相管流 Beggs-Brill 计算方法。

一、井筒气液两相流动（multiphase flow in wells）的特性

1. 与单相液流的比较

当油井的井口压力高于原油饱和压力时，井筒内的流动为单相液体，其流动规律与普通水力学中单相液体的流动规律完全相同。

原油从油层流到井底后具有的压力（简称流压），既是油藏流体流到井底后的剩余压力，同时又是沿井筒向上流动的动力。如果流压足够高，在平衡了相当于井深的静液柱压力和克服流动阻力之后，在井口尚有一定的剩余压力（称油管压力，简称油压），则原油将通过油管和地面管线流到计量站。根据普通水力学的概念，此时油管中的压力平衡等式应为

$$p_{wf} = p_H + p_{fr} + p_{wh} \tag{1-2-1}$$

式中　p_{wf}——井底流动压力（bottom hole flowing pressure）；
　　　p_H——井内静液柱压力（hydrostatic pressure）；
　　　p_{fr}——摩擦阻力（frictional pressure）；
　　　p_{wh}——井口油管压力（wellhead tubing pressure）。

单相管流的能量来自液体的压力（井底流压），其能量消耗于克服重力及摩擦阻力。在单相水平管中没有克服液柱重力的能量消耗；而在垂直井筒中，井底压力大部分消耗在克服液柱重力上。

当油井的井底压力低于饱和压力时，则整个油管内部都是气—液两相流动。当井底压力高于饱和压力而井口压力低于饱和压力时，油流上升过程中当其压力低于饱和压力后，油中溶解的天然气开始从油中分离出来，油管中便由单相液流变为气—液两相流动。液流中增加了气相之后，其流动型态（流型）与单相垂直管流有很大差别，流动过程中的能量供给和消耗关系要复杂得多。油气流上升过程中，气体膨胀能是很重要的举升能量，一些溶解气驱油藏的自喷井，流压很低，主要是靠气体膨胀能来维持油井自喷，气举井则主要是依靠从地面供给的高压气来举升液体。

实践表明，并非所有的气体膨胀能量都可以有效地举油，它取决于气体在举升系统中做功的条件，如油气在油管中气液的分布状态及流速。油气在流动过程中的分布状态不同，气体膨胀举油的条件不同，其流动规律也不相同。

在单相管流中，由于液体压缩性很小，各个断面的体积流量和流速相同。在多相管流中，沿井筒自下而上随着压力不断降低，气体不断从油中分出和膨胀，使混合物的体积流量和流速不断增大，而混合物密度则不断减小。

多相垂直管流的压力损失除重力和摩擦阻力外，还有由于气流速度增加所引起的动能变化造成的损失。另外，在流动过程中，混合物密度和摩擦力沿程随气—液体积比、流速及混合物流动结构而变化。

2. 气液混合物在垂直管中的流动结构—流动型态的变化

油气混合物的流动结构是指流动过程中油、气的分布状态（图 1-2-1），也称为流动型态，简称流型（flow pattern or flow regime），与油气体积比、流速及油气的界面性质有关。不同流动结构的混合物有各自的流动规律，因此，可按其流动结构把混合物的流动分为不同的流动类型。

如图 1-2-1(a) 所示，在井筒中从低于饱和压力的深度起，溶解气开始从油中分离出来，这时，由于气量少、压力高，气体都以小气泡分散在液相中，气泡直径相对于油管直径要小很多。这种结构的混合物的流动称为泡流（bubble flow）。由于油气密度的差异和泡流的混合物平均流速小，因此，在混合物向上流动的同时，气泡上升速度大于液体流速，气泡将从油中超越而过，这种气体超越液体上升的现象称为滑脱现象（slippage or holdup phenomenon）。泡流的特点是：气体是分散相，液体是连续相；气体主要影响混合物密度，对摩擦阻力的影响不大；滑脱现象比较严重。

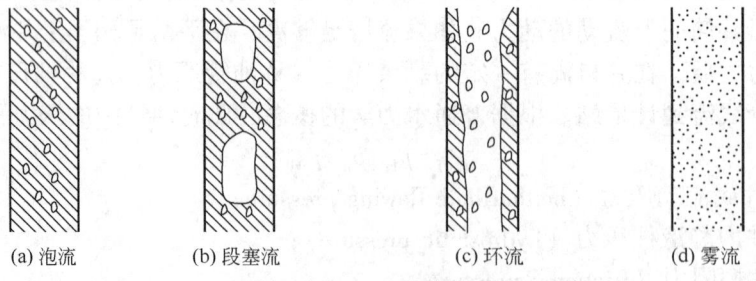

(a) 泡流　　　(b) 段塞流　　　(c) 环流　　　(d) 雾流

图 1-2-1　气体混合物的流动结构（流型）示意图

当混合物继续向上流动，压力逐渐降低，气体不断膨胀，小气泡将合并成大气泡，直到能够占据整个油管断面时，在井筒内将形成一段油一段气的结构 [图 1-2-1(b)]。这种结构的混合物的流动称为段塞流（slug flow）。出现段塞后，大气泡托着油柱向上流动，气体的膨胀能得到较好的发挥和利用。但这种气泡举升液体的作用很像一个破漏的活塞向上推油，在段塞向上运动的同时，沿管壁还有油相对于气泡向下流动。虽然如此，在油气段塞结构情况下，油气间的相对运动要比泡流小，滑脱也小。一般自喷井内，段塞流是主要的流动结构。

随着混合物继续向上流动，压力不断下降，气相体积继续增大，泡弹状的气泡不断加长，逐渐由油管中间突破，形成油管中心是连续的气流而管壁为油环的流动结构，这种流动称为环流（annular flow），如图1-2-1(c)所示。在环流结构中，气液两相都是连续的，气体举油作用主要是靠摩擦携带。

在油气混合物继续上升过程中，如果压力下降使气体的体积流量增加到足够大时，油管中流动的气流芯子将变得很粗，沿管壁流动的油环变得很薄，此时，绝大部分油都以小油滴分散在气流中，这种流动结构称为雾流（mist flow），如图1-2-1(d)所示。雾流的特点是：气体是连续相，液体是分散相；气体以很高的速度携带液滴喷出井口；气液之间的相对运动速度很小；气相是整个流动的控制因素。

根据以上讨论，油井中可能出现的流型自下而上依次为纯油流、泡流、段塞流、环流和雾流（图1-2-2）。

图1-2-2只是为了说明油井生产时各种流型在井筒中的分布和变化情况的示意图。实际上，在同一口井内，不会出现如图所示的完整的流型变化。特别是在一口自喷井内不可能同时存在纯油流和雾流的情况。环流和雾流只是出现在混合物流速和气液比很高的情况下。因此，除某些高产量凝析气井和含水气井外，一般油井都不会出现环流和雾流。

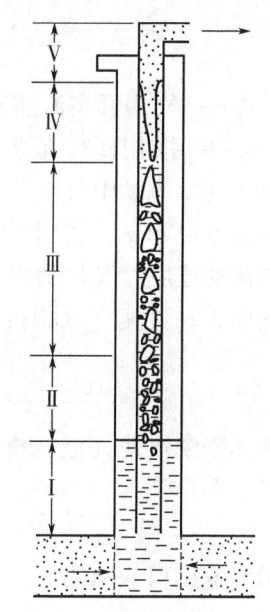

图1-2-2　油气沿井筒喷出时的流型变化示意图

Ⅰ—纯油流；Ⅱ—泡流；Ⅲ—段塞流；Ⅳ—环流；Ⅴ—雾流

区分不同的流型并研究其流动规律，对于气液两相垂直管流计算是十分重要的。但由于其流动的复杂性，不同研究者根据自己在实验中的观察和实验结果，在计算中对流型的描述和划分标准也不尽相同。

3. 滑脱现象（slippage or holdup phenomenon）

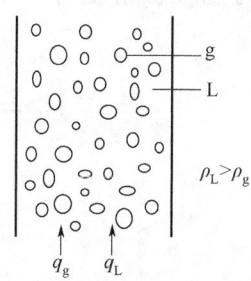

图1-2-3　滑脱现象示意图
（据Economides，2013）
g—气相；L—液相

井筒气液两相流动中，通常用来克服混合物液柱重力所消耗的能量远比其他能量消耗要大。重力消耗的大小直接取决于井深和混合物密度。而混合物的密度与滑脱现象有关。

在气液两相管流中，由于气体和液体间的密度差而产生气体超越液体流动的现象称为滑脱现象。当管段发生滑脱现象时，就地管段中的液相体积在管段总容积中的份额大于管段起始输入端液相体积在管段中的份额。也就是相对于较轻的气相，密度较大的液相向上的运动速度较慢，滞留在管段中，如图1-2-3所示。

持液率 H_L（液相存容比、真实含液率，liquid hold up）：管段中液相体积与管段容积之比。

含气率 H_g（气相存容比、真实含气率或空隙率，gas hold up or void fraction）：管段中气体体积与管段容积之比。持液率和含气率的关系为

$$H_L + H_g = 1 \tag{1-2-2}$$

滑脱速度（slip velocity）：气相真实流速与液相真实流速之差。滑脱速度与持液率有关，是描述滑脱现象的另一种形式，其表达式为

$$v_s = v_g - v_L \tag{1-2-3}$$

其中

$$v_g = \frac{q_g}{A_g}, \quad v_L = \frac{q_L}{A_L} \tag{1-2-4}$$

式中 v_g——气相真实流速（管段就地条件下）；

v_L——液相真实流速（管段就地条件下）。

由于两相流动中气液各相在过流断面上所占的面积不易测得，所以实际速度很难计算。为了研究方便起见，引用折算速度概念：假定管中全部过流断面只被两相混合物中的一相占据时的流动速度，又称为表观流速（superficial velocity）。

气体表观流速（气相折算速度）为

$$v_{sg} = \frac{q_g}{A}$$

液体表观流速（液相折算速度）为

$$v_{sL} = \frac{q_L}{A}$$

滑脱速度可表示为

$$v_s = v_g - v_L = \frac{v_{sg}}{1-H_L} - \frac{v_{sL}}{H_L} = \frac{1}{A}\left(\frac{q_g}{1-H_L} - \frac{q_L}{H_L}\right) \tag{1-2-5}$$

出现滑脱之后将增大气液混合物的密度，从而增大混合物的静水压头（即重力消耗）。因滑脱而产生的附加压力损失称为滑脱损失（slip pressure loss）。通常，是用有滑脱时混合物的密度 ρ_m 与不考虑滑脱（认为无滑脱）而只按气、液体积流量计算的混合物密度 ρ'_m 之差 $\Delta \rho_m$ 来表示单位管长上的滑脱损失，即

$$\Delta \rho_m = \rho_m - \rho'_m \tag{1-2-6}$$

不考虑滑脱，即认为油气之间不存在相对运动时，某一深度的混合物密度可由下式计算：

$$\rho'_m = \frac{q_L \rho_L + q_g \rho_g}{q_L + q_g} \tag{1-2-7}$$

式中 ρ'_m——无滑脱时就地的混合物密度；

q_L——就地液体的体积流量；

q_g——就地气体的体积流量；

ρ_L、ρ_g——就地液体、气体的密度。

式（1-2-7）中的 q_L、q_g 和 ρ_L、ρ_g 及 ρ_m 均为该深度压力 p 及温度 T 下的相应值（就地条件下）。

通过每个断面的液体和气体流量应分别等于各自的真实流速（v_L，v_g）与流过断面（图1-2-4）的乘积。

因为$f=f_g+f_L$，在无滑脱时，$v_L=v_g=v_m$，所以
$$q_g+q_L=v_m f$$

这样，式（1-2-7）可写成

$$\rho'_m=\frac{f_L\rho_L+f_g\rho_g}{f_L+f_g} \quad (1-2-8a)$$

式中 f_L——液相所占的流动断面面积；
f_g——气相所占的流动断面面积；
f——流动断面的总面积；
v_L、v_g、v_m——液相、气相和混合物的流速。

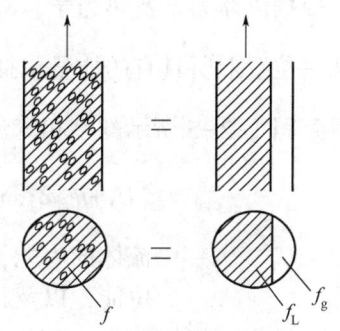

图1-2-4 气液两相流流动断面简图

如果忽略气体的密度，则

$$\rho'_m \approx \frac{f_L}{f}\rho_L \quad (1-2-8b)$$

显然，液相的流动断面增大将引起混合物密度的增加。

存在滑脱时，气体速度将大于液流速度（$v_g>v_L$）。为了便于比较和分析存在和不存在滑脱时的混合物密度，假定两种情况下液、气体积流量不变，由于有滑脱时，气体流速大，液体流速小，为了保持体积流量不变，气体过流断面将减小为f'_g，而液体的过流断面将增加为f'_L。

存在滑脱时，液体的过流断面增加，导致持液率变大，混合物密度变大。

考虑滑脱后分相过流断面的变化：
$$\Delta f'=f'_L-f_L=-(f'_g-f_g)$$

存在滑脱时的混合物密度ρ_m可表示为

$$\rho_m=\frac{f'_L\rho_L+f'_g\rho_g}{f}=\frac{(f_L+\Delta f)\rho_L+(f_g-\Delta f)\rho_g}{f}\approx\frac{(f_L+\Delta f)\rho_L}{f} \quad (1-2-9)$$

由式（1-2-8b）和式（1-2-9）可得单位管长上滑脱损失为

$$\Delta\rho_m=\frac{\Delta f}{f}\rho_L \quad (1-2-10)$$

上面的讨论仅仅是为了说明由于滑脱而引起附加压力损失的物理概念，在实际计算中不能直接应用简单的式（1-2-9）来计算滑脱。因为Δf是未知的，也是实验中难以测量的参数，通常是直接研究存在滑脱时不同流型下混合物密度ρ_m的确定方法，或者用式（1-2-7）计算ρ'_m，而用矿场资料相关分析求出包含滑脱在内的摩擦阻力系数来进行多相垂管流计算。

二、井筒气液两相流能量平衡方程及压力分布计算步骤

流体在管内流动规律的研究都是从能量平衡入手，建立能量平衡方程，其中最关心的是沿程压力分布，也就是沿程压力梯度。如果已知沿程压力梯度就可以计算管内各处的压差，从而据此计算流量；或者根据流量计算压差及管内各处的压力。

1. 能量平衡方程推导

对任何流体流动系统都可根据能量守恒定律写出两个流动断面间的能量平衡关系：

| 进入断面 1 的流体能量 | + | 在断面 1 和 2 之间对流体额外所做的功 | − | 在断面 1 和 2 之间耗失的能量 | = | 从断面 2 流出的流体能量 |

根据流体力学及热力学，对质量为 m 的任何流动的流体，在某一状态参数下（p、T）和某一位置上所具有的能量包括内能 U、位能 mgh、动能 $\dfrac{mv^2}{2}$、压缩或膨胀能 pV。据此，可以得到图 1-2-5 所示的多相管流断面 1 和断面 2 的流体能量平衡关系式：

$$U_1+mgZ_1\sin\theta+\frac{mv_1^2}{2}+p_1V_1-q=U_2+mgZ_2\sin\theta+\frac{mv_2^2}{2}+p_2V_2 \tag{1-2-11}$$

式中　U_1、U_2——流体的内能，包括分子运动所具有的内部动能及分子间引力引起的内部位能，以及化学能、电能等，J；

m——流体质量，kg；

g——重力加速度，m/s²；

Z_1，Z_2——液流断面沿管子中心线到参考水平面的距离，m；

V_1，V_2——流体体积，m³；

p_1，p_2——压力，Pa；

θ——管子中心线与参考水平面的夹角，(°)；

v_1，v_2——流体通过断面的平均流速，m/s。

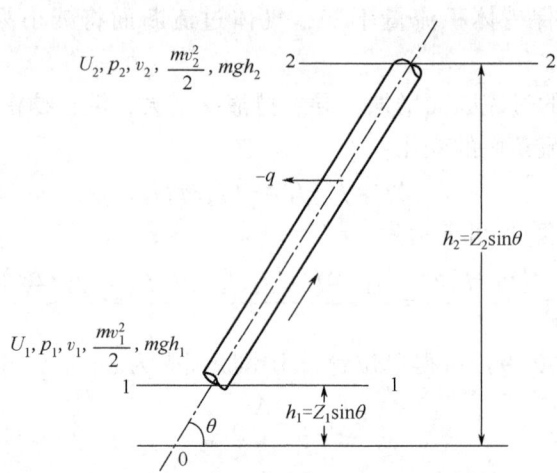

图 1-2-5　倾斜管流能量平衡关系示意图

式（1-2-11）中，除了内能 U 外，其他参数可用测量的办法求得，为了得到各种管流能量平衡的普遍关系，图中选用了倾斜管流。

内能虽然不能直接测量和计算其绝对值，但可求得两种状态下的相对变化。根据热力学第一定律，对于可逆过程：

$$\mathrm{d}q=\mathrm{d}U+p\mathrm{d}V \quad \text{或} \quad \mathrm{d}U=\mathrm{d}q-p\mathrm{d}V$$

式中，$\mathrm{d}q$ 为系统与外界交换的热量；$\mathrm{d}U$ 和 $p\mathrm{d}V$ 分别为系统进行热交换时，在系统内所引起的流体内能的变化和由于流体体积改变 $\mathrm{d}V$ 后克服外部压力所做的功。

对于所研究的不可逆过程：

$$\mathrm{d}q+\mathrm{d}q_\mathrm{r}=\mathrm{d}U+p\mathrm{d}V \tag{1-2-12a}$$

式中　$\mathrm{d}q_\mathrm{r}$——摩擦产生的热量。

若以 dI_w 表示摩擦消耗的功，$dq_r=dI_w$，则由式（1-2-12a）可得

$$dq=dU+pdV-dI_w \quad 或 \quad dU=dq-pdV+dI_w$$

改写式（1-2-11），可得到两个流动断面之间的能量平衡方程：

$$\Delta U+\Delta(mgZ\sin\theta)+\Delta\left(\frac{mv^2}{2}\right)+\Delta(pV)-q=0 \tag{1-2-12b}$$

将式（1-2-12b）写成微分形式：

$$dU+mvdv+mg\sin\theta dZ+d(pV)-dq=0 \tag{1-2-12c}$$

将式（1-2-12a）代入式（1-2-12c），并简化后得

$$Vdp+mvdv+mg\sin\theta dZ+dI_w=0 \tag{1-2-13a}$$

取单位质量的流体 $m=1$ 后可得

$$\frac{1}{\rho}dp+vdv+g\sin\theta dZ+dI_w=0 \tag{1-2-13b}$$

式中 ρ——流体密度，kg/m^3。

用压力梯度表示，则可写成

$$\frac{dp}{dZ}+\rho v\frac{dv}{dZ}+\rho g\sin\theta+\frac{dI'_w}{dZ}=0 \tag{1-2-14a}$$

由此可得

$$\frac{dp}{dZ}=-\left(\rho v\frac{dv}{dZ}+\rho g\sin\theta+\frac{dI'_w}{dZ}\right) \tag{1-2-14b}$$

式中，$\frac{dp}{dZ}$ 为单位管长上的总压力损失（总压力降，total pressure gradient）；$\rho v\frac{dv}{dZ}$ 为由于动能变化而损失的压力，或称加速度引起的压力损失（acceleration pressure gradient）；$\rho g\sin\theta$ 为克服流体重力所消耗的压力（hydrostatic pressure gradient）；$\frac{dI'_w}{dZ}$ 为克服各种摩擦阻力而消耗的压力（frictional pressure gradient）。

令

$$\left(\frac{dp}{dZ}\right)_{举高}=\rho g\sin\theta; \quad \left(\frac{dp}{dZ}\right)_{加速度}=\rho v\frac{dv}{dZ}; \quad \left(\frac{dp}{dZ}\right)_{摩擦}=\frac{dI'_w}{dZ}$$

则

$$\frac{dp}{dZ}=\left(\frac{dp}{dZ}\right)_{举高}+\left(\frac{dp}{dZ}\right)_{摩擦}+\left(\frac{dp}{dZ}\right)_{加速度}$$

根据流体力学管流计算公式

$$\left(\frac{dp}{dz}\right)_{摩擦}=f\frac{\rho}{d}\frac{v^2}{2}$$

式中 f——摩擦阻力系数；

d——管径，m。

在 Z 的方向为由下而上的坐标系中 $\frac{dp}{dZ}$ 为负值，如果取 $\frac{dp}{dZ}$ 为正值，则

$$\frac{\mathrm{d}p}{\mathrm{d}Z}=\rho g\sin\theta+\rho v\frac{\mathrm{d}v}{\mathrm{d}Z}+f\frac{\rho}{d}\frac{v^{2}}{2} \tag{1-2-15}$$

式(1-2-15)是适合于各种管流的通用压力梯度方程。

对于水平管流，因 $\theta=0$，$\left(\dfrac{\mathrm{d}p}{\mathrm{d}Z}\right)_{举高}=0$。若用 x 表示水平流动方向的坐标，则

$$\frac{\mathrm{d}p}{\mathrm{d}x}=\rho v\frac{\mathrm{d}v}{\mathrm{d}x}+f\frac{\rho}{d}\frac{v^{2}}{2} \tag{1-2-16}$$

对于垂直管流，$\theta=90°$，$\sin\theta=1$，若以 h 表示高度，则

$$\frac{\mathrm{d}p}{\mathrm{d}h}=\rho g+\rho v\frac{\mathrm{d}v}{\mathrm{d}h}+f\frac{\rho}{d}\frac{v^{2}}{2} \tag{1-2-17}$$

为了强调多相混合物流动，将方程中的各项流动参数加下角"m"，则

$$\frac{\mathrm{d}p}{\mathrm{d}Z}=\rho_{\mathrm{m}}g\sin\theta+\rho_{\mathrm{m}}v_{\mathrm{m}}\frac{\mathrm{d}v_{\mathrm{m}}}{\mathrm{d}Z}+f_{\mathrm{m}}\frac{\rho_{\mathrm{m}}}{d}\frac{v_{\mathrm{m}}^{2}}{2} \tag{1-2-18}$$

式中　ρ_{m}——混合物的密度；

v_{m}——混合物的流速；

f_{m}——混合物流动时的摩擦阻力系数。

单相液体垂直管液流的 $\left(\dfrac{\mathrm{d}p}{\mathrm{d}Z}\right)_{加速度}=0$；单相液体水平管流的 $\left(\dfrac{\mathrm{d}p}{\mathrm{d}Z}\right)_{举高}$ 及 $\left(\dfrac{\mathrm{d}p}{\mathrm{d}Z}\right)_{加速度}$ 均为零。对于气液多相管流，如果流速不大，则 $\left(\dfrac{\mathrm{d}p}{\mathrm{d}Z}\right)_{加速度}$ 很小，可以忽略不计。

从气液两相管流压力梯度计算公式(1-2-18)可看出，只要求得混合物密度 ρ_{m}、混合物流速 v_{m} 及混合物摩擦阻力系数 f_{m} 这三个关键参数就可计算出压力梯度。但是，如前所述，多相管流中这些参数沿程是变化的，而且在不同流动型态下的变化规律也各不相同。所以，研究这些参数在流动过程中的变化规律及计算方法是多相管流研究的关键问题。不同研究者通过实验研究提出了各自计算这些参数的方法。

2. 多相垂直管流压力分布计算步骤

根据多相管流的压力梯度方程可计算出从井底至井口的井筒沿程压力分布（图1-2-6）。

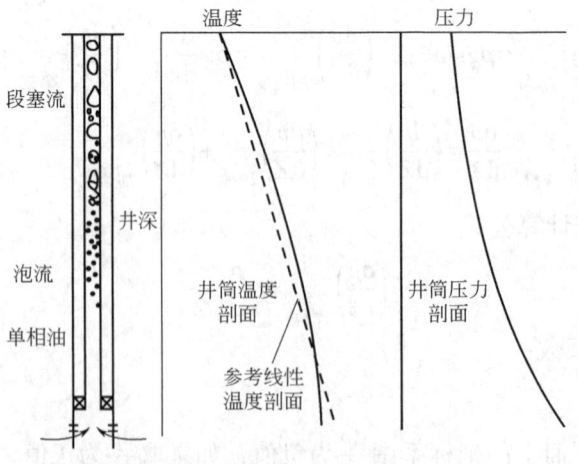

图1-2-6　井筒沿程压力和温度分布图

由于多相管流中影响流动的物理参数（密度、黏度等）和混合物密度及流速等都随压力和温度而变化，沿程压力梯度并不是常数。因此，多相管流需要分段计算，并要预先求得相应段的流体性质参数。然而，这些参数又是压力和温度的函数，压力却又是计算中需要求得的未知数。所以，多相管流通常采用迭代法进行计算。有两种不同的迭代途径：按深度增量迭代和按压力增量迭代。

1) 按深度增量迭代的计算步骤

(1) 已知任一点（井口或井底）的压力 p_o 作为起点，任选一个合适的压力降 Δp 作为计算的压力间隔。一般选 $\Delta p = 0.5 \sim 1.0 \text{MPa}$，具体要根据流体流量（油井的气、液产量）、管长（井深）及流体性质来定。

(2) 估计一个对应 Δp 的深度增量 Δh，以便根据温度梯度估算该段下端的温度 T_1。

(3) 计算出该管段的平均温度 $\bar{T}$ 及平均压力 $\bar{p}$，并确定在该 $\bar{T}$ 和 $\bar{p}$ 下的全部流体性质参数（溶解气油比 R_s、原油体积系数 B_o 和黏度 μ_o、气体密度 ρ_g 和黏度 μ_g、混合物黏度 μ_m 及表面张力 σ 等）。

(4) 计算该段的压力梯度 $\dfrac{\mathrm{d}p}{\mathrm{d}h}$。

(5) 计算对应于 Δp 的该段管长（深度差）$\Delta h_{计}$。

(6) 将步骤 (5) 计算得的 $\Delta h_{计}$ 与步骤 (2) 估计的 Δh 进行比较，两者之差超过允许范围，则以新的 Δh 作为估算值，重复步骤 (2)~(5) 的计算，使计算的与估计的 Δh 之差在允许范围 ε 内为止。

(7) 计算该段下端对应的深度 L_i 及压力 p_i，计算式为

$$L_i = \sum_{j=1}^{i} \Delta h_j, \quad p_i = p_o + i\Delta p \quad (i = 1, 2, 3, \cdots, n)$$

(8) 以 L_i 处的压力为起点，重复步骤 (2)~(7)，计算下一段的深度 L_{i+1} 和压力 p_{i+1}，直到各段的累加深度等于或大于管长（$L_n \geq L$）时为止。

2) 按压力增量迭代的计算步骤

(1) 已知任一点（井底或井口）的压力 p_o，选取合适的深度间隔 Δh（一般可选 50~100m，可将管 L 等分为 n 段）。

(2) 估计对应于计算间隔 Δh 的压力增量 Δp。

(3) 计算该段的 $\bar{T}$ 和 $\bar{p}$，以及 $\bar{p}$、$\bar{T}$ 下的流体性质参数。

(4) 计算该段压力梯度 $\dfrac{\mathrm{d}p}{\mathrm{d}h}$。

(5) 计算对应于 Δh 的压力增量 $\Delta p_i = \Delta h \left(\dfrac{\mathrm{d}p}{\mathrm{d}h} \right)$。

(6) 比较压力增量的估计量 Δp 与计算值 Δp_i，若二者之差不在允许范围内，则取估计值与计算值之和的一半为新的估计值，重复步骤 (2)~(5)，使两者之差在允许范围 ε_o 之内为止。

(7) 计算该段下端对应的深度 L_i 和压力 p_i，计算式为

$$L_i = i \times \Delta h, \quad p_i = p_o + \sum_{i=1}^{i} \Delta p_i$$

(8) 以 L_i 处的压力 p_i 为起点压力,重复步骤(2)~(7),计算下一段的深度 L_{i+1} 和压力 p_{i+1},直到各段累加深度等于或大于管长 L 时为止。

为了简化计算,通常对各段选取同样的增量间隔,而在有些情况下,各段的增量间隔可以不同,这样既能节约计算时间,而又能较好地反映出压力分布。

三、气液两相管流压力损失计算方法介绍

1. 不同气液两相管流压力损失计算模型比较与评价

关于气液两相管流压力损失的计算模型,从 20 世纪 50 年代以来许多学者已经进行了大量的研究,提出的计算模型主要包括两种:简化的经验模型和较复杂的确定性模型。尽管复杂的确定性模型有助于更深入地了解气液多相流的流动特性,但在预测准确性方面与简化的经验模型相比并没有很大的提高。常用的计算模型主要包括:Duns 和 ROS 模型(1963)、Hagedorn 和 Brown 模型(1965,1977)、Orkiszewski 模型(1967)、Aziz 等模型(1972)、Beggs 和 Brill 模型(1973)、Hasan 和 Kabir 模型(1986)、Ansari 等模型(1990,1994)、Mukherjee 和 Brill 模型(1999)等。Ansari(1994)比较了上述 8 种气液两相管流压力损失计算模型在不同井型、不同流型等情况下计算数据和实际测试数据的相对误差,相对误差值越小,则该模型越准确(表 1-2-1)。从表中可以看出,Hagedorn 和 Brown 模型的预测误差较小,但对于不同的流型情况比较结果又有所差别。

表 1-2-1 8 种不同气液两相管流压力损失计算模型误差比较

	EDB	VW	DW	VNH	ANH	AB	AS	VS	SNH	VSNH	AAN
n	1712	1086	626	755	1381	29	1052	654	745	387	70
MODEL	0.700	1.121	1.378	0.081	0.000	0.143	1.295	1.461	0.112	0.142	0.000
HAGBR	0.585	0.600	0.919	0.876	0.774	2.029	0.386	0.485	0.457	0.939	0.546
AZIZ	1.312	1.108	2.085	0.803	1.062	0.262	1.798	1.764	1.314	1.486	0.214
DUNRS	1.719	1.678	1.678	1.711	1.792	1.128	2.056	2.028	1.852	2.296	1.213
HASKA	1.940	2.005	2.201	1.836	1.780	0.009	2.575	2.590	2.044	1.998	1.043
BEGBR	2.982	2.908	3.445	3.321	3.414	2.828	2.883	2.595	3.261	3.282	1.972
ORKIS	4.284	5.273	2.322	5.838	4.688	1.226	3.128	3.318	3.551	4.403	6.000
MUKBR	4.883	4.647	6.000	3.909	4.601	4.463	5.343	5.140	4.977	4.683	1.516

注:EDB—全部井(1712 口井)所有的数据;VW—垂直井数据;DW—斜井数据;VNH—垂直井数据(不考虑 Hagedorn 和 Brown 数据);ANH—所有井数据(不考虑 Hagedorn 和 Brown 数据);AB—所有井数据(75%泡流情况);AS—所有井数据(100%段塞流情况);VS—垂直井数据(100%段塞流情况);SNH—所有井数据(100%段塞流情况),不考虑 Hagedorn 和 Brown 数据;VSNH—垂直井数据(100%段塞流情况),不考虑 Hagedorn 和 Brown 数据;AAN—所有井数据(100%环流情况);n—井数;MODEL—Ansari 模型;HAGBR—Hagedorn 和 Brown 模型;AZIZ—Aziz 等模型;DUNRS—Duns 和 ROS 模型;HASKA—Hasan 和 Kabir 模型;BEGBR—Beggs 和 Brill 模型;ORKIS—Orkiszewski 模型;MUKBR—Mukherjee 和 Brill 模型。

2001 年 Gabor 将 18 篇文献中曾对 16 种垂直多相管流压降计算模型所作的评价结果进行了汇总比较,结果显示 Orkiszewski 模型的误差五次被列为最小,但这只是在数据组较少时的情况,因此不能把它看作万能的模型。模型的特性、油井流体性质的误差、经验相关式、计算方向、测量数据的误差以及特殊条件(如乳化、非牛顿液、管壁结蜡或结垢等)都会造成油井多相管流压降的计算误差。所有的垂直多相管流压降计算模型中没有一个具有通用性,其模型误差在流动参数的不同范围内变化较大。所有试图找到一种万能模型的努力都是

徒劳的。石油工程师首先应针对所具有的数据资料使用各种模型进行压降计算,然后根据各种模型的误差统计参数进行对比分析,最后筛选出适合该油田的最佳多相管流压降计算模型。本书主要介绍既可用于垂直气液两相管流动,又可用于水平和任意倾斜气液两相管流动计算的 Beggs-Brill 方法。

2. 计算井筒多相管流动的 Beggs-Brill 方法

Beggs-Brill 方法是可用于水平、垂直和任意倾斜气液两相管流动计算的方法。它是 Beggs 和 Brill 根据在长 15m、直径 25.4mm(1in)和 38mm(1.5in)聚丙烯管中,用空气和水进行实验的基础上提出的。它是目前用于斜直井、定向井和水平井井筒多相流动计算的一种较普遍的方法。实验参数范围见表 1-2-2。

表 1-2-2 实验参数范围

气体流量	$0 \sim 0.098 m^3/s$ (300sft^3/d)
液体流量	$0 \sim 0.0019 m^3/s$ (30gal/min)
持液率(液相存容比)	$0 \sim 0.87 m^3/m^3$
系统压力	$0.241 \sim 0.655$ MPa (35~95psi)
压力梯度	$0 \sim 0.0166$ MPa/m (0.8psi/ft)
倾斜度	$-90° \sim +90°$
流型	水平管流动的全部流型

实验管的倾斜度分别为 0°、5°、10°、20°、35°、55°、75°、90°,上、下坡流动,在每种倾角下调节不同的气液流量,观察流型,并测量持液率和压力梯度。

实验中包括了水平管气液两相流的全部流型,即泡状流、团状(弹状)流、分层流、波状流、段塞流、环状流、雾状流。为了便于分析、计算,将七种流型根据气液分布状况和流动特性,归并为三类,即分离流、间歇流和分散流,如图 1-2-7 所示。

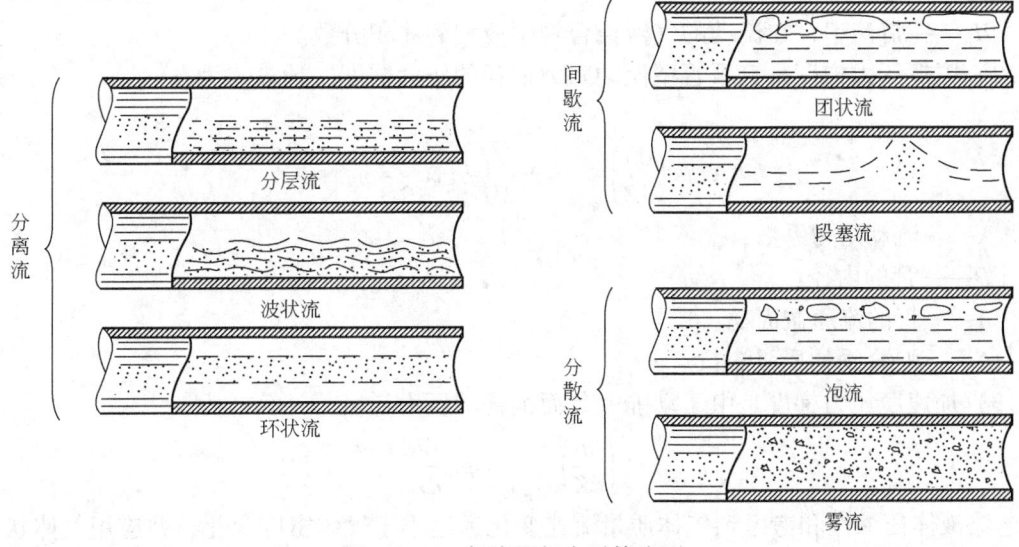

图 1-2-7 气液两相水平管流型

该方法的特点是:(1)按归并后的三类流型建立流型分布图,并在分离流与间歇流之间增加了过渡区,处于过渡区的流动采用内插方法;(2)先按水平管流计算,然后采用倾斜校正系数校正成相应的倾斜管流;(3)既可用于水平管,也可用于垂直管和倾斜管的上坡与下坡流动。

1)基本方程

在假设气液混合物既未对外做功,也未受外界功的条件下,单位质量气液混合物稳定流动的机械能量守恒方程为

$$-\frac{dp}{dZ} = \rho g \sin\theta + \rho \frac{dE}{dZ} + \rho v \frac{dv}{dZ} \qquad (1-2-19)$$

式中 p——压力;

Z——流动方向;

ρ——气液混合物平均密度;

g——重力加速度;

θ——管线与水平方向的夹角;

dE——单位质量的气液混合物的机械能量损失;

v——混合物平均流速。

式(1-2-19)右端三项表示了气液两相管流的压力降消耗于三个方面:位差、摩擦和加速度,即

$$-\frac{dp}{dZ} = \left(\frac{dp}{dZ}\right)_{位差} + \left(\frac{dp}{dZ}\right)_{摩擦} + \left(\frac{dp}{dZ}\right)_{加速度}$$

(1)位差压力梯度是消耗于混合物静水压头的压力梯度,计算式为

$$\left(\frac{dp}{dZ}\right)_{位差} = \rho g \sin\theta = [\rho_L H_L + \rho_g (1-H_L)] g \sin\theta$$

式中 ρ_L——液相密度;

ρ_g——气相密度;

H_L——持液率,在流动的气液混合物中液相的体积分数。

(2)摩擦压力梯度是克服管壁流动阻力消耗的压力梯度,计算式为

$$\left(\frac{dp}{dZ}\right)_{摩擦} = \lambda \frac{v^2}{2D} \rho = \lambda \frac{\dfrac{G}{A}}{2D} v$$

式中 λ——流动阻力系数;

D——管的内径;

A——管的流通截面积;

G——混合物的质量流量。

(3)加速度压力梯度是由于动能变化而消耗的压力梯度,计算式为

$$\left(\frac{dp}{dZ}\right)_{加速度} = \rho v \frac{dv}{dZ}$$

忽略液体压缩性和考虑到气体质量流速变化远远小于气体密度变化,并应用气体状态方程可导出:

$$\left(\frac{dp}{dZ}\right)_{加速度} = \frac{-\rho v v_{sg}}{p} \frac{dp}{dZ}$$

其中
$$v_{sg} = \frac{Q_g}{A}$$

式中 v_{sg}——气相表观（折算）流速；
Q_g——气体体积流量。

（4）总压力梯度。由以上各式可得到总压力梯度为

$$-\frac{dp}{dZ} = [\rho_L H_L + \rho_g(1-H_L)]g\sin\theta + \lambda\frac{Gv}{2DA} - \frac{[\rho_L H_L + \rho_g(1-H_L)]vv_{sg}}{p}\frac{dp}{dZ}$$

整理上式，得

$$-\frac{dp}{dZ} = \frac{[\rho_L H_L + \rho_g(1-H_L)]g\sin\theta + \frac{\lambda Gv}{2DA}}{1 - \frac{[\rho_L H_L + \rho_g(1-H_L)]vv_{sg}}{p}} \quad (1-2-20)$$

式（1-2-20）是 Beggs 和 Brill 方法所采用的压力梯度计算基本方程，实际它也是其他一些方法所采用的方程，只是其中 H_L 和 λ 的计算有所不同。

2）Beggs-Brill 方法的流型分布图及流型判别式

如前所述，Beggs 和 Brill 将水平气液两相管流的方程流型归为三类：分离流，包括层状流、波状流和环状流；间歇流，包括团状（弹状）流和段塞流；分散流，包括泡流和雾流。

根据实验研究结果绘制的流型图如图 1-2-8 所示。该图以 Froude（弗劳德）数 N_{Fr} 为纵坐标，入口体积含液率（无滑脱持液率）E_L 为横坐标。

$$N_{Fr} = \frac{v^2}{gD} \quad (1-2-21)$$

$$E_L = \frac{Q_L}{Q_L + Q_g} \quad (1-2-22)$$

式中 Q_L——入口（就地）液相体积流量；
Q_g——入口（就地）气相流量。

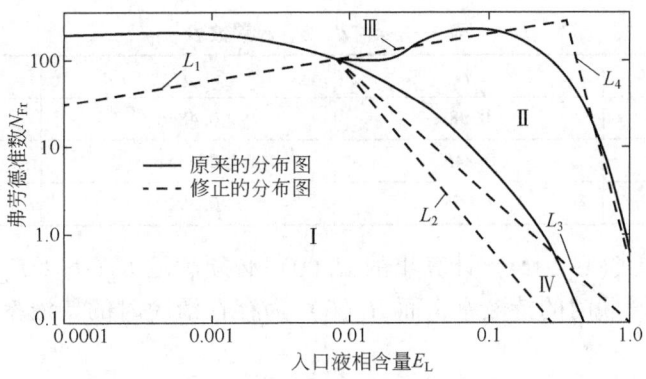

图 1-2-8 Beggs-Brill 流型分布图
Ⅰ—分离流；Ⅱ—间歇流；Ⅲ—分散流；Ⅳ—过渡流

图 1-2-8 是 Beggs-Brill 方法修正后的流型图（虚线）。图中用四条线 L_1、L_2、L_3 和 L_4 分成四个流型区，在分离流与间歇流之间增加了过渡区。

分区线的方程如下：

$$\begin{cases} L_1 = 316 E_L^{0.302} \\ L_2 = 92.52 \times 10^{-5} E_L^{-2.4684} \\ L_3 = 0.10 E_L^{-1.4516} \\ L_4 = 0.5 E_L^{-6.733} \end{cases}$$

流型判别见表1-2-3。计算出 N_{Fr}、E_L 和 L_1，L_2，L_3，L_4 就可以利用表1-2-3确定出管子处于水平位置时的流型。

表1-2-3 Beggs-Brill法流型判别

判别条件	流型
$E_L < 0.01$ 时 $N_{Fr} < L_1$ 或 $E_L \geq 0.01$ 时 $N_{Fr} < L_2$	分离流
$E_L \geq 0.01, L_2 < N_{Fr} \leq L_3$	过渡流
$0.01 \leq E_L < 0.4$ 时 $L_3 < N_{Fr} \leq L_1$ 或 $E_L \geq 0.4$ 时 $L_3 < N_{Fr} \leq L_4$	间歇流
$E_L < 0.4$ 时 $N_{Fr} \geq L_1$ 或 $E_L \geq 0.4$ 时 $N_{Fr} > L_4$	分散流

3）持液率及混合物密度确定

（1）持液率 $H_L(\theta)$。

如前所述，Beggs-Brill方法计算倾斜管流时首先按水平管计算，然后进行倾斜校正，有

$$H_L(\theta) = H_L(0)\psi \tag{1-2-23}$$

其中

$$H_L(0) = \frac{a E_L^b}{N_{Fr}^c} \tag{1-2-24}$$

式中 $H_L(\theta)$——倾角为 θ 的气液两相流动的持液率；

$H_L(0)$——同样流动参数下，水平流动时的持液率；

ψ——倾斜校正系数；

a、b、c——取决于流型的常数（表1-2-4）。

表1-2-4 a、b、c 常数表

流型	a	b	c
分离流	0.98	0.4846	0.0868
间歇流	0.845	0.5351	0.0173
分散流	1.065	0.5929	0.0609

利用表1-2-4和式(1-2-24)计算出的 $H_L(0)$ 必须满足 $H_L(0) \geq E_L$，否则 $H_L(0) = E_L$。因为 E_L 实际上是无滑脱时的持液率，而 $H_L(0)$ 为存在滑脱时的持液率，因此，$H_L(0)$ 的最小值是 E_L。

实验结果表明，倾斜校正系数 ψ 不仅与倾斜角 θ 有关，而且与无滑脱持液率 E_L、弗洛德数及液体速度数有关。图1-2-9为其中的三组实验结果。

根据实验结果回归的倾斜校正系数 ψ 的相关式如下：

$$\psi = 1 + C\left[\sin(1.8\theta) - \frac{1}{3}\sin^3(1.8\theta)\right] \tag{1-2-25}$$

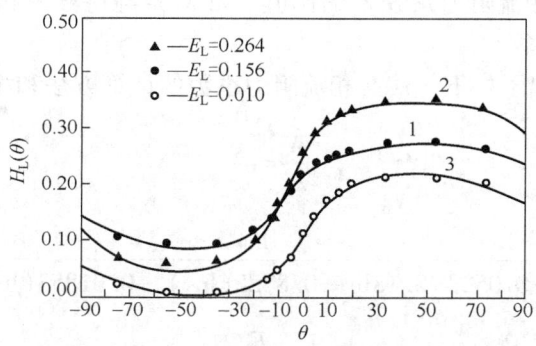

图 1-2-9 不同 E_L 下的倾斜校正系数

对于垂直管：

$$\psi = 1 + 0.3C \qquad (1-2-26)$$

系数 C 与无滑脱持液率 E_L、弗劳德数和液相速度数 N_{vL} 有关，已知 N_{vL} 为

$$N_{vL} = v_{SL}\left(\frac{\rho_L}{g\sigma}\right)^{\frac{1}{4}}$$

则

$$C = (1-E_L)\ln(dE_L^e N_{vL}^f N_{Fr}^g) \qquad (1-2-27)$$

式中 v_{SL}——液相表观流速；

ρ_L——液相密度；

σ——液体表面张力；

g——重力加速度。

d、e、f 和 g 由表 1-2-5 根据流型来确定。

表 1-2-5　系数 d、e、f、g

流型	上/下坡	d	e	f	g
分离型	上坡	0.011	-3.768	3.539	-1.614
间歇流	上坡	2.96	0.305	-0.4473	0.0978
分散流	上坡	不修正 $c=0$，$\psi=1$，$H_L(\theta)$ 与 θ 无关			
各种流型	下坡	4.7	-0.3692	0.1244	-0.5056

确定 $H_L(0)$ 和 ψ 之后，利用式(1-2-23) 便可得到 $H_L(\theta)$。对于过渡流型，则先分别用分离流和间歇流计算出 $H_L(\theta)$ 之后采用内插法确定其持液率，计算式为

$$H_L(\theta) = AH_L(分离) + BH_L(间歇)$$

其中

$$A = \frac{L_3 - N_{Fr}}{L_3 - L_2}; \quad B = \frac{N_{Fr} - L_2}{L_3 - L_2} = 1 - A$$

（2）混合物密度确定。

利用持液率可由下式计算混合物实际密度：

$$\rho_m = \rho_L H_L + \rho_g(1 - H_L) \qquad (1-2-28)$$

式中的液相和气相密度均为流动条件下的密度。

4）阻力系数 λ

为了确定气液两相流的阻力系数 λ，Beggs 和 Brill 利用实验结果研究了气液两相流阻力

系数 λ 与无滑脱气液两相流阻力系数 λ' 的比值（λ/λ'）与持液率和无滑脱持液率（入口体积含液率）E_L 之间的关系。

根据其研究结果提出了如下气液两相流阻力系数的计算方法和相关式：

$$\frac{\lambda}{\lambda'} = e^S \tag{1-2-29}$$

其中

$$S = \frac{\ln y}{-0.0523 + 3.18\ln y - 0.8725(\ln y)^2 + 0.01853(\ln y)^4}$$

$$y = \frac{E_L}{[H_L(\theta)]^2}$$

式中　S——与 E_L 和 $H_L(\theta)$ 有关的系数。

当 $1 < y < 1.2$ 时：

$$S = \ln(2.2y - 1.2)$$

$$\lambda' = \left(2\lg\frac{N'_{Re}}{4.5332\lg N'_{Re} - 3.8125}\right)^{-2}$$

N'_{Re} 为两相流动的雷诺数，且

$$N'_{Re} = \frac{Dv[\rho_L E_L + \rho_g(1-E_L)]}{\mu_L E_L + \mu_g(1-E_L)}$$

λ' 也可用 Moody 图上的光滑管曲线来确定，即采用下面的相关式计算：

$$\lambda' = 0.0056 + \frac{0.5}{(N'_{Re})^{0.32}}$$

计算出 S 和 λ' 之后代入式（1-2-29），则气液两相流阻力系数为

$$\lambda = \lambda' e^S \tag{1-2-30}$$

图 1-2-10 给出了 Beggs-Brill 用压力增量迭代计算的流程框图。

多相垂直管流计算准确程度受多种因素的影响，除了所选用的计算方法之外，关键是不同压力和温度下的流体性质参数。实际上，需要进行计算的大多数油井都缺乏这方面的实际资料。目前，虽然有一些计算流体性质参数的相关式可供选用，但在使用中应根据各油田的高压物性实验资料对所用的计算公式进行检验和必要的修正。另外，计算中需要给定的原始数据（流体产量及流体地面性质等）也必须准确。

在油田现场为了方便起见，也可以采用统计结合经验公式方法计算井筒压力分布。首先根据矿场资料进行统计分析，然后针对具体的油田或区块建立井下压力分布的计算经验公式。该方法的特点是：要求给定的原始数据少，不涉及更多的流体性质参数的计算，使用简便，往往也比较准确。但该方法的局限性很大，有些经验公式随着油田和油井生产条件的变化，可能失去意义，就需要修正或建立新的经验公式。另外，用来统计的矿场资料必须准确，或需要进行一系列专门测试，否则难以保证经验公式的准确性。

下面是利用 Beggs-Brill 方法计算井筒流体压力梯度例题。

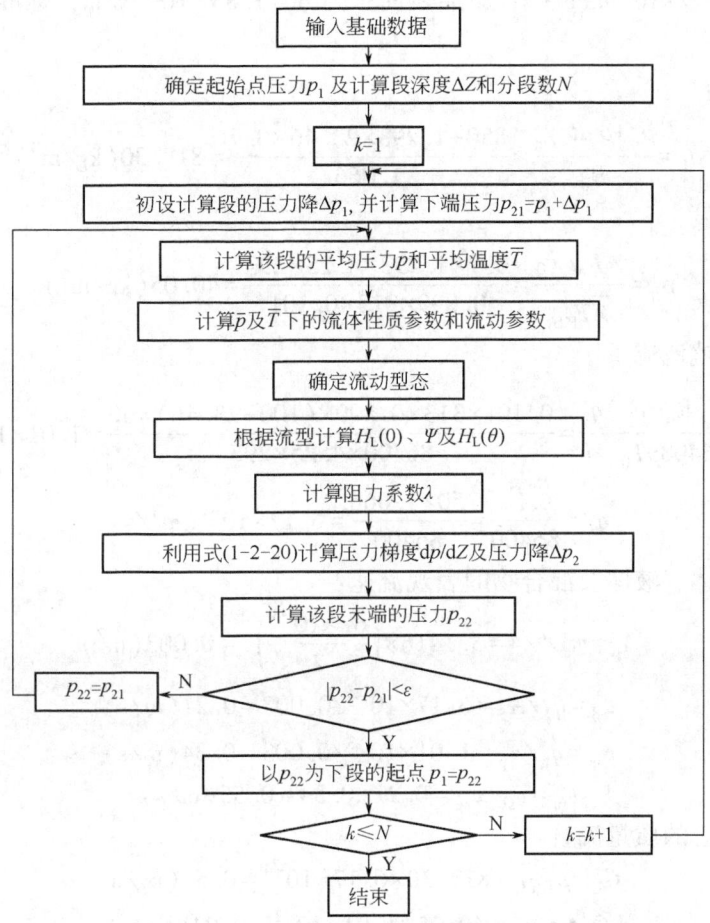

图 1-2-10　Beggs-Brill 方法按压力增量迭代计算流程框图

【例 1-2-1】 某自喷井为斜井，井斜角为 45°，油井产量 $q_o=50\text{m}^3/\text{d}$，含水率为 0，生产气油比 $R_p=100\text{m}^3/\text{m}^3$，地面脱气原油密度 $\rho_o=850\text{kg/m}^3$，天然气相对密度 $\gamma_g=0.7$，地面原油黏度 $\mu_o=100\text{mPa}\cdot\text{s}$，计算段平均温度 $T=40℃$，油管内径 $D=62\text{mm}$，计算段长 $\Delta Z=100\text{m}$，起始（井口）压力 $p_1=4\text{MPa}$。试计算该段的压降。

解：用压力增量迭代法计算。

(1) 确定起始点压力 p_1 及计算深度增量 ΔZ 和分段数 N：

$$p_1=4\text{MPa}, \quad \Delta Z=100\text{m}, \quad N=1$$

(2) 初设计算段的压力降 $\Delta p_\text{设}$，并计算下端压力：

$$p_{2\text{设}}=p_1+\Delta p_\text{设}, \quad \Delta p_\text{设}=0.5\text{MPa}, \quad p_{2\text{设}}=p_1+\Delta p_\text{设}=4+0.5=4.5(\text{MPa})$$

(3) 计算该段的平均压力 $\bar{p}$ 及平均温度 $\bar{T}$：

$$\bar{p}=\frac{p_{2\text{设}}+p_1}{2}=\frac{4.5+4}{2}=4.25(\text{MPa})$$

$$\bar{T}=T+273=40+273=313(\text{K})$$

(4) 计算 $\bar{p}$ 及 $\bar{T}$ 下的流体性质参数及流动参数。由相应关系式计算得：溶解气油比 $R_s=23.46\text{m}^3/\text{m}^3$；原油体积系数 $B_o=1.066$；天然压缩因子 $Z=0.899$；原油黏度 $\mu=3.47\text{mPa}\cdot\text{s}$；

天然气黏度 $\mu_g = 1.22 \times 10^{-2}$ mPa·s；原油表面张力 $\sigma = 1.83 \times 10^{-2}$ N/m；标准状况下的空气密度 $\rho_a = 1.293$ kg/m³。

① 原油密度：

$$\rho_L = \frac{\rho_o + \rho_a R_s \gamma_g}{B_o} = \frac{850 + 1.293 \times 23.46 \times 0.7}{1.066} = 817.30 \, (\text{kg/m}^3)$$

② 天然气密度：

$$\rho_g = \frac{\gamma_g \rho_a \bar{p} T_0}{\bar{Z} T p_0} = \frac{0.7 \times 1.293 \times 4.25 \times 293}{0.899 \times 313 \times 0.101} = 40.05 \, (\text{kg/m}^3)$$

③ 气、液的就地流量：

$$q_g = \frac{p_0 \bar{T} \bar{Z} (R_p - R_s) q_o}{86400 \bar{p} T_0} = \frac{0.101 \times 313 \times 0.899 \times (100 - 23.46) \times 50}{86400 \times 4.25 \times 293} = 1.01 \times 10^{-3} \, \text{m}^3/\text{s}$$

$$q_L = \frac{q_o B_o}{86400} = \frac{50 \times 1.066}{86400} = 6.17 \times 10^{-4} \, (\text{m}^3/\text{s})$$

④ 就地的气体、液体及混合物的表观流速：

$$A_p = \pi D^2 / 4 = 3.1416 \times \left(\frac{62 \times 10^{-3}}{2}\right)^2 = 0.003 \, (\text{m}^2)$$

$$v_{sl} = q_L / A_p = 6.17 \times 10^{-4} / 0.003 = 0.21 \, (\text{m/s})$$

$$v_{sg} = q_g / A_p = 1.01 \times 10^{-3} / 0.003 = 0.34 \, (\text{m/s})$$

$$v_m = v_{sl} + v_{sg} = 0.21 + 0.34 = 0.55 \, (\text{m/s})$$

⑤ 液、气及总的质量流量：

$$G_L = \rho_L q_L = 817.30 \times 6.17 \times 10^{-4} = 0.50 \, (\text{kg/s})$$

$$G_g = \rho_g q_g = 40.05 \times 1.01 \times 10^{-3} = 0.04 \, (\text{kg/s})$$

$$G_m = G_L + G_g = 0.50 + 0.04 = 0.54 \, (\text{kg/s})$$

⑥ 入口的含液量（无滑脱持液率）：

$$E_L = \frac{q_L}{q_L + q_g} = \frac{6.17 \times 10^{-4}}{1.01 \times 10^{-3} + 6.17 \times 10^{-4}} = 0.38$$

⑦ 弗劳德数 N_{Fr}，液体黏度、混合物黏度及表面张力：

$$N_{Fr} = \frac{v_m^2}{gD} = \frac{0.55^2}{9.81 \times 0.062} = 0.50$$

$$\mu_L = \mu = 3.47 \, (\text{mPa} \cdot \text{s})$$

$$\sigma_L = \sigma = 1.83 \times 10^{-2} \, (\text{N/m})$$

$$\mu_m = \mu_L E_L + \mu_g (1 - E_L) = 3.47 \times 0.38 + 1.22 \times 10^{-2} \times (1 - 0.38) = 1.33 \, (\text{mPa} \cdot \text{s})$$

⑧ 液体速度准数：

$$N_{vL} = v_{sl} \left(\frac{\rho_L}{g\sigma}\right)^{0.25} = 0.21 \times \left(\frac{817.3}{9.81 \times 1.83 \times 10^{-2}}\right)^{0.25} = 1.72$$

（5）确定流型：

$$L_1 = 316 E_L^{0.302} = 316 \times 0.38^{0.302} = 235.93$$

$$L_2 = 92.52 \times 10^{-5} E_L^{-2.4684} = 0.0009252 \times 0.38^{-2.4684} = 1.01 \times 10^{-2}$$

$$L_3 = 0.10 E_L^{-1.4516} = 0.10 \times 0.38^{-1.4516} = 0.41$$

$$L_4 = 0.5 E_L^{-6.738} = 0.5 \times 0.38^{-6.738} = 339.15$$

因为 $0.01 \leq E_L < 0.4$ 以及 $L_3 < N_{Fr} < L_1$，故流型为间歇流。

(6) 根据流型计算 $H_L(0)$，ψ 及 $H_L(\theta)$：

由于流型为间歇流，查表 1-2-4 和表 1-2-5，得

$$a = 0.845, \quad b = 0.5351, \quad c = 0.0173, \quad d = 2.96$$

$$e = 0.305, \quad f = -0.4473, \quad g = 0.0978$$

$$H_L(0) = \frac{a E_L^b}{N_{Fr}^c} = \frac{0.845 \times 0.38^{0.5351}}{0.50^{0.0173}} = 0.51$$

$$C = (1 - E_L) \ln(d E_L^e N_{vL}^f N_{Fr}^g)$$

$$= (1 - 0.38) \times \ln(2.96 \times 0.38^{0.305} \times 1.72^{-0.4473} \times 0.50^{0.0978})$$

$$= 0.30$$

对于倾斜管，$\theta = 45°$，则

$$\psi = 1 + C\left[\sin(1.8\theta) - \frac{1}{3}\sin^3(1.8\theta)\right]$$

$$= 1 + 0.30 \times \left[\sin(1.8 \times 45°) - \frac{1}{3}\sin^3(1.8 \times 45°)\right] = 1.20$$

$$H_L(\theta) = H_L(0)\psi = 0.51 \times 1.20 = 0.61$$

(7) 计算阻力系数 λ：

$$y = \frac{E_L}{[H_L(\theta)]^2} = \frac{0.38}{0.61^2} = 1.02$$

$$S = \frac{\ln y}{-0.0523 + 3.182 \ln y - 0.8725(\ln y)^2 + 0.01853(\ln y)^4}$$

$$= \frac{\ln 1.02}{-0.0523 + 3.182 \times \ln 1.02 - 0.8725 \times (\ln 1.02)^2 + 0.01853 \times (\ln 1.02)^4}$$

$$= 1.91$$

$$N'_{Re} = \frac{D v_m [\rho_L E_L + \rho_g (1 - E_L)]}{\mu_L E_L + \mu_g (1 - E_L)}$$

$$= \frac{0.062 \times 0.55 \times [817.3 \times 0.38 + 40.05 \times (1 - 0.38)]}{3.47 \times 10^{-3} \times 0.38 + 1.22 \times 10^{-2} \times 10^{-3} \times (1 - 0.38)}$$

$$= 8624.35$$

$$\lambda' = 0.0056 + \frac{0.5}{(N'_{Re})^{0.32}} = 0.0056 + \frac{0.5}{8624.35^{0.32}} = 0.033$$

$$\lambda = \lambda' e^S = 0.033 e^{0.12} = 0.037$$

(8) 利用式(1-2-20) 计算压力梯度 $\dfrac{\mathrm{d}p}{\mathrm{d}Z}$ 及压力降 $\Delta p_{计}$：

$$-\frac{\mathrm{d}p}{\mathrm{d}Z} = \frac{[\rho_L H_L + \rho_g(1-H_L)]g\sin\theta + \dfrac{\lambda G_m v_m}{2DA_p}}{1-\{[\rho_L H_L + \rho_g(1-H_L)]v_m v_{sg}\}/p}$$

$$= \frac{[817.3 \times 0.61 + 40.05 \times (1-0.61)] \times 9.81 \times \sin 45° + \dfrac{0.037 \times 0.54 \times 0.55}{2 \times 0.062 \times 0.003}}{1-\{[817.3 \times 0.61 + 40.05 \times (1-0.61)] \times 0.55 \times 0.34\}/(4.25 \times 10^6)} \times 10^{-6}$$

$$= 3.6 \times 10^{-3} (\mathrm{MPa/m})$$

故

$$\Delta p_{计} = \left|\frac{\mathrm{d}p}{\mathrm{d}Z}\right| \times \Delta Z = 3.6 \times 10^{-3} \times 100 = 0.36 (\mathrm{MPa})$$

(9) 计算该段末端的压力 $p_{2计}$：

$$p_{2计} = p_1 + \Delta p_{计} = 4 + 0.36 = 4.36 (\mathrm{MPa})$$

(10) 比较压力增量的假设值与计算值 $|p_{2计} - p_{2设}|$，取 $\varepsilon = 0.02\mathrm{MPa}$，则

$$|p_{2设} - p_{2计}| = |4.36 - 4.5| = 0.14 > \varepsilon$$

故需将 $p_{2计} = p_1$ 作为新的假设值 $\Delta p_{设}$，从第（2）步开始计算，直到满足需求后以上段的末端压力作为下段的起点压力再开始计算第下一段。

参考文献

[1] 王鸿勋，张琪. 采油工艺原理：修订本. 北京：石油工业出版社，1990.

[2] 布朗 K E. 升举法采油工艺：卷一. 北京：石油工业出版社，1987.

[3] 布朗 K E. 升举法采油工艺：卷四. 北京：石油工业出版社，1990.

[4] Vogel J V. Inflow performance relationship for solution gas drive wells. J. Pet. Tech.，1968，1：83-93.

[5] Standing M B. Inflow performance relationships for damaged wells producing by solution gas drive. J. Pet. Tech.，1970，11：1399-1400.

[6] Douglas Patton L. Generalized IPR curves for predicting well behavior. Pet. Eng. Inter.，June 1980.

[7] Orkiszewski J. Predicting two-phase pressure drops in vertical pipe. J. Pet. Tech.，June 1967.

[8] Beggs H D，Brill J P. A study of two-phase flow in inclined pipes. J. P. T.，1973，5.

[9] 孙大同，张琪. 基于Petrobras方法含水综合IPR曲线公式的修正. 断块油气田，Vol. 2，No. 4，1995.

[10] Economides M J，Hill A D，Christine Ehlig-Economides. Petroleum production systems，2nd edition. New York：Pearson Education Inc.，2013.

[11] 陈家琅，陈涛平. 石油气液两相管流. 2版. 北京：石油工业出版社，2010.

[12] Gabor T. Considerations on the Selection of an Optimum Vertical Multiphase Pressure Drop Prediction Model for Oil Wells. SPE 68361，2001.

习 题

1. A 井位于面积 $A=45000\text{m}^2$ 的矩形泄油面积中心，矩形的长宽比为 2∶1，$r_w=0.1\text{m}$，$B_o=1.2$，$\mu_o=4\text{mPa}\cdot\text{s}$，地面原油密度 $\rho_o=860\text{kg/m}^3$，$S=2$。试根据下列测试资料绘制 IPR 曲线，并求采油指数 J 及油层参数（Kh），推算油藏压力。

A 井测试数据

流压,MPa	20.11	16.91	14.37	12.52
产量,t/d	24.4	40.5	53.1	62.4

2. B 井位于面积 $A=14400\text{m}^2$ 的正方形泄油面积中心，$r_w=0.1\text{m}$，$B_o=1.4$，$\mu_o=2\text{mPa}\cdot\text{s}$，地面原油密度 $\rho_o=850\text{kg/m}^3$，$S=-3$，油层为胶结砂岩。试根据下列测试资料用二项式求油层渗透率及有效厚度。测试所得油藏平均压力 $\bar{p}_r=40\text{MPa}$（计算中要注意压力及产量单位）。

B 井测试数据

产量,m³/d	60	120	180	240
流压,MPa	34.22	28.36	22.42	16.39

3. C 井 $\bar{p}_r=20\text{MPa}$，$p_b=15\text{MPa}$，测试得 $q_o=30\text{t/d}$ 时的井底流压 $p_{wf}=13\text{MPa}$，试绘制该井的 IPR 曲线。

4. D 井的平均压力 $\bar{p}_r$ 为 28MPa，饱和压力 p_b 为 30MPa，试油测试井底流压 p_{wf} 为 20MPa 时，地面产油量为 $50.0\text{m}^3/\text{d}$，试计算：（1）该井最大可能产量；（2）$p_{wf}=16\text{MPa}$ 时的产量和采油指数。

5. E 井为水平井，水平段长度为 800m，泄油半径为 1500m，水平渗透率为 $7.8\times10^{-3}\mu\text{m}^2$，垂向渗透率为 $0.6\times10^{-3}\mu\text{m}^2$，原油黏度为 $1.5\text{mPa}\cdot\text{s}$，体积系数为 1.1，井筒半径为 0.1m，油层有效厚度为 23m。计算该井理想情况下（$S=0$）的采油指数。

6. F 井地面测试产量 $q_o=30\text{t/d}$，$q_w=20\text{t/d}$，生产油气比 $R_p=100\text{m}^3/\text{t}$，天然气相对密度 $\gamma_g=0.7$，地面脱气原油密度 $\rho_o=850\text{kg/m}^3$，水的密度 $\rho_w=1050\text{kg/m}^3$，地面原油黏度 $\mu_o=100\text{mPa}\cdot\text{s}$，2½in 油管。计算段长 ΔZ 为 100m，计算段与水平方向的夹角 $\theta=45°$，计算段平均温度 $T=50℃$，计算段起始压力为 4MPa，试用 Beggs-Brill 方法计算该段的压降。

第二章 自喷与气举采油

根据油层能量是否充足，油井开采方式分为自喷（flowing）和人工举升（artificial lift）两大类。当油层能量充足时，完全依靠油层自身能量将原油举升至地面的方法称为自喷采油。当油层能量较低不足以自喷时，采用人工方式给井筒流体补充能量将其举升到地面的方法称为人工举升。

第一节 自喷生产系统

一、自喷生产系统概述

1. 自喷生产系统的组成

自喷井井筒内主要有油管和套管，此外，为了使自喷井保持正常的稳产高产，必须安装相应的井口装置，以控制、调节油气产量。井口装置由套管头（casing head）、油管头（tubing head）和采油树（christmas tree）三部分组成。

套管头是连接套管和各种井口装置的一种部件。用以支撑技术套管和油层套管的重力，密封各层套管间的环形空间，同时为防喷器、油管头和采油树等上部井口装置提供过渡连接。套管头在井口装置的下端，由本体、套管悬挂器和密封组件组成。图2-1-1为连接两层套管的套管头结构。表层套管用法兰与套管头下法兰连接，油层套管用丝扣与套管头内螺纹连接。

油管头装在套管头的上面，它包括油管悬挂器和套管四通。油管悬挂器的作用是悬挂井内油管柱，密封油管与油层套管间的环形空间；套管四通的作用是进行正、反循环洗井，测量套管压力以及通过油套环形空间进行各项作业。目前油田上普遍采用的油管头如图2-1-2所示。

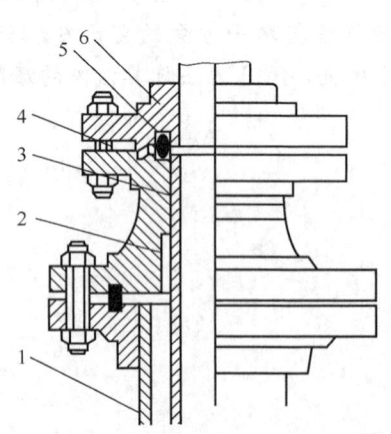

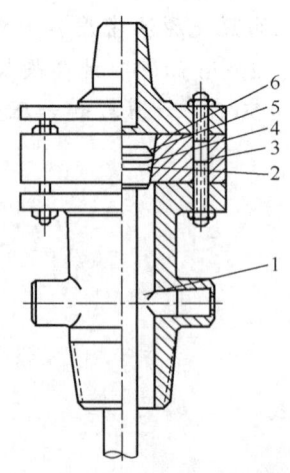

图 2-1-1 套管头示意图
1—表层套管；2—套管头；3—油层套管；
4—内、外螺纹；5—钢圈；6—套管四通下法兰

图 2-1-2 油管头示意图
1—套管四通；2—密封圈；3—顶丝法兰盘
4—油管悬挂器；5—顶丝；6—钢圈

采油树是由套管阀、总阀、生产阀、清蜡阀、油嘴、油管、四通等组成。采油树安装在油管头上面,用以控制油气流动,进行安全的、有计划的生产,并完成测试、压井、清蜡等工作。常用的采油树结构图和实物图如图2-1-3所示。

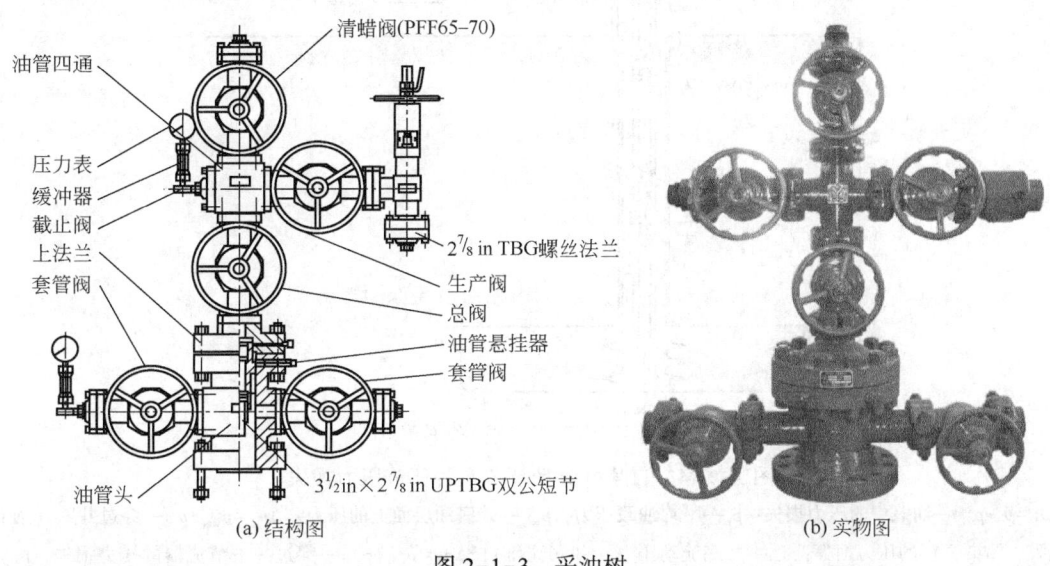

图 2-1-3 采油树

2. 自喷井生产系统的四个流动环节

任何油井的生产都可分为三个基本流动过程:从油藏到井底的流动——油层中的渗流(flow through porous media);从井底到井口的流动——井筒中的垂直管流(vertical pipe flow);从井口到分离器——地面管线中的水平或倾斜管流(horizontal or inclined pipe flow)。对自喷井,原油流到井口后还有通过油嘴的流动——嘴流(choked flow)。所以,自喷井可以分为四个基本流动过程。

油井稳定生产时,整个流动系统必然满足混合物的质量和能量守恒原理。要使油井连续稳定自喷,就必须使这四个不同流动过程既相互衔接又相互协调,其中任何一个流动过程发生变化,都会影响其他过程,从而改变自喷井的整个生产状况。

一口复杂的自喷井系统及各段的压力损失如图2-1-4所示。大多数自喷井的生产系统较为简单,除海上油井外都不设置井下安全阀和节流器。

二、油嘴流动规律

自喷井生产过程中,往往需要在井口安装节流装置——油嘴(choke),通过调节油嘴尺寸的大小来控制油井油压以达到限制和稳定油井产量的目的。

油嘴种类很多,包括井口固定式油嘴或针型阀(可调节式油嘴),油管鞋附近的井下油嘴、油管上部井下安全阀(SSSV)、气举阀的进气孔等(图2-1-5)。当流体通过这些流通截面突缩部件时,其流动规律可概括为嘴流。由于流通截面积减小,导致流体速度增加。根据伯努利定理,速度增加导致压力下降,即嘴流压降。下面阐述临界流动与油嘴特性及气液两相嘴流压降与流量之间的动态关系(动画2-1-1)。

动画 2-1-1 自喷井流动环节

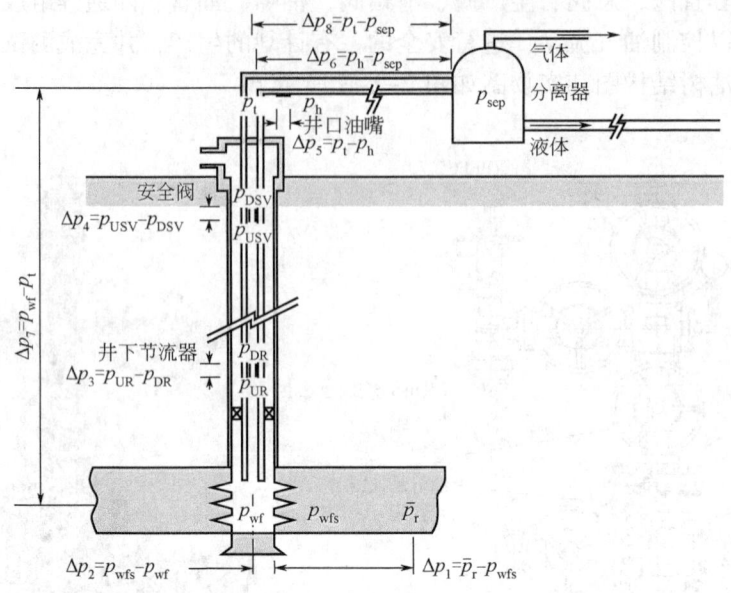

图 2-1-4 自喷井流动环节及各环节压力损失

$\Delta p_1 = \bar{p}_r - p_{wfs}$—油藏中的压力损失；$\bar{p}_r$—平均油藏压力；$p_{wfs}$—井底油层面上的压力；$\Delta p_2 = p_{wfs} - p_{wf}$—穿过井壁（射孔孔眼、污染区）的压力损失；$p_{wf}$—井底流动压力（井底流压）；$\Delta p_3 = p_{UR} - p_{DR}$—穿过井下节流器的压力损失；$p_{UR}$、$p_{DR}$—井下节流器上、下游压力；$\Delta p_4 = p_{USV} - p_{DSV}$—穿过井下安全阀的压力损失；$p_{USV}$、$p_{DSV}$—井下安全阀的上、下游压力；$\Delta p_5 = p_t - p_h$—穿过地面油嘴的压力损失；$p_t$—井口油管压力；$p_h$—地面油嘴下游压力（也称为井口回压）；$\Delta p_6 = p_h - p_{sep}$—地面出油管线的压力损失；$p_{sep}$—分离器压力；$\Delta p_7 = p_{wf} - p_t$—油管中的损失，包括 Δp_3 和 Δp_4；$\Delta p_8 = p_t - p_{sep}$—地面管线总损失，包括 Δp_5 和 Δp_6

图 2-1-5 油嘴实物图

1. 临界流动与油嘴特性

油气混合物从井底到达井口时，在油嘴前的油压 p_t 和油嘴后的回压 p_h 作用下通过油嘴。由于此处气体膨胀，混合物体积流量很大，而油嘴直径又很小，因此，混合物流经油嘴时流速极高，可能达到临界流动（critical flow）。所谓临界流动，是流体的流速达到压力波在流体介质中的传播速度即声波速度时的流动状态（视频 2-1-1）。此时可以把混气液体在油嘴中的流动看成热工中流体在临界条件的喷管流动（nozzle flow）。在临界流动条件下，气体或液体经喷管的质量流量 G 与喷管后和喷管前压力比的关系 p_2/p_1 如图 2-1-6 中 bc 段所示。

视频 2-1-1 气液临界流动

2. 气液两相嘴流规律

自喷井油气混合物在油嘴中的流动近似于单相气体的流动，从图 2-1-6 可以看出，当压力比低于一定值后，通过油嘴的质量流量为定值。对于油气混合流，当油嘴后、前压力比等于或小于 0.546 时，嘴内流动状态达到临界流动。在临界流动条件下，油气混合物质量流量不

受嘴后压力变化的影响，而体积流量只与嘴前的压力、嘴径及气油比有关。根据矿场资料统计，它们之间的关系可表示为

$$q = \frac{p_t d^m}{cR^n} \quad (2-1-1)$$

或

$$p_t = \frac{cR^n q}{d^m}$$

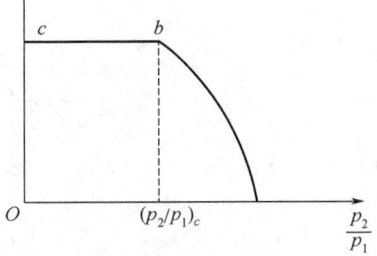

图 2-1-6　过油嘴质量流量与喷管前后的压力比关系曲线

式中　p_t——油压（即 p_1），MPa；
　　　R——气油比，m³/m³；
　　　q——产油量，m³/d；
　　　d——油嘴直径，mm；
　　　n、m、c——常数。

式(2-1-1) 表示了临界流动条件下油气混合物通过油嘴时主要流动参数之间的基本关系。由于流体性质的差别及油气混合方式的不同使得嘴流复杂化。根据国内外数百口井资料统计，通常采用的嘴流计算公式为

$$q = \frac{4d^2}{R^{0.5}} p_t \quad (2-1-2)$$

由式(2-1-2) 可知，当油嘴直径和气油比一定时，临界流动状态下流过油嘴的油气混合物体积流量与油压成正比，而与油嘴下游压力（回压）变化无关。此特点可实现地面管线相连的油井之间避免相互干扰。

第二节　节点分析方法

节点分析方法（nodal analysis method）是应用系统工程原理，以油井生产系统为对象把从油藏到地面分离器所构成的整个油井生产系统按不同的流动规律分成若干流动子系统，在每个流动子系统的起始及衔接处设置节点，然后分析各子系统的流动规律、相互关系及各自对整个系统的影响。

一、节点分析方法的基本概念和分析步骤

1. 节点系统分析方法

节点系统分析方法简称节点分析。节点分析的对象是油藏至地面分离器的整个油井生产系统，其基本思想是在某些部位设置节点（node），将油井生产系统分隔为相对独立的子系统，以压力和流量的变化关系为主要线索，把由节点分隔的各流动过程的数学模型有序地联系起来，以确定油井的协调产量。通过节点分析可以研究油井生产系统中各可控参数与环境因素对整个生产系统产量的影响和变化关系，为优化系统运行参数和进行系统调控提供依据。

2. 节点

在油井生产系统中，节点是一个位置的概念。图 2-2-1 是与图 2-1-4 所示系统相对应

的各节点位置,对其他举升方式还会有不同的节点位置。

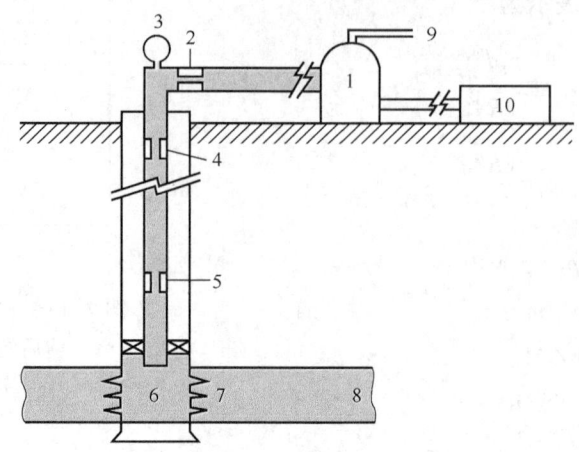

图 2-2-1　自喷井生产系统节点位置

1—分离器;2—地面油嘴;3—井口;4—安全阀;5—节流器;
6—井底;7—井底油层面;8—油层边界;9—集气管网;10—油罐

节点可分为普通节点(ordinary node)和函数节点(function node)两类。普通节点一般指两段不同流动过程的衔接点,如图2-2-1所示的井口、井底以及系统的起止点(地层边界、分离器)均属普通节点。在这类节点处不产生与流量有关的压降。函数节点与普通节点的不同之处在于,在函数节点上的压力是不连续的,流体穿过函数节点时产生压降,其压降的大小为流量的函数 $\Delta p = f(q)$,故这类节点称为函数节点(也称为功能节点)。流体在函数节点上产生的压降可用适当的公式计算。如图2-2-1所示的地面油嘴、井下安全阀、节流器都属于函数节点。

节点1描述分离器压力 p_{sep},通常可调节为定值;节点8描述平均油藏压力 $\bar{p}_r$,在一定生产时间内也可以看作是常数。在整个生产系统中,节点1和节点8上的压力 p_{sep} 和 $\bar{p}_r$ 并不是流量的函数。因此,任何用来求解总系统问题的试算法都必须从节点1或8开始。

应用节点分析方法时,通常要选定一个节点,将整个系统划分为节点流入(node inflow)和节点流出(node outflow)两个部分进行求解。所选用的节点称为求解节点,简称解节点(solution node)或求解点。求解点的选择主要取决于所要研究解决的问题。通常是选用井口(节点3)或井底(节点6)来求解不同条件下系统协调生产时的井口压力或井底流压及相应的产量。

3. 节点分析的基本步骤

以普通节点为例,节点分析的基本步骤如下。

1)建立油井模型并设置节点

按油井生产的逻辑关系,明确生产流程的构成并在系统内设置相应的节点,从而把油井系统有序地划分为相互联系又相互独立的若干部分。

2)求解点的选择

求解点位置与系统分析的结果无关。灵活的求解点位置有利于研究分析在整个系统中不同因素对产量的影响。取井口为求解点可以分析井筒和地面管线尺寸变化的影响;取井底作为求解节点有利于分析油层的供液能力和井筒的举升能力,以便优选油管尺寸和控制井底压力;取系统终端(分离器)为节点可得到分离器压力对各类油井生产的影响情况;以油嘴为求解点,有利于进一步分析油嘴直径对生产系统影响。

总之,应根据所分析的问题合理选择求解点,通常应选择尽可能靠近分析对象的节点作为求解点。

3)计算求解点上游的供液特征(节点流入曲线)

改变产量,从系统的始端(平均油藏压力 $\bar{p}_r$)开始,沿流动方向按照求解点上游各流动过程的数学模型计算相应的求解点处的压力,得到产量与求解点压力的关系(节点流入曲线)。

4)计算求解点下游的排液特征(节点流出曲线)

改变产量,从系统终端(分离器压力 p_{sep})开始,逆流动方向按照求解点下游各流动过程的数学模型计算相应的求解点处的压力,得到产量与求解点压力的关系(节点流出曲线)。

5)确定生产协调点

根据求解点上、下游的压力与产量的关系,在同一坐标系中绘制出求解点流入曲线和流出曲线,两条曲线称为系统节点分析曲线,如图 2-2-2 所示。节点流入曲线反映在给定地层压力下油层到求解点(流入段)的供液能力。节点流出曲线反映在给定分离器压力下从求解点到分离器(流出段)的排液能力。在求解点流入、流出曲线的交点 A 处,流入段的产量等于流出段的排量;并且流入段的剩余压力等于流出段所需要的起点压力。交点处上下游能够协调工作,因此该交点 A 称为油井生产协调点,简称协调点。

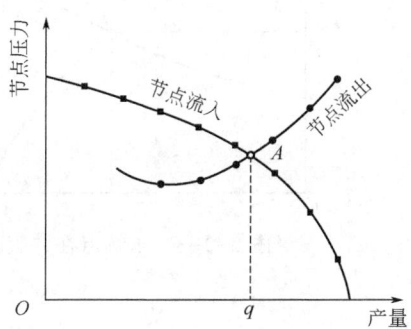

图 2-2-2 系统节点分析曲线及其解
A—生产协调点

二、自喷井节点分析

1. 普通节点分析

下面以图 2-2-1 所示的简单自喷井生产系统为例,说明选取不同节点时进行节点系统分析的方法。

已知:油藏深度;油管直径;出油管线直径及长度;气油比;含水率;油、气密度;分离器压力 p_{sep};油藏压力 $\bar{p}_r$;饱和压力 p_b(低于油藏压力)及单相流时的采油指数 J_1。求:油井可能的产量。

1)井底为求解点

如图 2-2-1 所示,整个生产系统将从井底(节点 6)分成两部分:一部分为边界到井底的渗流;另一部分为从井底到分离器的管流。

由于选取中间节点 6(井底)为求解点,所以求解时,要从两端(节点 8 和节点 1)开始,设定一组流量,对这两部分分别计算至求解点处的压力(井底流压)与流量的关系曲线(图 2-2-3)。以节点 8(油藏平均压力)为起点计算得到井底流压与流量的关系曲线(即 IPR 曲线)为节点 6 的流入曲线,而以节点 1(分离器压力)为起点计算得的油管入口压力与流量的关系曲线为节点 6 的流出曲线,如果油管下入深度为油层中部深度,则油管入口处的压力即为井底流压,两条曲线的交点便是该系统在所给条件下在井底得到的解,即在所给条件下可获得的油井产量及相应的井底流压。

2)井口为求解点

整个生产系统将从井口分为两大部分,求解点压力为井口压力 p_t。在假定一组流量后,分别以给定的分离器压力 p_{sep} 和油藏压力 $\bar{p_r}$ 为起点计算不同流量下的井口压力 p_t。这样就可绘出以井口为求解点的节点流入曲线1(油管及油藏动态曲线)和节点流出曲线2(水平管流动态曲线),如图2-2-4所示。由两条曲线的交点就可求出该井在所给条件下的产量及井口压力。

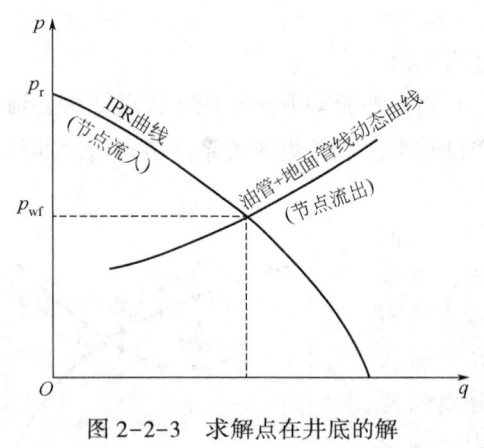
图2-2-3 求解点在井底的解

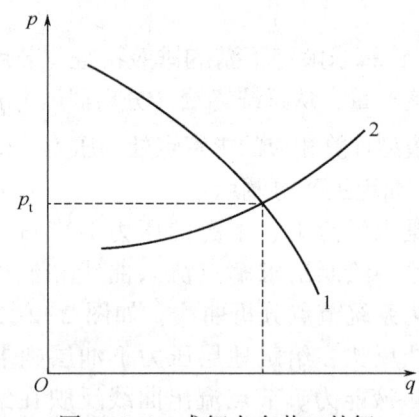
图2-2-4 求解点在井口的解
1—油管及油藏动态曲线;2—水平管流动态曲线

2. 函数节点分析

如果为了进行地面油嘴、井下安全阀及井下节流器的设备选型,则求解点可分别选择在节点2、节点4及节点5上来进行分析。这些节点都属于函数节点,流体流过节点时将产生压差。当以函数节点为求解点时,先要以系统两端为起点分别计算不同流量下节点上、下游的压力,求得节点压差并绘出压差—流量曲线。然后,根据描述节点设备(油嘴、安全阀等)的流量—压差公式或相关式,求得设备工作曲线。由两条压差—流量曲线的交点便可求得问题的解,即节点设备产生的压差及相应的油井产量。设备规格不同,则求解得到的压差及产量亦不相同,从而可根据要求选出合适的节点设备。

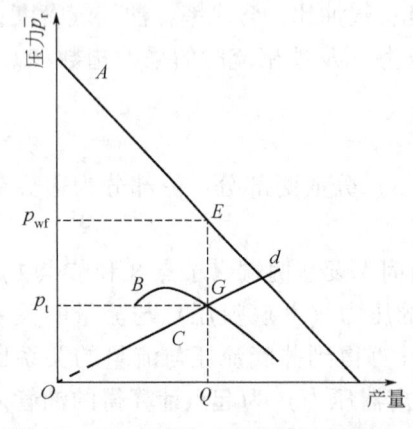
图2-2-5 自喷井三个流动过程关系

下面以地面油嘴为求解点,以实现临界流动为目标,说明进行函数节点分析的方法。

以地面油嘴为求解点将整个生产系统分为流入、流出两大部分。可设定一系列的产量,从油层和分离器开始分别计算出油嘴处一系列的油压和回压。将满足回压低于油压一半(油嘴临界压力比近似取0.5)的点绘制成 p_t—q 的曲线 B(油管工作特性曲线),此曲线上的任一点都满足临界流动的条件。然后根据油嘴工作特性相关式求出其在临界流动状态下的特性曲线(油嘴特性曲线),并将油管工作特性曲线(曲线B)与油嘴特

性曲线 C 绘制于同一坐标中（图 2-2-5），两曲线的交点 G 即为该油嘴下的产量与油压。图 2-2-5 中，$\bar{p}_r-p_{wf}$ 表示在油层流动中所消耗的压力，$p_{wf}-p_t$ 表示在油管垂直流动中所消耗的压力，p_t 表示井口油压。

三、节点分析在设计及预测中的应用

1. 预测不同油嘴下的产量与油嘴选择

如图 2-2-6 所示，对一口井根据生产上要求的产量 Q 选择合适的油嘴直径 d 时，以油嘴为求解点，绘制出满足油嘴临界流动的 p_t—Q 曲线即油管工作曲线 B，再根据可供选用的油嘴直径分别作出相应的油嘴曲线，如 4mm、6mm、8mm、10mm、16mm 直径油嘴特性曲线分别与曲线 B 相交，如存在交点，其交点所对应的产量分别为 Q_6、Q_8、Q_{10}、Q_{16}，然后根据要求的产量 Q 确定与之对应的（或较接近的）油嘴直径。

从图 2-2-6 中可以看出，4mm 直径油嘴特性曲线与曲线 B 无交点，说明选用 4mm 油嘴无法同时满足临界流动和油嘴特性的要求，则生产不正常。在更换油嘴预测产量的时候，应当注意油嘴的更换应不引起绘制曲线 B 时各给定参数的变化。例如因更换油嘴使气油比改变，那么曲线 B 和油嘴特性曲线的位置将发生改变，图 2-2-6 就是在更换油嘴时参数不变的情况下得到的。

2. 选择油管直径

在相同参数下，将不同直径油管的流入曲线画在 p—Q 图上，比较在某种产量范围内选用何种油管直径更为有利。图 2-2-7 为油管直径 $2\frac{1}{2}$in 和 $3\frac{1}{2}$in 的油管流入曲线，从这两种管径的油管流入曲线看到一种有意义的情况，当井口油压较低为 p_{t1} 时（高产量），原油在大直径油管中的摩擦损失较小，因而可得到较高的产量。但在高油压 p_{t2} 时（低产量），大直径油管的产量反而比小直径的要低，这是由于在大直径管中滑脱损失使总损失增大。由此可见，在某种条件下，大直径油管不一定比小直径油管的产量高。

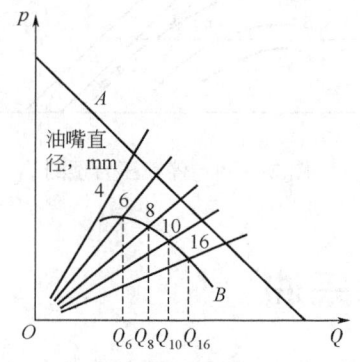

图 2-2-6　不同油嘴直径时的产量

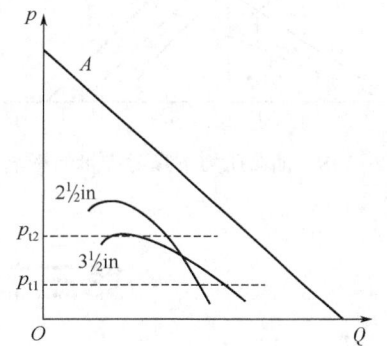

图 2-2-7　不同油管直径对产量的影响

需要强调油管直径选择的重要性。在高产井中（千吨及上万吨的井），倘若没有考虑到油管直径的问题，很可能由于选用了过小的油管直径而限制了产量。有的高产自喷井油管用到 $3\frac{1}{2}$in 或 $4\frac{1}{2}$in。

由于油管尺寸的加大，自然影响套管直径及其配套的井下工具。因此，在完井工程设计确定生产套管尺寸时首先应确定油管直径。而油管直径的选择不仅要考虑到开发初期的产

能，而且要考虑开发后期的产能、举升工艺和可能采取的井下措施。

3. 预测油藏压力变化对产量的影响

油藏在开采过程中，油藏压力会发生某种程度的降低，可以用类似的方法预测油藏压力下降后产量 Q 的变化。

首先讨论油嘴直径不变时，油藏压力降低后产量的变化。

如图 2-2-8 所示，A、B 分别为某一开采阶段的油层流入动态曲线和油管流入曲线。经过一定时间后，油藏压力降低，相应的油层流入动态曲线和油管流入曲线为 A'、B'。如果所用的油嘴直径 d_1 不变，该井的产量将由原来的 Q_1 下降为 Q_2。如果要保持原来的产量 Q_1，就必须换用较大的油嘴直径 d_2。要注意的是换用大直径油嘴 d_2 后，井口油压要随之下降，能否满足生产上对井口油压的要求，也是需要考虑的。

4. 停喷压力预测

如图 2-2-9 所示，油井在生产过程中，由于油藏压力连续下降，油层流入动态曲线分别变为 A_1、A_2、A_3，相应的油管流入曲线也要向横轴方向移动，如 B_1、B_2、B_3。如果要求油压 p_t 在大于某值（例如 $p_t = 0.6$ MPa）的条件下生产，在纵轴上取 $p_t = 0.6$ MPa 的 E 点作一水平线交油管曲线 B_2 于 C 点。从图中可以看出，EC 线不与油管曲线 B_3 相交，说明油藏流入动态曲线下移到 A_3 时，油井已不能正常自喷生产。

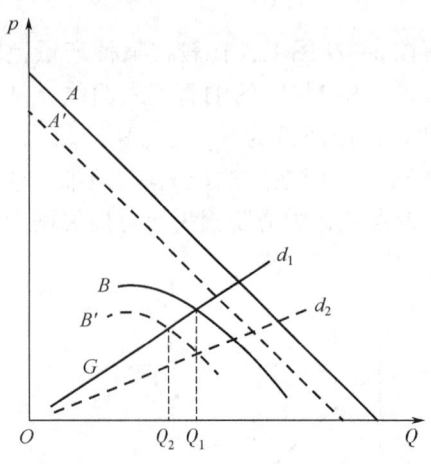

图 2-2-8 油藏压力下降对产量的影响

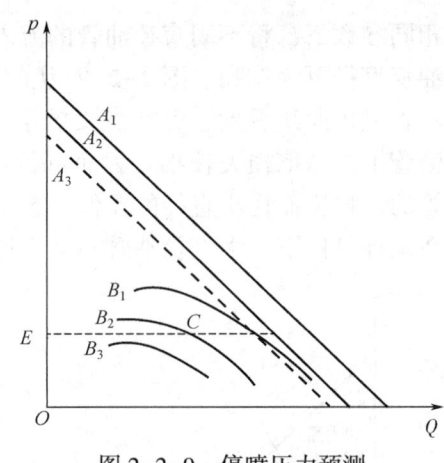

图 2-2-9 停喷压力预测

第三节 气举采油

气举（gas lift）采油是指从地面将高压气体注入油井中，与油层产出流体在井筒中混合，利用气体膨胀使气液混合物密度降低将流入井内的流体举升到地面的一种人工举升方法（视频 2-3-1）。气举井的井筒流动与自喷井相同，但用于举升原油的气体主要来自地面的天然气、氮气等高压气体，而不是来自地层和原油的溶解气。气举适用于高气液比的油井采油和气井排液采气，也可用于油井诱喷或压裂酸化增产措施井和修井排液作业。气举的举升深度和排量变化灵活，井口和井下设备比较简单，管理

视频 2-3-1 气举基本过程

方便。在含砂及含腐蚀性介质的油井条件下，较其他人工举升方式更具优势。但气举采油要求有稳定充足的气源，采用压缩机增压，其地面设备一次性投资大，举升效率相对较低。油田气举采油系统如图 2-3-1 所示。

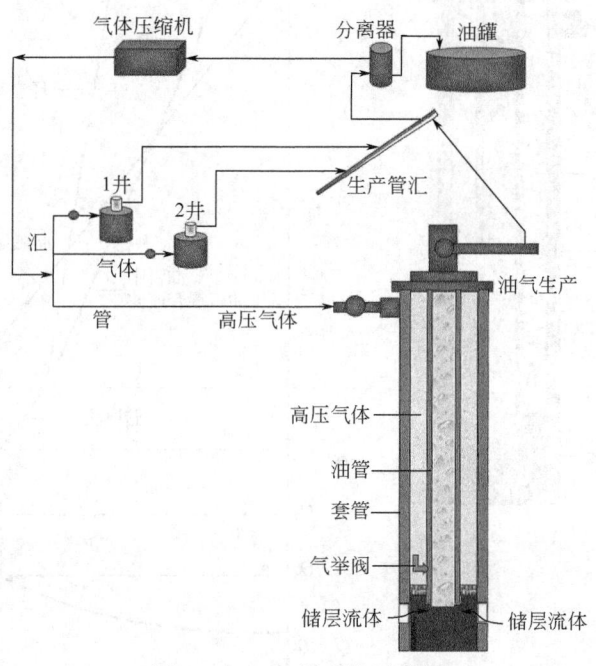

图 2-3-1　气举系统示意图

一、气举原理与气举系统

1. 气举原理

气举采油通过地面向油套环空或油管注入高压气体，使之与地层流体混合，降低井筒内流体密度和井底回压（井底流压），从而提高油井产量。气举井与自喷井在流动性质和协调原理方面有许多相似之处，气举井的主要能量是依靠外来高压气体的能量，而自喷井主要依靠油层本身的能量。如图 2-3-2 所示，在注气深度以下油管内压力梯度与没有气举时相同，注气点以上由于气液混合降低了压力梯度，从而使井底流压由 p_{wf1} 降低为 p_{wf2}，因此油井获得较高产量。

2. 气举方式

气举按注气方式可分为连续气举（continuous gas lift）和间歇气举（intermittent gas lift）两大类。所谓连续气举，就是将高压气体连续注入井内，排出井筒中液体的一种举升方式，适应于供液能力较好、产量较高的油井。间歇气举就是向井筒周期性地注入气体，推动停注期间在井筒内聚集的油层流体段塞升至地面从而排出井中液体的一种举升方式。间歇气举主要用于油层供给能力差，产量低的油井。间歇气举还包括柱塞气举、腔室气举等举升工艺。

气举方式根据高压气体进入的通道分为环形空间进气系统和油管进气系统两种。环形空间进气是指压缩气体从环形空间注入，原油从油管中举出；油管进气方式与环形空间进气方式相反。当油中含蜡、含砂时，若采用油管进气，因油流在环形空间流速低，砂子易沉淀下来，同时在油管外壁上的结蜡也难以清除。所以在实际工作中，多采用环空注气，油管采油。

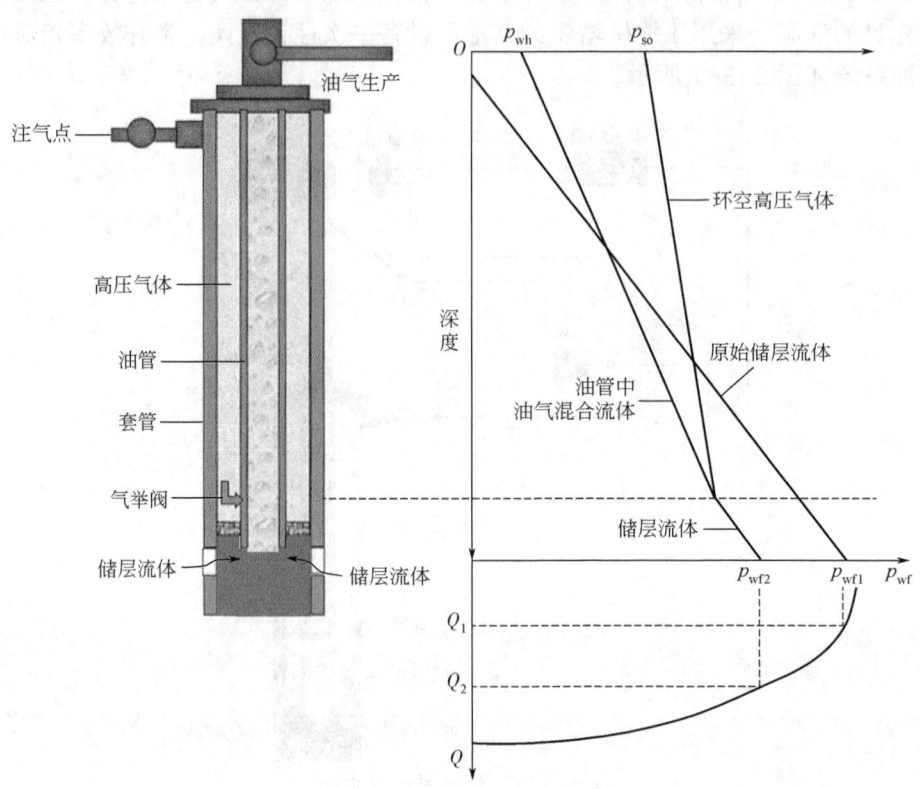

图 2-3-2 气举井压力分布

3. 气举管柱

气举阀（gas lift valve）通过工作筒安装在油管上（图 2-3-3），安装方式主要有固定式和投捞式两种。固定式气举阀是在油管尚未下到井中之前，在地面上将阀装进工作筒（side pocket mandrel）内，更换或检阀必须起下油管。投捞式气举阀工作筒作为油管的一部分，按气举井布阀设计要求预先连接在油管上，利用钢丝作业进行气举阀的投放、提捞作业，方便安装、检阀。

按下入井中的油管柱数量，气举可分为单管气举和多管气举。多管气举可同时进行多层开采，但其结构复杂，一般很少采用。常用的单管气举管柱分为开式装置、半闭式装置、闭式装置（图 2-3-4）。开式装置仅限于连续气举，而后两种装置既可用于连续气举，也可用于间歇气举。开式装置下井的油管柱不带封隔器，注入气体从油套环空进入，产液自油管举出，油、套管是连通的[图 2-3-4(a)]。半闭式装置用封隔器封隔油套环空与油管，避免每次关井后重新开井时重复排环空内液体[图 2-3-4(b)]。闭式装置是在半闭式装置的基础上，在油管柱底部安装一个固定阀，其作用是在间歇气举时防止油管内压力作用于地层[图 2-3-4(c)]。

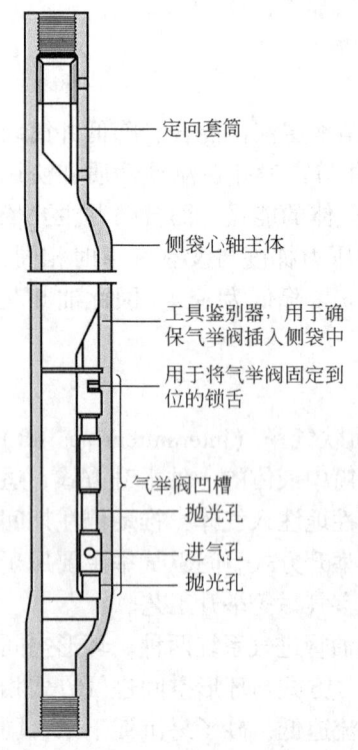

图 2-3-3 气举工作筒

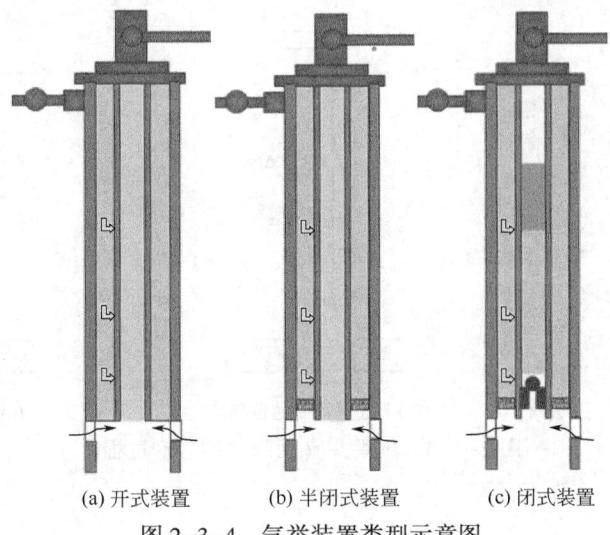

(a) 开式装置　　　(b) 半闭式装置　　　(c) 闭式装置

图 2-3-4　气举装置类型示意图

二、气举启动过程

1. 无阀气举井启动过程

当油井停产时,油管、套管内的液面在同一位置,当启动(start-up)压缩机向油套环形空间注入高压气体时,环空液面被挤压下降,如不考虑液体被挤入地层,环空中的液体将全部进入油管,油管内液面上升,在此过程中压缩机的输出压力不断提高,环形空间内的液面将最终达到管鞋(注气点)处,此时的井口注入压力达到最高值,称为启动压力 p_e。继续注气,高压气体进入油管将与油管内液体混合,液面不断上升直至喷出地面(图 2-3-5)。在开始喷出之前,井底压力大于或等于地层压力;喷出后由于油套环空仍继续进气,油管内的液体继续喷出,更多的气体进入油管内,使油气混合物密度进一步降低,油管鞋压力相应降低,此时井底压力及压缩机压力亦随之下降。当井底压力低于地层压力时,地层流体流入井内,由于地层出液使油管内的油气混合物密度稍有增加,因而压缩机压力会有所上升,经过一段时间后趋于稳定,达到稳定生产时的压缩机压力称为工作压力 p_o。(图 2-3-6)。气举井的上述启动过程实际上是降低井内流体载荷的过程,因此也称为卸载(unloading)过程。

如果压缩机的最大额定压力小于启动压力,气举将无法启动。启动压力与油管下入深度、油/套管直径以及静液面的位置有关。采用环空注气时,启动压力范围为

$$p_e = (h + \Delta h)\rho_L g \tag{2-3-1}$$

$$\rho_L g L \geqslant p_e \geqslant \rho_L g h \tag{2-3-2}$$

式中　p_e——启动压力,Pa;

h——静液面与油管鞋之间的距离,称为油管沉没度,m;

Δh——油管液面上升的高度,m;

ρ_L——井液密度,kg/m³;

L——油管下入深度,m。

油管沉没度越大启动压力就越大,要求压缩机具有较高的额定输出压力,而气举井正常生产时所需的工作压力又比启动压力小得多,这就造成压缩机功率的浪费。因此,必须减小气举启动压力,常用的方式是在油管柱的不同深度处安装气举阀。

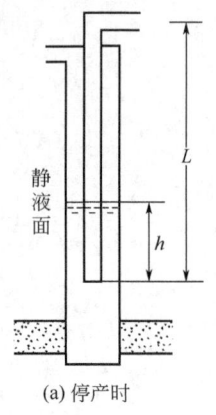 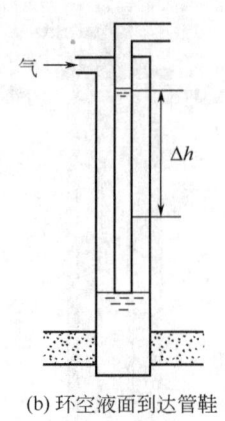 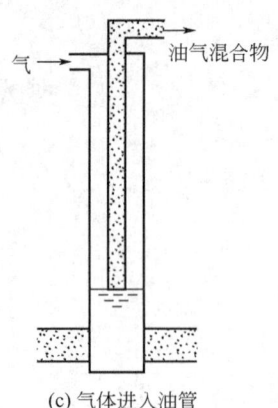

(a) 停产时　　　　　　　(b) 环空液面到达管鞋　　　　　(c) 气体进入油管

图 2-3-5　气举井（无阀）的启动过程

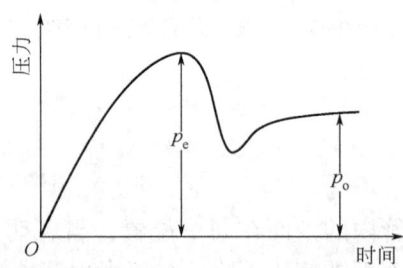

图 2-3-6　气举井启动时的压缩机压力随时间的变化曲线

2. 有阀气举井启动过程

视频 2-3-2　气举启动过程

如图 2-3-7 所示，气举前井筒充满液体，静液面下的气举阀由于内外压力平衡而全部开启，油、套管窜通（视频 2-3-2）。气举时，气体进入套管环形空间，挤压液面降到阀Ⅰ时，气体通过阀孔进入油管，使阀Ⅰ以上的油管内液柱充气，油管内压力降低，相应的环形空间液面继续下降，如图 2-3-7(a) 所示，当环形空间液面降到第二个阀时，气体通过此阀进入油管，使管内液柱混气并举升阀Ⅱ以上油管内的液体。随着阀Ⅱ投入工作的瞬间，气体由两个阀进入油管，进气量增大，环形空间内压力开始降落，使阀Ⅰ达到关闭条件而关闭，气体只经过阀Ⅱ进气，如图 2-3-7(b) 所示。图 2-3-7(c) 表示环形空间液面继续下降，下一级阀露出液面投入工作，此时阀Ⅱ关闭。油井正常生产时气体通过阀Ⅲ进入油管，地层产液通过管鞋进入油管，达到正常稳定生产。

可以看出，对未装气举阀的井，启动压力取决于油管下入深度，而对于下气举阀的井，只要各级阀下入深度合适，气举井的启动压力仅与第一级阀下入深度有关，因此，启动压力大大降低。处于注气点深度的气举阀，如阀Ⅲ，称为工作阀（operating valve），注气点以上的各级气举阀，如阀Ⅰ和阀Ⅱ，称为卸载阀（unloading valve）。

气举阀在整个气举过程中起着至关重要的作用，具体表现为：（1）高压气体进入举升管柱的通道和开关；（2）用较低的启动压力将液面降至注气点深度；（3）油管柱上安装多个气举阀，可通过地面调节套压或油压，灵活改变注气点位置，以适应油井供液能力的变化。

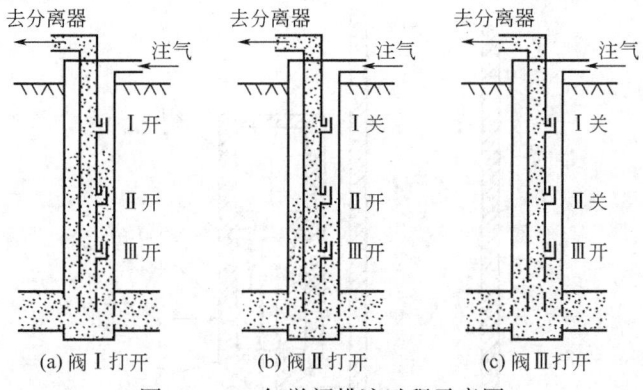

(a) 阀Ⅰ打开　　(b) 阀Ⅱ打开　　(c) 阀Ⅲ打开

图 2-3-7　气举阀排液过程示意图

三、气举阀

气举阀实际上是一种用于井下的压力调节器,地面上常用的简单压力调节器的结构如图 2-3-8 所示。它通过阀球的开启度来控制注气量的大小,阀球的开启度不仅与上、下游压力有关,而且与加压元件压力有关,这是气举阀和固定节流器的不同之处。

1. 气举阀分类

（1）按压力控制方式,气举阀可分为节流阀、气压阀（或称套压操作阀）、液压阀（或称油压操作阀）和复合控制阀四种类型。

（2）按气举阀在井下所起的作用,可分为卸载阀、工作阀和底阀。

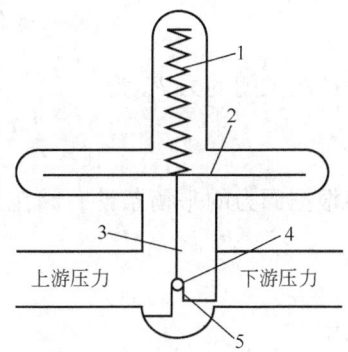

图 2-3-8　气举阀作用示意图
1—弹簧（加压元件）；2—弹性膜；
3—阀杆；4—阀球；5—阀座

（3）按气举阀自身的加载方式,可分为充气波纹管气举阀和弹簧气举阀。

（4）按气举阀安装作业方式,可分为固定式气举阀和投捞式气举阀。

2. 气举阀工作原理

气举阀是由储气室（内充氮气）、波纹管（带动阀杆运动,使阀打开或关闭）、阀杆、阀芯、阀座等部件组成,如图 2-3-9 所示。气举阀实质上是一种用于井下的压力调节器,它主要利用波纹管受压后能够产生相应位移这一特性制作。气举阀在井下,储气室充氮压力 p_d 作用于波纹管（面积为 A_b）上,使与阀杆连接的阀坐于阀座上,外部压力油压 p_t 通过气孔作用于阀芯（面积为 A_p）上,套压 p_c 作用于波纹管（面积为 A_b-A_p）上。当外部总压力大于储气室压力时,则波纹管被压缩,阀芯也随之上移离开阀座,阀孔被打开,外部气体压力即可通过阀孔进入油管中,以实现气举采油；当外部总压力小于储气室压力时,阀坐在阀座上将阀孔封死。

气举阀开启压力 p_{op} 是指气举阀将要开启瞬间气举阀处的套管压力。由图 2-3-9 可知,试图打开阀的力 F_o 为

$$F_o = p_{op}(A_b - A_p) + p_t A_p \tag{2-3-3}$$

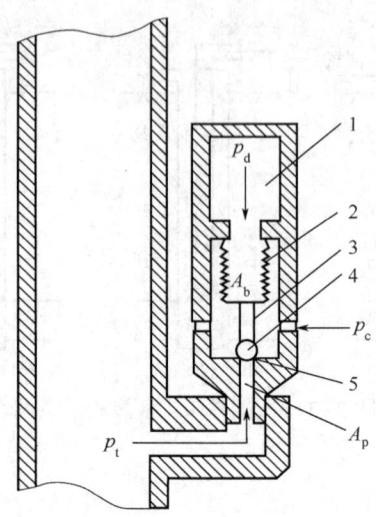

图 2-3-9　气举阀结构示意图
1—储气室；2—波纹管；3—阀杆；4—阀芯；5—阀座

保持阀关闭的力 F_c 为

$$F_c = p_d A_b \tag{2-3-4}$$

则根据阀力的平衡条件，阀在井下的开启压力 p_{op} 为

$$p_{op} = \frac{p_d - R p_t}{1 - R} \tag{2-3-5}$$

其中

$$R = A_p / A_b$$

式中　p_{op}——阀在井下的开启压力，MPa；
　　　p_d——阀在井下时封包内的压力，MPa；
　　　p_t——阀处的油管压力，MPa；
　　　R——阀孔面积与封包面积之比。

为了研究油管压力对阀开启压力的影响，将式(2-3-5)改写为

$$p_{op} = \frac{p_d}{1-R} - \frac{R p_t}{1-R} \tag{2-3-6}$$

由式(2-3-6)看出，随着油管压力增加，打开阀所需要的套管压力减小。式中的油管压力项（第二项）称油管效应（tubing effect，T.E.），表示为

$$T.E. = \frac{R}{1-R} p_t \tag{2-3-7}$$

式中，$R/(1-R)$ 为油管效应系数（tubing effect factor），用 T.E.F. 表示。

由图 2-3-9 可知：当气举阀处的套管压力 $p_c \geq p_{op}$ 之后，阀就会被打开。气压阀打开后，保持阀开启的力为

$$F_o = p_c(A_b - A_p) + p_c A_p \tag{2-3-8}$$

试图关闭阀的力为

$$F_c = p_d A_b \quad (2-3-9)$$

当 $F_o \leq F_c$ 时,阀就会关闭。以 p_{vc} 表示阀即将关闭瞬间阀处的套管压力(称阀关闭压力),则

$$p_{vc} = p_d \quad (2-3-10)$$

由式(2-3-10)可看出,阀关闭压力仅与封包内的压力有关,与油管压力无关。

气压阀开启压力与关闭压力之差称为工作压差(又称气举阀的距),是表征封包式阀工作特性的一个主要参数,其值为

$$\Delta p = p_{op} - p_{vc} = \frac{p_b - p_t R}{1-R} - p_{vc} \quad (2-3-11)$$

将 $p_{vc} = p_d$ 代入式(2-3-11),整理后可得

$$\Delta p = \frac{R}{1-R}(p_d - p_t) = \text{T.E.F.}(p_d - p_t) \quad (2-3-12)$$

阀的距随油管压力的增大而减小。当 $p_t = p_d$ 时为最小,且等于零;当 $p_t = 0$ 时,其值最大。由此可知最大距 = T.E.F.(p_d),最小距 = 0。

阀的距还与油管效应有关,由于 T.E.F. 随面积比 R (或阀孔径)增大而增大,故增大阀孔径可明显地提高阀的距。

四、连续气举设计

气举生产系统设计是根据给定的设备条件(可提供的注气压力及注气量)和地层条件设计注气点深度、注气量和注气压力;工作阀、启动阀的位置、类型、尺寸及装配要求等。

1. 设计基础

1)设计所需基本资料

要正确地进行气举设计,一般应先获得如下基本资料:井深;油、套管尺寸;油井生产条件(如出砂、结蜡等情况);地面管线尺寸及长度;分离器压力;预期的井口油管压力;希望获得的产量;含水率;注入气的相对密度;可提供的最大注气压力及气量;油井流入动态;油藏温度;地面温度;地面原油密度;水的密度;天然气的相对密度;地层静压;生产气油比;地面原油黏度及表面张力等。

2)确定注气点深度

图 2-3-10 为典型的连续气举示意图及井筒压力分布图。油管上共安装了 3 只气举阀,注气点以上 2 只气举阀均为启动阀(卸载阀),气举启动时,自上而下依次打开各个启动阀。第 3 只阀为工作阀,气举启动后向油管内连续注气。从井筒压力分布图可以看出,从产层流入井筒的流体在注气点处连续补充高压气后,显著降低混合流体密度和压降梯度,将液体举升至地面。油套环空的压力分布曲线与指定产量下的油管内流动压力曲线交点,称为平衡点,在这一点处油管和环空内的压力相等。考虑气体流过气举阀时需要克服一定的压降(0.5~0.7MPa),将平衡点以上平移一定距离确定为注气点位置,工作阀安装在此处。环空注气压力分布近似为直线,计算公式如下:

$$p_g(x) = p_{so}\left(1 + \frac{\rho_{g0} g T_0 x}{p_0 T_{av} Z_{av}}\right) \quad (2-3-13)$$

式中　$p_g(x)$——x 处的气柱压力（绝对），MPa；
　　　p_{so}——井口压力（绝对），MPa；
　　　ρ_{g0}——标准状况下的气体密度，kg/m³；
　　　g——重力加速度，m/s²；
　　　T_0——标准状况下的温度，K；
　　　x——从井口算起的深度，m；
　　　p_0——标准状况下的压力，MPa；
　　　T_{av}——平均温度，K；
　　　Z_{av}——平均温度和压力下的气体压缩因子。

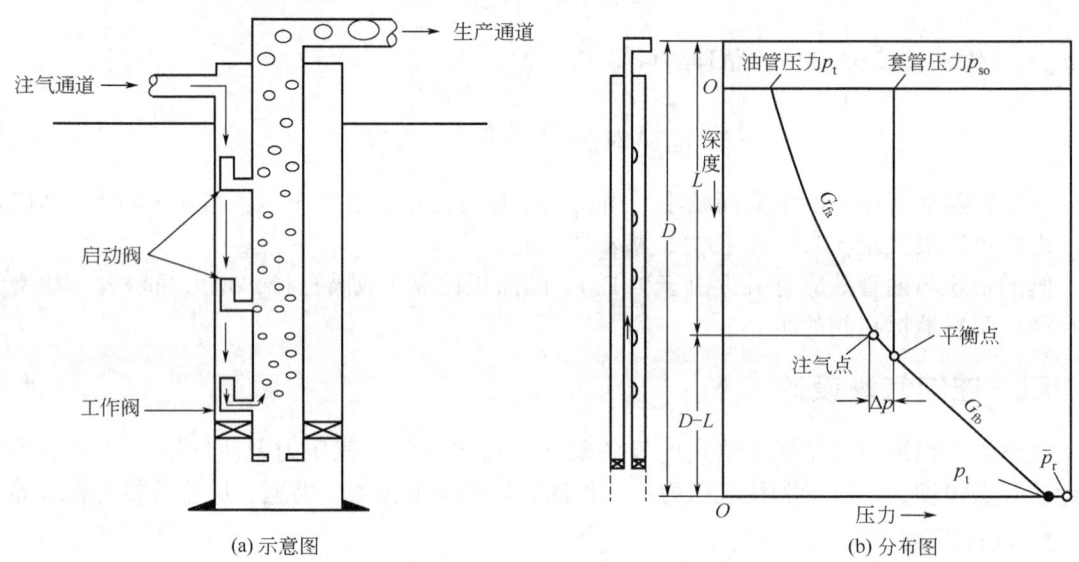

图 2-3-10　典型的连续气举井示意图及井筒压力分布

2. 连续气举系统节点分析

连续气举系统分析（节点分析）主要用于分析该系统中的注气量、油管尺寸、出油管线尺寸和井口压力（或分离器压力）等参数对单井系统动态的影响，优化单井气举工艺参数。

1）节点分析步骤

连续气举井较自喷井多一注气通道，下面以注气点为解节点为例，说明气举节点分析基本步骤：

（1）设定一组产液量 Q_L，对每一 Q_L 从地层沿井筒向上计算到注气点，得到节点流入压力 p_1，并作出解节点流入曲线 SIPR，如图 2-3-11 所示。

$$p_1 = f_1(Q_L) = \bar{p}_r - \Delta p_{\text{油层边界至井底}} - \Delta p_{\text{井底至注气点}} \quad (2\text{-}3\text{-}14)$$

（2）改变注气量 Q_{inj}，对每一 Q_L 从分离器（或井口）逆流体流动方向计算到注气点，得到节点流出压力 p_2，在同一图上作出解节点流出曲线，有

$$p_2 = f_2(Q_L, Q_{inj}) = p_{\text{sep}} + \Delta p_{\text{地面管线}} + \Delta p_{\text{注气点至井口}} \quad (2\text{-}3\text{-}15)$$

（3）求节点流入曲线（SIPR）与不同注气量下的节点流出曲线的交点（图 2-3-11），由此获得注气量与产液量的关系曲线，即气举动态曲线，如图 2-3-12 所示。

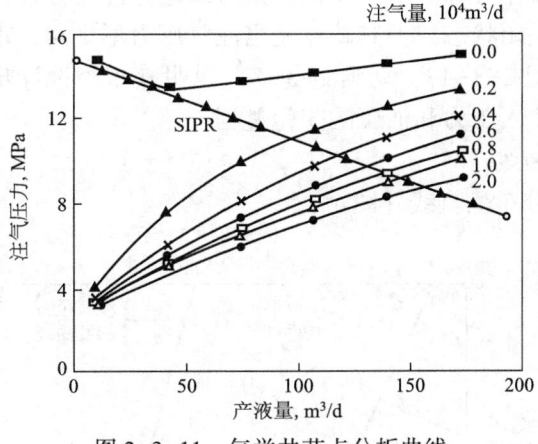

图 2-3-11 气举井节点分析曲线

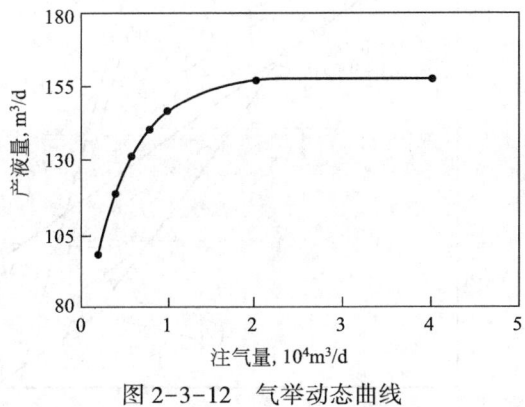

图 2-3-12 气举动态曲线

（4）改变某一工艺参数（如注气点深度、油管尺寸、出油管线尺寸、分离器压力和油压等）进行敏感性分析，为选择经济可行的系统工艺参数提供技术依据。

2）气举动态曲线

连续气举井生产时的注气量与产液量关系曲线称为气举动态曲线（gas lift performance curve），也称气举特性曲线，如图 2-3-12 所示。实际应用时，在给定井口油压和注气点深度情况下，应用节点分析方法可求得不同产液量对应的注气量。若改变产液量，就可求得在给定井口油压下一系列的注气量值，将此产液量与注气量值对应点绘成曲线，即得气举井的"理论动态曲线"。根据生产资料改变注气量，可测试出对应产液量，从而获得气举井"生产动态曲线"。

3. 连续气举布阀设计

连续气举布阀设计的主要内容是：确定注气点以上所需启动阀数量及其下入深度，以及启动阀的尺寸和调试参数等。启动阀的位置及数量与启动前井内液面位置、地面注气系统所能提供的启动压力和工作压力，以及启动阀的类型有关。连续气举布阀设计的方法主要有变地面注气压力法和定地面注气压力法，下面主要介绍常用的变地面注气压力法。

变地面注气压力设计法也称降低注气压力设计法，或称套压递减法。其要点是逐级降低打开井下各级气举阀的套管注气压力，以保证通过下一级阀注气以后，关闭上部各启动阀，

此方法适用于注气压力操作气举阀。主要优点是可以选择性地打开井下某级气举阀，并使其以上的各级气举阀处于关闭状态，但其缺点是当注气压力不足时，难以获得高产。

下面采用图解法（图 2-3-13，动画 2-3-1）说明其布阀设计步骤，图 2-3-14 是变注气压力启动过程中井口注入压力和油压的变化过程：

（1）绘制静液梯度曲线；
（2）假设井筒温度分布呈直线并图示；

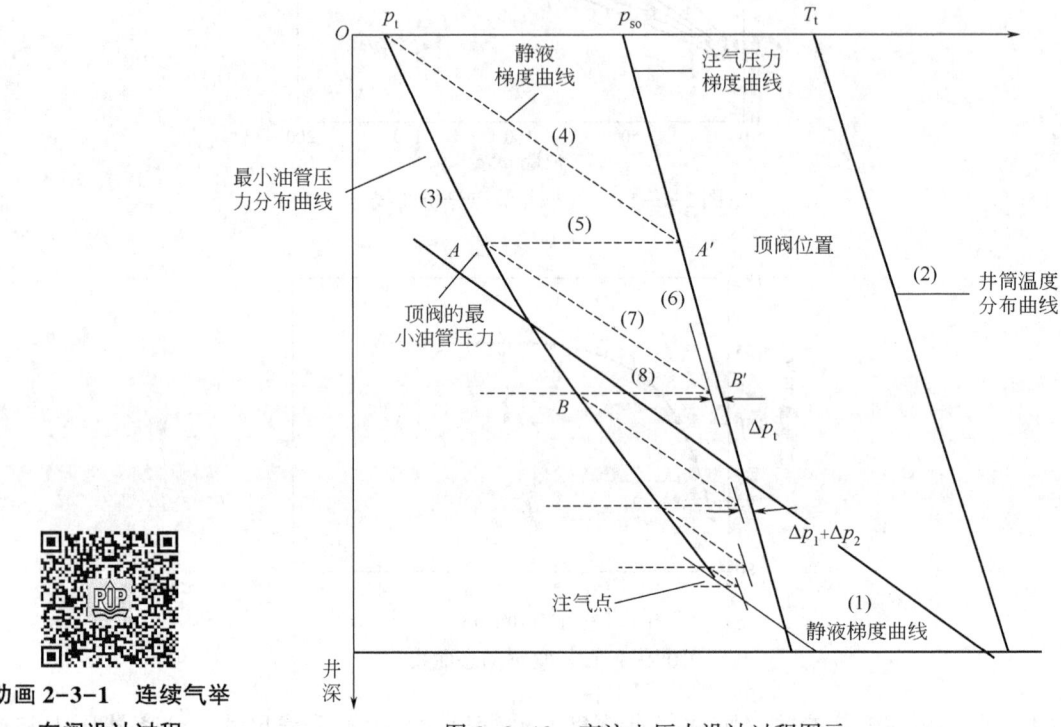

动画 2-3-1　连续气举布阀设计过程

图 2-3-13　变注入压力设计过程图示

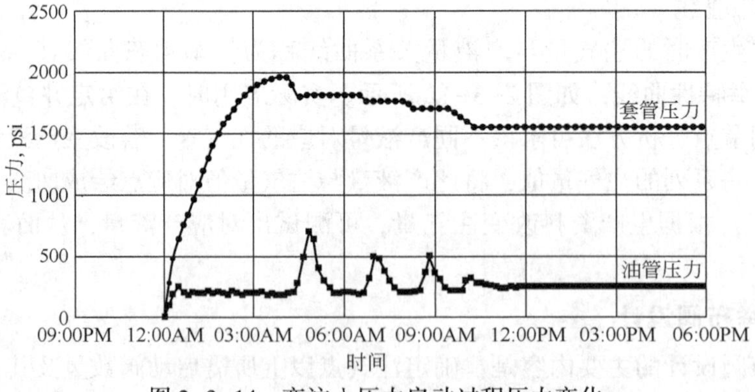

图 2-3-14　变注入压力启动过程压力变化

（3）从井口油压起，利用静压力曲线作井口到注气点深度的最小油管压力分布曲线，表示气举井正常生产时最大气液比对应的油管压力梯度；
（4）从井口油压处作静液梯度曲线与注气压力梯度曲线相交，交点 A' 即顶阀位置；
（5）从顶阀位置点向左作水平线与最小油管压力线相交，交点 A 对应压力即顶阀的最

小油管压力;

(6) 将地面注气压力降低 Δp_1,作一条平行于注气压力梯度曲线的平行线;

(7) 从顶阀最小油压处开始作静液梯度曲线与减去 Δp_1 的注气压力梯度曲线相交,交点对应深度为第二级阀位置;

(8) 从第二级阀位置向左作水平线与最小油管压力线相交 B 点,交点压力即第二级阀的油管压力;

(9) 将地面注气压力降低 $\Delta p_1+\Delta p_2$,作注气压力梯度曲线的平行线,利用步骤(7)的做法可以得到第三级阀位置;

(10) 重复第(6)至(8)步骤,用同样方法确定以下各级阀的位置,一直计算到注气点深度以下为止。

五、柱塞气举

柱塞气举(plunger lift)是一种特殊的间歇气举方式,它是利用本井产出的气体沿油管举升柱塞和柱塞以上的液柱。柱塞(plunger)在气体和液柱之间起到隔离作用,减少了气体滑脱和液体回落。柱塞气举可充分利用地层能量,尤其是高气液比的油井。对于采取常规间歇气举效率不高、效益不明显的井,柱塞气举具有明显优势。柱塞气举还有防止油管结蜡和水合物的作用,也可用于气井排液采气。

1. 柱塞气举装置

典型的柱塞气举装置如图 2-3-15 所示,主要由柱塞、井下设备和地面设备组成。

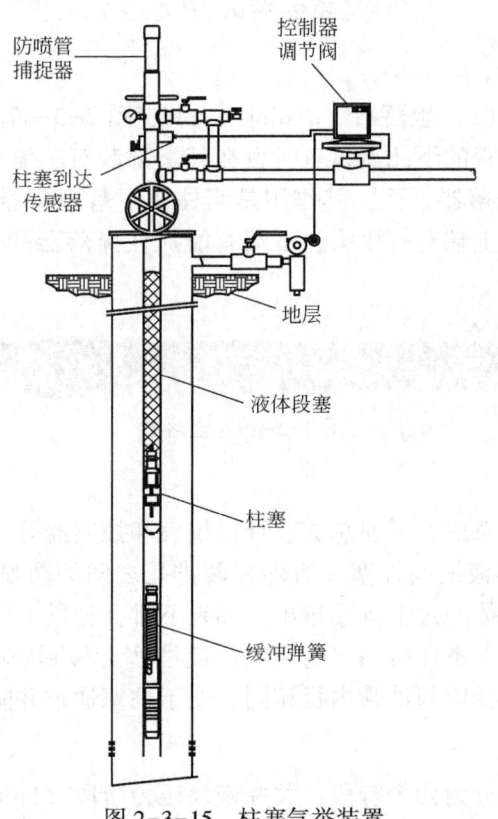

图 2-3-15 柱塞气举装置

1）柱塞

柱塞一般分为不带旁通的实心柱塞和带旁通的柱塞（图2-3-16）。实心柱塞的下落速度与带旁通的柱塞相比要慢得多。应当根据油管情况、地层特征、举升要求等因素选择恰当的柱塞。当井的压力恢复较快时，应选择下落速度较快的柱塞；当井的压力恢复较慢时，应选择下落速度较慢的柱塞。

理想的柱塞应满足：（1）有良好的耐磨性、抗震性和防卡性；（2）柱塞上行过程中要求柱塞与油管之间有良好的密封性；（3）柱塞下落过程中要求下落阻力小，能迅速通过气柱、液柱下落。

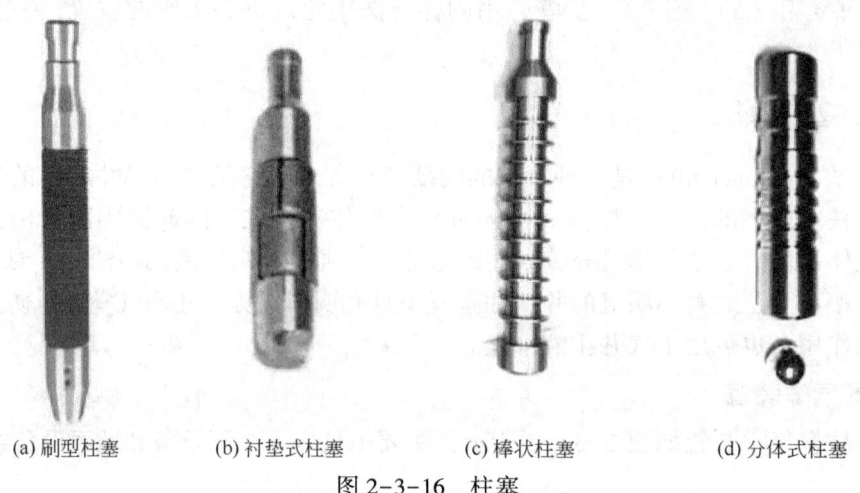

(a) 刷型柱塞　　(b) 衬垫式柱塞　　(c) 棒状柱塞　　(d) 分体式柱塞

图 2-3-16　柱塞

2）井下设备

井下设备主要包括：（1）坐落器（seating nipple，图2-3-17），依靠卡瓦卡定在油管内预定的深度，作为柱塞行程的下死点，有时也在其下部装有单流阀，防止油管中液体倒流；（2）缓冲弹簧，安放在坐落器上面，其作用是当柱塞下落坐落器时起减振作用以及关闭柱塞上的旁通阀，缓冲弹簧上端有打捞头，下端有能抓住坐落器的套爪；（3）气举阀，用于卸载排液和补充注气举升。

图 2-3-17　坐落器

3）地面设备

地面设备包括防喷器总成、三通总成、计量仪表和控制器等。井口装备一般采用双排孔流程（图2-3-18）。在排液期间柱塞一直停在两排孔之间的防喷管中。气体经过柱塞四周到达上排孔，而大多数液体通过下排孔排出。如果下排孔管段上安装有可调阀门，就可以调节下排孔的压力，使柱塞上下保持一定的压差，使柱塞上移到防喷管顶部，便于捕捉柱塞。井口油管上所有阀门的内径应与油管内径相同，便于柱塞通过并防止液体回落。

2. 柱塞气举过程

典型的柱塞气举过程分为四个阶段：关井恢复压力阶段（buildup stage）、柱塞上升阶段（upstroke stage）、生产阶段（blowdown stage）和柱塞下行阶段（downstroke stage）。

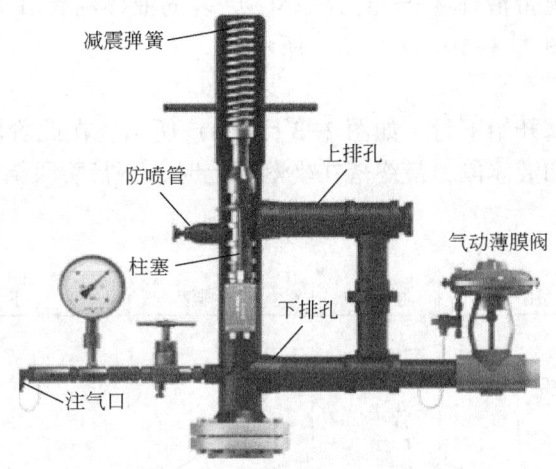

图 2-3-18　柱塞气举井口装备

1）关井恢复压力阶段

井口控制阀关闭后，柱塞坐在坐落器上部弹簧上，如图 2-3-19(a) 所示。油井气液续流进入油套环空，同时，由于柱塞与油管之间存在缝隙，气液也会进入柱塞上部的油管中。这个阶段的套压和油压都会逐渐升高。

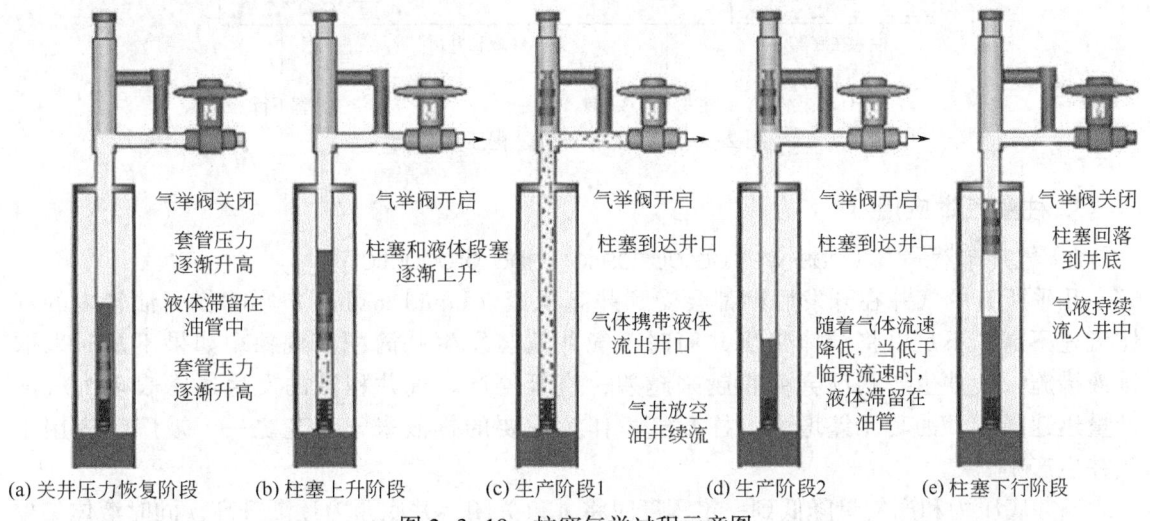

(a) 关井压力恢复阶段　(b) 柱塞上升阶段　(c) 生产阶段1　(d) 生产阶段2　(e) 柱塞下行阶段

图 2-3-19　柱塞气举过程示意图

2）柱塞上升阶段

当套压达到期望值后，井口控制阀打开，油管上部的气体迅速流出，导致油压快速下降，在柱塞两端形成一定的压差。柱塞及之上的液体在这个压差的驱动下持续上升。在柱塞上行的过程中，环空内的气体膨胀进入油管内继续推动柱塞，套压会缓慢下降，井底流压降低，使得更多流体进入井筒，柱塞到达井口后此阶段结束，如图 2-3-19(b) 所示。

3）生产阶段

柱塞在一定压差作用下停留在井口双排孔之间，控制阀保持开启状态，气液持续流出井口。环空内的气体不断进入油管内产出，套压因此持续降低，使得在此阶段结束时井底流压最低，气液产量最高。生产阶段的流压保持在比管线压力略高的水平。生产一段时间后，随着气量逐渐降低,气体携带液体生产能力减小,更多的液体滞留在井筒中,此时关闭控制阀,生产阶段结束,如图2-3-19(c)、(d)所示。

4)柱塞下行阶段

控制阀关闭后,柱塞开始下行,如图2-3-19(e)所示。在此阶段,油压和套压开始上升,当柱塞穿过气体段和液体段,最终落在坐落器上时,下行阶段结束,井内压力又处于恢复状态(图2-3-20)。

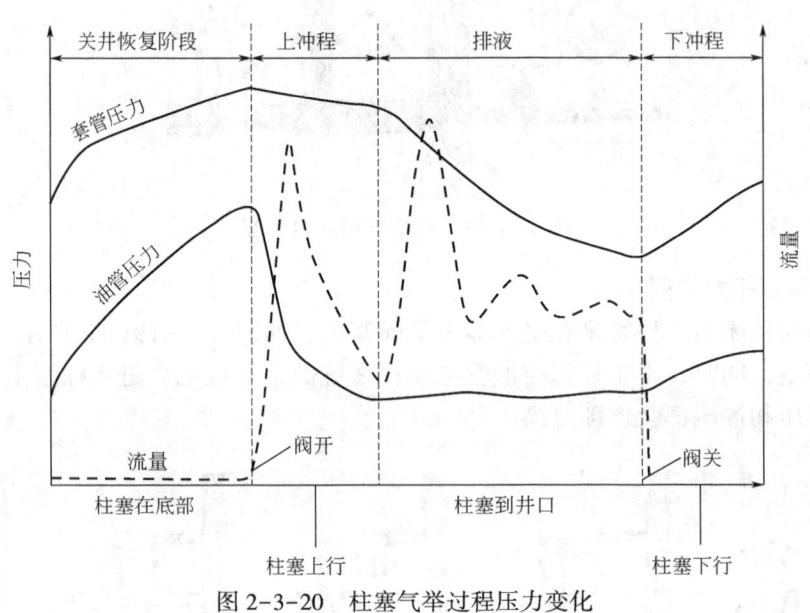

图2-3-20 柱塞气举过程压力变化

3. 柱塞气举应用

1)气井排液采气(gas well deliquification and production)

几乎所有的气井在开发后期都会受到井筒积液(liquid loading)影响,当油管内的气体流速不高、不足以将液体带出井筒时,气井就会发生井筒积液现象。如果不及时采取排液措施,气井生产状况会变得越来越差,直至停产。气井积液的发生通常表现为气液产量迅速降低、油套压差增大。柱塞气举作为主要的排液采气工艺之一,被广泛应用于气井生产中。

当井底压力和产气量降低到一定程度时将井口关闭,井底压力逐渐升高,同时液体集聚于柱塞上部,这时将井口打开,在高压作用下,气体段塞会托举柱塞及柱塞以上液体排出井口。井底流压降低,气井可持续生产一段时间,直到下一次循环。柱塞气举利用气井自身能量,延长了气井寿命。

2)提高高气液比油井产量

与气井类似,柱塞气举可以应用于高气液比油井提高产量。对于储层压力较低、不能自喷生产的油井,采取泵举方式可以有效提高油井产量。但是各种泵举方式都会受到气体的影响,高气液比油井的泵效往往较低,在这种情况下适合采取柱塞气举方式。作为油井间歇生产的一种方式,柱塞气举相比传统的间歇气举可以充分利用储层自身能量、提高举升效率,从而降低了生产成本。

参考文献

[1] 王鸿勋, 张琪. 采油工艺原理. 北京: 石油工业出版社, 1989.
[2] 张琪. 采油工程原理与设计. 东营: 中国石油大学出版社, 2000.
[3] 布朗 K E. 升举法采油工艺: 卷二上. 北京: 石油工业出版社, 1987.
[4] 布朗 K E. 升举法采油工艺: 卷四. 北京: 石油工业出版社, 1990.
[5] 万仁溥, 罗英俊. 采油技术手册(第四分册). 北京: 石油工业出版社, 1993.
[6] 李颖川. 采油工程. 2版. 北京: 石油工业出版社, 2009.
[7] 韩国庆, 檀朝东, 安永生, 修井工程: 富媒体. 2版, 北京: 石油工业出版社, 2018.
[8] 曲占庆, 王卫阳. 采油工程. 东营: 中国石油大学出版社, 2009.
[9] Lea J F. Dynamic analysis of plunger lift operations [J]. Journal of Petroleum Technology, 1982, 34 (11): 2617-2629.
[10] Nguyen T. Artificial lift methods: design, practices, and applications [M]. Berlin: Springer Nature, 2020.

习 题

1. 什么是节点系统分析方法？简述节点系统分析方法在油井生产系统设计与动态预测中的主要作用。

2. 试述节点分析曲线的构成，并以井底为求解点为例说明其计算过程。

3. 试用图解法说明各级启动阀布阀设计步骤。

4. 已知某井注气点深度 $h = 1000\text{m}$，天然气相对密度 $\gamma_g = 0.7$，井口注气压力 $p_s = 5.0\text{MPa}$，井筒平均气体温度 $T_{av} = 50℃$，气体压缩因子 $Z = 0.9$，试计算注气点处静气柱压力。

第三章 有杆泵采油

有杆泵采油包括游梁式抽油机有杆泵采油和地面驱动螺杆泵采油。两者都是用抽油杆将地面动力传递给井下泵，前者是将抽油机悬点的往复运动通过抽油杆传递给井下柱塞泵；后者是将井口驱动头的旋转运动通过抽油杆传递给井下螺杆泵。有杆泵采油具有结构简单、适应性强和寿命长的特点，是目前国内外应用最广泛的机械采油方式。本章讲授目前矿场普遍采用的游梁式抽油机井有杆泵采油，有关螺杆泵采油原理将在第四章介绍。

第一节 抽油装置及泵的工作原理

如图 3-1-1 所示，典型的有杆抽油装置主要由三部分组成：一是地面驱动设备，即抽油机（pumping unit）；二是安装在油管柱下部的抽油泵（down hole pump）；三是抽油杆柱（rod string），它把地面设备的运动和动力传递给井下抽油泵柱塞使其上下往复运动，使油管柱中的液体增压，将油层产液抽汲至地面。就整个有杆抽油生产系统而言，还包括供给流体的油层、用于悬挂抽油泵并作为举升流体通道的油管柱、井下器具（油管锚、气锚、砂锚等）、油套管环形空间及井口装置等。

一、抽油机

抽油机是有杆抽油系统的地面驱动设备（视频3-1-1）。按其基本结构可分为游梁式和无游梁式两大类，目前国内外应用最广泛的是游梁式抽油机（beam pumping unit）。游梁式抽油机主要由游梁（walking beam）—连杆（pitman arm）—曲柄机构（crank）、减速箱（gear reducer）、动力设备（prime mover）和辅助装置（auxiliary device）等四大部分组成。工作时，动力机将高速旋转运动通过皮带和减速箱传给曲柄轴，带动曲柄作低速旋转，曲柄通过连杆带动游梁作上下摆动，挂在驴头（horsehead）上的悬绳器便带动抽油杆柱作往复运动。

根据结构形式不同，游梁式抽油机分为常规型（普通型）、异相型、前置型和异型等类型。常规型（conventional pumping unit）和前置型（Mark Ⅱ pumping unit）是游梁式抽油机的两种基本型式。

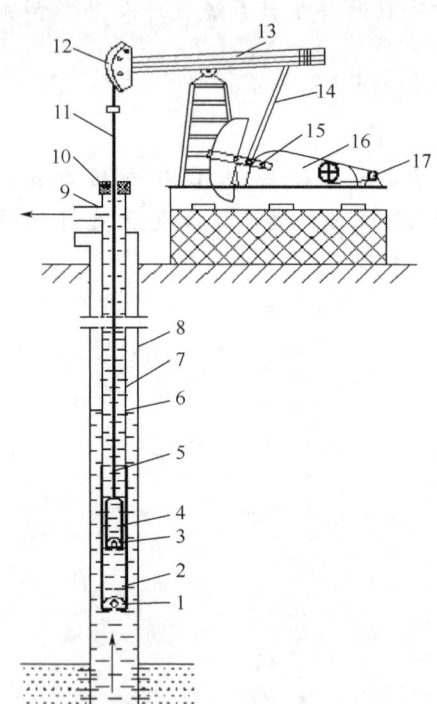

图 3-1-1 典型有杆抽油生产系统
1—固定阀；2—泵筒；3—游动阀；4—柱塞；
5—抽油杆；6—动液面；7—油管；8—套管；
9—三通；10—密封盒；11—光杆；12—驴头；
13—游梁；14—连杆；15—曲柄；16—减速器；
17—动力机（电动机）

视频 3-1-1 抽油机各部分工作过程

1. 常规型游梁式抽油机

常规型游梁式抽油机如图 3-1-2 所示（视频 3-1-2）。它是目前油田使用最广的一种抽油机。其结构特点是：支架位于游梁的中部，驴头和曲柄连杆分别位于游梁的两端，曲柄轴中心基本位于游梁尾轴的正下方，上下冲程运行时间相等。

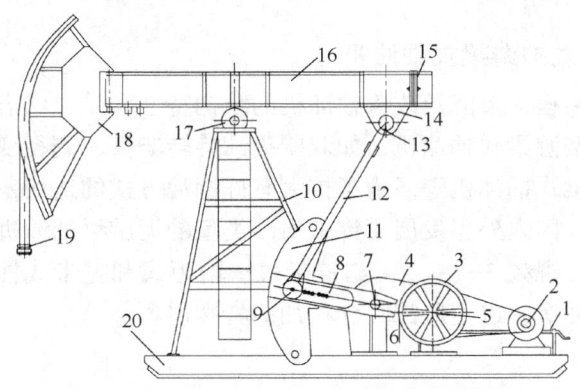

图 3-1-2 常规型游梁式抽油机

1—刹车装置；2—电动机；3—减速箱皮带轮；4—减速箱；5—输入轴；6—中间轴；
7—输出轴；8—曲柄；9—连杆轴；10—支架；11—曲柄平衡块；12—连杆；13—游梁尾轴；
14—横梁；15—游梁平衡块；16—游梁；17—支架轴；18—驴头；19—悬绳器；20—底座

视频 3-1-2 常规型游梁式抽油机

2. 异相型游梁式抽油机

异相型游梁式抽油机如图 3-1-3 所示。从外形上看，它与常规型游梁式抽油机并无显著差别，故常规型与异相型也称后置型抽油机。其结构特点是：曲柄轴中心与游梁尾轴存在一定的水平距离；曲柄销槽中心线与曲柄中心线存在偏移角，称为曲柄平衡相位角。曲柄平衡相位角使得上冲程的曲柄转角明显大于下冲程，从而降低了上冲程的运行速度、加速度和动载荷，达到减小抽油机载荷、延长抽油杆寿命和节能的目的。

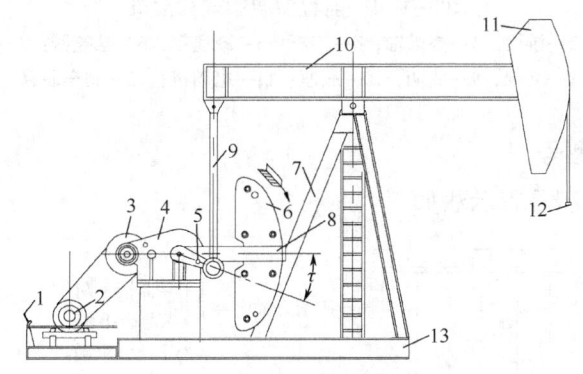

图 3-1-3 异相型游梁式抽油机

1—刹车装置；2—电动机；3—减速箱皮带轮；4—减速箱；5—输出轴；6—曲柄平衡块；7—支架；
8—曲柄；9—连杆；10—游梁；11—驴头；12—悬绳器；13—底座

3. 前置型游梁式抽油机

前置型游梁式抽油机如图 3-1-4 所示（视频 3-1-3）。其结构特点是：支架位于游梁的

视频 3-1-3 前置式抽油机

一端,驴头和曲柄连杆同位于另一端。在相同曲柄半径下,前置型的冲程长度明显大于常规型,抽油机的规格尺寸较常规型小巧。这类抽油机上冲程运行时间长于下冲程运行时间,从而降低了上冲程的运行速度、加速度和动载荷。前置型游梁式抽油机除采用机械平衡方式外,还有采用气动平衡(air balance)方式。

4. 其他形式的游梁式抽油机

视频 3-1-4 塔式长冲程抽油机

为了增大冲程、节能及改善抽油机的结构特性和受力状态,国内外还发展了许多异型游梁式抽油机,如双驴头、旋转驴头、调径变矩、下偏杠铃以及斜井游梁式抽油机等。为了扩大有杆抽油方式的适用范围,改善其技术经济指标,国内外还发展了许多不同类型的无游梁抽油机(特别是超长冲程抽油机,视频 3-1-4),如链条式、增距式和宽带式抽油机等,多为长冲程和慢冲次,以适应深井和稠油的特殊需要。

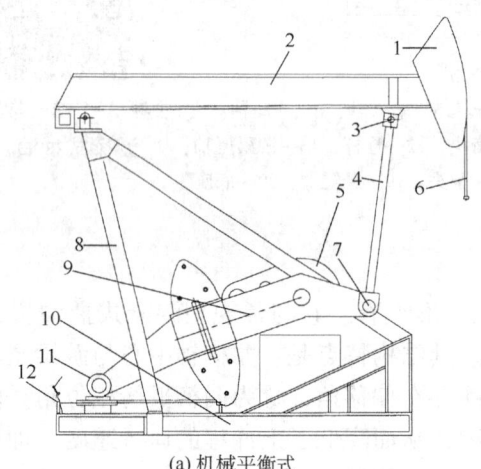

(a) 机械平衡式　　　　　　　　　　　(b) 气动平衡式

图 3-1-4　前置型游梁式抽油机

1—驴头;2—游梁;3—游梁轴;4—连杆;5—减速箱;6—悬挂器;7—曲柄销;
8—支架;9—曲柄;10—底座;11—电动机;12—刹车装置

5. 游梁式抽油机型号

我国游梁式抽油机型号表示法如下:

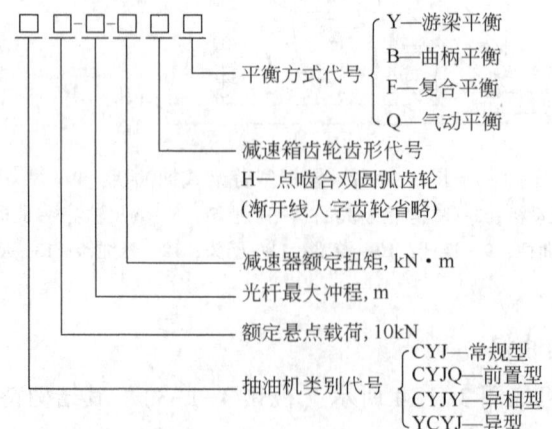

例如：型号为 CYJ8-3-37HB 的常规型游梁式抽油机，表示减速器采用点啮合双圆弧齿轮，平衡方式为曲柄平衡，抽油机的额定悬点载荷为 80kN，光杆最大冲程为 3m，减速器额定扭矩为 37kN·m。

二、抽油杆

抽油杆（图 3-1-5）通过接箍连接成抽油杆柱，上经光杆连接到抽油机的悬绳器，下接抽油泵的柱塞，其作用是将地面抽油机悬点的往复运动传递给井下抽油泵。

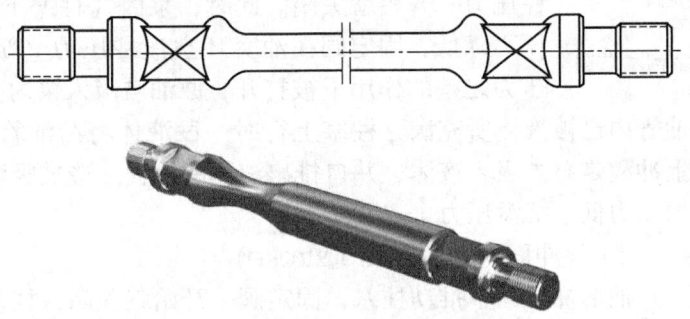

图 3-1-5 抽油杆

抽油杆的杆体是实心圆形截面的钢杆，其特点是结构简单、易制造、成本低。主要用于常规有杆抽油方式。

为了满足高含水、稠油、高含蜡、含腐蚀介质以及深井和斜井采油的需要，国内外开发并应用了许多结构、材料、用途与普通抽油杆不同的特种抽油杆，如超高强度杆、玻璃钢杆、铝合金杆、空心抽油杆、连续抽油杆和电热杆等。

抽油杆柱中还有以下附属工具：

(1) 光杆（polished rod）。位于抽油杆柱顶端，其作用是连接驴头钢丝绳与井下抽油杆，并同井口盘根配合密封抽油井口，因此，对其强度和表面光洁度要求较高。

(2) 加重杆（sinker bar）。用于大泵提液井、稠油井和深抽井，抽油杆柱下部采用加重杆是减少抽油杆柱弯曲偏磨，防止抽油杆断脱的有效方法。

(3) 抽油杆扶正器（sucker centralizer）。用于深井、斜井和定向井，使抽油杆柱处于油管中心，不直接与油管接触，减少抽油杆的磨损、振动和弯曲。

此外还有用于减少抽油杆振动的减振器、防止抽油杆接箍旋松的防脱器等。

三、抽油泵

抽油泵是有杆抽油系统的井下关键设备，安装在油管柱的下部，沉没在井液中，通过抽油机、抽油杆传递的动力抽汲井内的液体。它所抽汲的液体中常会含有蜡、砂、气、水及腐蚀性物质，在数百米到数千米的井下工作，下冲程时泵内压力会高达数十兆帕以上。为了使抽油泵能适应井下复杂的工作环境和恶劣的条件，对抽油泵基本要求是：结构简单、强度高；工作可靠，使用寿命长；便于起下而且规格类型能满足不同油田的采油工艺需要。

1. 抽油泵的结构与工作原理

抽油泵主要由泵筒（working barrel）、柱塞（plunger）、固定阀（standing valve）和游动阀（traveling valve）四部分组成，如图 3-1-6 所示。泵筒内装有带游动阀的柱塞。柱塞与

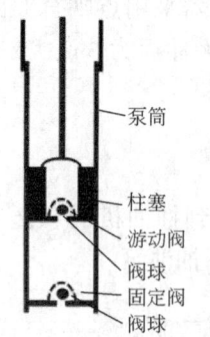

图 3-1-6 抽油泵结构示意图

视频 3-1-5 抽油泵工作过程

泵筒形成密封,用于从泵筒内排出液体。固定阀为泵的吸入阀,一般为球座型单流阀,抽油过程中该阀位置固定。游动阀为泵的排出阀,它随柱塞运动。柱塞上下运动一次称为一个冲程(stroke),或一个抽汲周期,其间完成泵进液和排液过程(视频 3-1-5)。

1)上冲程(upward stroke)

抽油杆柱向上拉动柱塞,柱塞上的游动阀因承受油管内液柱压力一开始就关闭。此时,泵内(柱塞下面的)容积增大,压力降低,固定阀在油套环空液柱压力(沉没压力)与泵内压力之差的作用下被打开,原油被吸入泵内。与此同时,如果油管内已被液体所充满,柱塞上行时一段液体将沿油管排到地面。所以,上冲程是泵内吸入液体,井口排出液体的过程。造成吸液进泵的条件是泵内压力低于沉没压力。

2)下冲程(downward stroke)

抽油杆柱向下推动柱塞,固定阀一开始就关闭,柱塞挤压固定阀和游动阀之间的液体,使泵内压力增高。当泵内压力增加到大于柱塞以上液体压力时,游动阀被顶开,柱塞下面的液体通过游动阀进入柱塞上面,使泵排出液体。由于有相当于冲程长度的一段光杆从井外进入油管,井口将排出相当于这段光杆体积的液体。所以,下冲程是泵向油管内排液的过程,造成泵排出液体的条件是泵内压力高于柱塞以上的液柱压力。

2. 泵的理论排量(theoretical pump displacement)

泵的工作过程由三个基本环节组成,即柱塞在泵内让出容积、井内液体进泵和从泵内排出井内液体,在理想情况下,活塞上下一次进入和排出的液体体积都等于柱塞让出的体积 V:

$$V = f_p S \tag{3-1-1}$$

其中

$$f_p = \pi D^2 / 4$$

式中 f_p——柱塞截面积,m^2;
    D——泵径,m;
    S——光杆冲程,m。

每分钟的排量 V_m 为

$$V_m = f_p S N \tag{3-1-2}$$

式中 N——冲次(pumping speed),即 1min 柱塞上下往复次数,1/min。

泵的理论排量是指理想条件下,泵 1 天所排出的液体体积:

$$Q_t = 1440 f_p S N \tag{3-1-3}$$

式中 Q_t——泵的理论排量,m^3/d。

3. 抽油泵的类型

按抽油泵在油管中的固定方式,可将抽油泵分为管式泵(tubing pump)和杆式泵(insert pump)两大类型。通常对于符合抽油泵标准设计和制造的抽油泵称为常规泵;而具有专门用途，如稠油泵、防气泵、防砂卡泵等，与标准结构不同的泵称为特殊泵或专用泵。

1）管式泵

图 3-1-7 为管式泵的结构图。管式泵一般将泵筒在地面组装好后由油管接箍直接连接在油管下部下入设计的泵挂深度处，然后投入可打捞的固定阀装置，最后把柱塞连接在抽油杆柱下端下入泵筒内。检泵打捞固定阀时，通常采用两种方法：一种是利用柱塞下部的卡扣或螺纹起抽油杆柱时捞上来；另一种是柱塞下部无打捞装置，在起出抽油杆柱和柱塞后，用绞车、钢丝绳下入专门的打捞工具将固定阀捞出。管式泵的结构简单、成本低，在相同直径油管内允许下入的泵径较杆式泵大，因而排量大。但起下泵作业时，需要起下全部油管，且修井作业时间长，费用高。管式泵适用于下入深度不大，产量较高的油井。

2）杆式泵

杆式泵是将整个泵在地面组装成套后，随抽油杆柱插入油管内的预定位置固定，故又称为插入式泵，如图 3-1-8 所示（视频 3-1-6）。杆式泵与管式泵相比结构复杂，制造成本高。在相同直径油管内允许下入的泵径较管式泵小。但杆式泵是整泵通过油管下井，泵内各精密部件得到良好保护，不易损伤柱塞；起下泵时无需起下油管，检泵方便；可用于深井。另外，它还有形式多样、选择余地大等优点。

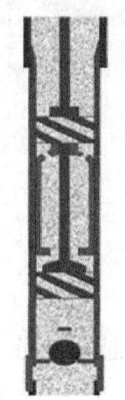

图 3-1-7 管式泵结构

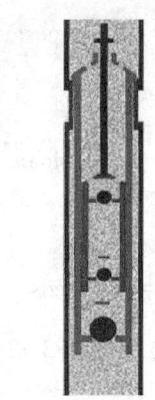

图 3-1-8 杆式泵结构

视频 3-1-6 杆式泵基本结构

第二节 抽油机悬点运动规律及悬点载荷

抽油机悬点运动（polished rod motion）规律和悬点载荷是分析抽油杆受力，进行抽油杆柱组合设计和井下功图分析的基础。抽油机悬点运动是通过电动机带动曲柄，通过连杆和游梁传动，受这几部分结构的影响导致悬点运动规律和悬点载荷变化复杂。本节主要介绍悬点运动规律和悬点载荷计算方法。

一、抽油机悬点运动规律

掌握抽油机驴头悬点的位移、速度和加速度变化规律是研究抽油装置动力学、进行抽油系统动态分析的基础。游梁式抽油机是以游梁支点和曲柄轴中心的连线作为固定杆（虚杆）以及曲柄、连杆和游梁后臂为三个运动杆所构成的四连杆机构（four-bar link，图 3-2-1）。

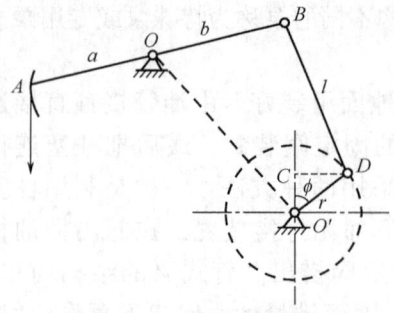

图 3-2-1 四连杆结构示意图

为了便于分析,可简化为简谐运动(simple harmonic motion)和曲柄滑块机构(slider-crank)。

1. 简化为简谐运动的悬点运动规律

若 $r/l \approx 0$ 及 $r/b \approx 0$,即认为曲柄半径 r 比连杆长度 l 和游梁后臂 b 小很多,以致它与 l 和 b 的比值可以忽略。此时,游梁和连杆的连接点 B 的运动可看作简谐运动,即认为 B 点的运动规律和 D 点做圆周运动时在垂直中心线上的投影(C 点)的运动规律相同,则 B 点经过 t 时间(曲柄转过 ϕ 角)时位移 S_B 为

$$S_B = r(1-\cos\phi) = r(1-\cos\omega t) \tag{3-2-1}$$

式中 r——曲柄旋转半径,m;
ϕ——曲柄转角,rad;
ω——曲柄角速度,rad/s;
t——时间,s。

以下死点(bottom dead position)为坐标零点,向上为坐标正方向,则悬点 A 的位移 S_A 为

$$S_A = \frac{a}{b}S_B = \frac{a}{b}r(1-\cos\omega t) \tag{3-2-2}$$

A 点的速度为

$$V_A = \frac{dS_A}{dt} = \frac{a}{b}\omega r \sin\omega t \tag{3-2-3}$$

A 点的加速度为

$$a_A = \frac{dV_A}{dt} = \frac{a}{b}\omega^2 r \cos\omega t \tag{3-2-4}$$

图 3-2-2 是由式(3-2-2)、式(3-2-3)和式(3-2-4)计算得的悬点位移、速度和加速度随 ϕ 角的变化曲线。

由图 3-2-2 看出:抽油机在一个冲程中,悬点的速度和加速度不仅大小在变化,而且方向也要发生改变。在上下死点处($\phi = 0°$,180°)速度为零,加速度的绝对值为最大,其值为

$$a_{A\max} = \frac{a}{b}\omega^2 r \tag{3-2-5}$$

在上、下冲程的中点($\phi = 90°$,270°)加速度为零,速度的绝对值最大,其值为

$$V_{\max} = \frac{a}{b}\omega r \tag{3-2-6}$$

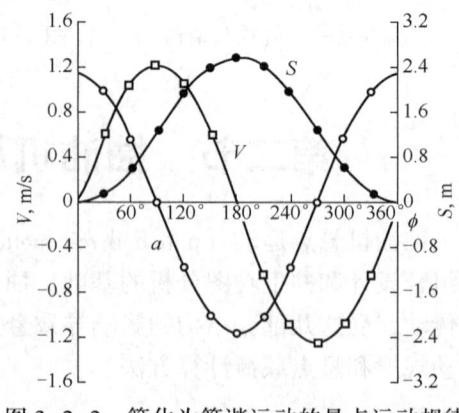

图 3-2-2 简化为简谐运动的悬点运动规律

2. 简化为曲柄滑块机构时的悬点运动规律

实际抽油机的 r/l 值是不可忽略的,特别是冲程长度较大时,忽略后会引起很大误差。为此,取 r 与 l 的比值 λ 为有限值,若取 $0 < r/l < 1/4$,并把 B 点绕游梁支点的弧线运动近似

地看作直线运动,则可把抽油机的运动简化为图 3-2-3 所示的曲柄滑块运动。

A 点的位移为

$$S_A = X_B \frac{a}{b} = r\left[(1-\cos\phi) + \frac{1}{\lambda}(1-\sqrt{1-\lambda^2\sin^2\phi})\right]\frac{a}{b}$$
(3-2-7)

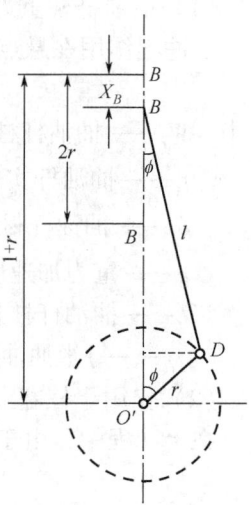

图 3-2-3 简化为曲柄滑块机构示意图

为了便于用求导来得到 A 点的速度 V_A 和加速度 a_A,可将该式进一步简化,取其实用上足够准确的近似式。将式(3-2-7)所含 $\sqrt{1-\lambda^2\sin^2\phi}$ 按二项式定理展开,取其前两项可得

$$\sqrt{1-\lambda^2\sin^2\phi} \approx 1 - \frac{\lambda^2\sin^2\phi}{2}$$
(3-2-8)

于是 A 点位移公式可简化为

$$S_A = r(1-\cos\phi + \frac{\lambda}{2}\sin^2\phi)\frac{a}{b}$$
(3-2-9)

A 点的速度为

$$V_A = \frac{dS_A}{dt} = \omega r(\sin\phi + \frac{\lambda}{2}\sin 2\phi)\frac{a}{b}$$
(3-2-10)

A 点加速度为

$$a_A = \frac{dV_A}{dt} = \omega^2 r(\cos\phi + \lambda\cos 2\phi)\frac{a}{b}$$
(3-2-11)

悬点冲程(最大位移)为

$$S = \frac{a}{b} 2r$$
(3-2-12)

为了确定悬点最大加速度,令 $da_A/d\phi = 0$,可得加速度的极值在 $\phi = 0°$ 和 $\phi = 180°$ 处,即在上下死点处,其值为

$$a_{max}|_{\phi=0°} = \omega^2 r(1+\lambda)\frac{a}{b} = \frac{S}{2}\omega^2\left(1+\frac{r}{l}\right)$$
(3-2-13)

$$a_{max}|_{\phi=180°} = \omega^2 r(-1+\lambda)\frac{a}{b} = -\frac{S}{2}\omega^2\left(1-\frac{r}{l}\right)$$
(3-2-14)

二、游梁式抽油机悬点载荷计算

游梁式抽油机在正常工作时,悬点所承受的载荷根据其性质可分为静载荷、动载荷以及各种摩擦载荷。在抽油机带动光杆上下往复运动时,上述各类载荷均作周期性变化。在选择抽油设备以及确定工艺参数时需要预测悬点载荷(polished rod load)。因此,对悬点载荷及其变化规律进行理论分析和计算是十分重要的。

1. 静载荷(static load)

静载荷是指在同向冲程中保持不变的力(抽油杆柱自重、液柱重量、油压、套压等)所产生的悬点载荷。在上、下冲程中,悬点载荷存在很大的静载差,它是影响抽油机平衡、扭矩,以及抽油泵柱塞冲程损失等抽油系统特性的主要原因。

1)上冲程

在上冲程中,游动阀关闭,柱塞上下流体不连通。产生悬点静载荷的力包括抽油杆柱重力和柱塞上、下端面所受的流体压力。

（1）抽油杆柱重力。

上冲程作用在悬点的抽油杆载荷为

$$W_r = f_r \rho_s g L = q_r g L \tag{3-2-15}$$

式中　W_r——抽油杆柱在空气中的重力，N；

　　　f_r——抽油杆实体截面积，m^2；

　　　ρ_s——抽油杆材料的密度，若为钢时，$\rho_s = 7850 kg/m^3$；

　　　g——重力加速度，m/s^2；

　　　L——抽油杆柱长度，m；

　　　q_r——每米抽油杆柱的质量，kg/m。

（2）作用于柱塞上端面的液柱重量。

在上冲程中，由于游动阀关闭，作用在柱塞上端面的液柱引起的悬点载荷为

$$W_L = (f_p - f_r) L \rho_L g \tag{3-2-16}$$

式中　W_L——作用在柱塞上的液柱载荷，N；

　　　f_p——柱塞截面积，m^2；

抽汲含水原油时，抽油杆和液柱载荷计算中所用的液体密度应采用混合液的密度。可按下式近似计算：

$$\rho_L = f_w \rho_w + (1 - f_w) \rho_o \tag{3-2-17}$$

式中　ρ_L——油水混合液密度，kg/m^3；

　　　f_w——原油含水率，%；

　　　ρ_w——水的密度，kg/m^3；

　　　ρ_o——原油密度，kg/m^3。

（3）作用于柱塞下端面的流体压力。

上冲程中，在沉没压力作用下，井内液体克服泵的入口设备的阻力进入泵内，此时液流所具有的压力叫吸入压力。此压力作用在柱塞下端面而产生向上的载荷 P_i 为

$$P_i = p_i f_p = (p_n - \Delta p_i) f_p \tag{3-2-18}$$

式中　P_i——吸入压力 p_i 作用在活塞上产生的载荷，N；

　　　p_i——吸入压力，Pa；

　　　f_p——柱塞截面积，m^2；

　　　p_n——沉没压力，Pa；

　　　Δp_i——液流通过泵的入口设备产生的压力降，Pa。

（4）井口回压对悬点载荷的影响。

液流在地面管线中的流动阻力所造成的井口回压对悬点将产生附加的载荷，其性质与油管内液体产生的载荷相同：

$$P_{hu} = p_h (f_p - f_r) \tag{3-2-19}$$

式中　P_{hu}——井口回压在上冲程中造成的悬点载荷，N；

　　　p_h——井口回压，Pa；

　　　f_p、f_r——柱塞及抽油杆的截面积，m^2。

由于沉没压力和井口回压在上冲程中造成的悬点载荷方向相反，可以相互抵消一部分，

所以，在一般近似计算中可以忽略这两项。

2）下冲程

在下冲程中，由于游动阀打开，而固定阀关闭，柱塞上下液体连通，油管内液体的浮力作用在抽油杆柱上。所以，下冲程作用在悬点上的抽油杆柱重量应减去液体的浮力，即它在液体中的重力。而液柱载荷通过泵筒内下端面作用在油管上，而不作用于悬点。下冲程中，固定阀关闭，沉没压力对悬点载荷没有影响。井口回压在下冲程中减小了悬点载荷。

（1）下冲程作用在悬点上的抽油杆柱载荷为

$$W'_r = f_r L(\rho_s - \rho_L)g = q'_r Lg \tag{3-2-20}$$

其中

$$q'_r = q_r(\rho_s - \rho_L)/\rho_s = q_r b \tag{3-2-21}$$

式中 W'_r——下冲程作用在悬点上的抽油杆柱载荷，N；

ρ_L——抽汲液体的密度，kg/m³；

b——考虑抽油杆柱受液体浮力的失重系数。

（2）下冲程井口回压作用在悬点上的载荷为

$$P_{hd} = p_h f_r \tag{3-2-22}$$

式中 P_{hd}——井口回压在下冲程中引起的悬点载荷，N；

p_h——井口回压，Pa；

f_r——抽油杆的截面积，m²。

2. 动载荷（dynamic load）

1）惯性载荷（inertial load）

抽油机运转时，驴头带着抽油杆柱和液柱做变速运动，因而产生抽油杆柱和液柱的惯性力。如果忽略抽油杆柱和液柱的弹性影响，则可以认为抽油杆柱和液柱各点的运动规律和悬点完全一致。产生的惯性力除与抽油杆柱和液柱的质量有关外，还与悬点加速度的大小成正比，其方向与加速度方向相反。

抽油杆柱的惯性力 I_r 为

$$I_r = \frac{W_r}{g} a_A \tag{3-2-23}$$

液柱的惯性力 I_L 为

$$I_L = \frac{W_L}{g} a_A \varepsilon \tag{3-2-24}$$

其中

$$\varepsilon = \frac{f_p - f_r}{f_{tf} - f_r} \tag{3-2-25}$$

式中 ε——考虑油管过流断面变化引起液柱加速度变化的系数；

f_{tf}——油管的流通断面面积。

由图 3-2-2 可看出，悬点加速度在上、下冲程中，大小和方向是变化的。因而，作用在悬点的惯性载荷的大小和方向在一个冲程内也是变化的。因假定向上作为坐标的正方向，所以加速度为正时，加速度方向向上；加速度为负时，加速度方向向下。上冲程中，前半冲程加速度为正，即加速度向上，则惯性力向下，从而增加悬点载荷；后半冲程中加速度为负，即加速度向下，则惯性力向上，从而减小悬点载荷。在下冲程中，情况刚刚好相反，前半冲程惯性力向上，减小悬点载荷；后半冲程惯性力向下，将增大悬点载荷。

如果把抽油机悬点的运动近似地用曲柄滑块机构的运动来表示，在 $r/l<1/4$ 的条件下，根据式（3-2-13）和式（3-2-14），最大加速度将发生在上、下死点处，其值为

$$a_{\max}|_{\phi=0°} = \frac{S}{2}\omega^2\left(1+\frac{r}{l}\right) \tag{3-2-26}$$

$$a_{\max}|_{\phi=180°} = \frac{-S}{2}\omega^2\left(1-\frac{r}{l}\right) \tag{3-2-27}$$

将上、下死点处的加速度值代入式（3-2-23）和式（3-2-24）便可求得抽油杆柱和液柱的最大惯性力。上冲程中抽油杆柱引起的悬点最大惯性载荷 I_{ru} 为

$$I_{\mathrm{ru}} = \frac{W_{\mathrm{r}}}{g}\frac{S}{2}\omega^2\left(1+\frac{r}{l}\right) = \frac{W_{\mathrm{r}}}{g}\frac{S}{2}\left(\frac{\pi N}{30}\right)^2\left(1+\frac{r}{l}\right) = W_{\mathrm{r}}\frac{SN^2}{1790}\left(1+\frac{r}{l}\right) \tag{3-2-28}$$

当 $r/l=1/4$ 时，

$$I_{\mathrm{ru}} = W_{\mathrm{r}}\frac{SN^2}{1432} \tag{3-2-29}$$

下冲程中抽油杆柱引起的悬点最大惯性载荷 I_{rd} 为

$$I_{\mathrm{rd}} = \frac{-W_{\mathrm{r}}}{g}\frac{S}{2}\omega^2\left(1-\frac{r}{l}\right) = -W_{\mathrm{r}}\frac{SN^2}{1790}\left(1-\frac{r}{l}\right) \tag{3-2-30}$$

上冲程中液柱引起的悬点最大惯性载荷 I_{Lu} 为

$$I_{\mathrm{Lu}} = \frac{W_{\mathrm{L}}}{g}\frac{S}{2}\omega^2\left(1+\frac{r}{l}\right)\varepsilon = W_{\mathrm{L}}\frac{SN^2}{1790}\left(1+\frac{r}{l}\right)\varepsilon \tag{3-2-31}$$

下冲程中液柱不随悬点运动，因而没有液柱惯性载荷。

上冲程中悬点最大惯性载荷 I_{u} 为

$$I_{\mathrm{u}} = I_{\mathrm{ru}} + I_{\mathrm{Lu}} \tag{3-2-32}$$

下冲程中悬点最大惯性载荷 I_{d} 为

$$I_{\mathrm{d}} = I_{\mathrm{rd}} \tag{3-2-33}$$

实际上由于抽油杆柱和液柱的弹性，抽油杆柱和液柱各点的运动与悬点的运动并不一致。所以，上述按悬点最大加速度计算的惯性载荷将大于实际数值，一般取其值的一半。在液柱中含气比较大和冲数（冲次）比较小的情况下，计算悬点最大载荷时，可忽略液柱引起的惯性载荷。

2）振动载荷 (vibration load)

抽油杆柱本身为一弹性体，由于抽油杆柱作变速运动和液柱载荷周期性地作用于抽油杆柱，从而引起抽油杆柱的弹性振动，它所产生的振动载荷亦作用于悬点上。其数值与抽油杆柱的长度、载荷变化周期及抽油机结构有关。

在初变形期末激发起的抽油杆的纵向振动可用下面的微分方程来描述：

$$\frac{\partial^2 u}{\partial t^2} = a^2\frac{\partial^2 u}{\partial x^2} \tag{3-2-34}$$

式中 u——抽油杆柱任一截面的弹性位移（方向向上）；

x——自悬点到抽油杆柱任意截面的距离（方向向下）；

a——弹性波在抽油杆柱中的传播速度，等于抽油杆中的声速；

t——从初变形期算起的时间。

如果坐标原点选在悬点上，该问题便成为求解一端固定、一端自由的细长杆的自由纵振问题。

初始条件：$u\big|_{t=0}=0$；$\dfrac{\partial u}{\partial t}\big|_{t=0}=-v\dfrac{x}{L}$

边界条件：$u\big|_{x=0}=0$；$\dfrac{\partial u}{\partial x}\big|_{x=L}=0$

式中　v——初变形期末抽油杆柱下端（柱塞）对悬点的相对运动速度（油管下端固定时为初变形期末的悬点运动速度）；

L——抽油杆柱的长度。

用分离变量法在上述初始和边界条件下获得方程的解为

$$u(x,t)=\dfrac{-8v}{\omega_0\pi^2}\sum_{n=0}^{\infty}\dfrac{(-1)^n}{(2n+1)^n}\sin(2n+1)\omega_0 t\sin\dfrac{2n+1}{2}\dfrac{\pi x}{L} \qquad (3\text{-}2\text{-}35)$$

其中
$$\omega_0=\dfrac{\pi}{2}\dfrac{a}{L}$$

式中　ω_0——自由振动的圆频率。

抽油杆柱的自由纵振在悬点上引起的振动载荷 F_v 为

$$F_v=-Ef_r\dfrac{\partial u}{\partial x}\bigg|_{x=0}=\dfrac{8Ef_r v}{\pi^2 a}\sum_{n=0}^{\infty}\dfrac{(-1)^n}{(2n+1)^2}\sin(2n+1)\omega_0 t \qquad (3\text{-}2\text{-}36)$$

式中　f_r——抽油杆截面积，m^2；

E——钢的弹性模量，取 $2.06\times 10^{11} Pa$。

由式（3-2-36）可看出，悬点的振动载荷是 $\omega_0 t$ 的周期函数，周期为 2π。$F_v=f(\omega_0 t)$ 随 $\omega_0 t$ 的变化如图 3-2-4 所示。

由上述可知，初变形期末激发的抽油杆柱的自由纵振在悬点引起的振动载荷的振幅（即振动载荷的最大值）为

$$F_{v\max}=\dfrac{Ef_r}{a}v \qquad (3\text{-}2\text{-}37)$$

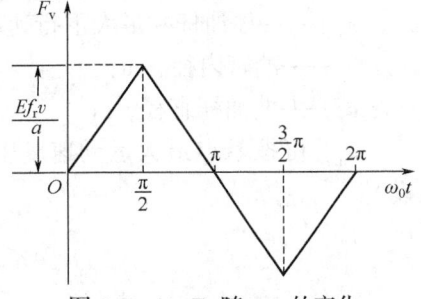

图 3-2-4　F_v 随 $\omega_0 t$ 的变化

最大振动载荷发生在 $\omega_0 t=\dfrac{\pi}{2}$，$\dfrac{5}{2}\pi$，…，实际上由于存在阻尼，振动将会随时间衰减，故最大振动载荷发生在 $\omega_0 t=\dfrac{\pi}{2}$ 处，即

$$t_m=\dfrac{\pi}{2\omega_0}=\dfrac{L}{a} \qquad (3\text{-}2\text{-}38)$$

3. 摩擦载荷（friction load）

抽油机工作时，作用在悬点上的摩擦载荷如下：

（1）抽油杆柱与油管的摩擦力：在直井内通常不超过抽油杆重量的 1.5%；

（2）柱塞与泵筒之间的摩擦力：当泵径不超过 70mm 时，其值小于 1717N；

（3）液柱与抽油杆柱之间的摩擦力：除与抽油杆柱的长度和运动速度有关外，主要取决于液体的黏度；

(4) 液柱与油管之间的摩擦力：除与液流速度有关外，主要取决于液体的黏度；

(5) 液体通过游动阀的摩擦力：除与阀结构有关外，主要取决于液体黏度和液流速度。

上冲程中作用在悬点上的摩擦载荷是受(1)、(2)及(4)三项影响，其方向向下，故增加悬点载荷。下冲程中作用在悬点上的摩擦载荷是受(1)、(2)、(3)及(5)四项影响，其方向向上，故减小悬点载荷。

在直井中，无论稠油还是稀油，油管与抽油杆柱、柱塞与衬套之间的摩擦力都不大，均可忽略。但在稠油井内，液体摩擦所引起的摩擦载荷则是不可忽略的。为了便于研究高黏度抽油井的生产特点，下面就与液体摩擦有关的摩擦载荷计算方法做一简介。

1) 抽油杆柱与液柱之间的摩擦力

抽油杆柱与液柱间的摩擦发生在下冲程，摩擦力方向向上，是稠油井内抽油杆下行遇阻的主要原因。阻力的大小随抽油杆柱的下行速度而变化，其最大值可由下面的近似公式来确定。

$$F_{rL} = 2\pi\mu L \frac{m^2-1}{(m^2+1)\ln m - (m^2-1)} v_{max} \tag{3-2-39}$$

其中

$$m = \frac{d_t}{d_r}$$

式中　F_{rL}——抽油杆柱与液柱之间的摩擦力，N；
　　　μ——井内液体黏度，Pa·s；
　　　L——抽油杆柱长度，m；
　　　m——油管内径与抽油杆直径比；
　　　v_{max}——抽油杆柱最大下行速度，m/s；
　　　d_t——油管内径，m；
　　　d_r——抽油杆直径，m。

v_{max}可按悬点最大运动速度来计算，计算时采用下面的近似公式(把悬点看作简谐运动)：

$$v_{max} = \frac{S}{2}\omega = \frac{\pi SN}{60} \tag{3-2-40}$$

其中

$$\omega = \frac{2\pi N}{60}$$

式中　ω——曲柄角速度，rad/s；
　　　N——冲次，min^{-1}。

由式(3-2-39)看出，决定F_{rL}的主要因素是井内液体的黏度及抽油杆柱的运动速度。所以，在抽汲高黏度液体时，不能采用快速抽汲方式，否则将因下行阻力过大抽油杆柱无法正常下行。上述F_{rL}的计算中尚未考虑抽油杆接箍的附加阻力，通常采用实验资料确定附加阻力。

2) 液柱与油管间的摩擦力

上冲程时，游动阀关闭，油管内的液柱随抽油杆柱和柱塞上行，液柱与油管间发生相对运动而引起的摩擦力的方向向下，故增大悬点载荷。根据高黏度抽油井现场资料（示功图）的分析，下冲程液柱与抽油杆柱间的摩擦力F_{rL}约为上冲程中油管与液柱间摩擦力F_{tL}的

1.3 倍。因此，可根据由式(3-2-39)计算得的 F_{rL} 来估算 F_{tL}，即

$$F_{tL} = \frac{F_{rL}}{1.3} \tag{3-2-41}$$

如果按作用在柱塞上的液体压力计算液柱载荷时，已经考虑抽汲液体在油管中的流动阻力，则不单独计算 F_{tL}。

3）液体通过游动阀产生的阻力

在高黏度大产量井内，下冲程液体通过游动阀产生的阻力往往是造成抽油杆柱下部弯曲的主要原因，对悬点载荷也会造成不可忽略的影响。

液流通过游动阀时产生压头损失可由下式计算：

$$h = \frac{1}{\xi^2} \frac{v_f^2}{2g} = \frac{1}{\xi^2} \frac{f_p^2}{f_o^2} \frac{v_p^2}{2g} \tag{3-2-42}$$

式中　h——压头损失，m；
　　　v_f——液体通过阀孔的流速，m/s；
　　　g——重力加速度，m/s^2；
　　　f_p——柱塞截面积，m^2；
　　　f_o——阀孔截面积，m^2；
　　　v_p——柱塞运动速度，m/s；
　　　ξ——由实验确定的阀流量系数，对于常用的标准型阀可查图 3-2-5。

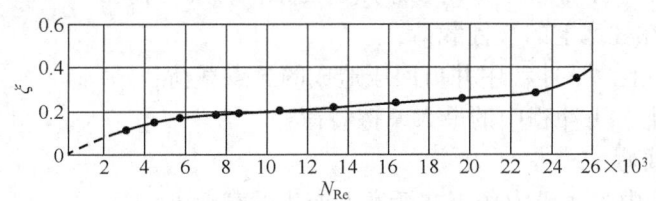

图 3-2-5　标准型阀的流量系数与雷诺数的关系曲线 $\left(N_{Re} = \dfrac{d_o v_f}{\nu}\right)$

N_{Re}—雷诺数；d_o—阀孔径，m；ν—液体运动黏度，m^2/s

在抽汲过程中，通过阀的液流速度随柱塞运动速度而变。如果把柱塞运动速度看作简谐运动，即

$$v_p(t) = \frac{S}{2}\omega\sin\omega t \tag{3-2-43}$$

则柱塞最大运动速度为

$$v_p = \frac{S}{2}\omega \tag{3-2-44}$$

其中

$$\omega = \frac{\pi N}{30}$$

式中　S——光杆冲程，不考虑抽油杆柱的弹性变形时，即为柱塞冲程，m；
　　　ω——曲柄角速度，rad/s。

将 v_p 代入式(3-2-42)，得

$$h = \frac{1}{729} \frac{1}{\xi^2} \frac{f_p^2}{f_o^2} \frac{(SN)^2}{g} \tag{3-2-45}$$

由于液流通过游动阀的压头损失而产生的柱塞下行阻力为

$$F_v = \rho_L h f_p g = \frac{1}{7.29 \times 10^2} \frac{\rho_L}{\xi^2} \frac{f_p^3}{f_o^2} (SN)^2 \tag{3-2-46}$$

式中　F_v——液面通过游动阀所产生的柱塞下行阻力，N；
　　　ρ_L——液体密度，kg/m^3。

4. 悬点最大、最小载荷

一般情况下，抽油杆柱载荷、作用在柱塞上的液柱载荷及惯性载荷是构成悬点载荷的三项基本载荷。在稠油井内的摩擦载荷及大沉没度井的沉没压力对载荷的影响都是不可忽略的。

除上述各种载荷外，在抽油过程中尚有其他一些载荷，如在低沉没度井内，由于泵的充满程度差，会发生柱塞与泵内液面的撞击，将产生较大冲击载荷，从而影响悬点载荷。

根据前面对悬点所承受的各种载荷的分析，抽油机工作时，上、下冲程中悬点载荷的组成是不同的。最大载荷将发生在上冲程，最小载荷发生在下冲程中，其值如下：

$$P_{max} = W_r + W_L + I_u + P_{hu} + F_u + P_v - P_i \tag{3-2-47}$$

$$P_{min} = W'_r + I_d - P_{hd} - F_d - P_v \tag{3-2-48}$$

式中　P_{max}、P_{min}——悬点最大和最小载荷；
　　　W_r、W'_r——上、下冲程中作用在悬点上的抽油杆柱载荷；
　　　W_L——作用在柱塞上的液柱载荷；
　　　P_{hu}、P_{hd}——上、下冲程中井口回压造成的悬点载荷；
　　　F_u、F_d——上、下冲程中的最大摩擦载荷；
　　　P_v——振动载荷；
　　　P_i——上冲程中吸入压力作用在活塞上产生的载荷。

如前所述，在下泵深度及沉没度不大，井口回压及冲次不高的稀油直井内，在计算最大和最小载荷时，通常可以忽略 F_u、F_d、P_v、P_i、P_h 及液柱惯性载荷，可得

$$P_{max} = W_r + W_L + I_{ru} = [q_r L + (f_p - f_r) L \rho_L] g + \frac{W_r SN^2}{1790} \left(1 + \frac{r}{l}\right) \tag{3-2-49}$$

展开式(3-2-49)，并令

$$W'_r = (q_r L - f_r L \rho_L) g, \quad W'_L = f_p L \rho_L g$$

则

$$P_{max} = W_r + W_L + \frac{W_r SN^2}{1790}\left(1 + \frac{r}{l}\right) = W'_r + W'_L + \frac{W_r SN^2}{1790}\left(1 + \frac{r}{l}\right) \tag{3-2-50}$$

$$P_{min} = W'_r + I_{rd} = q'_r L g - W_r \frac{SN^2}{1790}\left(1 - \frac{r}{l}\right) \tag{3-2-51}$$

如果 $r/l = 1/4$，则

$$P_{max} = W'_r + W'_L + \frac{W_r SN^2}{1432} \tag{3-2-52}$$

$$P_{min} = W'_r - W_r \frac{SN^2}{2387} \tag{3-2-53}$$

第三节 泵效计算

泵效（pump volume efficiency）是评价抽油机井生产过程中的重要参数，也是反映抽油设备效率的关键指标之一。本节介绍泵效计算方法和影响泵效的因素，以及提高泵效的措施。

一、泵效及影响因素

在抽油井生产过程中，实际产量 Q 一般都比理论产量 Q_t 要低，两者的比值叫泵效，用 η 表示，即

$$\eta = Q/Q_t \tag{3-3-1}$$

在正常情况下，若泵效为 0.7~0.8，就认为泵的工作是良好的，而有些连抽带喷井的泵效接近或大于 1。矿场实际应用中，由于诸多因素的影响，平均泵效大都低于 0.7，甚至有的油井泵效低于 0.3。影响泵效的因素很多，但从柱塞泵工作的三个基本环节（柱塞让出体积、液体进泵和从泵内排出液体）来看，可归结为以下三个方面：

（1）抽油杆柱和油管柱的弹性伸缩：根据柱塞泵工作特点，抽油杆柱和油管柱在工作过程中因承受着交变载荷而发生弹性伸缩，使柱塞冲程 S_p 小于光杆冲程 S，所以减小了柱塞让出的体积。

（2）气体和充不满的影响：当泵内吸入气液混合物后，气体占据了柱塞让出的部分空间，或者当泵的排量大于油层供油能力时液体来不及进入泵内，都会使进入泵内的液量减少。

（3）漏失影响：柱塞与泵筒的间隙及阀和其他连接部件间密封不严产生的漏失都会使实际排量减少。

实际产液量可写为

$$Q = 1440\eta f_p SN \tag{3-3-2}$$

从上述三方面出发，泵效的一般表达式可写为

$$\eta = \eta_\lambda \beta \eta_L \eta_B \tag{3-3-3}$$

其中
$$\eta_\lambda = \frac{S_p}{S}, \quad \beta = \frac{V_L}{V_p}, \quad \eta_B = \frac{1}{B_L}$$

式中 η_λ ——考虑抽油杆柱和油管柱弹性伸缩后的柱塞冲程与光杆冲程之比，表示杆、管弹性伸缩对泵效的影响；

β ——进入泵内的液体体积与柱塞让出的泵内体积之比，表示泵的充满程度；

η_L ——泵漏失对泵效影响的漏失系数；

η_B ——由于泵效是以地面产出液的体积计算，η_B 则是考虑地面原油脱气引起体积收缩对泵效计算的影响，为吸入条件下被抽汲液体体积系数的倒数；

B_L ——泵内液体的体积系数；

V_L ——泵内液体体积。

为了对影响泵效的因素进行定量计算和分析，下面分别讨论柱塞冲程、充满系数及漏失的计算。

二、柱塞冲程

一般情况下，柱塞冲程小于光杆冲程，它是造成泵效小于1的重要因素。抽油杆柱和油管柱的弹性伸缩愈大，柱塞冲程与光杆冲程的差别也愈大，泵效就愈低。抽油杆柱所受的载荷不同，则伸缩变形的大小不同。如前所述，抽油杆柱所承受的载荷主要有：抽油杆柱及液柱载荷（总称静载荷）；抽油杆柱和液柱的惯性载荷及抽油杆柱的振动载荷（总称动载荷）。下面就分别研究在这些载荷作用下引起的抽油杆柱及油管柱的弹性变形，以及对柱塞冲程的影响。

1. 静载荷作用下的柱塞冲程

由于作用在柱塞上的液柱载荷在上、下冲程中交替作用在抽油杆柱和油管柱上，引起杆柱和管柱交替地增载和减载，导致交替地伸长和缩短，使得活塞冲程小于光杆冲程，如图3-3-1所示。

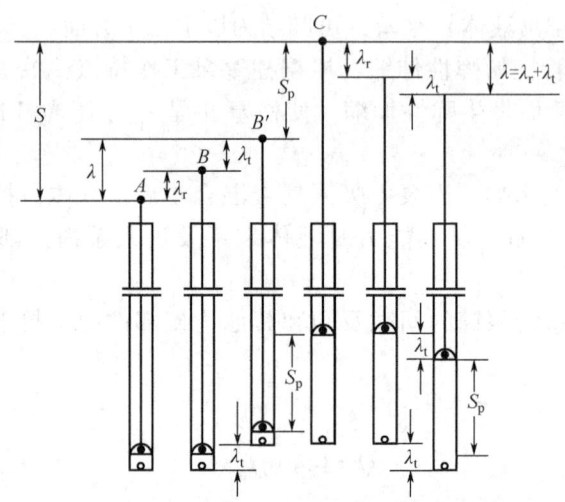

图3-3-1 抽油杆和油管弹性伸缩示意图

当驴头在下死点开始上行时，游动阀关闭，液柱载荷由油管转移到柱塞上，使抽油杆发生弹性伸长。因此，柱塞尚未发生移动时，悬点已从位置 A 移到位置 B，这一段距离即为抽油杆柱的伸长 λ_r。

当悬点位置从 B 移至 B' 时，正是油管由于卸去液柱载荷要缩短一段距离 λ_t 的过程，此时，虽然悬点上行了 λ_t，但柱塞与泵筒之间没有相对位移，固定阀仍然是关闭的。

当抽油杆柱和油管柱的弹性伸缩结束后，驴头从位置 B' 移到位置 C 时，柱塞才开始与泵筒发生相对位移，固定阀打开，泵开始打开吸入液体，一直到上死点 C。由此看出：柱塞有效移动距离（柱塞冲程） S_p，比光杆冲程 S 小 λ，而 $\lambda=\lambda_r+\lambda_t$。

下冲程开始时，固定阀立即关闭，液柱载荷由抽油杆柱逐渐移到油管上，使抽油杆缩短 λ_r，而油管伸长 λ_t。此时，只有驴头下行 $\lambda=\lambda_r+\lambda_t$ 距离之后，柱塞才开始与泵筒发生相对位移。因此，下冲程中柱塞冲程仍然比光杆冲程小 λ。

抽油杆柱和油管柱的自重伸长在泵工作的整个过程中是不变的，因此它们不会影响柱塞冲程。

由此，柱塞冲程为

$$S_p = S-(\lambda_r+\lambda_t) = S-\lambda \tag{3-3-4}$$

式中，λ 称为冲程损失（stroke loss）。

由于液柱载荷引起的冲程损失使泵效降低的数值 η'_λ 为

$$\eta'_\lambda = \frac{S-S_p}{S} = \frac{\lambda}{S} \tag{3-3-5}$$

λ 可根据胡克定律来计算：

$$\lambda = \frac{W'_L L}{E}\left(\frac{1}{f_r}+\frac{1}{f_t}\right) = \frac{f_p \rho_L L_f g}{E}\left(\frac{L}{f_r}+\frac{L}{f_t}\right) \tag{3-3-6}$$

如果为多级抽油杆，则

$$\lambda = \frac{f_p \rho_L L_f g}{E}\left(\frac{L}{f_t} + \sum_{i=1}^{m}\frac{L_i}{f_{ri}}\right) \tag{3-3-7}$$

其中

$$W'_L = (p_z - p_i)f_p \approx \rho_L L_f g f_p$$

式中　λ——冲程损失，m；

W'_L——考虑沉没度影响后的液柱载荷，为上、下冲程中静载荷之差，N；

p_z——泵的排出压力，Pa；

p_i——泵的吸入压力，Pa；

f_p、f_r、f_t——柱塞、抽油杆及油管金属截面积，m²；

L——抽油杆柱总长度，m；

ρ_L——液体密度，kg/m³；

E——钢的弹性模数，2.06×10^{11} Pa；

L_f——动液面深度，m；

m——抽油杆柱级数；

L_i——第 i 级抽油杆的长度，m；

f_{ri}——第 i 级抽油杆的截面积，m²。

由上述公式可看出：柱塞截面积越大，泵下得越深，则冲程损失越大。为了减小液柱载荷及冲程损失，提高泵效，通常不能选用过大的泵，特别是深井，总是选用直径较小的泵。当泵径超过某一限度（引起 $\lambda \geq S/2$）之后，泵的实际排量不但不会因增大泵径而增加，反而会减小。当 $\lambda \geq S$ 时，则活塞冲程等于零，使泵的实际排量等于零。

2. 惯性载荷作用下的柱塞冲程

当悬点上升到上死点时，速度趋于零，但抽油杆柱有向下的（负的）最大加速度和向上的最大惯性载荷，使抽油杆柱减载而缩短。所以，悬点到达上死点后，抽油杆在惯性力的作用下还会带着柱塞继续上行，使柱塞比悬点向上多移动一段距离 λ'。当悬点下行到下死点后，抽油杆的惯性力向下，使抽油杆柱伸长，柱塞又比悬点向下多移动一段距离 λ''。因此，由于惯性载荷作用，使柱塞冲程比光杆冲程要增加 λ_i：

$$\lambda_i = \lambda' + \lambda'' \tag{3-3-8}$$

式中 λ_i——由于惯性载荷的作用，使柱塞冲程增加的数值。

根据胡克定律：

$$\lambda' = \frac{I_{rd}L}{2f_r E} = \frac{W_r SN^2 L}{2 \times 1790 f_r E}\left(1 - \frac{r}{l}\right) \tag{3-3-9}$$

$$\lambda'' = \frac{I_{ru}L}{2f_r E} = \frac{W_r SN^2 L}{2 \times 1790 f_r E}\left(1 + \frac{r}{l}\right) \tag{3-3-10}$$

由于抽油杆柱上各点所承受的惯性力不同，计算中近似取其平均值，即取悬点惯性载荷的一半。

将 λ' 及 λ'' 代入式(3-3-8)，得

$$\lambda_i = \frac{W_r SN^2 L}{1790 f_r E} \tag{3-3-11}$$

考虑静载荷和惯性载荷后的柱塞冲程为

$$S_p = S - \lambda + \lambda_i = S\left(1 + \frac{W_r N^2 L}{1790 f_r E}\right) - \lambda \tag{3-3-12}$$

式(3-3-12) 也可写成

$$S_p = S\left(1 + \frac{\mu^2}{2}\right) - \lambda \tag{3-3-13}$$

其中

$$\mu = \omega L / a$$

尽管惯性载荷引起的抽油杆柱的变形使柱塞冲程增大，有利于提高泵效，但增加惯性载荷会使悬点最大载荷增加，最小载荷减小，使抽油杆受力条件变差，所以通常并不用增加惯性载荷（快速抽汲）的办法来增加柱塞冲程。

三、泵的充满程度 (pump fillage)

多数油田在泵抽期都是在井底流压低于饱和压力下生产，即使在高于饱和压力下生产，泵入口压力也有可能低于饱和压力。因此，在抽汲时总是气液两相同时进泵，气体进泵必然减少进入泵内的液体量而降低泵效。当气体影响严重时，可能发生"气锁"（gas lock），即在抽汲时由于气体在泵内压缩和膨胀，固定阀和游动阀都无法打开，出现抽不出液体的现象（视频3-3-1、视频3-3-2）。

通常采用充满系数 β 来表示气体的影响程度：

$$\beta = \frac{V'_L}{V_p} \tag{3-3-14}$$

式中 V_p——上冲程活塞让出的容积；

V'_L——上冲程吸入泵内的液体体积。

充满系数 β 表示了泵在工作过程中被液体充满的程度。β 越高，则泵效越高。泵的充满系数与泵内气液比和泵的结构有关。下面就利用图3-3-2来研究它们的关系。

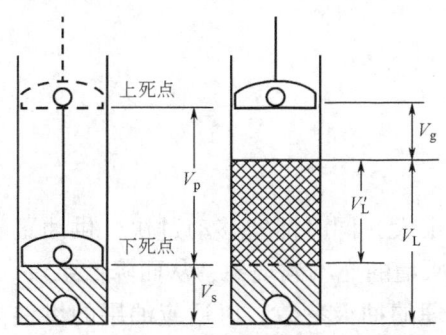

图 3-3-2 气体对充满程度的影响

视频 3-3-1 气体影响

视频 3-3-2 气锁

由图 3-3-2 可看出：

$$V_p + V_s = V_g + V_L \tag{3-3-15}$$

如果用 R 表示泵内气液比，即 $R = V_g/V_L$，则 $V_g = RV_L$。那么

$$V_p + V_s = RV_L + V_L \tag{3-3-16}$$

$$V_L = \frac{V_p + V_s}{1+R} \tag{3-3-17}$$

由于 $V'_L = V_L - V_s$，则

$$V'_L = \frac{V_p + V_s}{1+R} - V_s \tag{3-3-18}$$

将 V'_L 代入式 (3-3-14)，得

$$\beta = \frac{V'_L}{V_p} = \frac{V_p + V_s}{(1+R)V_p} - \frac{V_s}{V_p} \tag{3-3-19}$$

令 $K = V_s/V_p$（余隙比），则

$$\beta = \frac{1+K}{1+R} - K = \frac{1-KR}{1+R} \tag{3-3-20}$$

分析式 (3-3-20) 可得出如下结论：

(1) K 越小，β 就越大。因 $K = V_s/V_p$，所以，要减小 K，可使 V_s 尽可能小和增大柱塞冲程以提高 V_p。因此，在保证柱塞不撞击固定阀的情况下，尽量减小防冲距，以减小余隙。

(2) R 越小，β 就越大。为了降低进入泵内的气液比，可增加泵的沉没深度，使原油中的自由气更多地溶于油中。也可以使用气锚，使气体在泵外分离，以防止和减少气体进泵。

如果忽略余隙，即 $V_s = 0$ 时，$K = 0$，则式 (3-3-20) 变为

$$\beta = \frac{1}{1+R} \tag{3-3-21}$$

$$R = \frac{(R_p - R_s)(1-f_w)p_0 T_i}{p_i T_0} \tag{3-3-22}$$

其中

$$R_s = p_i \alpha$$

式中 R_p——地面生产气油比，m^3/m^3；

R_s——泵内溶解气油比，m^3/m^3；

f_w——体积含水率；

p_i——沉没压力,MPa;
p_0——标准状态压力,MPa;
T_0——标准状态温度,K;
T_i——泵入口温度,K;
α——溶解系数,$m^3/(m^3 \cdot MPa)$。

若油层能量低或原油黏度大,使泵吸入时阻力很大,同时活塞移动过快,供油跟不上,油还未来得及充满泵筒,而活塞已开始下行,出现所谓的充不满现象,从而降低泵效。对于这种情况,一般可加深泵挂增大沉没度,或选用合理的抽汲参数,以适应油层的供油能力。对于稠油井,可采取降黏措施。

四、泵的漏失

抽油泵在数百米到数千米的井下工作,泵内压力可达数十兆帕,同时还受到砂、蜡和腐蚀性介质等影响,这些因素均会造成漏失(pump leakage)。抽油系统中的漏失部位包括:

(1)泵的排出部分。柱塞与泵筒的间隙漏失、游动阀漏失,均会使从泵内排出的液量减少。

(2)泵的吸入部分。固定阀漏失会减少进泵的液量。

(3)其他部分。由于油管螺纹、泵的连接部分及泄油器密封不严而产生的漏失都会降低泵效。

在抽油泵正常抽油时,柱塞和泵筒之间必须有一定的间隙,这样可以形成油膜,减少柱塞和泵筒表面的摩擦和磨损,提高泵的使用寿命。如果间隙过小,会提高泵的造价,破坏润滑性,使柱塞与泵筒早期磨损,缩短使用周期,甚至卡泵。如果间隙过大,液体从间隙中漏失严重,降低泵效,且间隙随着泵的工作时间延续而增大。因此,对于一定的油井条件,存在一个合理的初始间隙。

五、提高泵效的措施

泵效实际上是指给定抽汲参数(pumping parameters)下的产液容积效率,是反映抽油设备利用效率和管理水平的一个重要指标。

综合上述分析,影响泵效的因素又可归结为以下三个主要方面:

(1)环境因素:井深及井身结构、供液能力、流体物性(气油比、饱和压力、含水率、黏度、密度、含砂量、含蜡量、含腐蚀性介质的情况等)。

(2)机械因素(硬件):泵(结构、质量、材料、安装、泵隙、抗腐性、耐磨性)、抽油杆柱(尺寸、强度)等。

(3)工作方式(软件):泵深、抽汲参数(冲程 S、冲次 N、泵径 D)、套压控制等。

为了提高泵效,上述硬件和软件的性能必须适应油井和井液的实际情况。实践证明,对于注水开发采用有杆泵采油的油田,加强注水保证油层具有足够的供液能力是油田高产、高泵效生产的根本措施。为了提高泵效,在举升方面应采取以下措施。

1. 选择合理的抽汲参数

抽汲参数一般是指抽油机冲程 S、冲次 N 及泵径 D。当抽油机已选定且设备能力足够大时,在保证产量的前提下,S、N 和 D 三者有多种组合方式,不同的组合其冲程损失、泵效不同。一般选用较大 S 和较小 D，这样有利于减少冲程损失和气体影响。对于稠油井，一般采用大 S、小 N、合理 D；对于连喷带抽的井，则选用小 S、大 N（快速抽汲），以增强诱喷作用。深井抽汲时，一定要避开 S 和 N 的不利配合区，以增大柱塞的有效冲程。

当油井产量不限时，应在设备条件允许的前提下，以获得最大产量为目标来提高泵效。S、N、D 的组合用计算方法初步确定，再通过生产试验，对各项测试资料进行综合分析逐步调整，从而优选出安全高效的参数组合。

2. 合理利用气体能量及减少气体影响

气体对泵效的影响程度因井而异。对刚由自喷转抽初期尚有一定自喷能力的井，可合理控制套管气，利用气体能量举液，使油井连喷带抽，提高产量和泵效。实践证明：对于一些不带喷的井合理控制套管气，可起到稳定液面和产量的作用，并可减少因脱气而引起的原油黏度的增高。

对于正常抽油的井，提高泵的充满系数的有效途径是尽可能地降低进泵气液比和泵的余隙容积。其措施是改进泵的结构，确定合理的防冲距和沉没度，以适应油井实际情况。增大沉没度虽然可以减少泵的吸入口处的自由气量，但会增加下泵深度，增大悬点载荷和系统能耗及柱塞的冲程损失，所以常使用井下气锚减少进泵气量。

3. 使用必要的井下工具

（1）油管锚（tubing anchor）。用于固定油管下端，以消除油管弹性变形，减少冲程损失。一般泵深超过 1800m 用油管锚将油管锚定，避免油管柱弹性伸缩而产生的柱塞冲程损失。

（2）气锚（gas separator），即井下油气分离器。用于气油比较高的油井，气锚可将油气分离，降低进泵气量，提高泵效。

（3）砂锚。用于含砂较高的油井，可阻挡砂粒进入泵中，降低砂粒对泵的磨损，提高抽油泵寿命。

（4）气砂锚。具有分离、阻止气体和挡住砂粒进入抽油泵的双重作用。在气油比和含砂均较高的油井中，泵下安装气砂锚可提高泵效和延长抽油泵的寿命。

（5）抽油杆扶正器（sucker rod centralizer）。由于井身弯曲，抽油杆偏磨油管，金属碎屑落下垫住阀球造成漏失；偏磨还会使柱塞与泵筒一边间隙增大，增大漏失量，同时加快接箍磨损，导致抽油杆断脱或油管磨穿。在抽油杆上不同位置安装扶正器可以消除或减缓这些不利影响。

第四节　游梁式抽油机平衡、扭矩与功率计算

一、游梁式抽油机平衡

如果抽油机没有平衡装置（balance device），当电动机带动抽油机运转时，由于上冲程中悬点承受着最大载荷，电动机必须做很大的功才能使驴头上行；而下冲程中，抽油杆在其自重作用下克服浮力下行，这时电动机不仅不需要对外做功，反而接受外来的能量做负功。这就造成了抽油机在上下冲程中做功的不平衡。

不平衡造成的后果是：上冲程中电动机承受着极大的负荷，下冲程中抽油机反而带着电动机运转，造成功率的浪费，降低电动机的效率和寿命；由于负荷极不均匀，会使抽油机发

生激烈振动，影响抽油装置的寿命，也会破坏曲柄旋转速度的均匀性，从而影响抽油杆和泵的正常工作。因此，抽油机必须采用平衡装置。

1. 平衡原理

游梁式抽油机之所以不平衡，是因为上下冲程中悬点承受的载荷不同，造成电动机在上下冲程中所做的功不相等。要使抽油机在平衡条件下运转，就应使电动机在上下冲程中都做相等的正功，即在下冲程中把能量储存起来，在上冲程中利用储存的能量来帮助电动机做功。下面用一个简单的机械平衡方式，来说明这种可能性和达到平衡的基本条件。

在抽油机后梁上加一重物，在下冲程中抽油杆自重和电动机一起对重物做功（重物位能增加），则

$$A_w = A_d + A_{md} \quad (3-4-1)$$

式中　A_w——下冲程中抽油杆自重和电动机对重物所做的功，即重物储存的功；

　　　A_d——抽油杆柱对重物所做的功，即悬点在下冲程中做的功；

　　　A_{md}——电动机在下冲程中对重物做的功，即电动机在下冲程中做的功。

由式(3-4-1)可得

$$A_{md} = A_w - A_d \quad (3-4-2)$$

在上冲程中，将重物储存的能量释放出来和电动机一起对悬点做功，则

$$A_u = A_w + A_{mu}, \quad A_{mu} = A_u - A_w \quad (3-4-3)$$

式中　A_u——上冲程悬点做的功；

　　　A_{mu}——上冲程电动机做的功。

要使抽油机平衡，电动机在上下冲程中做的功应相等，即

$$A_{md} = A_{mu} \quad (3-4-4)$$

所以

$$A_w - A_d = A_u - A_w \quad (3-4-5)$$

为了达到平衡，在下冲程需要对重物作的功或上冲程中需要重物释放的能量为

$$A_w = \frac{A_u + A_d}{2} \quad (3-4-6)$$

式(3-4-6)说明：为了使抽油机平衡运转，在下冲程中需要储存的能量等于悬点在上下冲程中所做功之和的一半，该式是进行平衡计算的基本公式。

2. 平衡方式

为了把下冲程中抽油杆自重做的功和电动机输出的能量储存起来，可以采用不同的平衡方式。目前采用的方式有气动平衡（air balance）和机械平衡（mechanical balance）。

1）气动平衡

下冲程中通过游梁带动的活塞压缩气包中的气体，把下冲程中作的功储存成为气体的压缩能。上冲程中被压缩的气体膨胀，将储存的压缩能转换成膨胀能帮助电动机做功。

气动平衡多用于大型抽油机。这种平衡方式不仅可以大量节约钢材，而且可以改善抽油机的受力情况，但平衡系统的加工制造质量要求高。

2）机械平衡

在下冲程中，以增加平衡块的位能来储存能量，在上冲程中平衡块降低位能，来帮助电动机做功。机械平衡有以下三种方式：

（1）游梁平衡：在游梁尾部加平衡块，适用于小型抽油机。

（2）曲柄平衡（旋转平衡）：平衡块加在曲柄上。这种平衡方式便于调节平衡，并且可避免在游梁上造成过大的惯性力，适用于大型抽油机。

（3）复合平衡（混合平衡，compositional balance）：在游梁尾部和曲柄上都有平衡块，是上述两种方式的组合，多用于中型抽油机。

3. 平衡计算

抽油机平衡条件是在一个抽汲循环中，重物在下冲程中储存的能量或上冲程中帮助电动机所做的功，应等于上冲程和下冲程悬点做功之和的一半。

上冲程中悬点所做的功为

$$A_u = (W'_r + W'_L)S \tag{3-4-7}$$

下冲程中悬点所做的功为

$$A_d = W'_r S \tag{3-4-8}$$

由于惯性载荷在上冲程和下冲程中所做的总功等于零，所以在 A_u 和 A_d 中没有考虑惯性力。将 A_u 及 A_d 代入式（3-4-6），得

$$A_w = \frac{A_u + A_d}{2} = \frac{(W'_r + W'_L)S + W'_r S}{2} = \left(W'_r + \frac{W'_L}{2}\right)S \tag{3-4-9}$$

下面讨论在不同平衡方式下，采用多大的平衡力才能使下冲程中存储的能量，或上冲程中平衡重所做的功等于 $(W'_r + W'_L/2)S$。

1）游梁平衡

达到平衡（图3-4-1）所需要的游梁平衡块重为

$$W_b = \left(W'_r + \frac{W'_L}{2}\right)\frac{a}{c} - X_{uc} \tag{3-4-10}$$

式中 X_{uc}——抽油杆本身的不平衡值，是折算到游梁平衡块重心位置的附加平衡力。

2）曲柄平衡

达到平衡（图3-4-2）所需要的平衡半径的计算公式为

$$R = (W'_r + W'_L/2)\frac{a}{b}\frac{r}{W_{cb}} - r\frac{X_{ub}}{W_{cb}} - R_c\frac{W_c}{W_{cb}} \tag{3-4-11}$$

式中 R——曲柄平衡块重心到曲柄轴的距离，称平衡半径，m；

W_{cb}——曲柄平衡块总重，N；

R_c——曲柄本身的重心到曲柄之距离，m；

W_c——曲柄自重（两块），N；

r——曲柄销至曲柄轴距离，称曲柄半径，取决于采用的悬点冲程，m；

a、b——游梁前臂和后臂的长度，m；

c——游梁平衡重心至游梁支点 O 的距离，m；

X_{ub}——抽油机本身的不平衡值，是折算到尾轴承处的附加平衡力，N。

曲柄平衡通常是通过改变平衡半径 R 来调节平衡。

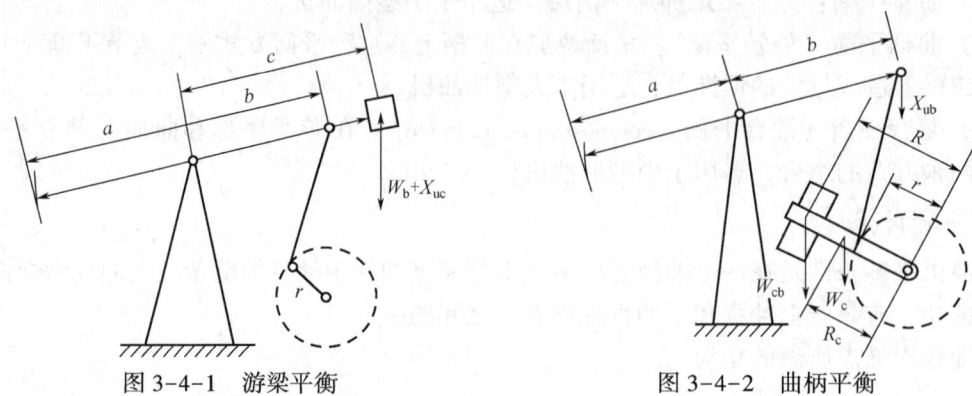

图 3-4-1 游梁平衡 　　　　图 3-4-2 曲柄平衡

3）复合平衡

达到平衡所需要的平衡半径公式为

$$R = (W_r' + W_L') \frac{a}{b} \frac{r}{W_{cb}} - \frac{c}{b} \frac{X_{uc}}{W_{cb}} - \frac{c}{b} \frac{W_b}{W_{cb}} r - R_c \frac{W_c}{W_{cb}} \quad (3\text{-}4\text{-}12)$$

或

$$R = (W_r' + W_L') \frac{a}{b} \frac{r}{W_{cb}} - (X_{uc} + W_b) \frac{c}{b} \frac{r}{W_{cb}} - R_c \frac{W_c}{W_{cb}} \quad (3\text{-}4\text{-}13)$$

式中 W_b——游梁平衡块重，N。

上面介绍的只是以上下冲程中电动机做的功相等作为平衡标准进行计算的方法。在实际工作中不便于按此标准检验和调整平衡，大多采用上下冲程的扭矩或电流峰值是否相等作为平衡条件。

二、曲柄轴扭矩

减速器是抽油机的心脏，其价格占到全套抽油机设备的一半以上。在一定条件下，减速器曲柄轴的许用扭矩限制着油井生产时所采用的最大抽汲参数，也限制着保证大参数生产所需要的电动机功率。因此，合理地使用减速器是一个重要的技术问题。正确计算减速器曲柄轴的扭矩（torque）是检查减速器是否超载的依据，也可以用于检查和计算电动机的功率。

1. 扭矩计算

抽油过程中减速箱输出轴（曲柄轴）的扭矩 M 等于曲柄半径 r 与作用在曲柄销处的切线力 T 的乘积，即

$$M = rT \quad (3\text{-}4\text{-}14)$$

只要确定出曲柄销处的切线力 T 就可算出曲柄轴扭矩 M。复合平衡抽油机曲柄销所受的力如图 3-4-3 所示。图中，F_p 为曲柄销所受的连杆拉力（与连杆力大小相等方向相反），W_c' 为折算至曲柄半径 r 处的平衡重：

$$W_c' = \frac{W_{cb}R + W_c R_c}{r} \quad (3\text{-}4\text{-}15)$$

对曲柄轴中心 O' 取力矩平衡可得

$$Tr + W_c' r \sin\phi = F_p r \sin\alpha \quad (3\text{-}4\text{-}16)$$

$$T = F_p \sin\alpha - W_c' \sin\phi \quad (3\text{-}4\text{-}17)$$

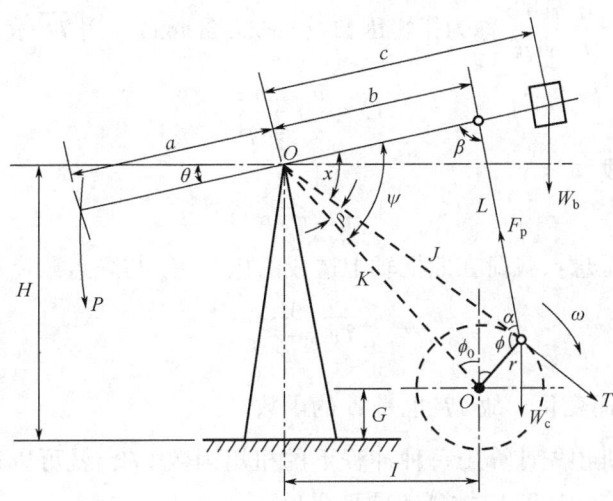

图 3-4-3　抽油机几何尺寸与曲柄销受力图

将式(3-4-17)代入式(3-4-14)就可求得复合平衡抽油机的扭矩 M_{com} 计算公式：

$$M_{\text{com}} = \left[\frac{a}{b}P - \frac{c}{b}W_b\left(\cos\theta - \frac{c}{a}\frac{a_A}{g}\right)\right]\frac{r\sin\alpha}{\sin\beta} - W_c' r\sin\phi \qquad (3\text{-}4\text{-}18)$$

式中　P——悬点载荷，N；

W_b——游梁平衡重，N；

a_A——悬点加速度，m/s^2；

g——重力加速度，m/s^2；

θ——从水平位置算起的游梁摆角，rad；

β——游梁后臂与连杆之夹角，rad。

对于曲柄平衡抽油机，$W_b = 0$，则

$$M_{\text{cr}} = \frac{a}{b}P\frac{r\sin\alpha}{\sin\beta} - W_c' r\sin\phi \qquad (3\text{-}4\text{-}19)$$

对于游梁平衡抽油机，则

$$M_{\text{wb}} = \left[\frac{a}{b}P - \frac{c}{b}W_b\left(\cos\theta - \frac{c}{a}\frac{a_A}{g}\right)\right]\frac{r\sin\alpha}{\sin\beta} \qquad (3\text{-}4\text{-}20)$$

上述公式从理论上来讲是计算抽油机扭矩的精确公式（其中尚未考虑抽油机的结构不平衡、游梁连杆系统的惯性影响及传动效率）。但是，由于其中包括了与抽油机几何特性有关的参数 θ、α、β 及悬点加速度 a_A。这些参数又随曲柄转角 ϕ 而变，因此，这些公式还难于直接用于实际计算。

对于某一型号的抽油机，其几何尺寸是一定的，故可根据几何关系预先计算出不同 ϕ 角下的值 α、β，并做适当的简化就可利用上面的公式计算扭矩。

对于曲柄平衡的抽油机，式(3-4-19)中的第一项表示悬点载荷 P 在曲柄上造成的扭矩，称为油井负荷扭矩：

$$M_p = \frac{a}{b}\frac{r\sin\alpha}{\sin\beta}P \qquad (3\text{-}4\text{-}21)$$

式(3-4-21)中的乘积 $\dfrac{a}{b}\dfrac{r\sin\alpha}{\sin\beta}$ 称为扭矩因数（torque facton），用 $\overline{TF}$ 表示：

$$\overline{TF} = \dfrac{a}{b} r \dfrac{\sin\alpha}{\sin\beta} \tag{3-4-22}$$

则式(3-4-21)可写成

$$M_p = \overline{TF} P \tag{3-4-23}$$

所以，扭矩因数也就是悬点载荷在曲柄轴上造成的扭矩 M_p 与悬点载荷 P 的比值，即

$$\overline{TF} = \dfrac{M_p}{P} \tag{3-4-24}$$

由于 α 和 β 随 ϕ 而变化，故 $\overline{TF}$ 也是 ϕ 的函数。

只要对各种抽油机预先计算出每种冲程下的扭矩因数 $\overline{TF}$，就可以很容易利用实测悬点载荷（示功图）由式(3-4-23)计算曲柄轴扭矩。

式(3-4-19)中的第二项 $W_c' r\sin\phi$ 表示曲柄及其平衡重在曲柄轴上造成的扭矩 M_c，称为曲柄平衡扭矩：

$$M_c = W_c' r\sin\phi = (W_{cb}R + W_c R_c)\sin\phi \tag{3-4-25}$$

曲柄轴上的净扭矩 M 为悬点载荷 P 造成的扭矩 M_p 与曲柄平衡重造成的扭矩 M_c 之差，即

$$M = M_p - M_c = \overline{TF} P - M_{cmax}\sin\phi \tag{3-4-26}$$

其中

$$M_{cmax} = W_{cb}R + W_c R_c$$

式中　M_{cmax}——曲柄最大平衡扭矩，即曲柄处于水平位置（$\phi = 90°$ 和 $270°$）时曲柄平衡重造成的扭矩。

当考虑抽油机本身的结构不平衡性时，式(3-4-18)可写成

$$M_{com} = \left[\dfrac{a}{b}P - \left(\dfrac{c}{b}W_b + \dfrac{a}{b}B\right)\cos\theta - \dfrac{c}{a}\dfrac{c}{b}\dfrac{W_b}{g}a_A\right]\dfrac{r\sin\alpha}{\sin\beta} - W_c' r\sin\phi \tag{3-4-27}$$

式中，B 为抽油机结构不平衡值，等于连杆与曲柄销脱开时，为了保持游梁处于水平位置而需要加在光杆上的力。此力向下时 B 取正值，向上时 B 取负值。B 值可以实测，也可以根据抽油机部件质量计算。

由于计算扭矩的公式中考虑游梁摆角 θ 的影响和游梁平衡重的惯性力矩，因而无法直接得到用扭矩因数计算扭矩的简单公式。为了简化计算，可忽略上述两项的影响（计算误差，一般不超过10%，扭矩峰值的误差小于5%）。

对复合平衡抽油机：

$$M_{com} = \overline{TF}\left[P - \left(B + \dfrac{c}{a}W_b\right)\right] - M_{cmax}\sin\phi \tag{3-4-28}$$

对曲柄平衡抽油机：

$$M_{cr} = \overline{TF}(P - B) - M_{cmax}\sin\phi \tag{3-4-29}$$

对游梁平衡抽油机：

$$M_{wb} = \overline{TF}\left[P - \left(B + \frac{c}{a}W_b\right)\right] \tag{3-4-30}$$

2. 扭矩因数与扭矩曲线

对于具体型号的抽油机，只要确定不同 ϕ 时的 α 和 β 值就可利用式(3-4-22)计算出每一种冲程下的扭矩因数。由扭矩因数及实测悬点载荷，就可以绘制扭矩曲线（图3-4-4），以便确定最大扭矩及进行扭矩分析。由于实测示功图只是表示了悬点位移和载荷的关系，而绘制扭矩曲线时需要找到不同 ϕ 时的载荷。

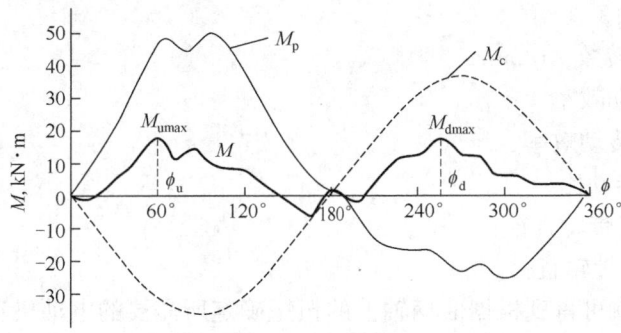

图 3-4-4　扭矩曲线

3. 扭矩曲线的应用

由于悬点载荷和平衡造成的扭矩与电动机输给曲柄轴的扭矩相平衡。因此，扭矩曲线除了用来确定最大扭矩和检查是否超扭矩之外，还可以检查抽油机的平衡状况和进行平衡计算，确定电动机输出的功率，检查功率利用情况及利用均方根扭矩选择电动机功率。

1）检查是否超扭矩及判断是否发生"背面冲击"

由扭矩曲线可直接得到上、下冲程中的高峰扭矩值，因而，可根据减速箱允许的最大扭矩 M_{max} 来检查减速箱是否超扭矩工作。

当扭矩曲线出现负扭矩时，说明减速箱的主动轮变为从动轮。如果负扭矩值较大，将发生齿轮啮合面的背面冲击（back shock），从而降低齿轮寿命。背面冲击通常发生在不平衡或轻载荷的井上。在悬点载荷突然发生很大变化时，也会出现严重背面冲击。

2）判断及计算平衡

抽油机平衡是为了使电动机的负载尽可能地达到均匀。如前所述，在抽油设计中，一般都是以上下冲程中电动机做的功相等作为平衡标准来计算平衡。在检验平衡和进行调整平衡计算时，通常是以上下冲程高峰扭矩相等为标准，即

$$M_{umax} = M_{dmax} \tag{3-4-31}$$

如果 $M_{umax} > M_{dmax}$，则上重下轻，说明平衡不够，需要增大平衡扭矩；反之，则说明平衡过重，需要减小平衡扭矩。复合平衡和曲柄平衡抽油机，通常采用改变平衡半径 R 的方法来调节平衡扭矩。只有在调整 R 还不能满足要求的情况下，才改变平衡重块数。

三、电动机功率计算

电动机（prime mover）功率与传到减速箱从动轴（曲柄轴）上的扭矩的关系式为

$$M = 9549 \frac{N_r \eta}{N} = 9549 \frac{N_r \eta i}{n_m} \tag{3-4-32}$$

其中 $\eta = \eta_1 \times \eta_2$; $i = i_1 \times i_2$; $i_2 = D/d$

式中 M——传至曲柄轴上的扭矩，N·m；
N_r——电动机功率，kW；
η——传动效率；
N——曲柄轴转数（冲次），r/min；
i——总传动比；
n_m——电动机转数，r/min；
η_1——皮带转动效率；
η_2——减速箱传动效率；
i_1——减速箱传动比；
D——减速箱皮带轮直径；
d——电动机皮带轮直径。

由式（3-4-32）就可得到根据曲柄轴上的扭矩确定所需要的电动机功率 N_r 的计算公式：

$$N_r = \frac{MN}{9549\eta} \tag{3-4-33}$$

由式（3-4-33）看出：抽油机工作时，实际在曲柄轴上所产生的扭矩和冲次决定着需要的电动机功率。但是曲柄扭矩在整个工作过程中是变化的，而只在上下冲程的某一瞬时达到最大值。

在变负荷条件下，电动机的选择就不能根据瞬时最大扭矩来计算。否则电动机在大部分时间不能满载工作，其效率和功率因数都不高，电能的利用就不充分。在变负荷条件下，电动机选择的一般方法是根据负载电流或扭矩的变化规律，按均方根求出等值电流或等值扭矩（equivalent torque）来计算，则

$$N_r = \frac{M_e N}{9549\eta} \tag{3-4-34}$$

式中 N_r——需要的电动机功率［即需要选用的电动机额定功率（rated power）］，kW；
N——冲次，次/min；
η——传动效率；
M_e——曲柄轴上的等值扭矩。

所谓等值扭矩，就是用一个不变化的固定扭矩代替变化的实际扭矩，使其电动机的发热条件相同，则此固定扭矩即为实际变化的扭矩的等值扭矩。它用计算得的扭矩曲线或测得的瞬时的扭矩来计算：

$$M_e = \sqrt{\frac{\sum (M_i^2 \Delta \phi_i)}{\sum \Delta \phi}} \tag{3-4-35}$$

式中 M_i——瞬时扭矩（随曲柄转角 ϕ 而变）；
ϕ——曲柄转角。

计算时取的间隔 $\Delta\phi$ 越小，则计算越准确。

对抽油机来讲，等值扭矩与最大扭矩之间有一定关系，当抽油机的运动近似地看作简谐运动，而使扭矩呈正弦规律变化时：

$$M_e \approx 0.707 M_{\max} \tag{3-4-36}$$

实际曲柄连杆机构的理论扭矩变化规律与正弦曲线不同。根据对实际井扭矩曲线进行回归分析的结果，最大扭矩与等值扭矩的关系近似为

$$M_e \approx 0.54 M_{\max} \tag{3-4-37}$$

由理论分析和一些实际资料的初步计算结果，并考虑到不平衡等因素，实际计算时，建议采用下式：

$$M_e = 0.6 M_{\max} \tag{3-4-38}$$

将式(3-4-38)代入式(3-4-34)，可得

$$N_r = \frac{0.6 M_{\max}}{9549\eta} \tag{3-4-39}$$

如果取 $\eta = 0.9$，则

$$N_r = \frac{M_{\max}}{14324} \tag{3-4-40}$$

第五节　有杆抽油系统设计

当一口油井确定采用有杆抽油方式后，首先要根据该井条件和油层产能选择一套合理的抽油设备并确定其抽汲参数。油井投产后还必须检验设计效果。当设备和油层的工作状况发生变化时，还需要对其设计参数进行调整。

选择抽油设备主要是确定抽油杆柱、抽油机、电动机及抽油泵。油井产量和下泵深度是选择这些设备的基本依据。确定抽汲参数主要包括确定泵径 D、冲程 S、冲次 N 的配合关系，要求在已选定抽油设备的基础上保证既能满足产量要求，又具有较高的泵效。

选择抽油设备的基本原则是：符合油层及油井工作条件、充分发挥油层产能、设备利用率较高且有较长的免修期，有较高的系统效率和经济效益。

整个有杆泵抽油系统是相互联系和制约的。因此，应从油层到地面作为统一的整体进行合理设计。

一、确定下泵深度

对于具体的油井，下泵深度（pump depth）取决于该井的产能和开发部门提出的配产要求。井底流压与沉没压力及下泵深度的关系为

$$p_{wf} = p_s + \overline{\rho_L} g (H - L_p) \tag{3-5-1}$$

因此下泵深度为

$$L_p = H - \frac{p_{wf} - p_s}{\overline{\rho_L} g} \tag{3-5-2}$$

式中　L_p——下泵深度，m；

　　　H——油层中部深度，m；

p_{wf}——流压（根据配产要求按该井的流入动态曲线确定），Pa；

p_s——沉没压力，Pa；

$\overline{\rho_L}$——井液平均密度，kg/m³。

式(3-5-2)中沉没压力的大小与油井产量、气油比、原油黏度、含水率和泵入口设备有关。一般气油比小于 $80m^3/m^3$ 的稀油井，定时或连续放套管气生产时，p_s 应保持在 0.5MPa 以上。产量高、液体黏度大（如稠油或油水乳化）时，p_s 还要更高些。因为稠油不仅进泵阻力大，而且脱出的溶解气不易与原油分离，往往被液流带入泵内而降低充满程度。因此，稠油井需要较高的 p_s，这样既有利于克服进泵阻力，又可减少脱气，以保持较高的充满程度。

对于含气油井，若使用气锚，可保持较小的沉没度（pump submergence），有利于气锚气体分离和减小悬点载荷及冲程损失。

从理论上讲，在不使用气锚的情况下，沉没度越高，则泵的充满系数越高。若忽略泵的余隙和泵吸入压降，视原油溶解气油比与压力成正比，由充满系数式(3-3-22)，沉没压力可表示为

$$p_s = \frac{Z_g p_{sc} p_b T R_p (1-f_w)}{p_b T_{sc} B_L \left(\dfrac{1}{\beta}-1\right) + Z_g p_{sc} T R_p (1-f_w)} \tag{3-5-3}$$

式中　Z_g——泵深处的气体偏差系数（可近似取 1）；

p_{sc}——标准状态压力，Pa；

p_b——原油饱和压力，Pa；

T——泵深处的温度，K；

T_{sc}——标准状态温度，K。

可根据油田的生产情况和经验给定充满系数 β，由上式确定合适的沉没压力代入式(3-5-2)便可确定其合理的下泵深度。

对于气液比较高的油井，按上述方法不易取准泵至井底管流中的井液平均密度 ρ_L。为此，可以将配产对应的井底流压作为起始点，应用多相管流方法自下而上计算井筒中的压力分布，并由此压力计算相应的充满系数 β 直到压力低于保证最低沉没度为止。再由此不同井深对应的压力和充满程度曲线 [H—$p(\beta)$ 曲线] 选定 β 及泵吸入压力，从而确定下泵深度。

上述确定下泵深度的方法考虑了沉没压力的影响，还应综合考虑泵深的增减所导致的冲程损失对泵效的影响以及悬点载荷、生产耗能的变化关系，从而确定合理的下泵深度。

二、抽油杆强度计算及杆柱设计

1. 抽油杆的受力特征及强度计算方法

抽油杆的选择主要包括确定抽油杆柱的长度、直径、组合及材料。下泵深度确定后，抽油杆柱的长度就定了。为了保证抽油杆安全工作，必须根据材料及强度来确定其直径。

抽油杆柱工作时承受着交变负荷，因此在抽油杆内产生了由 σ_{max} 到 σ_{min} 的非对称循环应力：

$$\sigma_{max} = \frac{P_{max}}{f_r}; \quad \sigma_{min} = \frac{P_{min}}{f_r} \tag{3-5-4}$$

式中 P_{max}, P_{min}——悬点最大和最小载荷，N；

f_r——抽油杆金属截面积，m²。

当计算抽油杆柱顶部的最大和最小应力时，P_{max} 和 P_{min} 可用前面所介绍的公式计算或用动力仪测得的数值。

在交变负荷作用下，抽油杆柱往往是由于疲劳而发生破坏，而不是在最大拉应力下破坏。如果在最大拉应力下发生破坏，那么抽油杆的断裂事故，将主要发生在拉应力最大的上部，但是矿场抽油杆的断裂在上部、中部和下部都有。因此，抽油杆柱必须根据疲劳强度来进行计算。

一般采用修正古德曼图（图3-5-1）来进行抽油杆强度校核和杆柱设计。

修正古德曼图（modified Goodman diagram）的纵坐标为抽油杆柱的最大应力 σ_{max}，横坐标为最小应力 σ_{min}。图中的阴影区为疲劳安全区，抽油杆柱的应力点落在该区内时，抽油杆柱将不会发生疲劳破坏。根据修正古德曼图，抽油杆柱的许用最大应力的计算公式为

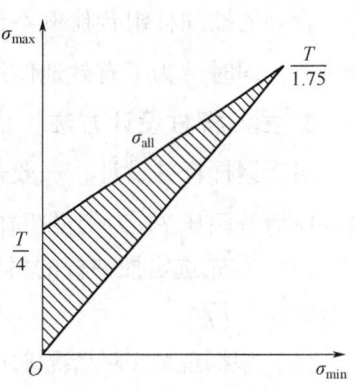

图 3-5-1 修正古德曼图

$$\sigma_{all} = \left(\frac{T}{4} + 0.5625\sigma_{min}\right)\overline{SF} \tag{3-5-5}$$

式中 σ_{all}——抽油杆许用最大应力，MPa；

T——抽油杆最小抗张强度，MPa；

σ_{min}——抽油杆最小应力，MPa；

$\overline{SF}$——使用系数（safe factor），考虑到流体腐蚀性等因素而附加的系数（小于或等于1.0），使用时可参考表3-5-1来选值。

表 3-5-1 抽油杆的使用系数

使用介质	API D 级杆	API C 级杆
无腐蚀性	1.00	1.00
矿化水	0.90	0.65
含硫化氢	0.70	0.50

要保证抽油杆柱不发生疲劳破坏，抽油杆的最大应力不应超过式(3-5-5)计算出的许用最大应力 σ_{all}，即

$$\sigma_{max} \leqslant \sigma_{all} \tag{3-5-6}$$

将最大、最小载荷公式代入式(3-5-5)和式(3-5-6)，就可得计算抽油杆强度所允许的悬点最大载荷的公式，进而可确定在一定抽汲参数和设备下抽油杆的允许下入深度，或者在一定下泵深度下，使抽油杆不超载的 f_p、S、N 的组合。

由式(3-5-5)可看出，抽油杆的许用应力不仅与杆的材料及抽汲流体的腐蚀性有关，而且与所受的最小应力有关，也就是说，修正古德曼图和式(3-5-5)给出的是许用应力范围。所以，在抽油杆柱设计及应力分析中常采用应力范围比 $\overline{PL}$（percentage Goodman range of stress），即

$$\overline{PL} = \frac{\sigma_{\max} - \sigma_{\min}}{\sigma_{\text{all}} - \sigma_{\min}} \times 100\% \tag{3-5-7}$$

式中 $\sigma_{\text{all}} - \sigma_{\min}$ ——许用应力范围；

$\sigma_{\max} - \sigma_{\min}$ ——抽油杆的应力范围。

合理的抽油杆组合比例不仅应保证各级抽油杆的 $\overline{PL}$<100%，而且各级杆的 $\overline{PL}$ 值应该比较接近。同时，为了有效地使用抽油杆，$\overline{PL}$ 还应保持较高的数值。

2. 抽油杆柱设计方法

对于钢杆杆柱设计，一般采用等强度原则，即各级杆柱顶端面的应力范围比相等。下面以等应力范围比 $\overline{PL}$ 为例说明在不采用加重杆时的杆柱设计。抽油杆柱设计步骤如下：

（1）首先选定抽油杆的材料确定抗张强度，并在 0.8~1 的范围内确定设计许用最大应力范围比 $[\overline{PL}]$。

（2）根据现场实际情况确定最小杆径 $d_{\min}$ 作为第一级杆，第一级（最下端）杆径 $d_1 = d_{\min}$，泵深 L 为杆柱长度 L_1，$L_1 = L$。

（3）将杆柱分为小段 ΔL_1，计算各小段顶端面的应力范围比 $\overline{PL}_{1i}(i=1,2,\cdots,n_1)$。若 $\overline{PL}_{1n_1} < [\overline{PL}]$，则停止杆柱设计，杆柱为单级杆；若 $\overline{PL}_{1n_1} > [\overline{PL}]$，说明此杆强度不够，需换大直径杆重新设计；若 $\overline{PL}_{1k_1} < [\overline{PL}]$ 且 $\overline{PL}_{1(k_1+1)} > [\overline{PL}]$（$1<k_1<n_1$）则可内插求得对应顶端面应力范围比为 $[\overline{PL}]$ 的第一级杆长度 L_1。

（4）将 d_1 增加 3mm（我国抽油杆尺寸系列的直径差）作为第二级杆 d_2，若 $d_2 > [d_{\max}]$，则停止杆柱设计，说明此组抽汲参数太大，超应力范围比；若 $d_2 \leq [d_{\max}]$，则可取剩余长度为第二级杆 $L_2 = L - L_1$。同上将 L_2 分为多个小段 ΔL_2，计算各小段顶端的应力范围比 $\overline{PL}_{2i}(i=1,2,\cdots,n_2)$，若 $\overline{PL}_{2n_2} < [\overline{PL}]$ 且 $|\overline{PL}_{1n_1} - \overline{PL}_{2n_2}| \leq \varepsilon$，则停止杆柱设计，杆柱为两级杆；若 $\overline{PL}_{2n_2} < [\overline{PL}]$ 且 $|\overline{PL}_{1n_1} - \overline{PL}_{2n_2}| > \varepsilon$，则可减小 $[\overline{PL}]$，重新设计杆柱，直到 $|\overline{PL}_{1n_1} - \overline{PL}_{2n_2}| \leq \varepsilon$ 为止；若 $\overline{PL}_{2k_2} < [\overline{PL}]$ 且 $\overline{PL}_{2(k_2+1)} > [\overline{PL}]$（$1<k_2<n_2$），则可内插求得对应顶端面应力范围比为 $[\overline{PL}]$ 的第二级杆长度 L_2。

（5）将 d_2 增加 3mm 作为第三级杆径 d_3，设计方法同第二级杆柱。

一般最小杆径取 19mm，最大杆径取 $d_{\max} = 25$mm，ε 为两级抽油杆顶端面应力范围比的最大允许差值，一般 $\varepsilon = 0.05$，$\Delta L < 50 \sim 100$m，深井多采用三级或四级杆柱。

三、抽油机选择

抽油机是油井生产过程中不轻易更换的设备。抽油机的选择应遵循以下原则：

（1）选择的抽油机应该在油井经济寿命期内满足油层最大供液能力的需要；

（2）应在使用期的大部分时间内具有较高的载荷、扭矩和电动机功率利用率；

（3）一般条件的油井应选用常规型抽油机，对稠油井或产能较高而套管直径相对较小的井，应选用具有较大冲程的前置型、异相型或异型抽油机；

（4）所选择的抽油机应进行区域统筹，同一油区或同一采油矿区所选机型不宜太杂，流体物性和载荷要求都相近的井尽量选用同一规格和型号的抽油机，便于日常维护和调换。

抽油杆、抽油机和泵之间彼此联系又相互影响。例如,抽油杆柱的直径及长度影响悬点载荷,影响抽油机选型;同时还影响柱塞冲程,从而影响泵的实际排量,故影响泵径、冲程和冲次的选择。反之,选用的泵径、冲程和冲次又影响抽油杆柱和抽油机的选择。在实际选用时,一般采用计算法和图表法,这两种方法都是在确定抽油机型号后,再进行必要的校核和参数调整。在具体油田上往往是按已有抽油井所选用的设备,根据经验选用。

根据产液量和下泵深度可以查图表确定需要的机型,选用时可参见行业标准 SY/T 5873—2017《有杆抽油系统设计、施工作法》。采用图表法具有简便快速的优点。因油井条件和泵效差异大,图表法所能容纳的变量少,故具有其局限性。

四、有杆泵系统效率计算分析

1. 系统效率测试与计算

有杆抽油系统包括电动机、抽油机、抽油杆、抽油泵、井下管柱和井口装置等。整个有杆抽油系统工作时是一能量不断传递和转化的过程,在每一次传递时都会损失一定的能量。为了准确获取系统各部分的能耗数据,需要采用一定的测试仪器,在现场对电动机、减速器的转速及功率进行实测,并结合光杆示功图、动液面以及油压、套压、产液量和含水率等数据进行分析计算。

1)系统效率(system efficiency)

抽油系统效率定义为系统水力功率(有效功率)$P_{有}$与系统输入功率$P_{入}$的比值,即

$$\eta = \frac{P_{有}}{P_{入}} \quad (3\text{-}5\text{-}8)$$

根据抽油系统工作的特点,以光杆悬绳器为界,将抽油系统效率分解为地面效率$\eta_{地}$和井下效率$\eta_{井}$两部分,即

$$\eta = \frac{P_{有}}{P_{入}} = \frac{P_{有}}{P_{光}} \frac{P_{光}}{P_{入}} = \eta_{井} \eta_{地} \quad (3\text{-}5\text{-}9)$$

抽油系统的井下效率$\eta_{井}$是指抽油系统的有效功率(水力功率)$P_{有}$与光杆功率$P_{光}$的比值。$P_{有}$与$P_{光}$之差反映了井下摩擦、杆柱振动、惯性以及漏失等因素引起的功率损失。

抽油系统的地面效率$\eta_{地}$即为抽油机效率是指光杆功率$P_{光}$与抽油机输入功率$P_{入}$的比值,地面部分的能量损失发生在电动机、皮带、减速器和四连杆结构中,因此

$$\eta_{地} = \frac{P_{光}}{P_{入}} = K\eta_1 \eta_2 \eta_3 \quad (3\text{-}5\text{-}10)$$

式中 K——有效载荷系数;

η_1、η_2、η_3——电动机、皮带及减速器、四连杆机构的效率(要进一步分解这三个效率值,需在电动机输出轴和减速器的输入和输出轴上贴电阻应变片,分别测量各点功率)。

2)水力功率(hydraulic power)

抽油系统的水力功率是指在一定的扬程下,以一定排量将井下液体举升到地面所需的功率,也称有效功率,即

$$P_{有} = \frac{Q\rho_L gH}{86400} \tag{3-5-11}$$

其中

$$H = L_f + 1000\frac{p_t - p_c}{\rho_L g} \tag{3-5-12}$$

式中　$P_{有}$——有效功率，kW；

　　　Q——实际产液量，m³/d；

　　　ρ_L——井液密度，kg/m³；

　　　H——有效扬程，m。

　　　L_f——动液面深度，m；

　　　p_t、p_c——油压、套压，MPa。

3）电动机输入功率

抽油机输入功率是指拖动抽油机所用电动机的实际输入功率，可根据测试得到。

4）光杆功率（polished rod power）

光杆功率是抽油机传递给光杆的功率，它包括光杆提升液体和克服井下各种阻力所消耗的功率：

$$P_{光} = P_{有} + P_{摩} \tag{3-5-13}$$

式中　$P_{光}$——光杆功率，kW；

　　　$P_{摩}$——井下摩擦损失功率，kW。

$P_{光}$可根据实测示功图的面积计算：

$$P_{光} = \frac{As_d f_d n}{60000} \tag{3-5-14}$$

式中　A——示功图面积，mm²；

　　　s_d——示功图减程比，m/mm；

　　　f_d——示功图力比，N/mm；

　　　n——光杆实测冲次，min⁻¹。

2. 提高抽油机井系统效率方法

根据研究与油田经验，提高抽油机井系统效率主要有以下措施。

1）采用节能型设备

（1）节能型抽油机。常规型抽油机悬点上、下冲程运行时间基本相等，属对称循环机构抽油机，而异相型和前置型抽油机属非对称循环机构抽油机。通过机构尺寸优化设计，其动力性能明显优于常规型抽油机。如可以使上冲程运行时间增长，下冲程运行时间缩短，上冲程加速度的峰值减小，而下冲程加速度峰值则相应增大，从而使瞬时功率及能耗均有所下降。由于这种机械结构的改变，使电动机输出转矩避开了悬点载荷造成的扭矩峰值。净扭矩曲线变得平滑。另外，上冲程时间增长减小了惯性载荷和光杆功率，有利于提高泵的充满程度和水力功率。为了优化四连杆机构的运动特性，达到节能增产的目的，国内外研制了不少异形游梁式抽油机（图3-5-2）。例如，我国首创特型双驴头抽油机结构，其游梁后臂为变径圆弧形，游梁与曲柄之间采用柔性连接，抽油机工作时"特殊连杆"（柔性件）与游梁后臂有效长度均随曲柄转动而变化，减小了上冲程悬点速度和加速度，从而减小悬点动载荷，并改善了平衡效果。

(a) 双驴头游梁式抽油机

(b) 旋转驴头游梁式抽油机

(c) 调径变矩游梁式抽油机

(d) 下偏杠铃游梁式抽油机

(e) 斜井游梁式抽油机

(f) 矮型异相曲柄平衡抽油机

(g) 链条式无游梁抽油机

(h) 宽带式无游梁抽油机

(i) 增距式长冲程抽油机

图 3-5-2 异型抽油机

（2）节能电动机。节能电动机避免了"大马拉小车"，"大马"主要指普通低转差电动机，当它与被拖动的机械不配套而容量过大时，其结果使电动机电能利用率和系统效率下降。节能电动机又称高转差电动机。转差率是用于表示电动机转子转速与磁场转速之间相差程度的重要参数，普通电动机转差率仅为 2%～5%，较小的转差率变化会引起较大的电流和功率变化；高转差电动机的转差率为 14%～25%，其转速随转矩 M 变化，因此，具有较软的机械特性，可以随悬点载荷的变化，电动机转速在较大范围内变化。与普通低转差电动机相比，高转差电动机驱动抽油机具有以下的机械效益和电效益：减小最大载荷、增大最小载荷、减小抽油杆的应力幅，提高其使用寿命；降低减速器曲柄轴扭矩峰值，基本消除负扭矩，有利于改善减速器的工作条件；减小输电线路的热电流和电动机工作时电流的变化范围；提高功率因数，降低电动机的耗电量。

2）加强抽油机井的科学管理

（1）对机杆泵进行优化设计。抽汲参数组合对抽油机井的系统效率有较大的影响，抽汲参数不合理的井，特别是动液面较深的井应保持合理的沉没度（泵深），并对抽汲参数进行优选和调整。

（2）对低产低效井适时进行分析诊断，实施间歇抽油措施。根据油井关井液面恢复规律制定合理的间抽工作制度。

（3）严防非正常漏失，包括油管漏失、游动阀和固定阀漏失。重视井下工况诊断和油管、抽油杆的检测修复工作，避免因管杆不合格造成油管漏失等问题。

（4）日常管理方面。及时调整抽油机平衡，保证抽油机运转的平衡度在85%以上；采用低摩阻密封盒，适当调节密封盒和电动机皮带的松紧程度；定期检查抽油机井口三对中（驴头、光杆和井口），减少摩擦能耗；加强对抽油机关键部位的润滑，减少连杆机构的磨损。

3）采用智能控制技术

（1）防抽空控制（pump-off control）技术。泵防抽空技术主要通过监测示功图、动液面和产液量等信息，分析泵的充满程度，通过控制算法自动调节电动机转速，从而实现供排协调、避免泵抽空等工况。

（2）柔性控制（variable speed control）技术。油井的柔性控制是指利用先进的技术手段和控制策略来实现对油井生产和操作最优控制。具体来说，油井的柔性控制包括生产控制、操作控制和智能化控制。生产控制通过监测油井的生产数据和井下工况，对井口流量、压力、温度等进行实时调整和控制，以实现油井的最优生产状态。操作控制是采用远程监测和控制技术，对油井的开关、阀门、泵等设备进行实时调整和控制，以保证油井的正常运行和生产。智能化控制是借助人工智能、大数据分析等技术手段，对油井的生产和操作进行智能化控制和优化。

抽油系统效率是一项综合性经济技术指标。要提高系统效率，一是尽量提高油井产液量和泵效；二是要节能降耗。由于抽油系统复杂，影响因素多（油层和工况的影响、管理水平、动液面、产液量计量误差和测试困难等），系统效率也是经常变化的动态参数，需要经常监测并及时调整。提高抽油系统效率是一项系统工程，应从技术装备、机杆泵设计、管理工作、监测技术等多方面入手。

第六节　示功图分析

示功图（dynamometer card）是由载荷随位移的变化关系曲线所构成的封闭曲线图。表示悬点载荷与位移关系的示功图称为地面示功图或光杆示功图，它表示悬点在一个冲程内所做的功。在实际工作中常以实测地面示功图作为分析抽油泵工作状况的主要依据。由于抽油井的情况较为复杂，在生产过程中抽油泵会受到制造质量、安装质量以及砂、蜡、水、气、稠油和腐蚀等多种因素的影响，在分析过程中既要依据示功图和油井的各种资料作全面分析,又要找出影响示功图的主要因素。示功图分析是以典型示功图为基础的,典型示功图是指某一因素的影响十分明显,其形状代表了该因素影响下的基本特征。虽然实际情况下有多种因素影响示功图的形状,但总有其主要因素。为了能正确分析和解释示功图,常常从分析典型示功图入手。

一、理论示功图(theoretical dynamometer card)

1. 静载荷作用下的理论示功图

静载荷作用下的理论示功图如图3-6-1所示。横坐标为悬点位移,纵坐标为悬点载荷,在下死点 A 处的悬点静载荷为 W'_r,上冲程开始后液柱载荷 W'_L 逐渐加在柱塞上,并引起抽油杆柱和油管柱的变形,载荷加完后,停止变形($\lambda = B'B$)。从 B 点以后悬点以不变的静载荷($W'_r + W'_L$)上行至上死点 C(动画3-6-1)。

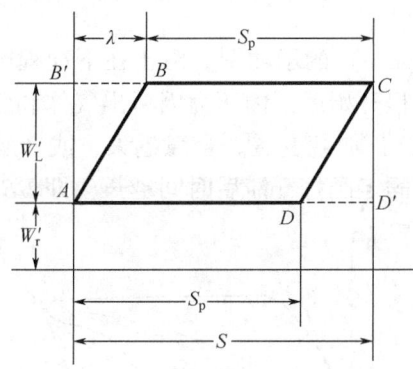

图3-6-1 静载荷作用下理论示功图
S_p—柱塞冲程;S—光杆冲程;λ—冲程损失

动画3-6-1 理论示功图与泵工作过程

从上死点开始下行后,由于抽油杆柱和油管柱的弹性,液柱载荷 W'_L 是逐渐地由柱塞转移到油管上,故悬点逐渐卸载。在 D 点卸载完毕,悬点以固定的静载荷 W'_r 继续下行至 A 点。

这样,在静载荷作用下的悬点理论示功图为平行四边形 $ABCD$。ABC 为上冲程的静载荷变化线,AB 为加载线,加载过程中,游动阀和固定阀同时处于关闭状态;由于在 B 点加载完毕,变形结束,$\lambda = B'B$,柱塞与泵筒开始发生相对位移,固定阀也就开始打开而吸入液体。故 BC 为吸入过程,$BC = S_p$(S_p 为泵的冲程,即柱塞冲程),在此过程中游动阀处于关闭状态。下冲程,在 D 点卸载完毕,变形结束,$D'D = \lambda$,柱塞开始与泵筒发生向下的相对位移,游动阀被顶开而开始排出液体。故 DA 为排出过程,$DA = S_p$,排出过程中固定阀处于关闭状态。

2. 惯性载荷和振动载荷作用下的理论示功图

考虑惯性载荷时,是把惯性载荷叠加在静载荷上。如不考虑抽油杆柱和液柱的弹性对惯性载荷的影响,则作用在悬点上的惯性载荷的变化规律与悬点加速度大小的变化规律是一致的、方向是相反的。在上冲程中,前半冲程有一个由大变小的向下作用的惯性载荷(增加悬点载荷);后半冲程作用在悬点上的有一个由小变大的向上的惯性载荷(减小悬点载荷)。在下冲程中,前半冲程作用在悬点的有一个由大变小的向上的惯性载荷(减小悬点载荷);后半冲程则是一个由小变大的向下作用的惯性载荷(增加悬点载荷)。因此,由于惯性载荷

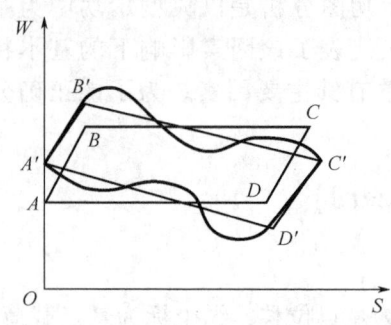

图 3-6-2 考虑惯性载荷和振动载荷的理论示功图

的影响使静载荷的理论示功图的平行四边形 $ABCD$ 被扭歪成 $A'B'C'D'$，如图 3-6-2 所示。

考虑振动载荷时，则把抽油杆振动引起的悬点载荷叠加在四边形 $A'B'C'D'$ 上。由于抽油杆柱的振动发生在黏性液体中，所以为阻尼振动。叠加之后在 $B'C'$ 线和 $D'A'$ 线上就出现逐渐减弱的波浪线（图中的粗实线）。

二、典型示功图分析

1. 正常示功图

动载荷和摩擦载荷不大，充满良好，漏失较小的正常示功图如图 3-6-3 所示。图中两条虚线分别为上、下冲程的静载荷。

2. 气体影响与充不满对示功图的影响

图 3-6-4 为有明显气体影响（gas interference）的示功图。由于在下冲程末泵的余隙内存有液体，也可能残存一定量的压缩气，上冲程开始后泵内压力因析出气体和压缩气体的膨胀而不能很快降低，使固定阀打开滞后（B' 点），加载变缓。余隙越大，或者泵入口压力越低，析出和可能存在的压缩气量就会越多，则固定阀打开滞后时间越长，即 BB' 线越长。

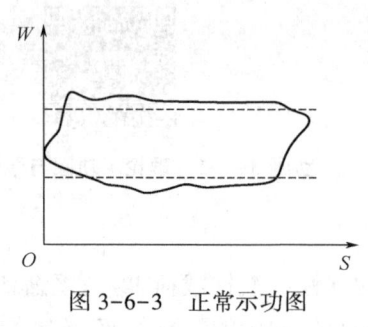

图 3-6-3 正常示功图

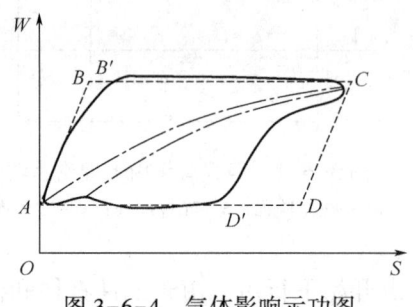

图 3-6-4 气体影响示功图

下冲程时，气体受压缩，泵内压力不能迅速提高，使游动阀滞后打开（D' 点），卸载变缓（CD'）。泵的余隙越大，进入泵内的气量越多，则 DD' 线越长，示功图的"刀把"越明显。当沉没压力很低而进泵气量过大时，泵内气体处于反复压缩和膨胀状态，固定阀和游动阀均处于关闭状态，出现气锁（gas lock）现象，如图 3-6-4 中点画线所示，气锁时井口产量为零。一般情况下升高沉没压力可解除气锁。气体影响情况下的充满系数可近似表示为

$$\beta = AD'/AD \tag{3-6-1}$$

当沉没度过小，供液不足，使液体不能充满泵筒时示功图如图 3-6-5 所示。

泵充不满（pump-off）的图形特征是下冲程中悬点载荷不能立即减小，只有当柱塞接触到液面时，才迅速卸载。所以，卸载线较气体影响的卸载线（图 3-6-5 上的凸形弧线 CD'）陡而直。有时因柱塞撞击液面发生液击（fluid pound）现象，会造成很高的冲击应力，使载荷线出现波动。快速抽汲时往往因液击发生较大的冲击载荷使示功图扭曲很厉害（图 3-6-6）。

3. 漏失对示功图的影响

泵漏失是常见的故障之一，发生在要求其密闭的运动过程中。

1）排出过程漏失

上冲程时，泵内压力降低，柱塞两端产生压差，使柱塞上面的液体经排出部分不严密处（游动阀及柱塞与泵筒间隙）漏失到柱塞下部的泵筒内，漏失速度随柱塞下面压力减小而增大。由于漏失到柱塞下面的液体有向上的"顶托"作用，所以悬点载荷不能及时上升到最大值，使加载缓慢（图 3-6-7 中的 BB'），随着悬点运动加快，"顶托"作用相对减小，直到柱塞上行速度大于漏失速度时，悬点载荷达到最大静载荷（图 3-6-7 中的 B' 点）。

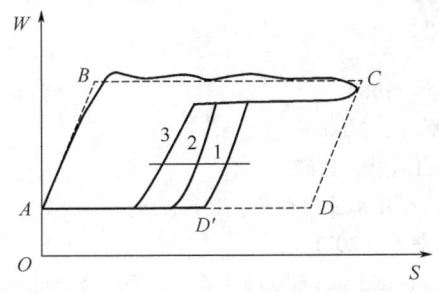

图 3-6-5　泵充不满示功图

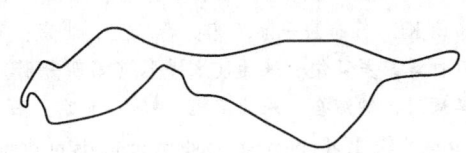

图 3-6-6　液击示功图

当柱塞继续上行到后半冲程时，因柱塞上行速度又逐渐减慢。在柱塞速度小于漏失速度瞬间（C' 点），又出现了漏失液体的"顶托"作用，使悬点载荷提前卸载，到上死点时悬点已降至 C'' 点。

由于排出部分漏失的影响，固定阀在 B' 点才打开，滞后了 BB' 一段柱塞行程；而在接近上死点时又在 C' 点提前关闭。这样，柱塞的有效吸入行程 $S_p = B'C'$。

当漏失量很大时，由于漏失液体对柱塞的"顶托"作用很大。上死点载荷远低于最大载荷，如图 3-6-7 中 AC''' 所示，柱塞的有效行程 S_p 为零，导致泵的排量为零。

2）吸入过程漏失

下冲程开始后，当柱塞速度小于漏失速度时，由于固定阀漏失使泵内压力不能及时增高，延缓了卸载过程（图 3-6-8 的 CD' 线）。同时，也使游动阀不能及时打开。当柱塞速度大于漏失速度后，泵内压力增高到大于液柱压力，将游动阀打开而卸去液柱载荷。下冲程后半冲程中柱塞速度减小到低于漏失速度时，泵内压力降低使排出阀提前关闭（A' 点），悬点提前加载。到达下死点时，悬点载荷已增加到 A''。

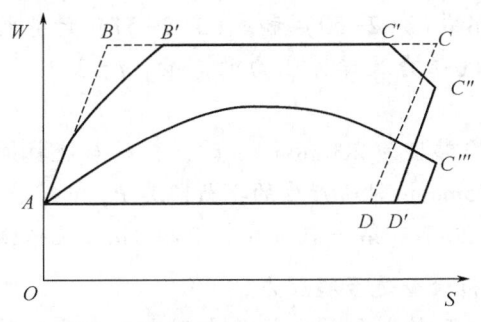

图 3-6-7　泵排出过程漏失示功图

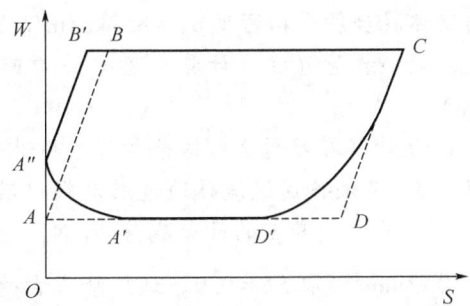

图 3-6-8　吸入过程漏失示功图

由于泵的工作状况比较复杂，在解释示功图时，必须全面了解油井情况（井下设备、管理措施、目前产量、液面、气油比以及以往生产情况等），才能对泵的工作状况和故障原因作出正确的判断。

上述示功图分析往往只能对泵的工作状况做某些定性分析,无法做出定量的判断。在深井或快速抽汲条件下,泵的工作状况(柱塞载荷的变化)要通过上千米的抽油杆柱传递到地面上。在传递过程中,因抽油杆柱的振动等因素,使地面示功图的形态复杂化,需要借助计算机诊断技术,将地面示功图转化为井下示功图,再进一步分析判断工况。

参考文献

[1] 王鸿勋,张琪. 采油工艺原理. 北京:石油工业出版社,1989.
[2] 张琪. 采油工程原理与设计. 东营:中国石油大学出版社,2000.
[3] 布朗 KE. 升举法采油工艺:卷二上. 北京:石油工业出版社,1987.
[4] 万仁溥,罗英俊. 采油技术手册(第四分册). 北京:石油工业出版社,1993.
[5] 李颖川,钟海全. 采油工程. 3版. 北京:石油工业出版社,2021.
[6] Gibbs S G. Rod pumping: modern methods of design, diagnosis and surveillance [M]. Berlin: Springer, 2012.
[7] Nguyen T. Artificial Lift Methods: Design, Practices, and Applications [M]. Berlin: Springer Nature, 2020.
[8] Guo B, Liu X, Tan X. Petroleum Production Engineering. Houston: Gulf Professional Publishing, 2017.
[9] Takacs G. Sucker-rod pumping handbook: production engineering fundamentals and long-stroke rodpumping [M]. Houston: Gulf Professional Publishing, 2015.
[10] Han G, Tan C, Li J, et al. Determination of oil well production rate by analysis of the real-time dynamometercard. Proceedings of the SPE Annual Technical Conference and Exhibition, Dubai, United Arab Emirates, 26-28September 2016.

习 题

1. CYJ8-3-48B 的基本参数如下:$l=3.2m$,$r=1.2$,$S=3$,$a=3m$,$b=2.5m$。试分别利用简谐运动和曲柄滑块运动计算和绘制悬点位移、速度、加速度曲线,比较最大加速度值和对应的悬点位置。

2. 某井用 CYJ8-3-48B 抽油机,设计下泵深度1200m,泵径44mm,冲程3m,冲次 $n=$ 12 次/min,用单级7/8in 抽油杆(杆径22mm),2½in 油管(内径62mm,外径73mm),油管内流体混合物平均密度 $\rho_m=850kg/m^3$。试分别用式(3-2-50)和式(3-2-51)计算悬点最大、最小载荷(注:计算中忽略井口回压、沉没压力及摩擦阻力的影响,$l=3.2m$,$r=1.2m$)。

3. 试计算在习题2所给条件下,井内液体平均黏度为200mPa·s 时,杆柱与液柱间的摩擦力 F_{rl} 及液体通过流体通过游动阀(孔径 $d=25mm$)时所产生的下行阻力 F_v。

4. 某井实测悬点的最大载荷80kN,最小载荷20kN,第一级抽油杆直径1in,抗张强度 $T=810N/mm^2$,取 $\overline{SF}=0.9$。试用修正古德曼法分析检查是否超应力。

5. 某井 CYJ8-3-48B 抽油机,由实测示功图得到最大和最小载荷分别发生在曲柄转角为 90°和270°处,其值为80kN 和20kN,$S=3m$;如果 $W_b=0$,$W_{cb}=4000kg$,$W_c=1760kg$,$R_c=0.61m$,$B=150kg$,试计算需要的最大平衡扭矩 M_{cmax},平衡半径 R 及相应于最大和最小载荷位置时的曲柄净扭矩。

6. 某抽油井油管内径为 62mm，外径为 73mm，抽油杆直径 19mm，泵径 56mm，泵深 1200m，动液面深度 500m，冲程 2.1m，冲次 6rpm，液体平均密度 900kg/m³，钢密度 7850kg/m³，$r/l=0.2$，钢弹性模量 $E=2.06\times10^{11}$Pa，完成以下计算：（1）悬点最大、最小载荷；（2）静载荷作用的冲程损失、惯性载荷作用的冲程增加和柱塞的有效冲程；（3）已知泵的充满系数为 0.7，漏失 10%，体积系数 1.1，计算泵效；（4）绘制静载荷作用下的理论示功图，并在图上分别标出最大、最小载荷、液柱载荷、光杆冲程、有效冲程和冲程损失。

第四章 无杆泵采油

无杆泵采油（rodless pump production）是又一种机械采油方法，它与有杆泵采油的区别在于动力传递的方式不同。有杆泵采油是利用从地面下入井内的抽油杆作为传递地面动力的手段，带动井下抽油泵，将原油举升至地面。而无杆泵采油是用电缆或高压液体将地面能量传输到井下，带动井下机组把原油举升至地面，如电动潜油离心泵、井下驱动螺杆泵、水力射流泵和水力活塞泵等采油方式。目前水力活塞泵现场已很少应用，本章主要介绍前三种采油技术。

第一节 电动潜油离心泵

电动潜油离心泵（electric submersible centrifugal pumps）也称电潜泵或电泵，是将电动机和泵一起下入油井内液面以下进行抽油的井下举升设备。电潜泵是井下工作的多级离心泵，同油管一起下入井内，地面电源通过变压器、控制屏和潜油电缆将电能输送给井下潜油电动机，使电动机带动多级离心泵旋转，将电能转换为机械能，把油井中的液体举升到地面。电潜泵以排量大、自动化程度高等显著的优点被广泛应用于原油生产中，是目前重要的机械采油方法。近些年来，国内外电潜泵举升技术发展很快，在油田生产中，特别是在高含水期大部分原油是使用电潜泵生产的，电潜泵在非自喷高产井或高含水井的举升技术中起着非常重要的作用。

一、电潜泵采油装置及其工作原理

动画 4-1-1　电潜泵

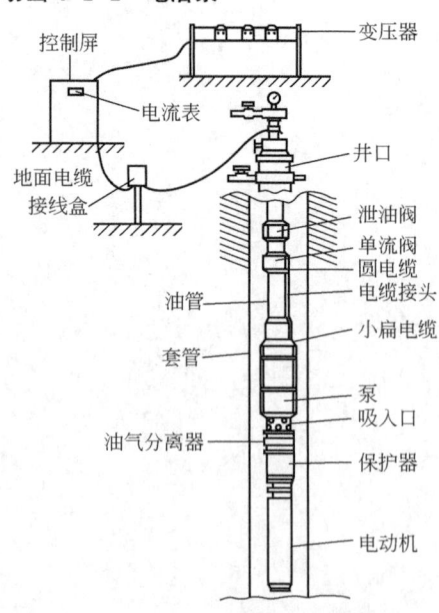

图 4-1-1　电潜泵采油系统示意图

如图 4-1-1 所示，电潜泵采油装置主要由三部分组成（动画 4-1-1）：

（1）地面控制部分：变压器（transformer）、控制屏（electric control panel）、接线盒和井口装置。

（2）电力传输部分：潜油电缆（submersible cable）。

（3）井下机组部分：潜油电动机（submersible electric motor）、保护器（protector）、油气分离器和多级离心泵。

上述三部分的核心是潜油电动机、保护器、油气分离器（gas and oil separator）、多级离心泵（multistage centrifugal pumps）、潜油电缆、控制屏和变压器七大部件。

工作时，地面电源通过变压器变为电动机所需要的工作电压，输入到控制屏内，然后经由电缆将电能传给井下电动机，使电动机带动离心泵叶轮旋转，将电能转换为机械能，井液通过分离器吸入泵内，进泵的液体由泵的叶轮逐级增压，经油管举升到地面。

1. 潜油电动机

潜油电动机用于驱动离心泵转动，一般为两极、三相鼠笼式异步感应电动机，其主要结构和工作原理与常用的异步电动机相同。为了适应油井条件，潜油电动机应具有以下特点：

（1）外廓尺寸细长；
（2）转子和定子分节；
（3）保证潜油电动机的严格密封；
（4）润滑油循环系统比较特殊。

2. 多级离心泵

离心泵是由多级组成的，其中每一级包括一个固定的导轮（pilot wheel）和一个可转动的叶轮（vane wheel）。叶轮的型号决定了泵的排量，而叶轮的级数决定了泵的扬程（head lift）和电动机所需的功率。叶轮有固定式和浮动式两种。浮动式叶轮可以轴向传动，每级叶轮产生的轴向力被叶轮和导轮上的止推轴承承受，整节泵所产生的轴向推力由保护器中的止推轴承承受。固定式叶轮固定在泵轴上，既不能轴向传动，也不能靠在导轮的止推垫上，叶轮及压差所产生的全部推力，都由装在保护器内的止推轴承承受。

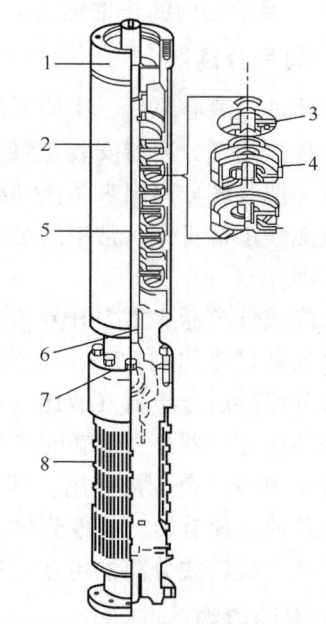

图 4-1-2　多级离心泵结构示意图
1—上接头；2—壳体；3—叶轮；4—导轮；
5—转轴；6—轴套；7—下接头；
8—泵吸入口

潜油多级离心泵的工作原理同地面离心泵一样，当充满在叶轮流道内的液体在离心力作用下，从叶轮中心沿叶片间的流道甩向叶轮四周时，液体受叶片的作用，使压力和速度同时增加，并经导轮的流道被引向次一级叶轮，这样，逐级流过所有的叶轮和导轮，进一步使液体的压能增加，逐级叠加后获得一定的扬程，将井液举升到地面。多级离心泵的结构示意图如图 4-1-2 所示。潜油多级离心泵和普通的地面离心泵相比较，在结构上具有以下特点：

（1）直径小、级数多、长度大；
（2）轴向卸载、径向扶正；
（3）泵吸入口装有特殊装置，如油气、油砂分离器；
（4）泵出口上部装有单流阀和泄油阀。

3. 保护器

保护器是电泵机组正常运转不可缺少的重要部件之一，是利用井液与电动机油的密度差异，以防止井液进入电动机造成短路而烧毁电动机的装置。目前国内外在电潜泵机组中所使用的保护器种类很多，常用的有三种，即连通式、沉淀式和胶囊式保护器。虽然不同类型保护器的结构和作用原理不同，但其作用是基本相同的，主要为：

（1）密封电动机轴的动力输出端，防止井液进入电动机；
（2）隔离井液与电动机油，同时使井筒—电动机的压力保持平衡；
（3）允许电动机运行时温度升高所造成的电动机油热膨胀以及停机后电动机油的冷收缩；

(4) 通过连接电动机驱动轴与泵轴，起传递扭矩的作用；

(5) 保护器内的止推轴承可承受泵的轴向力。

4. 油气分离器

气体进入离心泵后，将使泵的排量、扬程和效率下降，工作不稳定，而且容易发生气蚀损害叶片。油气分离器安装在泵的液体吸入口处，当混气流体进入多级离心泵之前，先通过分离器，把气体分离出来防止和减少气体进泵，以保证电潜泵具有良好的工作特性，使多级离心泵能够正常工作。常用的分离器按分离方式不同分为：沉降式分离器和旋转（离心）式分离器。

沉降式分离器靠重力分异进行油气分离，其效果较差。当吸入口气液比小于10%时分离效率最高只能达到37%，而当吸入口气液比大于10%时分离效率将会大大下降。因此，沉降式分离器适合于低气液比（小于10%）的井。

旋转式分离器是靠旋转时产生的离心力进行油气分离，分离效果较好。它可在吸入口气液比低于30%的范围内使用，其分离效率可达90%以上。但是如果油井含砂，则砂粒随液体在壳体内高速旋转，将使壳体内壁受到严重磨损，甚至将壳体磨穿而断裂，使机组掉入井下。因此，旋转式分离器可在含气较高的井中使用，但只适用于低含砂井。

5. 潜油电缆

潜油电缆作为电泵机组传输电能的通道部分，包括潜油动力电缆和潜油电动机引接线。潜油动力电缆分为圆电缆和扁电缆两种类型（图4-1-3），而电动机引接线只有扁电缆一种。主要由导体（三芯独根铜线或三芯多股铜绞线）、绝缘层、护套层，并用钢带铠装而组成，其中扁电缆分大扁电缆和小扁电缆两种。井径较大者用圆电缆，井径较小者可用扁电缆。

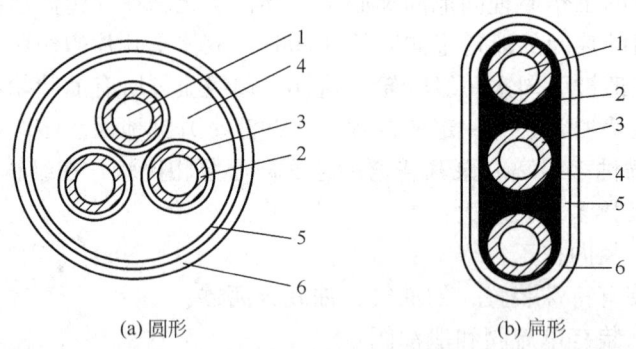

图4-1-3 潜油动力电缆结构示意图
1—导体；2—绝缘层；3—护套层；4—充填层；5—内衬包带；6—钢带铠皮

潜油电缆长期工作在高温、高压和具有腐蚀性流体的环境中，因此，要求潜油电缆具有较高的芯线电性、绝缘层的介电性、较好的整体抗腐、耐磨以及耐高温等稳定的物理化学性能。与普通电缆相比，潜油电缆具有以下特点：

(1) 根据油井的需要，电缆长度可由几百米到几千米，在施工过程中要求便于起下，且不易损坏；

(2) 电缆的工作介质是油、气、水三相混合物，这就要求电缆的护套绝缘材料具有较好的耐油性和较高的气密性；

（3）电缆终端有与电动机插配的特殊密封接头——电缆头；

（4）为满足油井对机组尺寸的要求，潜油电缆一般采用圆型与扁型、扁型与扁型连接在一起的复合结构；

（5）电缆要经多次盘绕收放，要求电缆的结构紧凑，护套层有足够的横向密封性，在高温、高压下不易变形，在低温下不破裂，材质应满足井下温度相应的热老化性能要求，保持柔软性和可弯曲性；进行起下作业时，电缆保护套层不破裂。

6. 控制屏

控制屏是对潜油电泵机组的启动、停机以及在运行中实行一系列控制的专用设备，可分为手动和自动两种类型。它可随时测量电动机的运行电压、电流参数，并自动记录电动机的运行电流，使电泵管理人员及时掌握和判断潜油电动机的运行状况。控制屏通常具有如下功能：

（1）为防止短路烧坏电动机，提供短路速断保护；

（2）欠载时实际排量将小于设计排量，电动机将因工作时产生的热量不能全部散发而烧坏，因此控制屏提供欠载保护；

（3）过载时电动机超负荷运转容易烧坏，因此控制屏还提供过载保护；

（4）潜油电泵不允许反转，因此三相电动机的相序要正确，对此控制屏提供了相序保护；

（5）控制屏还设有延时再启动装置，对于间歇生产的井实行自动延时再启动控制。

7. 变压器

变压器用于将交流电的电源电压转变为井下电动机所需要的电压，它是根据电磁感应原理工作的。一般采用三种变压器：单相变压器、三相标准变压器和三相自耦变压器。

二、电潜泵工作特性曲线

电潜泵的工作特性曲线（performance curve）是指泵的扬程、功率和效率与排量之间的关系曲线，如图4-1-4所示，它是选泵设计的重要依据。

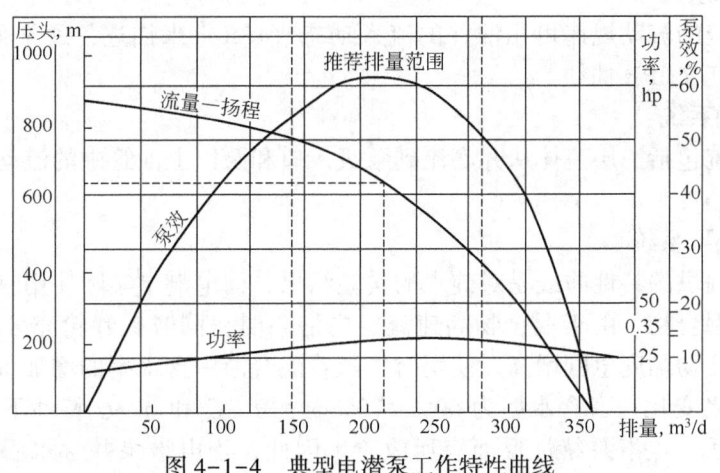

图4-1-4 典型电潜泵工作特性曲线

电潜泵的工作特性曲线是使泵在一定转速下运转，对排出端进行节流，以改变流量的办法试验测得的，也称泵的标准特性曲线。试验介质一般是密度为1000kg/m³、黏度为

1mPa·s 的清水。在实际应用时，由于其使用条件与试验条件不相符，尤其是当用电潜泵抽取黏度很高的液体时，因流动阻力增大，叶轮内的各种摩擦损失和液体对叶轮表面的摩擦损失增加，导致压头下降、功率增加，从而使特性曲线发生变化。因此，实际使用时应根据使用条件对泵的工作特性曲线进行校正。

由图 4-1-4 电潜泵的工作特性曲线可以看出：泵的压头随着排量增大而减小；泵轴的输入功率随排量的增大而增大。当排出闸门关闭时，泵的排量为零，此时泵轴的功率一般要比额定功率小得多。因此，在启动泵时最好缓慢增加排量，这种启泵方法称为软启动。在电潜泵特性曲线上有一个最高效率点，称为额定工作点，这点的排量和压头值即为铭牌上给出的性能指标。在最高效率点附近有一排量范围，其效率随排量的变化而降低很少，这一排量范围称为最佳排量范围。所以，在正常工作条件下，电潜泵应在接近额定工作点附近工作，至少不应超出最佳排量范围，这样才能使电潜泵的工作特性达到最佳。

三、电潜泵油井生产系统设计

电潜泵井工作好坏，与电潜泵井的设计与施工有密切关系。合理选井与设计，可以延长电泵机组的寿命，获得较合理的经济效益。设计的电潜泵系统应满足：第一，必须使泵在最高效率点附近工作，至少不应超出最佳排量范围；第二，泵的额定排量必须和井的产能协调，额定压头必须等于井的总动压头（total dynamic head，TDH）；第三，电动机功率必须满足泵举升流体所需的功率。

电潜泵油井生产系统设计是以油井生产系统为对象，以油井供液能力为依据，以整个系统的协调为基础，以获得规定产量（或给定设备）下的最高效率和最低能耗为设计目标，在设计中采用节点和系统分析方法。

1. 电潜泵油井生产系统

电潜泵油井生产系统是由油层、井筒、井下电泵机组和地面出油管线与分离器等四个子系统组成（图4-1-1），每个子系统都有各自不同的流动规律。要使油井高效率稳定生产，就必须在生产系统设计时充分利用各子系统协调的油井生产规律。

1）油层流动系统

油层流动系统的流动规律可用油井的流入动态（IPR）来描述，通常采用的是油、气、水三相流动时的广义 IPR 曲线。

2）井筒流动系统

井筒流动系统包括油层流体从井底流到泵吸入口和泵以上油管中的流动，遵守气—液多相管流流动规律。

3）潜油离心泵系统

由于厂家所提供的特性曲线是对纯水的实验结果，而电潜泵实际使用时所抽汲的流体是油、气、水三相混合物。由于混合物高速流经电潜泵时，同时被叶轮充分搅拌，易产生乳化，会使油水混合物黏度急剧增高。使用时，随着混合液中含水率的增加（0~70%），电潜泵的特性曲线随之变化，当含水率为 60%~70% 时，$H—Q$ 和 $\eta—Q$ 特性下降最厉害。但当含水率达 80% 以后，电潜泵特性反而有所改善。因此，当电潜泵井含水后，进行设计时必须对电潜泵特性采取黏度校正。

当泵吸入口压力低于饱和压力时，游离气随液体进泵后会使泵的排量、压头和效率下降，泵特性变差，工作不稳定。为了消除游离气的影响，提高电潜泵在多气油井中的使用效果，在泵入口处加装油气分离器，控制进泵的气量。同时，对少量气体进泵后的电潜泵特性曲线也需进行气体影响校正。

2. 电潜泵油井生产系统设计方法

1）设计的任务

电潜泵油井生产系统设计是在满足油井供液能力所确定的产量前提下，确定下泵深度、选择泵型和计算工作参数，使其效率最高和能耗最小，并满足以下条件：

（1）泵的实际排量 Q_p 应满足要求的油井设计产量 Q_1，并在所选泵的推荐范围内工作；

（2）下泵深度 H_p 不大于油层中部深度 H，$H_p \leqslant H$；

（3）泵的最大外径 D_p 小于套管内径 D_e，$D_p \leqslant D_e - \delta$（$\delta$ 表示泵与套管的允许间隙值）；

（4）进泵气液比 $R_{pi} < 8\%$。

通常，由于地面出油管线的压力降变化范围不大，可将井口压力作为常数。这样，设计的油井生系统范围只从井口到油层，在油层、井底、泵的入口处和井口分别设置四个节点（图4-1-5），并把泵看作功能节点，以泵两端的压差作为求解节点。求解时分别以井口压力和油藏压力为起点计算泵的排出压力和入口压力，根据产量选定泵型后，根据该泵的特性曲线和设计排量求出单级泵的平均扬程、功率和效率。利用泵两端的压差和泵的单级扬程可计算出泵的级数、泵排量、泵效率和功率等。

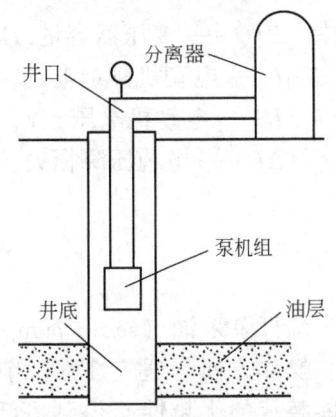

图4-1-5 电潜泵井节点设置图

2）设计计算的主要步骤

（1）在已知设计产液量的条件下，根据油层的流入动态曲线（IPR）确定井底流压 p_{wf}，并计算井筒内泵吸入口以下压力分布和气液比，以给定的泵入口压力 p_{pi} 或泵入口气液比 R_{pi} 确定下泵深度 H_p。

（2）以井口压力为起点，向下计算井筒压力分布，求出下泵深度处的压力，即为泵出口压力。

（3）泵出口压力与泵入口压力之差即为泵的有效总扬程 H_z。

（4）气液混合物从泵入口到出口，由于压力不断增加，泵内气液比不断减小，每一级导叶轮的工作条件也不同。故在设计时应将有效总扬程分段，在给定泵的特性曲线的基础上，逐段校核计算排量、扬程和功率。

（5）计算各段的级数和泵内增温。

（6）计算泵功率、效率、级数和液体增温。

（7）计算泵出口温度。

（8）计算电潜泵井泵吸入口以上流体温度分布。

（9）选择潜油电动机。当潜油离心泵的所需功率确定后，选择电动机功率时，还应考虑分离器和保护器的机械损耗功率。一般情况下，每级分离器的机械消耗功率为1~1.5kW，每级保护器的机械损耗功率为1.0kW，按电动机所需的功率和套管尺寸即可确定电机的额定电压和电流。

（10）潜油电缆的选择。潜油电缆的规格直接关系到潜油电泵机组能否在最佳状态和最经济条件下运行。因此，对于潜油电缆要认真进行选择。对于所选择的电缆必须和电动机一起能够顺利下入井中，且不能超过油套环形尺寸范围。电缆型号可以根据井底温度、电动机功率、电压和电流进行选择。电缆的压降损失和功率损失与电缆的截面积和长度有关，其电力损失对其采油动力成本有直接的影响。所以选择电缆，尽可能选用截面积比较大的电缆。

（11）变压器的选择。自耦变压器的容量必须能够满足电动机最大的启动电压，所以根据电动机的负载来确定变压器的容量可用下式进行计算：

$$BYQ = \frac{\sqrt{3}I(U+\Delta U)}{1000} \tag{4-1-1}$$

式中　BYQ——变压器容量，kV·A；
　　　I——电动机额定电流，A；
　　　U——电动机电压，V；
　　　ΔU——电缆压降损失，V。

第二节　螺杆泵

螺杆泵采油（screw pump production）技术始于 20 世纪 70 年代，由于其具有结构简单、操作方便、适应性强、节能效果明显以及系统效率高等优点，具有其他抽油设备所不能替代的优越性而得到广泛应用。螺杆泵采油技术适用于稠油、含砂、高含气井的开采；同时具有体积小、安装方便、无污染、能耗低等特征。近年来螺杆泵采油技术发展迅速，国内外都在螺杆泵配套设备设计、制造等方面取得了较大的成功，在油田使用中积累了较多经验。同时，螺杆泵采油可以有效降低开采成本、提高经济效益而备受国内外油田重视，目前已成为油田主要的机采方式之一。

按不同驱动方式，螺杆泵采油系统可分为地面驱动和井下驱动两类。地面驱动螺杆泵（ground driving screw pump）系统属于有杆泵采油系统，井下驱动螺杆泵（downhole driving screw pump，见动画 4-2-1）系统属于无杆泵采油系统。除了驱动电动机位置不同，其工作原理和组成基本一致，所以放在一节内介绍。

动画 4-2-1　井下螺杆泵

一、地面驱动单螺杆泵采油系统

地面驱动单螺杆泵采油系统由地面系统和地下系统两部分组成。螺杆泵位于井下，而提供动力的装置位于地面，两者由抽油杆连接。利用抽油杆把井口驱动装置的动力通过旋转运动传递到井下，从而驱动螺杆泵运动。

地面驱动单螺杆泵采油系统由电控系统、地面驱动系统、井下螺杆泵及配套设备组成，如图 4-2-1 所示。

1. 地面驱动单螺杆泵系统的组成

1）电控系统

电控系统是螺杆泵井的控制系统，由控制系统、监测和保护系统组成，主要包括电控箱、电缆等。电控箱是螺杆泵整机的控制部分，控制电动机的启、停，起监测和保护作用。该装置能自动显示、记录螺杆泵井正常生产时的电流、电压、累计运行时间等，有过载、欠载保护功能,确保生产井的正常生产。图4-2-2为螺杆泵采油系统的电控箱。

2）地面驱动系统

螺杆泵的地面驱动系统一般是指套管井口法兰面以上与套管井口、地面输油管线连接的那部分设备的总称,是把动力传递给井下泵,实现抽吸原油的机械装置,是螺杆泵采油系统的动力输入部分。

地面驱动系统主要包括以下功能：

（1）为井下螺杆泵提供动力和合适的转速；
（2）承受杆柱的轴向载荷；
（3）为油井产出液进入地面输油管线提供通道；
（4）具有防止产出液渗漏到井场的密封功能；
（5）防止停机过程中杆柱的高速反转；
（6）安全防护功能；
（7）测试、防盗等其他辅助功能。

驱动装置的密封功能和防反转功能是螺杆泵使用过程中出现问题最多的部分,影响产品的长期可靠高效运行,制约了螺杆泵采油技术的应用。

地面驱动系统主要包括传动装置、传动头、联轴节、机械调速装置、反转制动装置,是螺杆泵采油系统的动力输入部分。

（1）传动装置。

地面驱动螺杆泵的传动装置按照动力传递方式可分为皮带传动（普通驱动）和直接传动（直驱式）两种。图4-2-3是皮带传动的地面驱动装置,图4-2-4是直接传动的地面驱动装置。

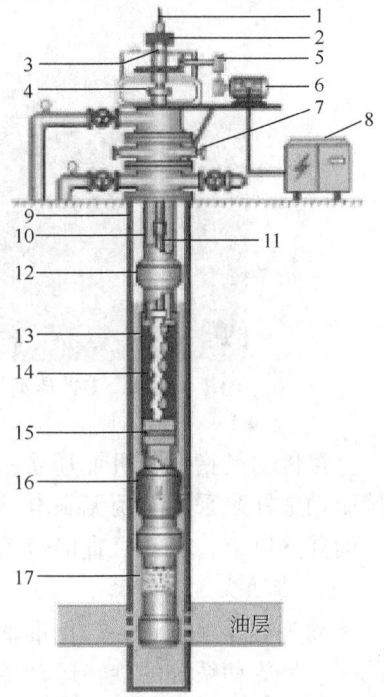

图 4-2-1　地面驱动单螺杆泵
采油系统示意图
1—光杆；2—方卡；3—减速箱；4—密封盒；
5—皮带轮；6—电动机；7—井口；
8—电控箱；9—套管；10—油管；
11—驱动抽油杆；12—油管扶正器；
13—定子；14—转子；15—定位销；
16—油管锚；17—筛管

图 4-2-2　螺杆泵采油系统的电控箱

皮带传动主要通过大皮带轮、皮带、减速箱把动能传递给光杆,再由方卡子传递给抽油杆,驱动抽油杆转动。皮带传动螺杆泵采油系统可以分为电动机皮带传动、地面柴油机皮带传动和地面液压驱动皮带传动螺杆泵采油系统。

图 4-2-3　皮带传动的地面驱动装置　　图 4-2-4　直接传动的地面驱动装置

直接传动是指电动机轴竖立，通过减速箱把动能传递给抽油杆，驱动抽油杆转动。地面直接驱动螺杆泵采用专用无刷电动机作为螺杆泵地面驱动头，驱动头带有密封装置且直接安装在油井井口上，电动机直接带动抽油杆旋转，举升井筒中的液体。

(2) 传动头。

传动头实际上就是一个止推轴承箱，它直接安装在井口上方，其作用是承受抽油杆的轴向载荷、将传动系统的旋转运动传递给抽油杆系统、密封井口以防止井流物泄漏。

(3) 联轴节。

联轴节是地面传动系统与传动头的联接机构，起联接作用。

(4) 机械调速装置。

按照装置调速方式，地面驱动装置可分为无级调速和有级调速。无级调速方式根据实现方法的不同又分为有级机械式无级调速、变频电动机式无级调速和液压式无级调速。目前国内应用的有级调速驱动装置主要是由电动机机械驱动、有级调速和井口法兰连接组成的地面驱动装置。

(5) 反转制动器。

当螺杆泵抽油时，抽油杆由于承受扭矩而处于扭矩变形状态。当停机时，驱动头施加给抽油杆上端的扭矩消失，同时井下转子也在定子中静止不动，因此导致驱动头处抽油杆倒转，抽油杆有脱扣危险。反转制动器就是用于停机时防止抽油杆倒转的机构。

3) 单螺杆泵井下系统

单螺杆泵是一种旋转式容积泵，其主要工作部件是偏心螺杆（转子）和固定的衬套（定子），其他装置包括回转筒、限位器、抽油杆、抽油杆扶正器、定子扶正器、尾管、封隔器、锚定装置等组成。图 4-2-5 是单螺杆泵结构图。

(1) 转子和定子。转子是螺杆泵中唯一的运动部件，主体是钢制杆件，一般外涂耐磨耐蚀的铬合金材料，具有很好的耐磨性。一个转子就是一个横截面积为圆形的长螺旋体，其上部与抽油杆连接，转子有空心转子和实心转子两种，其作用是传递动力并与定子形成密封腔。定子是螺杆泵的关键部件，并直接影响到井下机组的寿命。定子制造质量越高，井下机组的寿命就越长。定子的作用是提供转子工作和液体抽汲的螺旋腔，其结构非常简单，

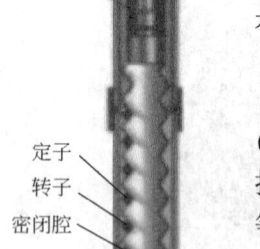

图 4-2-5　井下单螺杆泵

由钢制外壳和塑料/橡胶衬套组成，内腔有双螺旋、三螺旋、四螺旋甚至五螺旋、六螺旋，在相同尺寸下，螺旋数越多，泵的排量越高。定子上端与油管连接，转子在定子内转动。图 4-2-6 是螺杆泵定子和转子结构截面图。

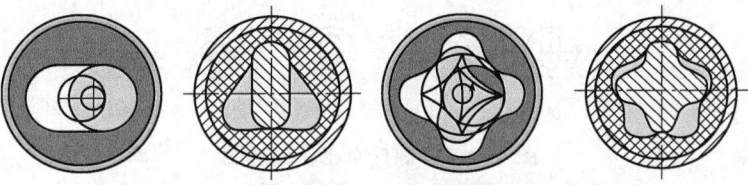

图 4-2-6　螺杆泵定子和转子结构截面图

（2）回转筒。回转筒是一根内径较大的油管或空心定子筒，接在定子的上部以给转子和抽油杆杆柱以较大的回旋空间，防止转子和抽油杆因偏心运动摩擦磨损油管。

（3）限位器。限位器为一个底部带限位板和流通通道的短节，接在定子的尾部，其作用是施工作业时给转子限位以防止下入过头而失去作用和杆柱脱落时防止杆柱掉入井底。

（4）抽油杆扶正器。抽油杆扶正器由心轴和扶正筒组成，它接在两根抽油杆之间，被卡在两个抽油杆接箍之间。心轴是一极短的抽油杆短节。扶正筒是一个内孔比心轴大 1mm 左右的空心塑料筒，外部有四个略比油管内径小的扶正翼，采取浇注成型。扶正筒可以围绕心轴转动，防止抽油杆旋转时与内壁接触而磨蚀油管，又可以让流体通过。

（5）定子扶正器。定子扶正器为有一定弹性的笼形装置，每一对由两半构成，中间大、两端小。其作用是使定子居中和减小定子的摆动。

（6）锚定装置。对于没有封隔器的井和泵挂深度浅的井，锚定装置用于固定定子、消除摆动和防止定子脱扣。

2. 地面驱动单螺杆泵的工作原理

地面驱动单螺杆泵是矿场最常用的一种螺杆泵采油系统，是利用螺杆的旋转来吸排液体的泵，它最适于吸排黏稠液体，属于有杆泵采油。

当电动机带动泵轴转动时，螺杆的运动有两种：一方面螺杆绕本身的轴线旋转，另一方面螺杆沿衬套内表面滚动使螺杆轴线绕衬套轴线旋转，于是形成泵的密封腔室。螺杆每转一周，密封腔内的液体向前推进一个螺距，随着螺杆的连续转动，液体以螺旋形从一个密封腔压向另一个密封腔，最后排出泵体。

沿着螺杆泵的全长，在转子外表面与定子橡胶衬套内表面间形成多个密封腔室；随着转子的转动，在吸入端转子与定子橡胶衬套内表面间会不断形成密封腔室，并向排出端推移，最后在排出端消失，油液在吸入端压差的作用下被吸入，并由吸入端推挤到排出端，压力不断升高，流量非常均匀，螺杆泵工作的过程本质上也就是密封腔室不断形成、推移和消失的过程。图 4-2-7 是单螺杆泵定子和转子工作原理图。

随着转子的转动，密封内腔体由泵的吸入端向排出端轴向移动。例如，在泵的结构角度为 0 的剖面上，转子转动 0°时，形成敞开的一个腔室，当转到 180°，这个腔室封闭并形成另一个新的敞开腔室。当转动 360°时，这个新的腔室封闭又形成另一个新的敞开腔室。也就是说，只有当前一个腔室关闭后才能形成新的腔室。因此，当螺杆泵在井下液体中工作时，井下流体在泵吸入口压力的作用下被压入螺杆泵敞开的腔室，并随着腔室的轴向移动，不断地排至泵出口。由于腔室是不断移动的，因此，螺杆泵又被形象地称为腔室进动泵。

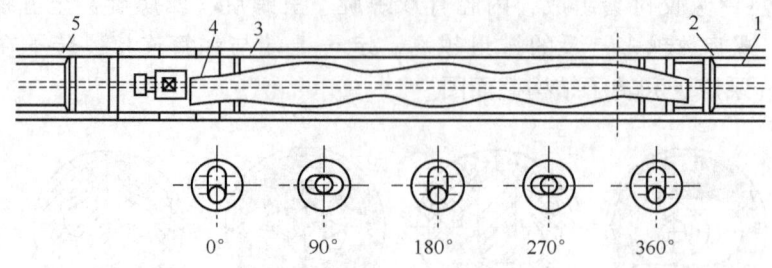

图 4-2-7 螺杆泵工作原理图
1—下接头；2—限位销；3—定子；4—转子；5—上接头

3. 单螺杆泵的基本参数

1）单螺杆泵的结构参数

单螺杆泵的结构参数如图 4-2-8 所示。主要有：

（1）转子偏心距（eccentricity）e——转子截面圆与定子截面圆中心之间的距离。

（2）螺距（screw pitch）t——两个转子峰部之间的距离。

（3）定子导程 T——转子两个螺距之间的距离，$T=2t$。

（4）转子截圆直径 D。

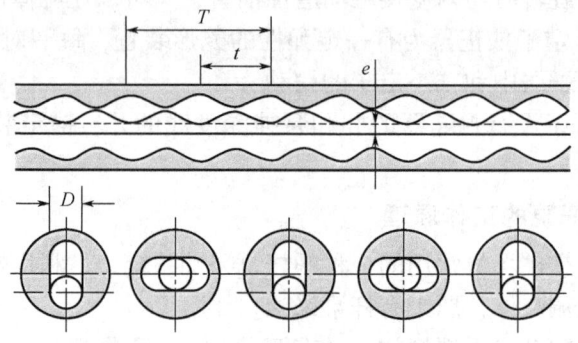

图 4-2-8 单螺杆泵的结构参数图

在螺杆泵参数设计过程中，这四个基本结构参数的合理选择及相互之间的合理配比非常重要，直接影响了螺杆泵的工作特性和使用寿命。同时，螺杆泵参数的选择要满足油井产量、举升压力的需要。

2）单螺杆泵的排量

对单螺杆泵而言，一个密封腔的横截面积在各个断面上是相同的，密封腔的横截面积等于衬套的横截面积减去螺杆的横截面积，螺杆的转子每旋转一周，流体在密封腔内流动一个导程。因此，单螺杆泵的理论排量为

$$q = Av = 5760eDTn \tag{4-2-1}$$

式中 q——螺杆泵理论排量，m^3/d；

A——密封腔的横截面积，m^2；

v——密封腔内流体流速，m/s；

e——螺杆泵的偏心距，m；

D——螺杆直径，m；

T——定子导程，m；

n——电动机的转速，r/min。

3）单螺杆泵的容积效率

单螺杆泵的容积效率，也称为泵效，定义为螺杆泵的实际排量与理论排量的比值，计算公式如下：

$$\eta_v = \frac{q'}{q} \tag{4-2-2}$$

式中　η_v——螺杆泵的容积效率；

q'——螺杆泵的实际排量，m^3/d。

由上面计算公式可以看出，螺杆泵的理论排量或实际排量与螺杆泵的结构参数 e、D、T 和电动机工作参数 n 有关系。对现有螺杆泵的结构和作用情况进行分析表明，在 e、D、T 三者间存在一定的联系，即这三个参数维持一定比值的条件下，螺杆泵才能保证高效率长期工作。

4. 单螺杆泵的工作特性曲线

螺杆泵的工作特性曲线是通过在室内检测试验装置上，模拟井下工况实测的螺杆泵工作特性曲线，是螺杆泵设计、制造和工艺参数优化的重要依据，无论是选井、选泵、施工设计还是泵的使用管理都要以特性曲线为基础。螺杆泵的型号不同，其特性曲线也不同。螺杆泵的工作特性曲线包括容积效率曲线、扭矩曲线和系统效率曲线。容积效率曲线是压头 Δp 与容积效率 η_v 的关系曲线，扭矩曲线是压头 Δp 与转子扭矩 M 的关系曲线，效率曲线是压头 Δp 与系统效率 η 的关系曲线。图 4-2-9 是螺杆泵工作特性曲线。

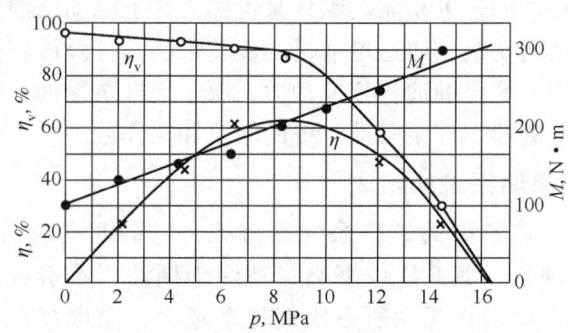

图 4-2-9　螺杆泵工作特性曲线

由螺杆泵的工作特性曲线可以看出，泵的容积效率随压力的增加而降低，特别是当压力增加到一定值时，容积效率急剧降低。主要原因在于压力比较低时，橡胶的密封性能较好，液体漏失量小，转子和定子橡胶几乎直接接触产生摩擦，摩擦损失也比较大，机械效率低；当压力逐渐增加时，液体开始漏失，容积效率缓慢降低。同时由于液体的作用，转子和定子橡胶之间的干摩擦变为有液体润滑的摩擦，机械效率增加。螺杆泵总效率的高效区较宽，它的最高点大约在容积效率曲线的拐点附近。在这一区域，泵的容积效率开始急剧下降，但还不是大量下降，机械效率已接近最大值，总效率最高。该区域为泵的最佳工作区域，泵在该区域效率最高，而且寿命最长。

所以，螺杆泵的结构参数、转速、定子和转子的质量、定子橡胶的物理机械性能、举升介质的性质等对螺杆泵的工作特性有一定的影响。

5. 地面驱动单螺杆泵的优点

螺杆泵采油系统在稠油和出砂采油井中正成为替代抽油机采油的重要方式。螺杆泵相对于普通有杆抽油泵等其他泵相比有许多优点，具体如下：

（1）一次性投资少。与电动潜油泵、水力活塞泵和游梁式有杆抽油泵相比，螺杆泵的结构简单，一次性投资最低。

（2）泵效高、节能、维护费用低。由于螺杆泵在工作时的负荷稳定，机械损失小，泵效可达 90%，甚至更大，系统效率高。

（3）设备结构简单，体积小，占地面积小，安装和维护方便。

（4）适合稠油开采。一般来说，螺杆泵适合于高黏度原油的开采（油井产液黏度小于 8000mPa·s），因此多数稠油井都可以用。

（5）适用于高含砂井。理论上讲，螺杆泵可以输送含砂量达 80%的砂浆，在原油中含砂量达 40%的情况下可以正常生产。

（6）适用于高含气井。螺杆泵不会发生气锁，因此较适用于油气混输，但井下泵入口的游离气会影响容积效率。

（7）适用于海上油田丛式井和水平井。螺杆泵可以下到斜直井段，且设备占地面积小，适用于海上采油。

二、井下驱动螺杆泵采油系统

井下驱动螺杆泵是另一种形式的潜油电泵。按驱动方式分为井下液压驱动和井下电动驱动两种。液压驱动螺杆泵是利用地面泵提供具有一定压力和排量的液体，借助导管通向井下液压马达，驱动转子旋转采油。电动驱动螺杆泵也称为井下电动潜油螺杆泵，是通过电缆把地面电能输送到井下驱动电动机，通过电动机的旋转带动螺杆泵旋转。电动潜油螺杆泵和驱动电动机都在井下，因而不需要抽油杆传递动力，属于无杆泵采油，适用于深井、斜井和水平井采油。下面介绍电动潜油螺杆泵采油系统的组成和工作原理。

1. 电动潜油螺杆泵采油系统的组成

电动潜油螺杆泵是一种新型的螺杆泵采油方式，它同时具有普通螺杆泵和电潜泵的优点，又克服了它们的缺点，其系统效率高、适用于稠油、不造成原油乳化、管理方便，在稠油和含砂原油井生产中的作用和所占比例越来越大。但也存在着调产不方便的缺点，由于它是容积泵且井下部分的转速是一定的，其调产只能通过变频器来实现。电动潜油螺杆泵采油系统由地面和井下两部分组成，图 4-2-10 是电动潜油螺杆泵系统示意图。

1）地面系统

电动潜油螺杆泵的地面系统主要包括井口、接线盒、控制柜（或变频柜）和变压器等。

（1）接线盒。接线盒是连接控制柜到井口动力电缆的电器连接装置。电缆进出口采用安全密封结构，在接线盒上装有一个单向阀，防止井下可燃性气体沿电缆进入接线盒，当气体浓度增加到一定程度时，单向阀会自动打开排出气体，从而减小可燃性气体的浓度。

（2）控制柜。控制柜的作用是控制电潜泵的启动和停机，并对电潜泵过载、欠载和短路等故障进行综合保护，以及显示电潜泵运行参数和自动记录的专用设备。

（3）变压器。变压器是电潜泵的供电装置，其作用是将电网电压转换成电动机所需要的工作电压。

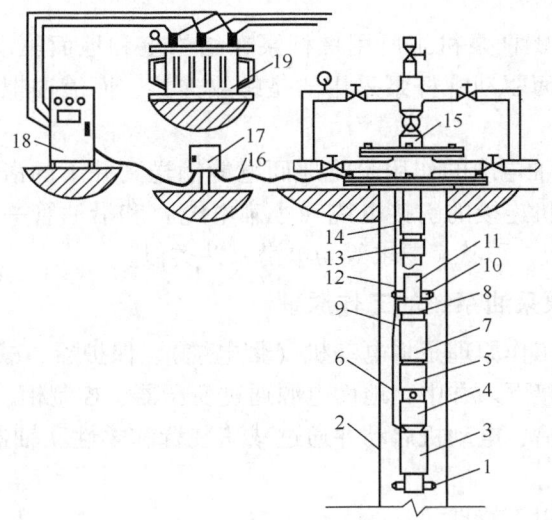

图 4-2-10　电动潜油螺杆泵系统

1，10—扶正器；2—套管；3—潜油电动机；4—保护器；5—潜油减速器；6—电缆护罩；
7—螺杆泵；8—螺杆泵排出头；9—引接电缆；11—油管；12—动力电缆；13—单向阀；
14—泄油阀；15—井口装置；16—地面电缆；17—接线盒；18—控制柜；19—变压器

2）井下系统

电动潜油螺杆泵的井下系统包括潜油电动机、保护器、减速装置、柔性联轴器、螺杆泵和潜油电缆，其结构如图 4-2-11 所示。

（1）潜油电动机。潜油电动机是螺杆泵工作的动力源，其作用就是将电能转换为螺杆泵旋转运动的机械能，潜油电动机主要由定子、转子、上下接头和引线连接系统组成。

（2）保护器。电动潜油螺杆泵保护器有两个作用：一个是保护电动机以防止井液进入电机；另一个是润滑保护减速器以带走减速器的摩擦热达到延长寿命的目的，保护器内都充填机油。为了降低成本，有的厂家将电动机保护器和减速器保护器分开，分别充填不同的介质，电动机保护器充填机油，减速器保护器充填润滑油。对于一体的保护器，都连接在减速器的上部，电动机、保护器、减速器都采用同一种高性能电动机油。对于分体式保护器，电动机和减速器有各自的保护器，位于电动机之上，电动机及保护器采用普通电潜泵电动机油润滑和冷却；减速器保护器则接在减速器上部，减速器和保护器采用质量更高的齿轮润滑剂。

（3）柔性联轴器。柔性联轴器是潜油螺杆泵的一个关键部件，对延长机组寿命起着重要作用，它处在螺杆泵和减速器之间，其作用是消除转子的偏心运动和减振，保证其下的保护器、减速器和电动机处于良好的同心运动状态。其结构简单，实质上就是一根挠性很好的短轴，能够承受很高的轴向和径向

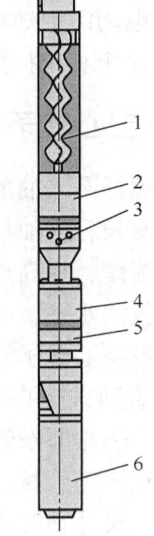

图 4-2-11　电动潜油
螺杆泵的结构

1—螺杆泵；2—联轴器；3—吸入口；
4—潜油减速装置；5—保护器；
6—潜油电动机

载荷及扭矩。

（4）螺杆泵。潜油螺杆泵机组所用螺杆泵在结构上和地面驱动螺杆泵结构基本相似，差别在于连接方式，地面驱动螺杆泵采用的是螺纹连接，而潜油螺杆泵采用的是法兰螺栓连接。

（5）潜油电缆。潜油电缆的作用是将地面电能输送到井下的潜油电动机。潜油电缆是由在机组段直接与电动机连接的引接电缆（小扁电缆）和沿油管一直到达井口的动力电缆（大扁电缆）两部分组成，形状、要求等与电潜泵井类似。

2. 电动潜油螺杆泵采油系统的工作原理

电动潜油螺杆泵的工作原理是将电动机（带电缆）、保护器、减速装置、螺杆泵及油管等部件通过油管有序连接下入井中，地面电源通过变压器、控制柜、接线盒和电缆与井下电动机相连。当电源接通后，电动机启动并通过减速装置和柔性联轴器减速驱动螺杆泵转动，将井下液体举升到地面。

电动潜油螺杆泵有以下特点：

（1）螺杆泵为容积式泵，其流道简单而且短，过流面积大，油流扰动小，能在高黏度原油中以较高的效率工作，其适用的井液黏度可达 5000mPa·s（50℃）。

（2）与离心泵相比，电动潜油螺杆泵适用于在较高含砂量井中使用，含砂量及悬浮物按体积计算不超过 30%，固体最大颗粒直径不超过 0.25mm。

（3）与地面驱动式螺杆泵相比，由于去掉了抽油驱动杆，因而避免了杆脱扣、断裂以及下井深度和在斜井使用所受到的限制。其工作深度可达 1500m。

（4）电动潜油螺杆泵传动链短，节能效果好，泵效高，在相同条件下比离心泵节能 60%~70%，比地面螺杆泵节能约 40%。

（5）电动潜油螺杆泵工作转速低，具有较高的启动转矩。

（6）电动潜油螺杆泵适用于斜井、水平井，特别适用于海上平台。

（7）使用和维护简单，运行成本低。

三、空心转子螺杆泵

普通螺杆泵采油的缺点是热洗排量小、时间长、清蜡效果差，同时井底憋压高，油井恢复生产时间长，抽油杆易脱扣，热洗工艺复杂。利用空心转子螺杆泵采油能够实现低压、大排量热洗清蜡，提高热洗效果，延长螺杆泵井热洗周期等。目前，空心转子螺杆泵达到了普通螺杆泵技术水平，适应于聚合物驱、水驱等采油井的推广应用。

螺杆泵空心转子结构分为直通式空心转子和等壁厚空心转子两种：

（1）直通式空心转子结构示意图如图 4-2-12 所示。直通式空心转子与实心转子的加工方法一样，采用厚壁管材，中心通孔直径达 15mm，外径根据泵型变化，加工时采用专用数控铣床，在厚壁管材上铣出转子型线，再经后续加工形成产品。优点是该工艺制成的直通式空心转子，尺寸精度高，转子型线误差小，与定子配合较好，螺杆泵整体性能稳定。缺点是受转子直径限制，内孔径较小，热洗时液流阻力大，另外，直通式空心转子内通径受螺杆泵结构参数的限制，容易在壁薄处形成受力薄弱点。为此，研制了等壁厚空心转子，其结构示意图如图 4-2-13 所示。

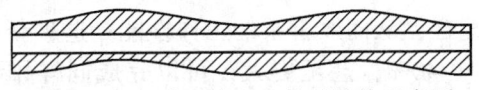
图4-2-12 直通式空心转子结构示意图

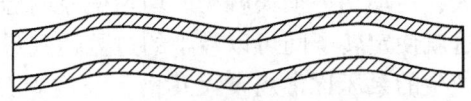
图4-2-13 等壁厚空心转子结构示意图

（2）等壁厚空心转子的优点是壁厚均匀，受力好；可以加工成任何偏心、直径的转子，适应范围广；中心通径较大（可达28mm），液流阻力小，加工工艺简单，成本低。其缺点是等壁厚空心转子尺寸精度控制和螺杆泵定子配置比较困难。

四、等壁厚定子螺杆泵

常规螺杆泵定子是由丁腈橡胶浇铸在钢体泵筒内形成的，衬套内表面是双螺旋曲面，其厚薄不均，这种结构存在三个不足：一是螺杆泵定子工作时，转子与定子摩擦和冲击的机械能转变成热能，使摩擦面自动升温，其升温值比介质温度要高几十摄氏度，热量主要聚集在橡胶最厚的部分；二是这种热效应会使定子内腔变小，增大了摩擦损失，降低了机械效率；三是螺杆泵运转力矩一般不大，但长时间静止后重新启动的力矩较大，一般为满载荷工作力矩的2~3倍，定子和转子间的过盈配合，可造成螺杆泵启动困难，容易导致定子过早失效。

等壁厚定子螺杆泵采用能满足定子泵筒尺寸精度及机械性能的铸造工艺加工定子泵筒，以金属取代常规定子薄厚不均的橡胶基体，或采用成型工艺使定子外观呈螺旋扭曲状，仅在内腔周围的金属表面保留一层薄的橡胶。对这种新结构螺杆泵，定子仅为围绕泵筒内基础钢体内表面固定很薄的一层合成橡胶，如图4-2-14所示。

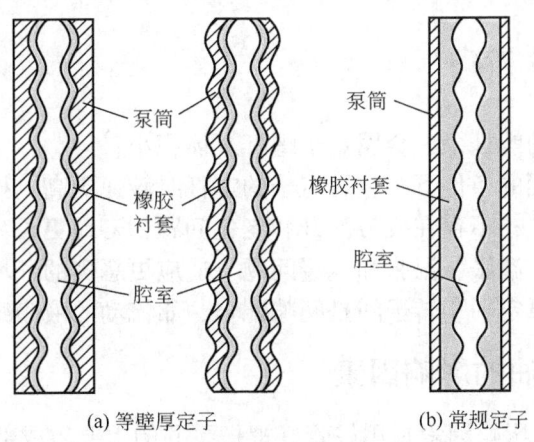

(a) 等壁厚定子　　(b) 常规定子

图4-2-14 等壁厚定子与常规螺杆泵定子对比图

等壁厚定子螺杆泵与常规螺杆泵相比具有以下优点：

（1）提高了螺杆泵的工作寿命。等壁厚定子螺杆泵产热较少，并具有更加优良的散热能力，避免了定子内橡胶材料最厚处有害的热积聚，同时采用等壁厚空心转子匹配，减小了转子对定子橡胶的侧向挤压力，从而使定子的损坏明显减少，延长了泵的工作寿命，降低了作业费用。

（2）提高了泵的工作稳定性。由于橡胶层厚度均匀，可实现较高的加工精度，泵工作时，在液体和热效应的作用下，橡胶膨胀也均匀，更便于配泵。

（3）提高了系统效率。螺杆泵靠定子和转子的过盈保证泵效和排量，过盈大，则摩擦阻力大，传动功率损失就大。均匀壁厚的橡胶层在动态过程中抵抗变形的能力好，单级承压高，这就使定转子间可以最小的过盈达到最佳的配合，从而改善泵的工作性能。这种新型螺杆泵产生的泵压比常规泵大几倍，长度上允许缩短40%，甚至更大，可以完成同样排量的举升工作，启动扭矩低，其传动功率明显减小，可在更恶劣的工况中应用。

（4）具有良好的技术经济指标。等壁厚定子螺杆泵具有较高的经济效益，与常规螺杆泵相比较，现场事故少，机械损失小，可提高泵效，降低采油成本，具有良好的技术经济指标。

等壁厚定子螺杆泵的技术关键体现在以下两方面：

（1）定子泵筒的加工。针对等壁厚定子外筒的两种形式：加工工艺一是采用铸造工艺，把基体加工为非橡胶的定子泵筒；二是通过机械加工，把外筒加工成外观为螺旋扭曲状的定子泵筒。

（2）定子泵筒的焊接。由于受铸造工艺的限制，铸造成型的泵筒分几段加工，然后再用焊接的方法将它们连起来，但困难的是内部形线的校对，解决的途径是先加工一个小模芯，用它来校对形线并进行焊接。

五、金属定子螺杆泵

常规螺杆泵采用橡胶作为定子，由于橡胶是弹性体，虽然弹性好，但在原油中发生溶胀后机械性能变差、易磨损，从而造成常规螺杆泵启动扭矩大、寿命短、适用温度和压力范围窄、排量低等缺点。采用金属材料替代橡胶做定子，由于金属具有机械性能好、不易压缩变形、耐磨等特点，可以解决常规螺杆泵无法解决的问题。与橡胶定子相比金属定子螺杆泵具有以下优势：

（1）扭矩低，机械效率高；
（2）单级承压高；
（3）对于相同排量的螺杆泵，金属定子螺杆泵体积小；
（4）泵结构参数相同的条件下，金属定子的螺杆泵转速更高，排量大；
（5）金属定子散热快，不存在疲劳混升和老化问题，寿命更长；
（6）金属定子不存在溶胀、温胀和气侵问题，适应更恶劣的环境；
（7）金属定子螺杆泵定子、转子间是间隙配合，靠流动的液膜密封。

六、螺杆泵井采油的影响因素

分析螺杆泵井采油的影响因素是用好管好螺杆泵井的重要组成部分。影响螺杆泵井工作的因素主要有砂、蜡、气的影响；井深、温度和压头的影响；螺杆泵定子寿命的影响；井况的影响及操作管理不当等因素的影响。

1. 砂、蜡、气对螺杆泵采油的影响

1）油井出砂（sand production）的影响

对于疏松砂岩地层，或由于生产管理不当都可能导致油井出砂，油井出砂量受储层条件和生产制度影响（详见第八章）。螺杆泵虽然对含砂井采油具有较好的适应性，但砂子进泵后对螺杆泵也有一定的危害，主要表现为：

（1）油井出砂加快了螺杆泵定子和转子间的磨损，使螺杆泵过早漏失，压头下降；定子和转子之间的摩擦扭矩增大，易出现断杆，使驱动头负荷增大，导致电动机电流增大。

（2）对出砂严重的油井，如果长期不冲砂会埋实泵的吸入口，造成螺杆泵供液不足，产量下降。同时油管中流速降低，砂沉降加剧，堆积在泵出口处，容易造成卡泵，使电动机的电流增大，容易烧泵。

（3）油井出的部分砂会镶嵌在定子橡胶中，使橡胶表面破裂，随着镶嵌的砂粒增多，橡胶会过早失去弹性而破坏，压头降低，漏失量增加。

（4）油井出砂在螺杆泵停泵时，油管内的流体停止流动，砂粒下沉。停泵后再次启泵时容易出现卡泵，易使抽油杆和驱动系统破坏。同时，沉砂会堵塞油管，产生憋泵现象，容易出现破坏驱动系统及烧泵现象。

螺杆泵采油系统适合含砂井是相对的，与游梁式抽油机井、潜油电泵井相比适应砂的能力要强很多。但含砂量越大，对螺杆泵系统的危害越大，出现事故的频率也越高。所以，对出砂严重的井，特别是含砂量超过10%的井，应加强对螺杆泵采油系统的管理。

2）油井结蜡（wax deposition）的影响

原油中一般含有石蜡、沥青质、胶质等，在原油从地层流经井底通过螺杆泵举升到地面的过程中，温度逐渐降低。当蜡质达到结蜡温度时，蜡质从原油中析出，并堆积在油管壁和抽油杆上。油井结蜡会影响螺杆泵的正常工作，如增加抽油杆和驱动系统的负荷、影响泵效、增加螺杆泵的压头等。因此，预防油井结蜡是保证螺杆泵井长期正常生产的主要途径之一。

3）气体的影响

螺杆泵能适应相对气液比较高的油井，但气液比越高，泵效越低，影响螺杆泵井的产量。如果螺杆泵井的气液比过高，将会有大量的气体进入泵内，对定子的橡胶造成气浸溶胀，增加摩擦，摩擦产生大量的热引起泵的温度升高；同时引起定子和转子得不到充分的润滑，造成定子和转子的损坏。因此，对于气液比较高的螺杆泵井，应采取措施尽量减少气体进泵。与活塞泵相比螺杆泵不会形成气锁，但也会影响泵的工作性能和泵效。

2. 下泵深度、温度及压头对螺杆泵采油的影响

1）下泵深度的影响

一般下泵深度越大，要求泵的举升压头越大，同时管柱及抽油杆受力越大，对抽油杆和油管的强度要求越高。要求螺杆泵的定子和转子既要有足够的强度，又要能通过定子和转子的承压能力，保证密封性而不漏失。在相同的单级承压能力下，下泵深度越大，要求泵的级数越多；在相同的级数下，下泵深度越大，要求单级承压能力越大。同时，下泵深度越大，温度越高，对定子橡胶的耐温性要求越高，对定子的影响也越大。

2）温度的影响

不同下泵深度，井筒中的温度也不同。如果井筒中的温度超过定子橡胶的许用温度，橡胶会加快损坏。定子橡胶温度越高，定子和转子间的摩擦力增量会增加，使系统的工况变差，降低螺杆泵的使用寿命。另外，油井温度越高，流体流动性能变好，结蜡变缓、黏度降低、沿程压力损失降低，泵的压头降低。油井的温度对螺杆泵的影响有有利的一面，也有不利的一面。因此，要综合考虑温度等多因素对螺杆泵定子橡胶的影响。

3）压头的影响

螺杆泵的压头越大，举升液体的能力越强。如果由于外界的原因造成螺杆泵举升压头的增加，并超过泵的举升能力，会使泵举升困难或烧泵。

在螺杆泵采油过程中，井况经常会发生变化。例如结蜡严重时形成蜡堵憋压，泵的举升压力无法满足举升要求；若定子和转子磨损严重会造成密封不严，发生流体漏失，导致泵的压头降低；若泵的举升能力不够，泵的吸液量降低，容易出现螺杆泵升温较快，出现烧泵等。

3. 定子寿命对螺杆泵采油的影响

螺杆泵采油是通过转子在定子内旋转把流体从井底举升到地面，因此，定子的寿命长可以使螺杆泵井的抽油时率提高，同时也达到多产液的目的。

在转子旋转运动过程中，由于定子长期磨损，造成密封能力的下降而导致漏失甚至损坏。如果油井含砂较多，更易于磨损破坏。定子在浇铸时也可能由于工艺处理不当，使用一段时间后，造成橡胶脱落或破碎而失去举升能力。温度过高也是影响定子过早损坏的因素之一。因此，泵的使用寿命长短不仅取决于油井条件及使用条件，同时也取决于泵的质量，特别是定子的质量。针对定子失效原因，应定期分析螺杆泵的工作状况，采取延长螺杆泵定子寿命的技术措施。

4. 井况对螺杆泵采油的影响

1）井筒弯曲的影响

由于井筒弯曲，抽油杆柱受力不好。抽油杆在正常工作时受到拉力和压力的交变作用，容易造成抽油杆柱的疲劳破坏，甚至断裂。同时，抽油杆柱在旋转过程中，会与油管壁产生碰撞和摩擦，不仅会使油管破损，也会使抽油杆磨损，并且增加了附加扭矩，使泵处于不良的状态下工作。

2）井口的影响

由于井口偏移，井口平面大多是与井身中心轴线不垂直。光杆在旋转过程中会与油管碰撞摩擦或产生弹性变形，造成抽油杆的断裂，影响螺杆泵井的正常工作。

3）油管损坏的影响

油井在生产过程中由于各种原因可能会造成油管不同程度的损坏和变形，使井下旋转抽油杆处于恶劣的环境中，在工作中随时都可能造成抽油杆的扭断等事故。

4）油管内径小的影响

由于油管内径小，容易使抽油杆在弯曲状态下旋转，与油管壁碰撞或摩擦，不仅会使油管损坏，而且抽油杆也会磨损，并增加附加扭矩，使螺杆泵长期处于不良的状态下工作。

5. 操作不规范对螺杆泵采油的影响

螺杆泵的操作必须严格遵守操作程序和生产管理制度。启动前按照要求详细检查和准备，启机要平稳；启机后要严格执行运行过程中的全部规定，做到定期检查和监测，并做好记录。对地面设备按要求做好检查和维修。严格按照制定的清蜡防蜡制度进行，发现运转不正常现象应立即停机检查，并采取适当措施快速解决。只有严格执行操作程序和生产管理制度，才能使螺杆泵采油系统正常生产。螺杆泵生产过程中的主要问题有以下几种：

（1）电动机、电网接错相，引起抽油杆倒转，造成脱杆，增加打捞和作业的工作量。
（2）洗井不提出转子，洗井压力过高，容易脱杆。
（3）用腐蚀橡胶的工作液或高温水洗井，导致定子损坏。
（4）螺杆泵转子磨止推销，导致定子、转子的破坏。
（5）转子没有全部下入定子内，使螺杆泵总压头降低。若达不到油井举升所需的压头，会在短时间内烧坏螺杆泵定子。

（6）井筒不畅启机，易破坏螺杆泵采油系统或短时间烧泵等。

第三节　水力射流泵

一、水力射流泵采油系统

水力射流泵（又称水力喷射泵，hydraulic jet pump）是利用射流原理将注入井内的高压动力液的能量传递给井下油层产出液的无杆泵采油设备（动画4-3-1）。水力射流泵采油系统和水力活塞泵采油系统的组成相似，由地面（包括动力液供给和产出液收集处理系统）和井下（包括动力液及产出液在井筒内的流动系统和射流泵）两大部分组成，如图4-3-1所示。动力液经地面高压柱塞泵加压后，通过高压控制管汇进入地面管线，通过井口装置进入油井中经油管内下行，进入井下水力射流泵给油层采出液增压，抽出的原油与动力液在油套管环形空间混合并返出地面，混合液经分离器进行油气分离，脱气混合液进入动力油罐沉降净化，部分净化的原油继续进入高压柱塞泵加压后作为动力液，其余部分液体输送至集油站处理。该系统设备简单，操作容易，但动力液处理费用较高。

动画4-3-1　射流泵

水力射流泵结构如图4-3-2所示。水力射流泵通过喷嘴把高压动力液的压能转化为动能，再通过扩散管转化为压能传递给流体。

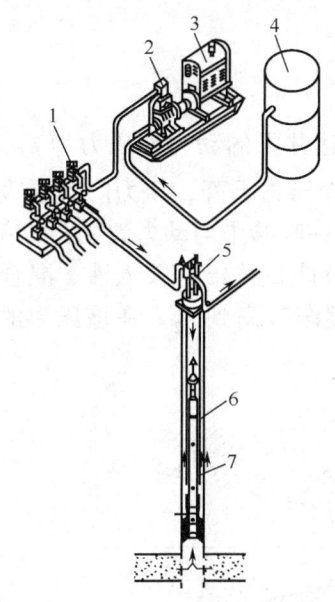

图4-3-1　水力射流泵采油系统
1—高压控制管汇；2—地面泵；3—发动机；4—动力液罐；
5—井口装置；6—井下泵工作筒；7—射流泵

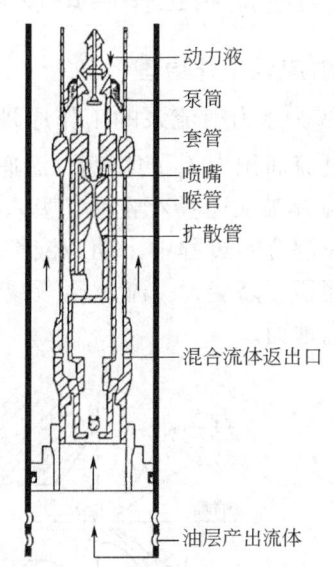

图4-3-2　水力射流泵采油井下
系统示意图

水力射流泵主要由喷嘴（spray nozzle）、喉管（throat）及扩散管（diffusion bell）组成：

（1）喷嘴是一小直径射流口，在嘴后形成低压区。其作用相当于射流泵的马达，与孔板流动相似,用来将流经的高压动力液的压能转换为高速流动液体的动能。

(2)喉管一般是一个直的长圆筒,可以有一定的张角。喉管的作用是将流体吸入泵内并使其与动力液混合。在喷嘴出口和喉管入口之间有一定距离,称为喷嘴—喉管距离。喉管直径要比喷嘴出口直径大,喷嘴和喉管之间的环形面积是产液进入喉管时的吸入面积。

(3)扩散管是一过流面积逐渐扩大的喇叭形通道,一般采用一个张角,也可以采用多个张角。混合流体流过扩散管,流速逐渐降低,将混合液的动能转化为压能。射流泵是一高速混合装置,泵内存在严重的湍流和摩擦,其能量转化效率比其他类型泵的效率低。高速流动的低压动力液与被吸入低压区的油层产出液在喉管中混合,流经截面不断扩大的扩散管时,因流速降低将高速流动的液体动能转换成低速流动的压能。混合液的压力提高后被举升到地面。

射流泵是通过流体压能与动能之间的流体能量直接转换来传递能量,不像其他类型的泵必须有机械能量与流体能量的转换。因此,水力射流泵没有运动部件,结构紧凑,泵排量范围大,对定向井、水平井和海上丛式井的举升有良好的适应性。由于可利用动力液的热力及化学特性,水力射流泵可用于高凝油、稠油、高含蜡油井。射流泵可以采用自由安装,因而检泵及泵下测量工作都比较方便。尽管水力射流泵具有以上优点,但由于高压动力液通过喷嘴时的水力阻力损失和高速流动的动力液与低速流动的油层产出液产生的高湍流混合损失,射流泵的效率远低于容积式泵的效率,并且需要建设地面动力液系统,因而,在正常条件下其使用仍受到一定的限制。

二、水力射流泵工作原理及特性

1. 水力射流泵工作原理

图4-3-3为水力射流泵的工作原理示意图。到达井下的动力液压力为p_1、流速为q_1,动力液通过过流面积为A_n的喷嘴,流速大大提高,而压力下降,压力降到泵吸入口的压力p_3时,井中流体被加速吸入喉管(吸入截面积A_s),在喉管中与动力液混合。实际上,在动力液与吸入液混合的过程中,动力液把自身的一部分能量传给了吸入液。混合液流过扩散管,因过流面积逐渐变大,流速逐渐减慢,而压力逐渐升高到p_2。在该压力的作用下,混合液被举升到地面。

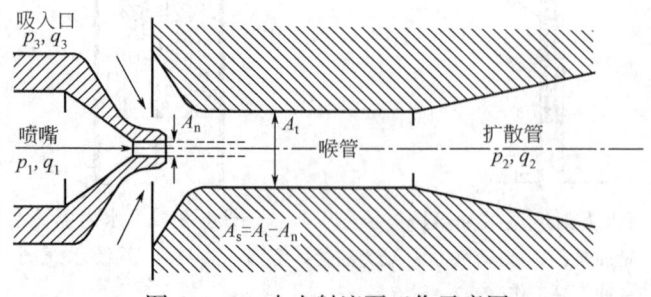

图4-3-3 水力射流泵工作示意图

水力射流泵的排量、扬程取决于喷嘴面积与喉管面积的比值。比值大,则泵的扬程高,但排量小;比值小,则泵的扬程低,但排量大。

2. 水力射流泵基本方程

水力射流泵井的流入动态及泵口以下的流动计算与其他深井泵采油方法基本相同,但区别在于井筒中存在动力液、混合液及油层产出液的三个流动系统,动力液与混合液、混合液及油层产出液与井壁之间存在着复杂的热交换。

1)水力射流泵无因次动态方程

(1)无因次面积比,指喷嘴面积与喉管面积之比:

$$R = A_n / A_t \tag{4-3-1}$$

式中　R——无因次面积之比;
　　　A_n,A_t——喷嘴和喉管面积,mm^2。

(2)无因次质量流量比,指产出液质量流量和动力液质量流量之比,在动力液和井液密度相同时,可表示为

$$M = q_3 / q_1 \tag{4-3-2}$$

式中　M——无因次质量流量之比;
　　　q_1、q_3——动力液质量流量和产出液质量流量,m^3/d。

(3)无因次压力比,指产出液获得的压力与动力液在泵内损失的压力之比:

$$N = \frac{p_2 - p_3}{p_1 - p_2} \tag{4-3-3}$$

式中　N——无因次压力比;
　　　p_1——动力液到达井下的压力,MPa;
　　　p_2——液体经过喉管后的压力,MPa;
　　　p_3——泵吸入口的压力,MPa。

2)温度分布计算方法

(1)油层产出液从井底到泵口的温度分布的表达式为

$$T_3(x) = t_0 + mx + \frac{Mw_1}{K_{L3}} \left[1 - \exp \frac{-K_{L3}(H-x)}{w_1} \right] \tag{4-3-4}$$

式中　t_0——地表恒温层温度,℃;
　　　m——地温梯度,℃/m;
　　　K_{L3}——油层产出液从井筒向地层的传热系数,W/(m·℃);
　　　x——计算点深度,m;
　　　H——油层深度,m;
　　　w_1——油层产出液的水当量,W/℃。

(2)动力液温度分布的表达式为

$$T_1(x) = C_1 \exp(Ax) + C_2 \exp(Bx) + mx + a \tag{4-3-5}$$

其中

$$A = -\frac{P}{2} + \sqrt{\frac{P^2}{4} - Q}\ ;\quad B = -\frac{P}{2} - \sqrt{\frac{P^2}{4} - Q}$$

$$P = K_{L1}/w_2 + (K_{L1} + K_{L2})/(w_1 + w_2)\ ;\quad Q = -K_{L1} \cdot K_{L2}/(w_2 + w_1)$$

$$a = t_0 + m\left(\frac{w_1}{K_{L2}} - \frac{w_2}{K_{L2}}\right)$$

式中 w_2——动力液水当量，W/℃；
　　　K_{L1}——动力液向套管环空的传热系数，W/(m·℃)；
　　　K_{L2}——混合液从环空向地层的传热系数，W/(m·℃)；
　　　C_1，C_2——由计算边界条件确定的常数。

（3）环形空间混合液温度分布表达式为

$$T_2(x)=\left(1+\frac{w_2A}{K_{L1}}\right)C_1\exp(Ax)+\left(1+\frac{w_2B}{K_{L1}}\right)C_2\exp(Bx)+m\left(1+\frac{w_2}{K_{L1}}\right)+a \qquad (4-3-6)$$

3）压力分布计算

动力液在油管流动的压力分布，采用单相液体垂直管流计算方法，计算中对流体密度及体积流量需要分段进行压缩性和热膨胀修正。

4）泵效

地层液与动力液得失能量之比称为射流泵的效率，简称泵效 η。

地层液得到的能量为

$$(HP)_{q_3}\propto q_3(p_2-p_3) \qquad (4-3-7)$$

动力液失去的能量为

$$(HP)_{q_1}\propto q_1(p_1-p_2) \qquad (4-3-8)$$

则射流泵的效率公式为

$$\eta=\frac{(HP)_{q_3}}{(HP)_{q_1}}=\frac{q_3(p_2-p_3)}{q_1(p_1-p_2)} \qquad (4-3-9)$$

因为式(4-3-9)右边项可以写成

$$M\cdot N=\frac{q_3}{q_1}\times\frac{(p_2-p_3)}{(p_1-p_2)} \qquad (4-3-10)$$

因此

$$\eta=M\cdot N=\frac{q_3(p_2-p_3)}{q_1(p_1-p_2)} \qquad (4-3-11)$$

5）喷嘴与喉管直径

根据油井的具体情况，在选定泵的特性曲线上确定最佳流量比、压力比，在此基础上以动力液流量为依据，引入适当的流量修正系数，求出最佳喷嘴直径及喷嘴与喉管的面积比：

$$A_n=0.06082\frac{q_1}{\sqrt{(p_1-p_3)/\gamma_1}} \qquad (4-3-12)$$

$$d_n=2\sqrt{\frac{A_n}{3.14}} \qquad (4-3-13)$$

式中 γ_1——动力液压力梯度，MPa/m。

由已选定的泵型确定其喷嘴与喉管的面积比，再求出喉管面积：

$$A_t=A_n/R \qquad (4-3-14)$$

$$d_t=2\sqrt{\frac{A_t}{3.14}} \qquad (4-3-15)$$

6）气蚀（cavitation corrosion）

气蚀对射流泵正常工作的影响很大。喷嘴和过流面积决定喉管入口处的环空流道，环形面积越小，吸入流体的速度越高，喉管入口处的压力越低。当吸入压力降到流体蒸气压时，流体中会出现小气泡，气泡进入喉管的高压区就会冷凝和破碎，会对泵产生冲蚀，这个过程称为气蚀。

气蚀的出现对进入喉管的液流起节流作用。即使增加动力液的流量和压力，在泵吸入压力下也不会提高油井产量。随着泵内压力的增加，气泡随后破坏，可导致冲蚀，亦即气蚀损害。因此，对于一定的油井产量和泵吸入压力，存在一个避免气蚀的环形面积，这个面积称为最小气蚀面积。

3. 射流泵无量纲特性曲线

作为一种动力泵，射流泵具有与电动潜油离心泵相似的特性曲线，如图 4-3-4 所示。射流泵的无因次特性曲线是指无因次压力、无因次质量流量比、无因次面积、功率以及效率之间的关系曲线，代表射流泵无因次动态特性关系。

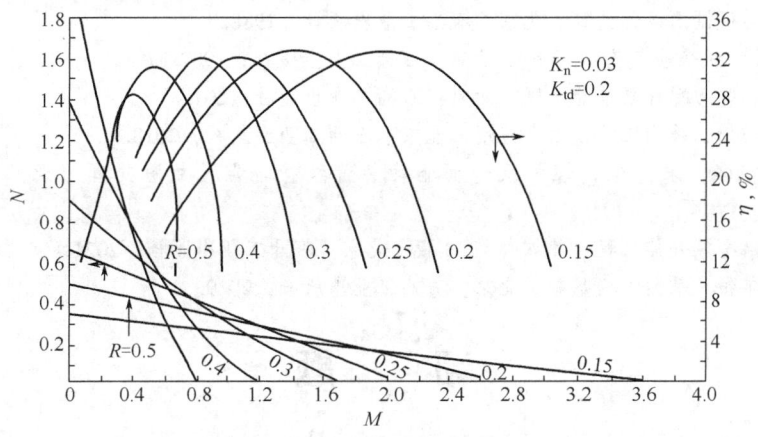

图 4-3-4　射流泵无量纲特性曲线

图 4-3-4 表示了 R 取不同值时 M 和 N 的对应关系，同时，曲线上也给出了每一效率与 M 的对应关系，面积比选择范围从高压头、小排量泵到低压头、大排量泵。从图可以看出，质量流量比一定时，都有一个效率最高的面积比相对应，即存在一个最高效率的泵。在喷嘴和喉管面积比为 0.25 和 0.3 时，泵的峰值效率最高。高压头泵举升能力高，适用于中深井举升。低压头泵适用于浅井生产。最常用的面积比值范围在 0.325 和 0.4 之间，大于 0.4 的面积比值很少用到，只有在深井中使用到，因为大面积比值的泵常常需要很高的地面工作压力。小于 0.325 的面积比用于浅井，为防止气蚀而需要较大的环空过流面积时使用。另外，较高面积比值泵的特性曲线表明在其最大效率区内，无量纲压头比 N 的值较高。由于 N 是度量产出液体中压力升高的尺度，因此较高面积比适用于较深的有效举升高度。但这只能在产出流体的流量明显小于动力液量时才能实现（$M<1.0$）；面积比值较小的泵产生较小的压头，但却可举升比动力液流量大的油井产量（$M>1.0$）。

三、水力射流泵油井生产系统设计步骤

水力射流泵油井生产系统的设计步骤如下：
（1）依据油层的流入动态，即 IPR 曲线，确定设计产液量下的井底流压 p_{wf}。
（2）从井底向上计算井筒压力分布，由泵的吸入口压力 p_3 确定下泵深度 H_p。

(3) 计算井筒、压力温度分布。

(4) 在泵的特性曲线上找出最高泵效下所对应的扬程 $f(M)$。

(5) 由混合液井口压力，求出泵的混合液出口压力 p_2，由 $N = \dfrac{p_2 - p_3}{p_1 - p_2} = f(M)$ 可推导出 $p_1 = p_2 + \dfrac{p_2 - p_3}{f(M)}$，然后沿井筒向上求出动力液井口压力。

(6) 求出泵在此工作条件下的工况参数。

参考文献

[1] 张琪. 采油工程原理与设计. 东营：中国石油大学出版社，2000.
[2] 布雷德利 H B. 石油工程手册（上册）. 北京：石油工业出版社，1992.
[3] 万邦烈. 采油机械的设计计算. 北京：石油工业出版社，1988.
[4] 布朗 K E. 升举法采油工艺卷（下）. 北京：石油工业出版社，1987.
[5] 刘玉忠. 地面驱动螺杆泵采油装置. 北京：石油工业出版社，2015.
[6] 车太杰，梁秀娟. 采油工艺技术及应用. 北京：石油工业出版社，2018.
[7] 何登龙，朱艳华，朱广生. 螺杆泵地面驱动装置维护与常见故障处理. 北京：石油工业出版社，2016.
[8] 李颖川，钟海全. 采油工程（富媒体）. 3版. 北京：石油工业出版社，2021.
[9] 李海涛，李年银. 采油工程基础. 北京：石油工业出版社，2019.

习 题

1. 已知地层压力30MPa，饱和压力24MPa，生产气油比54m³/m³，井底温度80℃，含水率75%，产液指数52m³/（MPa·d），油层中部深度2500m，泵挂深度1200m，井口油压1.8MPa，气相相对密度0.7，油相相对密度0.85，气体偏差系数0.87。设计和选择潜油电泵生产系统。

2. 已知条件和参数与习题1相同，设计和选择水力射流泵生产系统。

3. 简述螺杆泵的采油装置、采油原理和特点。

第五章 注 水

通过注水井向油层注水（water injection technology）补充能量，保持或提高油层压力，是在依靠天然能量进行采油之后，在油田开发早期为了提高采油速度，以及中高含水期提高采收率而被广泛采用的一项重要开发措施。

我国绝大多数油田属于陆相碎屑岩沉积，非均质性强，油层物性差异大，层间和层内矛盾突出，笼统注水会导致油层动用不均衡，影响水驱采收率。为提高层间动用程度，注入方式多采用分层注入（separate zone water injection）。分层注水技术经过几十年的发展，形成了以固定式、钢丝投捞式、电缆测调式为代表的三代分层注水技术，以及以注入参数全过程实时监测和自动调整为核心的数字化、自动化和集成化的第四代智能精细分层注水技术，有力支撑了中高含水油田持续高产稳产和水驱采收率的提高。近些年来，对高含水期注水开发油田，为实现"控水稳油"要求，发展了以注水井调剖为核心的注水配套新工艺，对低压低渗油田，为提高地层压力和产量发展了超前注水技术，对低渗裂缝性油田，为防止或减缓方向性水淹发展了周期性注水技术。

本章就水质处理、分层注水工艺和改善吸水剖面等基本问题加以介绍。

第一节 水源、水质及注水系统

一、水源及水质要求

油田注水要求水源的水量充足、水质稳定。水源的选择既要考虑到水质处理工艺简便，又要满足油田日注水量的要求及设计年限内所需要的总注水量。

目前作为注水用的水源主要有四种。

1. 地面水源

江、河、湖、泉的地面淡水已广泛应用于注水。随着国家建设的发展，工农业对这种水源使用也愈来愈广，加上可能遇到自然干旱，对注水可能供不应求。所以使用这种水源要得到有关部门的批准。地面水源的特点是：水质随着季节变化很大、高含氧、携带大量悬浮物和各种微生物。

浅海和海上油田注水，一般用海水。它既充足又方便，但其高含氧和盐、腐蚀性强、悬浮的固体颗粒随季节变化大，为改善这一点，通常钻一些浅井到海底，使其过滤从而减少水的机械杂质。

2. 来自河床等冲积层水源

它是通过在河床打一些浅井到冲积层的顶部而得到的淡水水源。其特点是：水量稳定，水质变化不大，通常无腐蚀性；由于自然过滤，混浊度不受季节影响；水中含氧稳定便于处理，但由于硫酸还原菌深埋地下，这种水仍可能受到它的污染。

3. 地层水水源

地层水水源是根据地质资料，通过钻探而找到的地下淡水或盐水水源。能找到高压、高产量的淡水层最好，盐水层也行。若找不到单一水层，多层水也可以，但应注意，不同水层的水彼此不能产生化学反应而结垢。盐水的好处，可以防止注水所引起的黏土膨胀。

4. 油层采出水

对注水开发油田随着原油采出，同时会采出很多地层水或注入水，特别是对于中高含水期油田，油井采出的含油污水量大，如果直接排放会造成环境污染，处理达到排放标准又需要很高的成本，通过适当的处理可以作为油田的注入水。实际上，油井采出水（含油污水）已成为当前油田注水水源的主体。

注水对油层的损害是众所周知的，特别对低孔低渗油藏，制定合理水质标准是保证油田正常注水的关键。注水引起的油层损害主要是堵塞、腐蚀和结垢三大类型。因此制定水质标准要从这三方面着手。

关于水质的标准，在制定注水工艺方案时，大都要参照行业标准，再结合油藏实际，制定经济可行的水质标准，不同类型的油藏有各自的水质标准，理想注入水应该对地面管线和井筒管柱及设备腐蚀性小、与油层流体和岩石的配伍性好、对采出原油性质没有不利影响等。实践表明，对水质的要求应根据油藏孔隙结构和渗透性分级、流体物理化学性质以及水源的水型通过试验来确定。水质主要控制指标包括注入水中悬浮物粒径、悬浮颗粒浓度、含油量、微生物含量等（表5-1-1），水质辅助性指标包括溶解氧、硫化氢、侵蚀性二氧化碳和铁质的含量以及pH值等。水质主要控制指标已达到注水要求，注水又较顺利，可不考虑辅助性指标，如果达不到要求，为查其原因可进一步检测辅助性指标。在实际工作中往往是在表5-1-1的基础上根据具体油藏特点制定相应的控制指标。一般要求溶解氧含量小于0.5mg/L（清水）或0.10mg/L（污水或油层采出水），含铁不大于0.5mg/L，不含硫化物（清水）或小于2mg/L（污水或油层采出水）。

表 5-1-1 推荐水质主要控制指标（SY/T 5329—2022）

	注入层平均空气渗透率, μm^2	≤0.01	>0.01~≤0.05	>0.05~≤0.5	>0.5~≤1.5	>1.5
控制指标	悬浮固体含量, mg/L	≤1.0	≤2.0	≤5.0	≤10.0	≤30.0
	悬浮物颗粒直径中值, μm	≤1.0	≤1.5	≤3.0	≤4.0	≤5.0
	含油量, mg/L	≤5.0	≤6.0	≤15.0	≤30.0	≤50.0
	平均腐蚀率, mm/年	≤0.076				
	SRB, 个/mL	≤10	≤10	≤25	≤25	≤25
	IB, 个/mL	$n×10^2$	$n×10^2$	$n×10^3$	$n×10^4$	$n×10^4$
	TGB, 个/mL	$n×10^2$	$n×10^2$	$n×10^3$	$n×10^4$	$n×10^4$

注：①1<n<10；②清水水质指标中去掉含油量；③SRB—硫酸盐还原菌，IB—铁细菌含量，TGB—腐生菌含量。

二、注入水处理技术

水源确定后，一般要进行水质处理。水源不同水处理工艺不同，现场常用的水质处理措施有以下几种。

1. 沉淀（sedimentation）

来自地面和地下水源的水，总是含有一定数量的机械杂质，通过沉淀，可以除去机械杂质。其方法是让水在沉淀池（罐）内有一定的停留时间，使其中所悬浮的固体颗粒借自身的重力而沉淀下来。沉淀池结构如图 5-1-1 所示。

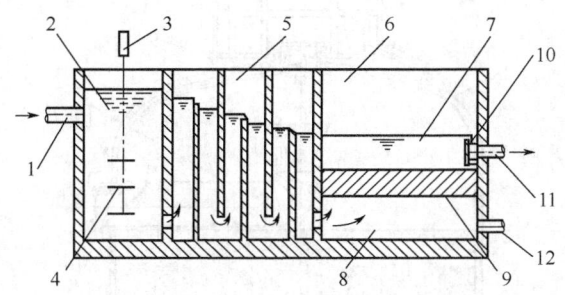

图 5-1-1　反应沉淀池结构示意图
1—进水管；2—机械反应池；3—搅拌机；4—叶轮；5—隔板反应池；6—斜板沉淀池；
7—清水区；8—积泥区；9—斜板；10—集水槽；11—出水管；12—排泥管

沉淀时要有足够的沉降时间，以便使悬浮固体凝聚并沉淀下来。一般在池或罐内还装有迂回挡板，利于颗粒凝聚与沉淀。

为了加速水中的悬浮物和非溶性化合物的沉淀，可在沉淀过程中加入聚凝剂。常用的聚凝剂为硫酸铝，它和碱性盐如碳酸氢钙作用后则形成絮状沉淀物，其化学反应式如下：

$$Al_2(SO_4)_3 + 3Ca(HCO_3)_2 \longrightarrow 2Al(OH)_3 + 3CaSO_4 + 6CO_2$$

聚凝剂形成的絮状沉淀物带着悬浮物一起下沉，可加快沉降速度。当水的 pH 值为 5~8 时，硫酸铝的聚凝效果好；当 pH 值为 8~9 时，硫酸亚铁对形成非溶性的氢氧化铁的聚凝效果好。其他化学聚凝剂还有：硫酸铁 [$Fe_2(SO_4)_3$]、三氯化铁（$FeCl_3$）和偏铝酸钠（$NaAlO_2$）等，有时还需加碱（如石灰）来提高水的 pH 值，以便加速聚凝过程，这是由于石灰和二氧化碳、碳酸氢钙等起化学反应生成碳酸钙，而碳酸钙可经过聚凝沉淀和过滤除去。

2. 过滤（filtration）

来自沉淀池的水往往还含有少量很细的悬浮物和细菌，为了除去这类物质必须进行过滤处理。即使来自无需沉淀的地下水，也常需要过滤。

过滤设备常用过滤池或过滤器，内装石英砂、大理石屑、无烟煤屑及硅藻土等。水从上向下经砂层、砾石支撑层，然后从池底出水管流入澄清池加以澄清。

正确选用过滤材料，对滤池正常工作意义很大，滤料颗粒的大小、形状、组成以及滤料层厚度，对于过滤池的过滤速度、滤污能力、工作周期等有着直接的影响。使用的过滤材料，必须符合下列要求：有足够的机械强度，以免冲洗时颗粒过度磨损和破碎而降低滤池的工作周期；对于过滤的水有足够的化学稳定性；价格低廉等。

过滤是将水中的悬浮杂质、聚凝物和细菌等拦阻在滤料层表面，形成一个软泥薄层滤膜。这层滤膜起着附加滤料层的作用。在快速滤池期间，滤料表面往往没有形成滤膜，水中很多微小悬浮物被带入滤料层而拦阻下来。

滤池的工作强度是用过滤速度来表示。过滤速度是指在单位时间内，从单位面积滤池通过的水量，一般用 $m^3/(m^2 \cdot h)$ 或 m/h 来表示。按滤速来分，滤池可分为慢速滤池，其滤速为 0.1~0.3m/h；快速滤池，其滤速在 15m/h 以上。滤池中的水面与大气接触，利用滤池与底部水管出口，或水管相连的清水池水位标高差进行过滤的，叫作重力式滤池；滤池完全密封，水在一定压力下通过滤池叫压力滤罐。油田常用压力滤罐，如图 5-1-2 所示。

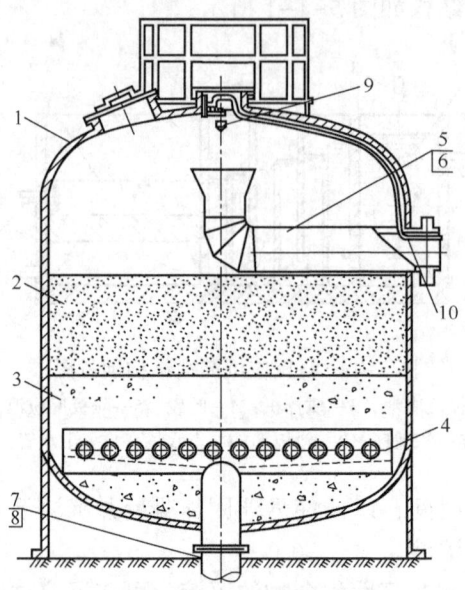

图 5-1-2　压力式滤罐示意图
1—罐体；2—滤料层；3—垫料层；4—集配水管；5—进水管；6—反冲洗排水管；
7—出水管；8—反冲洗进水管；9—自动排气阀；10—排气管

压力式滤罐的种类较多，有石英砂单层滤料过滤罐，石英砂与磁铁矿组成的双层滤料过滤罐，无烟煤与磁铁矿组成的多层滤料过滤罐，核桃壳过滤罐，纤维球过滤罐等。近几年在特低渗透油田注入水处理和聚合物驱采出井水处理中，还发展了膜分离新型过滤技术。压力式过滤罐是一个立式或卧式的密闭金属容器，是由滤料层、支撑介质（砾石垫料层）和进水管、排水管、洗水管等组成。为了除去滤料层过滤的污物，要定时进行反冲洗，在反冲时滤料层要完全浮起来，而支撑介质则不动，一般反冲速度约为 30~70m/h。需要指出，过滤后的水中杂质含量应小于 2mg/L 才算合格。

地面水处理系统采用一级精细过滤器对注入水进行精细过滤，在注水井井口安装磁清渣器可进行二次处理。

3. 杀菌（sterilization）

地面水中多数含有藻类、粪类、铁菌或硫酸还原菌，在注入水时必须将这些物质除掉以防止堵塞油层和腐蚀管柱，因此要进行杀菌。考虑到细菌适应性强，一般选用两种以上杀菌剂使用，以免细菌产生抗药性。

常用的杀菌剂有氯或其他化合物，如次氯酸、次氯酸盐及氟酸钙，甲醛既有杀菌又有防腐作用。氯气杀菌时，与水作用生成次氯酸，而次氯酸是一种不稳定的化合物，分解后产生新生态的氧 [O]，[O] 是强氧化剂，可以杀菌。反应式如下：

$$Cl_2 + H_2O \longrightarrow HCl + HClO$$
$$HClO \longrightarrow HCl + [O]$$

油田污水杀菌还使用非氧化型杀菌剂，如季铵盐类、有机醛类、有机胺类等，还广泛使用紫外线杀菌等物理法杀菌技术等。

4. 脱氧（deoxygenation）

氧是造成注水系统腐蚀最主要、最直接的因素，也是其他水质指标能否达到标准的关键。地面水由于和空气接触，总是溶有一定量的氧，有的水源还含有二氧化碳和硫化氢气体，应设法除去。

常用的化学除氧剂有亚硫酸钠（Na_2SO_3）、二氧化硫（SO_2）和联氨（N_2H_4）等，最常用的是亚硫酸钠，它价格低廉处理方便，反应式如下：

$$2Na_2SO_3+O_2 \longrightarrow 2Na_2SO_4$$

每除去 1mg/L 的氧需加 7.88mg/L 无结晶水的亚硫酸钠，投加时可适当有余量。水温低含氧少时，上述反应慢，可加催化剂硫酸钙（$CaSO_4$）促进反应。

利用天然气对水进行逆流冲刷除去水中的氧也是一项有效措施。其原理是：脱氧前水表面空气压力为 10MPa，空气中的氧约占 1/5，故氧在空气中的分压约为 2MPa，当天然气逆流冲刷时，它冲淡了空气中的氧，从而使得水表面氧的分压降低，水中的氧便从水中分离出来，被天然气带走，随后又冲淡又带走，最后把水中的氧除掉。另外，天然气还有吸收氧的能力，在不断地冲刷过程中把氧带走。将 $1m^3$ 水中含氧从 10mg/L 降到 1mg/L，约需用 $0.3m^3$ 的天然气。脱氧后的天然气可以回收更新并可作为燃料。

真空脱氧，其原理是用抽空设备（蒸气喷射器）将脱氧塔抽成真空，从而把塔内水中的氧气分离出来并被抽掉，如图 5-1-3 所示。通过喷嘴的高速空气在喷射器内造成低压，使塔内水中的氧分离出来被蒸气带走。为了使水中的氧气易于脱出，塔内装有许多小瓷环。真空脱氧的流程如图 5-1-4 所示。

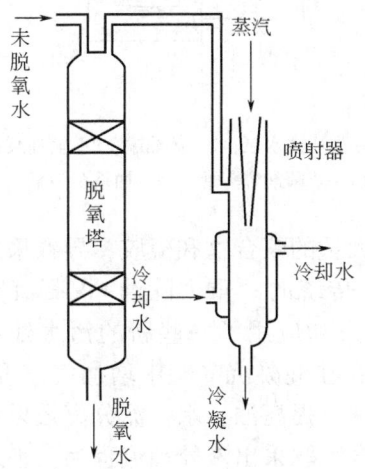

图 5-1-3 真空脱氧示意图

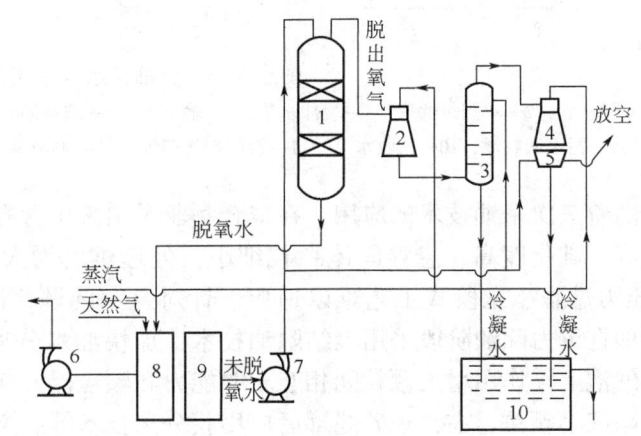

图 5-1-4 真空脱氧流程图

1—脱氧塔；2——级喷射器；3—中间冷却；4—二级喷射器；5—消音器；
6—外输泵；7—脱氧泵；8—脱氧后储水池；9—原油储水池；10—水封槽

5. 暴晒（exposure）

当水源含有大量的过饱和碳酸盐（如重碳酸钙、重碳酸镁和重碳酸亚铁等）时，由于它们极不稳定，当注入地层后由于温度升高可能产生碳酸盐沉淀而堵塞油层。因此需预先进行暴晒处理将碳酸盐沉淀下来使水质稳定。

6. 油井采出含油污水处理

含油污水是油田注水开发过程中不可避免的产物。随着油田开发时间的延长，特别是油田进入中高含水期，产出的污水也随之增加，因而污水回注意义重大。

污水回注的优点为：（1）污水中含表面活性物质，能提高洗油能力；（2）高矿化度污水回注后，不会使黏土颗粒膨胀而降低渗透率；（3）污水回注保护了环境，提高了水的利用率。

污水回注应解决下列问题：（1）处理后的污水应达到注水水质标准；（2）水在设备和管线中既不产生堵塞性结垢，又不产生严重腐蚀；（3）与地层水不发生化学反应生成沉淀以免堵塞油层。

含油污水处理的目标主要是除去油及悬浮物，相应的流程为除油段和过滤段。一般污水处理的过程包括沉降、撇油、凝絮、浮选、过滤，需要加入抑垢、防腐、杀菌及其他化学药剂等。具体工艺和流程各套注水系统有不同之处，但都是依据具体情况来设计的。图5-1-5是目前油田常用的混凝除油、重力式石英砂过滤处理含油污水工艺流程图。

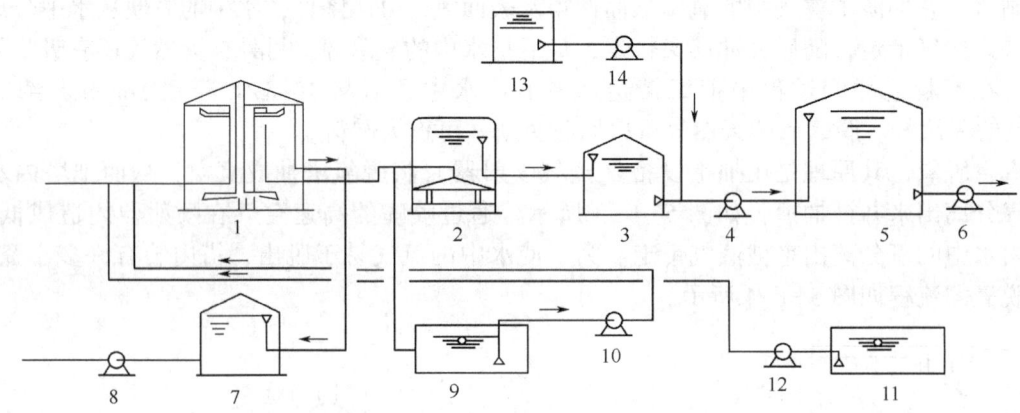

图 5-1-5　含油污水处理流程图

1—除油罐；2—单阀过滤罐；3—缓冲水罐；4—输水泵；5—缓冲罐；6—高压注水泵；7—污油罐；8—输油泵；9—污水回收池；10—回收水泵；11—混凝剂溶药池；12—加药泵；13—杀菌剂溶药罐；14—加杀菌剂泵

随着三次采油技术的应用，在聚合物驱采出液中含有大量的聚合物和凝胶，导致采出水黏度高、乳化度高、悬浮固体颗粒细小，处理难度增大，传统的"重力除油+混凝沉降除油+压力过滤"三段式工艺难以适应。针对这一问题，研发和应用了一些新的污水处理技术，如在重力除油阶段采用聚结除油技术，加快油水分离；在混凝沉降罐中增加气浮设施，利用气泡上浮作用增大颗粒间相互聚并能力和颗粒浮升速率，提高油、水、泥分离效果；为了去除细小颗粒，在常规砂滤罐后应用膜分离技术等。聚合物驱采出液处理流程为：来水→气浮除油段→砂滤段→膜滤段→注水。

三、注水地面系统

从水源到注水井的注水地面系统通常包括水源泵站、水处理站、注水站、配水间和注水井。水源水经处理后达到油田注水水质标准后，被送到注水站。

1. 注水站（water injection station）

注水站的主要作用是将处理达标的注入水升压，以满足注水井对注入压力的要求。站内注水工艺流程主要考虑满足注水水质、计量、操作管理及分层注水等方面的要求。其工艺流程为：来水进站→计量→储水罐→计量→注水泵→高压阀组→注水管网。注水站的主要设施有：储存水的储罐，它具有储备作用（为注水泵储备一定水量，防止因停水而造成缺水停泵现象）；缓冲作用（避免因供水管网压力不稳影响注水泵正常工作及其他系统的供水量及水质）；给注入水增压的高压泵组（多级离心泵或柱塞泵）；计量水量的流量计和将高压水向各配水间分配的分水器等。

2. 注水泵（water injection pump）

油田注水常用的注水泵有离心泵和柱塞泵（往复泵）。柱塞泵泵效较高，一般大于80%，但运行时泵压不如离心泵稳定，维护保养工作量大。

3. 配水间（water allocating station）

配水间用来调节、控制和计量一口注水井注水量，主要设施为分水器、正常注水和旁通备用管汇；压力表和流量计。配水间一般分为单井配水间和多井配水间两种。

4. 注水井（water injection well）

注水井是从地面进入地层的通道，井口装置与自喷井相似，不同的是无清蜡闸门，不装油嘴，同时承压高。井口有一套控制设备，它的主要作用是：悬挂井内管柱；密封油、套环形空间；控制注水和洗井方式，如正注、反注、合注、正洗、反洗和进行井下作业。除井口装置外，注水井内还根据注水要求（分注、合注、洗井）下有相应的注水管柱。

四、注水井投注程序

注水井从完钻到正常注水，一般要经过排液、洗井、试注之后才能转入正常的注水。

1. 排液（clean-up）

排液的目的在于清除井底附近油层内的堵塞物，在井底附近形成适当的低压带，为注水创造有利条件，并采出部分弹性储量，减少注水井排或注水井附近的能量损失，有利于注水井排拉成水线。排液时间可根据油层性质和开发方案来决定，排液的强度以不伤害油层结构为原则。

对于低压低渗油藏，由于油藏物性差、天然能量不足，也可以采用不排液直接转注。在射孔完井后，通过热泡沫混气水洗井，清除井筒和井底附近地层污染物，然后直接转注。

2. 洗井（flushing）

注水井在排液之后还需要进行洗井。洗井的目的是把井筒内的腐蚀物、杂质等污物冲洗出来，避免油层被污物堵塞，影响注水。

洗井方式有两种：一种是正洗，水从油管进井，从油套环形空间返回地面；另一种是反洗，水从油套环形空间进井，从油管返回地面。

洗井时要注意洗井质量和进出口水量，要求油层达到微吐，严防漏失。在油层压力低于静水柱压力时，可采用注混气或泡沫负压洗井，将井壁及近井地带的堵塞物清洗掉，然后升压至近平衡，替出井内不清洁的水，再升压采用注热水或活性水正压洗井，将井筒内和近井地带清洗干净，做到进出口水质完全一致时为止。

为防止黏土颗粒的膨胀和运移，在注水井投注或油井转注前需进行防膨处理；由于钻井或排液生产过程中油层受到储层伤害时，则在投（转）注前需要进行解堵预处理。

3. 试注（injection test）

试注的目的在于确定能否将水注入油层并取得油层吸水启动压力和吸水指数等资料，根据要求注入量选定注入压力。试注时要根据油藏情况进行注水井测试，求出注水压力和地层吸水能力。地层吸水能力大小一般用吸水指数表示。试注时间以注水量稳定为原则，为了防止地层产生裂缝导致方向性见水，一般要求注入压力小于地层破裂压力。如果试注效果好达到油田开发方案配注量要求（可与邻井同类油层吸水能力相比较），即可进行转注；如果效果不好达不到配注量要求，则要进行调整或采用酸浸、酸化、压裂等措施，直至达到注水方案设计要求为止。

4. 转注（conversion）

注水井通过排液、洗井、试注，取全取准试注的资料，并绘出注水指示曲线，再经过配水就可以转为正常注水。

第二节　注水井吸水能力分析

注水井吸水能力（water injection capacity of the injection well）反映油层注水过程中吸水的难易程度，与油层物性、注采井网和生产制度等有关。根据注水井吸水能力大小，可以合理确定注入压力和注入量，对达不到配水要求的井采取适当的增注措施。

一、注水井吸水能力评价指标

注水井吸水能力（water injection capacity）一般使用注水指示曲线、吸水指数等指标表示，在注水井试注期间通过生产测试获得。

1. 注水井指示曲线（water injection IPR curve of the injection well）

在注水井稳定流动条件下，注入压力与注水量之间的关系曲线称为注水井指示曲线，注入压力用井底压力或井口压力表示，如图 5-2-1 所示。

2. 吸水指数（injectivity index）

吸水指数指单位注水压差下的日注水量，单位为 $m^3/(d \cdot MPa)$。注水指示曲线斜率的倒数即为吸水指数，即

$$吸水指数 = \frac{日注水量}{注水压差} = \frac{日注水量}{注水井流压 - 注水井静压}$$

吸水指数的大小表示地层吸水能力的好坏，正常生产时，不可能经常关井测注水井静压，所以采用测指示曲线的办法取得在不同流压下的注水量，用下式计算吸水指数：

$$吸水指数 = \frac{两种工作制度下日注水量之差}{相应两种工作制度下流压之差}$$

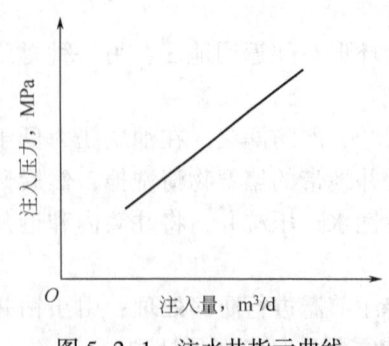

图 5-2-1　注水井指示曲线

在进行不同地层吸水能力对比分析时，需采用"比吸水指数"或称"每米吸水指数"为指标，它是地层吸

水指数除以地层有效厚度所得的数值,单位为 $m^3/(d \cdot MPa \cdot m)$,也表示 1m 厚地层在 1MPa 注水压差下的日注水量。

3. 视吸水指数(apparent water injectivity index)

用吸水指数分析吸水能力时,需对注水井进行测试取得流压资料后才能进行。在日常分析中,为及时掌握吸水能力的变化情况,常采用视吸水指数表示吸水能力。它是日注水量除以井口压力,单位为 $m^3/(d \cdot MPa)$,表达式为

$$视吸水指数 = \frac{日注水量}{井口压力}$$

为了消除不同注水量下的井筒流动摩阻,在未进行分层注水的情况下,若采用油管注水,则上式中的井口压力取套管压力;若采用套管注水,则上式中的井口压力取油管压力。

4. 相对吸水量(relative water absorbing capacity)

对于陆相碎屑岩沉积油藏,纵向各层非均质性强,即使为了减缓层间干扰合理划分了开发层系,但实际注水过程中仍会存在各层吸水能力差异大、注入水易沿高渗透层突进现象。为了提高非均质水驱油藏整体开发效果,需要加强中、低渗透层的注水强度,而限制高渗透层的注水强度。分层吸水能力是衡量各小层注水强度的指标,可用各小层的指示曲线、吸水指数、视吸水指数等指标表示,还可用相对吸水量来表示。相对吸水量是指在同一注入压力下,某一层吸水量占全井吸水量的百分数,即

$$相对吸水量 = \frac{小层吸水量}{全井吸水量} \times 100\%$$

有了各小层的相对水量,就可以由全井指示曲线,绘出各小层的分层指示曲线,而不必进行分层测试。

分层注水指示曲线是注水井各小层注入压力与注入量的关系曲线。指示曲线的形状主要取决于油层条件和井下配水工具工作状况。图 5-2-2 是某井分层注水指示曲线。

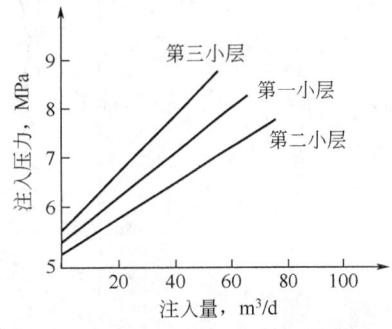

图 5-2-2 某井分层注水指示曲线

二、注水井吸水能力测试方法

单层注水井吸水能力测试较为简单,由于井下只有单层吸水,通过改变不同井口注入压力,待压力稳定后,测试注水量,就可得到该层(该井)注入压力与注入量关系曲线,即为单井单层注水指示曲线。对我国矿场常见的多油层分层注水工艺,常用的分层吸水能力测试方法有同位素测吸水剖面和注水过程中直接测试各层的注入量与注入压力,前者是用各层的相对吸水量来表示分层吸水能力,后者是利用分层测试获得的分层指示曲线求得分层吸水指数来分析各层吸水强度。

1. 放射性同位素载体法测吸水剖面

吸水剖面(water injection profile)是指在一定的注入压力下沿井筒各射开层段吸水量的分布(即分层的吸水量)。测吸水剖面的目的是掌握各小层的吸水能力,以作为合理分层配注的依据。

放射性同位素载体法是将吸附有放射性同位素（如^{65}Zn、^{110}Ag等）离子的固相载体加入注入水中，调配成一定浓度的活化悬浮液。在正常注水条件下将悬浮液注入井内后，利用放射性仪器在井筒内沿吸水剖面测量放射性强度。当活化悬浮液注入井内时，与正常注水时一样，悬浮液将按井筒剖面原有吸水能力按比例进入各层。由于所选择的固相载体颗粒直径稍大于地层孔隙直径，被滤积在岩层表面，而清水进入深处。另外，固相载体又具有均匀悬浮能力和牢固的吸附性能，所以吸水量大的层，岩层表面滤积的固相载体就多，测得的放射性强度就大，反之，则小，即地层的吸水量、对应射孔井段滤积的载体量、放射性强度三者之间成正比关系。对施工前后两次放射性测井曲线进行对比，施工后放射性曲线所增加的异常值就反映了对应层的吸水能力，如图5-2-3所示。

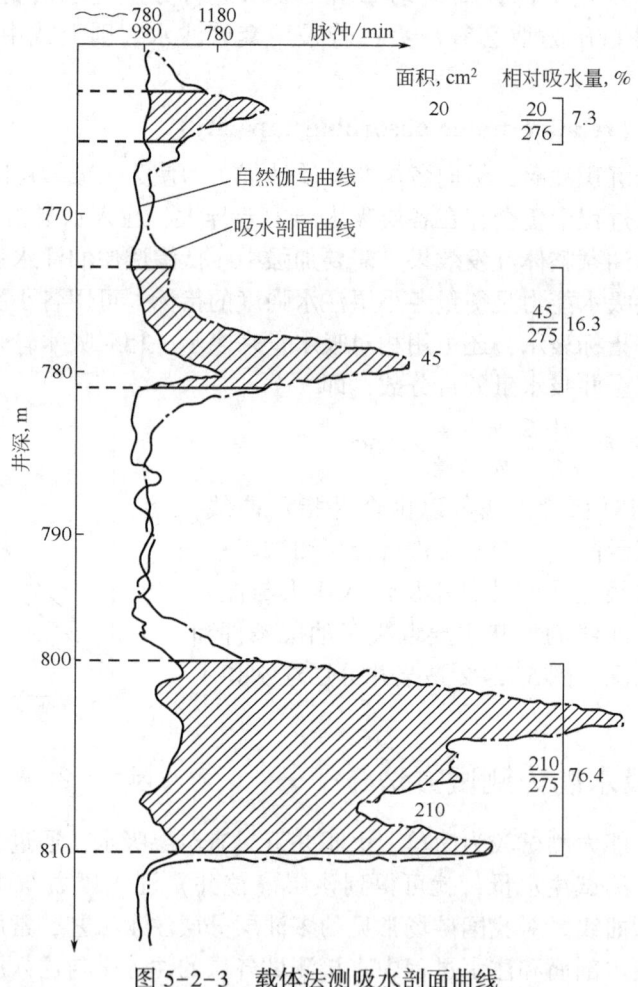

图 5-2-3 载体法测吸水剖面曲线

2. 投球法分层测试

如图5-2-4所示，投球测试法所用测试管柱包括油管、封隔器、配水器、球座、底部阀。

1）测全井指示曲线

所谓全井指示曲线，是指在现有井下管柱条件下，各注水层段同时吸水时，注入压力与全井吸水量的关系曲线。测试时通常测出4~5个不同注入压力和相应的全井注水量，每个测点之间的压力相差0.5~1.0MPa，其中一个点的压力为正常注水压力。测各压力点下的注水量必须在注水稳定之后，其稳定时间视注水层情况而定，一般为30min左右。

2）测分层指示曲线

测得全井资料后，开始测分层指示曲线。其方法是先投小球入井，小球坐在最下一级球座上，将最下一层封住（如图5-2-4上第Ⅲ层），然后对其上第Ⅰ和第Ⅱ层进行测试，同样测出4~5个不同注入压力下的注水量，每个压力点都稳定注水30min以上，每个控制点的注入压力应与全井测试时相同。其次投入第二个球将Ⅱ层段封住，便可测得第Ⅰ层段（最上一层）的资料，依此类推，如果井下分注三层，投球两个，若井下分注五层，则需从下到上逐级投入由小直径到大直径的4个球，进行测试。

3）资料整理

分层测试得到的资料经整理后便可得出分层指示曲线。

投第一个球后的注水量为第Ⅰ层段和第Ⅱ层段注水量之和，投第二个球后的注水量为第Ⅰ层段的注水量。全井注水量是Ⅰ、Ⅱ、Ⅲ三个层段同时吸水时的注水量。

第Ⅰ层段注水量=投最后一个球后测得的注水量

第Ⅱ层段注水量=投第一个球后的注水量-投第二个球后的注水量

第Ⅲ层段注水量=全井注水量-投第一个球后的注水量

将全部测试成果整理列表，见表5-2-1。由表中数据可绘出各分层的注入压力与注水量的关系曲线，即分层指示曲线。

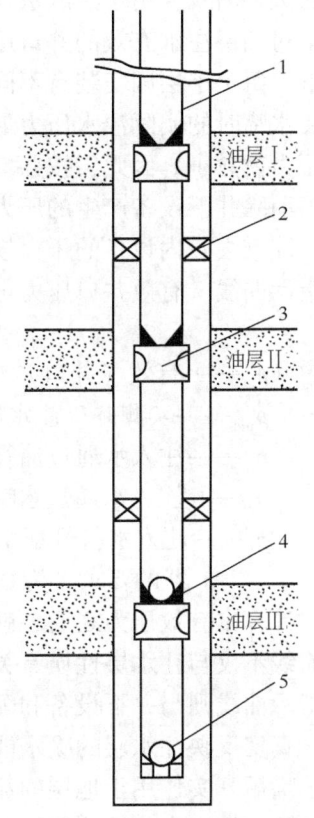

图5-2-4　投球测试管柱示意图
1—油管；2—封隔器；3—配水器；
4—球座；5—底部阀

表5-2-1　分层测试成果表

注入压力，MPa	10	9	8	7	6
层段	注入水量，m³/d				
全井	741	671	602	533	465
Ⅰ+Ⅱ	396	351	313	272	232
Ⅰ	124	110	96	83	69
Ⅱ	272	241	217	189	163
Ⅲ	345	320	289	261	233

一般在正常注水情况下，为了检查各层段配水的准确程度，判断井下工具的工作状况，了解各层段吸水能力的相对变化情况而进行分层测试时，均采用井下原有的注水管柱进行测试。只有在为了准确掌握分层吸水能力和调配各层水量时，才专门下入由745-5型定压单流阀组成的测试管柱，两者的测试方法相同。

4）分层指示曲线的压力较正

用注入压力与相应小层的注水量绘制的各小层指示曲线是井口注入压力与小层吸水量之

间的关系曲线，由于注入水通过油管、水嘴和打开节流器阀时要产生压力损失，所以各小层真正对油层注水有效的井口压力要小于测试时得到的实测井口压力。而且在同一井口注入压力下，每个小层因安装有不同直径的水嘴或不带水嘴，各小层的实际注水压力也是不同的。不装水嘴时的实际注水压力最大，水嘴直径越小，水通过水嘴时的压力损失越大，则实际注水压力就愈小。因此，按井口实测注水压力的指示曲线，并不能反映地层真实的吸水规律。为了消除井下设备产生的压力损失对地层吸水规律的影响，应该对实测井口注入压力进行校正，即减去井内设备的压力损失，用有效井口压力与注水量绘制真实反映地层吸水能力的井口指示曲线。有效井口压力可用下式计算：

$$p_{ef} = p_{pm} - p_{fr} - p_{zf} - p_v \tag{5-2-1}$$

式中　p_{ef}——有效（井口）注水压力，MPa；

p_{pm}——实测井口注水压力，MPa；

p_{fr}——注入水通过油管时的压力损失（可查手册），MPa；

p_{zf}——注入水通过水嘴时的压力损失（可查嘴损曲线），MPa；

p_v——注入水打开配水器节流阀时所产生的压力损失，根据配套使用的475-8型封隔器的要求，为0.5~0.7MPa。

计算出有效压力之后，就可以绘制出油层真实的指示曲线。显然，用实测井口压力的指示曲线不仅与注水层性质有关，而且与井下设备和配水工具的尺寸有关。而校正后的井口真实指示曲线则与井下设备和配水工具等无关。

真实反映注水层的吸水能力应当采用地层指示曲线来描述。地层指示曲线是注入水经过配水嘴后真实作用于地层的流压与该地层吸水量的关系曲线。真实流压与有效井口压力相差井筒静液柱压力，计算公式为

$$p_{ewf} = p_{pm} + p_w - p_{fr} - p_{zf} - p_v \tag{5-2-2}$$

式中　p_{ewf}——油层真实注水压力（流压），MPa；

p_{pm}——实测井口注水压力，MPa；

p_w——井筒水柱所形成的静压力，MPa。

3. 浮子式流量计法

为了克服投球分层测试效率低的不足，研制了能在正常注水过程中连续测试分层注水量的浮子式流量计。浮子式流量计是利用与被测试管柱配套的密封及定位装置密封，并定位于被测层段的配水器上，使注入地层的全部液体流量通过仪器的锥管，冲动锥管里的浮子，浮子产生位移并带动记录笔，而记录笔与弹簧相连接，当液流冲动浮子向下位移，弹簧被拉长时，笔尖随之下移；当冲击力和弹簧反力平衡时，笔尖就相对稳定于这一位置。同时，时钟带动装有记录卡片的记录纸筒旋转，这样笔尖就可在记录卡片上画出一定高度的台阶。在不同流量下，画出的台阶的高度也不同，于是便可记录出流量的变化。

以庆104型浮子流量计为例，具体测试方法是：用录井钢丝将仪器下到固定配水器的配水管柱内，在控制注水降低注水压力的情况下，将仪器下到预定深度。然后提高注水压力打开定位器，放大注水压力后，控制到正常注水压力稳定30min后才能测试。稳定后，将仪器定位于最下一层，每测4min上提5m，再放回原处，再测4min上提到上一层，这样自下而上测试到最顶层。仪器在各个层段停留时测得的流量等于包括该层段注水量在内的以下各层段注水量之和。用仪器在每个层段记录的流量减去其下面一个区段处所记录的流量，即为该层段本身的流量。

在使用偏心配水器分层注水的注水井，分层测试是采用106型浮子流量计配接偏心配水测试密封段，在偏心配水管柱中进行时，每层的吸水量都可记录在流量卡片上，取出后可直接读数。

4. 井温测井法

注水井中的温度分布及停注后的温度恢复是受各种因素控制的，可以利用这些差别来分析吸水层的位置、厚度，以便在油层开采中提供地层吸水的情况。

在分析注水或停注后沿井筒深度温度变化时，需要了解该井的地温基线，即原始井温随深度而变化的曲线，也是注水井停注相当长时间后，井筒各处与地层温度达到平稳后的地温曲线，也称为井温基线，如图5-2-5中的直线A。它可以用下列方程表示：

$$T_x = T_{avg} + x\alpha \tag{5-2-3}$$

式中 T_x——静止条件下，井筒任意深度的温度，℃；

x——从地面算起的深度，m；

T_{avg}——地表常年平均温度，℃；

α——地温梯度，℃/m。

从地面向井中注冷水后，由于井筒及地层受到冷却，井中的温度分布偏离了地温曲线A，偏离程度与注入速度、注入水的地面温度以及累计注入量有关。图5-2-5中的B、C曲线就是在有限注入速度与无限注入速度下的井温分布曲线。注入速度较低时，注入水有足够的时间与地层进行热交换，则偏离程度小。曲线C实际上是得不到的，只是一种极限情况。有了这两条曲线，对其他注入速度下的井温分布情况，大体上可以有个估计。

值得注意的是吸水层中的温度分布沿油层厚度基本上是一条直线，如图5-2-5中的$a—b$所示。吸水层以下的温度曲线急剧地回到地温曲线的数值。

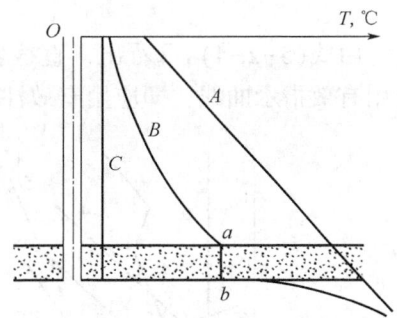

图5-2-5 各种情况下的井温曲线

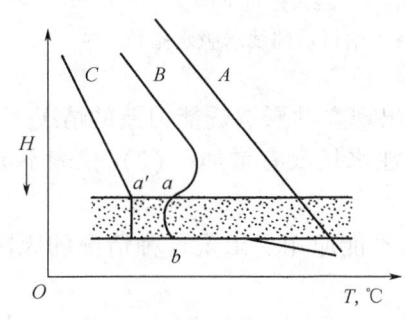

图5-2-6 井温分布曲线

停注后的井温分布曲线则随停注后的时间而定，图5-2-6中A是地温曲线，C是在注水过程中的温度分布曲线，B是停注后若干时间的曲线。现在来分析B曲线的形状。

吸水层位以上的地层由于水泥环及油层的传热系数低，虽然经过长时间的注入，其温度仍然比较接近原始地温。因此，吸水层以上井筒周围的温度梯度较大，停注后温度恢复得也较快。但是，在吸水层中由于大量冷水注入地层很远，使地层得到很大的冷却，这样井底附近的径向温度梯度便很低，因此吸水层位的温度恢复很慢。停注后井中温度分布在吸水层处出现很大的温度负异常就是这个原因，这也为鉴别吸水层位提供了重要的依据。

以上是一个吸水层的情况。实际上油井多数是多层吸水，在这种情况下能否区别出来，一方面要看温度计的精度及下入仪器的速度，另外也要看两个吸水层相隔的距离。如果靠得很近，例如10m左右的两个吸水层就难以辨别。

有些情况下对井温曲线可以进行一些定量的解释，由于井下情况复杂，这些解释结果有时只能作为参考。

三、注水指示曲线的分析和应用

按实测井口压力绘制的注水指示曲线，不仅反映油层情况，而且还与井下配水工具的工作状况有关。因此，通过对井口指示曲线形状特征和曲线斜率变化的分析可以了解油层吸水能力及其变化，判断井下配水工具的工作状况，作为进行分层配水计算的主要依据。

1. 指示曲线类型

图 5-2-7 为一般分层测试时可能遇到的几种指示曲线的形状。

1）直线型指示曲线

图 5-2-7 中第 1 种直线为递增式，它反映了油层吸水量与注入压力成正比。在直线上任取两点（图 5-2-8），由相应的注入压力 p_1、p_2 及注入量 Q_1、Q_2，用下式可计算出油层的吸水指数 K：

$$K = \frac{Q_2 - Q_1}{p_2 - p_1} \tag{5-2-4}$$

由式(5-2-4)可看出，直线斜率的倒数即为吸水指数。用指示曲线计算吸水指数时，应用有效指示曲线，即应用有效注水压力（井底流压）与相应注水量绘制的指示曲线。

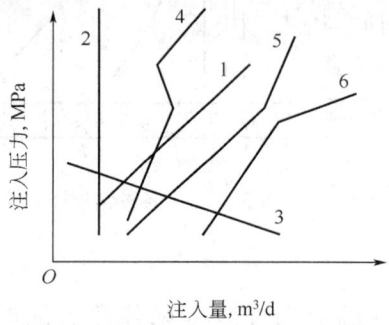

图 5-2-7 几种指示曲线的形状

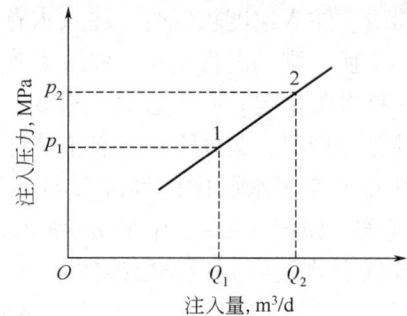

图 5-2-8 由指示曲线求吸水指数

图 5-2-7 中第 2 种为垂直式指示曲线，这种类型曲线出现在油层渗透能力差的情况下，可能的原因有：（1）油层性质很差，虽然泵压增加了，但注水量没有增加；（2）仪表不灵或测试有误差；（3）井下管柱有问题，如水嘴堵死等。

图 5-2-7 中第 3 种为递减式，是一种不正常的曲线，不能应用。出现这种情况的原因是仪表、设备等有问题。

2）折线型指示曲线

图 5-2-7 中第 4 种为曲拐式，反应仪器设备有问题，不能应用。

图 5-2-7 中第 5 种为上翘式，除了与仪表、操作、设备有关外，还与油层性质有关。这种情况可出现在油层条件差、连通性不好或不连通的"死胡同"油层，注入水不易扩散，油层压力升高，注入水受到阻力越来越大，使注入量增值减少，造成指示曲线上翘。

图 5-2-7 中第 6 种为折线式，表示有新油层在注入压力较高时开始吸水，或是当注入压力增加到一定程度后，油层产生微小裂缝，使油层吸水量增大，是正常指示曲线。

当注水量很大而配水嘴直径很小时，在水嘴喉部以后可能产生"汽穴"现象，出现如图 5-2-9 所示的曲线。直线 AB 就是出现汽穴现象的结果。实验结果表明，在一定的嘴前压力下，当嘴前与嘴后压差 $\Delta p > \Delta p_{cr}$ 时，注水量 Q 将保持为常数，其值等于 Q_{cr}，Δp_{cr}、Q_{cr} 可通过实验测出。这一特性可运用于液流的流量自动控制。在测试过程中遇到这种情况时，也可提供解释依据。

有汽穴现象存在时，在嘴子的汽穴部位将产生严重的"汽蚀"斑痕。

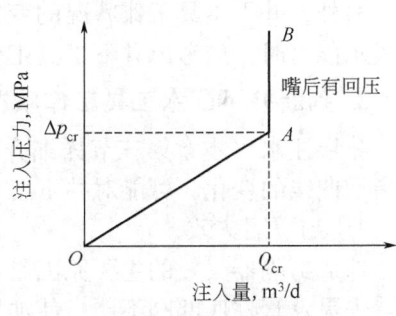

图 5-2-9 嘴后有回压出现汽穴时的嘴损曲线

2. 用指示曲线分析油层吸水能力的变化

由于指示曲线反映了油层吸水规律和吸水能力的大小，因而对比不同时间内所测得的指示曲线，就可以了解油层吸水能力的变化。

典型指示曲线及油藏动态变化如图 5-2-10 至图 5-2-13 所示。

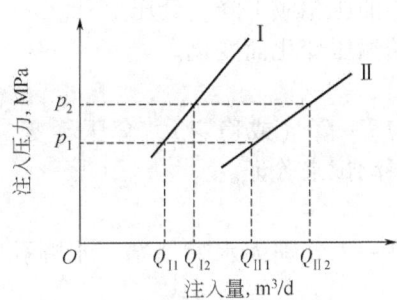

图 5-2-10 曲线右移，斜率变小，吸水能力增强

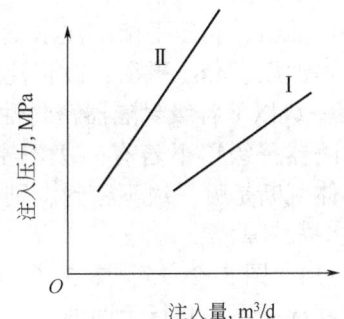

图 5-2-11 曲线左移，斜率变大，吸水能力下降

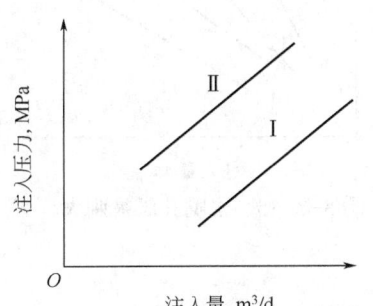

图 5-2-12 曲线平行上移，吸水能力未变，油层压力升高

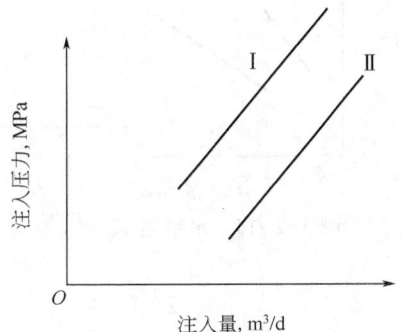

图 5-2-13 曲线平行下移，吸水能力未变，油层压力下降

严格地讲，应用指示曲线分析油层吸水能力变化，必须用有效压力来绘制油层真实指示曲线。若用井口实测注水压力绘制的指示曲线，必须是在同一管柱结构的情况下所测得的指示曲线，而且只能对比其吸水能力的相对变化。不同管柱结构下所测得的指示曲线，由于井内压力损失不同（管内摩阻），不能用它们来进行对比和研究油层吸水能力的变化。只有把它们加以校正后用有效压力绘制出指示曲线时，才能用于对比和研究油层吸水能力的真实变

化。另外,井下工具工作状况的变化,也会影响指示曲线,因此,用指示曲线对比来分析油层吸水能力时,应考虑井下工具工作状况的改变对指示曲线的影响,以免得出错误的解释。

3. 判断井下配水工具工作状况

分层注水(本章第三节详细介绍)井下工具发生故障时,指示曲线也会发生变化。根据指示曲线的变化,可能对井下工具工作状况进行分析判断。

1)封隔器失效

造成封隔器失效的主要原因是:封隔器胶皮筒变形或破裂,使胶皮筒无法密封;配水器弹簧失灵及管柱底部阀不严,使油管内外压差达不到封隔器胶皮筒胀开所需的压力差。封隔器失效后就达不到分层注水的目的,因此,要随时注意观察封隔器是否密封。

封隔器失效的主要表现为:油套压平衡;注水压力不变(或下降),而注入量上升(因封隔器失效造成上下层串通,使吸水能力高的控制层段注水量增加)。

(1)第一级封隔器失效的判断。

第一级封隔器的密封性可通过注水过程中油压、套压及注水量的变化来判断。有下述情况者封隔器不密封。

正注井:油压、套压平衡;注水量突然增加,油压相应下降,套压上升。

合注井:油压、套压平衡;改正注后,套压随油压变化而变化。

(2)第一级以下各级封隔器密封性的判断。

多级封隔器一级以下若有一级不密封,则油压下降(或稳定),套压不变,注水量上升。若要具体判断是哪一级不密封,则要通过分层测试来验证。

2)配水嘴故障

图 5-2-14、图 5-2-15、图 5-2-16、图 5-2-17 分别为水嘴堵塞、水嘴孔眼被刺大、水嘴掉落和底部阀不密封指示曲线。

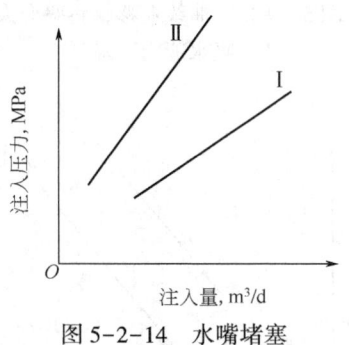

图 5-2-14 水嘴堵塞

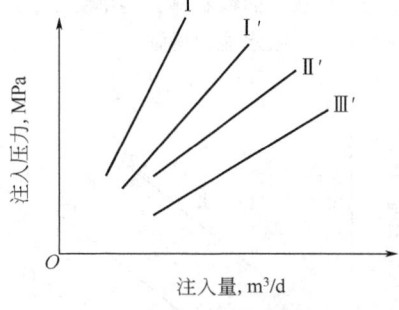

图 5-2-15 水嘴孔眼被刺大

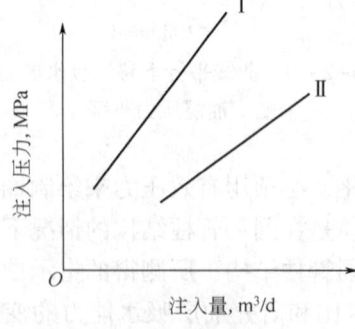

图 5-2-16 水嘴掉落前后指示曲线

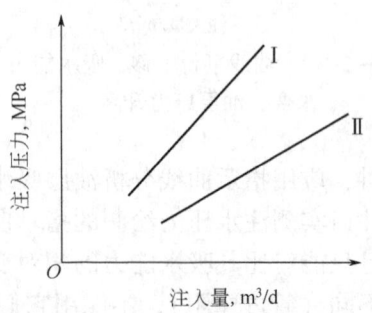

图 5-2-17 底部阀不密封

4. 配注准确程度和分配层段注水量检查

注水井投入正常注水之后，还需要定期进行分层测试，用分层测试所得的资料检查配注的准确程度，并为正确分配层段的注水量提供可靠依据。

1) 检查配注准确程度的方法

配注误差可用来表示配注准确程度，其定义式为

$$配注误差 = \frac{设计配注量 - 实际注水量}{设计配注量} \times 100\%$$

各井及各层段设计配注量，是根据注采平衡关系及油水在油层内运动规律的分析结果确定的，配水管柱（包括水嘴）就是按此要求设计的。但实际注水后，注入量往往与规定的配注量不相等，实际注水量是指在正常注水压力下该层段的注入量。由于分层测试时要求其中有一个点的井口压力与正常注水时压力相同，因此，实际注入量可由分层测试结果直接得到。如果分层测试资料没有一个点的压力与正常注水时的注入压力相同，则可用内插法从层段指示曲线上查得实际注入压力下的各层段的实际注入量。按上面公式即可求得配注误差。

配注误差为正说明未达到注入量，称欠注；配注误差为负则说明注入量超过配注量，为超注。配注误差在某一规定范围内，则该层称为合格层；相反，配注误差大于某一规定范围，则称为不合格层。不同性质的注入层段有不同的配注误差合格标准。在计算得出各层段是否合格之后，可以进一步计算全井的层段合格率：

$$层段合格率 = \frac{合格层段数}{注入层段数} \times 100\%$$

2) 分配层段注水量

在计算各个层段的累计注入量，分析各层注采平衡情况和检查层段配注指标完成情况时，都首先需要了解各层段注入量。但正常注水时一般只测得全井注水量，为了获得每个层段的注水量要将全井注入量按下述方法分配给各个层段。

首先用近期的分层测试资料整理成层段指示曲线，在曲线上求出目前正常注水压力下各层注水量及全井注水量。再由下式计算此注入压力下各层段的相对注水量：

$$某层段相对注水量 = \frac{某层段注水量}{全井注水量} \times 100\%$$

然后把目前实测全井注水量按上式计算的比例分配给各层段：

目前某层段注水量 = 某层段相对注水量 × 全井实测注水量

例如，某注水井分三个层段注水，已测得层段指示曲线如图 5-2-18 所示。正常注水井口压力为 8.5MPa，目前全井注水量为 230m³/d，三个层段目前的日注水量的分配方法如下：

(1) 由图 5-2-18 层段指示曲线上查出 8.5MPa 下各层段的注水量和全井注水量，并计算出各层段相对注水量，列于表 5-2-2。

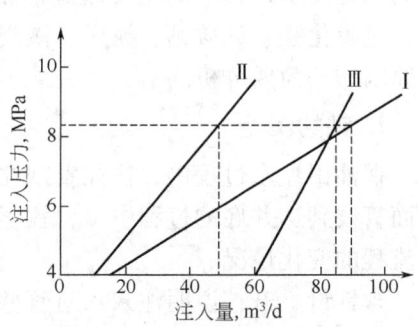

图 5-2-18 某井实测层段指示曲线

表 5-2-2　各层段相对注水量

层　　段	Ⅰ	Ⅱ	Ⅲ	全井
注水量，m^3/d	88	51	81.5	220.5
相对注水量，%	39.9	23.1	37.0	100

(2) 计算层段注水量如下：

第Ⅰ层段日注水量 = 230×39.9% = 91.7(m^3/d)
第Ⅱ层段日注水量 = 230×23.1% = 53.2(m^3/d)
第Ⅲ层段日注水量 = 230×37.0% = 85.1(m^3/d)

四、影响吸水能力的因素

根据达西方程，除了油、水物性（黏度、体积系数）的差异，理论上讲影响注水井吸水指数与影响采油井采油指数的地质因素类似，即为地层参数（Kh）、完井条件（r_w、S）、泄油面积（r_e）等，根据现场资料和室内实验研究，影响注水井吸水能力下降的工程因素可综合为四个方面。

(1) 与注水井井下作业及注水井管理操作等有关的因素。该因素主要包括：注水井作业时，因用钻井液压井使钻井液浸入注水层造成堵塞；由于酸化等措施不当或注水操作不平稳而破坏地层岩石结构，造成砂堵；未按规定洗井，井筒不清洁，井内的污物随注入水带入地层造成堵塞。

(2) 与水质有关的因素：

① 注入水与设备和管线的腐蚀产物，如氢氧化铁 $Fe(OH)_3$ 及硫化亚铁 FeS 等造成的堵塞，以及水在管线内产生垢（$CaCO_3$、$BaSO_4$）等的堵塞。

② 注入水中所含的某些微生物（如硫酸盐还原菌、铁菌等），除了自身堵塞作用外，其代谢产物也会造成地层堵塞。

③ 注入水中所带的细小泥砂等杂质堵塞地层。

④ 注入水中含有在油层内可能产生沉淀的不稳定盐类。如注入水中所溶解的重碳酸盐，在注水过程中由于温度和压力的变化，可能在油层中生成碳酸盐沉淀。

(3) 组成油层的黏土矿物遇水后发生膨胀。

(4) 注水井地层压力上升。

前三方面是指在注水过程中，由于地层孔道被各种堵塞物堵塞，使吸水能力降低，第四方面则是注水过程中的正常现象。根据一些油田注水井取样分析，其堵塞物一般为硫化亚铁、氢氧化铁、碳酸钙、泥质、藻类与细菌等。为了防止和解除堵塞，下面就产生这些堵塞的原因作一简要分析。

1. 铁的沉淀

在油田注水过程中，往往发现注入水在水源、净化站或注水站出口含铁量很低，但经过地面管线到达井底的过程中，含铁量逐渐增加。表 5-2-3 为某油田某区注入水中总含铁量沿流程的变化情况。

含铁量上升，说明注入水对管壁产生了腐蚀，有时腐蚀产物占注水井所排出的固体沉淀物的 40%~50%。注水过程中腐蚀所产生的堵塞物主要是氢氧化铁和硫化亚铁。

表 5-2-3　某区注入水总含铁量沿流程的变化

取样点	来水	大罐	泵出口	3-24井	4-3井	4-27井	6-3井	6-5井底
ΣFe, mg/L	0.21	0.14	0.29	0.72	1.23	2.38	2.96	4.43

1）氢氧化铁的生成

根据电化学腐蚀原理，Fe^{2+}进入水中，生成氢氧化亚铁$Fe(OH)_2$，注入水中溶解的氧进一步将$Fe(OH)_2$氧化，生成氢氧化铁$Fe(OH)_3$，当水的pH值在3.3~3.5时，氢氧化铁处于胶体质点状态；当pH值接近于6~6.5时，处于凝胶状态；当pH值大于8.7时，呈棉絮状的胶体物。特别当pH值大于4~4.5以后的氢氧化铁，注入地层后将发生明显的堵塞作用，从而降低吸水能力。

当注入水中含有铁菌时，铁菌的代谢作用也会产生$Fe(OH)_3$的沉淀。水中的铁菌由它周围环境（水）中吸取二价铁盐和氧，而同时在它的机体内进行近似于下列方程的反应，从而生成氢氧化铁沉淀：

$$4Fe(HCO_3)_2+2H_2O+O_2 \xrightarrow{\text{铁菌}} 4Fe(OH)_3+8CO_2$$

2）硫化亚铁（FeS）沉淀的生成

当注入水含有硫化氢（H_2S）时，其腐蚀变得更加严重。H_2S与电化学腐蚀产生的二价铁作用生成硫化亚铁（FeS）的黑色沉淀物。即使注入水中没有溶解H_2S气体，当含有硫酸盐还原菌时，也会由于水中的硫酸根SO_4^{2-}被这种菌还原成H_2S：

$$2H^++SO_4^{2-}+4H_2 \longrightarrow H_2S+4H_2O$$

而H_2S将与Fe^{2+}生成硫化亚铁沉淀。

在一些注水井内排出的水为黑色，并带有臭鸡蛋味就是含有H_2S和FeS的缘故。

2. 碳酸盐沉淀

当注入水溶解有重碳酸钙、重碳酸镁等不稳定盐类时，注入地层后，由于温度变化，这些溶解盐被析出生成沉淀，堵塞地层孔道，降低吸水能力。

水中游离的二氧化碳、重碳酸根及碳酸根在一定的条件下，保持着一定的平衡关系：

$$CO_2+H_2O+CO_3^{2-} \longrightarrow 2HCO_3^-$$

当水注入地层后，由于温度升高，将使重碳酸盐发生分解，平衡左移，溶液中的CO_3^{2-}的浓度增大。当水中含有大量的钙离子Ca^{2+}时，在一定条件下将会有$CaCO_3$从水中析出，而造成堵塞。

另外，在水中硫酸盐还原菌的作用下，由下面的反应也会生成白色的$CaCO_3$沉淀：

$$Ca^{2+}+SO_4^{2-}+CO_2+8H^+ \xrightarrow{\text{硫酸盐还原菌}} CaCO_3+H_2S+3H_2O$$

3. 细菌堵塞

研究表明，注入水中含有的细菌（如硫酸盐还原菌、铁菌等）在注水系统和地层中的繁殖将引起地层孔隙的堵塞，使吸水能力降低。这些菌的繁殖除了菌体本身会造成地层堵塞外，还由于它们的代谢作用生成的硫化亚铁FeS及氢氧化铁$Fe(OH)_3$沉淀而堵塞地层。

硫酸盐还原菌的生存和繁殖不需要氧，是厌氧性细菌，它能适应环境上的较大差异，生长的温度范围283~313K，pH值为4.0~9.6。其适宜温度为298~308K，适宜的pH值为

6.7~7.3。而经过脱氧的水，正是厌氧性硫酸盐还原菌生存和繁殖的适宜环境。例如某油田注入水进入净化站处理前细菌含量较低（2.5×10^2 个/mL），进入脱氧塔后的密闭流程中时，则得到大量繁殖，含菌量迅速增加，到注水井口时，可高达 1.1×10^4 个/mL。

铁菌与硫酸盐还原菌相反，它离开氧便不能生长和繁殖。但由于注入水中往往含有氧，因而给它的生长和繁殖了造成了一定的条件。

由于注入水中所含细菌和水一起进入地层而在一定范围内生长繁殖，根据对一些井的调查，带入地层的硫酸盐还原菌按排液量计算的活泼发育半径约 3~5m。因此，菌体和代谢产物对地层造成的堵塞不只是在井壁渗滤表面，而且会发生在较深地带。这样，在解除细菌所造成的堵塞时将增加一定的困难。

4. 黏土膨胀

由于许多油层岩石均存在着黏土夹层，岩石胶结物中亦含有一定数量的黏土，因而在油层注水过程中，往往由于黏土遇水膨胀造成地层堵塞甚至由于黏土膨胀后使岩石颗粒之间的联系变弱，严重者在井壁处造成岩层崩解而坍塌。

黏土遇水膨胀的能力，与构成黏土矿物的类型和含量有关。蒙脱石组成的黏土矿物膨胀性最大，而高岭石组成的黏土膨胀性最小，膨胀的程度随蒙脱石矿物含量的增加而增大。黏土膨胀的大小与水的性质有关，通常淡水比盐水使黏土膨胀得大。由于地层水含盐量高，因而一般注地层水比注地面水引起的黏土膨胀小。此外，黏土中小颗粒含量越多，膨胀性越大。

由于不同油田油层岩石中黏土含量与组成不同，以及注入水性质不同，因此黏土的膨胀程度以及对注水井吸水能力的影响程度也有所不同，有的甚至没有明显影响，应根据具体油层特性开展室内注水黏土膨胀评价工作（五敏实验）。

在注水过程中，上述影响吸水能力的各问题可能同时出现，但在不同条件下，它们各自对注水井吸水能力的影响程度却有所不同。因此，对具体情况应作具体分析，从调查研究入手，分析影响吸水能力降低的因素，找出主要矛盾，然后加以解决。

五、改善吸水能力的措施

针对油层吸水能力下降的不同原因，应采用不同的措施防止吸水能力下降。在注水过程中应当采取以预防为主的措施，防止对油层产生堵塞。为了避免钻井液伤害油层或因措施、操作不当引起井底堵塞，一般在注水井进行井下作业时，采取不压井不放喷作业，慎重而正确地进行酸化处理。

油田的实践证明，在注水过程中使吸水能力下降的主要原因是水质及注水系统的管理。因此在注水过程中，要防止注水井吸水能力下降，首先必须保证水质符合要求，尽量避免由于水质不合格所引起的各种堵塞。

注水井日常管理的好坏，对于预防注水井吸水能力下降有着重大影响，应当注意以下几方面问题：

（1）及时取水样化验分析，发现水质不合格时，应立即采取措施，保证不把不合格的水注入油层；

（2）按规定冲洗地面管线、储水设备和洗井，保证地面管线、储水设备和井内清洁；

（3）保证平稳注水，减少波动，以免破坏油层结构和防止管壁上的腐蚀物污染水质和堵塞油层。

为了恢复注水井的注水能力，改善吸水能力差油层的注入量，通常采用酸化、压裂增注及水力振荡和水力射流等井底处理措施。

1. 压裂增注（hydraulic fracturing increasing injection technology）

水力压裂是实现油层增注的常用手段之一，通过水力压裂在井底附近地层压开裂缝，增加地层渗透性，降低渗流阻力，在注入压力不变的条件下提高注水量。注水井压裂可分为普通压裂和分层压裂。普通压裂适用于吸水指数低，注水压力高的低渗地层和严重污染地层，压裂目的层尽可能用封隔器卡开，提高压裂改造效果。而对油层较厚、层内岩性差异大或多油层层间差异大，均可采用分层压裂实现增注，以改善层间矛盾。

对水井通常采用清水作为压裂液。携砂液和顶替液应根据油层的岩性，选择适当的防膨剂加入工作液中，以防止水敏矿物膨胀或迁移。

注水井采取压裂增注措施时，其压裂规模不宜过大，并注意裂缝方位，以免引起水窜，降低波及效率。

2. 酸化增注（acid fracturing increasing injection technology）

油层吸水能力下降，绝大多数是由于油层被堵塞所引起。因此，要恢复油层吸水能力，就必须解除堵塞。造成堵塞的原因不同，解堵的方法也不同。酸化增注是注水井解堵增注的重要措施。一方面酸化可用来解除井底堵塞物，另一方面可用来提高中低渗透层的绝对渗透率，原理与一般酸处理相同。

注水过程中造成油层堵塞的各种堵塞物可大体分为两类：

一类是无机物堵塞，其中可被盐酸溶解的主要有 $CaCO_3$、FeS 及 $Fe(OH)_3$。泥质堵塞物虽然不溶于盐酸，但土酸（盐酸和氢氟酸的混合物）对它有较大的溶解能力。因此，清除无机堵塞物时，通常用盐酸或土酸处理。

另一类是有机堵塞物，即藻类和细菌。细菌随注入水进入油层，在井底周围生长繁殖，要清除它们的堵塞，就要对井底附近采取杀菌措施。例如某油田曾用注入甲醛水溶液进行油层内的杀菌现场试验，获得了一定的效果。但对细菌代谢作用产物造成的堵塞，此法是不能清除的。这些代谢产物主要是 FeS 沉淀，可进行酸处理。所以，在有细菌堵塞的情况下总是把杀菌与酸化处理联合进行，这样既可杀菌，又可清除细菌代谢产物及其他沉淀物对油层的堵塞。

注水井酸处理的方法除一般的盐酸和土酸处理之外，还根据油层具体情况采用不同酸处理方法。有关酸处理的原理和方法将在第七章介绍，下面介绍一些油田曾采用的方法。

1）稀酸活性液不排液法

在注水井注入浓度较低的盐酸和氢氟酸混合液，其特点是酸液挤入后不排液。因为酸液浓度低，反应后的产物量少，靠注入水挤入油层深部扩散，工艺上比较简单。使用的配方是：盐酸 2%~5%，氢氟酸 0.5%，甲醛 0.5%~1%，活性剂 0.2%~0.5%。一般用量为每米厚油层 $2~5m^3$ 增注液。此法一般有效期较短，增注幅度不大。

由于不排液酸化技术具有不动管柱、不排残酸、不增加施工作业成本等优势，近年来，随着环保的要求，作为一种新型环保酸化技术已在油田得到了广泛应用。同时，在酸液体系优选、工艺方案设计等方面也取得了长远进步，在注入方式上采用"前置液段塞+主体酸液段塞+后置处理液段塞"组合注入，对层内和层间非均质性严重的油井，配套使用多种暂堵剂组合，实现层内、层间酸液转向，达到分层解堵和均衡改造的目的。

2）醋酸缓冲—稀酸活性液增注

先注入由醋酸 15%+烧碱 1.56%配成的 pH=4.0 的溶液做前缘缓冲液，接着注入盐酸 0.5%+氢氟酸 0.5%+甲醛 0.5%~1%+活性剂 0.2%~0.5%配制成的稀酸活性液；最后再注入后缓冲液（成分同前缓冲液）。

稀酸活性液的作用是解除井底堵塞。因为根据对注水井排液取样分析，所得的固体沉淀物中有 70%~90%是硫化铁、氧化铁、碳酸钙、泥质等，它们大都是可以被盐酸溶解的物质，将反应物排出油层就可达到解堵的目的。

通常酸化后排液的目的就是为了排出反应产物，以免重新造成堵塞。但采用排液的办法，既增加了施工工艺内容，又会因大量排液而降低注水井油层压力。注酸后采用不排液方式，则反应产物随水推进。当酸液扩散稀释，pH 值升高到 3.5 以上时，被溶解的堵塞物有一部分又重新析出，在油层内部造成堵塞。为了解决这个问题，提出了注入稀酸活性液之前和之后注入一定体积的醋酸缓冲液，使醋酸在推进到一定距离之内总是保持酸性（即使 pH 值小于 3.5）。所用缓冲液在被水稀释 380~400 倍时，其 pH 值仍然低于要求。

醋酸缓冲—稀酸活性液增注工艺的优点是工艺简便（不动井口、不停注、不排液），节省人力和设备，又初步解决了 FeS 在井底附近重新沉淀的问题。施工前需先用大排量（20~40m^3/h）洗井，清除井筒内的腐蚀物。实践证明，对于结构较疏松，用一般酸化浓度处理后易出砂的注水井是一项可增注又不会造成出砂的行之有效的增注措施。

3）逆土酸增注法

它是低渗透泥质胶结油层增注的一个有效方法。它与土酸处理法的原理相同，即用 HCl 溶解碳酸钙，用 HF 溶解泥质、石英砂等。但不同点是 HF 的用量大于 HCl，HCl 浓度为 2%，HF 浓度为 6%，所以称为逆土酸。在处理工艺上，因使用 HF 的浓度较大，岩石泥质胶结被溶解后易引起出砂。为避免出砂，施工时在井壁附近留 0.5~0.1m 井壁防砂环，不用酸液浸泡。此措施效果明显，施工后尚未发现出砂现象。

4）胶束（活性柴油）逆土酸增注法

针对稠油、低渗透层试验成功的一种增注方法。它的原理是先用胶束或活性柴油溶解和驱替稠油，解除稠油堵塞，然后用逆土酸溶解泥质等，提高油层的绝对渗透率。胶束是表面活性剂、油、水三者在一定条件下组成的互溶、单相透明体系，对稠油、蜡、胶质沥青质等具有较强的增溶能力。活性柴油是往柴油中加入一定量活性剂配制而成的，对油也具有很好的溶解能力。室内和现场试验证明，胶束（活性柴油）逆土酸联合施工，比单独用胶束（活性柴油）或单独用逆土酸增注的效果都好。因为它不仅解决了稠油堵塞问题，还提高了油层的绝对渗透率，而如果不用胶束（活性柴油）解除稠油堵塞，逆土酸增注就不能充分发挥作用，不能大幅度提高绝对渗透率。试验中曾出现 HF 浓度大（7.4%），处理量大（5m^3/m）而在处理后引起水井出砂问题。采用 HF 浓度 6%，用量 1~2m^3/m 处理，施工后未出现出砂现象。

3. 黏土防膨（clay anti-swelling）

对于黏土含量较高的砂岩油藏，做好水敏、速敏、酸敏等的防治是开发好这类油藏的关键。

注防膨剂是防止注水过程中黏土膨胀的有效措施。黏土防膨剂包括：无机盐类，如 KCl、NH_4Cl，此类试剂虽然能防止不膨胀型黏土的分散、运移及膨胀型黏土的膨胀，但有效期短；无机物表面活性剂，如铁盐类，此类试剂对施工条件要求严，成本高，有效期短；

离子型表面活性剂，如聚季胺，此类试剂有效期长，成本较低，施工容易；无机盐和有机物混合的处理剂也已开始应用。

由于黏土矿物成分和储层岩石的差异，没有一种固定的现成防膨剂通用于各类油层。想要取得理想的防膨效果，必须经过精心的室内筛选。

（1）初选。将储层的岩屑粉碎过筛，将其加入到有防膨剂的水（或注入用的水）中，浸泡一定的时间，对比其前后的重量变化。其变化最小的防膨剂及配方为最佳者，即初选完成。

（2）渗流防膨效果评价的流动实验。将初选的防膨剂加入到注入水中，经岩心模拟注入试验，测定其渗透率的变化值，如果变化小即初选正确，可用于现场，否则重新初选，再经渗流防膨效果评价。

第三节　注水工艺

自20世纪五六十年代我国玉门油田和大庆油田开展注水开发试验以来，为满足不同类型油藏和不同开发阶段的技术需要，解决多油层非均质油藏层间、层内矛盾，实现高效有效注水，经过不断研究和技术创新，注水工艺从多层笼统注水发展到满足各层注入量的分层注水，水嘴参数调整技术从起下管柱发展到投捞式再到地面直读测试调整一体化，注水井资料录取从单参数发展到多参数、从卡片划线发展到电子存储再到地面直读，分层注水管柱从固定式分层注水、活动式分层注水、常规偏心分层注水发展到同心集成分层注水、桥式偏心分层注水、桥式同心分层注水，配套测调技术从钢丝投捞发展到电缆直读测调。本节重点介绍我国油田常用的偏心分层注水工艺和同心集成分层注水工艺，以及水嘴参数设计等。

一、偏心分层注水工艺（eccentric layered water injection technology）

分层注水原理是利用封隔器将注水井内各层段隔开，对需要注水的层段，在注水管柱（water injection string）相应位置安装配水器，配水器内装有直径大小和个数不同的水嘴，利用水嘴的节流损失，控制不同层段的注水量，达到在相同井口注入压力下实现分层定量注水的目的。目前油田主要采用偏心分层注水技术，分为常规偏心分层注水和桥式偏心分层注水技术。

1. 常规偏心分层注水工艺

分层注水是通过分层注水管柱实现的，分层定量注水是通过配水嘴控制的。

1）注水管柱

偏心配水器分层注水管柱由偏心配水器、水力扩张式或水力压缩式封隔器、洗井凡尔和防腐油管等组成，如图5-3-1、图5-3-2所示。该管柱可与不压井不放喷作业配套，下井配水器级数不受限制，一般可分注5~7段，最多分注14个层段。实现了配水活动化、投捞钢丝化、测试仪表化的偏心活动式分层注水工艺。

图5-3-1的偏心配水管柱主要由压缩式封隔器和偏心配水器等组成，而图5-3-2的偏心配水管柱主要由扩张式封隔器和偏心配水器等组成。

封隔器是用于井下层与层之间封隔的设备，主要由固定、密封和控制三部分组成。用途不同，各类封隔器结构也不相同。按封隔器封隔件工作原理，可分为自封式（靠封隔件外径与套管内径的过盈和压差实现密封）、压缩式（靠轴向力压缩封隔件使其直径变大）、楔入式（靠楔入件楔入密封件，使封隔件直径变大）和扩张式（在一定液体压力作用于封隔件内腔使封隔件直径变大）四大类。可洗井分层注水封隔器其特点是密封状态受油管与油套环空压差变化的影响。

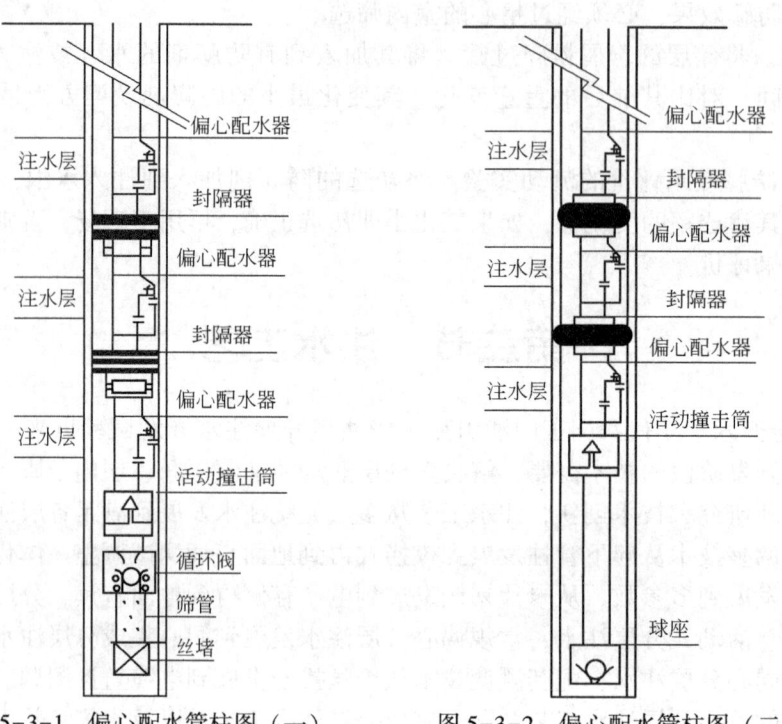

图 5-3-1　偏心配水管柱图（一）　　图 5-3-2　偏心配水管柱图（二）

分层配水管柱设计的主要依据是反映注水层吸水能力的注水指示曲线，另一个依据是配水嘴的嘴损曲线，它反映了水嘴尺寸、配水量和通过配水嘴时的节流损失三者之间的定量关系，不同结构的配水器的嘴损曲线也不相同。

2）偏心配水器工作原理

配水器是分层注水的核心，通过调整配水器内水嘴的直径大小实现分层定量配注。油田开发过程中，由于地层压力和开采动态的变化，需要对各层的注入量进行调整，注入过程中还需要对各层的注入量、注入压力等参数进行测试，以便掌握油层动态。为了适应注水开发油田的要求，注水工艺也不断创新和发展，其中以配水器的发展最为突出。配水器按照结构，可分为固定配水器、活动配水器和偏心配水器，对应的注水管柱为固定配水（注水）管柱、活动配水管柱和偏心配水管柱。固定配水器结构简单，配水器固定在注水管柱上，对应各注水层的水嘴直径固定，可不压井作业，级数不受限制，但更换水嘴时（调整水嘴参数）需要起出全部管柱，作业工作量大。活动式空心配水器（以 655 型为代表）克服了固定配水器的缺点，由工作筒及活动芯子两部分组成，水嘴装于配水器芯子上，配水器芯子坐于配水器工作筒上，更换、调整水嘴时，用钢丝投捞配水器芯子即可通过改变活动芯子水嘴大小来调整水量，不需要起出注水管柱，大大节约了施工作业时间。但活动式配水器最多使用 4 级，只适用于分注层段数不超过 5 层的注水井。随着油田开发进入中高含水期，为了动用更薄的油层，注水层段数划分比开发初期更细，注水井数和规模都不断增加，对于同心活动配水器的分层注水工艺，由于配水器芯子占据中心通道，进行下一级水嘴调整时，必须捞出其上面的各级配水器芯子，投捞工作量仍然很大，为解决这个问题，研制了偏心配水器。偏心配水器由偏心配水器工作筒、配水堵塞器、堵塞器投捞工具、撞击筒、测试密封段等组成，如图5-3-3所示（动画5-3-1）。

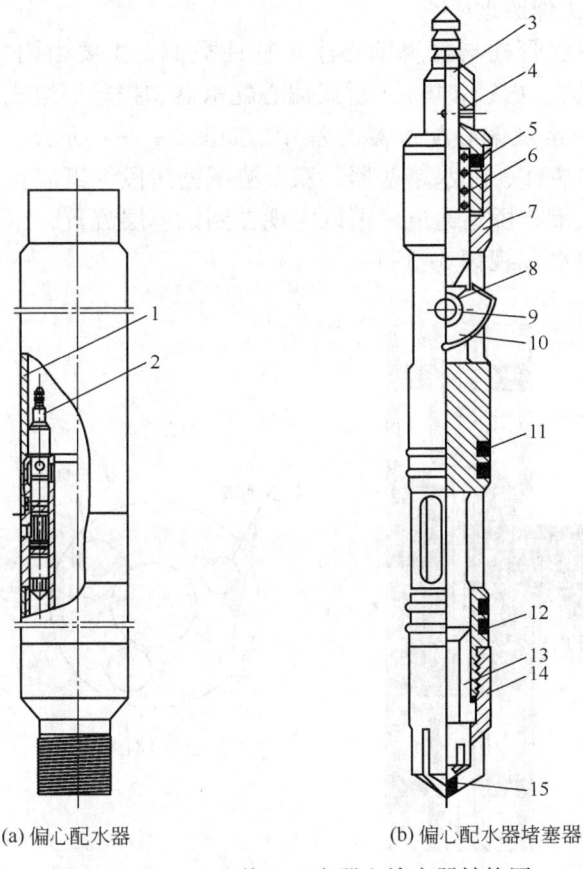

(a) 偏心配水器　　(b) 偏心配水器堵塞器

图 5-3-3　655 型偏心配水器和堵塞器结构图

1—工作筒；2—堵塞器；3—打捞头；4—压盖；5、11、12、14—密封圈；6—弹簧；
7—主体；8—扭簧；9—轴；10—凸轮；13—水嘴；15—滤罩

动画 5-3-1
常规偏心
配水器

所谓偏心，是指配水堵塞器的芯子（含水嘴）与注水管柱不同心。偏心配水器主体上有 $\phi20mm$ 的偏心孔，正常注水时堵塞器主体坐于工作筒的偏孔上，注入水经过堵塞器滤罩、水嘴、堵塞器出液孔和工作筒主体偏孔后进入油套环空再进入地层，实现分层定量注水。需要调整某层水嘴时，只需要下入特殊的投捞工具，打捞该层的堵塞器进行更换或调整。由于堵塞器不在管柱中心，投捞某层堵塞器时无需捞出其他层的堵塞器，不影响其他层的注水，极大地提高了作业效率。

偏心配水工艺的优点是：可以实现多层段分层注水和不动管柱情况下任意调换井下配水器和分层测试，大幅度降低注水井调整和测试作业工作量，测任意段注水量时不影响其他层段注水。其缺点是：采用递减法测试各层段注入量，误差较大；分层压力测试时，需要首先捞起原配水堵塞器，再将直径较小、具备储备功能的压力计注入其中获取到所需的压力资料，工作量大。另外，当两级封隔器的卡距小于 8m 时，配水堵塞器的投捞困难，当分注层段较多时，分层注入量的调配投捞测试工作量较大。

2. 桥式偏心分层注水工艺（bridge eccentric layered water injection technology）

针对常规偏心分层注水工艺在分层测试时不能直接测得单层压力和注水量问题，在常规偏心分层注水工艺基础上发展的桥式偏心分层注水技术，解决了这一问题。

1）管柱结构及工作原理

视频 5-3-1 桥式偏心分层注入技术

桥式偏心分层注水管柱与常规偏心注水管柱类似，主要由内径 ϕ60mm 的 Y341 可洗井封隔器、内径 ϕ46mm 桥式偏心配水器和挡球等组成，不同的是偏心配水器结构与常规偏心配水器的差异，如图 5-3-4 所示。桥式偏心配水器由桥式配水器主体、配水堵塞器、双卡测试密封段等组成，桥式偏心配水器主体工作筒上带有桥式通道，可以实现在测试单层流量、压力时不影响其他层段的正常注水（视频 5-3-1）。

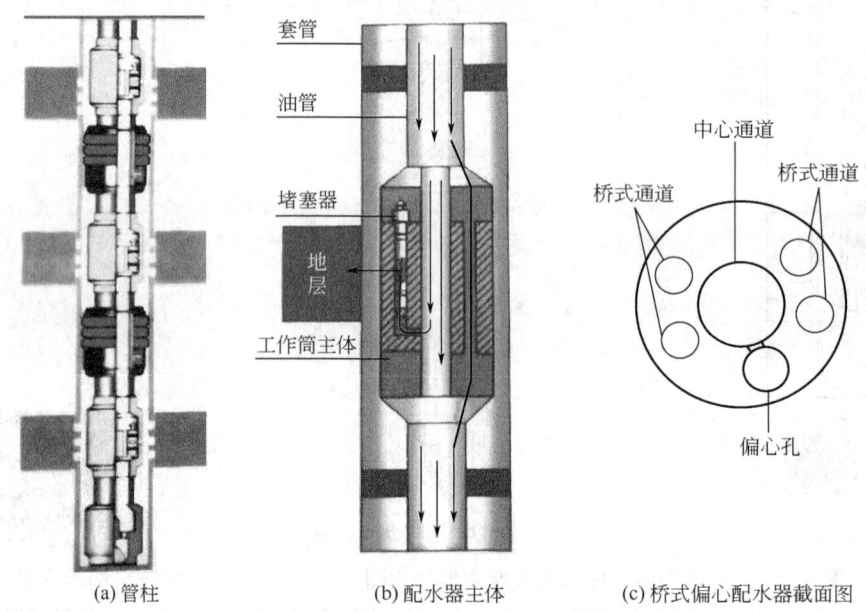

(a) 管柱　　　　(b) 配水器主体　　　　(c) 桥式偏心配水器截面图

图 5-3-4　桥式偏心分层注水管柱和配水器结构

其工作原理是：桥式偏心分层注水量调配、堵塞器投捞的原理与常规偏心配水管柱完全相同，分层注水量是通过堵塞器进出液孔之间的水嘴来控制的。

测试密封段出液孔两端各装有一只密封胶筒，可与配水器中心 ϕ46mm 主通道形成密封，偏孔内壁进液孔与工作筒中心主通道相通，当测试密封段（连有相关测试仪器）坐到位后，恰好对准测试密封段中心管出液孔，因此，可以测得本层段的单独流量和压力。由于在 ϕ46mm 主通道周围布有多个桥式通道，使本层段进行流量和压力测试时，其他层段依然可以通过桥式通道正常注水，不改变其他层段的工作状态，最大限度减少了各层段间的相互干扰，另外，在对某一层段进行堵塞器投捞时（调换水嘴），也不会影响其他层段的注水状态，有效提高了分层流量调配效率及分层测压效率。由于采用了桥式通道设计，还可以减少因中心通道堵塞对下部层段注入的影响。

桥式偏心分层注水技术解决了分层流量和分层压力单独测试的难题，提高了测试精度和效率（不用投捞偏心堵塞器），但仍然没有解决封隔器卡距大的问题。为满足薄隔层油藏精细注水要求，提高剖面动用程度，发展了多层细分注水技术和集成式细分注水技术。

2）多层细分注水技术

多层细分注水工艺技术是在偏心分层注水工艺基础上发展起来的，由地面控制系统和井下测调系统组成。井下管柱由正、反导向偏心配水器和逐级解封封隔器等组成，如图5-3-5所示。测调时，由电缆携带直读电动验封仪进行封隔器验封，验封后下入双导向直读测调仪进行分层流量调配。地面控制系统根据井下仪器的工作要求给井下仪器供电，测调控制系统会根据地面发送指令实现井下仪器的动作，根据不同导向的偏心配水器，打开相应的导向机构，实现与井内配水堵塞器的对接。双导向直读式测调仪设计有上下双层流量计，采用非集流方式实现该注水层段流量数据的采集，上下流量之差即为该层段的注水量。测调时，地面发出指令即可对该层段的注水量进行电动调配，调配过程中，被调配层段的注水量通过电信号直接传到地面，地面根据调配效果可实时重新调整。

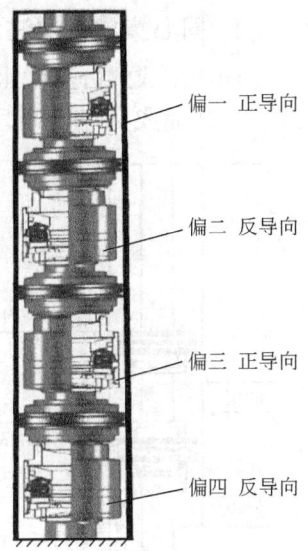

图5-3-5 多层细分注水管柱示意图

多层细分注水井下工具主要为封隔器和配水器。为满足多层段注水要求，封隔器级数也要相应增加，封隔器所卡最小夹层厚度也减小，从而导致封隔器的解封力增加。目前针对细分层注水工艺使用的封隔器有逐级解封封隔器和低力解封封隔器，为解决0.5m夹层的密封问题，使用双组胶筒封隔器。

配水器使用正、反导向偏心配水器，相邻两级配水器导向角度相差180°，如图5-3-6所示。投捞时，正导向器只能投捞正导向配水器中的堵塞器，反导向器只能投捞反导向配水器中的堵塞器，投捞器均可在正、反导向配水器中通过，使得正、反导向偏心配水器之间的投捞互不干扰，将配水器的投捞间距扩展到隔层配水器的间距，相邻两级配水器的最小间距为2m，实现了细分注水。

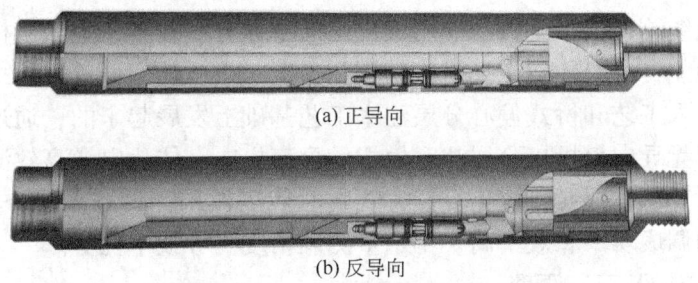

(a) 正导向

(b) 反导向

图5-3-6 正反导向配水器示意图

多层细分注水工艺技术将分注级数提高到7级，满足0.7m卡距，0.5m隔层的细分，实现了多薄层更小卡距、更多薄互层的分层注水，同时，普通井测调一次的时间由原来的3~4天缩短到1~2天，工作效率提高一倍。

二、集成式分层注水工艺

集成式分层注水工艺是将多种分层注水工具和工艺进行组合集成形成一种新的技术，其目的仍是提高层段细分程度和测调效率，满足薄互层提高剖面动用程度和采收率要求（视频5-3-2）。

视频5-3-2 智能分层注水

1. 同心集成分层注水技术（concentric layered water injection technology）

同心集成式分层注水是将封隔器与配水器合为一体，采用集成式堵塞器、液力投捞方式，一次完成2~3个层段的注水量调整与分层测试，两级封隔器之间最小卡距2~3m。

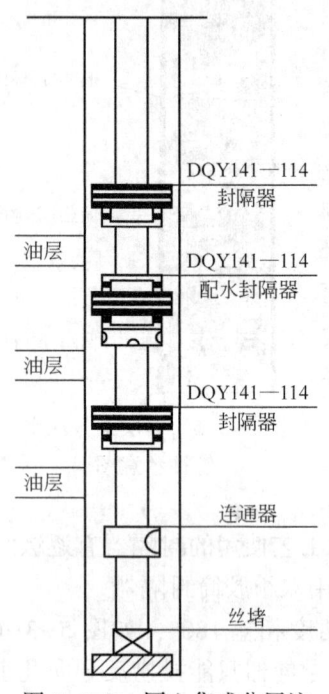

图5-3-7 同心集成分层注水管柱示意图

同心集成式分层注水管柱主要由内径为60mm的Y341-114可洗井封隔器、内径为ϕ55mm和ϕ52mm的Y341-114可洗井配水封隔器、内捞式ϕ55mm和ϕ52mm同心配水堵塞器及球座等组成，如图5-3-7所示。

同心配水器与配水封隔器内工作筒配合，分为ϕ52mm、ϕ55mm两种配水封隔器。同心集成式细分注水管柱最上一级封隔器起套管保护作用，第二级ϕ55mm配水封隔器的中心管作为ϕ55mm同心配水器的工作筒，封隔器胶筒上下分别有注水通道与地层连通，中心管下面有定位台阶，配水器投入封隔器中心管内坐在台阶上，配水器上也有两个注水通道，与配水封隔器的两个注水通道相对应，通道内装有水嘴，当注水井注水时，注入水一部分通过配水体上孔道向上通过水嘴流入上部地层，另一部分通过下孔道及水嘴流入下部地层，两个注水通道间有密封圈隔离。第三级封隔器是起分隔作用的Y341-114封隔器，第四级ϕ52mm配水器封隔器工作原理与ϕ55mm配水封隔器相同。

同心集成式分层注水工艺1只配水器可以配注2个层段，一次可完成2级堵塞器的打捞、2层段的流量调配及分层测压，与偏心配水工艺相比，测试效率提高1倍。

2. 桥式同心分层注水工艺（bridge concentric layered water injection technology）

桥式偏心和电缆测调技术是目前应用最广泛的主体分注技术，但由于桥式偏心对定向井和大斜度井适应性差，主要体现在投捞成功率和仪器对接成功率低等。桥式同心分层注水技术是在同心集成注入工艺和桥式偏心分层注水工艺基础上发展起来的，通过集成设计和改变对接方式，建立了无导向免投捞分层注水模式，配套机电一体化电缆高效测试调配工艺和封隔器电动直读验封工艺，地面可视化直读方式实时观测效果，具有多层分注级数不受限制、大斜度井和深井测调成功率和效率高、小水量测调精度高等技术优势。

1）注水管柱结构及工艺原理

桥式同心分注管柱主要由非金属水力锚、Y341斜井封隔器、桥式同心配水器、预置工作筒、双作用阀、筛管、丝堵组成，如图5-3-8所示。

桥式同心分层注水工艺原理是：采用封隔器将各储层分隔开，采用桥式同心配水器为各层注水，地面控制器通过电缆、同心电动井下测调仪与配水器同心对接调节注水量，数据采集控制系统实时在线监测井下流量、温度和压力，实现流量测试与调配同步进行，满足多层段配注需求。该项工艺技术能够进行水嘴打开、试注、管柱验封、水量调配以及后期定期测调，极大提高了分注效率和测调效率。

2）桥式同心配水器（bridge concentric layered water injection allocator）

桥式同心配水器是桥式同心分层注水工艺技术的核心工具，用于分层注水井井下分层配

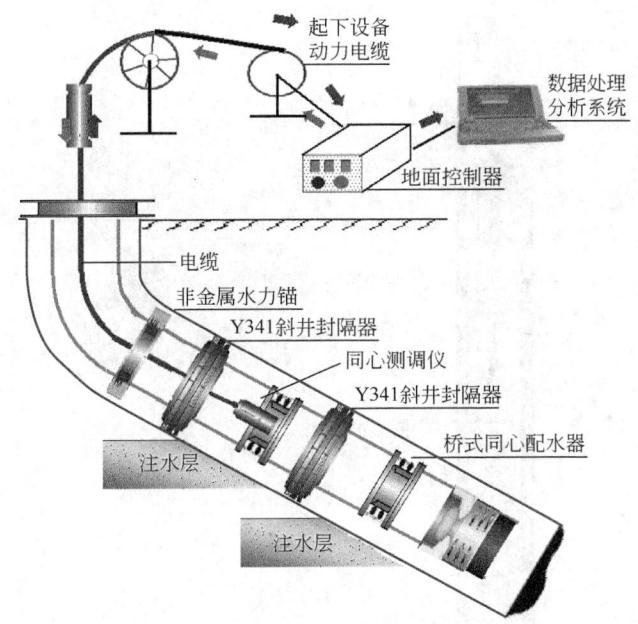

图 5-3-8　桥式同心分层注水工艺示意图

水，如图 5-3-9 所示。该配水器采用可调水嘴与配水工作筒一体化集成同心设计，从根本上解决了堵塞器与配水器偏心对接精度低的问题，实现了中心通道测试调配。当需要验封和测调时，地面测试车携带电动验封仪和测调仪下到分注管柱与桥式同心配水器对接，带动同心配水器调节机构旋转，带动可调水嘴旋转，实现在线测调。配水器拥有较大面积过流通道，由于测调仪占用中心通道，一部分注入水经过流槽、桥式通道和过流孔流向下一级桥式同心配水器，以满足其他层段分层配水的需要。采用平台式定位机构对接，提高大斜度井定位对接成功率，从而缩短配水器长度，实现小跨距多级细分注水。

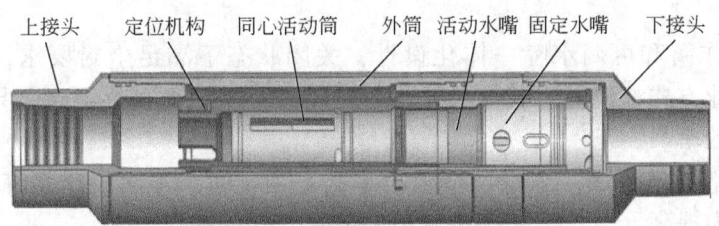

图 5-3-9　桥式同心配水器示意图

3）测调工艺原理

桥式同心分注电缆测调采用桥式同心工艺技术，由桥式同心可调配水器、同心电动井下测调仪、电动验封仪、地面控制器、辅助设备电缆测井车组成，如图 5-3-10 所示。桥式同心配水器与分注管柱一起下入，内部装有可调水嘴，电动验封仪和测调仪由电缆下到分注管柱，与工作筒对接，地面直读实现验封和流量测调。地面控制器通过电缆获取验封压力数据或者测调压力、温度、流量数据，并对验封仪和测调仪进行实时控制。在很短的时间内即可完成对注水井各层段的配注量测调工作，大幅提高了测调效率，缩短了测调时间，提高了注水质量（视频 5-3-3）。

视频 5-3-3
高效测调

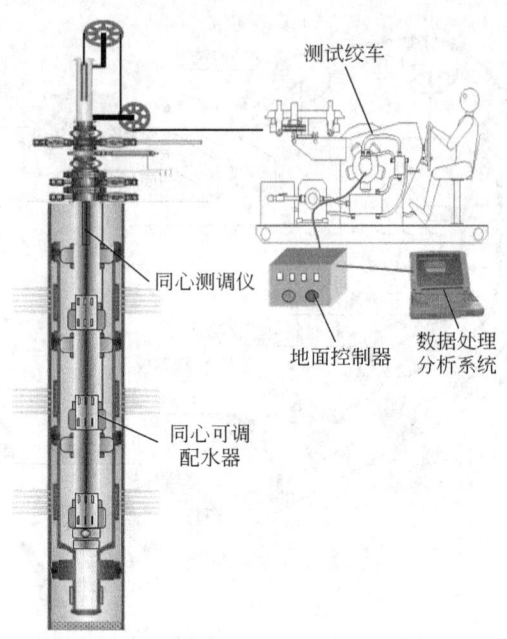

图 5-3-10 桥式同心分层注水测调工艺示意图

4）技术特点

桥式同心高效测调分注技术具有同心对接、同心测调的特点，能够实现在线直读测调和验封，无须投捞，摆脱了传统分注工艺需要精确机械导向、对接、投捞工序，提高一定储层厚度内最多分注级数，提升定向井、大斜度井、多层小卡距井分注适应性。对比常规偏心分注工艺，桥式同心分注具有以下特点。

（1）测调仪磁定位装置可以准确判断配水器和封隔器位置，与配水器平台式对接，无需精确机械导向，缩短了相邻配水器之间的距离，分注级数不受限制，解决层内多级细分工艺技术难题。

（2）调配工作筒和可调水嘴一体化设计，关闭状态下满足坐封要求，省去投捞环节，全程采用电缆作业方式，流量测试与水嘴调节同步进行，地面直读测调结果，可视化操作，大幅度提高测调效率。

（3）水嘴无级连续可调，水量调节分辨率高；测试时，不用投捞水嘴，与桥式偏心相比，作业效率大大提高。

（4）具有较大面积的桥式过流通道，解决了测试时的层间干扰问题。

桥式偏心和桥式同心分层注水技术实现了电缆直读测调，测调效率和精度得到了极大提升，构成了我国主体的分层注水技术。近年来，随着我国主力油田进入高含水和特高含水期，注采关系更加复杂，注入水无效、低效循环严重，对配水精度和测调周期要求高，如何进一步挖掘剩余油潜力对精细分层注水技术提出更高要求。为此，针对不同油藏特点，发展了新一代分层注水技术（第四代分层注水技术），旨在实现注水井单井分层压力和注水量的数字化实时监测，实现区块和油藏注水动态监测的网络信息化，实现注水方案设计与优化和井下分层注水实时调整为一体的油藏、工程一体化，有效提高水驱动用程度，控制含水上升速度，提高水驱效果和油藏最终采收率。新一代分层注水的核心是能够实现分层注水全过程监测和配注量自动（手动）控制，按照施工工艺和数据传输方式的不同分为有缆式和无缆式。有缆式分层注水工艺的特点是完井过程油管外绑缚单芯电缆，通过管外电缆实现井下分层参数的实时监测；而无缆式分层注水工艺的特点是监测全过程数据存储在井下，需要读取数据时下入通信仪器实现数据的读取。

三、配水嘴选择

配水嘴（water injection allocator）尺寸、配水量和通过配水嘴的节流损失三者之间的定量关系曲线称为嘴损曲线。各种配水器的嘴损曲线各异，可以在实验室，通过地面模拟试验来确定。试验时，固定嘴前压力，通过控制出口改变回压，求得不同压力差下的流量。

KGD-110 配水器的嘴损曲线如图 5-3-11 所示。

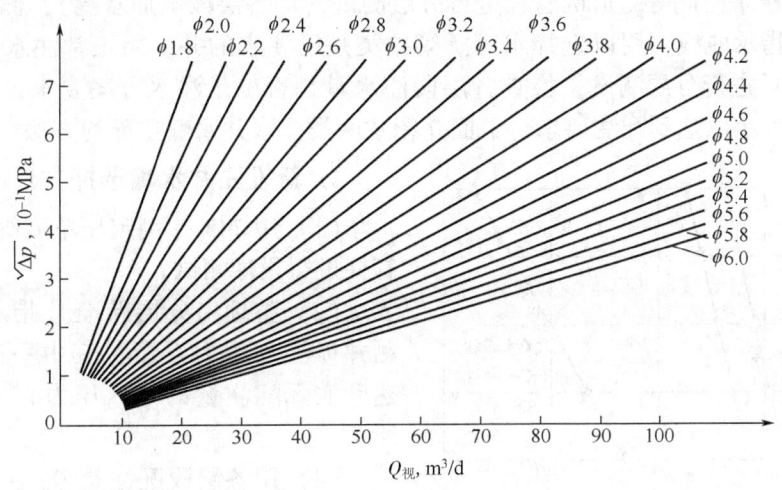

图 5-3-11　KGD-110 配水器嘴损曲线

注水井的分层定量配水是通过配水嘴来实现的，因此，分层定量配水可以归结为选择配水嘴问题。

分层配水的实质是在井口压力相同的情况下，利用配水嘴节流损失的大小对各层段的注水量进行控制，达到分层定量配水的目的。因此，可以通过配水嘴需要降低的压力值（即嘴损）来求得配水嘴尺寸。

当油层无控制（不装水嘴）注水时，注入量和注入压力间的关系如下：

$$Q = K\Delta p$$
$$\Delta p = p_t + p_H - p_{fr} - p_e$$
$$p = p_t + p_H - p_{fr}$$

当油层控制（装上水嘴）注水时，则

$$Q_d = K\Delta p_d$$
$$\Delta p_d = p_t + p_H - p_{fr} - p_{cf} - p_e$$
$$p_d = p_t + p_H - p_{fr} - p_{cf}$$

式中　Q——分层无控制时的注入量，m^3/d；

Q_d——分层控制时的注入量，m^3/d；

K——油层吸水指数，$m^3/(d \cdot MPa)$；

Δp——注水压差，MPa；

Δp_d——安装水嘴后的注水压差，MPa；
p_t——井口注入压力，MPa；
p_H——静水柱压力，MPa；
p_{fr}——注水时油管内沿程损失，MPa；
p_{cf}——注水时配水嘴所造成的压力损失，MPa；
p_e——油层开始吸水时的井底压力，MPa；
p——无控制注水时的有效注入压力，MPa；
p_d——控制注水时的有效注入压力，MPa。

注水层段水嘴直径选择有两种类型。一类是新投注井，在投注前先用475-8型封隔器和745-5型定压单流阀等组成的管柱进行分层测试（即各层段不加水嘴），测试得到全井和各注水层段的指示曲线，用以选择水嘴。第二类是已注水的井，用正常注水管柱（即各层段已带有水嘴）进行分层测试，检查各层段注水量是否满足注水方案要求，如果不满足则需要调整水嘴大小以达到配注要求。下面介绍这两类注水井水嘴选配的方法。

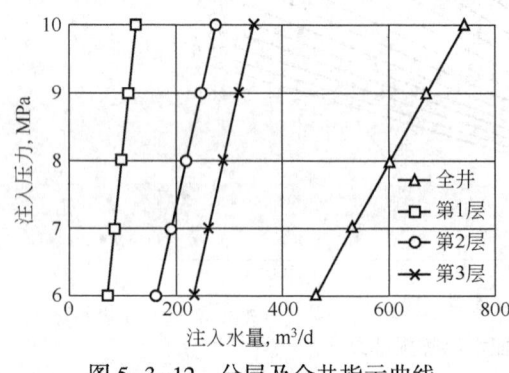

图5-3-12 分层及全井指示曲线

1. 新投注井水嘴选择方法

（1）用745-5型定压单流阀等组成的注水管柱进行投球测试。

（2）整理出分层及全井指示曲线（按实测井口注入压力绘制，其中一个测试压力为达到实际配注量的注入压力），如图5-3-12所示。

（3）用各层段配注量 Q_d 在分层指示曲线上查得各层的配注压力 p_d。

（4）根据全井指示曲线确定该井各层段总注水量条件下对应的井口压力，减去各层段配水压力就可得各层的井口嘴损。

（5）根据各层需要的嘴损和配注量，在相应的嘴损曲线上即可查得应选用的水嘴大小和个数。

嘴损压力小于或等于零时，选择空水嘴（不装水嘴）。

2. 带有水嘴井的水嘴调配

在已下配水管柱的井，经过测试，水量达不到配注方案要求时，需立即进行调整。调整步骤如下：

（1）根据分层测试资料整理出各层段的指示曲线；

（2）根据分层配注量 Q_d 要求，在层段指示曲线上求出相应的井口分层配注压力 p'_d；

（3）根据目前实际注入量确定井口注入压力 p'_t；

（4）求出水嘴损失：

$$p'_{cf}=p'_d-p'_t$$

（5）由嘴损曲线求出水嘴直径：在嘴损曲线上，先由目前注水量 Q_0 作一垂线与目前已下的水嘴直径 d_0 线相交，由此交点作一水平线，再由与 p_{cf} 轴相交点向上或向下取一段等于 p'_{cf}，并由此点作水平线，与从 Q_d 作的垂线相交于某水嘴直线 d 线上，该 d 即为此需要的水嘴直径，如图5-3-13所示。关于 p'_{cf} 是向上或向下选取，则根据 Q_0 与 Q_d 关系而定，$Q_0>Q_d$

则向上取，反之则向下取。

带有水嘴的注水井的配水嘴大小调配，实际工作中也可根据经验进行调换，现场调配水嘴常用公式为

$$d_2 = d_1 \sqrt{\frac{Q_2}{Q_1}}$$

式中 d_2——调配水嘴直径，mm；
　　d_1——原用水嘴直径，mm；
　　Q_2——调配的注水量，m^3/d；
　　Q_1——原注水量，m^3/d。

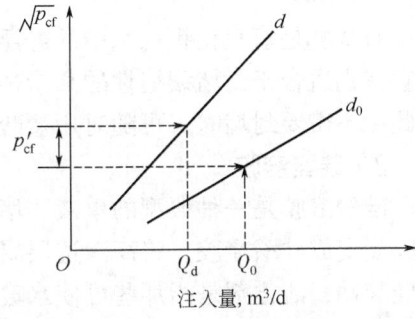

图 5-3-13　由水嘴曲线调配水嘴

3. 选择配水嘴注意事项

（1）选择配水嘴的准确与否和测试资料准确程度有直接的关系，一般要求连续两次以上的测试资料基本相同，调整水嘴才能准确；

（2）要对注水井的资料和动态等作经常分析，及时掌握油层变化情况，找出变化原因；

（3）每次调整配水嘴必须检查原水嘴与配水管柱，修正实测资料的准确程度。

第四节　注水井调剖

对注水开发的非均质油藏，由于平面和纵向物性的差异，造成注入水沿高渗透层（带）向采油井突进，降低了注入水的波及系数。注水过程中由于水对高渗层的冲刷，常常出现局部的特高渗透性，导致注水井吸水剖面和采油井产液剖面更不均匀。为了提高注入水的波及系数，改善水驱效果，常采用"堵水调剖"方法。从采油井封堵这些高渗层，可以减少油井产水，称为"堵水"；从注水井封堵高渗层和大孔道，可以调整注水层段的吸水剖面，使注入水进入低渗透层，实现水驱前缘均匀推进，称为"调剖"。通过堵水调剖控制了高渗透层注入水的突进，增加了低渗透层的吸水量，提高了注入水的波及体积，相应的采油井增加了见效层位和方向，改善了整个井组的注水效果。

油井堵水原理和方法将在第八章介绍，本节简要介绍注水井调剖和深部调驱的原理和技术。

一、注水井调剖方法

注水井调剖技术（profile control technology for injection well technology）作为机械式分层注水的重要补充手段，在高含水油田提高水驱采收率中发挥着重要的作用。注水井调剖基本工艺技术可分为单液法和双液法，封堵范围有近井地带也有深部地层。

1. 单液法

单液法是向油层注入一种液体，依靠这种液体携带的物质或在油层条件下反应生产的物质封堵高渗透层，降低高渗透层吸水量，实现调整吸水剖面的目的。调剖液注入顺序为前置液→调剖液→顶替液。

注水井调剖的核心是堵剂，单液法可使用以下堵剂。

1）石灰乳

石灰乳是氢氧化钙在水中的悬浮体。由于氢氧化钙的颗粒直径较大（大于 10^{-5} cm），所以它特别适合于封堵裂缝性的高渗透层。而氢氧化钙可与盐酸反应生成可溶于水的氯化钙，因此在不需要封堵时，可随时用盐酸解除。

2）硅酸溶胶

硅酸溶胶是一种典型的单液法堵剂，将硅酸溶胶注入油层后，经过一定时间，硅酸溶胶即胶凝变成硅酸凝胶，将高渗透层堵住。硅酸溶胶是由水玻璃和活化剂反应生成。水玻璃又名硅酸钠，活化剂是指那些可使水玻璃先变成溶胶而随后变成凝胶的物质，如盐酸、硝酸、硫酸、氯化铵、碳酸铵等无机活化剂，甲酸、乙酸、乙酸铵、甲酸乙酯等有机活化剂。单液法用的硅酸溶胶通常用盐酸作活化剂，它与水玻璃反应如下：

$$Na_2O \cdot mSiO_2 + 2HCl \longrightarrow mSiO_2 \cdot H_2O + 2NaCl$$

3）铬冻胶

铬冻胶是以 Cr^{3+} 作交联剂，交联含—COONa 的高分子（如部分水解聚丙烯酰胺、钠羧甲基纤维素、钠羧甲基田菁胶等）而得到。

4）硫酸

硫酸是利用油层中的钙（包括镁）源产生堵塞。若将浓硫酸或化工废液浓硫酸注入地层，硫酸先与近井地带的碳酸盐（岩体或胶结物的碳酸盐）反应，增加了注水井的吸收能力，而产生的细小的硫酸钙将随酸液进入油层，并在适当的位置（如孔隙结构的喉部）沉积下来，形成堵塞。由于高渗透层进入更多的硫酸，因而有更多的硫酸钙，故堵塞主要发生在高渗透层。

5）水包稠油

水包稠油是一种乳状液，它通过油珠在孔喉结构中液阻效应的叠加，增加高渗透层中水的流动阻力。例如用 1% NaOH 与相对密度为 0.973 的稠油，可配成含油 14%、平均油珠直径 3μm、黏度为 200mPa·s 的乳状液。当将这种乳状液注入油层，注入量约 3% 孔隙体积，就可有效改变注入剖面。

2. 双液法

双液法是向油层注入由隔离液隔开的两种可反应（或作用）的液体，按注入的先后顺序可把两种液体分别称为第一反应液和第二反应液，当两种液体向油层内部推至一定距离后，隔离液将变薄至不起隔离作用，两种液体就可发生反应（或作用），产生封堵地层的物质。由于高渗透层吸入更多堵剂，故封堵主要发生在高渗透层，达到调剖的目的。双液法注入顺序为前置液→第一反应液→隔离液→第二反应液→顶替液。

双液法可使用的堵剂如下。

1）沉淀型堵剂

这类堵剂主要是无机堵剂。

例如，第一反应液为 5%~20% 碳酸钠，第二反应液为 5%~30% 三氯化铁，它们相遇后的反应为：

$$3Na_2CO_3 + 2FeCl_3 \longrightarrow 6NaCl + Fe_2(CO_3)_3 \downarrow$$

又如，第一反应液为 1%~25% 硅酸钠，第二反应液为 1%~15% 氯化钙，它们相遇后的反应为：

$$Na_2O \cdot mSiO_2 + CaCl_2 \longrightarrow CaO \cdot mSiO_2 \downarrow + 2NaCl$$

再如，第一反应液为1%~25%硅酸钠，第二反应液为5%~13%硫酸亚铁，它们相遇后的反应为：

$$Na_2O \cdot mSiO_2 + FeSO_4 \longrightarrow FeO \cdot mSiO_2 \downarrow + Na_2SO_4$$

为使第二反应液易于进入第一反应液，要求将第一反应液稠化（例如加入0.4%~0.8%的部分水解聚丙烯酰胺）。隔离液一般用水。为了防止水对反应液的稀释，可用烃类液体（如煤油、柴油），也可用其他液体，只要不与反应液反应的液体都可以使用。隔离液用量决定于要求沉淀沉积的位置。

为了提高封堵效果，双液法常采取多次处理。

2）凝胶型堵剂

这类堵剂由水玻璃和它的活化剂组成。例如以水玻璃作第一反应液，以硫酸铵作第二反应液，它们相遇后的反应为：

$$Na_2O \cdot mSiO_2 + (NH_4)_2SO_4 + 2H_2O \xrightarrow{可由溶胶变成凝胶} mSiO_2 \cdot H_2O + Na_2SO_4 + 2NH_4OH$$

所产生的凝胶，可封堵高渗透层。

3）冻胶型堵剂

这类堵剂由聚合物和它的交联剂组成。如聚丙烯酰胺（HPAM）溶液和$KCr(SO_4)_2$溶液相遇后形成铬冻胶；HPAM溶液和CH_2O溶液相遇后形成醛冻胶；PAM溶液和$ZrOCL_2$溶液相遇后形成锆冻胶。

4）胶体分散体型堵剂

泡沫和乳状液属这类堵剂。例如当用泡沫封堵高渗透层时，可向油层先后注入起泡剂水溶液和气体，它们在油层相遇后产生泡沫。通过泡沫中气泡气阻效应的叠加，使高渗透层产生封堵。

3. 深部调剖技术

随着油田开发进入高含水、特高含水阶段，油藏非均质性加剧，孔隙结构、油层物性不断发生改变，常规的堵水调剖技术由于只能作用于井筒附近几米范围内，在地层深部，注入水会绕过堵剂段塞仍流向储层优势通道，对提高注水波及体积的范围有限，为此，调剖由浅调发展为深调，再发展到目前的深部调剖液流改向技术（也有学者称为深部调驱）。

深部调剖技术是注水井常规调剖技术的发展，通过注入地层深部的化学调剖剂不仅能够调节储层深部纵向和横向的矛盾，调整注水井的吸水剖面，扩大纵向波及系数，而且调剖剂具有"可动性"，在堵剂两端压差的作用下向地层深部运移，使注入水在油层深处不断延伸，提高油层平面的波及系数，动用更多的剩余油。深部调剖或调驱的"调"可以理解为调整注入水的驱动方向，实现方法是利用堵剂的化学性质和压力场变化封堵大孔道和高渗带，迫使注入水进入低孔、低渗透带。

深部调剖所用调剖剂体系以凝胶类为主，矿场使用较多的有吸水体膨颗粒和交联聚合物凝胶。

1）吸水体膨颗粒

吸水体膨颗粒是一种地面预制的吸水性凝胶或凝胶树脂颗粒，吸水后体积膨胀，膨胀后具有一定的强度和弹性形变性能以及保水功能。吸水体膨性能受体系组分、环境温度及矿化度等因素影响。分常规体膨颗粒及缓膨颗粒两大类。

常规体膨颗粒适用于各种水质条件、耐温可达120℃，广泛用于封堵大孔道或裂缝，其不足是膨胀速度过快、体膨后强度低、易破碎、深部放置困难等。

缓膨颗粒具有高强弹性缓膨性和良好的弹性形变能力以及多孔介质深部吸水缓膨封堵性能，吸水体膨倍数为5~35倍，缓膨时间为2~30d，强度为常规体膨颗粒的10~20倍。在深部调剖技术应用中，吸水体膨颗粒及缓膨颗粒对大级别、非均质优势通道的封堵起到了重要作用。

2）交联聚合物凝胶

交联聚合物凝胶体系是由聚合物、交联剂及其他助剂构成，配制液注入地层后反应生成分子内或分子间网状结构交联体，通过滞留、捕集和堵塞作用机理，对水流优势通道及高渗透层带实现封堵，从而改善油藏深部层内、平面及层间矛盾，提高注水开发效果。已经形成了以聚丙烯酰胺为代表的弱凝胶和胶态分散凝胶体系，以及预交联凝胶颗粒、柔性聚合物微球等深部调剖技术。交联聚合物凝胶调剖与调驱技术在水驱、聚合物驱、复合驱过程中改善了储层非均质，实现驱替介质的深部液流转向。

深部调驱技术已经成为我国高含水油田二次开发，改善水驱开发效果提高采收率的一项重要技术。油田堵水调剖已从单井的堵水、调剖，发展到注、采井组对应调剖堵水，区块整体堵水调剖，再发展到同时改善纵向和平面的深部调剖（调驱），堵水调剖技术随着油田开发的需要和油藏地质特征的变化而不断更新。

注水井调剖和封堵大孔道的选井条件：优先选取综合含水高、采出程度较低、剩余油饱和度较高的注水井；与井组内油井连通情况好的注水井；吸水和注水状况良好的注水井；固井质量好、无窜槽和层间窜漏现象的注水井。

注水井调剖施工设计的主要内容包括：收集处理井有关资料数据；确定施工前是否对井筒或油层采取预处理；施工所采用的管柱结构及地面流程；所需设备；所使用调剖剂的组成、性能及配制方法；计算并确定调剖剂的合理用量；施工步骤；注入压力及注入速度控制；后续工作包括关井要求及开井后的工作措施等。

注水井经调剖措施施工后，水井变化情况符合下列条件之一者为有效：（1）处理层吸水指数较调剖前下降50%以上；（2）吸水剖面发生明显合理变化，高吸水层降低吸水量，低吸水层增加吸水量10%以上；（3）压降曲线明显变缓。

水驱波及系数较低是注水开发油田水驱采收率不高的重要原因，它可分为平面波及系数和纵向波及系数。平面波及系数低主要是由于层内注采关系与砂体形态不相适应以及渗透率急剧变化，如出现窜流或绕流现象；而纵向波及系数低多发生在多油层油藏，其层间渗透率差异大，低渗透层不吸水或吸水量过小，改善和提高水驱波及系数潜力巨大。在具体运用和调整过程中，可采用不同的方法。水动力学调整方法在国内外得到广泛应用，它包括改变液流方向法、周期注水法、强化采油法、优化高压注水法等。

二、示踪剂检测

为了了解地层中有无裂缝或高渗透层的存在，评价堵水、调剖效果，在油田堵水调剖中常使用示踪剂。示踪剂是指能随流体运动，易溶且在低浓度下仍可被检测，用以指示溶解它的液体在多孔介质中的浓度、流动方向或渗透速度的物质。井间示踪剂监测可以解释：井间连通、高渗透条带、大孔道、裂缝、断层、隔层封闭、井间受效、剩余油饱和度等，可用于堵水调剖设计与预测、选择堵剂类型及用量、确定整体措施方向、措施效果评价等。

示踪剂应满足以下条件：在地层中浓度低、滞流量少，与地层矿物不反应，与地层中的流体配伍，化学和生物稳定性好，易检出、灵敏度高，无毒、安全、对测井无影响，来源广、成本低。

最常用的注水监测示踪剂有两大类：放射性示踪剂和化学示踪剂。

放射性示踪剂，如氚水（^3HHO）、氚化氢（^3HH）、氚化丁醇（$^3HC_4H_8OH$）等此类示踪剂易检出、用量少、只放射 β 射线、易防护，不影响自然 γ 测井，而且价格便宜。但受环保限制，这类示踪剂需要由专门部门投放和检测。非放射性同位素示踪剂，即为温度同位素，它是把一定化学形态的物质标记上非放射性同位素作为示踪剂，从注水井投放，从采油井采出，再经过一定处理后送入原子反应堆照射，变成放射性核素来进行测量，避免了在现场可能出现放射性物质泄漏的问题。

化学示踪剂，如硫氰酸铵（NH_4SNC）、硝酸铵（NH_4NO_3）、溴化钠（$NaBr$）、碘化钠（NaI）等，此种类示踪剂使用其中的阴离子（SNC^-、NO_3^-、Br^-、I^-等）在油层表面吸附量少（因砂岩地层表面带负电），并易为分光度检出。但化学示踪剂的用量大、成本高；注入前需进行大量的室内评价工作；由于用量大造成施工困难、工艺复杂；在地层内扩散、吸附，使得解释困难，影响测试结果。

20 世纪 90 年代后研制了微量物质示踪剂，也称为第四代示踪剂，它是利用在地层及所含流体中没有或者含量极微的元素作为示踪剂标记物。微量物质示踪剂彻底克服了放射性可能存在的安全和环境隐患，稳定性好，无需高温转化，现场可以采用井口统加或分层加入，用量少、成本低、经济性好，测量精度更高，可以更为精确捕捉油藏信息，来源广、可选择性多。该技术已用于非常规储层水平井多级压裂返排液和产出液的监测，分析评价多级压裂效果。

示踪剂的用量决定于所投放油层的非均质性、体积（即井距、厚度、孔隙度）、含水饱和度、井网外侵入水的稀释效应和示踪剂在油层表面的吸附量等因素。目前还没有一个全面描述上述因素的计算公式。若按五点法布井、均质油层，并只考虑示踪剂段塞前后水的稀释作用，可使用 Brigham-Smith 公式计算需要的示踪剂用量：

$$G = 1.44 \times 10^7 h \phi S_w C_p \alpha^{0.265} L^{1.735} \quad (5-4-1)$$

式中　G——放射性示踪剂用量，Bq；

h——油层厚度，m；

ϕ——油层的孔隙度；

S_w——含水饱和度；

C_p——从油井采出示踪剂浓度的峰值，Bq/L；

α——分散常数，m；

L——井距，10^2m。

对化学示踪剂，Brigham-Smith 公式为

$$G = 1.44 \times 10^{-2} h \phi S_w C_p \alpha^{0.265} L^{1.735} \quad (5-4-2)$$

式中　G——化学示踪剂用量，t；

C_p——从油井采出示踪剂浓度的峰值，t/L。

不同类型示踪剂的投放和取样有不同的标准，可参考相关行业标准。

参考文献

[1] 王鸿勋,张琪.采油工艺原理.北京:石油工业出版社,1989.
[2] 张琪.采油工程原理与设计.东营:中国石油大学出版社,2000.
[3] 万仁溥.中国采油工程.北京:石油工业出版社,2015.
[4] 王渝明.精细分层注水技术.北京:石油工业出版社,2019.
[5] 刘合.采油工程.北京:石油工业出版社,2019.
[6] 郑明科.提高油田精细注水开发效果技术集.北京:石油工业出版社,2017.
[7] 于九政,郭方元,巨亚锋,等.桥式同心配水器的研制与试验.石油机械,2013,41(9):88-90.
[8] 赵福麟.采油化学.东营:石油大学出版社,1989.
[9] 李宜坤,李宇乡,彭杨,等.中国堵水调剖60年.石油钻采工艺,2019,41(6):773-787.
[10] 王翔,郭继香,陈金梅.油田深部调剖技术及其应用研究进展.油田化学,2020,37(4):7.
[11] 刘玉章,郑俊德.采油工程技术进展.北京:石油工业出版社,2006.

习　　题

1. 试分析注水井吸水能力降低的原因及其恢复措施。
2. 测试注水井分层指示曲线的方法有哪几种?简述指示曲线的用途。
3. 简述新投注水井水嘴的选择步骤。
4. 根据注水指示曲线分析注水层发生的变化,并说明产生这种变化的原因。
5. 某注水井下入 $2\frac{1}{2}$in 油管,用 457-8 和 745-5 组成的管柱分三个层段进行分层测试,其结果如下:

层段注入量,m³/d	井口注入压力,MPa	9.0	8.0	7.0	6.0	5.0
	Ⅰ	18	15	13	10	7
	Ⅱ	135	123	111	99	87
	Ⅲ	54	48	43	37	31

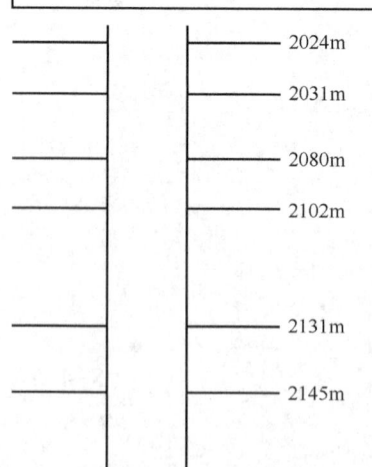

题5图

各层段要求的配注量为:$Q_{dⅠ}=20m^3/d$,$Q_{dⅡ}=100m^3/d$,$Q_{dⅢ}=60m^3/d$。设计井口压力为 12.0MPa。

(1) 绘制该井的分层指示曲线;
(2) 求各层的吸水指数、视吸水指数;
(3) 在题5图的基础上绘制分层注水管柱示意图,如果选用 KGD-110 型配水器水嘴,请确定各层的水嘴直径和个数。

第六章 水力压裂技术

水力压裂（hydraulic fracturing technology）是油气井增产、注水井增注的一项重要技术措施，不仅广泛用于低渗透油气藏，而且在中、高渗油气藏的增产改造中也取得了很好的效果。水力压裂是利用地面高压泵组，将压裂液（高黏或低黏液体）以大大超过地层吸收能力的排量注入井中，在井底憋起高压，当此压力大于井壁附近的地应力和地层岩石抗张强度时，在井底附近地层产生裂缝，继续注入带有支撑剂的携砂液，裂缝向前延伸并填以支撑剂，关井后裂缝闭合在支撑剂上，从而在井底附近地层内形成具有一定几何尺寸和导流能力的填砂裂缝，达到增产增注的目的（动画6-0-1）。

动画 6-0-1
水力压裂
工作原理

水力压裂增产增注的原理主要是降低了井底附近地层中流体的渗流阻力和改变流体的渗流状态，使原来的径向流动改变为油层与裂缝近似性的线性流动和裂缝与井筒间的线性流动，消除了径向节流损失，大大降低了能量消耗，提高了油气井产量或注水井注入能力。如果水力裂缝能连通油气层深处的产层（如透镜体）和天然裂缝，则增产的效果会更明显。另外，水力压裂对井底附近受伤害的油气层有解除堵塞作用。

水力压裂技术从1947年提出至今，经过70多年的发展，已从单井的增产、增注措施发展到低渗透油气藏的开发手段，20世纪80年代后，随着我国一大批低渗、特低渗透油田的开发需要，以提高整体开发效益为目标的整体压裂开发技术得以实施，极大地提高了这类油藏的开发效果。进入21世纪，特别是"页岩革命"带来的冲击，非常规油气资源的勘探开发进入新阶段，水平井大规模水力压裂成为最有效的增产措施（动画6-0-2）。

动画 6-0-2
大型压裂现场

第一节 造缝机理

在水力压裂中，了解造缝的形成条件、裂缝的形态（垂直或水平）、方位等，对有效地发挥压裂在增产、增注中的作用都是很重要的。在区块整体压裂改造和单井压裂设计中，了解裂缝的方位对确定合理的井网方向和裂缝几何参数尤为重要，这是因为有利的裂缝方位和几何参数不仅可以提高开采速度，而且还可以提高最终采收率，相反，则可能会导致生产井过早水窜，降低最终采收率。

造缝条件及裂缝的形态、方位等与井底附近地层的地应力及其分布、岩石的力学性质、压裂液的渗滤性质及注入方式有密切关系。图6-1-1是压裂施工过程中井底压力随时间的变化曲线。p_F是地层破裂压力（formation breakdown pressure），p_E是裂缝延伸压力（fracture propagation pressure），p_S是地层压力（formation pressure）。

在致密地层内，当井底压力达到地层破裂压

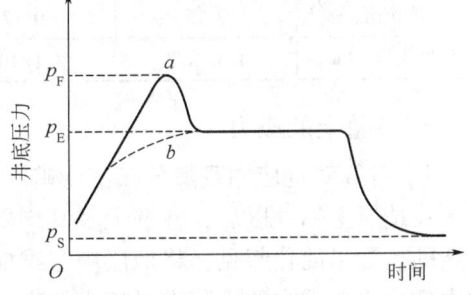

图 6-1-1 压裂过程井底压力变化曲线
a—致密岩石；b—微裂缝发育、高渗岩石

力 p_F 后，地层发生破裂（图6-1-1中的 a），然后在较低的延伸压力 p_E 下，裂缝向前延伸。对高渗或微裂缝发育地层，压裂过程中无明显的破裂显示，破裂压力与延伸压力相近（图6-1-1中的 b）。

一、油井应力状况

一般情况下，地层中的岩石处于压应力状态，作用在地下岩石某单元体上的应力为垂向主应力 σ_z 和水平主应力 σ_H（σ_H 又可分为两个相互垂直的主应力 $\sigma_{H\max}$，$\sigma_{H\min}$）。

1. 地应力（in-situ stress）

作用在单元体上的垂向应力来自上覆层的岩石重量，它的大小可以根据密度测井资料计算，一般为

$$\sigma_z = \int_0^H \rho_S g \mathrm{d}z \tag{6-1-1a}$$

式中　σ_z——垂向主应力，Pa；
　　　H——地层垂深，m；
　　　g——重力加速度，9.81m/s²；
　　　ρ_S——上覆层岩石密度，kg/m³。

由于油气层中有一定的孔隙压力 p_S（即油藏压力或孔隙压力），故有效垂向应力可表示为

$$\overline{\sigma}_z = \sigma_z - p_S \tag{6-1-1b}$$

如果岩石处于弹性状态，考虑到构造应力等因素的影响，可以得到最大、最小水平主应力为

$$\sigma_{H\max} = \frac{1}{2}\left[\frac{\xi_1 E}{1-\nu} - \frac{2\nu(\sigma_z - \alpha p_S)}{1-\nu} + \frac{\xi_2 E}{1+\nu}\right] + \alpha p_S$$

$$\sigma_{H\min} = \frac{1}{2}\left[\frac{\xi_1 E}{1-\nu} - \frac{2\nu(\sigma_z - \alpha p_S)}{1-\nu} - \frac{\xi_2 E}{1+\nu}\right] + \alpha p_S \tag{6-1-2}$$

式中　$\sigma_{H\max}$，$\sigma_{H\min}$——最大、最小水平主应力，Pa；
　　　ξ_1，ξ_2——水平应力构造系数，可由室内测试试验结果推算；
　　　ν——泊松比；
　　　E——岩石弹性模量，Pa；
　　　α——毕奥特（Biot）常数。

实验室测定的岩石泊松比和弹性模量随岩石类型不同而有差异（表6-1-1）。

表6-1-1　各种岩石泊松比与弹性模量值

岩　石	硬砂岩	中硬砂岩	软砂岩	硬石灰岩	软石灰岩
泊松比	0.15	0.17	0.20	0.25	0.30
弹性模量，Pa	4.4×10^{10}	2.1×10^{10}	3.0×10^9	7.4×10^{10}	8.0×10^9

2. 井壁上的应力

1）井筒对地应力及其分布的影响

在地层上钻井以后，井壁上及其周围地层中的应力分布受到井筒的影响，这种影响是很复杂的。为了简化起见，将地层中三维应力问题，用二维方法来处理。在这种情况下，与弹性力学中双向受力的无限大平板中钻有一个圆孔的受力情况相近（图6-1-2）。在无限大平板上钻了圆孔之后，将使板内原始均匀的应力重新分布，造成圆孔附近应力集中。下面讨论

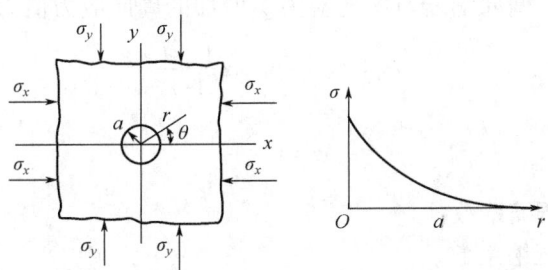

(a) 无限大平板中钻一圆孔　　(b) 圆孔附近应力变化

图 6-1-2　无限大平板中钻一圆孔的应力分布

在双向应力状态下，圆孔周向应力的计算，因为压裂后裂缝的形态与方位与此应力有密切的关系。弹性力学给出了平板为固体、各向同性与弹性材料周向应力的计算公式：

$$\sigma_{\theta1}=\frac{\sigma_x+\sigma_y}{2}\left(1+\frac{a^2}{r^2}\right)-\frac{\sigma_x-\sigma_y}{2}\left(\frac{1+3a^4}{r^4}\right)\cos2\theta \tag{6-1-3}$$

式中　$\sigma_{\theta1}$——圆孔周向应力，Pa；

a——圆孔半径，m；

r——距圆孔中心的距离，m；

θ——任意径向与 σ_x 方向的夹角。

(1) 当 $r=a$，$\sigma_x=\sigma_y=\sigma_H$ 时，$\sigma_{\theta1}=2\sigma_x=2\sigma_y=2\sigma_H$，说明圆孔壁上各点的周向应力相等，且与 θ 值无关。

(2) 当 $r=a$，$\sigma_x>\sigma_y$ 时，$(\sigma_{\theta1})_{\min}=(\sigma_{\theta1})_{0°,180°}=3\sigma_y-\sigma_x$，$(\sigma_{\theta1})_{\max}=(\sigma_{\theta1})_{90°,270°}=3\sigma_x-\sigma_y$，说明最小周向应力发生在 σ_x 的方向上，而最大周向应力却在 σ_y 的方向上。

(3) 随着 r 的增加，周向应力迅速降低，如图 6-1-2(b) 所示。大约在几个圆孔直径之外，即降为原地应力值。这种应力分布表明，由于圆孔的存在，产生了圆孔周围的应力集中，孔壁上的应力比远处的大得多，这就是地层破裂压力大于裂缝延伸压力的一个重要原因。

2) 井眼内压所引起的井壁应力

压裂过程中，向井筒内注入高压液体，使井内压力很快升高。井筒内压必然产生井壁上的周向应力。可以把井筒周围的岩石看作是一个具有无限壁厚的厚壁圆筒，根据弹性力学中的拉梅公式（拉应力取负号）：

$$\sigma_{\theta2}=\frac{p_e r_e^2-p_i r_a^2}{r_e^2-r_a^2}+\frac{(p_e-p_i)r_e^2 r_a^2}{r^2(r_e^2-r_a^2)} \tag{6-1-4}$$

式中　p_e——厚壁筒外边界压力，Pa；

r_e——厚壁筒外边界半径，m；

p_i——内压，Pa；

r_a——厚壁筒内半径，m；

r——距井轴半径，m。

当 $r_e=\infty$、$p_e=0$ 及 $r=r_a$ 时，井壁上的周向应力为 $\sigma_{\theta2}=-p_i$，即由于井筒内压而导致的井壁周向应力与内压大小相等，方向相反。

3) 压裂液径向渗入地层所引的井壁应力

由于注入井中的高压液体在地层破裂前，渗入井筒周围地层中，形成了另外一个应力

区，它的作用是增大了井壁周围岩石中的应力。增加的周向应力值为

$$\sigma_{\theta 3}=(p_i-p_S)\alpha\frac{1-2\nu}{1-\nu} \tag{6-1-5}$$

其中

$$\alpha=1-\frac{C_r}{C_b}$$

式中　C_r——岩石骨架压缩系数；
　　　C_b——岩石体积压缩系数。

4）井壁上的最小总周向应力

在地层破裂前，井壁上的最小总周向应力为地应力、井筒内压及液体渗滤所引起的周向应力之和，即

$$\sigma_\theta=(3\sigma_y-\sigma_x)-p_i+(p_i-p_S)\alpha\frac{1-2\nu}{1-\nu} \tag{6-1-6}$$

二、造缝条件

动画 6-1-1
裂缝扩展

当井壁处流体压力大于地应力（周向应力）和岩石抗张强度时，将在地层内产生裂缝，裂缝形态与三向主应力间的大小有关（动画 6-1-1）。

1. 形成垂直裂缝（vertical fracture）

在地层岩石承受的三向主应力中，当水平方向的主应力最小时，水力压裂将形成垂直裂缝，此时当井壁上存在的有效周向应力 $\overline{\sigma}_\theta$ 达到井壁岩石的水平方向的抗拉强度 σ_t^h 时，岩石将在垂直于水平应力的方向上产生脆性破裂，即在与周向应力相垂直的方向上产生垂直裂缝，且

$$\overline{\sigma}_\theta=-\sigma_t^h \tag{6-1-7}$$

将式（6-1-7）代入式（6-1-6），得到造成垂直裂缝时的破裂压力。为了使等式更符合多孔介质中存在孔隙压力 p_S 的情况，应当换为有效应力：

$$\begin{cases}\overline{\sigma}_x=\sigma_x-p_S\\ \overline{\sigma}_y=\sigma_y-p_S\\ \overline{\sigma}_\theta=\sigma_\theta-p_i\end{cases} \tag{6-1-8}$$

当产生裂缝时，井筒内注入流体的压力 p_i 即为地层的破裂压力 p_F：

$$p_F-p_S=\frac{3\overline{\sigma}_y-\overline{\sigma}_x+\sigma_t^h}{2-\alpha\dfrac{1-2\nu}{1-\nu}} \tag{6-1-9}$$

由于最小总周向应力发生在 $\theta=0°$、$180°$ 的对称点上，垂直裂缝也产生于与井筒相对应的两个点上（$\theta=0°$、$180°$）。所以在理论上一般假定垂直裂缝是以井轴为对称的两条缝，实际上由于地层的非均质性和局部应力场的影响，产生的裂缝往往是不对称的。

2. 形成水平裂缝（horizontal fracture）

在地层岩石承受的三向主应力中，当垂直方向的主应力最小时，水力压裂时将形成水平裂缝。考虑液体滤失增大垂向应力，总垂向应力为

$$\sigma_{z1}=\sigma_z+\alpha(p_i-p_S)\frac{1-2\nu}{1-\nu} \tag{6-1-10}$$

有效垂向应力为

$$\overline{\sigma}_{zt} = \sigma_{zt} - p_i$$
$$\overline{\sigma}_z = \sigma_z - p_S$$

将有效应力 $\overline{\sigma}_z$ 及 $\overline{\sigma}_{zt}$ 代入式(6-1-10)得到

$$\overline{\sigma}_{zt} = \overline{\sigma}_z - (p_i - p_S)\left(1 - \alpha \frac{1-2\nu}{1-\nu}\right) \tag{6-1-11}$$

形成水平缝的条件是

$$\overline{\sigma}_{zt} = -\sigma_t^v \tag{6-1-12}$$

式中 σ_t^v——岩石垂向抗张强度。

当产生水平裂缝时，井筒内注入流体的压力 p_i 等于地层的破裂压力 p_F：

$$p_F - p_S = \frac{\overline{\sigma}_z + \sigma_t^v}{1 - \alpha \frac{1-2\nu}{1-\nu}} \tag{6-1-13}$$

由上式计算的破裂压力，总是大于在实验室里所得到的在井眼底端附近造成水平缝所需要的压力。为了使计算值接近实验值，式(6-1-13) 可修正为

$$p_F - p_S = \frac{\overline{\sigma}_z + \sigma_t^v}{1.94 - \alpha \frac{1-2\nu}{1-\nu}} \tag{6-1-14}$$

3. 破裂压力梯度（fracturing pressure gradient）

为了便于比较与预测各油田（油井）的破裂压力，常使用破裂压力梯度（破裂梯度）β 来表示，它是指地层破裂压力与地层中部深度的比值。

由式(6-1-9) 和式(6-1-14)，理论上可以计算地层破裂时的有效破裂压力，除以压裂层的中部深度即可得到破裂压力梯度值。实际上各油田的破裂压力梯度值都是根据大量压裂施工资料统计出来的，破裂压力梯度 β 一般在下列范围：

$$\beta = (15 \sim 18) \sim (22 \sim 25) \text{kPa/m} \tag{6-1-15}$$

也可以根据现场统计的破裂压力梯度大小估计裂缝的形态，一般认为 β 小于 15~18kPa/m 时形成垂直裂缝，大于 23kPa/m 时形成水平裂缝。因此深地层出现的多为垂直裂缝，浅地层出现水平裂缝的概率多。这是由于浅地层的垂向应力相对比较小，近地表地层中构造运动也较多，水平应力大于垂向应力的概率也大，所以浅地层出现水平裂缝，但浅地层也可能出现垂直裂缝。有时会碰到破裂压力梯度特高的地层，如 $\alpha > 28$kPa/m，这种情况可能是由于构造关系或岩石抗张强度特别大的缘故，井底附近地层严重堵塞时也可能导致很高的破裂压力梯度。如果地层破裂压力过高，难以进行正常施工，可进行预处理以降低破裂压力，如矿场常用定向或定面射孔、密集射孔、深穿透射孔、水力喷砂射孔以及小规模酸化等措施来降低井底附近地层的应力。

有些井破裂时并没有明显的破裂峰值（图6-1-1 中的 b 点），可能有以下两个原因：(1) 两个水平主应力的比值较大时，井壁上的周向应力就小。例如，当两个水平方向主应力的比为 3 时，破裂压力肯定很低。(2) 地层中有微隙或井经过预处理、地层渗透率较高等。

地层破裂压力是选择水力压裂设备、井口和高压管线的依据，计算和测试方法也很多，除了上述介绍的线弹性理论外，还有基于断裂力学理论的破裂模型，以及数值模拟计算方法

等，现场常用小型压裂测试方法获取，各油田根据统计分析也有相应的计算公式，应用时可以查阅相关手册。

第二节 裂缝几何参数计算模型

水力压裂目的是要在井筒附近地层造成一条或多条高导流能力裂缝，裂缝形态（水平或垂直缝）是受地应力控制，裂缝几何参数是由地层物性、岩石力学性质、压裂液流变性和施工参数决定的。

从20世纪50年代中期起，人们相继研究并发展了多种压裂裂缝几何参数计算模型（裂缝长度、宽度、高度），随着对压裂液流变性，固—液两相流和岩石破裂、延伸等机理的深入研究，裂缝参数计算模型也从早期的解析模型发展到有限元、边界元等数值计算模型，考虑的地层条件也越来越接近实际。同时，根据压裂后现场实际取心井的观察，由于地层非均质性和物性的复杂性，实际地下裂缝的形状和特征千差万别，现有的理论模型很难表征真实的裂缝形态。目前常用的裂缝几何参数计算模型有二维、拟三维（P3D）和真三维模型，其主要差别是裂缝的扩展和裂缝内的流体流动方式不同。二维模型假设裂缝高度为常数，裂缝内流体仅沿缝长方向流动；拟三维模型和真三维模型缝高沿缝长方向是变化的，拟三维模型裂缝内仍是一维流动（缝长），真三维模型在缝长、缝高方向均有流动（即缝高方向也存在压力降）。国内虽已研制了拟三维和真三维模型及计算软件，但矿场上应用的设计软件仍是以二维模型为主，主要原因是三维模型除了需要更多的地应力剖面和岩石力学资料外，计算时间长，效率低。本节主要介绍经典的二维裂缝参数计算模型（PKN、KGD）。

一、卡特模型

1957年，卡特在考虑了液体渗滤条件下，导出了裂缝面积公式，如果缝宽已知，则可求出水平裂缝半径和垂直裂缝长度。基本假设如下：

（1）裂缝等宽；
（2）压裂液从缝壁面垂直而又线性地渗入地层；
（3）缝壁上某点的滤失速度取决于此点暴露于液体中的时间；
（4）缝壁上各点的流动速度函数是相同的；
（5）裂缝内各点压力相等，等于井底延伸压力。

水力压裂过程中，注入裂缝中的压裂液 $Q(t)$，一部分滤失于地层 $Q_L(t)$，一部分使裂缝的体积增加 $Q_F(t)$，即

$$Q(t) = Q_L(t) + Q_F(t) \tag{6-2-1}$$

（1）滤失量 $Q_L(t)$ 为

$$Q_L(t) = 2\int_0^{A(t)} v(t)\,\mathrm{d}A(t) \tag{6-2-2}$$

式中 $Q_L(t)$ ——单位时间内压裂液滤失量，m^3/min；
  $v(t)$ ——滤失速度，m/min；
  $A(t)$ ——裂缝单面面积，m^2。

面积 $A(t)$ 是时间的函数：

$$\mathrm{d}A = \left(\frac{\mathrm{d}A}{\mathrm{d}\delta}\right)\mathrm{d}\delta \tag{6-2-3}$$

式中 δ——压裂液到达缝中某点所需时间,min。

所以式(6-2-2)可改写为

$$Q_L(t) = 2\int_0^t v(t-\delta)\left(\frac{dA}{d\delta}\right)d\delta \tag{6-2-4}$$

其中

$$v(t-\delta) = \frac{C}{\sqrt{t-\delta}}$$

式中 $v(t-\delta)$——压裂液从暴露于液体中到 t 时刻的滤失速度,m/min;
t——压裂施工时间,min;
C——压裂液综合滤失系数,$m/\sqrt{min}$。

(2)裂缝体积变化为

$$Q_F(t) = W\frac{dA}{dt} \tag{6-2-5}$$

式中 W——裂缝宽度,m;
A——裂缝单面面积,m^2。

(3)裂缝面积。将式(6-2-4)和式(6-2-5)代入式(6-2-1)并用拉氏变换得到裂缝面积公式:

$$A(t) = \frac{QW}{4\pi C^2}\left[e^{x^2}\cdot erfc(x) + \frac{2x}{\sqrt{\pi}} - 1\right] \tag{6-2-6}$$

其中

$$x = \frac{2C\sqrt{\pi t}}{W}$$

$erfc(x)$是 x 的误差补偿函数,可查表(数学手册),或用下式近似计算:

$$e^{x^2}erfc(x) = 0.254829592Y - 0.284496736Y^2 + 1.42143741Y^3 - 1.453152027Y^4 + 1.06140429Y^5 \tag{6-2-7}$$

其中

$$Y = \frac{1}{1+0.3275911x}$$

式中 Q——压裂施工排量,m^3/min;
W——平均缝宽,m。

如已知缝高 H,假设裂缝是对称于井轴的两条,则缝长 L 为

$$L = \frac{A}{2H} \tag{6-2-8}$$

对于水平裂缝,裂缝半径 R 为

$$R = \sqrt{\frac{A}{\pi}} \tag{6-2-9}$$

因此,在裂缝宽度和高度已知条件下可以计算出裂缝长度或半径。

二、PKN 模型

PKN 模型是 Perkins、Kern 和 Nordgren 三人提出的,它是目前应用较多的二维裂缝参数计算模型,其基本假设如下:

(1)地层均厚,各向同性,在整个缝长方向上缝高不变;

(2) 地层岩石为线弹性应变，平面应变发生在垂直剖面上，压裂目的层与上下隔层间无滑移；

(3) 裂缝断面为椭圆形，最大缝宽在裂缝中部（图6-2-1）；

(4) 缝内流体仅有沿缝长方向的流动，且为层流；

(5) 缝端部压力等于垂直于裂缝壁面的总应力；

(6) 不考虑压裂液滤失于地层。

最大缝宽为

$$W_{\max}(x) = \frac{2(1-\nu^2)H\Delta p_f(x)}{E}$$

$$\Delta p_f(x) = p_f(x) - p_c \quad (6\text{-}2\text{-}10)$$

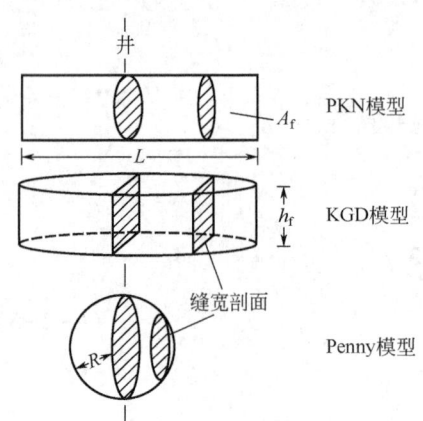

图6-2-1 PKN、KGD、Penny 模型裂缝示意图

A_f—裂缝截面积；h_f—裂缝高度；
L—裂缝长度；R—裂缝半径

式中 $W_{\max}(x)$——裂缝内 x 点最大缝宽；m；

ν——岩石泊松比；

E——岩石弹性模量，kPa；

H——裂缝高度，m；

$\Delta p_f(x)$——裂缝内任一点、任一时刻净压力，kPa；

$p_f(x)$——裂缝内 x 点压力，kPa；

p_c——裂缝闭合压力，kPa。

裂缝内的压力分布，可由 Lamb 实验相关公式确定。对于偏心度为零的椭圆管、牛顿液体、双翼裂缝条件下有

$$\frac{dp}{dx} = -\frac{32}{\pi}\frac{Q\mu}{W^3 H} \quad (6\text{-}2\text{-}11)$$

裂缝内连续性方程为

$$\frac{\partial q}{\partial x} + q_L + \frac{\partial A}{\partial t} = 0 \quad (6\text{-}2\text{-}12)$$

1. 忽略压裂液滤失（$q_L = 0$）

忽略压裂液滤失（$q_L = 0$），则式(6-2-12) 可简化为

$$\frac{\partial q}{\partial x} = -\frac{\partial A}{\partial t} = -\frac{\pi H}{4}\frac{\partial W}{\partial t} \quad (6\text{-}2\text{-}13)$$

联立式(6-2-10)、式(6-2-11)、式(6-2-13) 得到关于缝宽的非线性方程：

$$\frac{G}{64(1-\nu)}\frac{\partial^2 W^2}{\partial x^2} - \frac{\partial W}{\partial t} = 0 \quad (6\text{-}2\text{-}14)$$

其中

$$G = \frac{E}{2(1+\nu)}$$

式中，G 为剪切弹性模量。对单翼裂缝，$q(0,t) = Q$（压裂施工排量）；对双翼裂缝，$q(0,t) = Q/2$。

裂缝内的压力分布和缝宽、缝长公式如下：

$$p_f(t) - p_c = \frac{2.31}{H}\left[\frac{GQ^3\mu L}{(1-\nu)^3}\right]^{1/4} \quad (6\text{-}2\text{-}15)$$

$$W(t) = 1.89 \left[\frac{(1-\nu)Q^2\mu}{GH} \right]^{1/5} t^{1/5} \tag{6-2-16}$$

$$L(t) = 0.45 \left[\frac{GQ^3}{(1-\nu)\mu H^4} \right]^{1/5} t^{4/5} \tag{6-2-17}$$

$$W(x,t) = W(0,t)(1-x/L)^{1/4}$$

式中 $W(t)$——牛顿液层流条件下井底裂缝最大缝宽，m；

G——剪切弹性模量，kPa；

μ——裂缝内压裂液黏度，kPa·min（1mPa·s=1.67×10⁻⁸kPa·min）；

L——裂缝半长，m；

H——裂缝高度，m。

对非牛顿液体，最简单的方法是用裂缝内的压裂液黏度 μ_f 代替方程中的 μ：

$$\mu_f = K \left(\frac{2n+1}{3n} \right)^n \left(\frac{6v}{W} \right)^{n-1}$$

裂缝最大缝宽为

$$W_{\max} = \left[\left(\frac{128}{3\pi} \right)(n+1)\left(\frac{2n+1}{n} \right)^n (1-\nu^2)\left(\frac{1}{60} \right)^n \left(\left[\frac{Q^n K_f L H^{1-n}}{E'} \right] \right) \right]^{\frac{1}{2n+2}} \tag{6-2-18}$$

式中 K_f——缝流压裂液稠度系数，Pa·s。

裂缝的平均宽度为

$$\overline{W} = \left(\frac{\pi}{4} \right)^2 W_{\max} \tag{6-2-19}$$

2. 考虑压裂液滤失

以上导出的缝宽公式，是在没有考虑滤失条件下推导的，实际上在压裂过程中滤失是不可避免的。有关压裂液滤失计算将在第三节介绍。

在考虑压裂液滤失条件下，有两种处理方法，一种方法是常把 PKN 缝宽公式与卡特面积公式联立求解，通过迭代求解 W 和 L。另一方法是应用 1972 年 Nordgren 提出的体积平衡方法进行修正，但得不到解析表达式，只能用数值方法求解，缝宽表达式为

$$-\frac{\pi G}{256(1-\nu)\mu} \cdot \frac{\partial^2 W^2}{\partial x^2} + \frac{2CH}{\sqrt{t-\delta}} + \frac{\pi}{4} H \frac{\partial W}{\partial t} = 0 \tag{6-2-20}$$

边界条件：

$$\begin{cases} x=0, & W=W_{\max} \\ x=L, & W=0 \end{cases}$$

初始条件：

$$t=0, \quad W=0$$

研究表明，对于长时间施工、滤失占主导时，忽略裂缝面积变化，可以得到裂缝几何参数近似公式：

$$L \approx \frac{Q\sqrt{t}}{2\pi HC} \tag{6-2-21}$$

$$W(t) = 4 \left(\frac{2}{\pi^3} \right)^{1/4} \left[\frac{\mu(1-\nu)Q^2}{GHC} \right]^{1/4} t^{1/8} \tag{6-2-22}$$

$$p_f(0)-p_c = 4\left(\frac{2}{\pi^3}\right)^{1/4}\left[\frac{\mu GQ^2}{H^5(1-\nu)^3 C}\right]^{1/4} t^{1/8} \tag{6-2-23}$$

式中　C——压裂液综合滤失系数，$\mathrm{m}/\sqrt{\min}$；
　　　$p_f(0)$——缝口处压力，kPa；
　　　t——施工时间，min。

三、KGD 模型

KGD 模型也是常用的二维压裂设计模型之一，它是由 Khristionovch、Geertgma、Daneshy 提出的，假设条件为：

(1) 地层均质，各向同性；
(2) 缝高沿缝长方向为常数；
(3) 线弹性平面应变；
(4) 缝宽截面为矩形，侧向为椭圆形（图 6-2-1）。

1. 不考虑滤失

不考虑压裂液滤失时，KGD 模型裂缝几何参数和井底压力随时间变化方程如下：

$$p_f(t)-p_c = \frac{1.19}{2H}\left[\frac{GQ\mu H^3}{(1-\nu)^3 L^2}\right]^{1/4} \tag{6-2-24}$$

$$W(t) = 1.32\left[\frac{(1-\nu)Q^3\mu}{GH^3}\right]^{1/6} t^{1/3} \tag{6-2-25}$$

$$L(t) = 0.48\left[\frac{GQ^3}{(1-\nu)\mu H^3}\right]^{1/6} t^{2/3} \tag{6-2-26}$$

2. 考虑滤失

在低滤失系数和短时间施工条件下（更适应），在这种情况下，KGD 模型裂缝几何参数计算公式如下。

$$W(t) = 2.27\left[\frac{(1-\nu)\mu QL^2}{GH}\right]^{1/4} \tag{6-2-27}$$

$$L = \frac{Q}{32\pi HC^2}(\pi W_{max}+8S_p)\left[\frac{2\alpha_L}{\sqrt{\pi}}-1+e^{\alpha_L}\mathrm{erfc}(\alpha_L)\right] \tag{6-2-28}$$

$$\alpha_L = \frac{8C\sqrt{\pi t}}{\pi W_{max}+8S_p}$$

式中　W_{max}——井底最大缝宽，m；
　　　S_p——初滤失系数，m；
　　　t——施工时间，min。

在大滤失条件下，KGD 模型裂缝参数计算公式为

$$L \approx \frac{Q\sqrt{t}}{2\pi HC} \tag{6-2-29}$$

$$W(t) = 1.58\left[\frac{(1-\nu)\mu Q^3 F_1}{GH^3 C}\right]^{1/5} t^{3/10} \tag{6-2-30}$$

施工结束时的缝长与井底最大缝宽关系为

$$W(t) = 3.13\left[\frac{(1-\nu)\mu C^2 F_1}{G}\right]L^{3/5} \tag{6-2-31}$$

可得井底压力随时间关系：

$$p_f - p_c = 0.79\pi\left[\frac{G^4 H^2 C^4 \mu F_1}{Q^2(1-\nu)^4}\right]^{1/5} t^{-1/5} \tag{6-2-32}$$

F_1 是不能忽略滤失影响的耗散函数，在大滤失时取 $F_1 = 0.75$。一般认为裂缝高度（H）比压裂层厚度大 30%～40%，但对于滤失主导的 KGD 模型，认为裂缝仅在压裂层内延伸，即裂缝高度等于压裂层厚度。

四、吉尔兹玛模型

吉尔兹玛等人基于牛顿液体推导了缝长和缝宽的计算式，流动方程采用了泊稷叶理论，岩石破裂方程是英格兰与格林提出的。吉尔兹玛采用了合理的边界条件，缝端部的闭合圆滑，并考虑了液体滤失。对于垂直裂缝：

$$\left(\frac{dw}{df_L}\right)_{f_L=1} = 0, \quad f_L = \frac{x}{L} \tag{6-2-33}$$

边界条件式(6-2-33)保证了缝端部应力是有限的并等于岩石的抗张强度。在岩石泊松比 $\nu = 0.25$ 时，吉尔兹玛方程为

$$L = \frac{1}{2\pi}\frac{Q\sqrt{t}}{HC} \tag{6-2-34}$$

$$W = 0.135\sqrt[4]{\frac{\mu Q L^2}{GH}} \tag{6-2-35}$$

裂缝参数计算模型还有拟三维和真三维模型，通过建立裂缝内压力分布、缝宽与压力关系、裂缝断裂准则和连续性方程等，应用数值解法获得不同施工时刻的裂缝长、宽、高，具体计算模型和解法可以参考相关文献，国内外也已形成了相应的计算软件。

第三节 压裂液

压裂液（fracturing fluid）是造缝和携砂介质，压裂施工的每个环节都与压裂液的类型和性能有关，压裂液性能的好坏往往决定压裂施工的成败。

压裂液是一个总称，根据压裂施工过程中注入井内的压裂液在不同施工阶段的任务可分为：

（1）前置液（pad fluid）：其作用是破裂地层并造成一定几何尺寸的裂缝以备后面的携砂液进入，在温度较高的地层里，它还可起一定的降温作用。有时为了提高前置液的工作效率，在前置液中还加入一定量的细砂（粒径 100/140 目，砂比 10% 左右）以堵塞地层中的微隙，减少液体的滤失。或根据地层性质加入黏土稳定剂和防膨剂、表面活性剂等。前置液一般用滑溜水、未交联的溶胶或交联的冻胶。

（2）携砂液（carrying fluid）：主要作用是将支撑剂带入裂缝中并填在裂缝内预定位置，同样具有造缝及冷却地层的作用，携砂液由于需要携带密度很高的支撑剂，一般需要使用黏度较高的交联压裂液（如冻胶等）。

（3）顶替液（displacement fluid）：中间顶替液用来将携砂液送到预定位置，并有预防砂堵的作用；注完携砂液后要用顶替液将地面管线和井筒中的携砂液全部替入裂缝中，以提高携砂液效率和防止井筒沉砂。

根据压裂施工不同阶段对液体性能的要求，压裂液在一次施工中可能使用一种以上性能不同的液体，其中还加有不同使用目的的添加剂。对于占总液量绝大多数的前置液及携砂液，都应具备一定的造缝能力并使裂缝壁面及填砂裂缝有足够的导流能力。所以，为了获得好的水力压裂的效果对压裂液的性能要求为：

（1）滤失少：这是造长缝、宽缝的重要条件。压裂液的滤失性主要取决于它的黏度与造壁性，黏度高则滤失少；对于高渗和微裂缝发育地层，需要在压裂液中添加防滤失剂，能改善造壁性，减少滤失量。

（2）悬砂能力强：压裂液的悬砂能力取决于流速（施工排量）和黏度。常规压裂时由于排量较低，要求压裂液具有较高的黏度；对高排量压裂施工，由于流速大，不需要太高的压裂液黏度，也能携带支撑剂（常用砂粒或陶粒）进入裂缝。

（3）摩阻低：压裂液在管道中的摩阻越小，则在设备功率一定的条件下，用于造缝的有效功率也就越大。摩阻过高会导致井口施工压力过高，从而要求降低排量甚至导致压裂施工失败。

（4）稳定性好：压裂液应具备热稳定性，不能由于温度的升高而使黏度有较大的降低。液体还应有抗机械剪切的稳定性，在通过炮眼和裂缝时不因流速的增加而发生大幅度的降解。

（5）配伍性好：压裂液进入油层后与各种岩石矿物及流体相接触，不应产生不利于油气渗流的物理—化学反应。例如不要引起黏土膨胀或产生沉淀而堵塞油层。这种配伍性的要求是非常重要的，往往有些油气层压裂后效果不理想或失败，就是由于压裂液的配伍性不好所致。

（6）低残渣：残渣是指压裂液中的水不溶物。降低残渣含量可以减少压裂液对油气层和填砂裂缝的伤害。

（7）易返排：对常规低渗透油气藏，水力压裂施工后的压裂液主要集中在裂缝和裂缝附近的滤失带内，施工结束后只有排出这部分液体，地层流体才能进入裂缝和井筒，所以大部分注入液体应能返排出井外，以减少压裂液的伤害。对常规低渗透油气藏排液越完全，增产效果越好。

（8）货源广、便于配制、价钱便宜：随着大型压裂的发展，压裂液的需用量很大，是压裂施工费用的主要组成部分。近年发展起来的速溶连续配制工艺，大大方便了施工，减少了对液罐及场地的要求。

一、压裂液类型

20世纪50年代初期多使用原油以及成品油配成的油基压裂液以减少对水敏性地层的伤害，之后，出现了控制水敏地层伤害的方法后，水基压裂液得以广泛应用。60年代后，瓜尔胶作为增稠剂的出现，是现代压裂液化学诞生的标志。70年代，由于成功将瓜尔胶化学改性成多种衍生物产品，以及交联体系的相应完善，使水基冻胶压裂液成为矿场应用的主体。到了80年代，为了解决低压、致密油气井压裂后返排困难等问题，研发并应用了泡沫压裂液。进入21世纪后，特别是随着非常规油气的开采，广泛应用了滑溜水和变黏压裂液。目前常用的压裂液有水基、油基、乳状及泡沫压裂液等。

1. 水基压裂液（water-based fracturing fluid）

水基压裂液是以水作为溶剂，再添加多种添加剂配制而成的一种压裂液。水基压裂液具有高黏度、低摩阻、强悬砂能力以及低滤失等优点，最常见的为水基冻胶压裂液，它是用水与一定浓度的水溶胀性聚合物（称为稠化剂、成胶剂，gelatinizing agent）配制的液体（线性胶，linear gel），经交链剂交链后形成冻胶（gel）。常用的成胶剂有植物胶（瓜尔胶、田菁、皂仁等）、纤维素衍生物（羟乙基纤维素、羧甲基羟乙基纤维素等）以及合成聚合物（聚丙烯酰胺、聚乙烯醇等），交链剂（交联剂，cross linking agent）有硼酸盐，钛、锆等有机金属盐等。在施工结束后，为了使裂缝和裂缝附近地层内冻胶能及时破胶还需要加入破胶剂（gel breaker），破胶剂为氧化剂，常用过硫酸铵、高锰酸钾和酶等。

典型的交联冻胶压裂液组成如下：

基液：稠化剂（0.3%~0.5%香豆胶、胍胶、羟丙基瓜尔胶）+杀菌剂（0.2%~0.5%甲醛）+黏土稳定剂（2%氯化钾）+破乳剂助排剂（0.2%DL-6）+降滤失剂+PH调节剂+温度稳定剂。

交联液：交联剂（硼砂液体、有机硼、有机锆、有机钛）+破胶剂（少量过硫酸铵），根据交联比和交联剂性能配制交联液浓度［交联比一般硼砂为100:5，有机硼为100:(0.2~0.25)］。

破胶剂：过硫酸铵（酶）、胶囊破胶剂、滤饼溶解剂。

具体配比根据地层温度和物性参数确定。

2. 油基压裂液（oil-based fracturing fluid）

油基压裂液是以就地原油或成品油为分散介质与多种添加剂配制而成的压裂液。对水敏性地层，使用油基压裂液会避免地层黏土膨胀，提高压裂效果。矿场原油或炼厂黏性成品油均可作油基压裂液，但其悬砂能力差，性能达不到要求。目前多用稠化油，基液为原油、汽油、柴油、煤油或凝析油，稠化剂为脂肪酸皂（如脂肪酸铝皂，磷酸酯铝盐等），矿场最高砂比可达30%，适合中、低温地层（<90℃）。稠化油压裂液遇地层水后自动破胶，所以无需加入破胶剂。油基压裂液虽然适用于水敏性地层，但由于价格昂贵，施工困难和易燃等问题，应用受到一定限制。

3. 泡沫压裂液（foam fracturing fluid）

泡沫压裂液实际上是液包气乳化液。它是以水、线性胶、水基冻胶、甲醇、油等作为分散介质，以 N_2、CO_2 为分散相，与多种添加剂（发泡剂、稳定剂）配制而成，属于增能压裂液，主要用于低压、低渗油气层的增产改造。其最大特点是进入地层的液量少，减少了对地层的伤害，同时由于气体的固有能量，改善了压裂液的返排情况（易返排）。泡沫干度为65%~85%，低于65%则黏度太低，超过92%则不稳定，典型的压裂施工设计干度为70%、75%、80%。

泡沫压裂液也具有以下不利因素：

（1）由于泡沫密度低，导致井筒气—液柱的静水柱压力低，压裂过程中需要较高的注入压力，因而对深度大于2000m以上的油气层，实施泡沫压裂是困难的。

（2）使用泡沫压裂液的砂比不能过高，在需要注入高砂比情况下，可先用泡沫压裂液将低砂比的支撑剂带入，然后再泵入可携带高砂比支撑剂的常规冻胶压裂液。

4. 表面活性剂压裂液（surfactant fracturing fluid）

表面活性剂压裂液，也称清洁压裂液、VES（viscoelastic surfactant）压裂液，是由表面活性剂和盐水配制而成，当表面活性剂与盐水混合时，表面活性剂分子形成线型柔性棒状胶束并相互缠绕，构成三维空间网状结构，使得流体的黏弹性显著提高，不需要交联即可达到携砂所需的黏度。表面活性剂压裂液使用的表面活性剂包括阳离子表面活性剂、阴离子表面活性剂和两性表面活性剂等，应用最多是季铵盐阳离子表面活性剂。清洁压裂液技术的关键在于压裂液稠化剂用表面活性剂代替了聚合物。

表面活性剂压裂液无残渣、返排性好，同时具有破胶容易（遇到地层油、气自动破胶）、流变性好、携砂能力强等优点，同时，由于胶束形成的可逆性，当剪切扰动消失时黏度恢复，提高了压裂液体系的抗剪切能力和抗盐能力，减少由于破胶不彻底而对地层造成的永久性伤害。

5. 滑溜水压裂液（slickwater fracturing fluid）

滑溜水压裂液也是水基压裂液，是由99%左右的水和1%左右的化学添加剂组成。滑溜水的黏度低、携砂性能差，为了提高支撑剂的输送能力和形成复杂裂缝网络，滑溜水压裂通常采用大液量和大排量，这将导致施工摩阻剧增，而且对地面泵注设备要求较高。因此，减阻剂作为滑溜水压裂液的核心成分，决定了滑溜水压裂施工成败的关键。目前常用的减阻剂有合成聚合物、天然高分子、表面活性剂及聚合物-表面活性剂复合体系等。减阻剂的作用机理是抑制紊流，当高速压裂液在管道内达到紊流时会产生很高的摩擦阻力，高分子聚合物链以及它对水分子的内在亲和力可以使流体分子有序化，同时，长链聚合物通过控制个别分子的移动而消除更大的扰动和紊乱来阻止紊流。

其他应用的压裂液还有聚合物乳状液、酸基压裂液、醇基压裂液（alcohol-based fracturing fluid）和 CO_2 干法压裂液等，它们都有各自的适用条件和特点，但在矿场上应用很少。

二、压裂液滤失性（fracturing fluid loss property）

压裂过程中，压裂液向地层的滤失是不可避免的。由于压裂液的滤失使得压裂液效率降低，造缝体积减小；滤失还可能使压裂液凝胶失水过多而造成缝内砂堵甚至导致施工中止；同时，压裂液滤失速度大小影响裂缝闭合时间，还会影响支撑剂在裂缝内的分布。因此研究压裂液的滤失特性对裂缝几何参数的计算和对地层伤害的认识都是必不可少的。压裂液效率是指停泵时刻的造缝体积与注入的压裂液总体积之比。压裂液滤失到地层受三种机理控制，即压裂液的黏度，油藏岩石和流体的压缩性及压裂液的造壁性，前两种可以根据施工条件和地层参数计算，造壁性则需要通过实验确定，常用滤失系数（leak-off coefficent）表示滤失性。

1. 受压裂液黏度控制的滤失系数 C_I

当压裂液黏度大大超过油藏流体的黏度时，压裂液的滤失速度主要取决于压裂液的黏度，由达西方程可以导出滤失系数 C_I 为

$$C_\mathrm{I} = 5.4 \times 10^{-3} \left(\frac{K \Delta p \phi}{\mu_\mathrm{f}} \right)^{1/2} \qquad (6\text{-}3\text{-}1\mathrm{a})$$

滤失速度为

$$v = \frac{C_\mathrm{I}}{\sqrt{t}} \qquad (6\text{-}3\text{-}1\mathrm{b})$$

式中 C_I——受压裂液黏度控制的滤失系数，$\mathrm{m}/\sqrt{\mathrm{min}}$；

K——垂直于裂缝壁面的地层渗透率，$\mu\mathrm{m}^2$；

Δp——裂缝内外压力差，kPa；

ϕ——地层孔隙度；

μ_f——裂缝内压裂液黏度，mPa·s；

v——滤失速度，m/min；

t——滤失时间，min。

从式(6-3-1a)和式(6-3-1b)可以看出，滤失系数 C_I 与储层参数 K、ϕ、缝内外的压力差和压裂液黏度有关，当这些参数不变时，C_I 为常数，但滤失速度却是滤失时间的函数，时间越长，滤失速度越小。

2. 受储层岩石和流体压缩性控制的滤失系数 C_{II}

当压裂液黏度接近于油藏流体黏度时，控制压裂液滤失的是储层岩石和流体的压缩性，这是因为储层岩石和流体受到压缩，让出一部分空间压裂液才得以滤失进去，由体积平衡方程可得到 C_{II} 表达式：

$$C_{II} = 4.3 \times 10^{-3} \Delta p \left(\frac{K C_f \phi}{\mu_r} \right)^{1/2} \tag{6-3-2}$$

式中 C_f——油藏综合压缩系数，kPa^{-1}；

μ_r——油藏流体黏度，mPa·s。

在研究滤失系数 C_I、C_{II} 时，常将式中的压力差取为延伸压力与油藏压力之差，实际情况并非如此，压裂液滤失于储层后的压力分布如图 6-3-1 所示，总压力差 Δp 分为两部分，Δp_1 是使压裂液滤失于储层内的压差，Δp_2 是压缩并使油藏流体流动的压差，如果考虑裂缝壁面滤饼的压力差，则总压力降应包括三个部分。

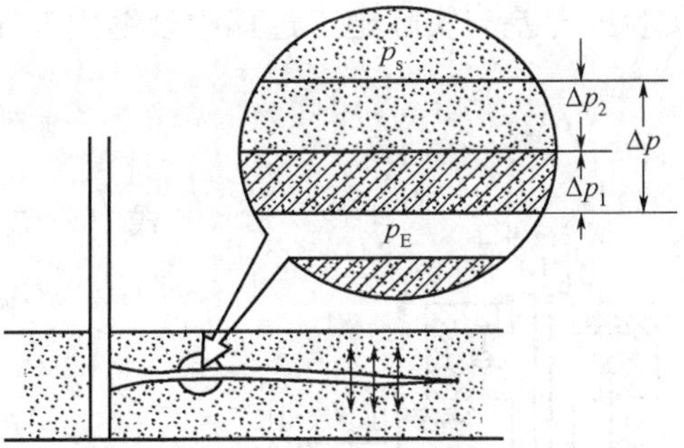

3. 具有造壁性压裂液滤失系数 C_{III}

图 6-3-1 滤失后地层中压力分布示意图

含有固体残渣的压裂液和添加有防滤失剂（如硅粉或沥青粉等）的压裂液，在施工过程中将会在裂缝壁面上形成滤饼，它会有效地降低滤失速度，此时压裂液的滤失速度将受造壁性控制。滤失系数 C_{III} 是由实验方法测定的。图 6-3-2 是一台高温高压静滤失仪的示意图，滤筒底下有带孔的筛座，其上有滤纸或岩心片，筒内有压裂液，在恒温下加压，在下口处放一量筒计量滤失量，并记录时间。数据处理后得出如图 6-3-3 的曲线。形成滤饼以前，液体滤失较快，形成滤饼以后，滤失受滤饼的控制，滤失量比较稳定。以 V_{sp} 记为形成滤饼前的滤失量，称为初滤失量。总滤失量与时间的关系曲线，可用下列方程描述：

$$V = V_{sp} + m\sqrt{t} \tag{6-3-3}$$

式中 V——总滤失量，cm^3；

m——斜率，$cm^3/\sqrt{min}$；

t——滤失时间，min。

将式(6-3-3)除以滤纸或岩心断面积 A 并对 t 求导，得到滤失速度（leak-off rate）：

$$v = \frac{0.005m}{A\sqrt{t}} \tag{6-3-4}$$

式中 v——滤失速度，m/min。

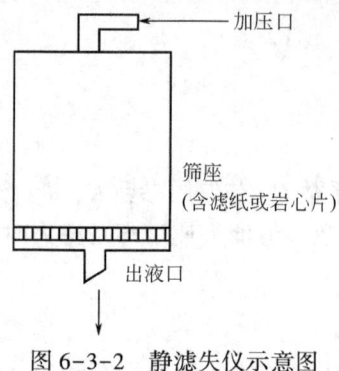

图 6-3-2 静滤失仪示意图

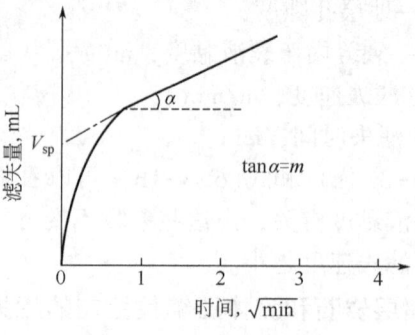

图 6-3-3 静滤失曲线

令造壁液体的滤失系数 C'_{III} 为

$$C'_{\mathrm{III}} = \frac{0.005m}{A} \qquad (6\text{-}3\text{-}5)$$

则

$$v = \frac{C'_{\mathrm{III}}}{\sqrt{t}} \qquad (6\text{-}3\text{-}6)$$

若实验压力差与实际施工过程中裂缝内外压力差不一致,则应进行修正:

$$C_{\mathrm{III}} = C'_{\mathrm{III}} \left(\frac{\Delta p_{\mathrm{f}}}{\Delta p}\right)^{1/2} \qquad (6\text{-}3\text{-}7)$$

式中 C_{III} ——修正后的滤失系数,$m/\sqrt{\min}$;

C'_{III} ——实验得到的滤失系数,$m/\sqrt{\min}$;

Δp_{f} ——实际裂缝内外的压力差,kPa;

Δp ——实验压力差,kPa。

式(6-3-7)中的平方根,是由于斜率 m 正比于压差的平方根而推出来的。

造壁性压裂液的滤失系数 C_{III},在一定条件下可看作是常数,而滤失速度同样随时间而减小。

为了提高压裂液效率,现场采用在压裂液中添加防滤失剂以减少滤失量。常用的防滤失剂有硅粉、油溶性树脂/水溶性聚合物的混合物、聚合物/硅黏土的混合物、柴油等,研究表明,在控制初滤失方面,聚合物/硅黏土的混合物>硅粉>油溶性树脂≫柴油>无滤失添加剂;在控制 C_{III} 方面,柴油≫聚合物>硅黏土>硅粉>油溶性树脂>无滤失添加剂。合理的降滤失添加剂应该是硅粉(100目)与柴油的组合体,硅粉通过堵塞高渗透天然裂缝和孔隙控制初滤失,柴油通过乳化作用形成油珠聚集在滤饼内,降低压裂液通过滤饼的渗流能力。

上述这种静态测定 C_{III} 的方法与裂缝中实际滤失条件相差较大。为了更加符合地下条件,研制出了动滤失仪(图 6-3-4)。动滤失仪使用了直径为 44.5mm、长 114mm

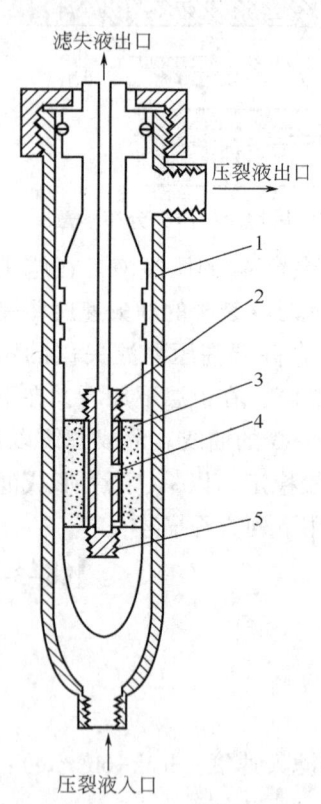

图 6-3-4 动滤失仪示意图
1—壳体;2—上压帽;3—岩心;
4—中心管滤孔;5—下压帽(导向器)

的岩心柱。调节循环泵的排量使压裂液在模拟裂缝处的流速等于油层中裂缝内的流速。由于在压裂液出口处有回压,故一部分压裂液将由岩心处滤失到中心管而由滤失液出口流出。试验中使岩心内外压差等于或接近油层裂缝内外的压差。这样,动滤失仪的实验条件就基本与地下相似。分别用动、静滤失仪做出的结果如图6-3-5所示。

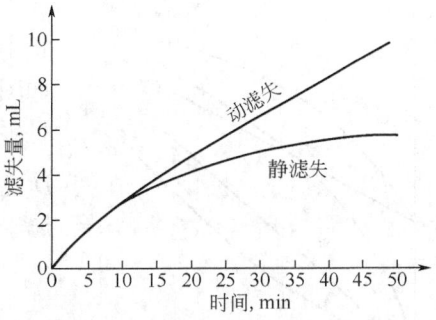

图6-3-5 动、静滤失曲线对比图

虽然动、静滤失的滤失量差别很大,但由于动滤失实验比较复杂,使用的压裂液数量也多,并且还有由于液体循环而产生的剪切降解问题,所以在评定压裂液滤失性时,目前仍大量采用静滤失作为对比方法。

从以上 C_{I}、C_{II} 和 C_{III} 的计算来看,滤失系数在一定的条件下都是常数,而滤失速度却是时间的函数。对裂缝中某一固定点来说,压裂液通过此点的滤失速度,随着时间的延长,愈来愈慢,因此有人认为压裂液的滤失前缘基本上平行于裂缝壁面。

4. 综合滤失系数 C

压裂液的滤失虽然根据机理可以分为三种情况,但实际压裂过程中,压裂液的滤失同时受三种机理控制,综合滤失系数(comprehensive leak-off coefficent)如下:

$$\frac{1}{C} = \frac{1}{C_{\mathrm{I}}} + \frac{1}{C_{\mathrm{II}}} + \frac{1}{C_{\mathrm{III}}} \tag{6-3-8a}$$

综合滤失系数 C 的另一种确定方法是考虑到 C_{I},C_{II} 和 C_{III} 分别是由不同的压力降控制的,即 C_{I} 是由滤失带压力差 Δp_1 控制的,C_{II} 是由压缩带压力差 Δp_2 控制的,C_{III} 由滤饼内外压力差 Δp_3 控制的,根据分压降公式可以得到综合滤失系数的另一表达式:

$$C = \frac{2C_{\mathrm{I}} C_{\mathrm{II}} C_{\mathrm{III}}}{C_{\mathrm{I}} C_{\mathrm{III}} + \sqrt{C_{\mathrm{I}}^2 C_{\mathrm{III}}^2 + 4C_{\mathrm{II}}^2 (C_{\mathrm{I}}^2 + C_{\mathrm{III}}^2)}} \tag{6-3-8b}$$

对于非造壁性压裂液,滤失受 C_{I}、C_{II} 控制,综合滤失系数为

$$C = \frac{2C_{\mathrm{I}} C_{\mathrm{II}}}{C_{\mathrm{I}} + (C_{\mathrm{I}}^2 + 4C_{\mathrm{II}}^2)^{1/2}} \tag{6-3-8c}$$

综合滤失系数 C 是压裂设计中的重要参数,也是评价压裂液性能的重要指标。目前比较好的压裂液在油层及裂缝中的流动条件下,综合滤失系数 C 可达 $10^{-4} \mathrm{m}/\sqrt{\mathrm{min}}$。

三、压裂液流变性(rheology of fracturing fluid)

目前使用的压裂液,除了水、活性水、油(低黏油或成品油)外,凡是使用各种高分子聚合物增稠或交链的油或水基压裂液,在其流动特性上均有程度不同的非牛顿液体的性质,其剪切应力与剪切速率之间的关系,受剪切引起的内部分子结构变化的影响。这种变化包括分子或颗粒在剪切方向上的定位或定向排列。为了对压裂液的流动进行分析与运算,有必要介绍一些与时间无关的黏滞液体的流变特性。

1. 各类压裂液的流变曲线

1)牛顿流体压裂液

剪切应力 τ 与剪切速率 $\dot{D}$ 成正比关系:

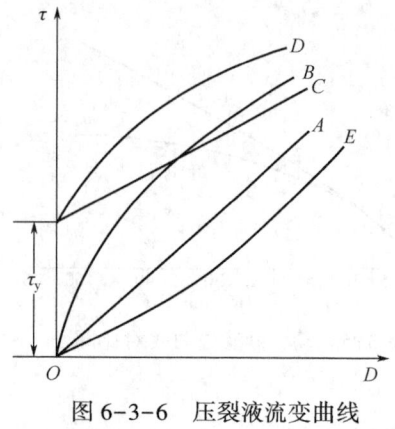

图 6-3-6 压裂液流变曲线

$$\tau = \mu \dot{D} \quad (6\text{-}3\text{-}9)$$

式中，比例常数 μ（黏度）不随剪切速率的改变而变化，如图 6-3-6 中的曲线 A，是一通过原点的直线。式(6-3-9)是牛顿流体的本构方程，其特点是在剪切应力 τ 和剪切速率 $\dot{D}$ 之间只有一个参数 μ。压裂液中的未经稠化的水、油等均属于此类流体。

2）假塑型压裂液

假塑型流体也称为幂律流体，图 6-3-6 上的曲线 B 是假塑型流体的剪切应力与剪切速率的关系曲线。随剪切速率的增加，其斜率变小，说明压裂液结构被破坏，黏度随之降低。有一个经验方程描述这种流体的流变特性：

$$\tau = K\dot{D}^n \quad (n<1) \quad (6\text{-}3\text{-}9a)$$

式中　K——稠度系数，$mPa \cdot s^n$；
　　　n——流态指数。

式(6-3-9a) 为假塑型流体的本构方程（也称为幂律方程），是由两参数（n、K）控制的流变方程。当 $n=1$ 时，即为式(6-3-9)。把式(6-3-9a) 写成以下形式：

$$\tau = (K\dot{D}^{n-1})\dot{D} \quad (6\text{-}3\text{-}9b)$$

与式(6-3-9) 相比较，得到

$$\mu_a = K\dot{D}^{n-1} \quad (6\text{-}3\text{-}9c)$$

式中　μ_a——视黏度，$mPa \cdot s$。

方程（6-3-9a）中的 n 小于1，所以剪切速率越大，视黏度越小。因此假塑性流体的"黏度"不是定值，在一定温度下，视黏度随 K、n、$\dot{D}$ 的改变而变化。

假塑性液体具有两个流变参数 n、K。对式(6-3-9a) 两边取对数得到

$$\lg\tau = \lg K + n\lg\dot{D} \quad (6\text{-}3\text{-}9d)$$

这是直线方程式，直线的斜率是 n，直线在纵轴上的截距为 K 值。图 6-3-7 是确定流变参数的绘图法。有了 n、K 值，即可写出幂律方程，计算流体的视黏度。

目前多数水基冻胶压裂液在一定的剪切速率范围内均可近似看作是幂律流体。

3）其他类型的压裂液

（1）宾汉型流体。这种流体具有屈服值，加上一定的压力后，流体才从静止状态开始流动，然后像牛顿流体一样，剪切应力与剪切速率呈线性关系（图 6-3-6 中的直线 C），直线的斜率是黏度 μ，截距 τ_y 是屈服值。沥青以及某些乳状液、钻井液等具有这种流变性。宾汉流体的流动方程是

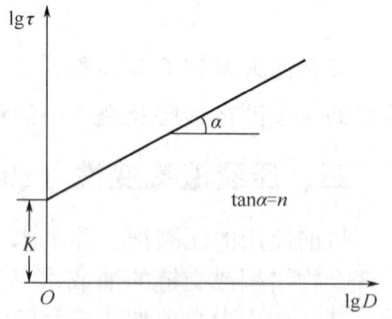

图 6-3-7　确定幂律液体的流变参数

$$\tau - \tau_y = \mu\dot{D} \quad (6\text{-}3\text{-}9e)$$

式中　τ_y——屈服值。

(2)屈服假塑型流体。这种流体是带有屈服值的假塑型液流体(图6-3-6中的曲线D),其流变方程为

$$\tau-\tau_y = K\dot{D}^n \quad (6-3-9f)$$

(3)胀流型流体。这种流体与幂律流体的流动方程的差别在于其流态指数n大于1(图6-3-6中的曲线E),这种类型的液体在压裂液中不多见,其流变方程为

$$\tau = K\dot{D}^n \quad (n>1) \quad (6-3-9g)$$

用合成高分子聚合物(如部分水解聚丙烯酰胺)制备的压裂液具有不同程度的黏弹性:温度高、流速低时以黏性为主,温度低而流速高时则以弹性为主。目前对黏弹性液体的流动行为了解得还不够。

对非牛顿液体流变性质的测定,可以用旋转黏度计(如RV系列或FANN系列)或用实验室小管道等仪器来测定。不同仪器或同一仪器测定的结果,有时有很好的对比性,有时相差也很大。这与配制液体样品的条件以及仪器本身的精度有关,研究表明对于黏弹性液体的参数,以用实验室小直径管道的方法测量为宜。

2. 幂律液体流动过程中的视黏度计算

由于多数压裂液在一定条件下具有幂律方程的流变性质,所以讨论这类液体在压裂过程中的一些流动特征是非常必要的。从地面到地下裂缝中基本上可分为四种流动过程,即地面管线、井筒、射孔孔眼和裂缝中的流动。当研究这四种流动的摩阻或任一流动部位的视黏度时,都需要了解这四种流动条件下的剪切速率$\dot{D}$(或称为速度梯度)。这四种流动基本上分为两大类,即管流及缝流。

1)管流

幂律液体在圆管内流动的本构方程为

$$\tau_w = K\left(\frac{8v}{d}\right)^n \left(\frac{3n+1}{4n}\right)^n \quad (6-3-10)$$

式中 τ_w——幂律液体圆管内流动时管壁上的剪切应力,mPa;
K——稠度系数,mPa·s^n;
v——圆管内平均流速,m/s;
d——管内径,m;
n——流态指数。

其视黏度为

$$\mu_w = K\left(\frac{3n+1}{4n}\right)^n \left(\frac{8v}{d}\right)^{n-1} \quad (6-3-11)$$

式中 μ_w——幂律液体圆管内流动时的视黏度,mPa·s。

2)缝流

幂律液体在裂缝中流动的本构方程为

$$\tau_w = K\left(\frac{2n+1}{3n}\right)^n \left(\frac{6v}{W}\right)^n \quad (6-3-12)$$

式中 τ_w——缝壁上的剪切应力,mPa;
v——裂缝内平均流速,m/s;
W——裂缝平均宽度,m。

在缝中任意断面上压裂液的视黏度为

$$\mu_f = K\left(\frac{2n+1}{3n}\right)^n \left(\frac{6v}{W}\right)^{n-1} \tag{6-3-13}$$

3. 摩阻（friction）计算

压裂液从泵出口经地面管线—井筒—射孔孔眼进入裂缝，在每个流动通道内都会因为摩阻而产生压力损失。压力损失越大，造缝的有效压力就越小，因此计算这些压力损失，分析其影响因素，对准确地确定施工压力和提高能量的利用率都是十分重要的。一般情况下，由于地面管线比较短，其摩阻可忽略，下面主要介绍井筒、射孔孔眼和裂缝内的摩阻计算方法。

1）油管内摩阻

油管或油套环空内的摩阻可根据流态用相应的摩阻公式计算，流态由雷诺数确定。

管流雷诺数为

$$N_{Re} = \frac{d^n v^{2-n} \rho_f}{m} \tag{6-3-14}$$

其中

$$m = \frac{K}{8}\left(\frac{6n+2}{n}\right)^n$$

式中　d——油管内径，m；

　　　K——实验室测定的压裂液稠度系数，Pa·s^n；

　　　n——压裂液流态指数；

　　　ρ_f——压裂液密度，kg/m^3；

　　　Q——流量（排量），m^3/s；

　　　v——流速，m/s。

当雷诺数小于2000，流动为层流，其幂律液摩阻压力降可用式(6-3-15)计算：

$$\Delta p_f = \frac{4LK}{d}\left(\frac{3n+1}{4n}\right)^n \left(\frac{8v}{d}\right)^n \tag{6-3-15}$$

式中　Δp_f——摩阻压力降，Pa；

　　　L——油管长度，m。

当雷诺数大于2000时，流动为紊流，紊流时的摩阻压力降计算需要借助于室内实验结果，计算非常复杂。

2）射孔孔眼摩阻

压裂施工和分析中，了解压裂液流经孔眼时的摩阻是非常重要的，这是因为当射孔不足或孔眼发现堵塞时，将导致井筒内压力大大提高，有时甚至会使油管或套管破裂。而在限流法压裂设计中，却需要有意限制射孔数以产生高的井底压力，使具有不同破裂压力的油层同时压开。在压裂施工分析中，只有当射孔摩阻压力降已知时，才能准确地计算裂缝内靠近井筒处的压力（即常说的"井底压力"），进行相应的压裂压力分析。

射孔孔眼的摩阻计算也是很复杂的，对恒定流量摩阻计算公式如下：

$$\Delta p_{pf} = \frac{22.45 Q^2 \rho_f}{N^2 d_p^4 C_d^2} \tag{6-3-16}$$

式中　Δp_{pf}——射孔孔眼摩阻，MPa；

　　　ρ_f——压裂液密度，g/cm^3；

C_d——流量系数,取值 0.6~0.9;
d_p——孔眼直径,cm;
N——孔眼数。

3)裂缝内摩阻

幂律液体流经裂缝的压力降可按无限大平行板之间的层流作近似处理,摩阻计算式为

$$\Delta p_{cf} = 0.167 \times 80.85^n L_f K_f W_f^{-2n-1} \left(\frac{q_f}{H_f}\right)^n \tag{6-3-17}$$

其中

$$K_f = K\left(\frac{2n+1}{3n}\right)^n$$

式中 Δp_{cf}——裂缝内摩阻;
K_f——缝流幂律液稠度系数,$Pa \cdot s^n$;
H_f——裂缝高度,m;
W_f——裂缝平均宽度,cm;
L_f——裂缝单翼长度,m;
q_f——单翼裂缝内流量,m^3/s。

压裂液在油管内的摩阻计算是很复杂的,矿场一般通过正式压裂前的小型压裂测试,根据瞬时停泵压力确定井筒摩阻。对于加入支撑剂后的携砂液井筒摩阻计算,由于不同的支撑剂类型、粒径和砂比都会影响井筒的摩阻大小,计算更加复杂。

第四节 支撑剂

水力压裂的目标是在油气层内形成足够长度的高导流能力填砂裂缝,所以水力压裂工程中的各个环节都是围绕这一目标,并以此选择支撑剂类型、粒径和携砂液性能,以及施工工序等。支撑剂评价可参见 SY/T 5108—2014《水力压裂和砾石充填作业支撑剂性能测试方法》。

一、支撑剂类型及要求

支撑剂(proppant),即支撑的物质,是一种压裂专用的固体颗粒,在压裂施工过程中由压裂液带入裂缝,在施工结束后,它能撑着压开的岩石壁面,保持裂缝张开,从而建立一条地层通往井筒的高渗流通道。为了使得支撑裂缝在地层闭合压力长期作用下仍能保持较高的导流能力,同时要考虑在施工过程中容易携带,对支撑剂有一定的要求。

1. 支撑剂要求

1)粒径均匀,密度小

一般地,水力压裂用支撑剂的粒径并不是单一的,而是有一定的变化范围,如果支撑剂分选程度差,在生产过程中,细砂会运移到大粒径砂所形成的孔隙中,堵塞渗流通道,影响填砂裂缝导流能力,所以对支撑剂的粒径大小和分选程度是有一定要求的(表 6-4-1)。以国内矿场常用的 20/40 目支撑剂为例,最少有 90% 的砂子经过筛析后位于 20~40 目之间,同时要求大于第一个筛号的砂重小于 0.1%,而小于最后一个筛子的量不能大于 1%。比较理想的支撑剂要求密度小,最好小于 $2000kg/m^3$,以便于携砂液携带至裂缝中。

表 6-4-1 支撑剂粒径规格及试验标准筛组合

粒径规格 mm	3.350/1.700	2.360/1.180	1.700/1.000	1.700/0.850	1.180/0.850	1.180/0.600	0.850/0.425	0.600/0.300	0.425/0.250	0.425/0.212	0.212/0.106
参考筛目，目	6/12	8/16	12/18	12/20	16/20	16/30	20/40	30/50	40/60	40/70	70/140
筛析实验标准筛组合 mm	4.750	3.350	2.360	2.360	1.700	1.700	1.180	0.850	0.600	0.600	0.300
	3.350	**2.360**	**1.700**	**1.700**	**1.180**	**1.180**	**0.850**	**0.600**	**0.425**	**0.425**	**0.212**
	2.360	2.000	1.400	1.400	1.000	0.710	0.500	0.355	0.355	0.355	0.180
	2.000	1.700	1.180	1.180	**0.850**	0.850	0.600	0.425	0.300	0.300	0.150
	1.700	1.400	**1.000**	1.000	0.710	0.710	0.500	0.355	**0.250**	0.250	0.125
	1.400	**1.180**	0.850	**0.850**	0.600	**0.600**	**0.425**	**0.300**	0.212	**0.212**	**0.106**
	1.180	0.850	0.600	0.600	0.425	0.425	0.300	0.212	0.150	0.150	0.075
	底盘	底盘	底盘	底盘	底盘	底盘	底盘	底盘	底盘	底盘	底盘

注：表中黑体数字为相应粒径规格的上下限。

2）强度大，破碎率小

支撑剂的强度是其性能的重要指标。由于支撑剂的组成和生产制作方法不同，其强度的差异也很大，如石英砂的强度为 21.0~35.0MPa，陶粒的强度可达 105.0MPa。水力压裂结束后，裂缝的闭合压力作用于裂缝中的支撑剂上，当支撑剂强度比缝壁面地层岩石的强度大时，支撑剂有可能嵌入地层里；缝壁面地层岩石比支撑剂强度大，且闭合压力又大于支撑剂强度时，支撑剂易被压碎，这两种情况都会导致裂缝闭合或渗透率很低。所以为了保证填砂裂缝的导流能力，在不同闭合压力下，对各种目数的支撑剂的强度和破碎率有一定要求。如要求天然石英砂 20/40 目（粒径 0.425~0.850mm）在 28MPa 下的破碎率小于 14%，70/140 目（粒径 0.106~0.212mm）在 35MPa 下小于 8%；20/40 目陶粒在 69MPa 下破碎率小于 5%，70/140 目在 86MPa 下小于 10%。

3）圆球度高

支撑剂的圆度表示颗粒棱角的相对锐度，球度是指砂粒与球形相近的程度。圆度和球度常用目测法确定，一般在 10~20 倍的显微镜下或采用显微照相技术拍照，然后与标准的圆球度图版对比，确定砂粒的圆球度。使用圆球度不好的支撑剂其填砂裂缝的渗透率差且棱角易破碎，粉碎形成的小颗粒会堵塞孔隙，降低其渗透性。行业标准要求天然石英砂的圆球度不低于 0.6、陶粒不低于 0.8。

4）杂质含量少

支撑剂中的杂质对裂缝的导流能力是有害的。天然石英砂的杂质主要是碳酸盐、长石、铁的氧化物及黏土等矿物质。一般可用水洗、酸洗（盐酸、土酸）消除杂质。处理后的石英砂强度和导流能力都会提高。衡量支撑剂的质量用浊度和酸溶解度表示，浊度是指一定体积支撑剂在规定体积蒸馏水中经摇动后的浑浊程度，要求支撑剂的浊度不高于 100NTU 或 100 度。酸溶解度是指在规定的酸溶液和溶解时间内，一定质量支撑剂被溶解的质量占总支撑剂质量的百分数，对 20/40 目要求不高于 5%，对 40/70 目不高于 7%。

5）来源广，价廉

随着低渗透和非常规油气储层的大量开发，压裂作业量越来越大，相应需要的支撑剂量也越来越大，所以需要支撑剂的来源广，同时价格低。

2. 支撑剂的类型

支撑剂按其力学性质分为两大类：（1）脆性支撑剂，如石英砂、玻璃球等，特点是硬度大，变形小，在高闭合压力下易破碎；（2）韧性支撑剂，如核桃壳、铝球、陶粒等，特点是变形大，承压面积随之加大，在高闭合压力下不易破碎。目前油田上两种支撑剂都在使用，但应用最普遍的是天然石英砂和人造陶粒，其他支撑剂如核桃壳、铝球、玻璃球等，由于强度、货源和价格等方面的原因，现多已淘汰。

1）天然砂（natural sand）

自从世界上第一口压裂井使用石英砂支撑剂以来，天然砂已广泛使用于浅层或中深层（1500m）的压裂，而且都有很高的成功率。高质量的石英砂往往都是古代的风成砂丘，在风力的搬运和筛选下沉积而成，因此石英含量高，粒径均匀，圆球度也好；另外石英砂资源丰富，价格便宜。世界上有多处开采质量较高石英砂，如美国的 Ottwa 砂、北部白砂，我国的兰州砂、通辽砂等。

天然砂的主要矿物成分是粗晶石英，没有晶体解理，但在高闭合压力下会破碎成小碎片，虽然仍能保持一定的导流能力，但效果已大大下降，所以在深井中应慎重使用。石英砂的最高使用应力一般不高于 35.0MPa。国内外石英砂颗粒的相对密度约为 2.65，体积密度约为 $1.65g/cm^3$。

体积密度是指单位砂堆体积内所含支撑剂质量，这里的"单位体积"包含支撑剂自身的颗粒体积和颗粒之间的孔隙体积；颗粒密度是指单位支撑剂颗粒体积中（不含孔隙体积）所含支撑剂质量（也称为视密度）；相对密度是指支撑剂颗粒密度与（4℃）水密度之比。

2）陶粒（ceramic proppant）

最常用的人造支撑剂是烧结铝钒土，即陶粒。它的矿物成分是氧化铝、硅酸盐和铁—钛氧化物；形状较规则，圆度大于 0.65，密度为 $3800kg/m^3$，强度很高，在 70.0MPa 的闭合压力下，陶粒所提供的导流能力约比天然砂的高一个数量级，因此它能适用深井高闭合压力的油气层压裂。对一些中深井，为了提高裂缝导流能力也常用陶粒作尾随支撑剂。

国内矿场应用较多的有宜兴陶粒和成都陶粒，相对密度为 2.7~3.6，体积密度为 1.6~$2.10g/cm^3$。强度和密度上也有低、中、高之分，对 20/40 目陶粒，体积密度小于 $1.65g/cm^3$ 为低密度，1.65~$1.8g/cm^3$ 为中等密度，大于 $1.8g/cm^3$ 为高密度。低强度适用的闭合压力低于 56.0MPa，中强度为 70.0~84.0MPa，高强度达 105.0MPa。已基本上形成了比较完整和配套的支撑剂体系。

陶粒的强度虽然很大，但密度也很高，给压裂施工带来一定的困难，特别在深井条件下由于高温和剪切作用，对压裂液性能的要求很高。为此，研制了一种具有空心或多孔的陶粒，其空心体积约为 30%，视密度接近于砂粒。试验表明：这种多孔或空心陶粒的强度与实心陶粒相当，因而实现了低密度高强度的要求。但由于空心陶粒的制作比较困难，目前现场还没有广泛使用。

3）树脂包层支撑剂（resin-coated proppant）

树脂包层支撑剂是用树脂把砂粒或陶粒包裹起来，树脂薄膜的厚度约为 0.0254mm，占总重量的 5% 以下，树脂包层砂粒的相对密度约为 2.55，体积密度 $1.6g/cm^3$，属于中等强度低密度或高密度，能承受 56.0~70.0MPa 的闭合压力，适用于低强度天然砂和高强度陶粒之间强度要求的支撑。其密度小，便于携砂与铺砂。树脂包层支撑剂分为固化砂与预固化砂，固化砂在地层的温度和压力下固结，这对于防止地层出砂和压裂后裂缝的吐砂有一定的效果；预固化砂则在地面上已形成完好的树脂薄膜包裹砂粒,像普通砂一样随携砂液进入裂缝。

树脂包层支撑剂具有以下优点:

(1) 树脂薄膜包裹起来的砂粒,增加了砂粒间的接触面积,从而提高了抵抗闭合压力的能力;

(2) 树脂薄膜可将压碎的砂粒小块、粉砂包裹起来,减少了微粒间的运移与堵塞孔道的机会,从而改善了填砂裂缝导流能力;

(3) 树脂包层支撑剂总的体积密度比上述中强度与高强度陶粒要低很多,便于悬浮,因而降低了对携砂液的要求;

(4) 树脂包层支撑剂具有可变形的特点,使其接触面积有所增加,可防止支撑剂在软地层的嵌入。

3. 裂缝导流能力

裂缝导流能力(fracture conductivity,FRCD)是指在地层闭合压力作用下,充填支撑剂的裂缝输送或传导流体的能力,用闭合压力条件下裂缝的渗透率(K_f)与裂缝平均宽度W_f的乘积($K_f W_f$)来表示,单位 D·cm($\mu m^2 \cdot cm$)。

裂缝导流能力综合反映了支撑剂的物理性质、储层岩石物性和地应力等因素,是支撑剂评价和选择的最终衡量指标。裂缝导流能力由室内测定,分为短期导流能力和长期导流能力测试。短期导流能力是指在每一闭合压力下,流体通过支撑剂充填层达到半稳态(小于2h)时测试的裂缝导流能力;长期导流能力是指在地层闭合压力和温度条件下长时间测试裂缝导流能力,测试周期至少30d。长期导流能力测试能反映地层条件下支撑剂的真实情况,如压实、破碎、堵塞、嵌入等,测试结果更接近实际,但测试时间长,现场一般采用短期测试结果再进行修正。支撑剂短期导流能力测试方法参见行业标准 SY/T 6302—2019《压裂支撑剂导流能力测试方法》。影响填砂裂缝导流能力的主要因素有地层条件、支撑剂物性和工程因素等。

1) 地层因素

地层因素主要有作用在裂缝壁面的闭合压力和岩石硬度等。

闭合压力是指裂缝闭合后作用在裂缝壁面的压力(也是作用在支撑剂上的压力),对于垂直缝闭合压力等于地层最小水平主应力,由于裂缝内具有一定的流体压力,作用在支撑剂上有效闭合压力为

$$\bar{p}_c = \sigma_{Hmin} - p_p \tag{6-4-1}$$

式中 $\bar{p}_c$——有效闭合压力;

σ_{Hmin}——地层最小水平主应力;

p_p——地层孔隙压力。

生产过程中,地层压力逐渐降低,支撑剂承受的有效闭合压力逐渐增加,相应的裂缝导流能力将逐渐减小,如图6-4-1所示。

储层硬度反映了地层的软硬程度,对软地层(弹性模量小于1.3×10^4 MPa),支撑剂易嵌入到岩石内,当地层硬度大时(弹性模量大于2.8×10^4 MPa),支撑剂易压碎。不论是嵌入还是压碎,都会使得支撑裂缝的宽度减少,导流

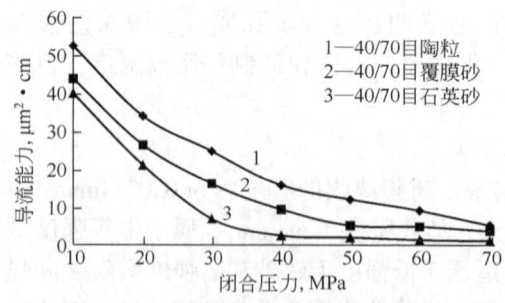

图6-4-1 不同类型支撑剂导流能力与闭合压力关系图

能力下降。相同条件下提高支撑剂铺置层数、增大粒径，都可以提高裂缝导流能力。

2）支撑剂物理性质影响

支撑剂物理性质包括类型、粒径、圆球度等。图 6-4-1 为不同类型支撑剂导流能力与闭合压力关系，可以看出，相同闭合压力下陶粒的导流能力最大，石英砂的最小，这是因为陶粒的颗粒强度最大，抗压能力强，相同闭合压力下破碎率低。

不同粒径陶粒的导流能力如图 6-4-2 所示。总体来说粒径越大，颗粒间的孔隙越大，提供的渗透率和裂缝导流能力也越大，但超过 70MPa 后，由于陶粒的破碎，各种粒径支撑剂的导流能力接近。考虑到大粒径支撑剂携带困难，对深层、高闭合压力地层往往使用小粒径支撑剂（如 30/50 目、40/70 目），或多种支撑剂组合。

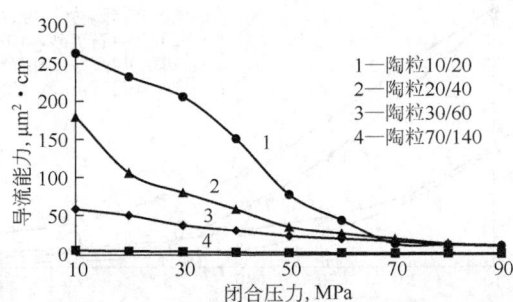

图 6-4-2　不同粒径陶粒粒径导流能力对比图

为了节约成本和提高井筒附近裂缝的导流能力，矿场有时采用不同种类和粒径支撑剂的组合，其导流能力结果如图 6-4-3 和图 6-4-4 所示。可以看出，通过适当组合可以达到单独使用高质量支撑剂所需要的导流能力要求。

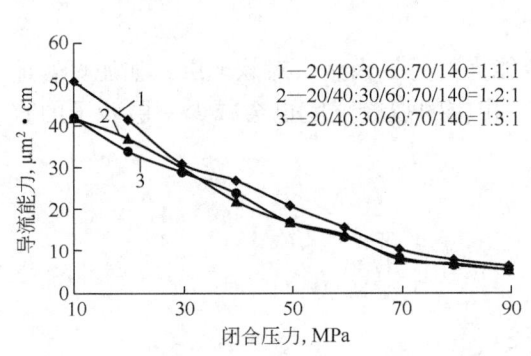

图 6-4-3　粉陶组合支撑剂导流能力对比图

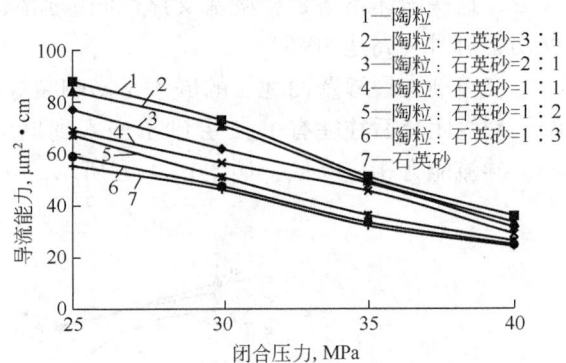

图 6-4-4　不同类型支撑剂组合导流能力对比图

3）工程因素

工程因素包括裂缝内铺砂浓度（单位面积裂缝所含支撑剂质量，kg/m^2）、压裂液残渣等对填砂裂缝导流能力的伤害。图 6-4-5 为不同铺砂浓度导流能力测试结果，裂缝内铺砂浓度越高，导流能力越高，现场常使用高砂比施工来提高裂缝内的铺砂浓度，提高增产效果。早期的实验研究表明，如果裂缝内支撑剂是单层铺置局部支撑，由于裂缝间的孔隙具有高导流性，往往比单层全部支撑具有更高的导流能力，但考虑到支撑剂的嵌入和施工难以实现，现场一般不采用这种局部铺置方法。

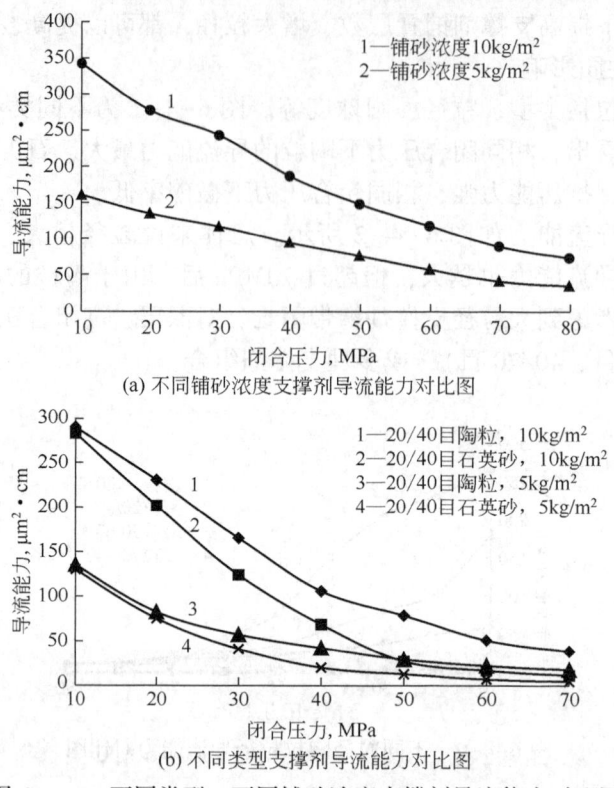

(a) 不同铺砂浓度支撑剂导流能力对比图

(b) 不同类型支撑剂导流能力对比图

图 6-4-5　不同类型、不同铺砂浓度支撑剂导流能力对比图

对于水基冻胶压裂液，稠化剂中的水不溶残渣随压裂液一起注入地层，由于残渣的粒径一般大于地层孔喉直径，无法进入基质内，施工结束后，残渣主要滞留在裂缝内，当裂缝闭合后，这些固体不溶物会堵塞支撑剂间的孔隙，降低裂缝渗透率和导流能力，研究表明，这种伤害有时会高达80%。

支撑剂在裂缝壁面地层的嵌入是影响裂缝导流能力的另一因素。对软地层，如泥页岩地层，裂缝闭合后往往有1~2层砂子嵌入到地层内，相应的裂缝宽度也会减少一层砂子的直径，导流能力相应降低，如图6-4-6所示。

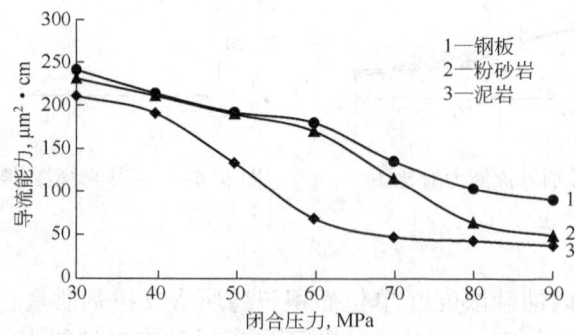

图 6-4-6　不同岩性嵌入支撑剂导流能力对比图

支撑裂缝宽度与裂缝内铺砂浓度的关系如下：

$$W = \frac{C_\mathrm{p}}{(1-\phi_\mathrm{s})\rho_\mathrm{s}} \tag{6-4-2}$$

式中 C_p——裂缝内铺砂浓度，kg/m^2；
ϕ_s——支撑剂堆积孔隙度（20/40目一般为35%）；
ρ_s——支撑剂视密度（颗粒密度），kg/m^3。

影响裂缝导流能力的因素还有地层微粒的运移、支撑剂长期在地层环境下的剥蚀、地层温度（高温氧化）、流体性质（腐蚀性）、流动速度（如非达西渗流），这些因素都会降低裂缝导流能力，但一般都不大，矿场往往都不考虑。

二、支撑剂在裂缝内的分布

支撑剂在裂缝内的分布状况，决定了压裂后填砂裂缝的导流能力和增产效果。为使压裂后能最大限度发挥油层的潜力和裂缝的作用，设计的裂缝导流能力需要按一定的规律变化。根据裂缝内的渗流特性，靠近井筒处的导流能力应该最大而在缝端最小，以便减少裂缝内的渗流阻力。要实现这一目标，必须根据支撑剂在裂缝内的分布规律及导流能力要求设计。

支撑剂在裂缝内的分布规律随裂缝类型（水平、垂直缝）和携砂液性能而异，由于国内大部分油田压裂形成的裂缝为垂直缝，这里主要介绍高黏压裂液（全悬浮型）在垂直裂缝内支撑剂浓度与地面砂比的关系，以及低黏压裂液（沉降型）在垂直裂缝内支撑剂的分布规律。为了解支撑剂在裂缝内的分布，先介绍支撑剂在压裂液中的沉降规律。

1. 支撑剂在压裂液中的沉降

如果压裂液在地层裂缝中具有牛顿流体的性质，当颗粒沉降的雷诺数 $(N_{Re})_p < 1$ 时，单颗粒砂子自由沉降的速度，可以使用下列等式计算。

作用在颗粒上的重力 F_1 为

$$F_1 = \frac{\pi d_p^3}{6}(\rho_s - \rho_f)g \tag{6-4-3}$$

式中 d_p——颗粒（砂子）直径，m；
ρ_s——砂子视密度，$2650kg/m^3$；
ρ_f——压裂液的密度，约为 $1000kg/m^3$；
g——重力加速度，$9.8m/s^2$。

颗粒在稳定匀速 U_p 时的阻力 F_2 为

$$F_2 = C_d S_p \frac{\rho_f U_p^2}{2} \tag{6-4-4}$$

其中

$$S_p = \frac{\pi}{4}d_p^2$$

式中 C_d——阻力系数；
S_p——颗粒垂直于流动的投影面积，m^2；
U_p——颗粒沉降匀速，m/s。

当 $(N_{Re})_p < 1$ 时：

$$C_d = \frac{24}{(N_{Re})_p} \tag{6-4-5}$$

其中

$$(N_{Re})_p = \frac{\rho_f d_p U_p}{\mu}$$

平衡时，式 $F_1=F_2$，将式(6-4-5)代入，整理得到

$$U_p=\frac{d_p^2(\rho_s-\rho_f)g}{18\mu} \quad (6-4-6)$$

式中 μ——液体黏度，Pa·s。

在使用冻胶情况下，雷诺数一般小于1。当雷诺数大于1时，则有相当的误差，应使用其他算法。

从式(6-4-6)看出，粒径小、密度低的支撑剂及黏度高压裂液均可降低沉降速度以将支撑剂送远，增加支撑裂缝的有效长度。因此使用塑料球、核桃壳（相对密度1.35），比用砂子（相对密度2.65）、陶粒（相对密度3.65）都有好处。如果其他参数都已确定，应根据砂子沉降及裂缝的有效长度，提出对压裂液在裂缝中黏度的要求。

对于非牛顿压裂液（如幂律液体），则应以视黏度 μ_a 代替式(6-4-6)中的黏度 μ，由于 $\mu_a=K\dot{D}^{n-1}$，则

$$U_p=\frac{d_p^2(\rho_s-\rho_f)g}{18K\dot{D}^{n-1}} \quad (6-4-7)$$

因为颗粒沉降时的剪切速率 $\dot{D}$ 为

$$\dot{D}=\frac{U_p}{d_p}$$

代入式(6-4-7)，整理后得

$$U_p=\left[\frac{d_p(\rho_s-\rho_f)g}{18K}\right]^{\frac{1}{n}}d_p \quad (6-4-8)$$

比较式(6-4-6)与式(6-4-8)看出，在牛顿液体中沉降速度比例于 d_p 的平方，而在非牛顿液体中比例于 $d_p^{\frac{n+1}{n}}$。

【例】 求直径为0.84mm的砂粒在 $n=0.6$，$K=0.9576$Pa·s^n 高温压裂液中的沉降速度。

解：$U_p=\left[\dfrac{0.00084\times(2650-1000)\times 9.8}{18\times 0.9576}\right]^{\frac{1}{0.6}}\times 0.00084=0.00057(\text{m/s})=3.42(\text{cm/min})$

$$(N_{Re})_p=\frac{1000\times 0.00084\times 0.00057}{0.9576\times\left(\dfrac{0.00057}{0.00084}\right)^{0.6-1}}=0.00043<1$$

支撑剂在裂缝中的沉降，不同于上述在静止液体中的沉降，此时压裂液受到两种剪切效应：砂子沉降剪切，液体水平流动的剪切，压裂液受到的总剪切速率等于两个剪切速率的代数和：

$$\dot{D}_0=\sqrt{\dot{D}_1^2+\dot{D}_2^2} \quad (6-4-9)$$

其中 $\dot{D}_1=\dfrac{U_p}{d_p}$；　　$\dot{D}_2=\dfrac{6V}{W}$

式中 $\dot{D}_0$——总剪切速率，s^{-1}；

$\dot{D}_1$——砂子自由降落的剪切速率，s^{-1}；

$\dot{D}_2$——液体在裂缝中流动在缝壁上的剪切速度，s^{-1}。

在裂缝中，液体流速梯度在中心线处是零，即 $\dot{D}_2=0$，此时砂子的沉降，与在静止液体中相同。在缝面上 $\dot{D}_2=\dfrac{6V}{W}$，在此处砂子沉降速度比在静液体中要快。有的实验指出，当 $0.8<n<1.0$ 时，砂子在裂缝中心线附近流动，因此可以忽略 $\dot{D}_2$ 的作用。实际上在裂缝中，由于滤失的原因，砂浓度是很高的，这时就难以保证只在缝中心线附近流动。

由于砂子在缝中并不是孤立的单一颗粒，而是在一定的浓度下，甚至浓度还相当高。这时一颗砂子的沉降，受到其他砂子的影响。这种条件下的沉降，称为干扰沉降。

干扰沉降的计算式为

$$U=U_{\mathrm{p}}\dfrac{C_0^2}{10^{1.82(1-C_0)}} \tag{6-4-10}$$

其中

$$C_0=\dfrac{1}{1+C_{\mathrm{S0}}/\rho_{\mathrm{S}}}$$

式中　U——干扰下沉速度，m/s；
　　　C_0——液体在携砂液中所占的体积百分数；
　　　C_{S0}——地面加砂浓度（单位携砂液中所含支撑剂质量），kg/m³。

目前在干扰沉降速度的计算中，尚有其他等式可以使用，各等式计算结果也有差别。砂浓度提高之后，砂子容易成团，对成团后沉降速度的研究结果也有正相反的两种意见，情况说明还有许多工作要做。

2. 全悬浮型支撑剂分布

高黏压裂液一般是指压裂液黏度足以把支撑剂完全悬浮起来，在整个施工过程中没有支撑剂的沉降，停泵后支撑剂充满整个裂缝内，因而携砂液到达的位置就是支撑裂缝的位置，这种压裂液称为全悬浮压裂液。对全悬浮压裂液可以建立裂缝内砂浓度与地面砂比的关系。

裂缝内的砂浓度（也称为裂缝内砂比，proppant ratio）是指单位体积裂缝内所含支撑剂的质量，裂缝闭合后的砂浓度（也称为铺砂浓度，fracture proppant concentration）指单位面积裂缝上所铺的支撑剂质量。地面砂比有两种不同的定义方法：一种是单位体积混砂液中所含的支撑剂质量；另一种是支撑剂体积与压裂液体积之比，两者可以通过简单的关系式转换。为简单起见，下面以第一种砂比定义，讨论裂缝内砂浓度与地面砂比的关系。

假设地面每注入体积为 $VF(\mathrm{m}^3)$ 的含砂液体为一个处理单元，时间 Δt 是注入此单元所需的时间。在 t 时间内从此单元含砂液中滤失的体积百分数（fluid loss percentage）为

$$\text{滤失体积百分数}=\dfrac{\text{滤失体积}}{\text{地面单元体积液在缝中的剩余体积}(SV)} \tag{6-4-11}$$

其中

$$\text{滤失体积}=\text{滤失速度}\times\text{滤失面积}\times\text{时间}=\dfrac{C}{\sqrt{t}}\left(SV\times\dfrac{1}{W}\times 2\right)\times\Delta t$$

式中　C——地层综合滤失系数，$\mathrm{m}/\sqrt{\min}$；
　　　SV——地面单元液体在缝内滤失后的剩余体积，m³；
　　　W——缝宽，m。

滤失体积百分数则为

$$\text{滤失体积百分数}=\dfrac{SV\times\dfrac{1}{W}\times 2\dfrac{C}{\sqrt{t}}\Delta t}{SV}=\dfrac{2}{W}\times\dfrac{C}{\sqrt{t}}\Delta t \tag{6-4-12}$$

式(6-4-12)是在 t 时间末的滤失体积百分数，$\dfrac{SV}{W}$ 是注入单元体积 VF 在缝内产生滤失的单面面积。按此方法可以计算出任意 n 个 Δt 后的剩余液体体积。如果把单元体积 $VF(\text{m}^3)$ 在 t 时间后的滤失百分数作为 i（相当于利率），利用复合利息公式可算出 n 个时间 Δt 后的剩余体积为

$$SV = \dfrac{VF}{(1+i)^n}$$

经滤失后的缝内砂浓度 C_s 为

$$C_s = \dfrac{VFC_0}{\dfrac{VF}{(1+i)^n}} = C_0(1+i)^n \tag{6-4-13}$$

式中 C_0、C_s——地面加砂浓度与缝内 n 个时间 Δt 后的砂浓度，kg/m^3。

由式(6-4-13)看出随着时间的增加，缝内砂浓度也随之提高，如果以注入单元体积数 S 代替 n，式(6-4-13)可写为

$$C_0 = \dfrac{C_s}{(1+i)^S} \tag{6-4-14}$$

由式(6-4-14)看出，要求缝内保持一定的砂浓度（相当于一定的导流能力）时，地面砂浓度随着注入单元体积而变化。由于常常从缝的前端向井底进行计算，所以用 S_T-S 代替指数 S，并将 i 以具体参数代入式(6-4-14)，得到

$$C_0 = \dfrac{C_s}{\left(1 + \dfrac{2}{W} \times \dfrac{C}{\sqrt{t}}\Delta t\right)^{S_T-S}} \tag{6-4-15}$$

式中 S_T——总注入单元体积数。

由于滤失速度 $C/\sqrt{t}$ 是随时间而变化的，把滤失时间取平均值，则式(6-4-15)应为

$$C_0 = \dfrac{C_s}{\left[1 + \dfrac{2C\Delta t}{W\sqrt{(S_T+S_p)\Delta t/2}}\right]^{S_T-S}} \tag{6-4-16}$$

式中 S_p——前置液体积的单元数。

为了计算出在停泵时缝内液体体积，从而进一步确定支撑剂支撑的面积及缝的长度，可以按平均滤失速度求出总滤失量。停泵时缝内液体体积 V_F 为

$$V_F = \dfrac{V_T}{1 + \dfrac{2C\Delta t S_T}{W\sqrt{(S_T+S_p)\Delta t/2}}} \tag{6-4-17}$$

式中 V_T——地面注入液体的总体积，m^3；

V_F——停泵时，缝内的液体体积，m^3。

理想情况下，如果要求裂缝内每段的渗流阻力相等，在忽略裂缝内流动阻力的情况下，可以认为裂缝内的裂缝导流能力 FRCD 从缝端到井底是线性增加的，因而也要求砂浓度呈线性增加。若由设计的平均导流能力和设备允许能力确定缝端砂浓度 C_{S1} 和井底砂浓度 C_{SW}（最大），则可以确定裂缝内任一点的砂浓度，进而可以设计出地面相应的连续加砂程序

（砂比是连续变化的）。这是理想的加砂方法，现场常使用跳跃性增加砂比的方式加砂。

使用全悬浮液体作为携砂液体，在施工过程没有支撑剂的沉降，携砂液到达的地方就是支撑剂支撑的区域，因此支撑面积较大，但支撑缝宽较小，导流能力较低，适合于对填砂裂缝导流能力要求不高的低渗透率地层。矿场实际使用的压裂液，由于剪切和温度等降解作用，在裂缝内的携砂性能并不能达到全悬浮，在裂缝延伸过程中，部分支撑剂随携砂液一起向缝端运动，另一部分则可能沉降下来。沉砂缝的支撑缝长往往较短，填砂缝高也比悬浮式的小。支撑剂悬浮实验见视频6-4-1。

视频 6-4-1
支撑剂悬浮实验

3. 沉降型支撑剂分布

支撑剂沉降速度、砂堤堆起高度等都与裂缝参数（长、宽、高）有关。目前研究支撑剂沉降和在裂缝内的分布规律仍基于20世纪60年代巴布库克的实验结果，该实验模型是用两块8ft长、1ft高的平行安装的透明板，缝宽可以调节（4.76~25.4mm），使用的液体有牛顿液体（0.64~90mPa·s）与非牛顿液体（瓜尔胶溶液，视黏度为1.5~900mPa·s）。使用的支撑剂的密度变化范围为1040~2650kg/m³，粒径为60/80目、40/60目、20/40目、10/20目，加砂浓度的范围为1.6%~43.2%，上述参数大致在矿场压裂工艺的范围之内。分析多次实验结果得出以下规律。支撑剂沉降平板实验见视频6-4-2。

视频 6-4-2
支撑剂沉降平板实验

1）支撑剂在缝高度上的分布

携带支撑剂的液体进入裂缝后，固体颗粒主要受到水平方向液体携带力、垂直向下重力以及向上浮力的作用，当颗粒相对于携带液有沉降运动时，还会受到黏滞阻力作用。使用低黏压裂液作为携砂液时，由于颗粒的重力大于浮力与阻力，所以具有很大的沉降倾向，沉在缝底形成砂堤。砂堤减少了携砂液的过流断面，使流速提高，当液体的流速逐渐达到使颗粒处于悬浮状态的能力，此时颗粒停止沉降，这种状态称为平衡状态（equilibrium state）。平衡时的流速称为平衡流速（equilibrium velocity），平衡流速可以定义为携带颗粒最小的流速。在此流速下，颗粒的沉积与卷起处于动平衡状态。

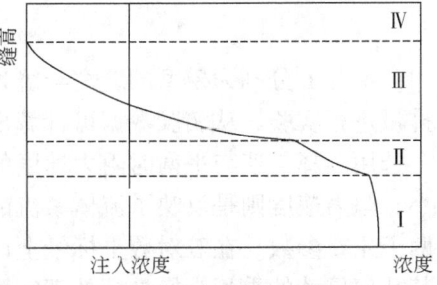

图 6-4-7 颗粒在缝高上的浓度分布

在平衡状态下，垂直裂缝中颗粒在垂直剖面上存在着浓度差别，可以分为四个区域，如图6-4-7所示。区域Ⅰ是沉降下来的砂堤，在平衡状态下砂堤的高度为平衡高度（equilibrium height）；区域Ⅱ是在砂堤面上的颗粒滚流区；区域Ⅲ则是悬浮区，虽然颗粒都处于悬浮状态，但不是均匀的，存在浓度梯度；最上面的Ⅳ区是无砂区。

在平衡状态下增加地面排量，则Ⅰ区、Ⅱ区与Ⅳ区均将变薄，Ⅲ区则变厚，如果流速足够大，Ⅰ区可能完全消失。再进一步增加排量，缝内的浓度梯度剖面消失，成为均质的悬浮流。

用低黏压裂液携带支撑剂时，平衡流速和砂堤的堆起速度是很重要的。

2）平衡流速

$$V_{EQ} = \frac{Q}{Wh_{EQ}} \qquad (6\text{-}4\text{-}18)$$

其中
$$h_{EQ} = H_0 - H_{EQ}$$

式中　V_{EQ}——平衡流速，m/s；
　　　Q——裂缝内流量，m³/s；
　　　W——缝宽，m；
　　　h_{EQ}——平衡时流动断面的高度，m；
　　　H_0——缝高；
　　　H_{EQ}——砂堤的平衡高度，m。

砂堤的平衡高度 H_{EQ} 为

$$H_{EQ} = H_0 - h_{EQ} = H_0 - \frac{Q}{WV_{EQ}} \tag{6-4-19}$$

巴布库克在解决平衡流速这一问题时，采用了汤姆斯的解法。汤姆斯利用颗粒自由沉降速度与阻力速度（或称摩擦速度、剪应力速度）的比值 $U_P/(U_W)_{EQ}$，先得到阻力速度 $(U_W)_{EQ}$，然后再利用此阻力速度求出平衡流速 V_{EQ}，这里的阻力速度是平衡条件下的值。

阻力速度是用来分析流动分布的重要参数，定义为

$$(U_W)_{EQ} = \sqrt{\frac{(\tau_W)_{EQ}}{\rho_{sc}}}$$

式中　$(U_W)_{EQ}$——阻力速度，m/s；
　　　$(\tau_W)_{EQ}$——平衡时壁面上的剪切应力，Pa；
　　　ρ_{sc}——砂—液混合物密度，kg/m³。

平衡时壁面上的剪切应力是在模型中当流动达到平衡状态时，测量缝两端的压力差 Δp 后，利用下列等式计算出来的：

$$(\tau_W)_{EQ} = \frac{\Delta p W}{2L} \tag{6-4-20}$$

式中，W 与 L 分别为模型的缝宽与缝长。使用不同粒径的支撑剂、不同的缝宽、不同的液体及排量进行实验，从实验数据可计算出各种条件下的阻力速度值。

选用沉降匀速与平衡时阻力速度的无因次量，是因为颗粒的沉降匀速代表了重力作用的大小，阻力速度则是反映了流体紊流的程度，它们是确定颗粒是处于悬浮状态还是沉降下来的两个主要参数。在双对数坐标纸上以两个速度的无因次比值为纵坐标，以颗粒沉降雷诺数与其几何尺寸的乘积为横坐标处理实验数据，对牛顿液体与非牛顿液体得到两条直线，方程式如下。

牛顿液体：

$$\frac{U_P}{(U_W)_{EQ}} = 0.054 \left(\frac{U_P d_p \rho_f}{\mu} \sqrt{\frac{4R_h}{d_p}} \right)^{0.50} \tag{6-4-21}$$

非牛顿液体：

$$\frac{U_P}{(U_W)_{EQ}} = 0.041 \left(\frac{U_P d_p \rho_f}{\mu} \sqrt{\frac{4R_h}{d_p}} \right)^{0.71} \tag{6-4-22}$$

其中

$$4R_h = 4 \frac{WH_0}{2(W+H_0)} \approx 2W$$

式中　U_P——颗粒沉降匀速[式(6-4-6)]，m/s；

$(U_W)_{EQ}$——平衡时的阻力速度，m/s；
d_p——颗粒直径，mm；
μ——液体黏度，mPa·s；
ρ_f——液体密度，kg/m³；
R_h——缝的水力半径，mm。

阻力速度与平衡流速的关系可用下式表示：

$$V_{EQ} = \left[\frac{(U_W)_{EQ}}{3.46}\right]^2 \left(\frac{\rho_{sc} 4R_h}{\mu}\right) \quad \text{（层流）} \qquad (6-4-23)$$

$$V_{EQ} = \left[\frac{(U_W)_{EQ}}{0.2}\right]^{1.143} \frac{\left(\frac{4R_h\rho_f}{\mu}\right)^{0.143}}{(\rho_f/\rho_{sc})^{0.571}} \quad \text{（紊流）} \qquad (6-4-24)$$

其中

$$\rho_{sc} = \frac{\rho_f + C_0}{1 + \frac{C_0}{\rho_s}} \qquad (6-4-25)$$

式中 ρ_{sc}——混砂液密度，kg/m³；
C_0——砂浓度，kg/m³。

我国矿场上常以砂比 S（小数或百分数）表示加砂浓度，砂比是砂堆体积与压裂液体积之比，此时砂液混合物的密度是：

$$\rho_{sc} = \frac{\rho_f + S\rho_S(1-\phi)}{1 + S(1-\phi)} \qquad (6-4-26)$$

式中 ρ_f——压裂液密度，kg/m³；
S——砂比；
ϕ——砂堆的孔隙度（一般为35%～40%）；
ρ_s——支撑剂视密度，kg/m³。

将得到的平衡流速 V_{EQ} 代入式(6-4-19)中，即得到沉砂的平衡高度。在计算中，应注意 Q 的值，如垂直缝是以井轴为对称的两条相等的缝，则进入单翼缝中的流量，应为地面总排量的一半。

3）砂堤的堆起速度

由于平衡流速 V_{EQ} 是携带支撑剂的最低流速，所以砂堤的堆起速度必然与缝中的实际流速与平衡流速的速度差有关。当缝中流速达到平衡流速时，砂堤停止增高，处于平衡状态，因此

$$\frac{dH}{dt} = K'(V_{EQ} - V) \qquad (6-4-27)$$

式中 $\frac{dH}{dt}$——砂堤的堆起速度，m/s；
H——缝中砂堤在任意时刻的高度，m；
V——缝内流速，m/s；
K'——比例系数。

因为砂堤的堆起速度与砂堤上面过流高度 h 的变化方向相反，所以

$$\frac{\mathrm{d}h}{\mathrm{d}t}=-\frac{\mathrm{d}H}{\mathrm{d}t}, \quad V=\frac{Q}{Wh}, \quad V_{\mathrm{EQ}}=\frac{Q}{Wh_{\mathrm{EQ}}}$$

代入式（6-4-27）整理后得到

$$-\frac{h\mathrm{d}h}{(h-h_{\mathrm{EQ}})}=\frac{K'Q}{Wh_{\mathrm{EQ}}}\mathrm{d}t \tag{6-4-28}$$

其中

$$h=H_0-H, \quad h_{\mathrm{EQ}}=H_0-H_{\mathrm{EQ}}$$

积分式（6-4-28），当 $t=0$ 时，$h=H_0$，整理后得

$$1-U-Z\ln U=Kt \tag{6-4-29}$$

其中

$$U=\frac{h-h_{\mathrm{EQ}}}{H_0-h_{\mathrm{EQ}}}, \quad Z=\frac{h_{\mathrm{EQ}}}{H_{\mathrm{EQ}}}, \quad K=\frac{K'Q}{Wh_{\mathrm{EQ}}H_{\mathrm{EQ}}}$$

等式（6-4-29）的左端是 U 的函数，利用实测砂堤堆起高度与时间 t 的关系确定 K 值，再用 K 值求出 K' 的值。巴布库克以 K' 与 $C^{0.12}\left(\dfrac{\rho}{\rho_s-\rho}\right)^{0.45}\left(\dfrac{h_{\mathrm{EQ}}}{H_{\mathrm{EQ}}}\right)^{0.19}\left(\dfrac{U_P}{V_{\mathrm{EQ}}}\right)^{0.86}$ 在双对数坐标上绘出它们的函数关系时，是一条直线，直线的斜率为 0.216，故

$$K'=0.216C^{0.12}\left(\frac{\rho_f}{\rho_s-\rho_f}\right)^{0.45}\left(\frac{h_{\mathrm{EQ}}}{H_{\mathrm{EQ}}}\right)^{0.19}\left(\frac{U_P}{V_{\mathrm{EQ}}}\right)^{0.86} \tag{6-4-30}$$

式中，C 为支撑剂体积与压裂液的体积比，即砂比 S。

至此，任意时间 t 所对应的砂堤高度 H 可以利用式（6-4-27）或式（6-4-29）解出。

4）平衡时间

在计算砂堤达到平衡高度 H_{EQ} 所需要的时间 t_{EQ} 时，假设砂堤达到平衡高度的 95% 就认为已经达到平衡高度，此时 U 函数：

$$U=\frac{h-h_{\mathrm{EQ}}}{H_0-h_{\mathrm{EQ}}}=\frac{0.05H_{\mathrm{EQ}}}{H_{\mathrm{EQ}}}=0.05$$

故 $1-0.05-Z(\ln 0.05)=Kt_{\mathrm{EQ}}$，所以

$$t_{\mathrm{EQ}}=\frac{0.95+3Z}{K} \tag{6-4-31}$$

式中　t_{EQ}——砂堤达到平衡高度所需要的时间，min。

【例】 如果采用压裂液（牛顿液体）的黏度 2mPa·s，砂粒密度 2650kg/m³，压裂液密度 1000kg/m³，缝宽 4.76mm，缝高 4.6m，粒径 1.143mm，砂比 = 9%，排量 $Q=0.8\mathrm{m}^3/\mathrm{min}$（两翼）。

用上述方法可求得：砂粒沉降匀速 $U_P=0.14\mathrm{m/s}$，阻力速度 $(U_W)_{\mathrm{EQ}}=0.168\mathrm{m/s}$，平衡流速 $V_{\mathrm{EQ}}=2.93\mathrm{m/s}$，缝中雷诺数 $N_{\mathrm{Re}}=14460$（$N_{\mathrm{Re}}=\dfrac{\rho_f vw}{\mu}$，$N_{\mathrm{Re}}>3000$，故应按紊流公式计算），平衡时过流断面高度 $h_{\mathrm{EQ}}=0.48\mathrm{m}$，平衡高度 $H_{\mathrm{EQ}}=4.12\mathrm{m}$，比例系数 $K=0.117$，$K'=0.0065$，平衡时间 $t_{\mathrm{EQ}}=4.7\mathrm{min}$。

从这个例子看到，当平衡时，砂堤的高度已达到缝高的 90% 以上，由于携砂液的黏度低，砂的粒径大，所以砂堤的堆起速度是很快的，不到 5min 就达到平衡状态。

不难看出，砂子在沉积过程中，填满了动裂缝宽度，像本例的情况，填砂缝宽差不多在 4mm 以上，虽然闭合后缝宽要窄些，按 2/3 计算还有 2mm 以上，一般说来，比悬浮携砂的宽度要大。当前的压裂设计方法比例题要复杂，因为裂缝的几何尺寸既是时间又是位置的函

数,考虑到液体的滤失,缝内的流速也是时刻在变化的,所以目前一般采用计算机软件进行求解。

4. 裂缝内支撑剂的实际分布

实际裂缝内的支撑剂分布是很复杂的,如支撑剂粒径不是均等的,如0.42~0.84mm 是一个粒径范围。由于压裂液的滤失,裂缝中的流速是变化的,剪切和温度作用黏度也不能保持恒定,这样就出现了复杂的布砂现象。有的砂沉下来了,有的砂还被携带着往远处流动,直到流速低于该粒径的平衡流速,砂子即下沉出来。这种复杂条件下的沉砂及沉砂剖面,可用室内实验和数值模拟方法来确定。图6-4-8是裂缝内砂堤分布的例子。

图6-4-8(a) 是两批砂子粒径,大颗粒沉积在井筒附近裂缝,小颗粒沉积在裂缝远端,但当中沉砂不连续,致使前面的填砂裂缝不起作用,降低了压裂效果。图6-4-8(b) 是井底附近缝口处,由于携砂液经过孔眼的射流作用,或顶替过量,砂子不能在缝口处沉降,造成缝口闭合(称为包饺子现象),即便前面有很好的填砂裂缝,但压裂效果不好。

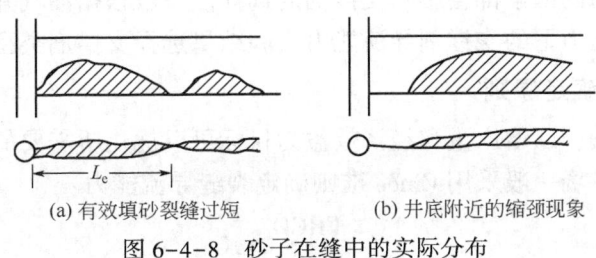

(a) 有效填砂裂缝过短　　　　　　(b) 井底附近的缩颈现象

图6-4-8　砂子在缝中的实际分布

L_e—有效支撑长度

这两种不利的布砂情况,都可以采取措施加以避免。第一种情况,应改变排量或压裂液黏度,改善砂子的沉降条件,使砂堆连续。加大砂量也是一个办法。第二种情况,则应在加砂近于结束时,加一部分粗砂并降低排量或压裂液黏度或加大砂比,将缝口处填满,争取有更高的渗透性。

缝口处的填砂及渗流条件是压裂成败的关键部位之一。有三种加砂方式可供选择:(1) 低黏压裂液,砂子进入后沉降成砂堆;(2) 高黏压裂液,砂子在缝内悬浮,离井轴越远砂浓度越高,这两种上面均有所介绍;(3) 砂柱式加砂方式,这种加砂方式是高黏携砂液与中间顶替液(低黏、甚至是清水)交替地按预先设计好的数量加入缝中,在缝中交替地出现填砂区与未填砂区,形成一个个砂柱用以支撑壁面上承受的应力。实际上,在低黏液体驱动前面的高黏携砂液时,由于界面间的黏滞指进,低黏液体侵入携砂液体中形成若干沟道(图6-4-9),这些杂乱无章的然而相互沟通的沟道,成为油气最好的通道。所以砂柱式的加砂方式所得到的填砂裂缝具有很高的导流能力。根据这一原理,近年来提出了高速通道(highway) 压裂技术,应用纤维等材料与支撑剂形成砂团,在裂缝形成一个个砂柱,提高裂缝导流能力。

这种加砂方式,油气不是在填砂多孔介质中渗流,而是主要沿沟槽流动,所以填砂

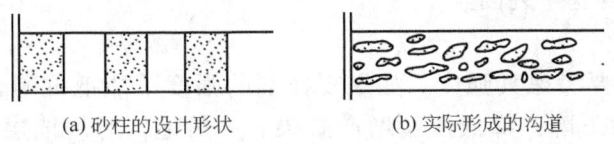

(a) 砂柱的设计形状　　　　　　(b) 实际形成的沟道

图6-4-9　砂柱式填砂方式

之处的渗透率并不是重要的。这就适宜于高闭合压力地层的压裂，即使砂子被压碎，甚至砂堆里没有什么渗透性，而压裂效果却能满足要求。在低闭合压力的高渗层，使用这种加砂方式能改善导流能力的比值，得到加大裂缝长度的好处。此外，它还有节约压裂液及砂子的优点。

三、支撑剂的选择

支撑剂的选择主要是指选择其类型和粒径，选择的目的是达到一定的裂缝导流能力。由于压裂井的产量主要取决于裂缝长度和导流能力，所以在选择支撑剂和设计压裂规模时，应立足于油层条件，最大限度发挥油层潜力，提高单井产量；同时也要考虑到施工条件和压裂液携砂性能等。研究表明：对低渗地层，水力压裂应以增加裂缝长度为主，但为了有效利用裂缝也需要有足够的导流能力；对中高渗地层，水力压裂应以增加裂缝导流能力为主。因此，支撑剂的选择非常重要。

影响裂缝导流能力的因素都会影响支撑剂的选择。一般根据油气井增产要求的裂缝导流能力，结合地层闭合压力下的支撑剂导流能力实验结果选择支撑剂类型和粒径及组合。

1. 裂缝导流能力确定原则

应用数值模拟方法，以增产量和经济效益为目标可以优化所需要的裂缝导流能力，但计算复杂、工作量大，矿场一般采用 Cinco 准则确定裂缝导流能力：

$$C_r = \frac{FRCD}{\pi KL_f} \geq 10 \tag{6-4-32}$$

其中

$$FRCD = K_f W_f$$

式中　FRCD——裂缝导流能力，D·cm；

　　　K——地层渗透率，D；

　　　L_f——裂缝半长，cm。

定义 $F_{CD} = FRCD/(KL_f)$ 为无因次裂缝导流能力，实际应用中，采用以下近似关系式：

垂直缝　　　　　　　$F_{CD} \geq 30$，　$K_f W_f \geq 30 K L_f$ 　　　　　　　(6-4-33)

水平缝　　　　　　　$F_{CD} \geq 10$，　$K_f W_f \geq 10 K h$ 　　　　　　　(6-4-34)

式中　h——油层厚度。

根据研究结果，对特低渗油气层，当压裂层渗透率小于 10mD 时，无因次导流能力大于 1.26 时就能获得最优的增产效果，即

$$F_{CD} \geq 1.26, \quad K_f W_f \geq 1.26 K L_f \tag{6-4-35}$$

例如：当缝长为 100m 时，渗透率为 0.1mD 地层，需要的裂缝导流能力为 1.26D·cm；渗透率为 10mD 地层，需要的裂缝导流能力为 126D·cm。

2. 支撑剂选择原则

裂缝导流能力确定后，就可以根据不同支撑剂的导流能力实验结果确定选用的支撑剂类型和粒径，同时还要考虑下列因素。

1）支撑剂的强度

选用支撑剂首先要考虑其强度。如果支撑剂的强度不能抵抗闭合压力，它将被压碎并导致裂缝导流能力下降，降低压裂增产效果。一般地，对浅地层（深度小于 1500m）且闭合压力不大于 35MPa 时使用石英砂；对于深层且闭合压力较大时多使用陶粒；对中

等深度（2000m左右）的地层一般用石英砂，尾随部分陶粒，或使用中等强度支撑剂（如树脂砂、中强度陶粒）。现场为了安全起见一般都用地层最小水平主应力（垂直缝）作为闭合压力，实际生产过程中，支撑剂承受的应为有效闭合压力，相应的选择支撑剂性能也可以降低。

2）粒径及其分布

虽然大粒径支撑剂在低闭合压力下可得到高渗透的填砂裂缝，但还要视地层条件而定，对疏松或可能出砂的地层，要根据地层出砂的粒径分布中值确定支撑剂粒径，以防止地层砂进入裂缝堵塞孔道（压裂防砂）。

由于粒径越大，所能承受的闭合压力越低，所以在深井中受到破碎及携砂等诸因素限制，也不宜使用粗粒径砂。

3）支撑剂类型和铺砂浓度

不同类型支撑剂在不同闭合压力和铺砂浓度条件下，支撑裂缝导流能力相差很大，图 6-4-5(b) 是石英砂和陶粒在铺砂浓度为 $5kg/m^2$ 和 $10kg/m^2$ 时的导流能力随闭合压力变化的曲线。从图中可以看到：在低闭合压力下，陶粒和石英砂支撑裂缝的导流能力相近，在高闭合压力下，陶粒要比石英砂所支撑裂缝的导流能力大一个数量级；同时也可以看到铺砂浓度越大，导流能力也越大。这也是为什么要提高施工砂比的依据之一。

4）其他因素

支撑剂的嵌入是影响裂缝导流能力的一个因素，颗粒在高闭合压力下嵌入到岩石中，由于增加了抗压面积，有可能提高它的抵抗闭合压力的能力，但由于嵌入而使裂缝变窄，从而降低了导流能力。

其他如支撑剂的质量、密度以及颗粒圆球度等也都会影响裂缝的导流能力。

第五节 水力压裂设计

水力压裂设计是压裂施工的指导性文件，它是在给定的地层条件、井网类型、注采关系和设备能力条件下，优选出经济可行的增产方案。由于地质条件的复杂性以及受目前理论研究的水平所限，压裂设计结果（效果预测和参数优选）与实际情况还有一定的差别，随着压裂设计理论水平的不断提高，对地质参数和裂缝扩展规律认识的进一步提升，压裂设计方案对压裂井施工的指导作用会逐步提高。

水力压裂设计的基础是对压裂层的正确认识，包括油藏压力、渗透性、敏感性、油藏流体物性、含油饱和度以及地应力、岩石抗张强度等，并以此为基础设计裂缝几何参数，确定压裂规模以及压裂液与支撑剂类型等。施工加砂方案设计及排量等受压裂设备能力的限制，特别是深井破裂压力高，要求有较高的施工压力，对设备的要求更高。

压裂增产的前提是储层具有一定的物质基础（含油丰度）和能量基础（地层压力）。压裂设计的原则是最大限度发挥油层潜能和裂缝的作用，使压裂后生产井和注入井达到最佳状态，同时还要求压裂井的有效期和稳产期长。压裂设计的方法是根据油层特性和设备能力，以获取最大产量（增产比）或经济效益为目标，在优选裂缝几何参数基础上，设计合适的加砂方案。压裂设计方案内容包括：裂缝几何参数优选及设计、压裂液类型和配方的选择、支撑剂选择及加砂方案设计以及压裂效果预测和经济分析等。对低渗透油藏区块整体压裂设计还应包括采收率和开采动态分析等内容。

本节以压裂后油井产量（或净现值）为目标，介绍区块整体压裂方案设计、单井压裂设计和效果评价方法。

一、压裂效果预测

压裂后油气井产能预测是进行压裂优化设计的基础。影响压裂井增产幅度的因素主要是油层特性和裂缝几何参数，油层特性包括压裂层的渗透率、孔隙度、流体物性、地层压力、含油丰度和泄油面积等；裂缝参数是指填砂裂缝的长、宽、高和导流能力。预测压裂效果的方法有图表法和油藏数值模拟方法，数值模拟方法是通过建立带有水力裂缝的油藏渗流模型与数值模拟模型，预测不同裂缝参数条件下的压裂井产量、采收率和经济效益等，图表法是应用前人实验和数值模拟方法建立的裂缝参数与产量关系图表，预测压裂井产量，主要包括增产倍数和典型曲线图表。本节主要介绍图表法和解析法。

1. 增产倍数图版（stimulation ratio plate）

经典的增产倍数图版是由麦克奎尔—西克拉（McGuire-Sikora，1960）应用电模型实验得到的，用以表征垂直裂缝条件下增产倍数与裂缝几何尺寸和导流能力的关系（图6-5-1）。该曲线基于以下假设：拟稳定流动；定产或定压生产；正方形泄油面积；外边界封闭；裂缝穿过整个产层。

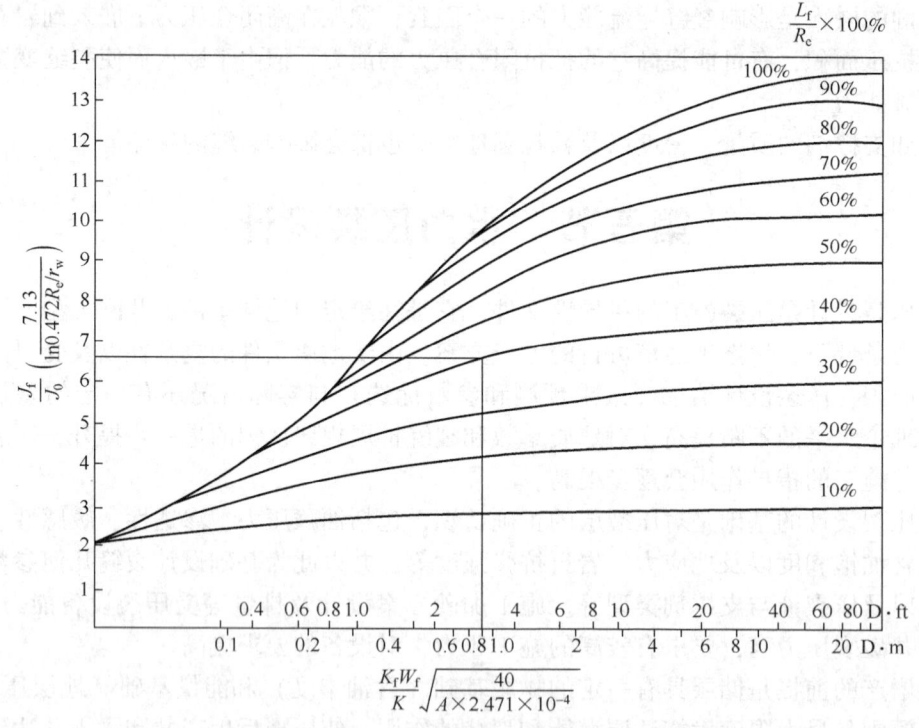

图 6-5-1　麦克奎—西克拉垂直裂缝增产倍数曲线

该图的纵坐标是无因次增产倍数（压裂后与压裂前油井采油指数之比）：

$$J_f/J_0\left(\frac{7.13}{\ln 0.472R_e/r_w}\right)$$

式中　J_0、J_f——压裂前后油井的采油指数；

R_e、r_w——油井供液半径和井筒半径，m。

横坐标为相对导流能力：

$$\frac{K_f W_f}{K}\sqrt{\frac{40}{A\times 2.471\times 10^{-4}}}$$

式中　$K_f W_f$——裂缝导流能力，$\mu m^2 \cdot m$；

　　　K——储层渗透率，$10^{-3}\mu m^2$；

　　　A——井控面积（泄油面积），m^2。

横坐标根号内的数字是当井控面积不是 40 英亩时的修正系数（$1m^2 = 2.471\times 10^{-4}$ 英亩）；纵坐标括号内的数字是当井直径不是 6in 时的修正系数。曲线上的数字是缝长（单翼）与供油半径的比（称为裂缝的穿透比）。可以把横坐标上的数值看成裂缝导流能力与油层导流能力的比值，在同样情况下，裂缝导流能力越高，则增产倍数也越高，造缝越长，倍数也越高。从曲线的变化趋势上看，在横坐标上以 0.4 为界，在它的左边要提高增产倍数，则应以增加裂缝导流能力为主。以裂缝长度为供油半径的 40% 这条曲线为例，导流能力比从 0.1 提高到 0.4，增产倍数则从 3 倍提高到 6 倍多。此时增加缝长对增加倍数并不起多大的作用。在 0.4 的右边，曲线趋于平缓，增产主要靠增加裂缝的长度，进一步提高裂缝的导流能力基本上不能增加增产倍数。从增产倍数曲线可以得到如下结论：

（1）对低渗油藏，增加裂缝长度比增加裂缝导流能力对增产更有利。因为对低渗油层容易得到相对较高的无因次导流能力，要提高增产倍数，应以加大裂缝长度为主，这是当前在压裂特低渗透层时，强调增加裂缝长度的依据。而对高渗地层正好相反，应以增加导流能力为主。

（2）对一定的裂缝长度，存在一个最佳的裂缝导流能力。因为对一定的油层条件，油层的供液能力是有限的，所要求的渗流条件（导流能力）也是有限的，过分追求高导流能力是不必要的。

应用增产倍数图版可以预测在一定地层和井筒条件下的压裂井增产效果，也可以优选在期望增产倍数条件下的裂缝参数（缝长、导流能力），用于压裂设计。

2. 预测压裂井产量典型曲线

用增产倍数法预测压裂井产量虽然简单，但它仅适用于稳定和拟稳定生产阶段，对低渗透地层压裂后很长时间内油层都是不稳定流，在这种情况下用增产倍数法预测的结果将会有很大的误差。1979 年 Agarwal 用数值模拟方法预测了压裂井压后产量随时间变化，并绘制了计算图版（图 6-5-2），由此曲线可以预测压裂井的产量与生产时间的关系。基本假设：

（1）油层流体微可压缩，且黏度为常数；

（2）裂缝内导流能力为常数，不随位置和时间变化；

（3）不存在井筒存储和井筒附近的油层伤害；

（4）边界影响可忽略；

（5）忽略气体紊流影响。

图 6-5-2 中横坐标为无因次生产时间：

$$t_{Dxf}=\frac{3.549\times 10^{-3} Kt}{\phi \mu C_t L_f^2} \tag{6-5-1}$$

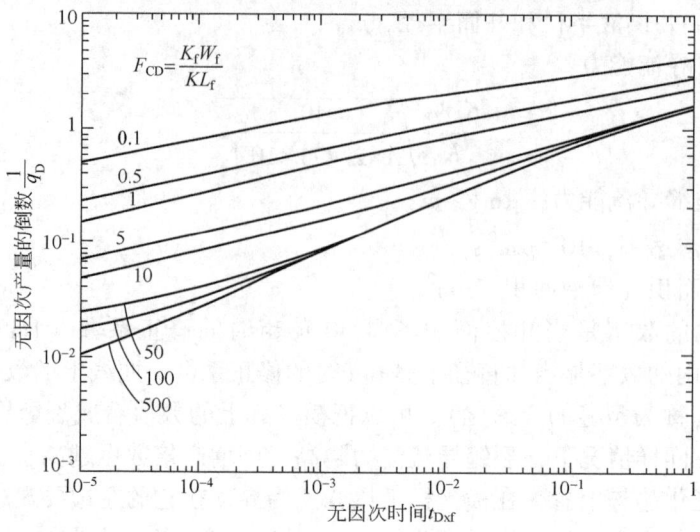

图 6-5-2　Agarwal 曲线

式中　K——储层渗透率，μm^2；
　　　t——生产时间，h；
　　　ϕ——储层孔隙度；
　　　μ——储层流体黏度，$mPa \cdot s$；
　　　C_t——综合压缩系数，MPa^{-1}；
　　　L_f——裂缝半长，m。

纵坐标为无因次产量倒数，分为油井产油量和气井产气量：

$$\frac{1}{q_D} = \frac{Kh(\bar{p}_r - p_{wf})}{1.866qB_o\mu} \quad （油井） \qquad (6-5-2a)$$

$$\frac{1}{q_D} = \frac{Kh(\bar{p}_r^2 - p_{wf}^2)}{0.13q\mu ZT} \quad （气井） \qquad (6-5-2b)$$

式中　h——油气层厚度，m；
　　　$\bar{p}_r$——地层压力，MPa；
　　　p_{wf}——井底流压，MPa
　　　q——油井、气井日产量，m^3；
　　　B_o——原油体积系数，小数；
　　　T——油层温度，K；
　　　Z——天然气压缩因子。

无因次导流能力（dimensionless fracture conductivity）的计算式为

$$F_{CD} = \frac{K_f W_f}{K L_f} \qquad (6-5-3)$$

式中　F_{CD}——无因次导流能力；
　　　$K_f W_f$——裂缝导流能力，$\mu m^2 \cdot m$；
　　　$K L_f$——储层渗透率×裂缝半长，$\mu m^2 \cdot m$。

预测方法：由地层参数和裂缝参数计算给定生产时间的无因次时间，由 F_{CD} 和 t_{Dxf} 查

曲线确定 $1/q_D$，再由式（6-5-2）计算油井或气井产量，改变生产时间可以得到相应的产量。

用典型曲线方法预测油井、气井产量虽然比较直观，但操作起来比较繁琐，特别是当 F_{CD} 介于曲线上两者之间时用内插法会产生一定的误差，另外，当无因次生产时间大于 1 以后无法用查图方法来预测。针对这些问题可以采用如下方法：一是把 Agarwal 曲线回归成多项式，二是直接用数值模拟方法预测。

与增产倍数图版一样，应用典型曲线也可以优化裂缝参数，如果缝长一定，通过计算 30d 的无因次生产时间，根据下表优化裂缝无因次导流能力。

表 6-5-1 最优无因次导流能力

无因次时间 t_{Dxf}	1.0	0.1	0.01	0.001	0.0001	0.00001
最优无因次导流能力 F_{CD}	3	10	30	50	100	500

如果计算的无因次生产时间介于表中两个数据之间，可以用内插法确定最优值：

$$F_{CD} = F_{CD1} - (F_{CD1} - F_{CD2})D \tag{6-5-4}$$

其中

$$D = \lg\frac{t_{Dxf}}{t_{Dxf1}} \Big/ \lg\frac{t_{Dxf2}}{t_{Dxf1}}$$

3. 水平裂缝压裂井产量预测

对于水平缝压裂井的增产倍数也可用类似于麦克奎尔—西克拉增产倍数曲线来确定，也可以用解析方法计算。

对水平缝压裂井，压裂前后的压力分布如图 6-5-3 所示，实线是压前的压力分布，虚线是压后的压力分布，生产压差分为两部分：

$$\Delta p = p_s - p_w = \Delta p_{R_e - r_f} + \Delta p_{r_f - r_w} \tag{6-5-5}$$

其中

$$\Delta p_{R_e - r_f} = \frac{\mu Q \ln(R_e/r_f)}{2\pi Kh}$$

$$\Delta p_{r_f - r_w} = \frac{\mu Q \ln(r_f/r_w)}{2\pi K_a h}$$

$$K_a = \frac{K_f W_f + Kh}{h}$$

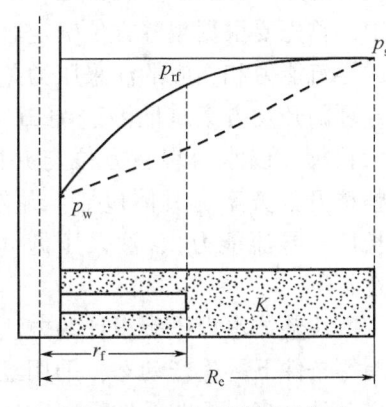

图 6-5-3 水平缝压裂前后油层中压力分布

如果认为压裂后油层的平均渗透率相当于 K'，则 Δp 可表示为

$$\Delta p = \frac{Q\mu \ln(R_e/r_w)}{2\pi K'h} \tag{6-5-6}$$

所以

$$K' = \frac{KK_a \ln(R_e/r_w)}{K_a \ln(R_e/r_f) + K\ln(r_f/r_w)} \tag{6-5-7}$$

式中 K_a——裂缝区内的平均渗透率；

K——油层渗透率；

h——油层厚度。

在生产压差相同条件下，压后与压前产量之比可表示成

$$\frac{q_f}{q_o} = \frac{K'}{K} = PR$$

整理后得到水平缝压裂井增产倍数：

$$PR = \frac{K_f W_f}{Kh} \frac{\left(1+\dfrac{Kh}{K_f W_f}\right)\ln\dfrac{R_e}{r_w}}{\left(1+\dfrac{K_f W_f}{Kh}\right)\ln\dfrac{R_e}{r_f}+\ln\dfrac{r_f}{r_w}} \tag{6-5-8}$$

二、水力压裂设计方法

水力压裂设计分为区块整体水力压裂方案设计和单井水力压裂施工设计。

1. 区块整体水力压裂方案设计

低渗透油田开发主要通过水力压裂提高单井产量，采用注水保持地层能量，油水井压裂后油藏内的渗流机理和动态变化很大程度上取决于水力裂缝参数和方位，油井产量（初期产量、稳定产量、累计产量）除与裂缝参数有关外，还与注水强度、井网格局等因素有关。低渗透油田开发不同于常规油田在于水力裂缝的双重性，一方面水力裂缝的存在提高了油水井的增产增注能力，另一方面又加剧了地层的非均质性，当裂缝方位不利时还可能导致油井过早水淹，降低开采效益。水力裂缝方位是受地层最小主应力控制的，对某一具体区块，最小主应力方向是一定的，因而裂缝的方位也是一定的。但是在不同的井网方位条件下，水力裂缝可能处于有利或不利方位，所产生的开发效果却是截然不同的。因此，在低渗透油田开发中，首先要根据裂缝方位确定合理的井网方位，在此基础上优化井网类型，再优化裂缝长度、导流能力和相应的注采压力差，最终以经济效益为目标进行整体压裂方案优化设计，提出合理的开发方案。低渗透油田（区块）整体压裂开发方案设计是指以区块整体开发效益为目标，以水力裂缝方位与井网类型和方位相匹配为基础，综合设计压裂、注水、采油整体开发方案，具体包括：井网类型，井排距，井网方位，油水井压裂裂缝参数（裂缝长度、导流能力），注采压力（生产压差、注入压差），以及相应的工艺措施和压裂材料选择等。

区块整体水力压裂设计的方法主要采用油藏数值模拟，模拟不同井网、裂缝参数、注采压差等条件下的生产动态，采用经济评价模型计算不同压裂、注水、采油方案的经济效益，应用多元、多目标非线性规划方法对各方案进行排序，兼顾产量、采油速度、采收率和经济效益等指标优选整体压裂开发方案。

1）井网方位与裂缝方位匹配关系

有利裂缝方位是指水驱方向垂直于井排方向，不利裂缝方位是指水驱方向平行于井排方向，即注采井在同一连线上。图6-5-4、图6-5-5为五点和反九点井网，有利和不利裂缝方位与井网方位的匹配关系图，如果垂直裂缝方向的渗透率极低或平行裂缝方向的天然裂缝发育，还可以采用缩小排距的矩形井网（图6-5-6），以提高垂直裂缝方向的水驱效果。

2）整体方案优化设计

某低渗透油藏物性参数见表6-5-2，采用反九点井网布井（不利方位），整体压裂裂缝参数和注采压力和水平见表6-5-3。采用正交优化设计方法可以得到不同参数的方案，通过油藏数值模拟方法计算各方案的开发指标，运用经济评价和模糊评判方法对各方案进行综合

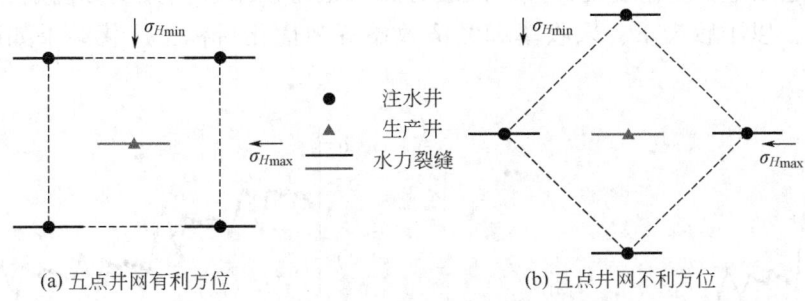

(a) 五点井网有利方位　　　　　　　(b) 五点井网不利方位

图 6-5-4　正方形五点井网

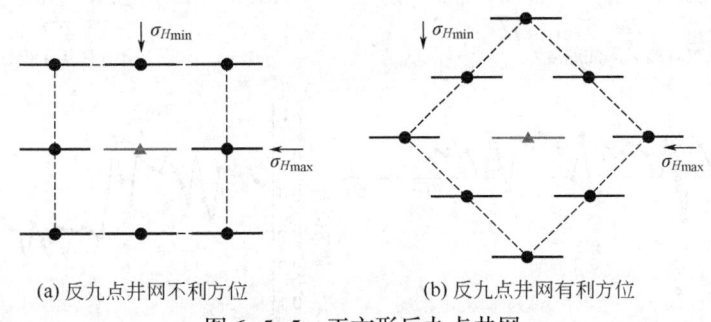

(a) 反九点井网不利方位　　　　　　(b) 反九点井网有利方位

图 6-5-5　正方形反九点井网

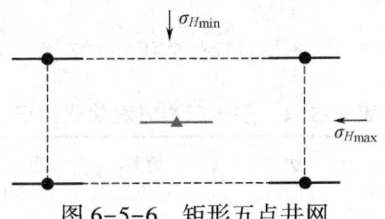

图 6-5-6　矩形五点井网

评价，最终得到最优方案。

表 6-5-2　某低渗透油藏物性参数

地下原油密度 kg/m³	地层水密度 kg/m³	地层水压缩系数 MPa^{-1}	地下原油压缩系数 MPa^{-1}	地下原油黏度 mPa·s	地层水黏度 mPa·s	地层平均渗透率 mD	油层厚度 m	地层压力 MPa	饱和压力 MPa
870	1000	4.4×10^{-4}	8.8×10^{-4}	1.7	0.5	0.51	5.7	16.18	9.74

表 6-5-3　整体压裂裂缝参数和注采压力设计

参数	排距×井距 m×m	注水井缝长比	边井缝长比	角井缝长比	注水井流压 MPa	采油井流压 MPa	裂缝导流能力 μm²·cm
1	200×200	0.1	0.2	0.2	21	3.5	20
2	200×300	0.2	0.25	0.3	26	5.6	30
3	300×300	0.25	0.3	0.35	31	7.7	35
4	300×350	0.3	0.33	0.4	37	9.8	40

注：参数根据油藏实际确定。

据此可以运用正交优化表设计整体压裂方案，也可以结合油藏实际确定方案（本例筛选50个方案），以压后产量、采收率和经济效益等为优化目标，优化结果如图6-5-7和表6-5-4所示。

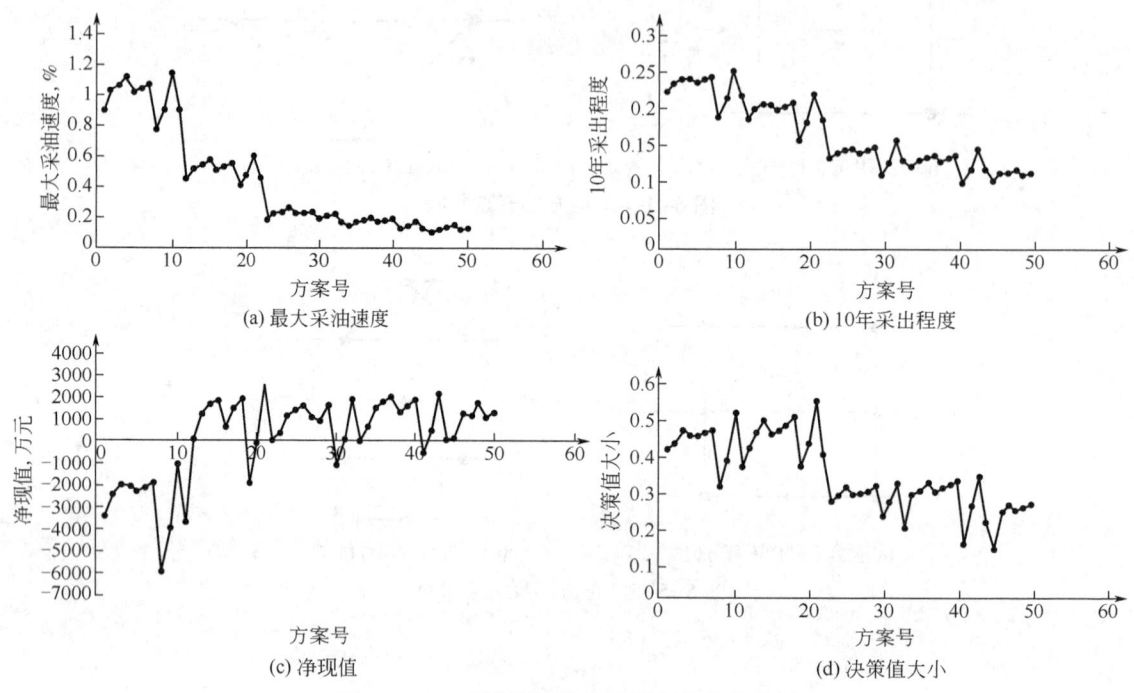

图6-5-7 不同目标整体压裂方案优化结果

表6-5-4 整体压裂方案优化结果

方案号	井网 m×m	注水井 缝长比	边井 缝长比	角井 缝长比	注水压力 MPa	采油压力 MPa	导流能力 $\mu m^2 \cdot cm$
21	200×300	0.2	0.33	0.4	37	3.5	30

注：缝长比为裂缝半长与同排井间距离的比值；注水压力和采油压力为井底流压。

2. 单井水力压裂设计

单井水力压裂设计一般分为两类：一是从压后增产倍数出发，根据优化的裂缝参数，通过压裂设计模型计算满足裂缝参数的压裂液和支撑剂量及施工方案；二是根据设备能力和限定的压裂液、支撑剂量，计算得到裂缝参数，预测压后产量。

压裂设计优化是以增产量、经济效益等为目标优选最优的裂缝参数和施工方案。具体做法是在满足地层、井筒条件和设备能力前提下，应用水力裂缝模拟模型确定不同施工方案（施工规模）的裂缝几何参数和导流能力；应用油气藏模拟模型计算不同裂缝几何参数和导流能力下的压裂井产量和累积产量；应用经济评价模型计算施工投入与压后增产产出，从中选择投入少、产出高、技术可行的压裂施工方案。优化设计原理如图6-5-8所示。

水力压裂优化设计是一个反复模拟和优化的过程，目前虽然已有计算软件能够模拟设计，但由于储层地质特征和裂缝扩展的复杂性，设计人员还需要结合现场实际和以往施工经验来优化施工方案。优化的参数与目标之间也是非线性的，需要采用多目标、多参数非线性优化方法，计算工作量大。

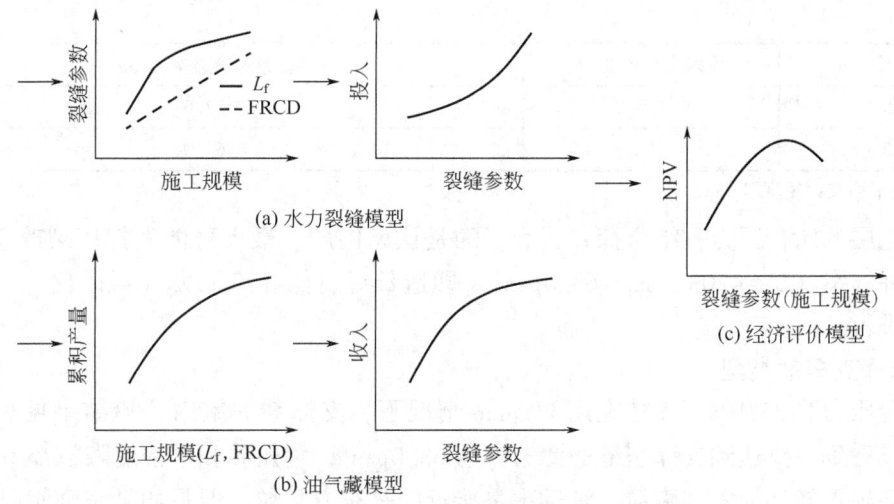

图 6-5-8 水力压裂优化设计原理
FRCD—裂缝导流能力；L_f—裂缝半长；NPV—净现值

3. 单井压裂计算实例

[实例1] 裂缝参数优化设计方法

以预期产量为目标，优化裂缝参数和选择压裂液、支撑剂。

某气藏有一探井，井深1980m，闭合压力约为33MPa，储层有效厚度为11.4m，孔隙度15%，有效渗透率 $0.75\times10^{-3}\mu m^2$，油层综合压缩系数 $2\times10^{-3}MPa^{-1}$，天然气黏度 0.02mPa·s，压缩因子0.86，油层温度86℃，原始油层压力18.61MPa，生产井流压 14.11MPa，如果要求压裂后30天的日产气达到 $10^5 m^3/d$，试进行裂缝参数设计。其基本步骤和方法如下。

1）预测不同裂缝长度和导流能力下的产量

假设一个裂缝长度，由式（6-5-1）计算生产时间为30天时的无因次时间，查Argwal曲线得到不同 F_{CD} 下的无因次产量倒数（$1/q_D$），再由式（6-5-2b）计算相应的压裂井第30天的日产量 q_g。改变裂缝长度用同样方法可以得到一组产量与 L_f、F_{CD} 的关系数据，如图6-5-9所示。由图可以看到，随裂缝长度和导流能力的增加，压裂后一个月的产量也相应增加。

2）优选裂缝参数

根据初产 $10^5 m^3/d$ 的要求，由计算结果（图6-5-9）选择满足要求的裂缝参数组合，见表6-5-5。

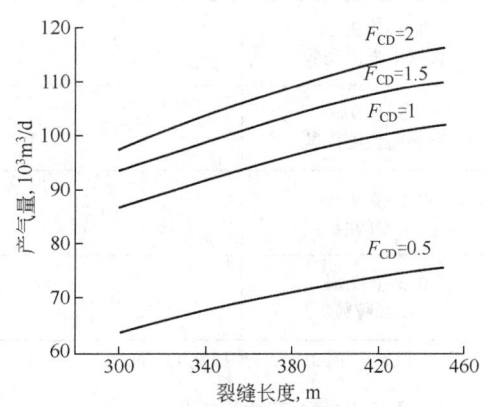

图 6-5-9 产气量、裂缝长度和无因次裂缝导流能力 F_{CD} 关系

表 6-5-5 裂缝参数组合

裂缝半长，m	无因次导流能力	裂缝内渗透率，μm^2
318	2	95.4

续表

裂缝半长，m	无因次导流能力	裂缝内渗透率，μm^2
345	1.5	77.6
420	1	63.0

注：裂缝平均支撑宽度取5mm。

根据地层的闭合压力，结合探井压裂目的是认识储层，最大可能发挥压裂改造的作用，选择第三种方案（$L_f = 420$m，$K_f = 63.0\mu m^2$）即造长缝、低导流能力（低砂比），以保证施工的顺利进行。

3）选择支撑剂类型

在闭合压力为33MPa，支撑宽度为5mm情况下，支撑剂的室内评价结果见表6-5-6。从表中可以看到，要达到支撑裂缝的渗透率为$63.0\mu m^2$，兰州砂和中强度陶粒都不能满足要求，因此必须选择其他三类陶粒，渗透率最接近的是东方陶粒，但是如果完全使用东方陶粒又会导致渗透率的浪费，为此选用兰州砂与东方陶粒组合为压裂用支撑剂。如果考虑到地层压力对裂缝壁面的支撑作用，实际作用在支撑剂上的压力为有效闭合压力p_{cef}，即作用在裂缝壁面的闭合压力p_c减去地层压力p_p。有时为了安全起见用井底流压代替地层压力。如果使用有效闭合压力，对给定的支撑剂类型选择兰州砂就能满足要求，但考虑到长期生产过程中支撑剂的破碎和压裂液、地层微粒对支撑裂缝导流能力的伤害等，同时对于探井，为了提高改造效果和稳产时间，一般选用更高一级的支撑剂。

表6-5-6 支撑剂综合数据表

名称	破碎率，%	密度，g/cm³	渗透率，μm^2
0.4~0.8mm 兰州砂	33.9	2.6	30.2
0.5~0.9mm 宜兴中强度陶粒	29.5	2.53	35.0
0.5~0.9mm 宜兴高强度陶粒	13.1	2.58	134.5
0.5~0.9mm 东方陶粒	10.7	2.78	92.8
0.5~0.9mm 成都陶粒	0.63	3.6	150.9

注：实验压力33MPa，支撑宽度5mm。

4）确定组合支撑剂量

若尾随东方陶粒段的长度为L_1，导流能力为F_{CD1}，兰州砂导流能力为F_{CD2}，裂缝平均导流能力为F_{CD}，则裂缝内东方陶粒段长度为

$$L_1 = \frac{L_f(F_{CD} - F_{CD2})}{F_{CD1} - F_{CD2}}$$

$$F_{CD1} = \frac{(K_f W_f)_1}{K L_f} = \frac{92.8 \times 5}{0.75 \times 10^{-3} \times 420 \times 10^3} = 1.473$$

$$F_{\text{CD2}} = \frac{(K_f W_f)_2}{K L_f} = \frac{30.2 \times 5}{0.75 \times 10^{-3} \times 420 \times 10^3} = 0.4794$$

代入得到 $L_1 = 220.0$m。

有了两种支撑剂的支撑长度，如果已知裂缝高度（本例为19.0m）就可以算出支撑剂体积。

如东方陶粒体积：$2L_1 W_{\text{avg}} H = 2 \times 220.0 \times 0.005 \times 19.0 = 41.8$m³，即尾随东方陶粒段长度占总裂缝长度比约为0.52，实际裂缝由于宽度是变化的，所以尾随的体积还要大。为了优选方案，开展了不同方案计算得到结果对比分析（表6-5-7）。

表 6-5-7　不同支撑剂方案的预测结果

序号	兰州砂体积，m³	东方陶粒体积，m³	尾随比	F_{CD}	预测产量，10⁴m³/d
1	48	32	0.4	0.63	8.5
2	40	40	0.5	0.77	9.11
3	32	48	0.6	0.93	9.87
4	24	56	0.7	1.09	10.36
5	16	64	0.8	1.27	10.54
6	8	72	0.9	1.43	10.71
7	0	80	1.0	1.61	10.90

注：根据设备情况，一次用液为380m³较合理。

由表6-5-7可看出，满足要求同时又可以实施的方案为尾随比为0.7的陶粒（方案4）。根据设备能力，其他设计参数：平均砂比30%，排量3.0m³/min，最大砂比49%，生产压差4.5MPa。

5）选择压裂液

根据地层条件选用瓜尔胶压裂液，性能测试结果列在表6-5-8中。

表 6-5-8　瓜尔胶压裂液性能参数表

冻胶黏度	90℃，170s⁻¹，剪切30min，285mPa·s	破乳率	98%
破胶液黏度	75~85℃，24h，<5mPa·s	破胶液表面张力	33.7mN/m（80℃）
防腐性	基液在35~37℃放置3天，黏度下降1.7%		1.2mN/m（20℃）
滤失性	90℃时，$C_{\text{III}} = 1.09 \times 10^{-4}$m/$\sqrt{\text{min}}$	残渣	0.7kg/m³

注：该压裂液具有滤失少、低残渣、防腐性能好等特点，可以满足该井的压裂施工。

[实例2]　施工方案设计方法

某井油层参数：油层深度2500m，油层厚度15m，射孔密度10孔/m，孔径10mm，油层压力26.2MPa，生产流压15MPa，孔隙度10%，渗透率0.0025μm²，地层温度80℃（353K），井径9¾in（24.765cm），油管直径2½in（6.35cm），套管直径5½in（13.97cm），油藏综合压缩系数6×10^{-3}MPa⁻¹，地层岩石弹性模量2.5×10^4MPa，泊松比0.15，地层油黏度0.002Pa·s，井距400m×400m。

支撑剂：采用石英砂支撑剂，粒径0.425~0.85mm（20/40目），视密度2650kg/m³。

压裂液：80℃时压裂液稠度系数$K_f = 0.03$Pa·s，流态指数$n=1$，密度1000kg/m³，滤失系数$C_{\text{III}} = 3 \times 10^{-3}$m/$\sqrt{\text{min}}$。

施工参数：破裂压力梯度0.018MPa/m，施工排量3m³/min，井口设备限压40MPa。

（1）地层破裂时的井口压力。

施工过程中井筒内液体摩阻可以通过第三节介绍的公式计算，现场一般采用测试压裂获得，如果已知油套合压时的清水摩阻为 0.7MPa/100m，压裂液摩阻为清水摩阻的 70%，则地层破裂时的井口压力为（忽略射孔摩阻）：

$$p = p_F - p_H + p_f = 0.018 \times 10^6 \times 2500 - 1000 \times 9.8 \times 2500 + \frac{0.7 \times 1000000}{100} \times 2500 \times 0.7$$

$$= 32750000(\text{Pa}) = 32.75(\text{MPa})$$

破裂时的井口压力低于允许值。

施工水马力：$HHP = 22.34Qp = 22.34 \times 3 \times 32.75 = 2194.9 HHP$。$1HHP = 0.7355kW$。

根据施工水马力（功率）和排量可以选择压裂车台数。

（2）闭合压力。

支撑剂承受的闭合压力应为延伸压力与地层压力之差，在这里借用了破裂压力（有些情况下破裂压力与延伸压力相接近），并且使用流压而不是地层压力，这是以井底附近的降压条件代替了整个裂缝，这样也是为了有一定的余量：

$$p_c = p_F - p_{BH} = 0.018 \times 10^6 \times 2500 - 15 \times 10^6 = 30000000(\text{Pa}) = 30(\text{MPa})$$

由支撑剂导流能力实验结果查出 20/40 目石英砂 $5kg/m^2$ 铺砂浓度，闭合压力为 30MPa 时的导流能力值为 $41.09\mu m^2 \cdot cm$。

（3）设计裂缝缝长和面积。

① 由麦克奎尔—希拉克增产倍数曲线查出要求的缝长。横坐标值为

$$\frac{K_f W_f}{K} \sqrt{\frac{40}{A \times 2.471 \times 10^{-4}}} = \frac{41.09/100}{2.5} \times \sqrt{\frac{40}{400^2 \times 2.471 \times 10^{-4}}} = 0.165$$

式中，$K_f W_f$ 的单位为 $D \cdot m$，K 单位为 mD，A 单位为 m^2。

当横坐标为 0.165 时，缝长为供油半径的 10%~100%，其增产倍数从 2.5 到 5.0 倍，从图上可以看出取值 40% 比较合理。若供油半径取井距之半，则裂缝半长为

$$L = 200 \times 0.4 = 80(\text{m})$$

② 确定填砂裂缝面积。设由测井曲线确定裂缝高度为 30m，则填砂裂缝面积为

$$A = 2LH = 2 \times (80+10) \times 30 = 5400(\text{m}^2)$$

这里缝长多取了 10m，是为了保证 80m 的有效支撑缝长。

（4）确定用液量及砂量。

计算产生 $5400m^2$ 裂缝面积所需的液量及装满裂缝体积所需的最大砂量。

① 运用 PKN 模型计算缝宽。

a. 最大缝宽：

$$W_{max} = \left[\frac{128}{3\pi}(n+1)(2n+1)^n(1-v^2)\left(\frac{1}{60}\right)^n\left(\frac{Q^n K_f L H^{1-n}}{E}\right)\right]^{\frac{1}{2n+2}}$$

$$= \left[\frac{128}{3\pi} \times (1+1) \times (2 \times 1+1)^1 \times (1-0.15^2) \times \left(\frac{1}{60}\right)^1 \times \left(\frac{3^1 \times 0.03 \times 90 \times 30^{1-1}}{2.5 \times 10^{10}}\right)\right]^{\frac{1}{2 \times 1+2}}$$

$$= 4.55 \times 10^{-3}(\text{m})$$

b. 平均缝宽：

$$\overline{W} = \left(\frac{\pi}{4}\right)^2 W_{\max} = 0.785^2 \times 4.55 \times 10^{-3} = 2.81 \times 10^{-3} (\text{m})$$

c. 支撑缝宽：设计裂缝内铺砂浓度 5kg/m^2，裂缝内支撑剂堆积的孔隙度为 35%，则支撑剂体积密度为 $2600 \times (1-0.35) = 1690\text{kg/m}^3$，则裂缝闭合后的宽度为

$$w' = \frac{5}{1690} = 2.959 \times 10^{-3} (\text{m})$$

这是要求的裂缝闭合后的宽度，前面计算的平均缝宽是压裂时的动态缝宽，由于动态缝宽小于支撑缝宽，说明施工参数不合理，需要重新调整。如将压裂液黏度调整到 $100\text{mPa} \cdot \text{s}$，代入缝宽公式，得到平均动态缝宽 $3.79 \times 10^{-3}\text{m}$，能够满足加砂要求，但二者相差太大。将压裂液黏度调整为 $50\text{MPa} \cdot \text{s}$，得到平均动态缝宽为 $3.185 \times 10^{-3}\text{m}$，大于支撑缝宽且接近，所以使用 $50\text{mPa} \cdot \text{s}$ 的压裂液体系。也可以通过调整排量增加裂缝宽度。

② 确定压裂液的滤失系数。

用裂缝延伸压力减掉地层压力得到裂缝内外压差，裂缝延伸压力借用破裂压力值：

$$\Delta p = p_\text{f} - p_\text{r} = 0.018 \times 10^6 \times 2500 - 26.2 \times 10^6 = 18800000 (\text{Pa}) = 18.8 (\text{MPa})$$

$$C_\text{I} = 5.4 \times 10^{-3} \left(\frac{K\Delta p\phi}{\mu_\text{f}}\right)^{\frac{1}{2}} = 5.4 \times 10^{-3} \times \left(\frac{0.0025 \times 18.8 \times 10^3 \times 0.1}{50}\right)^{\frac{1}{2}}$$

$$= 1.656 \times 10^{-3} (\text{m}/\sqrt{\min})$$

$$C_\text{II} = 4.3 \times 10^{-3} \Delta p \left(\frac{KC_\text{f}\phi}{\mu_\text{r}}\right)^{\frac{1}{2}} = 4.3 \times 10^{-3} \times 18.8 \times 10^3 \times \left(\frac{0.0025 \times 6 \times 10^{-6} \times 0.1}{2}\right)^{\frac{1}{2}}$$

$$= 2.213 \times 10^{-3} (\text{m}/\sqrt{\min})$$

综合滤失系数：

$$\frac{1}{C} = \frac{1}{C_\text{I}} + \frac{1}{C_\text{II}} + \frac{1}{C_\text{III}} = \frac{1}{1.656 \times 10^{-3}} + \frac{1}{2.213 \times 10^{-3}} + \frac{1}{3 \times 10^{-3}}$$

则
$$C = 7.198 \times 10^{-4} \text{m}/\sqrt{\min}$$

③ 用液量。

运用卡特模型试算法求液量，估计泵注时间 40min，则

$$\begin{cases} x = \dfrac{2C\sqrt{\pi t}}{w} = \dfrac{2 \times 0.0007198 \times \sqrt{3.14 \times 40}}{0.003185} = 5.066 \\ y = \dfrac{1}{1+0.3275911x} = 0.37602 \end{cases}$$

用下式近似计算 x 的误差补偿函数：

$$e^{x^2}\text{erfc}(x) = 0.254829592y - 0.284496736y^2 + 1.42143741y^3 - 1.453152027y^4 + 1.06140429y^5 = 0.11013$$

裂缝面积为：

$$A = \frac{Qw}{4\pi C^2}\left[e^{x^2}\text{erfc}(x) + \frac{2x}{\sqrt{\pi}} - 1\right] = \frac{3 \times 0.003185}{4\pi \times 0.0007198^2} \times \left(0.11013 + \frac{2 \times 5.066}{\sqrt{\pi}} - 1\right) = 7089(\text{m}^2)$$

要求的裂缝面积是 5400m^2，所以 $t = 40\text{min}$ 虽然可满足设计面积要求，但过大，将施工时间调整为 30min，重新计算，得到 $A = 6099\text{m}^2$。如果需要精确计算，可以重新设定施工时间，直到计算的裂缝面积与要求的一致。

用液量为

$$V_L = Qt = 3 \times 30 = 90 (\text{m}^3)$$

④ 用砂量。

按铺砂浓度为 5kg/m² 的有效支撑裂缝面积计算，需要的支撑剂量为

$$V_s = \frac{2 \times 80 \times 30 \times 5}{1690} = 14.2 (\text{m}^3)$$

⑤ 支撑剂沉降速度。

支撑剂匀速沉降时的速度 U_p 为

$$U_p = \frac{d_p^2 (\rho_s - \rho) g}{18\mu}$$

支撑剂粒径取 20/40 目石英砂粒径上限 0.85mm，则

$$U_p = \frac{0.00085^2 \times (2650 - 1000) \times 9.8}{18 \times 0.05} = 0.013 (\text{m/s})$$

$$(N_{Re})_p = \frac{d_p \rho U_p}{\mu} = \frac{0.00084 \times 1000 \times 0.013}{0.05} = 0.218$$

$(N_{Re})_p < 1$，考虑干扰沉降速度：

$$U = U_p \frac{C_e^2}{10^{1.82(1-C_e)}}$$

携砂液液体体积按 90m³，平均砂比为 14.2/90 = 15.8%，携砂液中液体体积分数为

$$C_e = \frac{90}{90 + \dfrac{14.2 \times 1690}{2650}} = 0.9086$$

则考虑干扰沉降速度为

$$U = 0.013 \times \frac{0.9086^2}{10^{1.82 \times (1-0.9086)}} = 0.00732 (\text{m/s}) = 0.439 (\text{m/min})$$

支撑剂从缝顶部沉降到缝底部所需时间为

$$t = \frac{30}{0.439} = 68.3 (\text{min})$$

可以看出，由于选择的压裂液黏度过大，施工结束后支撑剂仍处于全悬浮状态。

（5）加砂程序。

如果平均铺砂浓度为 5kg/m²，则裂缝的平均砂浓度为

$$C_s = \frac{5}{W} = \frac{5}{0.003185} = 1569.86 (\text{kg/m}^3)$$

取 3m³ 为一注入单元，单元注入时间 $t = 1\text{min}$，前置液 24m³，$S_p = 8$，$S_T = 90/3 = 30$，则地面砂浓度可以近似为

$$C_o = \frac{C_s}{\left(1 + \dfrac{2C_t}{W}\sqrt{S_p + \dfrac{S_T}{2}}\right)^{S_T - S}} = \frac{1569.86}{\left(1 + \dfrac{2 \times 7.198 \times 10^{-4} \times 1}{3.195 \times 10^{-3}}\sqrt{8 + \dfrac{30}{2}}\right)^{30-15}} = 408.2 (\text{kg/m}^3)$$

相应的地面平均砂比为

$$C = \frac{C_0}{\rho_{体积}} = \frac{408.2}{1690} = 24.2\%$$

从渗流力学角度，压后生产时，从裂缝端部到井底缝口，裂缝内的流量逐渐增加，要求的裂缝导流能力也应该逐渐增加，即砂浓度逐渐增加，因此地面加砂顺序是由低砂浓度逐渐向高砂浓度过渡；同时施工初期裂缝宽度较小，为了防止施工过程发生砂堵，也要求先用低砂浓度加入，等裂缝宽度达到一定值后再逐步增加加砂浓度。现场加砂程序采用跳跃式和线性式两种方式。

第六节　非常规油气储层体积压裂技术

非常规油气（unconventional reservoirs）主要包括致密油气、页岩油气、油页岩、煤层气和天然气水合物等。致密油（tight oil）是指储集在覆压基质渗透率小于或等于0.1mD的致密砂岩、致密碳酸盐岩或混积岩等致密储层中的石油资源（参见GB/T 34906—2017《致密油地质评价方法》）。页岩是指具有页状或片状层理，粒径小于0.0625mm的细粒沉积岩，页岩油（shale oil）是指赋存于富有机质页岩层系中的石油，包括富含有机质页岩层系烃源岩内的粉砂岩、细砂岩、碳酸盐岩，单层厚度不大于5m，累计厚度占页岩层系总厚度比例小于30%，无自然产能或低于工业石油产量下限，需采用特殊工艺技术措施才能获得工业石油产量的石油（参见GB/T 38718—2020《页岩油地质评价方法》）。

我国非常规油气资源分布广、潜力大，是油气增储上产的现实资源。据2020年统计，我国陆上页岩油可采资源量为55×10^8t，页岩气可采资源量12.85×10^{12}m³，致密油可采资源量13×10^8t，致密气可采资源量为10.92×10^{12}m³。非常规储层具有极低的孔隙度和渗透率，基质渗透率甚至为纳达西级，无自然产能，水平井+大规模分段压裂改造是实现非常规油气储层高效开发的关键。

本节主要介绍非常规油气储层体积压裂（volume fracturing technology）的增产原理和影响因素以及几种常用工艺。

一、增产原理

对常规低渗透油气井，裂缝长度和导流能力是影响增产效果的关键因素，对非常规油气储层，由于基质的渗流能力极低，只有在裂缝附近很小范围内的油气才能参与流动，泄油距离很短，依靠常规水力压裂产生的单一裂缝很难建立有效的泄油体积。通过将地层"打碎"，在空间形成复杂的网络结构，一方面增加基质油气的渗流面积，另一方面减少基质内油气到裂缝面的渗流距离，降低渗流阻力，从而通过裂缝网络实现基质油气的动用（图6-6-1）。与常规水力压裂通过增加渗流面积提高增产量相比，这种压裂增产是通过增加改造体积（stimulated reservoir volume，SRV）实现致密油气的有效动用，所以称之为体积压裂。由于基质渗流能力极低，裂缝网络是非常规油气动用的关键，无裂缝即无可采储量和产量，因此也有

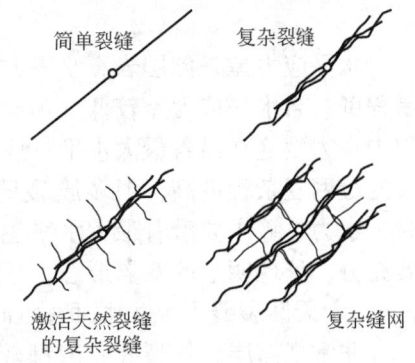

图6-6-1　裂缝发育类型

学者称之为"缝控储量""缝控压裂"。不论是"体积压裂"还是"缝控压裂",其核心都是要提高压裂改造裂缝的复杂程度和改造体积,以便提高单井和井组的控制储量和动用程度。压裂改造体积或裂缝网络的大小可以用微地震事件云的三维体积来近似估算。改造体积以及改造体积内的裂缝间距和导流能力是衡量非常规储层压裂效果的主要参数。

体积压裂技术是以提高裂缝复杂程度为目标,最大限度提高改造裂缝体积和产量的压裂工艺技术。具体来说,在水平井段实施分段压裂改造过程中,通过多簇射孔、暂堵转向,以及大排量、大液量、低黏度压裂液、小粒径支撑剂等工艺,在每个改造段内形成一条或多条主裂缝的同时,沟通天然裂缝和岩石层理等地层弱面,以及在主裂缝的侧向强制形成次生裂缝,并在次生裂缝上继续分支形成多级微裂缝,从而形成主缝、次缝、微缝相互交织的裂缝网络系统,实现将储集体"打碎"的目的。除了岩石破裂产生张性裂缝外,还会形成各种类型的剪切裂缝,进一步增加裂缝的复杂程度。所以,也有学者称之为"缝网压裂"。

非常规储层体积压裂增产原理的核心是通过形成的复杂裂缝网络,降低油气从基质到网络裂缝内的渗流阻力,或者说提高油气的渗流能力。其核心理念可以概括为:(1)通过"打碎"储层,产生立体裂缝网络,形成人工油气藏(单井油气藏);(2)利用裂缝网络对储层基质的多块切割,使得裂缝与基质的接触面积增大、油气从基质流到裂缝的渗流距离缩短、油气渗流所需的压力差降低,从而极大降低基质到裂缝的流动阻力,提高地层渗流能力,达到增产的目的。

二、影响体积压裂复杂裂缝扩展因素

影响体积压裂复杂缝网扩展的因素包括地质因素和工程因素。地质因素有储层的岩石力学性质、地应力大小及分布、天然裂缝、层理发育程度等,工程因素有水平井段的长度、射孔簇数、簇间距、排量、压裂液黏度、支撑剂物性等。复杂裂缝纵向扩展示意图如图6-6-2所示。

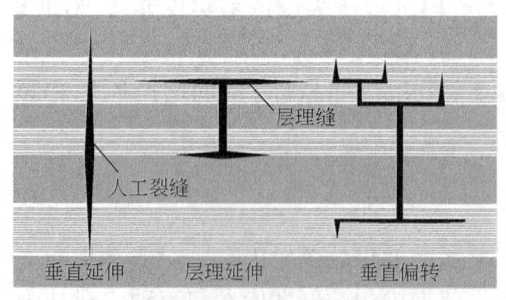

图6-6-2 复杂裂缝纵向扩展示意图

1. 地质因素

1)杨氏模量(Young's modulus)

地层岩石杨氏模量的大小反映非常规储层的脆性强弱,杨氏模量越大,储层脆性越强,压裂形成复杂缝网的能力越强;杨氏模量越小,储层塑性越强,塑性变形增大了裂缝的延伸阻力,压裂形成复杂缝网的能力被削弱。

2)水平应力差(horizontal principal stress difference)

水平应力差是储层岩石水平方向最大与最小主应力之差,反映裂缝在水平方向扩展的难易程度。当水平应力差较低($\Delta\sigma = 0 \sim 3\text{MPa}$)时,对压裂形成垂直裂缝的储层,体积压裂过程中水力裂缝在沿着最大水平主应力方向延伸的同时,还会在最小水平主应力方向延伸,形成的缝网复杂程度高,但多簇裂缝缝长延伸受限;当水平应力差较高($\Delta\sigma = 10 \sim 15\text{MPa}$)时,水力裂缝主要沿着最大水平主应力方向延伸,缝网的复杂程度降低,但多簇裂缝缝长扩展充分,呈现明显的双翼形态。

3)天然裂缝(natural fracture)

非常规储层天然裂缝一般都较发育,当延伸的水力裂缝遇到天然裂缝时会出现两种情况:水力裂缝穿越天然裂缝[图6-6-3(a)];水力裂缝激活天然裂缝且沿天然裂缝路径延伸，并在天然裂缝末端再次偏转到最大水平主应力方向延伸[图6-6-3(b)]。一般来说，水力裂缝穿越天然裂缝延伸有助于改造远井区域，但裂缝复杂程度较低；而水力裂缝偏向天然裂缝延伸有助于水力裂缝横向沟通，提高缝网复杂程度。实际储层改造中，两种扩展行为共同影响裂缝扩展形态。

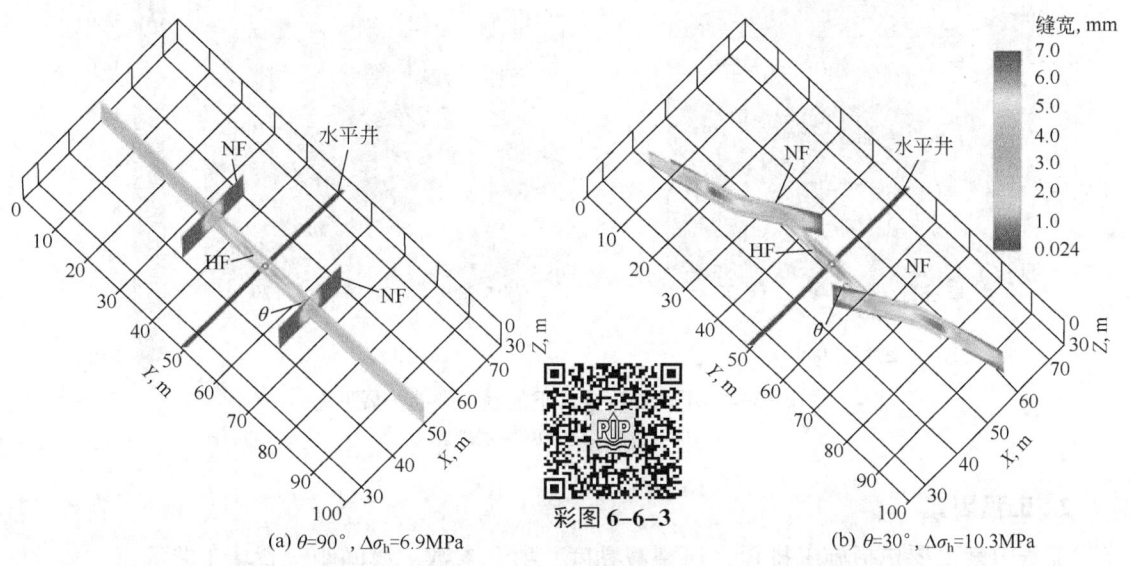

图6-6-3　水力裂缝（HF）与天然裂缝（NF）相交的代表性图

水力裂缝是穿过还是激活天然裂缝取决于天然裂缝强度、与水力裂缝的相交角和水平应力差等。天然裂缝强度直接影响天然裂缝开启的难易程度，间接影响水力裂缝的横向沟通面积，当天然裂缝具有较高强度时（如抗拉强度为6MPa，剪切强度为8MPa，内摩擦角φ为40°），天然裂缝不容易被激活，水力裂缝主要穿越天然裂缝扩展并形成拉张破坏裂缝，缝网复杂程度较低；当天然裂缝具有较低强度时，水力裂缝容易激活天然裂缝并形成剪切破坏分支，水力裂缝横向沟通作用增强，缝网复杂程度增加。

当相交角较小时（如$\theta=30°$），随着水平应力差的增大，水力裂缝与天然裂缝的相交行为将由偏向天然裂缝扩展转变为穿越天然裂缝扩展；当相交角较大时（如$\theta=90°$），随着水平应力差的增大，水力裂缝与天然裂缝的相交行为将由阶梯扩展转变为穿越天然裂缝扩展。一般来说，相交角越大，水平应力差越高，水力裂缝越趋于穿越天然裂缝延伸；相交角越小，水平应力差越低，水力裂缝越趋于偏向天然裂缝延伸。相交角和水平应力差通过影响天然裂缝面上的受力状态，来决定天然裂缝是否激活。

4）层理（bedding）

层理是页岩储层所特有的地质特征。当储层层理不发育时（如砂岩），压裂裂缝主要为双翼横切缝；当储层层理发育时（如页岩），水力裂缝可能开启层理，水力裂缝沿层理扩展形成水平缝，限制水力裂缝的垂向延伸。理论上，层理的强度越低、渗透率越高，施工排量越大、压裂液黏度越低，层理越容易张开，水力裂缝也越易于沿层理延伸（水平缝）。

图6-6-4是不同压裂液黏度（fracturing fluid viscosity）条件下的水力裂缝扩展形态。当黏度为1.0mPa·s时（如滑溜水），水力裂缝纵向穿层受限，水力裂缝趋于沿层理面延伸。当黏度为10mPa·s时（如线性胶），水力裂缝纵向穿层能力增强，层理缝延伸受到抑制。这是因为压裂液黏度大小影响层理面的滤失，当黏度较低时，流体易于沿层理面滤失，导致

缝内流体压力降低，水力裂缝难以穿过层理面垂向扩展。当流体黏度较高时，流体在层理面的滤失体积减少，缝内流体压力升高，水力裂缝纵向穿层能力增强。

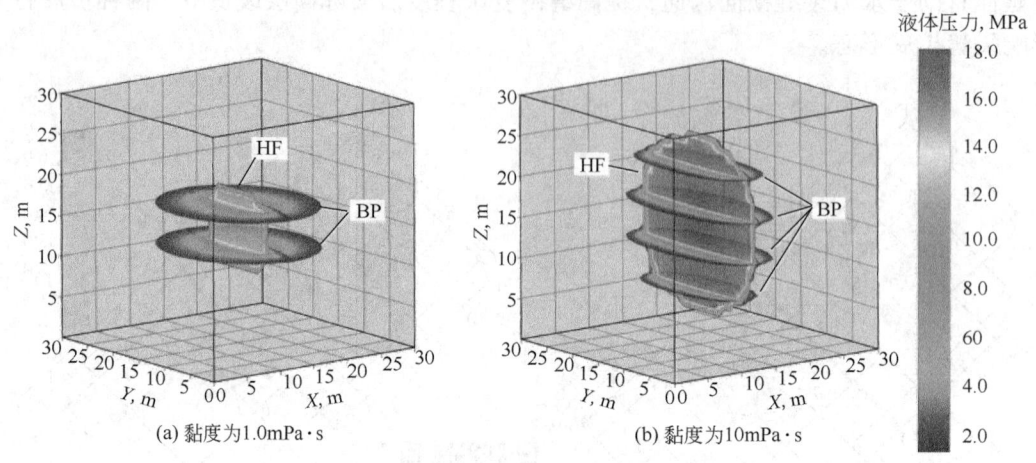

图 6-6-4 不同黏度条件下的水力裂缝扩展形态
HF—水力裂缝；BP—层理缝

2. 工程因素

工程因素主要包括施工排量、压裂液黏度、射孔参数、簇间距、暂堵工艺等。

1) 施工排量（pumping rate）

施工排量升高将提高裂缝内的净压力，增加造缝动力，易于复杂缝网体系的形成。对天然裂缝发育的非常规储层，施工排量越高，天然裂缝激活数量越多，缝间改造越充分，缝网复杂程度也越高，因此非常规储层体积压裂往往使用设备允许的最大排量施工，以提高改造效果。

2) 射孔参数（perforating parameter）

在改造段长一定条件下，射孔簇数越多、簇间距（缝间距）越小，缝网复杂程度呈现先增加后减小的变化趋势。这是因为，当采用大的簇间距和少射孔簇时，多裂缝所受应力干扰相对较小，裂缝形态较简单，缝网复杂程度较低，且缝间存在较多未改造区域；当采用簇间距过小时（如 5m），强烈的缝间应力干扰作用使得多裂缝趋于合并延伸，远井裂缝数量降低，缝网复杂程度也下降。因此，应针对具体储层条件开展簇间距和射孔参数优化（孔数、相位角、孔深等）。

3) 暂堵（temporary plugging fracturing technology）

暂堵转向是非常规储层提升改造体积的重要手段之一，其原理是在压裂液中添加暂堵材料封堵优势通道，提升井底和裂缝尖端的净压力，迫使水力裂缝重新起裂转向，增大缝网复杂程度和改造体积。暂堵压裂分为簇间暂堵和缝内暂堵，簇间暂堵是通过堵塞炮眼，限制高吸液簇的进液量，提高低吸液簇的进液量，达到多簇均衡扩展的目的；缝内暂堵是通过裂缝内的暂堵剂限制裂缝主扩展方向的延伸，增强侧向裂缝延伸，迫使裂缝转向，提高裂缝的复杂程度。暂堵效果与暂堵剂类型、加入量、加入时机等有关，目前暂堵压裂技术已广泛应用于现场实际。

三、体积压裂实现方式

理论研究和现场统计结果都表明，非常规储层压后产量、采收率等都随压裂改造体积

（SRV）或有效改造体积（ESRV）的增加而增加，因此通过水力压裂打碎地层，建立裂缝网络，形成"人工油气藏"，提高裂缝复杂程度和缝控储量是体积压裂工艺的目标。实现这一目标的主要工艺技术体系为"水平井+桥塞分段+多簇射孔+滑溜水、小粒径支撑剂+大规模压裂"（视频6-6-1）。

视频 6-6-1
页岩气钻井
完井分段压裂

1. 长井段水平井

水平井+体积压裂是实现非常规油气储层高效开采的有效技术手段。目前，国内页岩油气水平井段长度一般为2000m左右，最长已超过5000m。随着水平井钻完井技术的进步和建井成本的下降，水平井段长度越来越大，优质储层的钻遇率也大幅提升，压后产量也相应增加。某页岩油储层段水平井改造长度和优质储层钻遇率与累计产量的关系如图6-6-5所示。

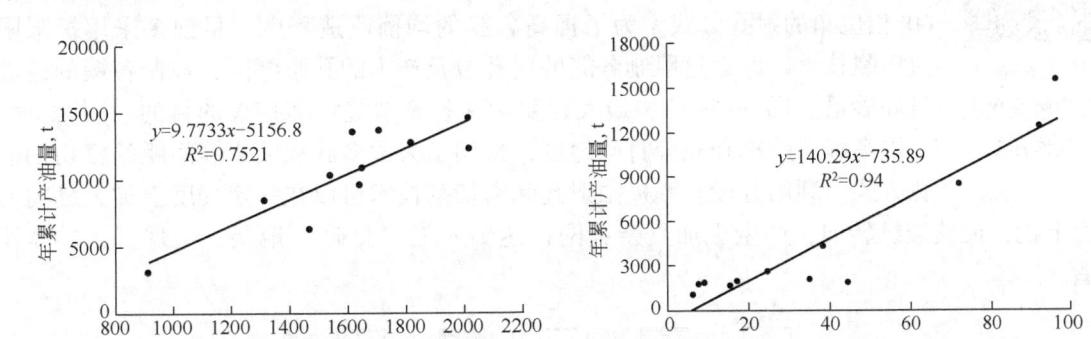

(a) 水平井改造长度与累计产量关系　　(b) 储层钻遇率与累计产量关系

图6-6-5　某页岩油储层段优质储层钻遇率和水平井长度（改造长度）与累计产量的关系

我国非常规油气田一般都是多层系油气藏，由于储层的非均质性和纵向裂缝扩展的限制，纵向上如果采用一套水平井网开采会导致单井控制储量低，采收率低，为此，提出了纵向立体交错布井、平面交错布缝的整体压裂开发方法，最大程度动用地质储量，提高整体开发效果。某致密油藏立体开发井位和布缝如图6-6-6所示。

2. 泵送桥塞与射孔联作分段射孔、压裂

水平井分段压裂完井技术主要有裸眼封隔器分段压裂技术、固井滑套分段压裂技术、水

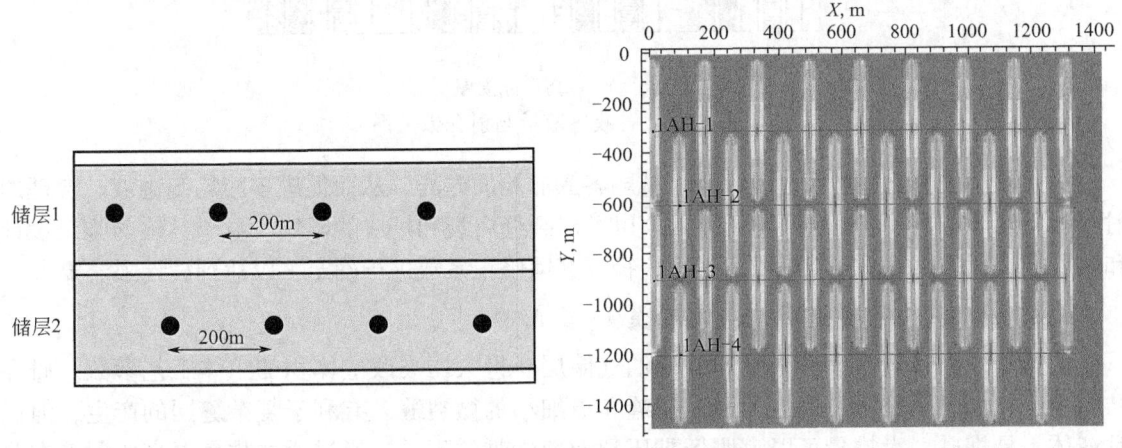

图6-6-6　立体井网与交错布缝示意图

视频 6-6-2 大通径桥塞压裂工艺

力喷射分段压裂技术、连续油管带底封或不带底封分段压裂技术，以及桥塞射孔分段压裂技术等。由于地层的非均质性，为提高改造位置的准确性，目前非常规油气储层水平井开采多使用套管固井，分段压裂技术主要有水力（电缆）泵送桥塞射孔分段压裂和连续油管水力喷砂射孔环空加砂不带底封技术等，其中水力（电缆）泵送桥塞射孔联作是最常用的水平井分段压裂技术（工艺过程见下节，如视频 6-6-2、动画 6-6-1 所示）。

3. 多簇射孔

动画 6-6-1 可溶桥塞射孔联作压裂

在每一压裂段内实施多簇射孔是实现多裂缝和复杂缝网的关键。每段内的射孔簇数、簇间距和各簇射孔数取决于地层条件和设备能力（施工排量），非常规储层体积压裂初期多使用每段 3 簇、每簇射开 1m、16 孔/m、60°相位角的射孔方式。为了提高各簇的均衡改造程度，目前多采用极限限流压裂技术，即通过限制各簇的射孔数及产生的孔眼摩阻，控制各簇的进液量和砂量（图 6-6-7），最大程度达到各簇裂缝均衡扩展的目的。同时，为了提高施工效率和充分打碎地层，采用了大段多簇和缩小簇间距的密切割射孔方式。利用分段多簇极限射孔和密切割技术可以在一定程度上加大缝间的应力干扰，促使裂缝转向，产生更加复杂缝网，达到人工"打碎"地层，实现真正的体积改造。

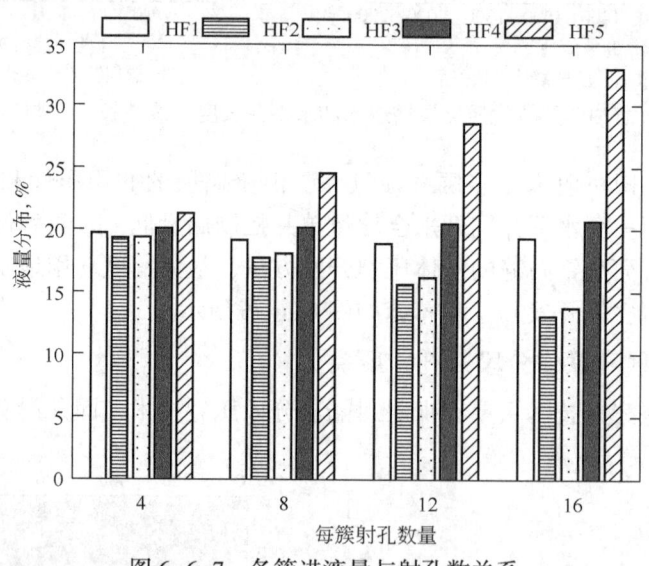

图 6-6-7 各簇进液量与射孔数关系

极限限流技术通过增大射孔摩阻来减弱各簇非均质差异，从而促进多簇均衡进液。合理的射孔参数设计需要考虑地层非均质差异，以及对裂缝启裂和扩展的影响。对于具体的施工设计和射孔数计算需要根据施工排量、射孔直径、磨蚀修正系数进行确定，以达到设计限流要求。

4. 滑溜水、小粒径支撑剂、大规模

大排量、大液量、大砂量是非常规油气储层获得大压裂改造体积的主体工艺参数。研究结果表明，低黏压裂液可以进入天然裂缝和更细小的微裂缝，有利于复杂缝网的产生，但低黏液体不易携砂；大排量可以克服低黏压裂液携砂难的不足，通过增加排量提高压裂液在井

筒和裂缝内的携砂能力,大排量还有利于岩石产生剪切破坏,提高缝网的复杂程度;小粒径支撑剂不仅可以进入宽度更小的次裂缝和微裂缝,还能够降低施工过程中的沉降速度,增加支撑剂运移距离,提高支撑裂缝的体积。使用小粒径支撑剂的另一原因是地层渗透率极低,对压后裂缝导流能力要求较低,如图6-6-8所示。矿场根据设备能力、射孔数和地层物性等,主体使用滑溜水压裂液,施工排量一般为 12~18m³/min,有的高达 24m³/min;加砂强度(水平段每米长度加入支撑剂体积)为 1.5~4.0t/m,用液强度(水平段每米长度加入的压裂液体积)为 25~40m³/m;支撑剂普遍使用石英砂,粒径为 30/50 目、40/70 目、70/140 目或组合使用,形成多尺度支撑。

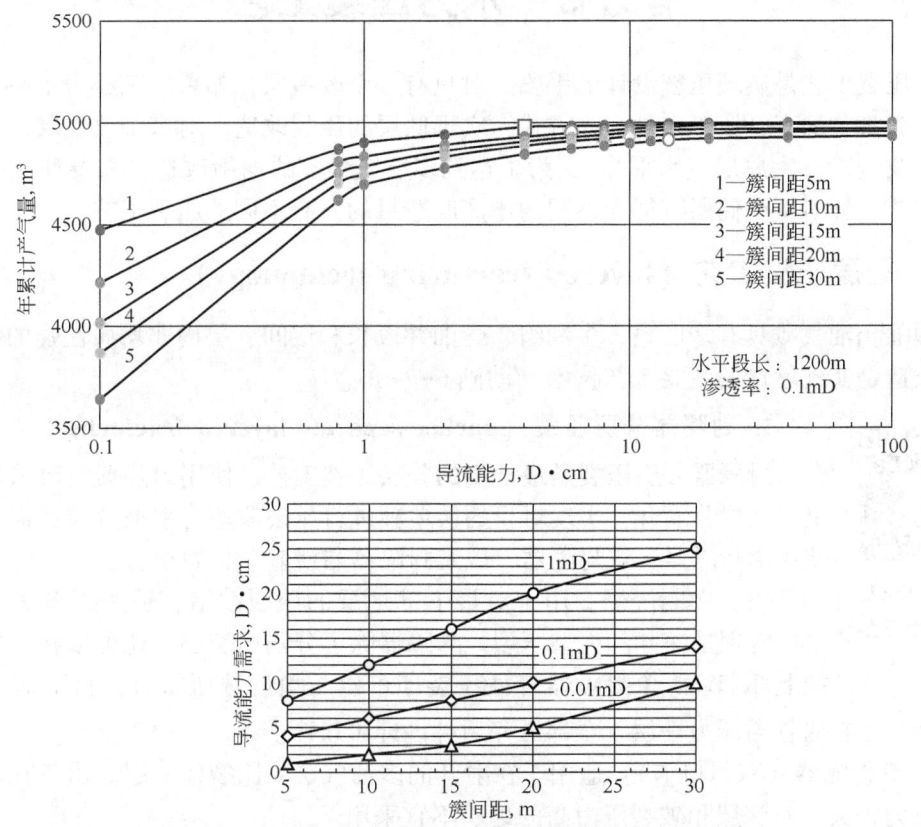

图 6-6-8　不同渗透率地层、不同簇间距所需裂缝导流能力

使用的大液量滑溜水还可以扩大压裂液波及体积,补充地层能量;同时通过改善压裂液性质(如加入表面活性剂),在压后闷井期间加强压裂液与基质油气的渗吸置换作用,提高产量和采收率。对于层理发育的地层,为了沟通垂向的储层,需要提高裂缝的纵向扩展能力,由于裂缝高度与压裂液黏度和排量正相关,可以通过提高压裂液黏度和排量增加裂缝高度。矿场使用"逆混合"压裂液施工顺序,先用高黏压裂液(如冻胶)造缝,并尽快提高排量到最大值,以扩大裂缝高度,之后再注入低黏滑溜水,增加微裂缝的扩展,形成复杂的缝网体系。

为了提高非常规油气的开采效益,工厂化、大平台、立体化已成为主要开发方式,压裂方式采用拉链式、同步压裂,增加裂缝的复杂程度,支撑剂使用石英砂部分或全部替代陶粒,压裂液使用多功能的变黏滑溜水,压裂返排液重复使用。为了认识地下裂缝扩展和支撑剂分布情况，除了采取微地震、示踪剂和井下光纤监测外，还开展了水力压裂现场试验（hydraulic fracture test site，HFTS），平台井压裂后通过钻取心井取心，直接观察体积压裂复杂缝网形态。

非常规油气的开发是一个"实践—认识—再实践—再认识"的过程。我国非常规油气开发实践时间较短，对非常规油气储层压裂增产改造裂缝形态和渗流机理、生产规律等研究和认识还处于起步阶段，随着非常规油气开发规模的增加和生产时间的延续，以及研究方法和工艺技术的突破，认识也会逐渐提高。

第七节　水力压裂工艺

水力压裂工艺是实现压裂设计的手段。对只有一个改造层，如果施工压力不高，可以使用油管、套管、油套合压等多种注入方式，实现储层的压裂改造。对多个改造层，或同一改造层多个改造段（大厚层或水平井），为了达到多层、多段的均衡改造，需要使用分层、分段压裂工艺。针对不同储层特征和不同的增产改造目的，有不同的压裂工艺。

一、分层压裂工艺（layered fracturing technology）

我国陆相油气藏具有多层系、多油组、含油井段长和层间、层内非均质性强的特点，分层压裂改造是实现增产的主要工艺技术（动画 6-7-1）。

动画 6-7-1
直井分层压裂

1. 封隔器分层压裂（packer separate layered fracturing）

封隔器分层压裂是最常用的分层压裂工艺。使用封隔器将改造目的层与上下油层分隔开，实现对目的层单独进行压裂改造。根据分层数需要，可以使用单封隔器、双封隔器、以及封隔器与滑套、桥塞组合。

（1）单封隔器：用于对最下部地层的压裂改造，适用于各类型的油气层，特别是深井和大型压裂。封隔器除了分隔压裂层，还可以在压裂过程保护上部套管。单封隔器管柱压裂还可以与填砂选压结合，自下而上逐层压裂、填砂，上提管柱再压另一层，全部压完后冲砂即可投产。

（2）双封隔器（双封单卡）：适用于在射开的多油气层中压裂任一层。由于在两个封隔器间的拉力较大，对深层和破裂压力高的地层不宜采用。

（3）桥塞+封隔器：类似于双封隔器，不同的是用桥塞封堵下部地层，封隔器封隔上部地层，适用于深层压裂。压裂后需要打捞桥塞或钻塞，工序复杂。

（4）滑套+封隔器：核心是在各级喷砂器处带有滑套，自下而上逐级压裂，最下一层压裂后投球关闭滑套，同时打开上一层滑套，压裂完该层，再投球关闭该级滑套，直到压完所有地层。滑套可以通过投球憋压或下入工具开关滑套。该压裂工艺可以不动管柱、不压井、不放喷、一次改造多层。受井筒条件限制，如果使用投球开关滑套，由于受各级孔眼直径的限制，投球数量即分压层数也受限。近几年，为了满足长水平井段分段压裂的要求，研发了地面遥控滑套开关，实现无限级分段压裂。

2. 堵塞球选择性压裂（ball-off separate layered fracturing）

堵塞球选择性压裂是将需要压裂改造的层段一次性全部射开，利用层间破裂压力的差异，首先压开破裂压力小的层，加砂结束后，随顶替液加入堵塞球，将压开层的射孔孔眼堵塞。提高施工压力,再压开破裂压力较高的层,同样的方式加砂、堵塞,直到压开所有的目标层。

另一种选择性压裂是利用高、低渗透层吸液能力的差异,在压裂液中加入油溶性蜡球或暂堵球,将高渗层的孔眼或裂缝封堵一部分,提高低渗透层的吸液能力和进砂量,达到均衡改造、提高油井产液剖面和单井产量的目的。

早期使用的堵塞球主要是塑料球,密度一般小于或接近于水的密度,压裂后在炮眼内外压差作用下随返排液排出。目前现场多使用蜡球、油溶性球,这类球可以做成不同的粒径组合,通过"桥架"作用,既可以封堵孔眼,也可以进入裂缝内封堵,封堵效果更好,施工结束后在地层油作用下可以逐渐溶解,不伤害地层。

堵塞球大小和密度的选择要与孔眼直径和压裂液性质、排量等相适应,封堵效率除了与射孔处的流体流速、通过孔眼的流速及流体的黏度有关外,还与堵球与压裂液的密度差有关,对高密度堵球(堵球密度大于压裂液密度),封堵效率随密度差的减小和孔眼处流速的增加而增加;对低密度堵球,只要液体流速大于堵球上浮速度,能将堵球送至孔眼,封堵效率均可达到100%,如动画6-7-2和动画6-7-3所示。

动画6-7-2
水平井投球滑套分段压裂

3. 限流法压裂(limited entry fracturing)

限流法分层压裂是通过控制各目的层的射孔数量和孔眼直径,以尽可能高的排量施工,利用先压开层吸收压裂液产生的射孔摩阻,大幅度提高井底压力,使各目的层按照破裂压力低高顺序压开,最后一次加砂同时支撑所有裂缝,达到一次改造多层的目的。限流法压裂适用于多油层未射孔的新井、水平井多段或段内多簇改造。射孔孔眼摩阻计算公式见式(6-3-16)。其技术要点为:

动画6-7-3
裸眼水平井投球滑套分段压裂

(1)射孔方案设计:根据每个改造层的厚度、破裂压力和需要的进液量和砂量确定射孔数量和直径,原则是利用不同目的层的射孔摩阻,实现在井底压力相同条件下,压开不同破裂压力的目的层;

(2)施工排量:为保证压开尽可能多的孔眼和层段(簇),应在套管允许的条件下尽可能提高排量,同时满足单孔排量不低于 $0.2 m^3/min$;

(3)孔眼摩阻:在最大排量下,射孔摩阻必须大于各层破裂压力之差,即保证井底压力高于所有层的破裂压力;

(4)各层不能相互串通,以达到分层改造的目的。

二、水平井分段压裂工艺(multi-stage fracturing technology in horizontal wells)

水平井+大规模分段压裂技术是非常规油气储层开发的主要手段。水平井完井后,通过射孔+桥塞联作技术分段开展压裂,从水平井趾端向跟端逐级压裂,全井压完后钻塞(如果使用可溶桥塞无需钻塞)、通井投产。桥塞分段压裂具有分段压裂层数不受限制、能实现大规模大排量体积压裂、桥塞钻铣完后井筒畅通等优势。桥塞—射孔联作分段压裂工艺流程见动画6-7-4,工艺示意图如图6-7-1所示。

动画6-7-4
桥塞—射孔联作分段压裂工艺流程

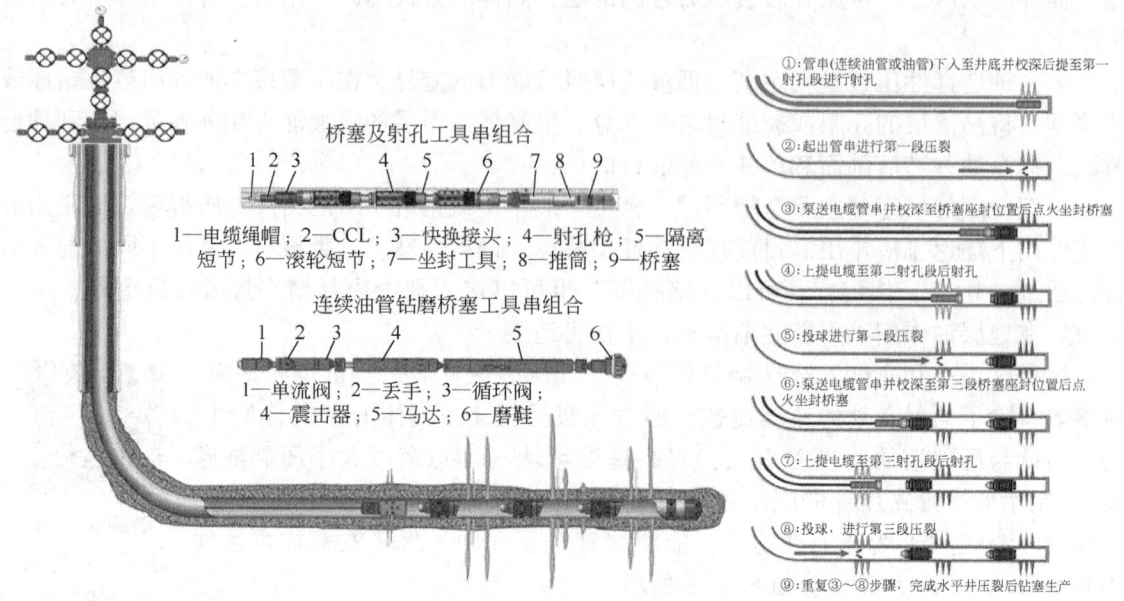

图 6-7-1　固井桥塞+多簇射孔联作分段压裂工具示意图

三、控缝高压裂工艺（fracture-height controlled fracturing technology）

对有顶、底水层的储层，为了避免水力压裂裂缝沟通上下水层，需要控制裂缝高度扩展；同时，为了提高支撑剂效率，也希望裂缝尽量在改造层内延伸和支撑。裂缝高度受隔层与改造层的地应力差、隔层厚度、施工排量和压裂液黏度控制。对给定的压裂井，地应力差和隔层厚度是客观存在的，无法改变，在压裂施工过程中能改变的是施工排量和压裂液黏度。图 6-7-2 是某油井施工参数与裂缝高度的关系，可以看出随着压裂液黏度和施工排量的增加，裂缝高度也增加，从控制缝高角度可以选择合适的排量和压裂液黏度。因此，对给定的地层条件，通过调整施工参数可以在一定范围内控制裂缝高度扩展。现场还采用加入转向剂形成人工隔层控制裂缝高度。

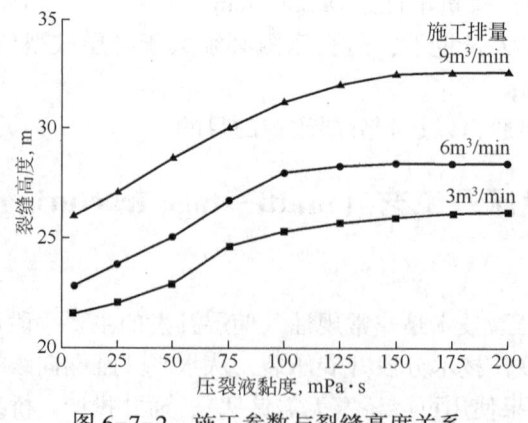

图 6-7-2　施工参数与裂缝高度关系

人工隔层控制裂缝高度技术包括用漂浮式转向剂控制裂缝高度向上延伸，用高密度沉降式转向剂控制裂缝向下扩展，以及同时使用上、下两种转向剂控制裂缝向上、下地层延伸。

其原理是利用转向剂在裂缝上部边缘或下部边缘形成阻挡带,在阻挡带上下两侧产生很大的压力差,限制裂缝的纵向扩展。

漂浮式转向剂密度小于压裂液密度,对水基压裂液一般要求转向剂密度为 0.6~0.7g/cm^3,粒径为70/170目,能够承受静压14MPa(颗粒完好率80%~85%)。施工时先用前置液造缝,再注入带有转向剂的低黏压裂液段塞,待段塞全部进入裂缝后停泵一段时间,让转向剂漂浮到裂缝上部边缘,之后再注入携砂液,完成施工。沉降式转向剂一般使用70/140石英砂或陶粒,在裂缝底部形成阻挡带。而同时使用两种转向剂会在重力作用下,在裂缝上部和底部都形成阻挡带。

转向剂的应用不限于对缝高的控制,在老井重复压裂和非常规储层改造中,通过加入转向剂(暂堵剂)使得在裂缝延伸方向(缝高或缝长方向、周边)部分区域形成阻挡层,迫使裂缝延伸方向发生转向,从而沟通更多未动用的油层,形成更加复杂的裂缝网络,提高改造效果。

参考文献

[1] 王鸿勋. 水力压裂原理. 北京:石油工业出版社,1987.
[2] 王鸿勋,张琪. 采油工艺原理. 北京:石油工业版社,1990.
[3] Gidley J L. 水力压裂技术新发展. 北京:石油工业出版社,1995.
[4] 张琪. 采油工程原理与设计. 东营:中国石油大学出版社,2000.
[5] 张士诚,张劲. 压裂开发理论与应用. 北京:石油工业出版社,2003.
[6] 俞绍诚. 水力压裂技术手册. 北京:石油工业出版社,2010.
[7] Michael J E, Tony M. 现代压裂技术:提高天然气产量的有效方法. 卢拥军,邹洪岚,等译. 北京:石油工业出版社,2012.
[8] 杨能宇,张士诚,王鸿勋. 区块整体压裂改造水力裂缝参数对采收率影响研究. 石油学报,1995,3.
[9] Mechan D N, Norne R N, Axiz K. Effects of reservoir heterogeneity and fracture azimuth on optimization of fracture length and well spacing. SPE 17606, 1988.
[10] Bargas C L, Yanosik J L. The effects of vertical fractures on areal sweep efficiency in adverse mobility ratio floods. SPE 17609, 1988.
[11] Konoplyor V Y, RaZovsky A F. Numerical simulation of oil displacement in pattern floods with fractured wells. SPE 22933, 1991.
[12] Mayerhofer M J, Lolon E P. What is stimulated reservoir volume (SRV)? SPE 119890, 2008.
[13] 李国欣,朱如凯. 中国石油非常规油气发展现状、挑战与关注问题. 中国石油勘探,2020,3.
[14] 雷群,翁定为,熊生春,等. 中国石油页岩油储集层改造技术进展及发展方向. 石油勘探与开发,2021,48(5):1-8.
[15] 胥云,雷群,陈铭,等. 体积改造技术理论研究进展与发展方向. 石油勘探与开发,2018,45(5):874-887.
[16] 陈铭. 水平井分段多簇压裂多裂缝竞争扩展数值模拟研究. 北京:中国石油大学(北京),2020.
[17] 周彤,张士诚,陈铭,等. 水平井多簇压裂裂缝的竞争扩展与控制. 中国科学:技术科学,2019,49:469-478.
[18] 陈铭,张士诚,胥云,等. 水平井分段压裂平面三维多裂缝扩展模型求解算法. 石油勘探与开发,2020,47(1):163-174.
[19] 张士诚,郭天魁,周彤,等. 天然页岩压裂裂缝扩展机理试验. 石油学报,2014,35(3):496-503.

[20] 吴奇, 胥云, 王腾飞, 等. 增产改造理念的重大变革: 体积改造技术概论天然气工业, 2011. 33 (4).

[21] 王雷, 王琦. 页岩气储层水力压裂复杂裂缝导流能力实验研究. 西安石油大学学报（自然科学版）, 2017, 32 (3): 73-77.

[22] 王雷, 张士诚, 温庆志. 不同类型支撑剂组合导流能力实验研究. 钻采工艺, 2012 (2).

[23] 温庆志, 张士诚, 王雷, 等. 支撑剂嵌入对裂缝长期导流能力的影响研究 [J]. 天然气工业, 2005 (5).

[24] Zou Y, Zhang S, Ma X, et al. Numerical investigation of hydraulic fracture network propagation in naturally fractured shale formations. Journal of Structural Geology, 2016, 84: 1-13.

[25] Yushi Z, Xinfang M, Shicheng Z, et al. Numerical investigation into the influence of bedding plane on hydraulic fracture network propagation in shale formations. Rock Mechanics and Rock Engineering, 2016, 49 (9): 3597-3614.

[26] Yushi Z, Xinfang M, Tong Z, et al. Hydraulic fracture growth in a layered formation based on fracturing experiments and discrete element modeling. Rock Mechanics and Rock Engineering, 2017, 50 (9): 2381-2395.

[27] Zou Y, Ma X, Zhang S. Numerical modeling of fracture propagation during temporary-plugging fracturing. SPE Journal, 2020, 25 (3): 1503-1522.

习 题

1. 简述水力压裂增产增注的基本原理。

2. 压裂液的滤失主要受哪几种机理控制？写出各滤失系数的计算公式，并说明公式中各符号的意义。

3. 沉降式支撑剂在垂直缝裂缝高度上的分布可分为哪几个区？并说明当携砂液流速增加时，各区厚度的变化。

4. 利用麦克奎尔—西克拉曲线（增产倍数曲线）说明对不同渗透率地层如何得到好的压裂效果。

5. 已知某油层埋深4000m，油层厚度20m，上覆地层密度2600kg/m³，水平方向主应力分别为：东西向 $\sigma_x=80$MPa，南北向 $\sigma_y=70$MPa，压裂施工排量 $5\text{m}^3/\text{min}$，岩石弹性模量20000MPa，泊松比 0.25，地层渗透率为 $50\times10^{-3}\mu\text{m}^2$，孔隙度20%，综合压缩系数 $4\times10^{-4}\text{MPa}^{-1}$，地层油黏度4mPa·s，压裂液在裂缝内的黏度为200mPa·s，施工过程中裂缝内外的压力差30MPa。实验室在5MPa条件下测定的 $C_3'=5\times10^{-4}\text{m}/\sqrt{\text{min}}$。

(1) 判断压裂中形成垂直缝还是水平缝，给出依据；

(2) 计算 C_1、C_2 和 C_3，并用调和平均法计算综合滤失系数 C；

(3) 若施工时间为100min，利用PKN、KGD模型计算裂缝半长和裂缝宽度等。

第七章 酸处理技术

酸化（acidizing）或酸处理技术，是油气藏改造中用到酸液措施的总称，是油气井增产、注入井增注的又一项技术措施。其原理是通过酸液溶蚀岩石胶结物、孔隙或裂缝中的污染物、裂缝表面上的矿物，来恢复或提高地层渗透性能，或形成连通地层和井筒间的高导流裂缝。酸化是一项起源较早、目前仍在使用的油气井处理措施，首次酸化措施可以追溯到1895年。酸处理措施按照工艺不同分为酸洗（acid washing）、基质酸化（matrix acidizing）和压裂酸化（又称酸压，acid fracturing）。酸洗是将少量酸液注入井筒内，清除井筒及射孔孔眼中酸溶性颗粒及结垢等，达到清洗井筒和疏通射孔孔眼的目的，该工艺较简单，有些书籍甚至没将其作为一种酸化措施纳入分类。酸化技术依据施工压力与储层破裂压力间的关系和改造范围，分为基质酸化和酸压（压裂酸化）两种。基质酸化是在低于地层破裂压力下注入酸液，依靠酸液溶蚀作用恢复或提高近井地带储层的渗透性能。酸压是在高于地层破裂压力下注入酸液，在地层内形成裂缝，酸液在裂缝内流动过程中，对裂缝壁面非均匀溶蚀，形成粗糙酸蚀裂缝表面而获得高导流能力的裂缝，改善油气井渗流条件，达到增产的目的。基质酸化改造近井地带，改造范围较小；酸压施工规模大，改造范围可以扩大到远井地带。本章主要介绍酸化措施的基础理论、基本原理、酸液体系、工艺设计等。

第一节 酸化化学与酸岩反应动力学

酸化过程是酸液与地层矿物或污染物间发生化学反应的过程，酸岩反应是酸化措施的基础，储层（岩石）矿物成分决定所需的酸液类型及发生的化学反应，酸液溶蚀作用对孔、渗的改变，或对裂缝表面形态的改变是酸化的核心，所以，理解酸化基本原理从了解酸岩反应开始。本章主要介绍储层矿物成分、酸岩反应、酸岩化学当量、酸岩反应动力学等，这些是酸液类型选择、酸液用量计算、活酸作用距离预测、酸化模拟和酸化设计的基础。

一、储层矿物成分

酸化是通过酸液与地层矿物（mineral）及污染物间的化学反应来达到去除污染和提高产能的目的，了解酸岩间的化学反应，首先需要明确地层矿物组成及含量。不同类型储层，矿物成分差异较大，从成因上分类，常说的储层有砂岩、碳酸盐岩、页岩、火山岩、砾岩等。从化学成分角度分类，分为碳酸盐岩储层、砂岩储层和其他类型储层（矿物成分与砂岩储层类似，主要是矿物含量差异），其分类的原因在于，碳酸盐岩可以用HCl溶蚀，其他类型矿物需用HF溶蚀，所用酸液类型有本质区别。

1. 砂岩储层

砂岩（sandstone）储层矿物成分复杂，以石英、黏土、长石、碳酸盐岩、金属氧化物为主（表7-1-1）。砂岩储层通常石英含量较高，有的高达80%以上，低的也达到50%以上。其他类型储层矿物成分类似于砂岩储层，只是含量上差异较大，比如页岩储层黏土、长石含量较高。

表 7-1-1 砂岩主要矿物（据 McLeod 和 Norman，2000）

类型	矿物	化学组成	表面积	溶解性 HCl	溶解性 HF
石英	石英 Quartz	SiO_2	低	不溶	低
长石	微斜长石 Microcline	$KAlSi_3O_8$	低至中等	不溶	低至中等
长石	正长石 Orthoclase	$KAlSi_3O_8$	低至中等	不溶	低至中等
长石	钠长石 Albite	$NaAlSi_3O_8$	低至中等	不溶	低至中等
长石	斜长石 Plagioclase	$(Na,Ca)Al(Si,Al)Si_2O_8$	低至中等	不溶	低至中等
云母	黑云母 Biotite	$K(Mg,Fe^{2+})_3(Al,Fe^{3+})Si_3O_{10}(OH)_2$	低	不溶	低至中等
云母	白云母 Muscovite	$KAl_2Si_3O_{10}(OH)_2$	低	不溶	低至中等
黏土	高岭石 Kaolinite	$Al_4Si_4O_{10}(OH)_8$	高	不溶	高溶解
黏土	伊利石 Illite	$K_{0-2}Al_4(Al,Si)_8O_{20}(OH)_4$	高	不溶	高溶解
黏土	蒙脱石 Smectite	$Al_4Si_8O_{20}(OH)_4$	高	不溶	高溶解
黏土	绿泥石 Chlorite	$(Mg,Fe^{2+},Fe^{3+})AlSi_3O_{10}(OH)_8$	高	低至中等	高溶解
碳酸盐岩	方解石 Calcite	$CaCO_3$	低至中等	高溶解	高溶解，生成 CaF_2 沉淀
碳酸盐岩	白云石 Dolomite	$CaMg(CO_3)_2$	低至中等	高溶解	高溶解，生成 CaF_2 沉淀
碳酸盐岩	铁白云石 Ankerite	$Ca(Fe,Mg,Mn)(CO_3)_2$	低至中等	高溶解	高溶解，生成 CaF_2 沉淀
碳酸盐岩	菱铁矿 Siderite	$FeCO_3$	低至中等	高溶解	高溶解
硫酸盐	石膏 Gypsum	$CaSO_4 \cdot 2H_2O$	低至中等	不溶	低
硫酸盐	硬石膏 Anhydrite	$CaSO_4$	低至中等	不溶	低
氯化物	石盐 Halite	$NaCl$	低至中等	/	/
金属氧化物	氧化铁 Iron oxides	FeO, Fe_2O_3, Fe_3O_4	低至中等	高溶解	高溶解

2. 碳酸盐岩储层

储层中碳酸盐岩（carbonate）矿物含量超过 50%的储层称为碳酸盐岩储层。碳酸盐岩储层是重要的油气储层类型之一，据统计，全世界超过一半油气储量和产量来自碳酸盐岩储层。碳酸盐岩的储集空间分为孔隙、裂缝和溶洞三种类型，根据三种储集空间的主次可把碳酸盐岩储层分为孔隙型、孔隙裂缝型、裂缝型和缝洞型。

碳酸盐岩储层的主要矿物成分是方解石 $CaCO_3$ 和白云石 $CaMg(CO_3)_2$，其中方解石含量高于 50%的称为石灰岩，白云石含量高于 50%的称为白云岩，如果方解石、白云石含量都较高的称为复杂岩性碳酸盐岩储层，复杂岩性碳酸盐岩储层还含一定量黏土、石英等矿物。较纯的碳酸盐岩储层一般主要由一种碳酸盐岩矿物组成，如塔里木盆地奥陶系灰岩储层 $CaCO_3$ 含量超过 90%，普光气田 $CaMg(CO_3)_2$ 含量超过 90%。

表 7-1-2 为典型石灰岩储层矿物成分及含量实例，表 7-1-3 为典型白云岩储层矿物成分及含量实例，表 7-1-4 为岩性复杂的碳酸盐岩储层矿物成分及含量实例。

表 7-1-2　石灰岩储层矿物组成实例

岩心编号	石英，%	方解石，%	白云石，%	重晶石，%
#1	1	97	2	/
#2	0.5	78.1	21.4	/
#3	0.5	93.4	6.1	/
#4	0.8	98.4	/	0.8
#5	3.2	96	0.8	/

表 7-1-3　白云岩储层矿物组成实例

岩心编号	方解石，%	白云石，%	硬石膏，%	黏土矿物含量，%
#1	/	99.7	/	0.3
#2	/	96.0	/	4
#3	/	92.8	7.1	0.1
#4	/	85.5	13.5	1.0
#5	/	94.1	5.3	0.6

表 7-1-4　岩性复杂的碳酸盐岩储层矿物组成实例

| 岩心编号 | 矿物种类及含量，% | | | | | | | | 黏土矿物含量，% |
	石英	钾长石	钠长石	方解石	白云石	硬石膏	赤铁矿	黄铁矿	
#1	5.5	/	/	31.0	58.4	/	/	/	5.1
#2	6.3	/	/	32.6	51	/	/	/	10.1
#3	5.7	/	/	40.3	43.5	/	/	0.8	9.7
#4	9.9	/	/	6.2	76.2	/	/	1.1	6.6
#5	7.1	/	/	10.3	72.6	/	/	1.5	8.5

二、酸岩反应

酸与岩石间的反应取决于矿物组成和酸液类型，也决定了反应生成物，酸岩化学当量决定矿物和酸液间的量的关系，是酸液体系选择和酸液用量设计的基础。

1. 不同类型岩石与酸的反应

1）碳酸盐岩

碳酸盐岩储层的矿物成分主要为碳酸钙和碳酸镁钙，都易溶于 HCl，所以常用 HCl 按需求配制成各种酸液体系，对于高温地层基质酸化，有时也用有机酸（甲酸、乙酸等），酸岩反应方程如下：

$$2H^+ + CaCO_3 \Longleftrightarrow Ca^{2+} + CO_2 + H_2O \qquad (7-1-1)$$

$$4H^+ + CaMg(CO_3)_2 \Longleftrightarrow Ca^{2+} + Mg^{2+} + 2CO_2 + 2H_2O \qquad (7-1-2)$$

盐酸与碳酸盐岩发生反应时，所生成的氯化钙、氯化镁全部溶于残酸，生成的二氧化碳一小部分溶于残酸中，其余部分为游离态。依据二氧化碳相态图，其临界温度和临界压力分别为 31.1℃ 和 7.38MPa，在油藏条件下，游离态二氧化碳为超临界或液态，生成的二氧化碳有助于残酸返排。

2）砂岩

从砂岩矿物组成和矿物的 HCl 溶解性可以看出，砂岩酸化仅仅用盐酸溶解碳酸盐岩达不到去除污染的目的（碳酸盐岩含量高于 20% 时，使用盐酸可达到去除污染的目的），必须使用氢氟酸（HF）溶解矿物。砂岩地层酸化一般使用氢氟酸和盐酸混合的土酸作为处理液。盐酸的作用除了溶解碳酸盐岩，将 Ca^{2+}、Mg^{2+} 驱走，避免与氢氟酸接触生成沉淀，维持低 pH 值外，还可以使氢氟酸进入地层深部，提高氢氟酸溶解石英、长石、黏土等矿物的效率。氢氟酸与黏土、长石反应较快，与石英反应较慢，氢氟酸主要作用是溶蚀黏土和长石。

氢氟酸与石英的反应式为

$$4HF + SiO_2 \Longleftrightarrow SiF_4 + 2H_2O \qquad (7-1-3)$$

氢氟酸与黏土、长石的反应式为

$$NaAlSi_3O_8 + 14HF + 2H^+ \Longleftrightarrow Na^+ + AlF_2^+ + 3SiF_4 + 8H_2O \qquad (7-1-4)$$

$$KAlSi_3O_8 + 14HF + 2H^+ \Longleftrightarrow K^+ + AlF_2^+ + 3SiF_4 + 8H_2O \qquad (7-1-5)$$

$$Al_4Si_4O_{10}(OH)_8 + 24HF + 4H^+ \Longleftrightarrow 4AlF_2^+ + 4SiF_4 + 18H_2O \qquad (7-1-6)$$

$$Al_4Si_8O_{20}(OH)_4 + 40HF + 4H^+ \Longleftrightarrow 4AlF_2^+ + 8SiF_4 + 24H_2O \qquad (7-1-7)$$

SiO_2 为石英，$NaAlSi_3O_8$ 为钠长石，$KAlSi_3O_8$ 为钾长石，$Al_4Si_4O_{10}(OH)_8$ 为高岭石，$Al_4Si_8O_{20}(OH)_4$ 为蒙脱石。

砂岩与氢氟酸反应复杂，除了以上典型的一级反应，还有第二级、第三级反应，第二级反应式（Hartman 等，2006）为

$$SiF_4 + 2HF \Longleftrightarrow H_2SiF_6 \qquad (7-1-8)$$

$$2SiF_6^{2-} + 16H_2O + Al_4Si_4O_{10}(OH)_8 \Longleftrightarrow 6HF + 3AlF_2^+ + 10OH^- + Al^{3+} + 6SiO_2 \cdot 2H_2O \downarrow$$

$$(7-1-9)$$

第三级反应为 AlF_2^+ 转化为其他氟铝化合物，形成沉淀（Gdanski，1996）。

SiF_6^{2-} 与 Na^+、K^+ 结合生成 Na_2SiF_6、K_2SiF_6 沉淀，$SiO_2 \cdot 2H_2O$ 为硅胶沉淀。砂岩酸化一方面酸液溶蚀矿物增加孔隙度、渗透率，另一方面，第二级、第三级反应中生成沉淀，又降低孔隙度、渗透率。防止或降低二次沉淀（secondary precipitate）是砂岩酸化中必须考虑的问题，沉淀常造成砂岩酸化难以保证改造效果。

2. 酸岩化学当量

酸岩化学当量是酸液消耗量与溶蚀矿物量间的关系，化学当量可用不同量纲表达，比如摩尔、质量、体积当量；化学反应式描述的是酸和矿物间的物质的量关系，比如 2mol 盐酸溶蚀 1mol 碳酸钙。实际应用中，用摩尔表示不方便，常用质量或体积表示，又定义为溶解力（质量溶解力和体积溶解力）。

质量溶解力（gravimetric dissolving power）定义为消耗的矿物质量与酸液质量之比，即单位质量的酸液能溶蚀的矿物质量：

$$\beta = \frac{矿物质量}{酸质量} = \frac{\nu_{矿物} M_{矿物}}{\nu_{酸} M_{酸}} \qquad (7-1-10)$$

式中，ν 为化学反应式中的系数；$M_{矿物}$ 为矿物摩尔质量；$M_{酸}$ 为酸液摩尔质量。

体积溶解力（volumetric dissolving power）定义为消耗的矿物体积与酸液体积之比，即单位体积的酸液能溶蚀的矿物体积：

$$X = \frac{矿物体积}{酸体积} = \beta \frac{\rho_{酸}}{\rho_{矿物}} \qquad (7-1-11)$$

式中，ρ 为密度。

例如，质量分数为 100% 的 HCl 与 $CaCO_3$ 间的反应，其质量溶解力 β_{100} 为

$$\beta_{100} = \frac{1 \times 100.1}{2 \times 36.5} = 1.37 \qquad (7-1-12)$$

质量分数为 15% 的 HCl 的质量溶解力 β_{15} 为

$$\beta_{15} = 0.15\beta_{100} = 0.21 \qquad (7-1-13)$$

质量分数为 15% 的 HCl 的体积溶解力 X_{15} 为

$$X_{15} = \beta_{15} \frac{\rho_{酸}}{\rho_{矿物}} = 0.21 \times \frac{1070}{2710} = 0.083 \qquad (7-1-14)$$

酸液对于碳酸盐岩的溶解力见表 7-1-5，氢氟酸对于石英和钠长石的溶解力见表 7-1-6。

表 7-1-5 酸液对碳酸盐岩的溶解力（据 Schechter，1992）

矿物	酸液	β_{100}	X			
			5%	10%	15%	30%
石灰岩（$CaCO_3$） $\rho_{CaCO_3} = 2.71 g/cm^3$	盐酸（HCl）	1.37	0.026	0.053	0.082	0.175
	蚁酸（HCOOH）	1.09	0.020	0.041	0.062	0.129
	醋酸（CH_3COOH）	0.83	0.016	0.031	0.047	0.096
白云岩［$MgCa(CO_3)_2$］ $\rho_{MgCa(CO_3)_2} = 2.87 g/cm^3$	盐酸	1.27	0.023	0.046	0.071	0.152
	蚁酸	1.00	0.018	0.036	0.054	0.112
	醋酸	0.77	0.014	0.027	0.041	0.083

表 7-1-6 氢氟酸对石英和长石的溶解力（据 Schechter，1992）

酸质量浓度 %	石英（SiO_2）		钠长石（$NaAlSi_3O_8$）	
	β	X	β	X
2	0.015	0.006	0.019	0.008

续表

酸质量浓度 %	石英（SiO$_2$）		钠长石（NaAlSi$_3$O$_8$）	
	β	X	β	X
3	0.023	0.010	0.028	0.011
4	0.030	0.018	0.037	0.015
6	0.045	0.019	0.056	0.023
8	0.060	0.025	0.075	0.030

三、酸岩反应过程

酸岩反应发生在岩石表面，酸液为液体，岩石为固体，酸、岩接触后才能发生化学反应。由于酸液与岩石接触仅发生在岩石表面，所以化学反应只发生在岩石表面。酸岩反应过程由以下三个步骤组成：

（1）酸液通过对流、扩散方式运移到岩石表面；

（2）酸液在岩石表面与岩石发生化学反应；

（3）反应生成物通过对流、扩散方式离开表面，让出表面使鲜酸能达到岩石表面继续反应。

该过程称为酸岩复相反应（acid-mineral heterogeneous reaction），如图7-1-1所示。酸岩反应分为两个过程：传质过程［mass transfer（1）和（3）］和表面反应过程［surface reaction（2）］。传质方式包括扩散和对流两种方式。反应生成物在岩石近表面的液层中堆积，形成微薄液层，称为扩散边界层（diffusion boundary layer）。边界层与酸液内部性质不同，酸液内部浓度差异较小，边界层内部垂直于岩石表面方向存在较大浓度梯度（图7-1-2），该浓度梯度使酸液向岩石表面运动，称为扩散作用。氢离子通过边界层到达岩石表面的速度，称为传质速度。传质速度不仅与流体物性、温度、浓度梯度相关，还与流动状态相关。在流动条件下，酸液传质作用包括扩散和对流传质。其他条件相同时，流速越快，边界层越薄，传质越快。酸液到达岩石表面后与岩石发生化学反应，该过程为表面反应过程。

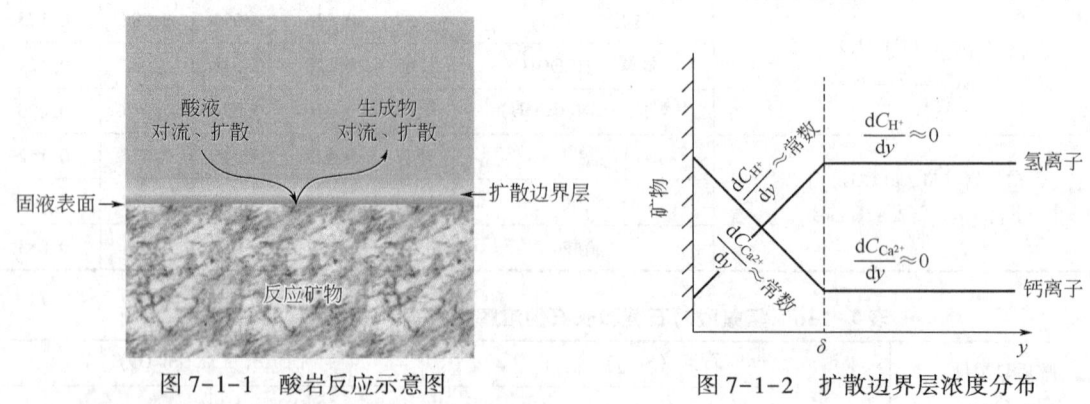

图7-1-1 酸岩反应示意图　　　图7-1-2 扩散边界层浓度分布

酸岩反应的两个过程的速度不同（消耗时间不同），当某一过程速度比另一过程速度慢很多时,速度慢的过程控制整个反应过程(速度快的过程消耗的时间微不足道),它决定着总体反应速度的快慢。依据两个过程的快慢,反应分为三类:

(1)传质控制的反应(表面反应速度远远快于传质速度),盐酸与石灰岩的反应、中高温条件下盐酸与白云岩的反应属于该类;

(2)表面反应控制的反应(传质速度远远快于表面反应速度),砂岩与氢氟酸的反应属于该类;

(3)两个过程共同控制的反应,两个过程的速度对总体反应速度影响均较大,低温条件下盐酸与白云岩的反应属于该类。

酸化中常用到几个酸液概念如下:

鲜酸(fresh acid):未与岩石发生反应的酸液。

活酸(live acid):鲜酸部分被矿物消耗,但还具有一定反应活性(一定酸浓度),具有溶蚀能力的酸液。

残酸(spent acid):活酸被矿物消耗完毕(常用酸浓度降到初始浓度的10%),失去反应活性的酸液。

四、酸岩反应动力学

酸岩反应动力学(acid-rock reaction kinetics)用于描述酸岩表面反应速度及影响因素,是进行酸岩反应速度计算、酸化模拟、活酸作用距离预测的基础。

1. 反应动力学方程

酸岩反应速度为单位时间内单位岩石面积上消耗的酸液量,也可以用单位时间内单位岩石面积上的岩溶量来表示。表面反应速度依赖于与酸液接触的矿物表面积,因此,反应速度又以单位面积表示。通常,酸液 A 与矿物 B 的表面反应速度表示为

$$-R_A = -r_A S_B \tag{7-1-15}$$

式中 R_A——酸液 A 的反应速度,kmol/s;

r_A——单位面积上酸液 A 反应速度,$kmol/(s \cdot m^2)$;

S_B——矿物 B 的表面积,m^2。

酸岩反应消耗酸液,所以加一个负号。

反应速度 r_A 依赖于反应物浓度,然而,固体矿物浓度的影响可忽略,因为固体矿物的浓度不随酸岩反应而改变,考虑反应物浓度影响后表面反应速度方程为

$$-r_A = E_f C_A^\alpha \tag{7-1-16}$$

式中 E_f——反应速度常数,$\dfrac{kmol}{m^2 \cdot s \cdot (kmol/m^3)^2}$;

C_A——岩石表面酸液 A 的浓度,$kmol/m^3$;

α——反应级数。

注意,C_A 为表面浓度,因为酸岩反应发生在矿物表面,对于由表面反应速度控制的反应,传质速率快,表面浓度与酸液内部浓度接近;对于传质控制的反应,传质速率相对较慢,表面浓度远低于酸液内部浓度。反应速度线性相关于矿物表面积 S_B;反应级数 α 表示酸岩反应速度对酸浓度的依赖程度,α 为 1 说明线性相关。E_f 是与反应材料、温度相关的函数,有时依赖于酸液 A 以外的物质的浓度。

2. 盐酸及弱酸与碳酸盐岩的反应动力学

盐酸是强酸，完全离解，反应物为 H^+，其反应速度可写成（Lund 等，1973，1975；Schechter，1992）：

$$-r_{HCl} = E_f C_{HCl}^{\alpha} \quad (7-1-17)$$

Arrhenius（1889）根据实验结果建立了反应速度常数 E_f 与温度间的关系（阿伦尼乌斯定理）：

$$E_f = E_f^0 \exp\left(-\frac{\Delta E}{RT}\right) \quad (7-1-18)$$

式中 E_f^0——与温度无关的反应速度常数（频率因子），m/s；
ΔE——活化能；
R——普适气体常数；
T——温度，K。

活化能 $\Delta E = RT^2 \frac{\partial \ln E_f}{\partial T}$，阿伦尼乌斯认为，只有活化分子之间的碰撞才能发生反应，活化能是活化分子平均能量与反应物分子平均能量之差。

上述方程中，E_f^0、ΔE 和 α 为反应动力学参数，盐酸与碳酸盐岩的反应动力学参数见表7-1-7（反应动力学参数常用旋转圆盘仪测试）。

表 7-1-7　HCl 与碳酸盐岩矿物的反应动力学参数（据 Lund 等，1973，1975）

矿物	α	E_f^0，$\dfrac{kmol}{m^2 \cdot s \cdot (kmol/m^3)^{\alpha}}$	$\dfrac{\Delta E}{R}$，K
石灰岩，$CaCO_3$	0.63	7.314×10^7	7.55×10^3
白云岩，$CaMg(CO_3)_2$	$\dfrac{6.32 \times 10^{-4} T}{1 - 1.92 \times 10^{-3} T}$	4.88×10^5	7.9×10^3

弱酸（weak acid）不完全离解，因此贡献 H^+ 有限（H^+ 仍为反应物），基于弱酸的离解平衡，通过 HCl 的反应动力学得到弱酸的反应动力学方程（Schechter，1992）：

$$-r_{弱酸} = E_f K_d^{\alpha/2} C_{弱酸}^{\alpha/2} \quad (7-1-19)$$

式中 E_f——HCl 与矿物的反应速度常数；
K_d——弱酸离解常数。

3. 氢氟酸与砂岩矿物的反应动力学

砂岩酸化中，HF 通常与 HCl 一起注入，实际上 HF 与砂岩的所有矿物成分都发生反应，HF 与石英（Bergman，1963；Hill 等，1981）、长石（Fogler 等，1975）、黏土（Kline 等，1981）的反应动力学方程可表示为

$$-r_{矿物} = E_f (1 + K C_{HCl}^{\beta}) C_{HF}^{\alpha} \quad (7-1-20)$$

E_f 的定义为式(7-1-18)。除了 E_f^0、ΔE 和 α 外，上述方程还有两个反应动力学参数 K 和 β，描述的是 HCl 对酸岩反应速度的影响。HF 与砂岩矿物的反应动力学参数见表 7-1-8，表中 K 的数值表明，HCl 只对钾长石和钠长石与 HF 的反应有影响，对其他矿物无影响。反应级数 α 除钾长石外都为 1，反应速度基本上线性依赖于酸浓度。表 7-1-7 与表 7-1-8 中的 E_f^0 差异较大，反映出盐酸与碳酸盐岩的表面反应速度远远高于土酸与砂岩矿物的表面反应速率。

表 7-1-8　HF 与砂岩矿物的反应动力学参数

矿物	α	β	K, $(kmol/m^3)^{-\beta}$	E_f^0, $\dfrac{kmol}{m^2 \cdot s \cdot (kmol/m^3)^\alpha}$	$\dfrac{\Delta E'}{R}$, K
石英，SiO_2[①]	1.0	—	0	2.32×10^{-8}	1150
钾长石，$KAlSi_3O_8$	1.2	0.4	$5.66 \times 10^{-2} \exp(956/T)$	1.27×10^{-1}	4680
钠长石，$NaAlSi_3O_8$	1.0	1.0	$6.24 \times 10^{-2} \exp(554/T)$	9.50×10^{-3}	3930
高岭石，$Al_4Si_4O_{10}(OH)_8$	1.0	—	0	0.33	6540[②]
蒙脱石，$Al_4Si_8O_{20}(OH)_4$	1.0	—	0	0.88	6540[②]
伊利石，$K_{0-2}Al_4(Al,Si)_8O_{20}(OH)_4$	1.0	—	0	2.75×10^{-2}	6540[②]
白云母，$KAl_2Si_3O_{10}(OH)_2$	1.0	—	0	0.49	6540[②]

①基于 6mol HF 溶解 1mol 石英；②Schechter 提供的大约值（1992）。

第二节　砂岩储层基质酸化

低渗透砂岩油气藏通常采用水力压裂措施增产，而对于在钻完井及后期作业过程中造成储层伤害的中高渗砂岩油气藏，常采用以解堵为目的的基质酸化措施。

一、基本原理

砂岩是由砂粒和粒间胶结物组成，砂粒主要是石英、长石，胶结物主要是硅酸盐类（如黏土）和碳酸盐岩类物质。砂岩的油气储集空间和渗流通道就是砂粒与砂粒之间未被胶结物完全充填的孔隙。砂岩油气藏基质酸化就是通过酸液溶解砂粒之间的胶结物和部分砂粒，或进入孔隙内的酸溶性污染物，从而恢复、提高井底附近地层渗透率。

由于砂岩储层不用酸压，砂岩酸化特指砂岩基质酸化。砂岩基质酸化定义为：在低于地层破裂压力下注入酸液，依靠酸液溶蚀污染物和地层矿物，恢复或提高近井地带储层渗透率，以解除地层污染，恢复油气井产能。砂岩基质酸化规模较小，作用于近井地带几十厘米到 1~2m 范围。对于天然裂缝较发育的储层，在略高于天然裂缝开启压力下施工，小规模改造近井地带，也属于基质酸化范畴。

砂岩基质酸化的机理是，酸液在孔隙介质中流动，酸液溶蚀所接触的地层矿物或污染物，增加储层的孔隙度、渗透率，恢复油气井产能。一方面，由于砂岩地层矿物多样，酸岩反应复杂，酸岩反应不可避免会形成沉淀，重新污染地层，难以显著提高渗透率，故较为理想的情况是将近井带渗透率恢复到污染前的水平；如果二次沉淀严重，酸化甚至降低产能。另一方面，活酸作用距离较短，即使酸化区域渗透率增加明显，但产能增幅微弱。因此，砂岩基质酸化目的是解除近井带地层污染，恢复油气井产能。

图 7-2-1 为砂岩酸化示意图，从井筒向外分别为渗透率增加区域、渗透率降低区域（酸化沉淀造成）、原渗透区域。图 7-2-2 为岩心酸化驱替后照片，虽然酸液驱替后渗透率增加明显（实验岩心较短，二次沉淀影响体现不出来），但岩心仍为孔隙介质。

砂岩储层基质酸化适用条件为：

（1）近井带地层存在酸液能解除的污染。如无严重地层污染，酸化无明显效果，甚至可能由于酸化中的二次污染降低产能；无污染井基质酸化，即使渗透率明显增加，由于作用范围较小，对产能的贡献也较小；如果地层污染物不能用酸液解除，如有机沉淀污染等，不能用酸化措施。

（2）中高渗储层。中高渗储层自然产能较高，如果钻完井过程中产生的地层污染严重降低产能，通过基质酸化去除污染后产能较高，则酸化具有较好的经济效益；对于低渗储层，无污染条件下的产能也较低，即使通过基质酸化恢复了产能，产能仍较低，无经济效益，则需要采用水力压裂进行大型增产改造。对于天然裂缝发育的低渗储层，钻完井过程中天然裂缝易受到污染，通过疏通天然裂缝可获得较高产能，也可选择基质酸化。

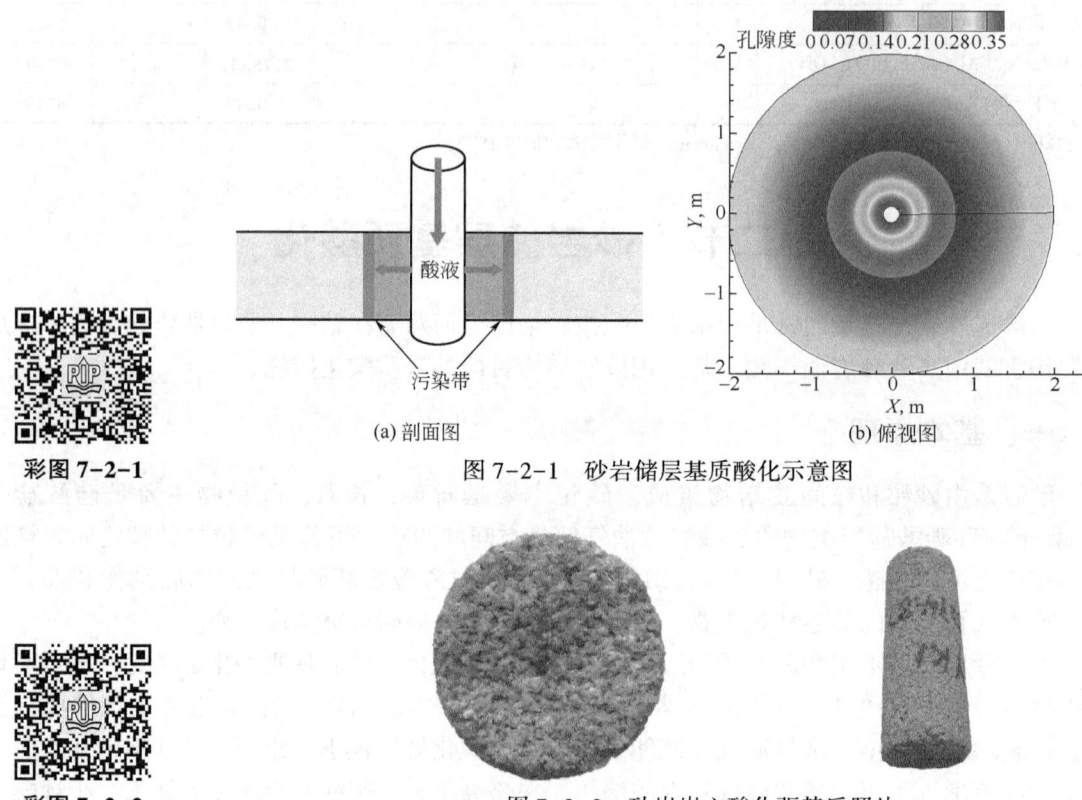

图 7-2-1　砂岩储层基质酸化示意图

图 7-2-2　砂岩岩心酸化驱替后照片

酸化措施对产能的改变如下，假设没有其他类型表皮系数，只有污染表皮系数，污染表皮系数 S_d 计算公式为 Hawkins 公式（1956）：

$$S_d = \left(\frac{K}{K_s} - 1\right) \ln \frac{r_s}{r_w} \tag{7-2-1}$$

式中　K——地层渗透率；
　　　K_s——污染带渗透率；
　　　r_s——污染半径；
　　　r_w——井筒半径。

砂岩酸化的目的是去除污染，将污染表皮系数降到 0，酸化增产倍比（酸化后/酸化前产能比，stimulation ratio）为

$$\frac{J_a}{J_d} = \frac{\ln(r_e/r_w) + S_d}{\ln(r_e/r_w)} \tag{7-2-2}$$

式中　J_a——酸化后采油指数；

J_d——酸化前采油指数。

用 $F_d=K_s/K$ 表示污染程度（污染渗透率与原始渗透率之比），不同污染半径、污染程度下酸化后与酸化前产能比如图 7-2-3 所示，F_d 高于 0.2 时，曲线较平，增产倍数接近 1；F_d 低于 0.1 时，曲线较陡。说明污染较轻时，酸化增产作用微弱；污染严重时，酸化增产效果明显。F_d 为 0.05、污染半径为 60cm 时，酸化后增产倍数达到 5 倍。这也解释了为什么砂岩储层酸化适用于污染严重井的原因，而污染较轻的井酸化效果不明显。理论上，污染严重的井，酸化能显著增加产能（相对于污染后的产能），而现场实际效果没有理论上这么好，是因为这里假设酸化能恢复到理想产能，实际由于有二次沉淀、储层敏感性等不利因素影响，较难恢复到理想产能。

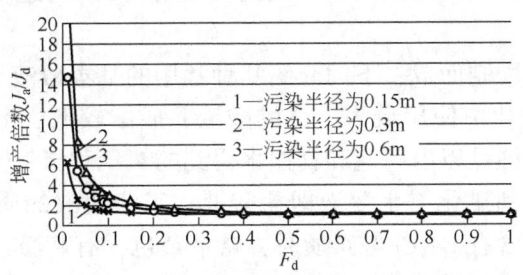

图 7-2-3 污染对酸化增产倍数的影响

对于没有污染的储层，如基质酸化能显著提高近井带地层渗透率，酸化后与酸化前产能比为（假设没有其他类型表皮系数）：

$$\frac{J_a}{J}=\frac{\ln(r_e/r_w)}{\ln(r_e/r_w)+S} \tag{7-2-3}$$

仍可用式(7-2-1)计算表皮系数，只是酸化后渗透率高于原始地层渗透率，用 K_a（酸化后渗透率）和 r_a（酸化半径）分别替换 K_s 和 r_s，由于酸化增加渗透率，计算得到的表皮系数 S 为负值，令 $F_a=K_a/K$，对于酸化半径 30cm、50cm、60cm，渗透率增加几十倍，产能只增加 20%，即使渗透率增加到无限大，产能只增加 26% 左右，如图 7-2-4 所示。实际酸化中，由于二次沉淀等问题，渗透率很难增加这么高，如果酸液量过大或氢氟酸浓度过高，还会出现过度溶蚀、影响井壁稳定性和地层出砂等问题。因此，对于污染较轻或无污染的井，基质酸化不会有明显的增产效果。

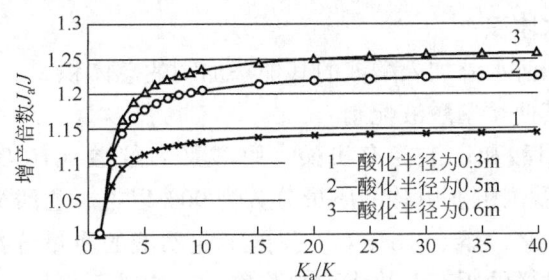

图 7-2-4 无污染储层酸化后渗透率、酸化半径对产能的影响

对于污染较严重的井，通过选择合理的酸液体系和酸化设计，基质酸化效果明显。现场统计数据表明，约 75% 的井通过酸化能显著提高产能（相对于污染后的产能）。酸化对储层也有不利影响，如基岩结构破坏、微粒释放、生成沉淀、润湿性改变等。

二、酸液体系

1. 酸液

砂岩储层基质酸化中酸岩反应特点是酸液与多种矿物或污染物反应，反应发生在多孔介质的孔隙中或孔隙壁面上，酸液流速较慢，作用距离较短。酸液有效成分是 HF 或生成 HF 的物质，常用酸液体系为土酸（mud acid）（HCl+HF），12%HCl+3%HF 为标准土酸，还有其他酸液体系，如氟硼酸 HBF_4（水解生成 HF）、NH_4F+HCl、多氢酸等。多氢酸为磷酸复合物与氟盐混合物，磷酸复合物逐步电离出氢离子与氟盐反应，缓慢生成 HF 和磷酸盐，由于磷酸复合物是逐步电离的，因此控制了与氟盐反应生成 HF 的速度，磷酸复合物含多个氢离子，因而称为多氢酸。

酸液体系由基本酸液配制而成，下面介绍几种常用的基本酸液。

（1）盐酸。盐酸是酸化中使用最为广泛的酸液，成本较低、溶蚀能力较强，反应生成物无沉淀。我国的工业盐酸是以电解饱和食盐水得到的氯气和氢气为原料，用合成法得到氯化氢气体，再溶解于水得到氯化氢水溶液即盐酸液。工业盐酸的质量分数为 31% 左右。纯盐酸是无色透明液体，当含有 Fe_3Cl 等杂质时，略带黄色，有刺激性臭味，在空气中常冒白色酸雾。盐酸是一种强酸，与碳酸盐岩反应的生成物溶解度高，无沉淀风险，盐酸使用浓度无特别限制，一般 28% 以下，常见浓度 10%、15%、20% 等。盐酸密度与质量分数有关，可采用经验公式计算盐酸相对密度 γ_{HCl}：

$$\gamma_{HCl} = C/2+1 \tag{7-2-4}$$

式中　C——盐酸质量分数。

配制目标浓度盐酸时，用下式计算所需商品酸液的用量：

$$V_1 = \frac{\gamma_2 C_2}{\gamma_1 C_1} V_2 \tag{7-2-5}$$

式中　V_1 和 V_2——商品酸液和所需配制酸液的体积；

　　　γ_1 和 γ_2——商品酸液和所需配制酸液的相对密度；

　　　C_1 和 C_2——商品酸液和所需配制酸液的浓度。

配制酸液所需的清水量则为

$$V_{清水} = V_2 - V_1 - V_3 \tag{7-2-6}$$

式中　$V_{清水}$——所需清水体积；

　　　V_3——除商品酸和清水外加入酸液的其他添加剂的总体积。

上述公式也适用于其他类型酸液配制。

（2）甲酸和乙酸。甲酸和乙酸为有机酸，甲酸又名蚁酸（HCOOH），无色透明液体，易溶于水，熔点 8.4℃。我国工业甲酸的质量分数为 90% 以上。乙酸又名醋酸（CH_3COOH），无色透明液体，极易溶于水，熔点 16.6℃。我国工业乙酸的质量分数为 98% 以上。因为乙酸在低温时会凝成像冰一样的固态，故俗称冰醋酸。甲酸或乙酸与碳酸盐岩反应生成的盐类在水中溶解度较小，所以酸化时浓度不能太高，防止生成甲酸或乙酸钙、镁盐沉淀。一般甲酸的质量分数不超过 10%，乙酸的质量分数不超过 15%。有机酸电离度小，具有缓速功能，但成本高。

（3）氢氟酸。氢氟酸是氟化氢的水溶液，氟化氢是一种无色、恶臭有毒气体，氢氟酸是一种强酸，我国工业氢氟酸的质量分数一般为40%，相对密度1.11~1.13，酸化中氢氟酸浓度一般8%以下。氢氟酸不单独使用，与盐酸或有机酸混合使用，防止氢氟酸与碳酸盐岩接触生成氟化钙、氟化镁沉淀。氢氟酸与盐酸混合物为土酸，早期用于溶解在井壁上形成的钻井液滤饼或侵入地层的钻井液，钻井液中主要固体为膨润土，所以俗称为土酸，12%盐酸+3%氢氟酸为标准土酸，根据矿物成分及储层特征，氢氟酸和盐酸的浓度可调节。

2. 添加剂

酸液体系里除了酸之外，还有添加剂（acid additive），添加剂是保证酸化效果的重要组成部分。添加剂种类较多，常见的有缓蚀剂、铁离子稳定剂、防膨剂、助排剂、分散剂、破乳剂、转向剂等。合适的添加剂对于保证酸化效果非常重要，其用途包括：防止管材过度腐蚀、防止乳化、防酸渣、防铁离子沉淀、防二次沉淀、改善返排、改善酸液布控等。顶替液里添加剂较少，主要是黏土稳定剂和分散剂，如果用酸作为顶替液则需加缓蚀剂。酸化设计难点是选择与储层匹配的酸液体系，防止二次沉淀。

1）缓蚀剂（corrosion inhibitor）

缓蚀剂是酸化必须使用的添加剂，用于保护施工中用到的金属管材。因为管材腐蚀产生铁离子，铁离子进入地层会产生沉淀伤害。金属表面通过金属自身形成短路电极，干燥情况下，不产生局部电流而不被腐蚀；在盐水、酸碱溶液中，局部电流起作用而导致金属腐蚀。酸浓度、氢离子电离程度影响氢离子活度，氢离子活度直接影响腐蚀程度，强酸电离程度比弱酸高，腐蚀性也更强，比如盐酸比有机酸腐蚀性更强。

缓蚀剂是通过物理吸附或化学吸附在金属表面形成一层保护膜，从而使腐蚀得到抑制。因而凡是影响覆盖面积大小的因素（如缓蚀剂分子的大小、扁平吸附方式还是直立吸附方式等）以及影响吸附难易程度的因素都会对缓蚀效果有很大影响。

缓蚀剂分为无机缓蚀剂和有机缓蚀剂。无机缓蚀剂包括锌、镍、铜、砷、锑和其他金属盐类，其中砷化合物使用较广泛。无机缓蚀剂的优点是：耐高温、时效长、成本低于有机缓蚀剂。其缺点为：酸浓度过高易失效，存在硫化铁时产生沉淀，合成时易使催化剂失效，释放有毒腐蚀副产物（如砷化三氢气体），难混合。有机缓蚀剂由能吸附在金属表面的极性有机物组成，在酸和金属间形成一层保护膜，如胺类（苯胺，松香胺）、醛类（甲醛）、喹啉衍生物、烷基砒啶、炔醇类化合物。有机缓蚀剂优点为：可用于含H_2S环境，不对合成时的催化剂产生影响，可用于各种酸浓度。其缺点为：耐温、时效低于无机缓蚀剂，成本更高。

缓蚀剂评价方法是将金属试样插入带缓蚀剂的酸液中，一定温度、压力和反应时间下测定金属失重，缓蚀效果用腐蚀速度［单位时间内与酸接触的单位面积金属的失重量，$g/(m^2 \cdot h)$］衡量。评价方法分为静态和动态评价方法，静态评价不搅拌酸液，动态评价需要搅拌酸液，模拟在流动条件下的腐蚀。缓蚀剂评价方法及评价指标参见《酸化用缓蚀剂性能试验方法及评价指标》（SY/T 5405—2019）。国外规定施工中腐蚀总量不超过$98g/m^2$，高温井腐蚀总量不超过$245g/m^2$。国内外都规定，有效缓蚀时间内不允许产生点蚀（或坑蚀），加缓蚀剂后，缓蚀率应高于98%。

2）铁离子稳定剂（iron control additive）

酸化中一般都会添加铁离子稳定剂，防止施工过程中铁离子产生沉淀。铁离子主要来源有：管材腐蚀、铁锈溶蚀、地层含铁矿物。铁在地层矿物中的氧化态有赤铁矿（Fe_2O_3）、磁铁矿（$FeO-Fe_2O_3$）、黄铁矿（FeS）、菱铁矿（$FeCO_3$）。

Fe^{2+}、Fe^{3+}在酸液中是否沉淀取决于酸液的pH值与铁离子的含量,当$FeCl_3$的含量大于0.6%且pH值大于1.86时,Fe^{3+}会水解生成凝胶状沉淀:

$$Fe^{3+}+3H_2O \longrightarrow Fe(OH)_3\downarrow +3H^+ \qquad (7-2-7)$$

$FeCl_2$的含量大于0.6%且pH值大于6.84时,Fe^{2+}会水解生成凝胶状沉淀:

$$Fe^{2+}+2H_2O \longrightarrow Fe(OH)_2\downarrow +2H^+ \qquad (7-2-8)$$

酸化施工中,有Fe^{2+},也有Fe^{3+},但由于金属铁的存在,在盐酸和金属铁构成的强还原性环境中,酸液中的Fe^{3+}能很快被还原成为Fe^{2+},从设备及管道中进入酸液的铁离子主要是Fe^{2+}。如果储层中存在三价铁离子,由于没有金属铁的存在,不能发生转变为二价铁离子的反应,当pH值升高后,就会产生$Fe(OH)_3$沉淀堵塞储层,所以来源于施工设备和井下管柱的铁并不危险,而真正有危害的是储层的三价铁离子。

防止铁离子沉淀的方法主要有:

(1)控制pH值:加入弱酸,维持低pH值防止沉淀,如加入乙酸;

(2)使用络合剂:络合剂能与铁离子结合防止铁离子沉淀,如柠檬酸、乙二胺四乙酸钠(EDTA)、氮川三乙酸(NTA)为常用络合剂;

(3)使用还原剂:还原剂能将Fe^{3+}转换为Fe^{2+},降低沉淀风险,比如异抗坏血酸、异抗坏血酸钠。

3)黏土稳定剂(clay stabilizer)

黏土容易引起运移、膨胀伤害,黏土含量高的储层,为防止黏土引起的伤害,需要添加黏土稳定剂。黏土稳定剂的原理是通过离子交换或静电吸附于黏土表面来达到稳定黏土的目的。常用黏土稳定剂有如下类型:

(1)高价阳离子:广泛使用的高价阳离子黏土稳定剂为羟基铝$[Al_6(OH)_{12}(H_2O)_{12}^{6+}]$和以二氯氧锆形式($ZrOCl_2$)加入的$Zr^{4+}$。其优点是:成本低,处理面积大。其缺点是:羟基铝不耐酸,要求关井聚合,容易引起堵塞,需要合适的前置液和顶替液(注入黏土稳定剂之前需要注入前置液,需要顶替液将井周过量黏土稳定剂顶走)。

(2)季铵盐表面活性剂:广泛应用于干气井,在pH值高于零电荷点(the point of zero charge,PZC)值时,带正电的表面活性剂与带负电的黏土吸引,中和电荷,降低了黏土的离子交换能力,使黏土不再因吸收水和阳离子而膨胀,这也促使硅酸盐岩润湿性变油湿。

(3)聚胺:为含有多个胺基的有机高分子,氨基为伯胺、仲胺或叔胺。由于含多个胺基,聚胺通过多点吸附在硅酸盐表面,有效中和硅酸盐负电。聚胺黏土稳定剂的缺点是有效期短、成本高。

(4)聚季铵:可用于酸性或碱性液体中。广泛使用的聚季铵黏土稳定剂有两种:二甲胺和环氧丙烷缩合物、氯化二甲基二烯丙基铵。该黏土稳定剂通过中和电荷、促进水润湿和聚合架桥稳定黏土。

(5)有机硅:Kalfayan和Watkins(1990)认为有机硅可作土酸酸化黏土稳定剂,不同于其他黏土稳定剂通过离子交换来稳定黏土的机理,其稳定黏土的机理与Boyer和Wu(1983)提出的氟硼酸稳定黏土的机理相似,硅氧烷覆盖层通过硅氧共价键将黏土和其他硅质微粒固定在原位。聚合硅氧烷覆盖层通过阻止离子交换和增强离子间的吸引力而稳定黏土。由于聚合硅氧烷能联结低阳离子交换能力的矿物(石英)和高阳离子交换能力的黏土,所以其既能很好适用于含黏土微粒的储层,又能适用于不含黏土微粒的储层。

4）表面活性剂（surfactant）

表面活性剂可用作多种类型的添加剂，根据表面活性剂结构和特征不同，可用于破乳剂、防乳化剂、乳化剂、起泡剂、消泡剂、助排剂、杀菌剂、缓速剂、分散剂、抗酸渣剂等。表面活性剂能有如此多的用途，源于其独特的双亲结构（亲水基团、亲油基团），通过设计合适的分子结构来实现各种用途。常用表面活性剂用途如下：

（1）破乳剂：用于油水乳化液破乳，效果取决于其聚集于油水界面的快慢，通常是油溶性的。常用破乳剂有阴离子型（如烷基磺酸钠）、非离子型（如聚氧乙烯辛基苯酚醚）等。

（2）防乳化剂：用于防止施工作业液体与油藏流体形成乳化液，为表面活性剂与溶剂混合物，用途广泛。

（3）乳化剂：形成乳液隔离内部液相，阻止内部液相与其他物质接触反应，常用于乳化酸，也用于除垢体系。

（4）杀菌剂：用于去除细菌，多为具有杀菌功能的阳离子表活剂，常与其他润湿性表活剂混合使用。

（5）黏土稳定剂：通过阳离子交换降低黏土膨胀，通过分散黏土的方式防止絮凝作用。

（6）起泡剂：用于产生泡沫，通过稠化液体方式稳定泡沫。

（7）分散剂及悬浮剂：酸液溶蚀可能使一些微粒脱落，脱落微粒运移并可能聚集，以至堵塞地层。可通过悬浮剂使微粒悬浮于酸液中，随残酸返排出。分散剂是使残酸中颗粒保持分散的添加剂，常用的悬浮剂和分散剂是非离子型和阴离子型表面活性剂复配。

（8）缓速剂：是降低酸岩反应速度的一种表面活性剂，其吸附在岩石表面，使岩石具有油润湿性，阻止酸液与岩石接触，从而降低酸岩反应速度。缓速剂不利之处在于，将水湿储层变为油湿储层后，对后期油相渗流不利。

（9）抗酸渣剂：胶质、沥青质含量较高的原油与酸液接触容易生成酸渣。为防止形成酸渣，在处理液中加入阴离子烷基芳香基磺酸盐与非离子表面活性剂的复配物，并添加芳香族溶剂以及能在酸性条件下络合铁离子的络合剂，抗酸渣剂加入酸液或前置液中。常用抗渣剂有烷基芳香基磺酸盐、芳香族互溶剂、乙二醇醚类等。

（10）互溶剂：可与烃和水互溶，主要是乙二醇类，常用乙二醇单丁醚（EGMBE）、双乙二醇单丁醚（EGMEB）、丁氧基三乙醇（BOTP）等。互溶剂用于酸液和顶替液中，其作用是降低水溶液表面张力，从而降低井周水饱和度以防止水锁；使部分水溶于烃中，降低水饱和度；保持地层水润湿，提高油相渗透率；防止微粒油润湿而乳化；降低表活剂和缓蚀剂在地层中的吸附；帮助溶解被吸附的缓蚀剂和酸不溶物（有些缓蚀剂含酸不溶物）；溶解孔隙表面的油；破乳；促进残酸返排。

三、基质酸化注入过程及作用

1. 酸洗阶段

酸洗，即清洗管柱，目的是去除管线内的铁锈、垢、油污，防止这些物质进入地层产生不利影响。酸化管柱上有油污、铁锈等杂质，如不清洗，油污进入地层会堵塞地层，铁锈被酸溶蚀，产生铁离子随酸进入地层产生铁离子沉淀。常用5%HCl加缓蚀剂和铁离子稳定剂清洗管柱，如有油污，则需要用有机溶剂清洗。

2. 原油驱替阶段（可选）

原油与酸不配伍，特别是重质成分较多的储层，容易生成有机沉淀或酸渣，可注入有机溶剂溶解、驱替原油至远端，避免与酸接触。

3. 地层水驱替阶段（可选）

如地层水含碳酸根离子和硫离子较多，容易生成沉淀，常用5%NH_4Cl驱替地层水，避免生成碳酸钙和硫化钙沉淀等。驱替地层水还可防止Na^+、K^+与H_2SiF_6接触生成氟硅酸钠、钾沉淀。

4. 前置酸注入阶段

前置酸（preflush）用于溶蚀地层中的碳酸盐岩，避免钙、镁离子与HF接触生成CaF_2、MgF_2沉淀。常用5%~10%HCl或有机酸作为前置酸、氟化镁。碳酸盐岩含量非常低时也可不用前置酸，主体酸中含有HCl或有机酸，也有防止氟化钙沉淀作用。当地层污染特别严重，前置酸无法注入时，先用土酸建立注入性，再注入HCl或有机酸。如果碳酸盐岩含量较高，比如高于大约20%，可单用前置酸达到恢复油气井产能的目的，无需注入主体酸。如地层对盐酸酸敏（如含沸石、绿泥石），或高含铁矿物（磷铁矿、硫铁矿、氧化铁或氯化铁），前置酸采用有机酸（常用5%~10%乙酸），减少沉淀伤害。

5. 主体酸注入阶段

主体酸（main acid）为HF与HCl或有机酸的混合物，或者生成HF的物质，通过HF溶蚀砂岩地层矿物和污染物来增加孔隙度和渗透率，从而恢复产能。主体酸不光溶蚀矿物增加渗透率，也伴生沉淀，抵消部分溶蚀效果，防止沉淀是砂岩基质酸化的重要组成部分。

6. 顶替液注入阶段

注入顶替液（postflush）的目的是将管线和井筒中的酸液顶入地层，再将残酸驱离近井带，减轻二次沉淀影响。地面泵注完主体酸液时，管线和井筒中充满酸液，需将酸液顶入地层中，提高酸液效率。酸岩反应后的残酸中有无定形硅，液体停止流动后无定形硅将形成硅胶沉淀堵塞地层，沉淀越靠近井筒，影响越大，可采用过量顶替方式将残酸顶离近井地带，降低沉淀的影响。对于油井，常用NH_4Cl、柴油或5%~7.5%HCl作为顶替液，HCl用于维持低pH值，减轻二次沉淀伤害。对于气井，常用NH_4Cl、氮气或5%~7.5%HCl。顶替液最低用量为管线体积加上油管体积及油管下面井筒体积的两倍。建议过量顶替，降低残酸二次沉淀影响，比如将残酸顶离12~15倍井筒半径。

7. 返排

确切地说，返排（flow back）是施工完毕后的工序。酸化施工后一般需要关井一段时间使酸液继续溶蚀地层，生产前，需要将残酸返排出来。氢氟酸体系应立即返排，因为随酸岩反应，pH值逐渐升高，产生沉淀的风险增加。氟硼酸体系例外，需要根据温度情况确定关井时间，以确保生成足量氢氟酸溶蚀矿物，同时实现稳定微粒的作用。返排液是酸性的，包含注入的添加剂，需要对返排液进行处理达到排放标准。

砂岩酸化一般都包括主要的三部分：前置酸、主体酸和顶替液。

四、酸化中可能产生的沉淀及沉淀防止方法

1. 可能产生的沉淀

砂岩储层矿物种类较多，绝大多数矿物都与氢氟酸反应，化学反应复杂，生成物中有些容易产生沉淀（precipitate）堵塞地层，这也是为什么一些井酸化后效果不佳，甚至酸化后

产能降低的原因。常见沉淀包括 CaF_2、$Si(OH)_4$、$Fe(OH)_3$、沥青渣,还有可能生成氟硅酸钠、氟硅酸钾、氟硅酸铝、氟硅酸钙、氟化铝等沉淀。砂岩酸化中不可避免产生硅胶沉淀,HF 与黏土、长石矿物反应生成 H_2SiF_6、H_2SiF_6 再与黏土、长石反应生成硅胶沉淀。

2. 防止沉淀方法

根据沉淀产生的方式不同,控制沉淀的措施也不同。有些沉淀是离子间结合而形成,采取避免这些离子接触的方式防止沉淀;有些沉淀是由于 pH 值升高而形成,可采取控制 pH 值的方式防止沉淀;有的沉淀不可避免,通过将沉淀物顶替远离近井地带来降低沉淀的影响。酸化设计中,通过分析目标储层矿物成分以及物性特征,分析潜在的沉淀风险,再有针对性地采取措施防止沉淀。

(1)选择合适前置酸。砂岩储层酸化前置酸的作用是溶解碳酸盐岩,避免 HF 与碳酸钙和 Ca^{2+} 接触生产氟化钙沉淀,需要根据酸化处理半径和地层中碳酸盐岩含量设计足量的前置酸,将 F^- 可能到达区域的碳酸盐岩溶掉并驱走。如储层含有 HCl 酸敏的矿物,如沸石、绿泥石,则选择有机酸;如酸化前完井液含 KCl、$CaCl_2$、CaBr,用 HCl 前置液或氯化铵将这些离子驱走,防止产生沉淀。

(2)控制 pH 值。当残酸 pH 值升高后一些生成物将形成沉淀,如铁离子、亚铁离子在 pH 值升高后容易产生沉淀,可通过有机酸维持较低 pH 值来防止沉淀。顶替液也可采用酸液来维持低 pH 值。

(3)控制主体酸用量和浓度。如果黏土、长石含量较高,反应较快,残酸很容易产生硅胶沉淀,通常降低氢氟酸浓度来防止沉淀,现场曾采用 0.6% 氢氟酸进行酸化。应避免酸液用量过大,导致过度溶蚀引起的沉淀、黏土运移、破坏地层强度等问题。黏土含量很高的地层,可用氟硼酸稳定黏土。

(4)过量顶替。采用过量顶替方式将近井带沉淀物顶替到远井地带,降低沉淀对产能的影响。

(5)有针对性地使用防沉淀添加剂。

五、提高酸化效果的方法

砂岩酸化的目的是去除地层污染,同时不对地层造成负面影响。酸液溶蚀矿物、污染物,一方面增加孔隙度、渗透率,同时也会产生一些负面影响降低酸化效果。影响酸化效果的主要因素包括:(1)高温地层中,HF 与矿物消耗速度较快,导致处理范围较小;(2)溶蚀能力较强的酸液,或酸液用量过大,可能破坏岩石结构造成出砂;(3)反应后脱落下来的黏土等颗粒随液体运移,堵塞地层;(4)二次沉淀堵塞地层,降低酸化效果。

针对以上影响因素,为了提高酸化处理效果,针对不同地层条件可采用相应的措施,如对胶结弱的地层选择溶蚀能力弱的酸液体系,优化酸液用量,避免地层过度溶蚀,防止破坏地层骨架和出砂;对水敏性地层选择合适的黏土稳定剂,稳定黏土防止微粒运移等。现场常采用就地自生酸或缓速酸来降低反应速度,增加活酸作用距离。

(1)自生土酸体系。将氟化铵和有机脂(乙酸甲酯)注入地层,一定时间后有机脂水解生成有机酸(甲酸),有机酸与氟化铵生氢氟酸,此方法在 54~93℃ 条件下可使用,可产生高达 3.5% 的氢氟酸。

(2)盐酸—氟化铵体系。顺序注入盐酸和氟化铵,利用黏土矿物的离子交换能力在黏土矿物表面生成氢氟酸。注入盐酸时，盐酸与黏土接触，通过离子交换，黏土表面含有氢离子，注入氟化铵溶液时，氟离子与氢离子接触生成氢氟酸，并与黏土反应，该方法需要交替注入盐酸与氟化铵溶液多次，其优点是可实现深部酸化，缺点是工艺复杂，溶蚀能力较弱。

（3）氟硼酸。氟硼酸（HBF_4）水解生成氢氟酸，当生成的氢氟酸消耗时，通过水解生成更多氢氟酸，总的溶蚀能力相当于2%的氢氟酸。对于土酸敏感的地层，氟硼酸可避免微粒失稳、起到稳定黏土的作用。可单独使用，也可以和氢氟酸组合使用。氟硼酸可用硼酸和双氟酸铵及盐酸混合物得到，反应式如下：

$$NH_4F \cdot HF + HCl \longrightarrow 2HF + NH_4Cl \qquad (7-2-9)$$

$$H_3BO_3 + 3HF \longrightarrow HBF_3OH + 2H_2O \quad (快反应) \qquad (7-2-10)$$

$$HBF_3OH + HF \rightleftharpoons HBF_4 + H_2O \quad (慢反应) \qquad (7-2-11)$$

氟硼酸水解如下：

$$HBF_4 + H_2O \longrightarrow H_3O^+ + BF_4^- \qquad (7-2-12)$$

$$BF_4^- + H_2O \rightleftharpoons BF_3OH^- + HF \qquad (7-2-13)$$

氟硼酸处理的优点是通过与氟硼酸盐离子和硼酸盐反应能使黏土和微粒有效地稳定下来，使膨胀性黏土钝化，阳离子交换能力下降。另外，氟硼酸能与蒙脱石、高岭石、伊利石等矿物反应，特别是与含钾的伊利石反应生成氟硼酸钾，避免土酸处理生成氟硅酸钾沉淀，对某些酸敏性储层用氟硼酸处理效果更好。施工中，通过酸岩反应使黏土和微粒得到稳定，氟硼酸施工后需要关井一段时间，起到稳定黏土的作用。

（4）缓冲调节土酸体系（buffer-regulated mud acid，BRMA）。该酸液体系由有机酸、铵盐和氟化铵按一定比例组成，通过弱酸与弱酸盐间的缓冲作用调节氢氟酸的生成速度，酸液保持较高的pH值，从而达到缓速的目的。高温储层该体系效果良好，还不用担心腐蚀问题。

（5）多氢酸体系。多氢酸体系为磷酸复合物与氟盐混合物，磷酸复合物逐步电离出氢离子与氟盐反应，缓慢生成HF和磷酸盐，由于磷酸复合物是逐步电离的，因此控制了与氟盐反应生成HF的速度，具有较好的缓速功能。多氢酸能维持较低pH值，有利于防止沉淀；还对多价金属离子具有络合能力，具有防垢功能。多氢酸适合胶结疏松、黏土含量高的储层。

六、砂岩储层基质酸化设计

砂岩储层基质酸化设计是指根据目标井层特性，在设备能力和可选材料条件下，以解除地层污染、恢复油气井产能为目标，选择合适的液体体系，优化施工参数，设计合适的泵注程序，形成经济可行的酸化方案。

砂岩储层基质酸化设计包含以下步骤。

1. 确定伤害信息

首先确定油气井的伤害（formation damage）类型，如果能用酸去除则采用酸化措施，如果是酸不溶物造成的伤害（石蜡、沥青等有机沉淀伤害），酸化措施无效，则需要采取其他措施。

根据伤害深度和伤害程度，计算表皮系数，确定酸化后增产倍数。伤害深度是设计酸液作用距离（酸液用量）的依据。一般依据实验测试、现场数据和现场经验综合分析获取这些参数。

2. 确定工作液和酸液类型、浓度和用量

通过实验、理论分析、计算确定酸液类型和各个注入阶段的液体体系，以及相应的浓度和用量。

3. 确定添加剂类型、浓度和用量

添加剂是保证酸化效果的重要组成部分，不同地层需要的添加剂有所差异，通过实验选择合适的添加剂类型和浓度，常用的添加剂有缓蚀剂、铁离子稳定剂、水湿性表面活性剂、防膨剂、助排剂等。

4. 均匀布酸方法

对于均质、单层油气藏，可不考虑均匀布酸（acid placement and diversion）问题。对于多层油藏，层间非均质性强，或长井段水平井，必须考虑均匀布酸问题，常用的均匀布酸方法有：气封隔器、球堵、连续油管、化学转向等。

5. 合适的现场施工和质量控制

酸化能否按室内设计的方案取得预期的效果，需要合适的现场施工和质量保障，保证现场所用体系与设计相符，施工步骤、施工参数按设计执行，酸化实施质量达到设计要求。

6. 酸化施工评价

酸化后需要进行效果评价，评价酸液体系是否合适、设计是否合理、经济效益好坏等。评价主要包括：施工过程中压力监测、返排酸样分析、产能比较和分析、试井分析、产出与投资回报率等。

砂岩基质酸化设计包含内容较多，下面仅举例说明主体酸用量确定方法。酸液用量设计取决于污染带深度、储层厚度、矿物组成等。

1）经验方法

砂岩储层酸化经常基于现场经验设计酸液用量，如常见用量 $1\sim2m^3/m$（单位厚度储层用酸量）。

2）数值模拟方法

用酸化数值模型模拟酸化过程，得到活酸作用距离、表皮随酸液用量间的关系，从而确定酸量。

3）解析法

Schechter（1992）基于一酸（HF）两矿物（快反应矿物、慢反应矿物）模型推导了酸液用量解析公式（图7-2-5）：

$$\theta = \frac{\exp(N_{Da,S}\varepsilon_f)-1}{N_{Ac,F}N_{Da,S}} + \varepsilon_f \quad (7-2-14)$$

其中

$$N_{Da,S} = \frac{消耗速度}{对流速度} \quad (7-2-15)$$

$$N_{Ac,F} = \frac{\beta_F \phi C_{HF}^0 \rho_{酸}}{(1-\phi)V_F^0 \rho_F} \quad (7-2-16)$$

式中 θ——无因次时间，通过无因次时间定义计算酸液用量；

ε_f——无因次前沿位置，为解除污染，鲜酸前沿需要达到污染外沿；

C_{HF}^0——注入氢氟酸浓度（质量百分比）；

V_F^0——快反应矿物初始体积含量；
β_F——100%HF 对快反应矿物的质量溶解力；
ρ_F——快反应矿物密度。
$N_{Da,S}$ 的定义见表 7-2-1。

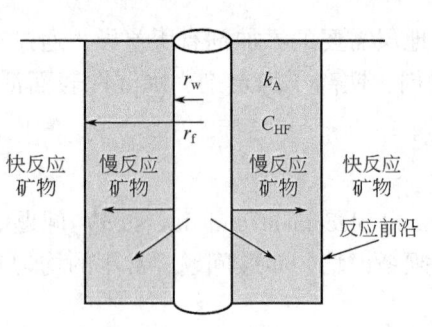
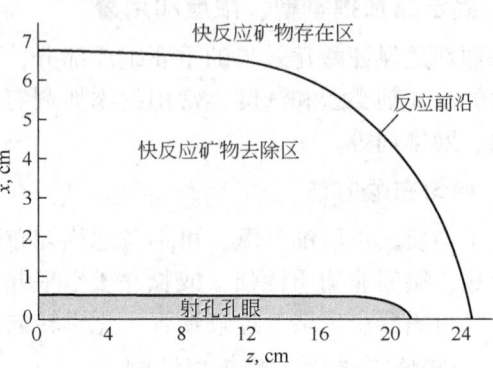

图 7-2-5　裸眼完井、射孔完井进酸示意图（据 Schechter，1992）

表 7-2-1　无因次变量定义

流动几何形状	ε	θ	$N_{Da,S}$
线性	$\dfrac{x}{L}$	$\dfrac{ut}{\phi L}$	$\dfrac{(1-\phi)V_S^0 E_{f,S} S_S^* L}{u}$
径向	$\dfrac{r^2}{r_w^2}-1$	$\dfrac{q_i t}{\pi r_w^2 h \phi}$	$\dfrac{(1-\phi)V_S^0 S_S^* \pi r_w^2 h E_{f,S}}{q_i}$
椭球	射孔长度方向，射孔前端活酸作用距离为 $\dfrac{1}{3}\overline{Z}^3-\overline{Z}+\dfrac{2}{3}$；其中 $\overline{Z}=\dfrac{z}{l_{perf}}$ 垂直于射孔方向，射孔根部活酸作用距离（紧邻井筒位置）为 $\dfrac{1}{3}\left(\overline{X}+\dfrac{1}{\overline{X}+\sqrt{\overline{X}^2+1}}\right)^3-\dfrac{1}{3}$；其中 $\overline{X}=\dfrac{x}{l_{perf}}$	$\dfrac{q_{perf}t}{2\pi l_{perf}^3 \phi}$	$\dfrac{2\pi(1-\phi)l_{perf}^3 S_S^* V_S^0 E_{f,S}}{q_{perf}}$

注：u—流速；ϕ—孔隙度；V_S^0—慢反应矿物初始体积含量；S_S^*—慢反应矿物比表面；$E_{f,S}$—慢反应矿物反应速度常数；q_{perf}—射孔孔眼流量；l_{perf}—射孔长度；q_i—排量；L—岩心长度；t—时间；r_w—井筒半径。

酸液用量计算实例：一口井裸眼完井，井筒半径 10cm，地层孔隙度 0.2，污染半径 40cm。实验测得的线性流无因次组合为 $N_{Da,S}=0.62$ 和 $N_{Ac,F}=0.021$，实验中驱替速度为 0.007456m/min，岩心长度 10cm。采用酸化去除污染，注酸排量 $0.05m^3/(min/m)$，计算酸化酸液用量。

首先将 $N_{Da,S}$ 从线性驱替转换为径向驱替：

$$(N_{Da,s})_{radial}=(N_{Da,s})_{linear}\left(\dfrac{\pi r_w^2 h}{q_i}\right)_{well}\left(\dfrac{u}{L}\right)_{core}=0.62\times\dfrac{\pi\times 0.1^2}{0.05}\times\dfrac{0.007456}{0.1}=0.029$$

(7-2-17)

然后计算鲜酸前沿到达污染外沿所需的酸液用量：

$$\varepsilon_f=\dfrac{r^2}{r_w^2}-1=\left(\dfrac{10+30}{10}\right)^2-1=15 \tag{7-2-18}$$

$$\theta=\dfrac{\exp(0.029\times 15)-1}{0.021\times 0.029}+15=909.85 \tag{7-2-19}$$

$$\dfrac{q_i t}{h}=\theta(\pi r_w^2 \phi)=909.85\times\pi\times 0.1^2\times 0.2=5.72(m^3/m) \tag{7-2-20}$$

解析解假设快反应矿物反应速度快，酸液覆盖范围内所有快反应矿物基本全部溶蚀，所以计算的用量偏大，实际酸液覆盖区域仍有部分快反应矿物没溶蚀。

第三节　碳酸盐岩储层基质酸化

中高渗碳酸盐岩或天然裂缝发育的低渗碳酸盐岩储层基本都会采用基质酸化措施，碳酸盐岩储层基质酸化无沉淀风险，既可解除地层污染，还能起到增产作用，酸化效果明显。

一、基本原理

碳酸盐岩基质酸化定义为：在低于地层破裂压力下注入酸液（H^+），酸液溶蚀碳酸盐岩矿物，形成酸蚀蚓孔，蚓孔穿越污染带，去除污染影响，达到增加油气井产能目的。

酸蚀蚓孔（wormhole）的特殊行为使得蚓孔沿部分地方扩展，无蚓孔的地方无酸液，如图 7-3-1 所示。蚓孔为宏观孔道（毫米级别），如图 7-3-2 所示。酸化后油气井生产时，流体通过蚓孔流到井底，相对于孔隙介质而言，蚓孔中的渗流阻力可以忽略，酸蚀蚓孔覆盖区域压降很小，相当于扩大了井筒半径，表皮系数为负。蚓孔扩展中，酸液只溶蚀很少一部分岩石，可以形成较长的蚓孔（5~6m），有天然裂缝时，蚓孔甚至达到十几米，可以形成 -4~-5 的表皮系数，产生较为可观的增产效果。

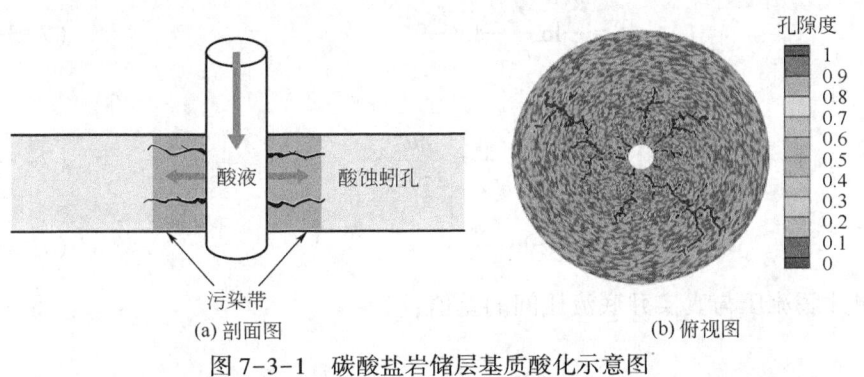

图 7-3-1　碳酸盐岩储层基质酸化示意图　　彩图 7-3-1

图 7-3-2　岩心酸化驱替后酸蚀蚓孔照片及酸蚀蚓孔 CT 扫描图　　彩图 7-3-2

碳酸盐岩基质酸化既适用于中高渗储层，也适用于天然裂缝非常发育的低渗储层；既适用于有污染的储层，也适用于无污染的储层。酸化产生的蚓孔可以形成较低的表皮系数，增产效果明显。

碳酸盐岩酸化化学反应为氢离子与碳酸盐岩之间的反应，生成物溶解度高，没有沉淀风险。由于盐酸与碳酸盐岩的反应速度极快，酸液几乎不溶解污染物，同时酸化生成毫米级别的酸蚀蚓孔，酸液所经过的地方污染物脱落能排出。碳酸盐岩储层基质酸化的关键是生成酸蚀蚓孔，蚓孔穿越污染带，去除污染影响，而不是通过溶蚀污染物来解除污染。

酸化后储层分为几个区域：蚓孔覆盖区（渗流阻力可忽略）、蚓孔未穿越的污染区和原始地层区域，如图 7-3-3 所示。如蚓孔穿越污染带，只有两个区域：蚓孔覆盖区和原始地层区。

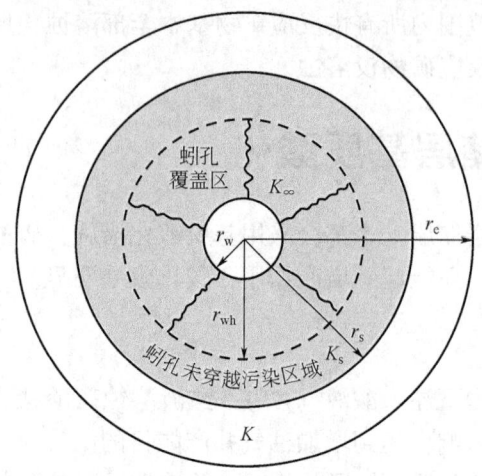

图 7-3-3　蚓孔、污染、原始储层示意图

根据表皮系数定义［式（1-1-9）］，酸化表皮系数随注酸变化如下：

当 $r_{wh} < r_s$ 时，有

$$\Delta p_s = \frac{q\mu}{2\pi K_s}\ln\frac{r_s}{r_{wh}} - \frac{q\mu}{2\pi K_r}\ln\frac{r_s}{r_w} = \frac{q\mu}{2\pi K_r}S \tag{7-3-1}$$

$$S = \frac{K_r}{K_s}\ln\frac{r_s}{r_{wh}} - \ln\frac{r_s}{r_w} \tag{7-3-2}$$

当 $r_{wh} \geq r_s$ 时，有

$$\Delta p_s = -\frac{q\mu}{2\pi K_r}\ln\frac{r_{wh}}{r_w} = \frac{q\mu}{2\pi K_r}S \tag{7-3-3}$$

$$S = -\ln\frac{r_{wh}}{r_w} \tag{7-3-4}$$

式中　Δp_s——理想井底流压与真实井底流压间的差值；

q——产量；

μ——黏度；

K_s——污染渗透率；

K_r——储层渗透率；

r_s——污染半径；

r_{wh}——蚓孔半径；

r_w——井筒半径。

r_{wh}、r_w 和 r_s 单位一致即可；K_r 和 K_s 单位一致即可。

用上式可绘制表皮系数随蚓孔长度变化曲线，图 7-3-4 显示了污染深度 50cm、井筒半径 10cm、污染渗透率为原始渗透率 10% 时表皮系数随蚓孔长度变化情况。曲线有一拐点，对应污染半径，拐点前，表皮系数下降非常快，拐点后，表皮系数下降变慢。由于蚓孔覆盖区域渗流阻力可忽略，蚓孔突破污染带前，由于解除污染与蚓孔增产双重作用，所以表皮系数下降快，蚓孔突破污染带前表皮系数已降到零。蚓孔突破污染带后，仅是蚓孔新增长部分的增产作用，所以表皮系数下降变慢。虽然蚓孔突破污染带后表皮系数下降变慢，但其对产能的贡献明显，蚓孔长度 10m 时，表皮系数降到-4.6，增产效果明显，这也解释了为什么

碳酸盐岩储层基质酸化效果好，污染严重的井，酸化后产量能增加几倍。

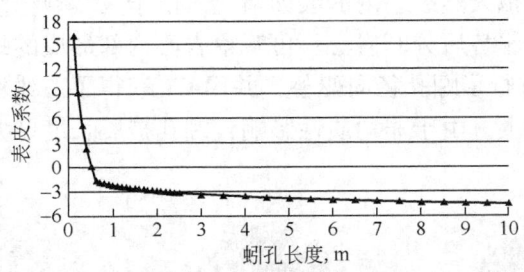

图 7-3-4 表皮系数随蚓孔长度变化

二、酸蚀蚓孔

1. 酸蚀蚓孔现象

碳酸盐岩储层基质酸化虽然酸岩反应较简单，但其产生的物理现象较复杂。砂岩酸化中，酸液在多孔介质中流动反应，酸化后仍然是多孔介质；碳酸盐岩则不同，酸化后形成的毫米级别的宏观溶蚀孔道，溶蚀孔道光滑弯曲，类似于蚯蚓洞，所以称之为酸蚀蚓孔。

为更好地理解蚓孔现象，先从碳酸盐岩酸化驱替实验入手。碳酸盐岩酸化驱替实验采用岩心酸化驱替仪，实验中定排量监测驱替压差变化，图 7-3-5 为实验驱替压差变化规律，该曲线有两个特征，一是最后驱替压差降为零，二是曲线近似一条直线。由于蚓孔相对于孔隙介质而言尺寸较大，渗流阻力可以忽略，蚓孔突破岩心时，驱替压差降为零。蚓孔未突破岩心时，由于蚓孔中的渗流阻力可以忽略，渗流阻力来自于蚓孔前端的孔隙介质，随蚓孔长度逐渐增长，孔隙介质部分逐渐变短，所以驱替压差逐渐降低，压差降低快慢反映蚓孔增长速度。由于蚓孔迂曲，驱替压差数据点不完全在一条直线上，但近似直线，说明酸蚀蚓孔近似以稳定速度向前扩展。另外，酸液仅通过蚓孔流动，仅溶蚀很少部分岩石实现酸液突破岩心。驱替压差变化规律可用下式表示：

$$\frac{\mathrm{d}\Delta p}{\mathrm{d}t} = \frac{\mathrm{d}(L-L_{\mathrm{wh}})}{\mathrm{d}t} = -\frac{\mathrm{d}L_{\mathrm{wh}}}{\mathrm{d}t} \tag{7-3-5}$$

式中 Δp——驱替压差；
L——岩心长度；
L_{wh}——蚓孔长度。

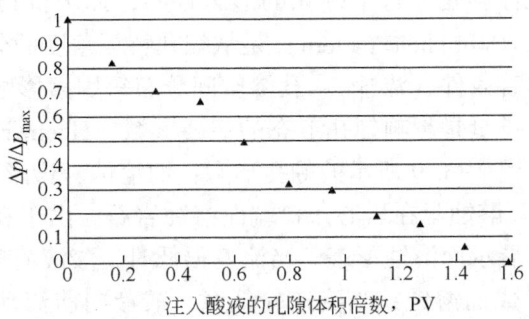

图 7-3-5 实验驱替压差变化规律

岩心酸化驱替后如图 7-3-6 所示。图 7-3-7 为岩心内部蚓孔形态，该岩心劈裂成两半，再合在一起加一定围压模拟天然裂缝内的酸蚀情况。由于天然裂缝渗透率比基质高得多，酸液沿裂缝面流动、反应，驱替后分开岩心，可观察岩心内部形成的蚓孔。

McDuff 等（2010）进行了蚓孔径向驱替，并用 CT 获得了三维图像（图 7-3-8），周向上有多根蚓孔扩展；垂向上，由于非均质性影响，蚓孔扩展长度差异较大。

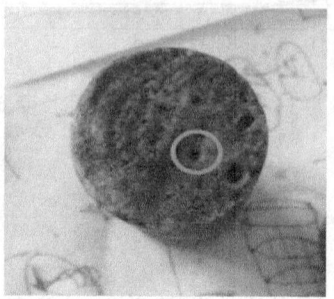

图 7-3-6 岩心酸化驱替后蚓孔照片

彩图 7-3-7

图 7-3-7 劈裂岩心内部蚓孔形态

图 7-3-8 径向驱替蚓孔形态
（据 McDuff 等，2010）

2. 酸蚀蚓孔形态

由于非均质性、随机性影响，每个蚓孔的形态各异，无法得到形态完全一样的两个蚓孔，这里所说的蚓孔形态（wormhole pattern）是从蚓孔特征角度的分类。酸蚀蚓孔形态受酸液体系、温度、岩性、驱替条件（流速）、孔渗空间分布等因素影响，对于某一储层，温度给定，选定酸液体系时，排量是影响蚓孔形态的主要参数。Hoefner 等（1988）采用排量从低到高进行实验，得到如图 7-3-9 所示的蚓孔形态：面溶蚀、锥形孔、主蚓孔、分支蚓孔、均匀溶蚀（从左到右）。面溶蚀只在岩心入口端面溶蚀岩石，由于在特别低流速下得到面溶蚀形态，一般实验中没有展示面溶蚀形态。当流速很低时，酸液消耗速度远远高于流速，酸液只在接触面处溶蚀而形成面溶蚀；当流速较低时，酸液向前流动较慢，酸液消耗速度较快，酸液主要在入口附近溶蚀而形成锥形孔，蚓孔向前扩展非常慢；随流速逐渐增加，活酸可到达更远地方，当酸液对流速度与消耗速度匹配时（在同一量级上），形成细长的主蚓孔；随着流速进一步增加，输送到蚓孔前端的酸液来不及消耗掉，酸液多方向流入蚓孔前端的孔隙介质中，形成分支蚓孔；当流速很高时，流动速度远远高于消耗速度，酸液来不及消耗就进入更多孔隙，多数孔隙得到酸液，形成类似于砂岩酸化的均匀溶蚀。

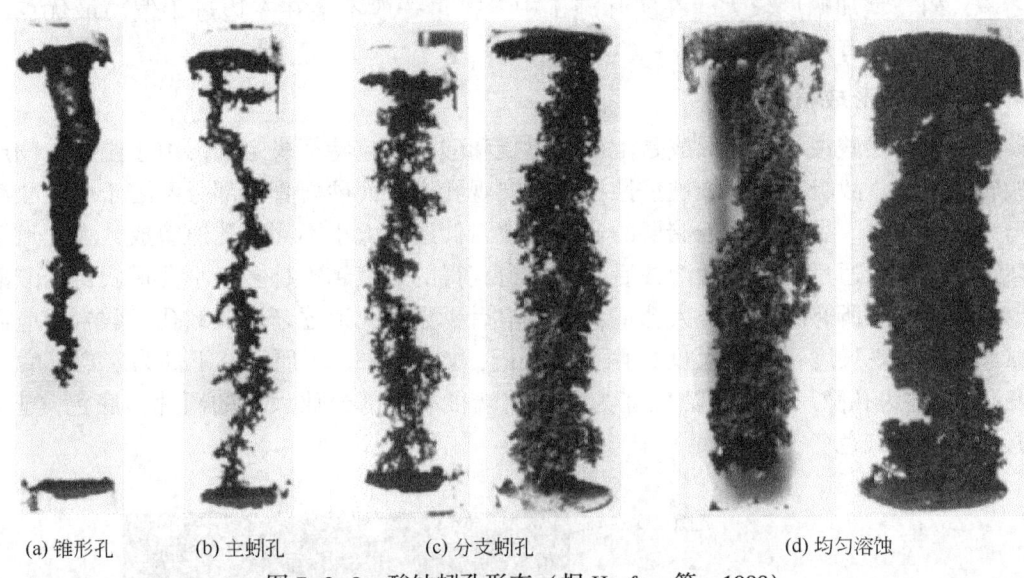

(a) 锥形孔　　(b) 主蚓孔　　(c) 分支蚓孔　　(d) 均匀溶蚀

图 7-3-9　酸蚀蚓孔形态（据 Hoefner 等，1988）

基质酸化中希望得到主蚓孔形态，在同样的酸液用量条件下，细长的主蚓孔长度最长。蚓孔所在的地方为岩石溶掉的地方，主蚓孔为得到同样的活酸作用距离溶蚀岩石最少的蚓孔形态。

蚓孔扩展速常用无因次量表示：

$$PV_{bt} = \frac{蚓孔突破时注入酸液体积}{岩心孔隙体积} \tag{7-3-6}$$

式中，PV_{bt} 为突破孔隙体积倍数。实验中注入酸液驱替，直到蚓孔突破岩心时结束，所以用蚓孔突破时的孔隙体积倍数表示蚓孔扩展速度。将各种蚓孔形态下的 PV_{bt} 与注入速度绘制在双对数坐标上可得如图 7-3-10 所示曲线。该曲线有如下特征：（1）存在一最优注入速度，对应的 PV_{bt} 最小，蚓孔扩展最快，对应主蚓孔形态；（2）最优注入速度右边，PV_{bt} 随注入速度增加而增加，其斜率近似 2/3；（3）最优注入速度左边，PV_{bt} 随注入速度降低而急剧增加。

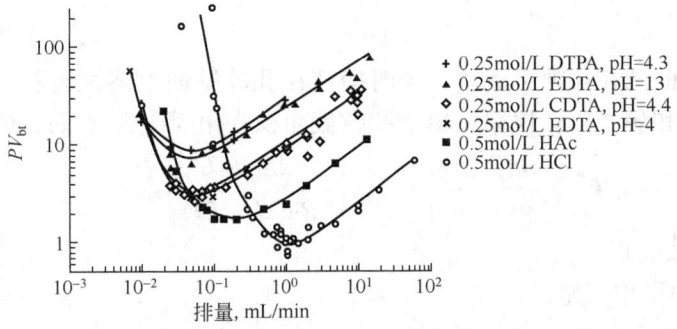

图 7-3-10　各种酸液体系下 PV_{bt} 随排量变化（据 Fredd 等，1998）

酸化设计中，期望得到最优注入速度，但实际很难找到最优注入速度，或者施工中随注入压力降低会提高排量，在不确定最优注入速度时，将排量落在最优点右边比较安全，因为在最优点右边，排量增加几倍，PV_{bt} 增加幅度较小；而在最优点左边，排量降低到原来的几分之一，PV_{bt} 增加幅度较大。在实际施工中，排量一般不会在左边过于偏离最优点，因为排量很低，不具有现场操作性。

3. 酸蚀蚓孔形成机理

碳酸盐岩储层酸蚀蚓孔的形成是由矿物组成和酸岩反应特征决定的。由于主要矿物成分碳酸盐岩溶于酸，故骨架部分能被溶蚀掉形成宏观孔道，而砂岩骨架部分不溶于酸，酸液驱替后仍为孔隙介质。另外，由于储层的非均质性，储层由大小不同的孔道组成，大孔道渗透率远高于小孔道，通过竞争吸酸溶蚀后，大孔道获得的酸液越来越多，小孔道获得的酸液越来越少，最后几乎所有酸液流经大孔道，经酸溶后少数大孔道逐渐形成蚓孔。酸岩反应需要从孔隙尺度和宏观尺度（岩心尺度）两方面分析，如图 7-3-11 所示，下部为宏观尺度（岩心尺度），上部为孔隙尺度，孔隙尺度为蚓孔前端很小一部分放大后的图片，底色（蓝色）为孔隙，圆点（红色）为固体。

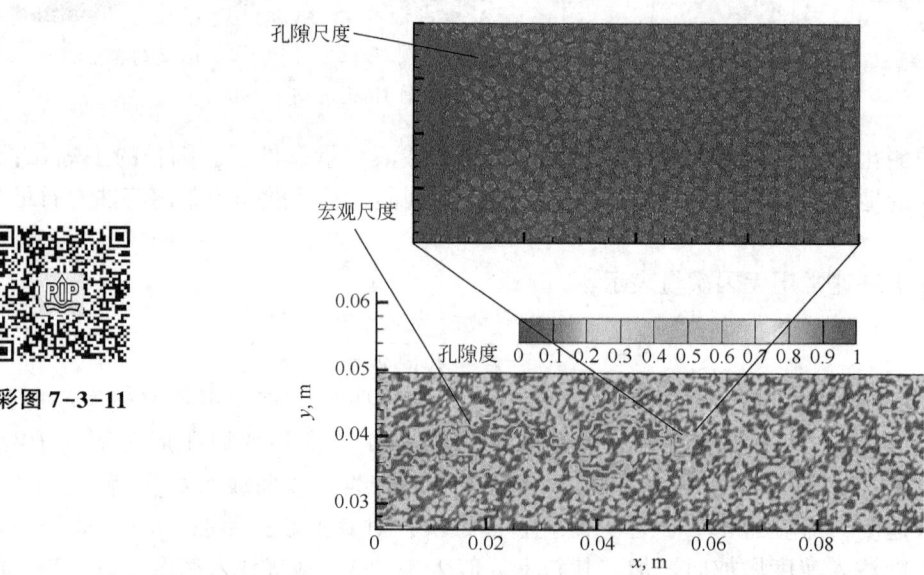

彩图 7-3-11

图 7-3-11 宏观尺度蚓孔与孔隙尺度下溶蚀

1）孔隙尺度

孔隙尺度上，酸液在孔隙中流动，同时酸液在孔隙壁面上溶蚀岩石，增加孔隙截面积，基于物质平衡原理和酸岩反应规律，单个孔隙截面积变化规律为（Schechter，1992）：

$$\frac{dA}{dt}=\frac{AX\bar{v}}{L}\left[1-\exp\left(-\frac{2K_m E_f L}{R\bar{v}(K_m+E_f)}\right)\right] \quad (7\text{-}3\text{-}7)$$

式中 A——孔隙截面积；

$\bar{v}$——孔隙中平均流速；

L——孔隙长度；

X——孔隙入口酸浓度 C_0 对应的体积溶解力；

R——孔隙半径；

K_m——传质系数；

E_f——酸岩反应速度常数。

当反应速度较快时，$E_f \to \infty$，式(7-3-7)简化为

$$\frac{dA}{dt} = \frac{A\bar{v}X}{L} \quad (7-3-8)$$

对于层流有

$$\bar{v} = \frac{A}{8\pi\mu}\left(-\frac{dp}{dx}\right) \cong \varepsilon A \quad (7-3-9)$$

于是得到孔隙截面积变化规律为

$$\frac{dA}{dt} = \frac{\varepsilon X A^2}{L} = \psi A^2 \quad (7-3-10)$$

式（7-3-10）表明，酸溶造成的孔隙截面积变化正相关于 A^2，说明孔隙酸溶过程是不稳定过程，大孔道截面积更大，增长速度更快。

2）宏观尺度

当蚓孔形成后，蚓孔中的流动、反应为宏观条件下的酸液流动、反应，传质速度较慢，蚓孔壁面酸液消耗速度受传质或者两个过程共同控制（传质过程、表面反应过程），因而蚓孔壁面溶蚀速度逐渐慢下来，蚓孔尺寸的增长速度会越来越慢。由于蚓孔渗流阻力远远低于孔隙介质，酸液仅通过蚓孔流动。酸液在蚓孔中流动时，一部分消耗在蚓孔壁面上，另一部分流到蚓孔前端，溶蚀岩石，使蚓孔向前扩展。蚓孔扩展速度取决于有多少活酸流到蚓孔前端，蚓孔形成条件为：

（1）宏观尺度下反应受传质控制或两个过程共同控制时才能形成蚓孔，保证形成蚓孔后有足够多的酸液运移到蚓孔前端扩展蚓孔；

（2）存在非均质性，大小孔道竞争吸酸，少数大孔道发育成蚓孔；

（3）孔隙尺度下反应由表面反应速度控制，运移到蚓孔前端孔隙中的酸液及时消耗掉，扩展蚓孔；

（4）岩石主体部分能被酸溶掉，微观孔道溶蚀能形成宏观孔道。

是否形成蚓孔及蚓孔形态取决于表面反应速度、传质速度、滤失速度和对流速度之间的匹配关系，这些参数取决于岩石类型、酸类型、温度、孔隙空间分布以及注入速度。上述影响因素用一个无因次量 Damköhler 数表达（Fredd 等，1998），即总体反应速度（包括表面反应速度和传质速度）与对流速度之比：

$$D_a = \frac{\pi d L \kappa}{q} \quad (7-3-11)$$

其中

$$\kappa = \left(1 + \frac{1}{vK_{eq}}\right) \Big/ \left(\frac{1}{K_1} + \frac{1}{vK_r} + \frac{1}{vK_{eq}K_3}\right) \quad (7-3-12)$$

式中 d——蚓孔直径；

L——蚓孔长度；

κ——总体反应速度常数；

q——流量；

v——化学反应式中反应物与生成物的系数比；

K_1、K_3——反应物和生成物的传质系数；

K_{eq}——表面反应有效平衡常数；

K_r——表面反应速度常数。

由于蚓孔长度和直径随时间变化，传质系数和Damköhler数用最终蚓孔尺寸计算。典型的蚓孔直径0.06cm，蚓孔长度取岩心长度的一半，表面反应速度常数和平衡常数用旋转圆盘仪测量值。用典型参数计算的Damköhler数约0.29，该值表明，反应速度与对流速度在同一个级别上时形成主蚓孔，即酸液总体反应速度与对流速度匹配，运移到蚓孔前端的酸液能及时消耗掉，有足够多的酸液运移到蚓孔前端，保持蚓孔向前扩展。

4. 酸蚀蚓孔长度影响因素

碳酸盐岩基质酸化效果用表皮系数评价，表皮系数随酸蚀蚓孔长度变化而变化，如式(7-3-2)和式(7-3-4)及图7-3-4所示。蚓孔长度决定酸化效果，在施工规模一定时，蚓孔长度（蚓孔扩展速度）最大化是酸化追求的目标。蚓孔扩展速度取决于蚓孔形态，蚓孔形态取决于地质条件和工程条件，如储层孔隙空间分布、天然裂缝、岩性、温度、酸液体系、排量、施工规模等。地质条件取决于储层本身，无法改变；工程条件可以优化以增加蚓孔长度。增加蚓孔长度方法有：

（1）优化排量：使总体反应速度与对流速度（排量）匹配，形成主蚓孔。在主蚓孔形态下（图7-3-10最优点）蚓孔扩展最快，优化排量使D_a最优。

（2）高温地层采用缓速酸：酸液在蚓孔中流动，沿程逐渐消耗，温度越高，反应速率越快，酸液消耗越快，活酸作用距离越短。使用缓速酸降低反应速度，从而增加酸蚀蚓孔长度。高温地层中，在不压开储层条件下注入酸液，用缓速酸可使D_a达到最优值，形成主蚓孔。

（3）增加施工规模：在可能的作用范围内，增加施工规模可以增加蚓孔长度。在没有天然裂缝条件下，酸蚀蚓孔可达6m以上，天然裂缝较发育时，蚓孔可达十几米以上，规模优化需采用蚓孔扩展数值模拟方法。

三、酸液体系

碳酸盐岩储层基质酸化酸液体系要求如下：

（1）鲜酸黏度较低，具有较好的注入性；

（2）残酸黏度可高可低，残酸变黏可用于暂堵转向（均匀布酸）；

（3）高温条件下缓速（缓速剂或有机酸），增加活酸作用距离；

（4）碳酸盐岩储层非均质性强，酸液体系往往兼顾转向功能（均匀布酸）。

（5）酸化中需要形成主蚓孔，注入速度与反应速度匹配，适度缓速。

盐酸是最常用酸液，弱酸常用于射孔液或射孔孔眼清洗。高温地层，弱酸缓速，增加酸液作用距离。酸液类型、浓度选择的目标是易于形成主蚓孔，蚓孔以最优形态、最高效的方式扩展，形成最长的蚓孔。对于常见的污染深度，如果只是为了解堵，常规盐酸就可以，或者高温地层用有机酸。若要实现较好的增产效果，需要增加蚓孔长度，则需采用缓速酸。由于没有反应物沉淀风险，酸液浓度的选择没有具体限制，10%、15%、20%是常用浓度。

常用酸液体系有盐酸、有机酸（甲酸、乙酸）、盐酸+缓速剂、VES（visco-elastic surfactant）变黏酸（黏弹性表面活性剂自转向酸）、泡沫酸、乳化酸、稠化酸。

酸液体系还包含添加剂，主要有缓蚀剂、铁离子稳定剂、助排剂、缓速剂、防膨剂、防水锁剂等，添加剂介绍参见第七章第二节。

四、碳酸盐岩储层基质酸化注入过程

碳酸盐岩储层基质酸化注入过程为：主体酸+顶替液。对水平井、大厚层或非均质强的储层，要实现均匀酸化，在泵注期间可以通过暂堵剂或液体胶塞封堵高渗透通道，使酸液转向；对高温地层可以通过注水降温后再注入酸液等。由于无沉淀风险，不用驱替地层水、驱替原油、注前置酸等工艺措施。

主体酸的作用是生成蚓孔，穿越污染带，达到解堵酸液、增产的目的。顶替液作用是将地面管线和井筒中酸液顶入地层，并将近井带鲜酸顶至远端，增加作用距离。由于碳酸盐岩储层一般黏土含量低，水敏较弱，顶替液用水或 NH_4Cl 即可。顶替液量一般采用过量顶替，将鲜酸顶替至远端，直至消耗完毕，尽量增加酸液作用距离。

五、碳酸盐岩储层基质酸化设计

碳酸盐岩储层基质酸化设计是指根据目标井层特性，在设备能力和可选材料条件下，以解除地层污染和增产目标，选择合适的液体体系，优化施工参数，设计合适的泵注程序，形成经济可行的基质酸化方案。

碳酸盐岩储层基质酸化设计逻辑、任务与砂岩储层基质酸化有类似之处，主要包括：酸液类型和浓度、添加剂类型和浓度、主体酸用量、主体酸注入速度、酸液布控（均匀布酸）、现场实施、施工监测、效果评价等。这里仅举例说明主体酸量如何计算。

Buijse 等（2005）建立了一种蚓孔扩展速度模型：

$$v_{wh} = W_{eff} v_i^{2/3} \left[1 - \exp(-W_b v_i^2) \right] \quad (7-3-13)$$

孔隙流速为

$$v_i = \frac{q}{2\pi r h \phi} \quad (7-3-14)$$

另外两个参数为

$$W_{eff} = \frac{v_{i-opt}^{1/3}}{PV_{bt-opt}} \quad (7-3-15)$$

$$W_b = \frac{4}{v_{i-opt}^2} \quad (7-3-16)$$

式中 q——排量；
r——蚓孔半径；
h——地层厚度；
ϕ——孔隙度；
PV_{bt-opt}——主蚓孔条件下的 PV_{bt}；
v_{i-opt}——主蚓孔条件下的注入速度。

模型中变量单位为国际单位。由于蚓孔扩展中流速改变，该模型需要迭代求解，获得注入速度、蚓孔长度随时间变化数据。

假设一石灰岩储层，孔隙度 0.15，井筒半径 0.1m，注入速度 0.06m³/(min·m)，用 20%（质量分数）的酸液酸化，线性岩心驱替实验得到最优注入速度 v_{i-opt} = 1.5cm/min，其对应的 PV_{bt-opt} = 1.5。计算蚓孔扩展长度 1m 所需的质量分数为 20%的酸量（m³/m）。

用 Buijse-Glasgergen 模型生成蚓孔长度曲线（图 7-3-12），读取目标蚓孔长度所用时间为 22min，计算得到酸液用量 $V=qt=0.06\times20=1.2\text{m}^3/\text{m}$。

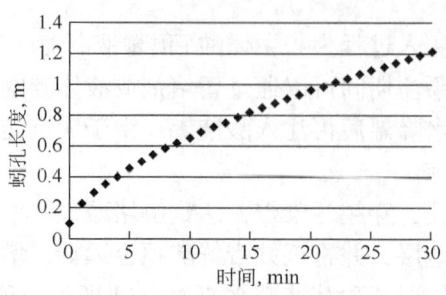

图 7-3-12　蚓孔长度随注酸变化

第四节　碳酸盐岩储层酸压技术

低渗透碳酸盐岩储层需要大型增产改造才能获得经济产能，水力压裂和酸压（acid fracturing）均可用于碳酸盐岩储层，但酸压是主要改造方式。酸压过程中，一方面利用水力作用形成裂缝，另一方面依靠酸液在裂缝表面不均匀溶蚀形成粗糙酸蚀裂缝表面，停泵泄压后，裂缝壁面不完全闭合，形成具有较高导流能力的裂缝，从而改变地层流动形态，提高油气井产能。酸压和水力压裂的目标相同，都是为了形成具有足够长度和导流能力的裂缝，减少油气渗流阻力。主要差别在于形成导流能力的方式不同，水力压裂通过支撑剂支撑裂缝获得导流能力，酸压一般不用支撑剂，依靠粗糙酸蚀裂缝表面自支撑获得导流能力。酸压通常局限于碳酸盐岩储层，很少用于砂岩，由于砂岩与酸液反应速度较慢，在施工时间范围内溶蚀岩石量较少，无法获得粗糙酸蚀裂缝表面，裂缝在高闭合应力下闭合，导流能力较低；土酸酸压可能产生大量沉淀堵塞渗流通道。但是，对天然裂缝发育的砂岩储层，如果天然裂缝由碳酸盐岩充填，通过酸液疏通天然裂缝可获得较高产能，可选择酸压。一般而言，酸压特指碳酸盐岩储层酸压。

本节主要介绍酸压基本原理和设计方法。

一、基本原理

酸压又称为压裂酸化，是在高于地层破裂压力下注入压裂液或酸液，依靠水力作用形成裂缝，依靠酸液在裂缝表面非均匀刻蚀形成粗糙酸蚀裂缝表面（rough fracture surface）；施工结束后，粗糙酸蚀裂缝在闭合应力作用下不完全闭合，获得裂缝导流能力，形成连接地层与井筒的高导流裂缝。

酸压中，高排量注入高黏压裂液或酸液，井底压力升到高于地层破裂压力，压开地层，继续注液使裂缝向前扩展，如图 7-4-1 和图 7-4-2 所示。注酸阶段，酸液在裂缝中流动，通过对流、扩散方式运移到裂缝表面与岩石发生反应而溶蚀岩石，同时酸液在缝内外压差下滤失到地层中。由于非均质性（裂缝面上反应速度不均匀分布、滤失速度不均匀分布、裂缝张开宽度分布不均匀等）影响，裂缝面上溶蚀速度不均匀，从而产生粗糙酸蚀裂缝表面（Mou，2009）；酸压后，缝内压力降低，裂缝表面接触、变形；由于裂缝表面粗糙，裂缝不会完全闭合，溶蚀少的地方支撑裂缝面，溶蚀多的地方保持张开，形成导流能力，获得连接储层和井筒的高导流裂缝。图 7-4-3 为酸蚀裂缝表面，裂缝表面凹凸不平清晰可见。酸压用于改造低渗透碳酸盐岩储层,规模较大,作用距离较远(可达百米)。

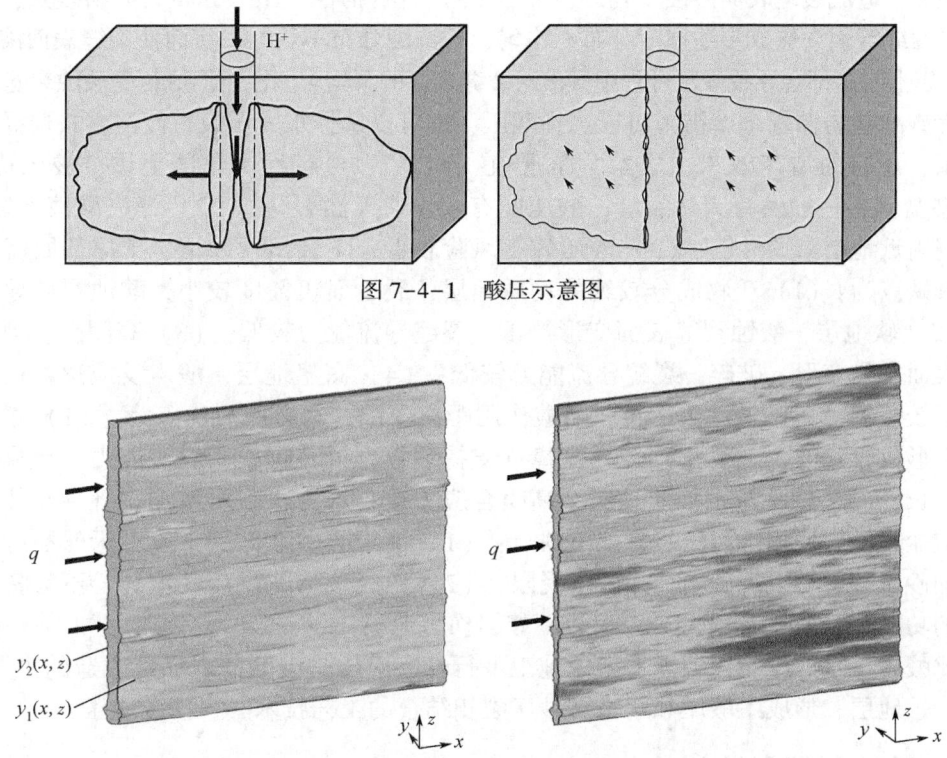

图 7-4-1　酸压示意图

图 7-4-2　酸压裂缝闭合前、闭合后模拟图

图 7-4-3　酸蚀裂缝表面刻蚀形态

酸压适用条件为:(1)碳酸盐岩储层,碳酸盐岩反应速度较快,在施工时间范围内有足够岩溶量形成粗糙裂缝表面;(2)储层非均质性较强,能产生粗糙酸蚀裂缝表面;(3)储层强度较高,在闭合应力下裂缝不完全闭合,能获得足够的导流能力;(4)低渗储层,需要大型增产改造。

酸压增产机理为:(1)裂缝穿越近井带污染,去除污染影响。酸压后流体由储层流向裂缝,再由裂缝流向井筒,去除了近井带污染的影响;(2)改变流态,将径向流变为双线性流,消除近井筒汇聚流影响;(3)滤失酸液溶蚀储层,增加人工裂缝附近储层渗流能力;(4)碳酸盐岩储层常发育天然裂缝,滤失酸液通过天然裂缝能进入储层较深部位,连通储层深部。

酸压裂缝导流能力来自于粗糙酸蚀裂缝表面,裂缝表面的不均匀刻蚀取决于储层的非均质性。非均质性包括:(1)矿物成分差异(或杂质)造成裂缝面上反应速度、矿物溶蚀速度不均匀分布；（2）裂缝面上渗透性分布不均匀，造成滤失速度不均匀，滤失酸液进入储层前溶蚀裂缝表面，造成裂缝表面溶蚀不均匀分布；（3）岩石物性、压力分布、流场差异、地层条件下非平面缝等因素造成裂缝宽度分布不均匀、酸浓度分布不均匀，从而使裂缝表面溶蚀速度不均匀。以上因素都会导致酸压过程中酸液对裂缝表面的不均匀刻蚀，形成粗糙酸蚀裂缝表面。

低渗碳酸盐岩储层增产措施可以选择酸压，也可以选择水力压裂，改造方式选择取决于以下因素：预期的增产效果、成本、净现值（NPV）、可行性。总体上讲，酸压优点为：（1）碳酸盐储层一般发育天然裂缝，酸压能有效沟通天然裂缝；（2）滤失酸液溶蚀地层，增加裂缝附近地层渗透性能；（3）酸压施工风险较低，不会出现砂堵、支撑剂回流等潜在风险。其缺点为：（1）矿物成分较纯的均质地层，裂缝面粗糙度较小，酸蚀裂缝导流能力较低；（2）软地层，酸蚀裂缝表面变形严重，裂缝导流能力较低；（3）高闭合应力下，酸蚀裂缝表面容易变形、破碎，裂缝导流能力较低；（4）高温地层，酸岩反应速度快，有效酸蚀缝长较短；（5）酸液滤失严重，活酸作用距离受限。水力压裂优点为：（1）相对于酸压，可以形成较长的人工裂缝；（2）支撑剂支持裂缝，可获得较高导流能力，导流能力保持时间较长；（3）软地层、均质地层、高闭合应力下，水力压裂可增加裂缝导流能力。但是，碳酸盐岩储层使用水力压裂有如下缺点：（1）由于碳酸盐储层常发育天然裂缝，滤失严重，加砂压裂容易出现砂堵，加砂量受限；（2）压裂液为非反应性液体，不具备沟通天然裂缝的功能；（3）如压裂液破胶返排不好，伤害地层。

对比酸压、水力压裂优缺点，考虑施工可行性，酸压是碳酸盐岩储层改造的主要方式，对均质、软地层，形成了酸压和水力加砂压裂相结合的工艺技术——携砂酸压工艺。

二、酸蚀裂缝导流能力

酸蚀裂缝导流能力（acid fracture conductivity）定义为裂缝渗透率 K_f 与裂缝平均宽度 W_f 乘积，由于酸蚀裂缝表面粗糙，裂缝宽度和渗透率不均匀分布，常用等效值表示。

酸蚀裂缝导流能力可通过实验获得，实验分为两部分：裂缝导流槽酸液驱替和裂缝导流能力测试。先进行裂缝酸液驱替，然后取出岩板，观察裂缝表面形态，再用导流仪测不同闭合应力下的导流能力；有时将两部分结合在一台仪器上完成，先进行裂缝酸液驱替，然后让两岩板接触，测试不同闭合应力下的导流能力，这样做的好处是避免岩板移位。分两步测试的好处是，可以观察酸蚀后裂缝表面形态，测量岩板溶蚀量，计算酸液消耗速度，再用支撑剂导流能力测试装置测试导流能力。

标准酸蚀裂缝岩板尺寸为 17.78cm×3.81cm，厚度几厘米，两头圆弧状，采用地层全直径岩样或地面露头加工岩板。酸蚀前后的岩板表面形态如图 7-4-4 和图 7-4-5 所示。酸蚀裂缝导流能力计算公式为

$$K_f W = 1.67 \frac{Q\mu L}{H \Delta p} \tag{7-4-1}$$

式中 $K_f W$——裂缝导流能力，D·cm；

Q——排量，mL/min；

μ——测试流体黏度，mPa·s；

L——两测压点间的长度，cm；

H——岩板高度，cm；

Δp——两测压点间驱替压差，kPa。

图 7-4-4 酸蚀前岩板

图 7-4-5 酸液驱替后岩板

与水力压裂裂缝导流能力测试一样，酸蚀裂缝导流能力测试也分为短期和长期，长期导流能力测试能反映时间效应。

图 7-4-6、图 7-4-7 为某一碳酸盐岩储层岩板在 20% 稠化酸、90℃ 条件下的酸蚀裂缝导流能力实验结果。酸蚀后的岩板表面粗糙，沟槽明显，有效闭合应力达到 50MPa 时，裂缝表面部分压碎。在半对数坐标上，导流能力随闭合应力关系近似直线，低闭合应力下导流能力较高，达到几百 D·cm，导流能力随闭合应力增加下降较快，40MPa 下约为 20D·cm。酸岩接触时间对导流能力影响明显，40min、60min、80min 接触时间下导流能力差异明显。对于本实验，酸岩接触时间 60min 以上可获得较高导流能力。导流能力随酸岩接触时间变化规律是酸压中选择酸岩接触时间（注酸时间）的重要依据。通过导流能力实验，可获得非均质性强弱、酸蚀裂缝表面形态、地层应力条件下的裂缝导流能力、注酸时间的影响等重要信息，用于酸压设计。如用不同酸液体系进行导流能力实验，可对比优选酸液体系。

图 7-4-6 导流能力测试后岩板

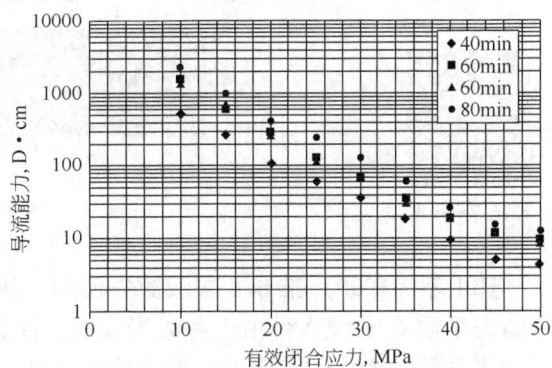
图 7-4-7 导流能力随闭合应力、酸岩接触时间变化

三、酸液滤失

酸液滤失（acid leakoff）定义为从主裂缝中流入储层的那部分酸液。酸液在裂缝中流动时，在缝内外压差作用下部分流到储层中，部分留在主裂缝中，如图 7-4-8 所示。由于储层具有渗透性能，存在缝内外压差，酸液滤失与水力压裂中压裂液的滤失一样不可避免，而且酸液滤失更严重，原因在于：（1）酸岩反应使裂缝表面不能形成有效降低滤失的滤饼；（2）酸岩反应形成蚓孔，增加渗透性能；（3）裂缝型储层，酸液选择性流经天然裂缝，酸

溶作用急剧增加裂缝导流能力，滤失到油气藏较深部位。酸压中，快速的酸岩反应和严重的酸液滤失是限制活酸作用距离的主要因素，通常认为酸液滤失影响更严重，酸压中很多工艺围绕降低酸液滤失展开。

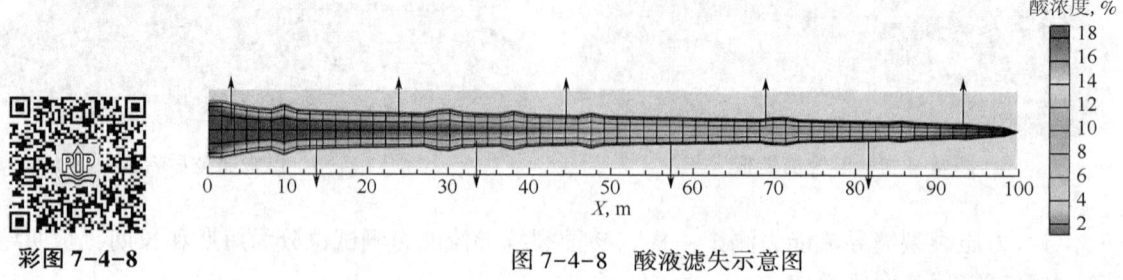

图 7-4-8　酸液滤失示意图

酸液在裂缝表面溶蚀岩石，无法形成有效降低滤失的滤饼，进入地层的酸液溶蚀形成蚓孔，加剧滤失。酸液滤失预测难度大，对于孔隙型储层，可借用水力压裂液滤失模型，由于没有滤饼，滤失分为两部分：侵入带和压缩带（图 7-4-9）。

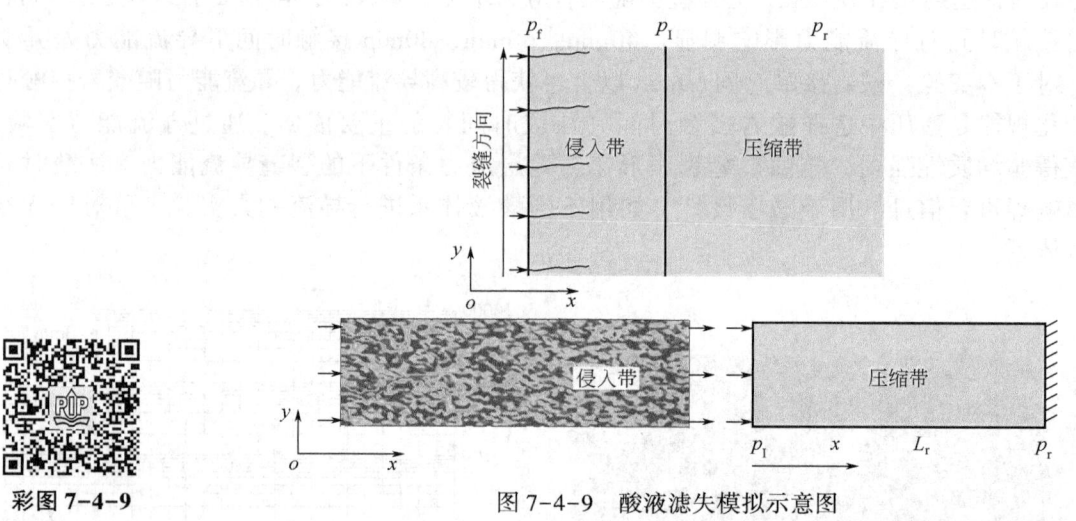

图 7-4-9　酸液滤失模拟示意图

Hill 等（1995）推导了酸液滤失模型，压缩带与水力压裂相同，用相同的方法计算压缩带滤失系数 C_c；侵入带由于有酸岩反应，渗透性能增加，用 $C_{v,mh}$ 表示有蚓孔影响时的侵入带滤失系数。考虑蚓孔影响的综合滤失系数（leakoff coefficient）为

$$C_{wh} = \frac{-\dfrac{1}{C_c} + \sqrt{\dfrac{1}{C_c^2} + \dfrac{4}{C_{v,mh}^2}}}{2\left(\dfrac{1}{C_{v,mh}^2}\right)} \tag{7-4-2}$$

其中

$$C_c = \sqrt{\frac{\phi c_t K}{\pi \mu_r}}(p_f - p_r) \tag{7-4-3}$$

$$C_{v,mh} = \sqrt{\frac{\phi K}{2\mu_a\left(1 - \dfrac{1}{PV_{bt}}\right)}}(p_f - p_r)^{\frac{1}{2}} \tag{7-4-4}$$

式中 p_f——裂缝中压力；

p_r——油藏压力；

c_t——综合压缩系数；

K——渗透率；

ϕ——孔隙度；

μ_r——油藏流体黏度；

μ_a——酸液黏度；

PV_{bt}——岩心驱替中突破孔隙体积倍数。

该式隐含假设是 PV_{bt} 大于1，否则根号里出现负数。

综合滤失系数 C_{wh} 大小取决于 $C_{v,mh}$ 和 C_c 间的相对大小，对于油藏，C_c 较小，$C_{v,mh}$ 影响较小；对于气藏，C_c 较大，$C_{v,mh}$ 影响较大。$C_{v,mh}$ 依赖于参数 PV_{bt}。

碳酸盐岩储层常发育天然裂缝，酸液沿天然裂缝可进入储层深部，酸溶作用急剧增加天然裂缝导流能力，反过来加剧滤失，裂缝型储层无法用解析模型预测滤失，只能通过数值模拟方式计算滤失。Mou 等（2012）进行了裂缝型储层酸液滤失模拟研究。酸液滤失受酸浓度、天然裂缝密度、天然裂缝导流能力、黏度等因素影响，裂缝型储层酸液滤失严重，使得活酸作用距离受限。

为了增加活酸作用距离，需要降低酸液滤失，常用方法有：

（1）使用固相降滤失剂。固相降滤失剂可堵塞孔隙、酸蚀蚓孔，增加渗流阻力，从而降低酸液滤失，常见固相降滤失剂有粉砂、粉陶、油溶性树脂、可降解暂堵材料等。

（2）酸压工艺降滤失。如前置液酸压、多级交替注入酸压等，前置液酸压中，压裂液造缝，滤失压裂液填充孔、缝，增加后期注入酸液的滤失阻力，从而降低酸液滤失；多级交替注入中，压裂液、酸液交替注入，压裂液填充酸溶形成的蚓孔，具有降低酸液滤失的作用。

（3）使用增稠酸液。增加酸液黏度能够增加渗流阻力，降低滤失，如采用胶凝酸、交联酸。增稠酸液既可以降低酸液滤失，也能降低酸岩反应速度。乳化酸、泡沫酸也具有降低滤失的作用。

四、酸液体系

酸压所用酸液体系有如下要求：（1）黏度不能太低，否则滤失严重，反应速度过快；（2）适度增黏，保持一定黏度既能降滤，又是很好的缓速方法，但黏度过高又影响破胶和伤害地层；（3）需要缓速，但不宜过度缓速，在施工时间内，需要足够岩溶量才能获得较高导流能力；（4）用量较大，需考虑成本问题。

酸压使用的酸液体系包括 HCl 体系、自生酸体系和有机酸体系，由于酸液用量较大，考虑到成本和效果问题，主要使用 HCl 体系。HCl 体系一般由 15%~28%HCl+添加剂组成。常规盐酸由于快速酸岩反应和严重的滤失不能直接使用，所以需要添加一些增稠剂和缓速剂。常用的酸液体系有：

（1）稠化酸（gelled acid），又称为胶凝酸，由盐酸、稠化剂、添加剂配制而成，黏度低于 50mPa·s。

（2）交联酸（crosslinked gelled acid），又称为冻胶酸，由盐酸、稠化剂、交联剂和添加剂配制而成，交联剂通过与稠化剂高分子链上某些基团作用形成空间网络结构，形成类似于果冻的高黏酸液,室温条件下能完全挑挂,黏度可达100mPa·s以上。

(3) 变黏酸,即酸液黏度可以随条件改变,分为聚合物类和表面活性剂类。聚合物类变黏酸是通过pH值或温度控制聚合物交联来实现变黏,pH升高或温度升高,触发交联,形成交联酸。鲜酸黏度较低,便于注入,当进入裂缝中反应后,黏度升高,有利于降滤,或暂堵高渗带实现均匀布酸。表面活性剂类变黏酸为VES变黏酸,通过pH、阳离子浓度、VES浓度控制棒状胶束的形成来增黏,鲜酸黏度较低,残酸黏度较高,有暂堵、均匀布酸的功能。但VES酸液鲜酸黏度低,滤失较大、反应速度快,限制活酸作用距离,同时成本高,酸压中应用较少。由于具有较好的清洁性能和均匀布酸功能,在基质酸化中应用较多。

(4) 泡沫酸(foam acid),是酸液与气体在起泡剂作用下,形成稳定的细小气泡和液滴的稳定分散体,始于20世纪70年代,泡沫干度60%~90%(泡沫干度是泡沫中气体体积与泡沫总体积之比)。泡沫酸的优点是具有较好的缓速、降滤、返排、防水敏效果,气泡、液滴分散分布,气泡起到隔离酸液作用,同时泡沫具有较高流动阻力,降滤失效果较好;泡沫升温膨胀,有利于返排;泡沫酸含液体少,对低压水敏气藏具有很好的适应性。缺点是泡沫酸密度低,静液柱压力较低,对于深井、施工压力高的地层适应性较差,一般用于2500m以内的地层。

(5) 乳化酸(emulsified acid),酸液与油通过乳化剂形成油包酸或酸包油的乳液。油包酸较多,外相为原油、煤油、柴油或烃类。乳化酸的油酸体积比1:9~1:1,常用比例3:7。乳化酸具有非常好的缓速性能,乳液液滴较小,酸液分散包裹,阻止了酸液与岩石接触,释放缓慢。但乳化酸摩阻较高,比普通酸高出20%多,在深井、排量要求高的井中使用受限。

(6) 化学缓速酸(retarded acid),该体系在酸中添加化学缓速剂,来达到降低反应速率的目的。通过在酸中加入一种特殊的表面活性剂,该表面活性剂与岩石表面具有比酸更强的亲和性,吸附在岩石表面,延缓酸液与岩石接触,从而缓速。还有一种表面活性剂能与反应生成的二氧化碳形成泡沫,泡沫起到隔离酸液与岩石表面的作用,起到缓速作用。

(7) 固体酸,是以固体形态存在的酸。将酸(如硝酸)固化成颗粒,用非反应性流体携带固体酸颗粒进入裂缝中,固体酸颗粒沉降或悬浮于裂缝中,注完固体酸后,再注入释放液,固体酸与释放液接触,溶解并释放大量氢离子,在裂缝壁面反应形成非均匀刻蚀。该酸用于增加活酸作用距离,实现深穿透。

(8) 就地自生酸(in-situ generated acid),该体系通过两种或多种物质在裂缝中逐渐生成氢离子,具有延迟释放功能,主要目的是实现深穿透,达到常规盐酸体系作用不到的范围。

酸液体系中除了酸还有很多添加剂,增加酸液黏度的添加剂是主要添加剂,比如稠化剂、交联剂(有时这两种又称之为主剂),其他添加剂包括缓蚀剂、助排剂、铁离子稳定剂、防膨剂等,添加剂介绍参见第七章第二节。

五、活酸作用距离影响因素及提高活酸作用距离的措施

酸压过程中,酸液在裂缝中流动、与裂缝壁面矿物反应、滤失到地层中,酸液浓度沿缝长方向逐渐降低,当酸液失去反应活性后变成残酸时,酸液继续在裂缝中流动对导流能力无贡献,活酸作用距离是酸压中一重要参数。酸压中有三个长度概念——动态缝长、活酸作用距离、有效酸蚀缝长,其定义如下:

动态缝长（dynamic fracture length）：依靠水力作用形成的裂缝长度。

活酸作用距离（live acid penetration distance）：酸液变成残酸前在裂缝中流经的距离。

有效酸蚀缝长（effective acid fracture length）：活酸作用距离内，且具有一定岩溶量、在储层闭合应力条件下具有一定导流能力的裂缝长度。

动态缝长大于活酸作用距离，活酸作用距离大于有效酸蚀缝长。酸压仅仅追求动态缝长是不够的，必须形成较长的有效酸蚀缝长。

由于酸岩反应速度快，酸液滤失严重，酸压中活酸作用距离较短，增加活酸作用距离是酸压重要目标之一。活酸作用距离受以下三方面影响：

（1）酸岩反应速度。酸岩反应速度取决于酸液类型、温度、岩石类型、黏度（黏度影响传质速度）。酸液类型对酸岩反应速度影响较大，如高黏酸液、乳化酸、泡沫酸氢离子扩散速度较低，酸岩总体反应速度较慢；就地自生酸放缓了氢离子供应速度，从而起到缓速作用。温度对酸岩反应速度影响较大，温度既影响表面反应速度，又影响传质速度。对于传质控制的反应，表面反应速度对总体反应速度影响不大，但升温会增加传质速度，升温导致黏度降低也增加传质速度，从而增加总体反应速度。对于传质过程和表面反应过程共同控制的反应，温度对两个过程影响均较大，从而对总体反应速度影响较大。岩性（石灰岩和白云岩）对酸岩反应速度的影响为：高温条件下，石灰岩和白云岩与酸的反应均受传质控制，两种岩性的总体反应速度差异不大；中低温条件下，石灰岩与酸液的反应仍受传质控制，白云岩与酸液的反应受两个过程控制，白云岩的总体反应速度低于石灰岩，有利于增加酸液作用距离。在油藏条件下，压力一般高于7MPa，二氧化碳部分溶于液体中，游离态的二氧化碳为液态或超临界状态，压力对酸岩总体反应速度影响较小。黏度对传质速度影响明显，高黏酸液传质速度低，总体反应速度慢。

（2）酸液滤失。酸液滤失受缝内外压差、渗透率、非均质性（蚓孔、天然裂缝）、酸液黏度、降滤失措施（降滤失剂）等控制。

（3）裂缝中酸液流速。

依据活酸作用距离的影响因素，提高活酸作用距离的措施包括以下几点：

（1）前置液酸压或多级交替注入酸压技术。通过前置注入高黏液体，增加人工裂缝附近地层压力，降低酸液滤失压差，从而降低酸液滤失；高黏前置液填充地层，增加渗流阻力；前置注入液体能降低地层温度，从而降低反应速度。多级交替注入酸压工艺有降温之处、降滤原理与前置液酸压工艺有相似之处，多次重复实施。

（2）前置注入大量低黏液体，填充地层，降低酸液滤失压差，从而降低酸液滤失。该措施还具有降温、降低酸岩反应速度的作用。

（3）使用缓速酸液，降低酸岩反应速度。

（4）增加酸液黏度，增加滤失渗流阻力，降低酸液滤失；增加酸液黏度能降低氢离子传质速度，从而降低反应速度；增加黏度还能增加裂缝宽度、降低面容比。

（5）使用降滤失剂，降低酸液滤失。

（6）增加裂缝宽度、降低面容比，降低酸液消耗速度。

酸液消耗速度为

$$\frac{\partial C}{\partial t} = D_e \frac{S}{V} \frac{\partial C}{\partial y} = D_e \frac{2}{W_f} \frac{\partial C}{\partial y} \tag{7-4-5}$$

式中　C——酸液浓度；

D_e——氢离子有效扩散系数;

$\dfrac{S}{V}$——面容比;

S——裂缝表面积;

V——裂缝体积;

$\dfrac{\partial C}{\partial y}$——边界层浓度梯度;

W_f——裂缝宽度。

从式(7-4-5)可以看出降低氢离子扩散系数和面容比(增加裂缝宽度)能够降低酸液消耗速度,增加活酸作用距离。

(7)提高排量。增加裂缝中酸液流速,从而增加活酸作用距离。提高排量一方面会增加氢离子传质速度、增加酸液消耗速度,而另一方面可以增加裂缝内的净压力和宽度,同时增大裂缝内酸液流动速度。实践证明:提高酸压施工排量对增加活酸作用距离的贡献大于对酸液消耗速度的增加作用,在缝高不失控条件下,酸压中尽量提高排量来增加活酸作用距离。

六、酸压工艺

目前主要的酸压工艺有:前置液酸压工艺、多级交替注入工艺、多级交替注入+闭合酸化工艺、闭合酸化工艺、平衡酸压工艺、超大规模酸压工艺、复合酸压工艺(多种降低滤失和缓速工艺复合)、体积改造工艺、分段(分层)酸压工艺、暂堵转向酸压(压裂)工艺等。

在进行酸压设计时需要进行酸压工艺优选,工艺没有先进、落后之分,只有对目标地层的适应性之分,每个储层都有自身特点,所面临的问题不同,根据储层特点和要解决的问题进行工艺优选。某一区块的改造经验可为另一个区块改造提供借鉴,具体到某个储层,需要根据地质特征和井筒条件选择适宜的工艺技术。

1. 前置液酸压工艺

前置液酸压(prepad acid fracturing)是最常用的酸压工艺之一。注入顺序为前置液+酸液+顶替液。前置液为溶胶或冻胶压裂液,用于造缝、降温、降低酸液滤失,利用高黏压裂液和酸液黏度差异形成黏性指进和酸蚀沟槽。一般认为当用低黏液体驱替高黏液体时,黏度差异 50mP·s 以上可造成黏性指进,但是,形成酸蚀裂缝导流能力需要局部粗糙裂缝表面,尺度较大的沟槽在高闭合应力下会闭合,这种黏性指进对导流能力贡献有限。该工艺早期使用较多,逐渐被多级交替注入取代。

2. 多级交替注入工艺

多级交替注入酸压(multi-stage alternate injection)是前置液酸压技术的发展,其注入顺序为:压裂液+酸液+⋯+压裂液+酸液+顶替液。该技术是深度酸压的一项主流技术,利用压裂液与酸液黏性差异、压裂液对蚓孔的填充作用,降低酸液滤失,增加活酸作用距离。多级交替注入技术由 Coulter 等于 1976 首次提出,20 世纪 80 年代中期开始得到较为广泛的应用,20 世纪 90 年代成为实现深度酸压的主流技术。目前该工艺应用较多,随着酸压难度增加,一次酸压改造可以用到多种液体(酸液)体系,通过交替注入,将黏性非反应性液体与酸液交替注入到人工裂缝中,起到冷却地层、降低反应速度和堵塞蚓孔降滤的作用,从而增加有效酸蚀缝长。多级交替注入除了降低酸液滤失、降低酸岩反应速度外，还会影响酸蚀裂缝表面形态，非反应性液体反复覆盖裂缝表面，从而影响酸液在裂缝表面溶蚀分布。该工艺常用于高温和滤失较严重的地层。

3. 多级交替注入+闭合酸化工艺

多级交替注入后，降低排量，在裂缝闭合状态下低排量注入酸液，利用形成的粗糙酸蚀裂缝表面，通过宽窄缝隙间竞争吸酸，加剧裂缝表面非均匀刻蚀，增加近井带裂缝导流能力。裂缝闭合状态下酸液流速较慢，酸液消耗速度较快，活酸作用距离有限。

4. 闭合酸化工艺

在较软地层（如白垩层）、均质地层酸压中，较难获得足够的酸蚀裂缝导流能力，或导流能力在高闭合应力下较低，闭合酸压工艺（closed fracture acidizing）可增加这类储层裂缝导流能力。其工艺顺序为：先压开地层，裂缝到达一定距离后，让裂缝闭合，在低于裂缝开启压力下注入酸液，形成非均匀刻蚀，获得裂缝导流能力。裂缝闭合状态下形成的酸蚀孔道类似沟槽，地层应力条件下不闭合。该工艺缺点是，注入排量低，活酸作用距离有限。

5. 平衡酸压工艺

对于有气顶、底水的储层，需防止裂缝高度过度延伸沟通气顶或底水；对于低温白云岩致密储层，需要更长的酸岩接触时间来增加导流能力，但裂缝不能过度延伸。这类储层可采用平衡酸压工艺，其原理是，形成预期尺寸的裂缝后，在低于裂缝延伸压力，而高于裂缝闭合压力条件下注入酸液，即保持酸液注入量与酸液滤失之间平衡，使得裂缝既不闭合又不延伸。通过延长酸液与裂缝面接触时间，保证裂缝面上有足够岩溶量，达到控制裂缝尺寸，增加刻蚀程度，提高裂缝导流能力的目的。设计要点为：（1）选择施工参数，形成预期裂缝尺寸；（2）保持注入量与滤失量间平衡，或保持井底压力在裂缝延伸压力之下、闭合压力之上。

6. 超大规模酸压工艺

对于超深、超高温缝洞型碳酸盐岩油藏，需要大型改造才能获得经济产能，但是严重的酸液滤失、快速的酸岩反应限制了活酸作用距离。针对这类储层发展了超大规模酸压工艺，注入顺序为滑溜水+酸液+过顶替液。通过前置注入大量滑溜水（2000~3000m³），冷却裂缝，降低酸岩反应速度，增加裂缝附近地层压力，降低酸液滤失；酸液用量较大，为增加酸蚀缝长；过量顶替将近井带鲜酸顶入裂缝远端，增加酸蚀缝长。滑溜水还能补充地层能量，促进水油置换，对储层伤害小，该工艺在塔里木盆地使用较多。

7. 复合酸压工艺

为充分利用各种工艺的优势，各种工艺可以复合使用，旨在降低酸液滤失和酸岩反应速度，增加有效酸蚀缝长，增加油气藏接触体积。低渗碳酸盐岩油气藏改造需要造长缝，若微裂缝发育，酸液滤失严重，需要降低酸液滤失；地层温度高，酸岩反应速度快，需降低酸岩反应速度。复合工艺可从三方面组合：不同液体体系复合、酸压与水力加砂压裂工艺复合、高能气体压裂与酸压工艺复合。

8. 体积酸压工艺

对于致密碳酸盐岩储层，如存在形成复杂裂缝的条件，利用天然裂缝、层理、低水平主应力差地质条件，采用低黏酸液、大排量施工方式，形成复杂裂缝，提高缝控体积。

9. 分段（分层）酸压工艺

对于垂向上有多层或水平井酸压，需要进行分层（段）改造，该工艺主要体现在分层（段）上，如使用封隔器、连续油管等工具实现。

10. 暂堵转向酸压（压裂）工艺

该工艺也适用于水力压裂。致密储层改造中，期望获得更复杂裂缝，或使裂缝延伸到一定距离后转向延伸，增加油气藏接触体积，可通过缝内暂堵方式阻止裂缝进一步向前扩展，增加施工净压力，开启天然裂缝，使裂缝转向延伸，增加裂缝复杂程度。直井多层改造中，可通过缝口暂堵实现无工具分层改造，或段内多薄层通过暂堵压开各小层。水平井改造中，可通过缝口暂堵实现无工具分段改造，或段内多簇射孔通过暂堵实现各簇均衡起裂扩展。

七、酸压设计

酸压设计是指根据目标井层特性，在设备能力和可选材料条件下，以获得最大产量或经济效益为目标，选择合适的液体体系，优化裂缝参数、施工参数，设计合适的泵注程序，形成经济可行的酸压方案。

酸压设计包括储层特征分析、液体体系优选、裂缝参数优化及产能预测、施工参数优化及泵注程序设计、管柱设计、设备选择、材料及费用预算等。参数优化包括两方面：裂缝参数优化和施工参数优化。裂缝参数优化通过油（气）藏数值模拟分析裂缝参数对产量（产能）的影响规律，从而优化裂缝参数。优化的裂缝参数是酸压要实现的目标参数，通过优选酸压工艺、液体体系、施工参数来实现该目标参数。施工参数优化通过酸压数值模拟分析施工参数对有效酸蚀缝长和导流能力的影响规律，从而优化施工参数。酸压设计内容较多，这里不详细叙述，酸压一重要参数为活酸作用距离，这里讲述通过解析模型计算活酸作用距离。

带滤失的酸液平行板流动反应模型如图7-4-10所示，假设：（1）裂缝宽度均匀分布，不随酸岩反应变化；（2）裂缝面上滤失速度均匀分布；（3）稳态二维层流流动；（4）流体不可压缩；（5）忽略酸岩反应对流动的影响。当注酸时间足够长，达到稳定状态时，可建立解析模型预测酸液可能的作用距离（作用距离上限）。

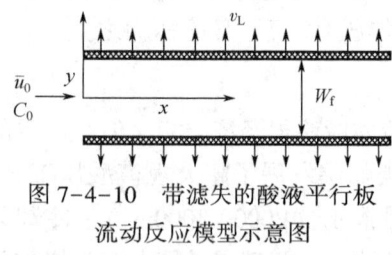

图7-4-10 带滤失的酸液平行板流动反应模型示意图

裂缝中速度分布为（Berman，1953）：

$$u(x,y) = [\bar{u}_0 - v_L x] f'(\eta) \tag{7-4-6}$$

$$v(x,y) = v_L f(\eta) \tag{7-4-7}$$

其中

$$f(\eta) = \frac{\eta}{2}(3-\eta^2) + \frac{N_{Re^*}}{280}\eta(-\eta^6+3\eta^2-2) + \frac{3N_{Re^*}^2}{280}\eta\left(\frac{\eta^{10}}{990}+\frac{\eta^8}{36}+\frac{\eta^6}{70}+\frac{146}{2310}\eta^2-\frac{703}{13860}\right)+O(N_{Re^*}^3) \tag{7-4-8}$$

$$\eta = 2y/W_f$$

式中　v_L——滤失速度；

W_f——裂缝宽度；

u——x方向速度（裂缝长度方向）；

$\bar{u}_0$——入口处平均流速；

v——y 方向速度（裂缝宽度方向）。

Terrill（1965）认为 $|N_{Re^*}|<7$ 时该解精度较高。

稳态条件下酸浓度分布方程为

$$u(x,y)\frac{\partial C}{\partial x}+v(x,y)\frac{\partial C}{\partial y}=D_e\frac{\partial^2 C}{\partial y^2} \quad (7-4-9)$$

定义无因次变量：

$$\Gamma=C/C_0, \quad \xi=2x/W_f \quad (7-4-10)$$

式(7-4-9) 变为

$$\left(1-\frac{N_{Re^*}}{N_{Re}}\right)f'(\eta)\frac{\partial \Gamma}{\partial \xi}+\frac{N_{Re^*}}{N_{Re}}f(\eta)\frac{\partial \Gamma}{\partial \eta}=\frac{N_{Re^*}}{N_{Pe}N_{Re}}\frac{\partial^2 \Gamma}{\partial \eta^2} \quad (7-4-11)$$

边界条件为

$$\Gamma_{(\eta=\pm 1)}=0, \quad \Gamma_{(\xi=0)}=1 \quad (7-4-12)$$

无因次变量定义为

$$\begin{cases} N_{Re^*}=\dfrac{v_L W_f \rho}{2\mu} \\ N_{Re}=\dfrac{\bar{u}_0 W_f \rho}{2\mu}=\dfrac{Q\rho}{4h\mu} \\ N_{Pe}=\dfrac{v_y W_f}{2D_e} \end{cases} \quad (7-4-13)$$

Terrill（1965）通过分离变量获得了方程的解为

$$\frac{C}{C_0}=\sum_{n=0}^{\infty}G_n\left(1-\frac{N_{Re^*}}{N_{Re}}\xi\right)^{2\lambda_n^2/(3N_{Pe})} \quad (7-4-14)$$

令 $\dfrac{N_{Re^*}}{N_{Re}}\xi=\dfrac{x}{L}$，则

$$\frac{C}{C_0}=\sum_{n=0}^{\infty}G_n\left(1-\frac{x}{L}\right)^{2\lambda_n^2/(3N_{Pe})} \quad (7-4-15)$$

如果 $0.001<N_{Re^*}<1$，$N_{Pe}<8$，用前五项计算即可（表 7-4-1 和表 7-4-2），即

$$\lambda_n=\sum_{i=0}^{3}g_{i,n}N_{Pe}^i+\sum_{i=1}^{2}h_{i,n}N_{Re^*}^i \quad (7-4-16)$$

$$G_n=\sum_{i=0}^{3}\bar{g}_{i,n}N_{Pe}^i+\sum_{i=1}^{2}\bar{h}_{i,n}N_{Re^*}^i \quad (7-4-17)$$

表 7-4-1 计算 λ_n 的系数

n	$g_{0,n}$	$g_{1,n}\times 10$	$g_{2,n}\times 10^3$	$g_{3,n}\times 10^4$	$h_{1,n}\times 10^3$	$h_{2,n}\times 10^3$
0	1.68231	-2.26693	6.7544	-1.8408	6.7593	-4.6274
1	5.67053	-0.69600	17.2931	-2.9304	1.0032	-3.4376
2	9.66842	-0.39587	10.7745	-0.5564	-5.7028	-0.4705
3	13.66772	-0.27662	7.9375	-0.1358	-9.1500	-0.5668
4	17.66740	-0.21305	6.3431	-0.0373	-12.4496	-0.71169

表 7-4-2 计算 G_n 的系数

n	$\bar{g}_{0,n}\times 10$	$\bar{g}_{1,n}\times 10^4$	$\bar{g}_{2,n}\times 10^4$	$\bar{g}_{3,n}\times 10^5$	$\bar{h}_{1,n}\times 10^4$	$\bar{h}_{2,n}\times 10^4$
0	9.10378	−2.38279	14.9298	−8.97017	−7.08188	−1.18392
1	0.53126	1.88909	−12.5375	8.13482	4.01538	0.35148
2	0.15272	0.39035	−1.6607	0.680785	1.03940	0.51540
3	0.06807	0.07330	−0.4172	0.111312	0.58639	0.141225
4	0.03739	0.01901	−0.1503	0.027559	0.35277	0.056322

图 7-4-11 为不同 N_{Pe} 下无因次酸浓度沿裂缝分布，N_{Pe} 较高时，无因次酸浓度越高，但滤失大，对应裂缝短；反之，N_{Pe} 较低时，无因次酸浓度较低，但滤失小，对应裂缝长。最终活酸作用距离取决于无因次酸浓度分布和裂缝长度。

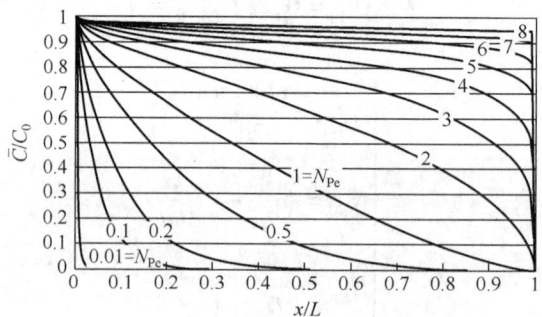

图 7-4-11 裂缝长度方向平均酸浓度分布

例如，某井酸压施工，酸液氢离子有效扩散系数 $D_e=5\times 10^{-9}\,\mathrm{m^2/s}$，排量 $Q=4\,\mathrm{m^3/min}$，裂缝高度 $H=33\,\mathrm{m}$，平均裂缝宽度 $W_f=3\,\mathrm{mm}$。当注酸时间足够长，裂缝充分扩展，裂缝长度达到 $L=150\,\mathrm{m}$，预测活酸作用距离。

注酸达到一定时间后，注入与滤失达到平衡，裂缝无向前扩展动力，酸液在裂缝中流动，在裂缝表面反应。注入与滤失达到平衡时有

$$v_L=\frac{Q}{4hL}=\frac{4\,\mathrm{m^3/min}}{4\times 33\,\mathrm{m}\times 150\,\mathrm{m}}=2.02\times 10^{-4}\,\mathrm{m/min}$$

$$N_{Pe}=\frac{2.02\times 10^{-4}\,\mathrm{m/min}\times 3\,\mathrm{mm}}{2\times 5\times 10^{-9}\,\mathrm{m^2/s}}=1.01$$

通过图 7-4-11 查阅得到酸浓度降到 50% 时，$x/L=0.34$，距离为 51m；酸浓度降到初始浓度的 10% 时，$x/L=0.79$，距离为 118.5m。

参考文献

[1] Berman A S. Laminar flow in channels with porous walls. Journal Applied Physics, 1953, 24: 1232-1235.

[2] Bergman I. The long-term dissolution of silica powders in dilute hydrofluoric acid: an anisotropic mechanism of dissolution for the courser quartz powders. Journal Applied Chemistry, 1963, 3: 356-361.

[3] Boyer R C, Wu C H. The role of reservoir lithology in design of an acidization program: Kuparuk river formation, North Slope, Alaska. SPE 11722, 1983.

[4] Buijse M A, Glasbergen G. A Semiempirical model to calculate wormhole growth in carbonate acidizing. SPE 96892, SPE Annual Technical Conference and Exhibition, Dallas, TX, October 9-12, 2005.

[5] Coulter A W, Crowe C W, Barrett N D, et al. Alternate stages of pad fluid and acid provide improved leakoff control for fracture acidizing. SPE-6124-MS, SPE Annual Fall Technical Conference and Exhibition, October 3-6, 1976.

[6] Fogler H S, Lund K, McCune C C. The kinetics of the dissolution of sodium and potassium feldspar//HF/HCl acid mixture. Chemical Engineering Science, 1975, 30 (11): 1425-1432.

[7] Fredd C N, Fogler H S. Alternative stimulation fluids and their impact on carbonate acidizing. SPE Journal, 1998, 3 (1): 34-41.

[8] Gdanski R. Kinetics of tertiary reaction of HF on alumino-silicates. SPE 31076, International Symposium on Formation Damage Control held in Lafayette, LA, 14-15 February, 1996.

[9] Hartman R L, Lecerf B, Frenier W, et al. Acid-sensitive aluminosilicates: dissolution kinetics and fluid selection for matrix-stimulation treatments. SPE Production & Operations, 2006, 21 (2): 194-204.

[10] Hawkins M F. A note on the skin effect. Trans. AIME, 1956, 207: 356-357.

[11] Hill A D, Lindsay D M, Silberberg I H, et al. Theoretical and experimental studies of sandstone acidizing. SPEJ, 1981, 21: 30-42.

[12] Hill A D, Zhu D, Wang Y M. The effect of wormholing on the fluid-loss coefficient in acid fracturing. SPE Production & Operations, 1995, 10 (4): 257-264.

[13] Hoefner M L, Fogler H S. Pore evolution and channel formation during flow and reaction in porous media. AIChE Journal, 1988, 34: 45-54.

[14] Kalfayan L J, Watkins D R. A new method for stabilizing fines and controlling dissolution during sandstone acidizing. SPE 20076, California Regional Meeting, Ventura, California, USA, April 4-6, 1990.

[15] Kline W E, Fogler H S. Dissolution kinetics: the nature of the particle attack of layered silicates in HF. Chemical Engineering Science, 198, 136: 871-884.

[16] Lund K, Fogler H S, McCune C C. Acidization Ⅰ: the dissolution of dolomite in hydrochloric acid. Chemical Engineering Science, 1973, 28: 691-700.

[17] Lund K, Fogler H S, McCune C C, et al. Acidization Ⅱ: the dissolution of calcite in hydrochloric acid. Chemical Engineering Science, 1975, 30: 825-835.

[18] McDuff D, Jackson S, Schuchart C, et al. Understanding wormholes in carbonates: unprecedented experimental scale and 3D visualization. JPT, 2010, 62 (10): 78-81.

[19] McLeod H O, Norman W D. "Sandstone acidizing" in reservoir stimulation. Chichester: John Wiley & Sons Ltd., 2000.

[20] Mou J. Modeling acid transport and non-uniform etching in a stochastic domain in acid fracturing. Texas: Texas A&M University, 2009.

[21] Mou J, Zhang S, Zhang Y. Acid leakoff mechanism in acid fracturing of naturally fractured carbonate oil reservoirs. Transport in Porous Media, 2012, 91: 573-584.

[22] Schechter R S. Oil well stimulation. New Jersey: Prentices Hall, Englewood, 1992.

[23] Terrill R M. Heat transfer in laminar flow between parallel porous plates. International Journal of Heat and Mass Transfer, 1965, 8 (12): 1491-1497.

习　　题

1. 砂岩地层主要矿物有哪些？碳酸盐岩地层主要矿物是什么？

2. 什么是酸岩复相反应？说明影响酸岩复相反应速度的因素。
3. 砂岩地层酸化常用什么酸液体系？碳酸盐岩地层基质酸化常用什么酸液体系？
4. 砂岩地层酸化中，前置酸的作用是什么？
5. 砂岩地层酸化有哪些可能的沉淀？控制沉淀的方法有哪些？
6. 酸液体系中主要有哪些添加剂？各自的作用是什么？
7. 碳酸盐岩基质酸化中形成酸蚀蚓孔的形态有哪几种？
8. 简述酸压增产机理、粗糙酸蚀裂缝表面形成机理。
9. 分析酸压中活酸作用距离的影响因素有哪些，如何提高活酸作用距离？
10. 某石灰岩气藏的有效厚度为40m，温度为100℃，用15%浓度的盐酸体系进行酸压，排量$Q=6m^3/min$，地层条件下：酸液氢离子扩散系数$D_e=8\times10^{-9}m^2/s$，前置液造缝平均缝宽$W=4mm$，酸液平均滤失速度$v=3\times10^{-4}m/min$，试求酸液在裂缝中的有效作用距离。

第八章　复杂条件下的石油开采技术

随着石油工业的发展和石油开采工艺水平的不断提高,可动用的石油储量不断增加,同时,世界石油消费水平的进一步增长,刺激着石油开采技术的发展。为满足经济、社会发展对石油的需求,开展了稠油、凝析油和低渗透油田的开发,同时,在油田开发过程中,油井出砂、结蜡、出水、腐蚀等也影响着油井的正常生产。本章简要介绍这些复杂条件下的开采技术。

第一节　防砂与清砂

油气井出砂(sand production)会直接影响油气井的正常生产,危害性极大,主要表现为:出砂形成砂埋油层或井筒,造成砂堵使油气井产量下降,甚至停产;出砂使地面和井下设备严重磨蚀、砂卡;冲砂检泵、地面清罐等维修工作量剧增;出砂严重时还会引起井壁坍塌而损坏套管。这些危害既提高了油气生产成本,又增加了油气田开采及管理难度。因此,油气井防砂工艺技术的研究和发展对疏松砂岩油气藏的开采至关重要。防砂(sand control)与清砂(sand cleaning)技术是这类油气藏正常生产的重要保证。

一、油气井出砂的原因

油气井出砂是由于井底附近地带的岩层结构破坏所引起的,它是各种因素综合影响的结果,这些因素可以归结为两个方面——地质因素和开采因素,其中地质因素是油气井出砂的内因,开采因素是外因。

1. 油气井出砂的地质因素

油气井出砂的地质因素主要包括岩石的地应力状态、岩石的胶结状态、岩石的渗透率和天然裂缝的发育情况等。

1)岩石的地应力状态

砂岩储层在钻井前处于应力平衡状态。垂向应力大小取决于油层埋藏深度和上覆岩石的密度;水平应力大小除了与油层埋藏深度有关以外,还与油层构造形成条件、岩石力学性质和油层孔隙中的压力有关。钻开油层后,井壁附近岩石的原始应力平衡状态遭到破坏,造成井壁附近岩石的应力集中。在其他条件相同的情况下,油层埋藏越深,岩石的垂向应力越大,井壁的水平应力也相应增加。所以,井壁附近的岩石就越容易变形和破坏,从而引起在生产过程中出砂,甚至井壁坍塌。

2)岩石的胶结状态

按照岩石胶结强度,通常将砂岩油气藏分为致密、次致密、疏松和松散4种类型。其中以胶结疏松和松散的砂岩储层最容易出砂。

油气井出砂与储层岩石的胶结强度有关,而胶结强度取决于胶结物种类、数量和胶结方式等。通常储层砂岩的胶结物主要有黏土、碳酸盐、硅质和铁质四种,以硅质和铁质胶结物的胶结强度最大,碳酸盐胶结物次之,黏土胶结物的胶结强度最差。对于同一类型的胶结物,其数量越多,胶结强度越大。

如图 8-1-1 所示,砂岩储层的胶结方式不同,其胶结强度也不同。砂岩的胶结方式主要有三种:一是基底胶结,砂岩颗粒完全浸没在胶结物中,彼此互不接触或接触很少,其胶结强度最大,但由于其孔隙度和渗透率均很低,很难成为好的储油层;二是接触胶结,胶结物的数量不多,仅存于岩石颗粒接触处,其胶结强度最低;三是孔隙胶结,胶结物的数量介于基底胶结和接触胶结之间,胶结物不仅存于岩石颗粒接触处,还充填于部分孔隙中,其胶结强度也处于基底胶结和接触胶结之间。

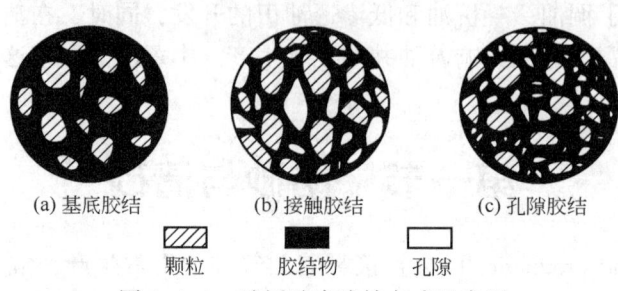

(a) 基底胶结　　(b) 接触胶结　　(c) 孔隙胶结

颗粒　　胶结物　　孔隙

图 8-1-1　油层砂岩胶结方式示意图

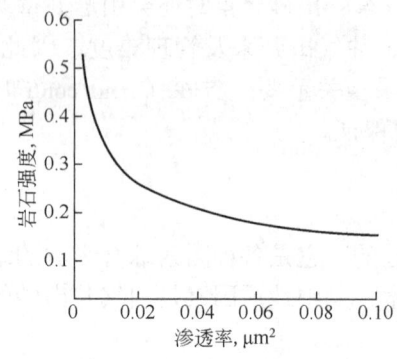

图 8-1-2　老君庙油田 926 井岩石
强度与渗透率的关系曲线

容易出砂的储层岩石主要以接触胶结方式为主,其胶结物数量少,而且其中往往含有较多的黏土胶结物。

3)岩石的渗透率

渗透率的高低是储层岩石颗粒组成、孔隙结构和孔隙度等岩石物理属性的综合反映。实验和生产实践证明,当其他条件相同时,储层的渗透率越高,其胶结强度越低,越容易出砂。图 8-1-2 是老君庙油田 926 井的岩石强度与渗透率关系曲线。表 8-1-1 是根据老君庙油田 L 层 52 口出砂油井的统计资料得出的油井出砂与油层渗透率的关系数据。

表 8-1-1　油井出砂与油层渗透率的关系表

渗透率,$10^{-3}\mu m^2$	<100	100~500	>500
出砂井	0	10	42
占总出砂井数,%	0	19.2	80.8

4)裂缝的发育情况

断裂多的砂岩储层容易出砂,主要由于裂缝发育、断层多,使岩石的内部结构遭到了破坏,从而引发出砂。

此外,在地层倾角大和边水活跃的地区也容易出砂,高黏度和高气油比原油也容易引起出砂。

2. 油气井出砂的开采因素

1)固井质量

由于固井质量差,使套管外水泥环和井壁岩石没有黏在一起,在生产中形成高低压层串通,使井壁岩石不断受到冲刷,黏土夹层膨胀,岩石胶结遭到破坏,因而导致油气井出砂。

2）完井方式

完井方式一定要根据储层的地质状况正确选择，否则会造成油气井大量出砂。如应该采用射孔完井的误用了裸眼完井的油气井就容易出砂。

射孔完井是目前各油气田普遍采用的沟通油流通道的方法，对选用射孔完井方式的油气井，如果射孔密度过大，有可能使套管破裂和砂岩储层结构遭到破坏，引起油气井出砂。

3）油气井工作制度

在油气井生产过程中，流体渗流而产生的对储层岩石的冲刷力和对颗粒的拖曳力是疏松储层出砂的重要原因。在其他条件相同时，生产压差越大，流体渗流速度越高，则井壁附近流体对岩石的冲刷力就越大，有可能破坏储层结构引起油气井出砂。另外，油、水井工作制度的突然变化，使得储层岩石受力状况发生变化，也容易引起油井出砂。

4）其他

油气井含水后部分胶结物被溶解使得岩石胶结强度降低或者储层压力降低，增加了地应力对岩石颗粒的挤压作用，扰乱了颗粒间的胶结，可能引起油气井出砂。不适当的措施如压裂和酸化等，降低了油层岩石胶结强度，使得油层变得疏松而出砂。

总之，不适于易出砂油藏的工程措施、不合理的油气井工作制度及工作制度的突然变化、频繁而低质量的修井作业、设计不良的措施和不科学的生产管理等都可能造成油气井出砂。这些都应当尽可能避免。

由于油气田开发过程中压力变化而引起的岩石应力状态的失衡及油气渗流的冲刷力，虽然是不可避免的，但应尽量防止和减少它们可能对造成出砂的影响。对于胶结物中黏土含量高易发生黏土膨胀而可能引起出砂的井，采取必要的防膨措施则可防止和减少因此而造成的出砂。对于疏松储层，除采用合理的工作制度外，主要是选择合理完井方式和采取先期防砂。

二、防砂方法

综上所述，为防止油气井出砂，一方面要针对储层及油气井的条件，正确选择固井、完井方式，制定合理的开采措施，提高管理水平；另一方面，要根据储层、油气井及出砂的具体情况采用相应的防砂方法。

1. 制定合理的开采措施

（1）制定合理的油气井工作制度，通过生产试验使所确定的生产压差不会造成油气井大量出砂。控制生产压差基本上就是控制产液（气）量，限制储层中的渗流速度，从而减小流体对砂岩颗粒的冲刷力。对于受生产压差限制而无法满足采油（气）速度的储层，要在采取必要的防砂措施之后提高生产压差，否则将无法保证油气井正常生产。

（2）加强出砂层生产井的管理，开、关操作要求平稳，防止因生产压差的突然增大而引起大量出砂。对易出砂的油气井应避免强烈抽汲的诱流措施。

（3）对胶结疏松的储层，酸化、压裂等措施要求慎重，以不破坏储层结构为前提。

（4）根据储层条件和开采工艺要求，正确选择完井方法和改善完井工艺。

2. 采取合理的防砂方法

目前防砂方法发展迅速，无论采用哪一种方法，都应该能够有效地阻止油气层中砂岩固体颗粒随流体流入井筒。对每一具体的油气层和油气井条件，最终要以防砂后的经济效果来选择和评价。根据防砂原理，目前常用的防砂方法归类见表8-1-2。

表8-1-2 防砂方法分类

机械防砂		衬管、筛管、滤砂管等防砂
	砾石充填防砂	筛管或衬管+砾石充填
		筛管或衬管+预涂层砾石或预涂层陶粒充填
		筛管或衬管+粒状塑料或玻璃球、陶粒充填
化学防砂	人工胶结砂层	酚醛树脂胶结砂层
		酚醛溶液地下合成防砂
	人工井壁	水泥砂浆人工井壁
		树脂核桃壳人工井壁
		树脂砂浆人工井壁
		预涂层砾石人工井壁
	其他化学防砂法	焊接玻璃固砂
		氢氧化钙固砂
		四氯化硅固砂
		水泥—碳酸钙混合液固砂
		聚乙烯固砂
		氧化有机物固砂
焦化防砂	注热空气固砂	
	短期火烧油层固砂	
其他	降低流速	增大射孔段长度、增加射孔密度
		控制产量
	增大油层径向应力	采用裸眼产层膨胀式封隔器
	压裂防砂	改善近井地带渗流场，减小压力梯度；裂缝支撑剂滤砂或与套管内砾石充填结合防砂

1）机械防砂（mechanical sand control）

机械防砂可分两类。一类是下入防砂管柱挡砂，如割缝衬管、绕丝筛管、胶结滤砂管、双层或多层筛管等。这类方法工艺简单，具有一定的防砂效果，但由于防砂管柱的缝隙或孔隙易被油层细砂所堵塞，一般效果差、寿命短。另一类是下入防砂管柱加充填物，充填物的种类很多，如砾石、果壳、果核、塑料颗粒、玻璃球或陶粒等。这种防砂方法能有效地将油层砂限制在油层中，并使油层保持稳定的力学结构，防砂效果好，寿命长。机械防砂对油层的适应能力强、成功率高、成本低，目前应用十分广泛。

2）化学防砂（chemical sand control）

化学防砂大致可分三类。一是人工胶结砂层。人工胶结砂层防砂是指从地面向储层挤入液体胶结剂及增孔剂，然后使胶结剂固化，在油气层的层面附近形成具有一定胶结强度及渗透性的胶结砂层，达到防砂目的的方法，目前使用广泛的有酚醛树脂溶液及酚醛溶液地下合成等方法。二是人工井壁。人工井壁防砂方法通常是指从地面将支护剂和未固化的胶结剂按一定比例搅拌均匀,用液体携至井下挤入油层出砂部位,在套管外形成具有一定强度和渗透性的壁面,可阻止储层砂粒流入井内而又不影响油气井生产的工艺措施。如水泥砂浆、树脂核桃壳、树脂砂浆、预涂层砾石人工井壁等。三是其他化学固砂法。这类方法制约条件较多,使用不广泛。化学防砂方法适用于渗透率相对均匀的薄层段,在粉细砂岩油气层中的防砂效果优于机械防砂。但其对储层渗透率有一定的损害,成功率也不如机械防砂,还存在老化现象、相对成本较高等缺点,应用程度不如机械防砂。

3) 焦化防砂 (coking sand control)

焦化防砂的原理是向储层提供热能,促使原油在砂粒表面焦化,形成具有胶结力的焦化薄层。主要有注热空气固砂和短期火烧油层固砂两种方法。

4) 其他防砂方法

油气井射孔完成后不再下入任何机械防砂装置或充填物,也不注入任何化学药剂,而是依靠油气层砂粒在炮眼口处形成具有一定承载能力的砂拱,达到防砂目的。该方法成败的关键在于砂拱的稳定性。

保证砂拱稳定性必须考虑两个关键问题:一是降低并稳定储层流体速度;二是保持或提高井筒周围储层的径向应力。一般来说,对套管射孔完井的砂拱防砂要求小孔径和高孔密的炮眼。小孔径有利于形成砂拱和提高砂拱的稳定性;高孔密可以增大过流面积,降低井壁附近油层中流体的流速。但在实际生产过程中,由于采油方式和对产量的需求,流体的流速和变化不易控制,使得这种单纯的套管射孔完井砂拱防砂方法的实际应用受到限制。

3. 砾石充填防砂(gravel pack sand control)方法

砾石充填防砂方法是应用较早的防砂方法。由于近年来理论、工艺及设备的不断完善,被认为是目前防砂效果最好的方法之一。

砾石充填防砂方法是指将割缝衬管或绕丝筛管下入井内防砂层段处,用一定质量的流体携带地面选好的具有一定粒度的砾石,充填于筛管和油层之间,形成一定厚度的砾石层,以阻止油层砂粒流入井内的防砂方法。砾石粒径根据油层砂的粒度进行选择,预期将油层流体携带的砂粒阻挡于砾石层之外,通过自然选择在砾石层外形成一个由粗到细的砂拱,既有良好的流通能力,又能有效地阻止油层出砂。常用的砾石充填方式有两种,即用于裸眼完井的裸眼砾石充填和用于射孔完井的套管内砾石充填,如图 8-1-3 所示。

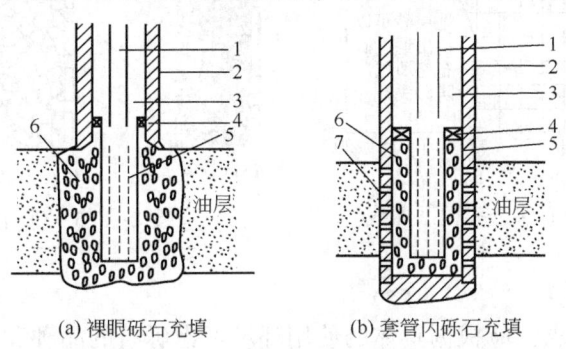

(a) 裸眼砾石充填　　(b) 套管内砾石充填

图 8-1-3　砾石充填防砂示意图

1—油管;2—水泥环;3—套管;4—封隔器;5—衬管;6—砾石;7—射孔孔眼

裸眼砾石充填的渗滤面积大，砾石层厚，防砂效果较好，对油层产能的影响小。但其常用于油井先期防砂，工艺较复杂，且对油层结构要求有一定的强度，对油层条件要求高（如单一油层、厚度大、无气、水夹层等）。因而大多数油气井采用套管射孔完井再进行套管内砾石充填防砂方法。

砾石充填防砂方法的施工设计应符合三条基本原则：一是注重防砂效果，正确选用防砂方法，合理设计工艺参数和工艺步骤，以达到阻止油层出砂的目的；二是采用先进的工艺技术，最大限度地减少其对油气井产能的影响；三是注重综合经济效益，提高设计质量和施工成功率、降低成本。施工设计要形成一套完整的程序，有利于方案的系统化和规范化，从而提高施工设计的质量。

1）充填方式选择

根据防砂储层、油气井的特点和设计原则等，结合完井类型选择最合适的砾石充填方式。

2）油层预处理设计

根据储层砂样分析化验的结果和防砂井的具体情况，确定酸化解堵和黏土稳定处理等措施，同时考虑防乳化、防止新生沉淀等。这对提高施工成功率、保证油气井产能有着重要的意义。

3）砾石设计

砾石设计主要包括砾石尺寸（gravel size）设计、砾石质量控制、砾石用量计算三方面的内容。

（1）砾石尺寸设计。

在筛析实验室中取得防砂井油层砂样粒度中值 d_{50} 后，根据计算公式求得所需用的砾石尺寸，即砾石的粒度中值 D_{50}。目前普遍使用索西埃（Saucier）公式，即 $D_{50}=(5\sim6)d_{50}$，该公式是在大量实验的基础上得到的，实验测得的砾/砂粒径比与渗透率的关系曲线如图 8-1-4 所示。图 8-1-5 为砾石挡砂机理示意图，图 8-1-5(a) 为 $D_{50}/d_{50} \leqslant 6$ 时，砾石与油层砂界面清楚，砾石挡住了油层砂，油气井无砂生产；图 8-1-5(b) 为 $6 < D_{50}/d_{50} < 14$ 时，油层砂部分侵入砾石充填层，造成砾/砂互混，砾石区渗透率下降，尽管油气井不出砂，但产量下降；图 8-1-5(c) 为 $D_{50}/d_{50} \geqslant 14$ 时，油层砂可以自由通过砾石充填层，防砂无效。

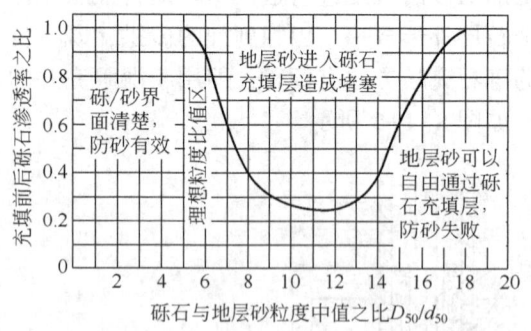

图 8-1-4　D_{50}/d_{50} 与砾石渗透率关系曲线

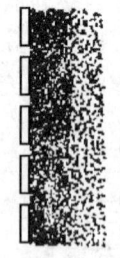 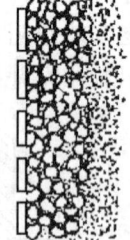 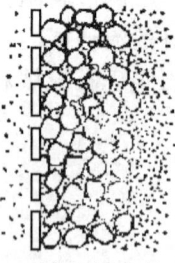

(a) $D_{50}/d_{50} \leqslant 6$　　(b) $6 < D_{50}/d_{50} < 14$　　(c) $D_{50}/d_{50} \geqslant 14$

图 8-1-5　砾石挡砂机理示意图

（2）砾石质量控制。

为满足防砂工艺要求，应根据具体的使用环境考虑砾石的品种和质量要求。如预充填双层筛管、高斜度井砾石充填、热采井砾石充填等都应考虑使用树脂预涂层砾石；预充填双层筛管也可选用预涂层烧结陶粒作为充填材料。

砾石的质量要求主要有：砾石粒度均匀；圆度、球度好；在标准土酸中的酸溶度小于1%；砾石水浊度不大于50度；显微镜观察没有两个或多个颗粒结晶块；满足抗破碎试验的要求。

（3）充填砾石用量计算。

砾石充填防砂所用的砾石数量根据要充填部位的体积决定，为了保证施工质量，设计用量时要考虑足够的附加量。一般以多挤入为好，可提高防砂效果。

4）防砂管柱设计

（1）绕丝筛管与割缝衬管的比较与选择。

全焊接不锈钢绕丝筛管如图8-1-6所示。国内选用1Cr18Ni9Ti不锈钢丝为原料，轧制成一定尺寸的三角形截面的绕丝和纵筋。在绕制过程中，绕丝和纵筋的每一个交叉接触点都用电阻焊焊接在一起，使筛套形成具有一定强度的整体，按一定长度要求两端切平，焊上接箍。将带孔中心管穿过筛套，再把筛套两端接箍焊在中心管上，其特点是：耐腐蚀、工作寿命长、外窄内宽的筛缝具有一定的"自洁"作用、连续绕丝形成连续缝隙、流通面积大、在制造工艺上能达到防砂的各种缝隙要求。综合上述优点，构成了绕丝筛管广泛应用的原因。其缺点是造价高，通常为割缝衬管的2~3倍。

割缝衬管可直接使用锯片铣刀在铣床上铣削套管而成，如图8-1-7所示。缝隙尺寸决定于铣刀的宽度和强度，0.30mm以下的割缝宽度加工困难，因而割缝衬管适用于中—粗油层砂。而且由于套管是碳素结构钢，耐腐蚀差，尤其是缝隙尺寸易受腐蚀而增大使防砂有效期短，其优点是成本低。

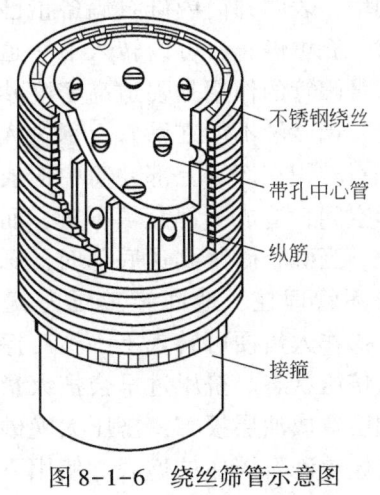

图8-1-6 绕丝筛管示意图

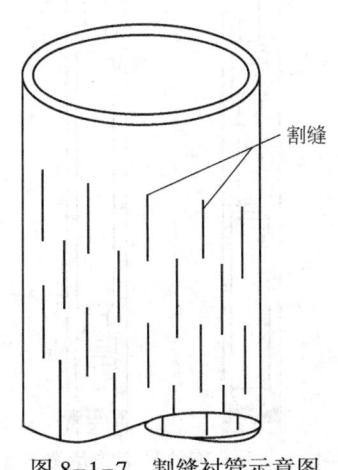

图8-1-7 割缝衬管示意图

在选择筛管或衬管时，应考虑防砂井的具体条件和综合经济效果。如果井液腐蚀性弱，储层砂较粗，产能偏低，则适合选用割缝衬管，反之选用绕丝筛管；井段超过30m的产层，应考虑使用绕丝筛管，虽然长井段施工和修井费用高，但使用绕丝筛管寿命长，综合经济效果好；海上油气田应选用成功率高、生产周期长的防砂完井方式，对此，绕丝筛管优于割缝衬管。此外，针对特殊油气井的条件，还可以选用特殊材料和机械结构的绕丝筛管。如硫化氢含量高的井，可采用具有抗硫化氢腐蚀能力强的1Cr18Ni12Mo2Ti不锈钢材质；热采井可采用滑动式筛套，以防止筛套与中心管因膨胀系数不一致而造成损坏；在某些油气井中还可选用预充填双层或多层绕丝筛管。

(2) 缝隙尺寸设计。

缝隙尺寸原则上应能满足挡住最小充填砾石的要求。设计计算时缝隙尺寸应等于最小充填砾石尺寸的 1/2~2/3。

(3) 筛管直径设计。

筛管直径与砾石充填方式和井身结构有关,既要考虑防砂井段的通径,又要使充填层有足够的厚度,以保证充填层的挡砂能力和稳定性。

(4) 筛管长度设计。

生产筛管的设计长度应超过产层射孔段上、下界各 1.0~1.5m;裸眼完井的筛管长度应超过扩眼产层上、下界各 1m 以上。以便确保筛管对准产层,获得筛管的最大利用率,有利于提高防砂效果。

(5) 信号筛管设计。

信号筛管的作用是向地面施工人员提供井下充填情况的信号。为使施工顺利进行,应根据工艺需要选择不同位置的信号筛管。如常规低密度循环充填选用上部信号筛管;高密度充填选用下部信号筛管,也可省去信号筛管,如图 8-1-8 所示。

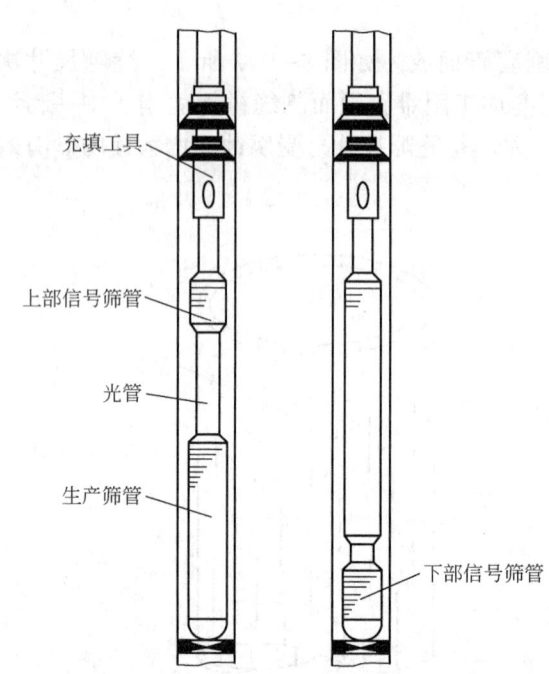

上部信号筛管的作用是当充填砾石堆积到生产筛管顶部后,地面充填压力相对稳定,直到砾石把光管段环形空间全部填满达到信号筛管后,压力又开始上升,且上升速度较快。当信号筛管全部被砾石埋死后,压力剧增,表明井筒内砾石储备量已达到设计要求,充填停止,可以转入下一道工序。下部信号筛管的作用是强迫高密度砂浆向井底运动,携砂液不能在筛管上部进入筛管,避免砾石堆积在产层上部井筒中形成砂拱堵塞环形空间,造成下部充填不实,而导致充填失败。当砾石砂浆到达底部时,砾石将下部信号筛管埋住,地面施工压力就会明显上升,操作人员便可转入下一道工序,使工具进入挤压状态。挤压过早会把大量作业液挤入油层造成油层损害,挤压太晚砂浆无法进入已经被砾石挡住的炮眼。使用下部信号筛管可以提供准确的开始挤压的时间。信号筛管的缝隙和直径尺寸与生产筛管相同,长度一般为 1~2m。

图 8-1-8 上、下信号筛管位置示意图

(6) 光管的设计。

光管是一段油管或套管,位于生产筛管与信号筛管之间或生产筛管与充填工具之间,它与井筒的环形空间储备充填砾石。施工结束后,由于砾石的压实或通过炮眼进入油层而使砾石充填的高度下降,这些储备砾石起到补充作用,以防止生产筛管裸露而使防砂失效。

光管的直径与绕丝筛管的中心管直径相同,或与割缝衬管的直径相同。光管的长度根据充填方法和具体情况来定。一般对于低密度循环充填的光管长度为 20~30m,高密度挤压充填的光管长度不小于生产筛管长度。裸眼完井的光管段不应设计在套管内,与裸眼井段相

比,光管与套管环空储存的砾石量相对较少,应在产层以上盖层中适当加长扩孔段以便储备更多的砾石。

(7) 扶正器设计。

使用扶正器可使防砂管柱在井筒内处于中心位置,砾石能够均匀充填在筛管周围,形成良好的挡砂屏障。如果不使用扶正器或使用数量不够,防砂管柱就可能偏置,使某一边的砾石充填量减少,甚至完全得不到砾石充填,储层流体流出后直接冲蚀和流过筛管,导致防砂失败。

扶正器的位置及数量的多少根据井筒的具体情况确定。

(8) 充填工具的选用。

根据充填工艺,砾石充填工具的结构可分为三种:一是下冲法充填工具,工艺要求先把砾石投入防砂井筒,下入有下冲喷头的防砂管柱,从油管内泵入工作液,冲击砾石使其悬浮在井筒中,管柱得以逐渐下放,之后砾石沉降在管柱周围形成挡砂屏障;二是反循环充填工具,工作液和砂浆从油套环空泵入井底,砾石留在筛管周围,返出液进入筛管从油管内返出地面;三是转换充填工具,工作液和砂浆从油管泵入井底,通过转换工具使返出液从油套环空返出地面。

下冲法充填工艺、工具简单,但易造成砾石大小分级现象,只适用于浅井和薄层段;反循环充填工艺、工具较为简单,但砂浆易受套管内壁杂物的污染,使充填体渗透率下降,且套管柱必须承受充填压力,携砂液流速度低,用液量也较大,因此应尽可能少用。转换充填工具可避免对砂浆的污染,套管也不必承受充填压力,携砂液流速高,用液量也小,是比较理想的充填方法,但其工具结构复杂、种类多、作业难度较高。

5) 携砂液的选择

砾石充填用携砂液要求与其他完井和修井液一样,必须对油层无伤害又能达到应用目的。因此它在固相颗粒含量与颗粒大小、与油层液和油层矿物的配伍性、反应生成物不堵塞油层孔隙等方面均有标准。携砂液种类和用量应根据油井的具体情况和工艺要求进行选择和设计。

4. 化学防砂方法

1) 水泥砂浆人工井壁

水泥砂浆人工井壁是以水泥为胶结剂、石英砂为支撑剂,按比例混合均匀,拌以适量的水,用油携至井下,挤入套管外,堆积于出砂部位,凝固后形成具有一定强度和渗透性的人工井壁,防止油气层出砂。该方法是油气井后期防砂方法,形成的人工井壁渗透率较高,原材料来源广泛,施工简单,但用油量较大,胶结后抗拉强度小于1MPa,有效期较短。

2) 树脂核桃壳人工井壁

树脂核桃壳人工井壁是以酚醛树脂为胶结剂,粉碎成一定颗粒的核桃壳为支撑剂,按一定比例混合均匀,使每个核桃壳颗粒表面都涂有一层树脂,并加入少量柴油浸润,然后用油或活性水携至井下,挤入射孔层段套管外堆积于出砂层位,在固化剂的作用下经一定时间的反应后树脂固结,形成具有一定强度和渗透性的人工井壁,防止油气层出砂。该方法适用于油水井早期防砂,胶结后人工井壁渗透率较高,强度较大,具有较好的防砂效果,但原材料来源困难。

3) 树脂砂浆人工井壁

树脂砂浆人工井壁是以树脂为胶结剂,石英砂为支撑剂,按比例混合均匀,使石英砂表面涂敷一层均匀的树脂薄膜,并加入少量的柴油浸润,然后用油携至井下挤入套管外出砂层位,凝固后形成具有一定强度和渗透性的人工井壁,防止油气层出砂。该方法是油水井后期防砂方法,适用于吸收能力较高的油水层,适应性较强,不受井深限制,但施工中现场拌合劳动量大,加携砂液困难。

4) 预涂层砾石人工井壁

预涂层砾石人工井壁是指在石英砂外表面,通过物理化学方法均匀涂敷一层树脂,在常温下固化,形成不发生黏连的稳定颗粒。将这种预涂层砾石使用携砂液携带至出砂层位,在一定的条件下(挤入固化剂和受温度的作用)砾石表面的树脂软化黏连并固结,形成具有良好渗透性和强度的人工井壁,以防止油气层出砂。该方法适用于吸收能力较大,温度高于60℃的油层防砂,施工简单,成功率高,胶结后的砾石抗拉强度可达5MPa左右,渗透率可保持在原始值的90%以上,是目前较好的化学防砂方法。

5) 酚醛树脂胶结砂层

酚醛树脂胶结砂层是以苯酚、甲醛为主料,以碱性物质为催化剂,按比例混合,经加温熬制成酚醛树脂(黏度控制在300mPa·s左右),将此树脂溶液挤入砂岩油层,以柴油增孔,再挤入盐酸作固化剂,在油层温度下反应固化,将疏松砂岩胶结,防止油、水井出砂。该方法适用于油水井早期防砂,胶结后砂岩抗拉强度0.8MPa左右,渗透率可保持原来的50%左右,耐温100℃,耐水、油、盐酸等介质,不耐土酸浸蚀,施工简单,但成本较高,施工作业时间长。

6) 酚醛溶液地下合成防砂

酚醛溶液地下合成防砂是将加有催化剂的苯酚与甲醛,按比例配料搅拌均匀,并以柴油为增孔剂。酚醛溶液挤入出砂层后,在油层温度下逐渐形成树脂并沉积于砂粒表面,固化后将油层砂胶结牢固,而柴油不参加反应,作为连续相充满孔隙,使胶结后的砂岩保持良好的渗透性,从而提高砂岩的胶结强度,防止油气层出砂。该方法为油气井先期和早期防砂方法,适用于温度高于60℃,黏土含量较低的中、细砂岩储层。平均有效期2年以上,施工较为简单,但对油层已大量出砂或出水后的储层,防砂效果差,不宜选用。

上述各种防砂方法均以化学胶固为基础,在一些油田分别获得了一定的防砂效果。但各种方法均有各自的适用条件,因此必须根据储层和油气井的具体情况而选择应用。具体配方和用量应根据各个油田的储层条件通过室内实验和现场试验来确定。

三、清砂方法

尽管目前已经有了各种各样的防砂方法,但由于种种原因,在砂岩油气井中完全避免出砂是非常困难的。油气井出砂后,如果井筒流体上升速度不足以将砂携带至地面,砂粒便在井筒中沉积,一方面井内形成砂堵增加了流体流动阻力,另一方面由于砂粒的存在会对抽油设备造成严重的损害,甚至使抽油设备工作失效。因此,为了恢复出砂油气井的正常生产,必须采取措施清除井筒中的固体砂粒。

通常采用的清砂方法有冲砂和捞砂两种。

(1) 冲砂:通过冲管、油管或油套环空向井底注入高速流体冲散砂堵,由循环上返的液体将砂粒带到地面,以解除油气井砂堵的工艺措施。是目前广泛应用的清砂方法。

(2) 捞砂:用钢丝绳向井内下入专门的捞砂工具——捞砂筒,将井底积存的砂粒捞到地面的方法。一般适用于砂堵不严重、井浅、储层压力低或有漏失层等无法建立循环的油气井。

1. 冲砂液及冲砂方法

冲砂的目的在于解除砂堵恢复油、气井的正常生产。但是由于所用液体和冲砂方式选择不当，反而会引起冲砂液大量漏入储层造成损害或冲砂失败而影响生产。因此，应当正确地选择冲砂液和冲砂方式。

1）冲砂液

冲砂液是指用于冲砂的液体。通常采用的冲砂液有油、水、乳状液等。为了防止冲砂液对储层的损害，在液体中可加入表面活性剂。一般油井用原油，水井用淡水或盐水，低压井用混气冲砂液进行冲砂。

对冲砂液的基本要求是：①具有一定的黏度，以保证具有良好的携砂能力；②具有适宜的密度，以便形成适当的液柱压力，防止井喷或防止因液柱压力过大产生漏失而无法建立循环；③不伤害油层；④来源广泛、价廉等。

2）冲砂方式

冲砂方式主要有正冲砂（冲管冲砂）、反冲砂、正反冲砂和联合冲砂等方式。

正冲砂是指冲砂液由冲砂管（或油管）泵入，被冲散的砂粒随冲砂液一起沿油套环空返至地面的冲砂方法，如图8-1-9所示。随着砂堵冲开程度增大，逐渐加深冲砂管。冲砂管不能下放过快，以免冲砂管插入砂中造成憋泵，在接单根或改罐等需要停止循环之前，必须进行较长时间的循环，以便把井筒内已冲起的砂粒带到地面，防止停止循环期间砂粒沉降而造成卡堵管事故。为了增大液流对砂堵的冲击力，可在冲砂管下端装上收缩管或喷嘴。冲砂管下端做成斜尖形，有利于防止下放过快而引起的憋泵事故。

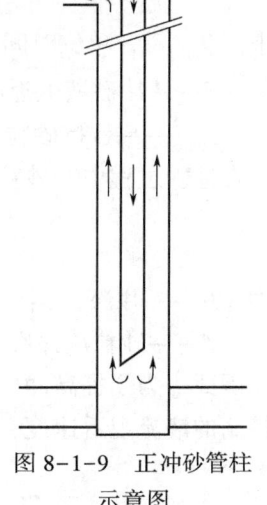

图8-1-9 正冲砂管柱示意图

反冲砂是指冲砂液由油套环空泵入，被冲散的砂粒随冲砂液一起从油管返至地面的冲砂方法。

正冲砂冲击力大，易冲散砂堵，但因油套环空截面积大，液流上返速度小，携砂能力低，易在冲砂过程中发生卡管事故，要提高液流上返速度就必须提高冲砂液的用量。反冲砂冲击力小，但液流上返速度大，携砂能力强。

正反冲砂利用了正冲砂和反冲砂各自的优点，其工艺过程为先用正冲砂将砂堵冲散，使砂粒处于悬浮状态，再迅速改为反冲砂，将冲散的砂粒从油管内返出地面的冲砂方式。这种方式可迅速解除较紧密的砂堵，提高冲砂效率。采用正反冲砂方式时，地面相应配套有改换冲洗方式的总机关。

为了更充分地利用正反冲砂方式的优点，减少地面的操作，进一步提高冲砂效率，发展了联合冲砂方式。

联合冲砂是指冲砂管柱距底端一定距离处装有分流器，用以改变液流通道，冲砂液从油套环空进入井内，经分流器进入下部冲砂管冲开砂堵，被冲散的砂粒随同液体先从下部冲管与套管环空返至分流器后，便进入上部冲砂管内返至地面。联合冲砂管柱如图8-1-10所示。这种冲砂方式可提高冲砂效率，既具有正冲砂冲击力大的优点，又具有反冲砂返液流速高、携带能力强的优点，同时又不需要改换冲洗方式的地面设备。

应该说明的是：在冲砂过程中应注意中途不可停泵，以免冲起的砂粒沉降而卡住或堵死冲砂管；应尽量保持进出口液流量大致平衡，防止井喷或冲砂液向储层漏失而伤害储层；应逐渐加大冲砂深度，不能太快或一次加深过多，以免使冲砂管插入砂体内发生砂堵、憋泵等事故。

2. 冲砂水力计算

冲砂过程中，为了使液流能够将全部的砂粒携带至地面，液流在井筒内的上升速度必须大于最大直径砂粒的自由沉降速度：

$$v_s = v_l - v_d \tag{8-1-1}$$

式中 v_s——冲砂时砂粒上升速度，m/s；

v_l——液体上返速度，m/s；

v_d——砂粒在静止冲砂液中的自由沉降速度，m/s。

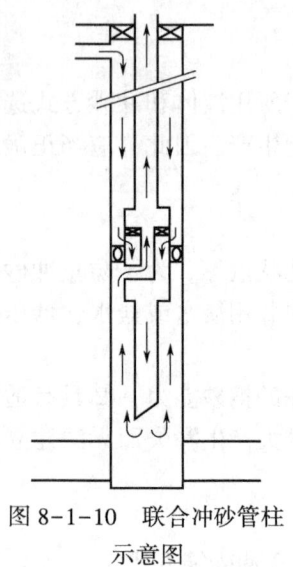

图 8-1-10 联合冲砂管柱示意图

根据玉门油田石英砂与水所做的实验表明，$v_l/v_d \approx 1.6 \sim 1.7$ 时，砂粒在上升液流中呈悬浮状态，而当液流上升速度稍增加时，砂粒便开始上升。保证砂粒能被带到地面的做法是使 $v_l \geq 2v_d$。所以保持砂粒上升的最低速度 $v_{lmin} = 2v_d$，从而可以计算出冲砂液的最低用量：

$$Q_{min} = F v_{lmin} \tag{8-1-2}$$

式中 Q_{min}——单位时间内冲砂要求的最低冲砂液，m³/s；

F——冲砂液上返的流动截面积，m²；

v_{lmin}——保持砂粒上升所需要的最低液流速度，m/s。

在冲砂过程中，砂粒从井底上升到地面所需要的时间为

$$T = \frac{H}{v_s} \tag{8-1-3}$$

式中 H——井深，m；

T——砂粒从井底上升到地面所需的时间，s。

因此，为了提高冲砂速度，应尽可能提高泵的排量，并减小液流上返时的过流面积，以保持高的液流上返速度，提高冲砂效率。

第二节 防蜡与清蜡

石油主要是由各种组分的烃（碳氢化合物）组成的多组分混合物。各种组分烃的相态随着所处的温度和压力的不同而变化，呈现出液相、气液两相或气液固三相。其中的固相物质主要是含碳原子数为 16~64 的烷烃（即 $C_{16}H_{34} \sim C_{64}H_{130}$），这种物质叫石蜡（paraffin wax）。

纯石蜡为白色，略带透明的结晶体，密度为 880~905kg/m³，熔点为 49~60℃。在油藏条件下一般处于溶解状态，随着温度的降低其在原油中的溶解度降低，同时油越轻对蜡的溶解能力也越强。对于溶有一定量石蜡的原油，在开采过程中，随着温度、压力的降低和气体的析出，溶解的石蜡便以结晶析出、长大、聚集和沉积在管壁等固相表面上，即出现结蜡现象。

油井结蜡一方面影响流体举升的过流断面，增加流动阻力；另一方面也影响抽油设备的正常工作。因此，防蜡（paraffin control）和清蜡（paraffin removal）是含蜡原油开采中需要

解决的重要问题。

一、油井结蜡过程及影响因素

为了制定油田防蜡和清蜡等措施，必须充分了解结蜡的过程和影响结蜡的各种因素，掌握结蜡规律。

1. 油井结蜡的过程

一般认为油井的结蜡大致可以分为 3 个过程：
（1）当温度降至析蜡点以下时，蜡以结晶形式从原油中析出；
（2）温度、压力继续降低，气体不断析出，结晶析出的蜡聚集长大形成蜡晶体；
（3）蜡晶体沉积于管道和设备等的表面上。

从形成新相（石蜡晶体）所需要的能量角度来看，石蜡首先要在油流中的杂质及固体表面粗糙处形成，因为这样所需的能量小。

2. 影响结蜡的因素

影响油井结蜡的因素有很多，有其内因和外因。通过对油井结蜡现象的观察和实验室对结蜡过程的研究，影响结蜡的主要因素包括 4 个方面：原油组成［包括蜡、胶质（resin in crude oil）和沥青（asphaltene in crude oil）的含量］、油井的开采条件（如温度、压力、气油比和产量等）、原油中的杂质（泥、砂和水等）以及沉积表面的粗糙度和表面性质。

1）原油的性质及含蜡量

油井结蜡的内在因素是因为原油中溶解有石蜡，在其他条件相同的前提下，原油中含蜡量越高，油井就越容易结蜡。另外，油井的结蜡与原油组分也有一定的关系。原油中所含轻质馏分越多，则蜡的初始结晶温度就越低，保持溶解状态的蜡就越多，即蜡不易析出。实验证明，在同一含蜡量的原油中，含轻质成分少的原油，其中的蜡更容易析出。

2）原油中的胶质、沥青质

实验表明，随着胶质含量的增加，蜡的初始结晶温度降低。这是因为胶质为表面活性物质，它可以吸附于石蜡结晶的表面，阻止结晶体的长大。沥青质是胶质的进一步聚合物，它不溶于油，而是以极小的颗粒分散于油中，可成为石蜡结晶的中心，对石蜡结晶起到良好的分散作用。由于胶质、沥青质的存在，蜡晶虽然析出，但不容易聚合。当原油中胶质、沥青质含量过多时，原油的溶蜡能力变差，石蜡结晶容易析出，在管壁上沉积的蜡的强度也将明显增加，而不易被液流冲走，又促进了结蜡。因此，原油中的胶质、沥青质对结蜡的影响是矛盾的两个方面，既能减缓结蜡，又能促进结蜡，既有有利的一面，也有不利的一面。

3）温度

温度是影响结蜡的主要外界因素。温度高于初始结晶温度时，蜡就溶解在原油中；温度低于初始结晶温度时，蜡就会析出。油井在生产过程中，原油从井底流至井口温度不断降低，当温度低于析蜡点时就开始析蜡，温度继续下降，析出的蜡就会聚集长大，并沉积到管壁上。如果流体温度高于析蜡点温度，不仅不会析蜡，而且结蜡也会溶化。

4）压力和溶解气油比

压力和溶解气油比对蜡的初始结晶温度的影响如图 8-2-1 所示。从图中可以看出，在压力高于饱和压力的条件下，压力降低时，原油不会脱气，蜡的初始结晶温度随压力的降低而降低（$B \to A$）。

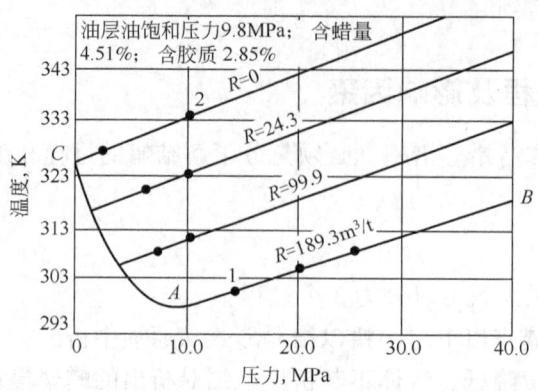

图 8-2-1　蜡的初始结晶温度与压力、溶解气油比的关系曲线
1—油层油；2—脱气油；R—溶解气油比

在压力低于饱和压力的条件下，由于压力降低时原油中的气体不断脱出，气体分离与膨胀均使原油温度降低，降低了原油对蜡的溶解能力，使蜡的初始结晶温度升高（$A \rightarrow C$）。

在采油过程中，原油从油层向地面流动，压力不断降低；在井筒中，由于油流与井筒及地层间的热交换，油流温度也降低；当压力降低到饱和压力时，便有气体脱出，降低了原油对蜡的溶解能力，使初始结晶温度提高，同时气体的膨胀，发生吸热过程，也促使油流温度降低，从而加重了蜡晶的析出和沉积。

5）原油中的水和机械杂质

原油中的水和机械杂质对蜡的初始结晶温度影响不大。但是原油中的细小砂粒及机械杂质将成为石蜡析出的结晶核心，从而促使石蜡结晶的析出，并加剧了结蜡过程。油井含水量增加，结蜡程度有所减轻，其原因主要有两个：一是水的比热大于油，故含水后可减少液流温度的降低；二是含水量增加后易在管壁形成连续水膜，不利于蜡沉积于管壁。

6）液流速度、管壁粗糙度及表面性质

油井生产实践证明，高产井结蜡情况没有低产井严重。这是因为在通常情况下，高产井的压力高、脱气少、蜡的初始结晶温度低；同时液流速度大，井筒流体在流动过程中热损失小，从而使液流在井筒内保持较高的温度，蜡不易析出；另一方面由于液流速度大，对管壁的冲刷能力强，蜡不易沉积在管壁上。但是，随着液流速度的增大，单位时间内通过管道某位置的蜡量增加，加剧了结蜡过程，因此，液流速度对结蜡的影响有正反两个方面的作用，实验结果如图 8-2-2 所示。

由图 8-2-2 还可以看出，管材不同，结蜡量也不同。显然管壁越光滑，蜡越不容易沉积。根据有关表面性质对结蜡影响的研究，管壁表面的润湿性对结蜡有明显影响，表面亲水性越强，越不易结蜡。

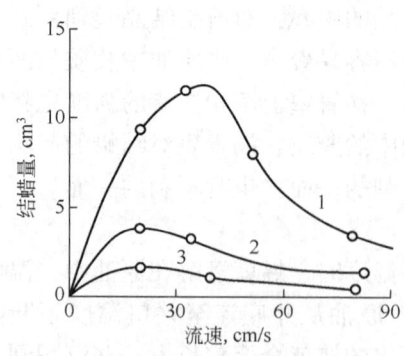

图 8-2-2　流速与结蜡量的关系曲线
1—钢管；2,3—塑料管

以上分析了影响油井结蜡的一些主要因素，这些因素在不同程度上是同时作用的。目前还没有彻底防止油井结蜡的方法，所以，油井结蜡仍然是很难避免的。为了更好地清除油井生产过程中结的蜡，必须了解和掌握油井结蜡的规律。各油田不同的井，由于具体条件不同，油井的结蜡规

律也不同,必须结合具体情况进行具体分析。

二、油井防蜡方法

为了保证油井能够长期稳定生产,解除或减少因结蜡对油井的影响,在油井管理中,应该重视"以防为主,防清并举"的原则。

根据生产实践和对结蜡机理的认识,为了防止油井结蜡,可以从三个方面着手:

(1)阻止蜡晶的析出。在原油开采过程中,采用某些措施(如提高井筒流体的温度等),使得油流温度高于蜡的初始结晶温度,从而阻止蜡晶的析出。

(2)抑制石蜡结晶的聚集。在石蜡结晶已析出的情况下,控制蜡晶长大和聚集的过程。如在含蜡原油中加入防止和减少石蜡聚集的化学剂—抑制剂,使蜡晶处于分散状态而不会大量聚集。

(3)创造不利于石蜡沉积的条件。如提高表面光滑度、改善表面润湿性、提高井筒流体速度等。

目前主要的防蜡方法有以下几种。

1. 油管内衬和涂层防蜡

这类方法的防蜡作用主要是通过光滑表面和改善管壁表面的润湿性,使蜡不易在表面上沉积,以达到防蜡的目的。应用比较多的是玻璃衬里油管及涂料油管。

1)玻璃衬里油管

玻璃衬里油管就是在油管内壁衬上由 SiO_2、Na_2O、CaO、Al_2O_3 和 B_2O_3 等氧化物烧结而成的玻璃衬里。因其表面被羟基化而具有憎油亲水特性。玻璃衬里的厚度为 $0.5\sim1.0mm$。其防蜡原理是:利用玻璃衬里油管表面具有亲水憎油特性,在原油含水的情况下,管壁被水优先润湿形成一层水膜,使蜡不易附着而被液流携走;同时,玻璃表面十分光滑,不利于蜡的沉积;玻璃具有良好的绝热性能,使井筒流体的温度不易散失,从而减少了蜡的析出。实践证明:这种防蜡方法在含水油井有一定的效果,但在低产井,不含水油井或稠油井应用效果差。

玻璃油管在使用时要严格检查质量,要看有无脱落、裂纹,并用内径规通过,搬运起下尽量平稳,严禁碰撞,下井时在两根油管之间必须放入长短合适的玻璃衬环,下井深度一定要大于结蜡井段,不要与含有氢氟酸的介质接触,以防止腐蚀。

2)涂料油管

涂料油管就是在油管内壁涂一层固化后表面光滑且亲水性强的物质,其防蜡原理与玻璃衬里油管相似。目前这类物质的研究很广,最早使用的是普通清漆,但由于其在管壁上黏合强度低、效果差而逐渐被淘汰。目前应用较多的是聚氨基甲酸酯类的涂料。涂料油管有一定的防蜡效果,特别是对于新油管的防蜡效果较好,使用一段时间后,由于表面蜡清除不净,以及石油中活性物质可使管壁表面性质发生变化而失去防蜡效果。涂料油管主要用于自喷井防蜡和注水井防腐。

2. 化学防蜡(chemical wax prevention)

化学防蜡是通过向井筒中加入液体化学防蜡剂或在抽油泵下的油管中连接装有固体化学防蜡剂的短节,防蜡剂在井筒流体中溶解混合后达到防蜡目的。化学防蜡剂防蜡是把配好的活性剂溶液从套管注入井中,在抽油泵入口处与原油混合。化学防蜡剂主要有活性剂型和高分子型两大类。

1）活性剂型防蜡剂防蜡

活性剂型防蜡剂通过吸附在蜡结晶表面上，并在蜡表面形成一个不利于石蜡继续长大的极性表面，使蜡晶以微粒状态分散在油中，被油流带走。活性剂型防蜡剂还可吸附于固体表面上形成极性表面，阻止石蜡的沉积。常用的活性剂型防蜡剂有磺酸盐型活性剂（如石油磺酸钠、石油苯磺酸钠等）、胺型活性剂（如尼凡丁—18等）、季铵盐型活性剂（如DTC、OTC等）、平平加型活性剂（如平平加A—20、平平加O—20等）、OP型活性剂（如OP—10等）、聚醚型活性剂（如2067、2069、2070、2071、AE1910等）以及吐温型活性剂（如吐温20、吐温60、吐温80、吐温81等）。

2）高分子型防蜡剂防蜡

高分子型防蜡剂都是油溶性的、具有石蜡结构链节的支链线性高分子，在浓度很小的情况下能够形成遍及整个原油的网状结构，而石蜡就可在这网状结构上析出，因而彼此分散，不能聚集长大，也不易在固体表面沉积，且易被液流带走。这类防蜡剂主要有聚乙烯、聚异丁烯和聚丙烯等。

3. 磁防蜡技术（magnetic wax prevention）

磁防蜡技术的基本原理：原油通过强磁防蜡器时，石蜡分子在磁场作用下定向排列作有序流动，克服了石蜡分子之间的作用力，而不能按结晶的要求形成石蜡晶体；对于已形成蜡晶的微粒通过磁场后，石蜡晶体细小分散，并且有效地削弱了蜡晶之间、蜡晶与胶体分子之间的黏附力，抑制了蜡晶的聚集长大。另外，磁场处理后还能改变井筒中结蜡状态，使蜡质变软，易于清除。

磁防蜡技术虽已在油田应用，但其作用机理及如何提高其效果仍需进一步研究。

三、油井清蜡方法

在含蜡原油的开采过程中，虽然可采用各类防蜡方法，但油井仍不可避免地存在有蜡沉积的问题，蜡沉积严重影响油井正常生产，所以必须采取措施将其清除。

目前油井常用的清蜡方法根据其清蜡原理可分为机械清蜡和热力清蜡两类。

1. 机械清蜡（mechanical paraffin removal）

机械清蜡是指用专门工具刮除油管壁上的蜡，并靠液流将蜡带至地面的清蜡方法。在自喷井中采用的清蜡工具主要有刮蜡片和清蜡钻头等。一般情况下采用刮蜡片。如果结蜡很严重，则用清蜡钻头；结蜡虽很严重，但尚未堵死时用麻花钻头；如已堵死或蜡质坚硬，则用矛刺钻头。

自喷井的机械清蜡是利用地面绞车，绕在绞车滚筒上的钢丝穿过滑轮后将清蜡工具经防喷管下到油管中，并在油管结蜡部位上下活动，将蜡沉积刮除，由液流携带出井筒。

有杆抽油井的机械清蜡是利用安装在抽油杆上的活动刮蜡器清除油管和抽油杆上的蜡。油田常用尼龙刮蜡器，在抽油杆相距一定距离（一般为冲程长度的1/2）两端固定限位器，在两限位器间安装尼龙刮蜡器。抽油杆带着尼龙刮蜡器在油管中往复运动，上半冲程刮蜡器在抽油杆上滑动，刮掉抽油杆上的蜡；下半冲程由于限位器的作用，抽油杆带动刮蜡器刮掉油管上的蜡。同时油流通过尼龙刮蜡器的倾斜开口和齿槽，推动刮蜡器缓慢旋转，提高刮蜡效果。由于通过刮蜡器的油流速度加快，使刮下来的蜡易被油流带走，而不会造成沉积堵塞。

2. 热力清蜡（heating power paraffin removal）

热力清蜡是利用热能提高液流和沉积表面的温度，熔化沉积于井筒中的蜡。根据提高温度的方式不同可分为热流体循环清蜡、电热清蜡和热化学清蜡三种方法。

1）热流体循环清蜡

热流体循环清蜡的热载体是在地面加热后的流体物质，如水或油等，通过热流体在井筒中的循环传热给井筒流体，提高井筒流体的温度，使蜡沉积熔化后再溶于原油中，从而达到清蜡的目的。根据循环通道的不同，可分为开式热流体循环、闭式热流体循环、空心抽油杆开式热流体循环和空心抽油杆闭式热流体循环四种方式。

热流体循环清蜡时，应选择比热容大、溶蜡能力强、经济、来源广泛的介质，一般采用原油、地层水、活性水、清水及蒸汽等。为了保证清蜡效果，介质必须具备足够高的温度。在清蜡过程中，介质的温度应逐步提高，开始时温度不宜太高，以免油管上部熔化的蜡块流到下部，堵塞介质的循环通道而造成失败。另外，还应防止介质漏入油层造成堵塞。

2）电热清蜡

电热清蜡是把热电缆随油管下入井筒中或采用电加热抽油杆，接通电源后，电缆或电热杆放出热量，提高液流和井筒设备的温度，熔化沉积的石蜡，从而达到清蜡防蜡的作用。

3）热化学清蜡

为清除井底或井筒附近油层内部沉积的蜡，可采用热化学清蜡方法，它是利用化学反应产生的热能来清除蜡堵。例如氢氧化钠、铝、镁与盐酸作用产生大量的热能：

$$NaOH+HCl \longrightarrow NaCl+H_2O+99.5kJ$$
$$Mg+2HCl \longrightarrow MgCl_2+H_2+462.8kJ$$
$$2Al+6HCl \longrightarrow 2AlCl_3+3H_2+529.2kJ$$

一般认为，用这种方法产生的热能清蜡很不经济，且效率不高，因此，很少单独使用。它常与酸处理联合使用，可以作为油井的一种增产措施。

3. 微生物清蜡

微生物清蜡是近几年发展起来的，在我国已逐步推广应用的一种技术。用于清蜡的微生物主要有食蜡性微生物、食胶质和沥青质性微生物。油井清蜡的微生物其形状为长条螺旋状体，长度为 $1\sim4\mu m$，宽度为 $0.1\sim0.3\mu m$。该类微生物能降低原油凝固点和含蜡量，以石蜡为食物。微生物注入油井后，它主动向石蜡方向游去，猎取食物，使蜡和沥青质降解，微生物中的硫酸盐还原菌的增殖，产生表面活性剂，降低油水界面张力，同时微生物中的产气菌还可以生成溶于油的气体，如 CO_2、N_2 和 H_2，使原油膨胀降黏，由此达到清蜡的目的。

第三节 腐蚀与防腐

在油田开发过程中，由于抽油装置的金属材料与各种介质的相互接触，会产生各种电化学作用，对金属材料产生腐蚀破坏。金属的腐蚀是指金属在周围介质的作用下，由于化学变化、电化学变化或物理溶解作用而造成的破坏。金属材料在油气田开发过程中的腐蚀过程并不是独立进行的，腐蚀、结垢、细菌繁殖和沉积物的形成过程既密切相关又相互影响。

一、金属腐蚀的分类及原理

1. 金属腐蚀的分类

1）根据金属被破坏的基本特征分类

根据金属破坏的基本特征可以把腐蚀分为全面腐蚀和局部腐蚀两大类。全面腐蚀是指腐蚀分布在整个金属的表面上，可以是均匀的，也可是不均匀的。均匀发生的危害性相对较小，如果知道了腐蚀速度，就可推知材料的使用寿命，并在设计时考虑该因素。局部腐蚀是指腐蚀主要集中在金属表面的某一区域，而表面的其他部分几乎没被破坏，如点蚀、孔蚀、垢下腐蚀等。局部腐蚀的危害性极大，管线、容器在使用较短的时间内造成腐蚀穿孔，致使原油泄漏，影响油田的正常生产。

2）按照腐蚀的环境分类

按照腐蚀的环境分类，可以分为化学介质腐蚀、大气腐蚀、海水腐蚀和土壤腐蚀等。这种分类方法有助于按金属材料所处的环境去认识腐蚀。

3）按照腐蚀过程的特点分类

按照腐蚀过程的特点，金属的腐蚀可分为化学腐蚀、电化学腐蚀和物理腐蚀三种。其中物理腐蚀是指金属由于单纯的物理溶解作用所引起的破坏，如许多金属在高温熔盐、熔碱及液态金属中可发生物理腐蚀。

2. 金属腐蚀的原理

1）化学腐蚀（chemical corrosion）

化学腐蚀是指金属表面与非电解质直接发生纯化学反应而引起的破坏。其反应特点是：在一定条件下，非电解质中的氧化剂直接与金属表面的原子相互作用而形成腐蚀产物，电子在金属与氧化剂之间直接进行传递，因而没有电流产生。但纯化学腐蚀的例子是很少见的，典型的是金属与空气中的氧作用，在金属表面形成一层氧化物薄膜。这种氧化物薄膜把金属覆盖起来，从而降低金属的腐蚀速率。表面膜的性质对于化学腐蚀速率有直接影响。这层膜的厚度取决于金属的性质，表面状态，氧化温度和介质的组成。

2）电化学腐蚀（electrochemical corrosion）

电化学腐蚀是金属与电解质溶液作用所发生的腐蚀，由金属表面发生原电池作用而引起。采油工程中的腐蚀过程通常是电化学腐蚀。

金属材料与水、二氧化碳、硫化氢等介质接触时，金属在空气中已生成的保护性氧化膜会溶解在电解质溶液中。当自金属露出后，金属作为电的良导体与溶液作为离子的良导体组成一个回路。带正电荷的金属离子趋向于溶解在电解质溶液中，生成金属盐；电子趋向于聚集在金属端，形成一定的电位差，使电子流向溶液。这是一个氧化反应过程，称为阳极反应，金属端称为阳极区。其典型反应为

$$Me \longrightarrow Me^{n+} + ne (阳极过程)$$

另外，进入溶液中的电子与氢离子结合，生成氢分子，这是一个还原反应过程，称为阴极反应，溶液端称为阴极区。在有氧环境中生成氢氧根离子。其典型反应为

$$e^- + D \longrightarrow [D \cdot e^-] (阴极过程)$$

在阴极附近能够与电子结合的物质很多，但在大多数情况下，是溶液在的 H^+ 和 O_2。H^+ 与电子结合形成 H_2，O_2 在溶液中与电子结合生成 OH^-，反应过程如下：

$$2H^+ + 2e \longrightarrow H_2$$
$$O_2 + 2H_2O + 4e \longrightarrow 4OH^- \text{(在中性或碱性介质中)}$$
$$O_2 + 4H^+ + 4e \longrightarrow 2H_2O \text{(在酸性介质中)}$$

腐蚀产物可能在金属表面沉积形成保护膜。保护膜的稳定性决定了腐蚀是继续还是受抑制。

二、油田常见的腐蚀

1. 地层水腐蚀

地层水中不同程度地溶解有各种可溶性盐类，如氯化物、硫酸盐、碳酸盐等，它们直接影响地层水的 pH 值，其腐蚀的普遍性要远大于 H_2S、CO_2 等的腐蚀，且在与 H_2S 和 CO_2 共存时，会加剧腐蚀。

地层水中比较常见的腐蚀是高矿化度条件下的氯离子腐蚀。在高矿化度介质中，随着氯离子含量的增大，金属的腐蚀速度增大；当氯离子的含量达到一定值时，金属的腐蚀速度达到最大值，随着氯离子含量的继续增大，金属的腐蚀速度会下降。

在含 H_2S 的腐蚀介质中，氯离子的存在增加了介质的导电性，使介质中 H^+ 活性加大、导电性增强，氯离子加快金属的腐蚀速度。当氯离子浓度很高时，其吸附能力增强，氯离子大量吸附在金属表面，会取代吸附在金属表面的 H_2S、HS^-，使金属腐蚀速度减缓。

2. 硫化氢腐蚀（hydrogen sulfide corrosion）

硫化氢腐蚀是指游离水和硫化氢同时存在时对金属的腐蚀，这时的硫化氢称为湿硫化氢，只有湿硫化氢才会产生腐蚀。硫化氢易溶于水后会很快电离，其电离过程为

$$H_2S \longrightarrow HS^- + H^+, \quad HS^- \longrightarrow S^{2-} + H^+$$

电离后的氢离子在金属表面会结合电子后还原成氢原子，这一过程称为阴极反应。金属表面失去电子的铁离子与硫离子反应生成硫化亚铁，这一过程称为阳极反应，总反应为

$$Fe + H_2S \xrightarrow{H_2O} FeS + H_2$$

上述反应对金属材料造成的后果是：

（1）阴极反应生成氢原子，导致金属氢脆破坏。H_2S 或 HS^- 的存在阻止氢原子生成氢分子。过量氢原子形成氢压，向金属缺陷处渗透和富集。

（2）阳极反应生成的 FeS 或 FeS_2 比较致密，在金属的表面形成一层保护膜，可减缓金属的腐蚀。但在二氧化碳、氯离子和氧共存环境中，硫化铁膜可能被破坏，从而加快金属的腐蚀。

3. 二氧化碳腐蚀（carbon dioxide corrosion）

二氧化碳溶于水会形成碳酸，是一种弱酸，有一部分酸电离出 H^+。因此，金属在碳酸水溶液中会发生电化学腐蚀，对金属产生较强的腐蚀。由于碳酸的电离，水中 H^+ 的含量增大，就会产生氢去极化腐蚀。

二氧化碳的腐蚀现象主要包括均匀腐蚀、点腐蚀（孔蚀）。其中点腐蚀是最严重的腐蚀现象，腐蚀的穿透率很高。

三、油气井防腐的一般措施

1. 正确选择设备的材料

正确选用油管、套管、各种井下附件、采油树及地面设备的材料是油气井防腐的最重要环节，材料选择不当不仅会造成浪费，而且存在安全隐患。对于不同的腐蚀环境，应根据腐蚀物的种类、含量和电化学腐蚀的类型选择相应的耐腐蚀材料，对于较恶劣的腐蚀环境，应优先选用防腐材料。

2. 防止油管的冲蚀、腐蚀

对于气井，如果气流速度太大会产生气体冲蚀，影响气井生产。因此，对气井要根据产能或配产方案，通过合理选择油管的尺寸来控制气流速度，这样有利于防止气体冲蚀作用。

在油、套管中，螺纹连接部位通常是最容易被腐蚀的部位。为减缓螺纹连接部位的腐蚀，处于腐蚀环境中的油气井应采用气密封螺纹。气密封螺纹的流道变化小，有利于防止涡流冲蚀、电偶腐蚀，降低缝隙腐蚀和电位腐蚀。

3. 油管外壁和套管内壁防腐保护

油管外壁和套管内壁的防腐通常采用闭口环空保护。开口环空是指油管下部不带封隔器的完井结构，油套环空油管外壁和套管内壁的腐蚀主要来自于产出的流体和环空内油气水相态的变化。二氧化碳溶于水呈弱酸性，可使水的 pH 值降到 4.0 以下。由于环空内无流体流动，流体可稳定附着在油管外壁和套管内壁，造成严重的腐蚀或点蚀穿孔。

而油管下部带封隔器的完井结构称为闭口环空。在此条件下采出液不能进入油套环空，这时油套环空可以注入良好的环空保护液，从而能对油管外壁和套管内壁实施有效保护。

4. 套管外防腐

在完井过程中，套管通过完井水泥与地层胶结在一起，水泥环可起到保护套管免受腐蚀的作用。但对未注水泥的套管段，套管外很容易发生腐蚀。在固井质量差的井段，或在井下作业过程中损伤了水泥环的井段，套管也有受到腐蚀的风险。

防止套管外腐蚀的主要措施包括避免裸眼段过长，用水泥封固腐蚀性井段；采用套管外涂层或外缠绕保护膜；提高固井注水泥质量和采用合适的抗腐蚀水泥等。

5. 油套管电化学腐蚀的防腐

油气井生产系统中有各种金属连接或金属构件间的接触、不同的金属间不同程度地存在电位差，因此油气井生产系统中普遍存在电化学腐蚀。防止电化学腐蚀的主要措施有：

（1）采用"大阳极小阴极"的结构防腐。在有可能发生强电化学腐蚀的连接中，在结构允许条件下尽可能将易被腐蚀端（阳极）体积或质量做大，不易腐蚀端（阴极）做小，这种结构称为"大阳极小阴极"。

（2）在不同金属连接或接触间加绝缘材料或密封填料等进行防腐。在不同金属连接或接触间加绝缘垫、绝缘套或密封填料可防止或减缓电化学腐蚀。在结构空间允许条件下尽可能采用长或厚的绝缘垫、绝缘套。

（3）局部牺牲阳极保护法防腐。牺牲阳极保护实际上是一种阴极保护，阴极保护是国内外公认的经济有效的防腐措施。在具有腐蚀可能的阳极端喷涂或镀锌、铝或镁可起到局部保护作用。锌、铝或镁电子流向金属体，可使原来的电偶极性发生反转，这也是一种局部牺牲阳极的保护技术。

6. 采用缓蚀剂防腐

缓蚀剂是一种用于腐蚀环境中抑制金属腐蚀的添加剂，又称为腐蚀抑制剂或阻蚀剂。采用缓蚀剂减缓或防止金属材料的腐蚀在油田现场已广泛使用，它既可以用于新下油管的预防腐蚀，也可用于已经腐蚀后的腐蚀控制，是国内外广泛采用的防腐方法。

使用缓蚀剂的优点在于：缓蚀剂不改变腐蚀环境就可起到较好的防腐效果；不同类型或用量的缓蚀剂可以满足不同腐蚀环境下的防腐效果；同一缓蚀剂可以同时用于多种金属材料在不同腐蚀环境中的防腐；使用缓蚀剂不用增加设备投资，且具有操作简单、见效快等特点。

在油气田开发过程中，缓蚀剂种类繁多，应用广泛，但缓蚀剂的防腐机理十分复杂。根据缓蚀剂作用机理的分类方法有两种。一种是根据对阴极、阳极腐蚀过程的抑制作用，缓蚀剂可分为阴极缓蚀剂、阳极缓蚀剂和混合型缓蚀剂。阴极缓蚀剂是抑制金属腐蚀的阴极共轭过程，阳极缓蚀剂是抑制金属腐蚀的阳极共轭过程，混合型缓蚀剂是同时抑制金属腐蚀的阴、阳极共轭过程。缓蚀剂按作用机理分类的另一种方法是根据抑制作用的性质分类，可以分为吸附型缓蚀剂和成膜型缓蚀剂。吸附型缓蚀剂是通过化学或物理吸附抑制腐蚀过程；成膜型缓蚀剂又可分为钝化型缓蚀剂（氧化型缓蚀剂）和沉淀型缓蚀剂。钝化型缓蚀剂是通过氧化剂在金属表面形成钝化膜防止金属腐蚀；沉淀型缓蚀剂是通过金属腐蚀产物与介质中的物质反应形成沉淀保护膜防止金属腐蚀。

缓蚀剂还有其他的分类方法，如按照缓蚀剂的成分可以分为无机缓蚀剂和有机缓蚀剂；按照介质性质可以分为水溶性缓蚀剂、油溶性缓蚀剂和气相缓蚀剂等。

7. 使用非金属油管

非金属油管是一种以塑代钢的新型油管，利用玻璃钢、碳纤维等非金属材料经过特殊工艺加工而成。非金属油管耐腐蚀性强，能耐酸、碱和盐等绝大多数介质的侵蚀，在电解质溶液中不产生离子溶解现象，具有良好的化学稳定性。同时，不受油田污水和土壤的腐蚀。

非金属油管不仅克服了金属管材不耐腐蚀易结垢的缺陷，而且技术可靠，在节省管道施工、保温、维护、维修等费用方面比金属油管有明显的优势。虽然非金属油管防腐性能较好，但抗破坏性能较差，施工作业不方便，材料易老化，尤其是在高温条件下。

第四节 油井堵水

油井出水是油田开发中后期出现的普遍现象，特别是水驱油田，油井出水是不可避免的。油层的非均质性以及开发方案和开采措施不当等原因，会使水线推进不均匀，造成个别井层过早水淹和油田综合含水的迅速上升，而产油量和采收率降低。因此在油田开发过程中，必须及时注意油井出水动向，利用各种找水方法，确定出水层位，采取相应的堵水（water plugging）工艺技术措施，以降低含水上升速度。

一、油井出水原因及找水技术

1. 油井出水来源

油井出水按其来源可分为注入水、边水、底水及上层水、下层水和夹层水。

1）注入水及边水

由于油层的非均质性及开采方式不当，使注入水及边水沿高渗透层及高渗透区不均匀推进，在纵向上形成单层突进，在横向上形成舌进，使油井过早水淹。

2）底水

当油田有底水时，由于油井生产在油层中造成的压力差，破坏了由于重力作用所建立的油水平衡关系，使原来的油水界面在靠近井底处呈锥形升高，即底水锥进。结果在油井井底附近造成水淹，含水上升，产油量下降。

注入水、边水和底水在油藏中虽然处于不同的位置，但它们都与要生产的原油在同一层中，可统称为同层水。同层水进入油井造成油井出水是不可避免的，但要求缓出水、少出水，所以必须采取控制和必要的封堵措施。

3）上层水、下层水及夹层水

上层水、下层水及夹层水是从油层以外来的水，往往是由于固井质量不高、套管损坏或误射水层造成的，这些水在可能的条件下均应采取水层封堵措施。

2. 油井防水措施

对油井出水，应以防为主，防堵结合，综合处理，概括起来有以下三方面的措施：

（1）制定合理的油藏工程方案，合理部署井网和划分注采系统，建立合理的注、采井工作制度和采取工程措施以控制油水边界均匀推进。

（2）提高固井和完井质量，以保证油井的封闭条件，防止油层与水层串通。

（3）加强油水井日常管理、分析，及时调整分层注采强度，保持均衡开采。

3. 油井找水技术

找水是指油气井出水后，通过各种方法确定出水层位和流量的工作。在油田开发过程中，油井不正常出水是难以完全避免的。油井出水后，首先必须通过各种途径确定出水层位，然后才能采取必要的技术措施。目前确定出水层位有以下几种方法。

1）综合对比资料判断出水层位

对出水井的地质情况（如井身结构、开采层位、各层油水井连通情况、各层渗透率和断层以及边水、底水、夹层水的情况等）进行仔细研究，对动态资料（产量、压力、生产气油比、含水、水质分析、注水情况等）进行综合分析、对比，判断出水层位。水质资料是确定产出水是来自地层水还是注入水的主要依据，而结合小层平面图、油水井连通图和注采井生产情况则可推断可能的出水层位，这是一种结合静、动态资料判断出水层位的间接方法，但还需同其他方法配合才能最后确定出水层位。

2）水化学分析法

水化学分析法是利用产出水的化验分析结果判断其是地层水还是注入水的方法。该方法主要依靠地层水和注入水在组成上的明显不同进行判断。地层水一般具有高矿化度，或含有硫化氢及二氧化碳等特点。不同深度的地层水，其矿化度和水型也不同。在有些油田，地层越深，地层水矿化度越高，这有助于根据矿化度来判断油井出水是上部的地层水还是下部的地层水。

3）根据地球物理资料判断出水层位

根据地球物理资料判断出水层位，目前应用较多的方法主要有流体电阻测定法、井温测量法和放射性同位素法三种。

(1) 流体电阻测定法。

流体电阻测定法是指根据不同矿化度的水具有不同的导电性（即电阻率不同），利用电阻计测出油井中流体电阻率变化曲线，从而确定出水层位的方法。其测定步骤大致为：先往井内注入一种与井内水具有不同含盐量的水，进行循环洗井将井内原有液体循环干净，然后测量井内流体电阻率分布，得到一条控制电阻率曲线；再将液面抽汲到一定深度后进行一次测量，抽汲量的大小取决于外来水量的大小。这样交错进行，抽汲一段，测量一次，直到发现外来水为止。图8-4-1是注入井内的水的电阻率大于地层水电阻率时测得的曲线。曲线中电阻率曲线发生突变处即为出水位置。

这种测量方法设备比较简单，但找水工艺比较复杂，需要多次进行抽汲提捞和测井工作。该方法不适用于高压水层，对于高渗透水层，由于地层水在降压过程中大量流出和在井筒中大量扩散，使根据电阻率曲线突变确定的上、下限与实际出水层位不符。在因套管损坏而出水的井中，只能测出套管损坏的位置，而测不出实际出水层位。因此，这种方法的应用范围受到很大限制。

(2) 井温测量法。

井温测量法是利用地层水具有较高温度的特点来确定出水层位的方法。测量井温的过程同电阻测定法相似。先用均质流体冲洗井筒使整个井筒内的液柱温度分布稳定后，测量井内温度分布曲线（控制曲线），然后降低液面使地层水进入井内，一直达到测出温差为止。降低液面后所测井温曲线发生突变的部位便是外来水（地层水）进入井内的位置，如图8-4-2(a)所示。如果套管破裂的地方与出水层不重合，则流体要在套管外流动一段距离，由于套管外液体与井内液体的热交换，所以温度曲线上有一段较平稳的高温显示，如图8-4-2(b)所示。由于水的比热容大于油的比热容，在出水层往往有高温异常显示，因此，也可利用直接测得的井温曲线来判断出水层位，但要求井温仪必须有较高的灵敏度。

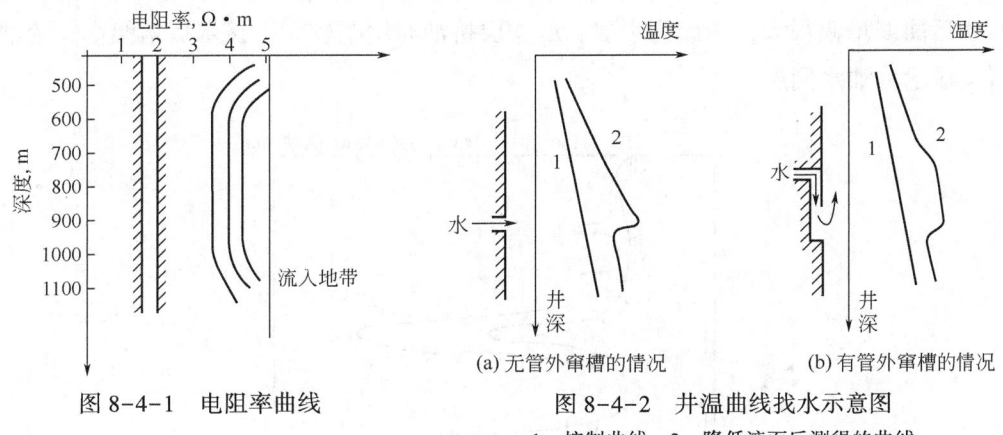

图8-4-1　电阻率曲线　　　　图8-4-2　井温曲线找水示意图
1—控制曲线；2—降低液面后测得的曲线

(3) 放射性同位素法。

放射性同位素法是指向井内注入同位素液体，人为提高出水层段的放射性强度来判断出水层位的找水方法。根据注同位素液体前后测得的放射性曲线来鉴别出水层位。其步骤是：先测井内自然放射性曲线（图8-4-3中曲线1），再往井内注入一定数量含同位素的液体

（一般为 $1.5 \sim 3 m^3$），并用清水将其替入地层；洗井后再测放射性曲线（图 8-4-3 中曲线 2）。对比前后两次测得的曲线，如后测曲线在某处放射性强度异常剧增，说明套管在该处吸收了放射性液体。根据此异常，结合射孔资料，便可确定套管破裂位置及与套管破裂位置连通的渗透地层。

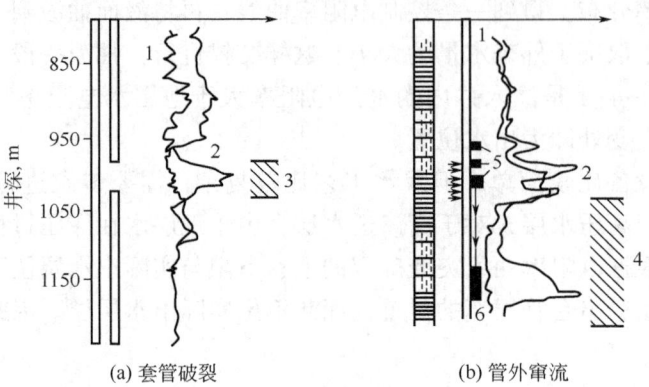

(a) 套管破裂　　(b) 管外窜流

图 8-4-3　放射性同位素法测套管破裂及管外窜流

1—注同位素前曲线；2—注同位素后的曲线；3—套管破裂位置；
4—管外窜通段；5—含油层；6—出水层

用这种方法来追踪套管破裂和套管外液流窜通，一般会得到很好的效果。但是，在确定夹层水或水淹层位时，则受到限制。为此，往往采用相渗透法及次生活化钠法。

相渗透法是建立在油、水层对油和水具有不同相渗透率的基础上的放射性同位素判断出水层位的方法。施工时将含有同位素的油和水两次分别挤入井内。每挤完一次测一次放射性曲线。水层对同位素水吸收量大，对同位素油吸收量少；油层对同位素油吸收量大，对同位素水吸收量少。因此，将分别测得的两次同位素测井曲线进行对比便可判断油水层。图 8-4-4 为老君庙油田某井利用相渗透法测得的曲线。由图可知：L_3^1 层挤入的同位素油很少，而挤入同位素水后曲线增幅很大，因此为水层；L_{2-3} 层挤油时增幅较大，挤水后增幅小，为油层显示；L_{1-2}^3 显示为油水同层。

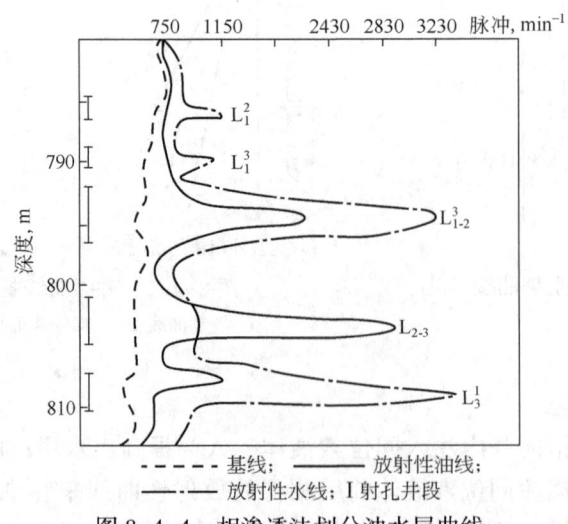

图 8-4-4　相渗透法划分油水层曲线

次生活化钠法也是一种放射性测井方法。它是利用油层和水层钠离子（Na^+）含量的明显不同（通常油层中 Na^+ 是水层的 1/10~1/3）来判油、水层。测定地层中 Na^+ 含量的方法是利用中子源照射所测地层，地层中 Na^+ 变成活化钠 Na^{24}，它衰变后将放出 γ 射线，含钠量越多，放射出的 γ 射线强度越大。因此，可以利用放射性仪器测 γ 射线的强度来判断含钠量的多少，进而判断油、水层。为了消除井内钻井液、套管和地层中所含其他元素（铝、硅等）放出的 γ 射线的干扰，可在中子源照射后等待超过干扰元素放射性同位素半衰期的时间，而在 Na^{24} 的半衰期之前（如等待 10~15h）测 γ 射线。这种方法不适用于淡水层和含盐量低的水层，而相渗透法却不受地层水中含盐量的限制。

上述各种地球物理测井找水的方法各有自己的应用条件和优缺点。在实际找水工作中要根据油井的具体条件来选择所使用的方法，往往需要用两种或两种以上方法相互补充，才能较准确地确定出水层位。

4）机械法找水

（1）压木塞法。压木塞法是指对套管有一处损坏引起的出水油井，将木塞放在套管内，然后注入液体挤压木塞下行，最后木塞停留位置正好是套管损坏的位置。

（2）封隔器找水。封隔器找水是指利用封隔器将各层分开，然后分层求产，找出出水层位的方法。这种方法工艺比较简单，能准确确定出水层位，但施工时间长，在窜槽井上必须封窜后才能应用。在油、水层之间的夹层很薄的层中则无法确定油、水层。

5）找水仪找水

找水仪找水是指在油井正常生产的情况下，下入专门仪器—找水仪，不停产确定主要出水层位和流量的找水方法。

找水仪主要由电磁振动泵、注排换向阀、皮球集流器、涡轮流量计、油水比例计等几部分组成，其结构示意图如图 8-4-5 所示。

为了测准油井的液体产量，必须使液流全部从仪器内部通过，因此必须有一个集流装置。集流器的收拢和胀开由仪器内部的电磁振动泵和换向阀控制。当仪器下到预定位置后，电磁振动泵开始工作，用井内原油将皮球打胀，密封仪器和套管的环形空间，使液流全部由仪器内部通过。流动的液流冲动涡轮流量计的涡轮转动。由地面仪器记录涡轮转动频率，从而得知该层油和水的总液量。

油水比例计是利用油和水的导电性相差很大的原理区别油样中含水量多少。它由电容探头及井下测量电子线路组成，可以将含水量的变化转换成电容大小的变化，再由电子线路转换成直流电位差的变化，通过电缆传送到地面，由二次仪表记录出直流电位差的数值，根据记录的直流电位差值确定所测层位的含水率。

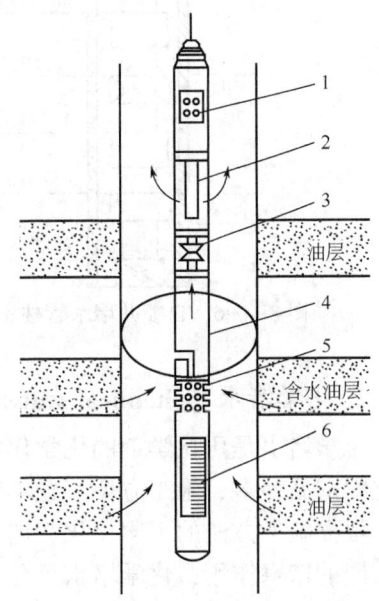

图 8-4-5 找水仪找水示意图
1—电子线路；2—电容含水比例计；
3—涡轮流量计；4—皮球集流器；
5—进液孔；6—泵阀

随着微电子技术的发展，井下电视技术也被用于找水。

二、油井封堵水技术

1. 机械堵水（mechanical water plugging）

机械堵水是指使用井下封隔器及其配套的井下工具来卡堵高产水层段或注水井高吸水层段，以减少层间干扰，达到改善产液剖面和吸水剖面的目的。油田进入高含水期后，为适应更细的划分层系的需要，发展了可调层堵水技术，实现了抽油机找水、堵水一体化。

注水开发的多层非均质油藏，由于层间差异大，尽管在注水井上采取了分注或调剖措施，但也难以避免个别层过早水淹，使油井含水率迅速升高。为了降低油井含水率，减少层间干扰，提高油井产量，可采用封隔器卡封高含水层，使其停止工作。目前已用于现场、技术又比较成熟的机械堵水管柱结构主要有两大类：一是自喷井堵水管柱，由油管、配产器和封隔器等构成（图8-4-6）；二是机械采油井堵水管柱，一般采用丢手管柱结构，所用井下工具基本与自喷井堵水管柱相同（图8-4-7）。封隔器卡封管柱虽然具有可调整卡封层位的灵活性，但不具有降低生产层含水率的作用。

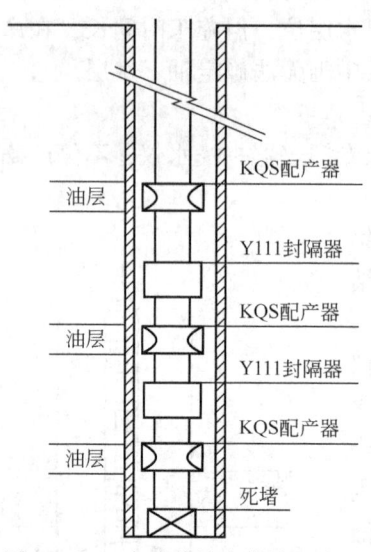

图 8-4-6　自喷井堵水管柱示意图

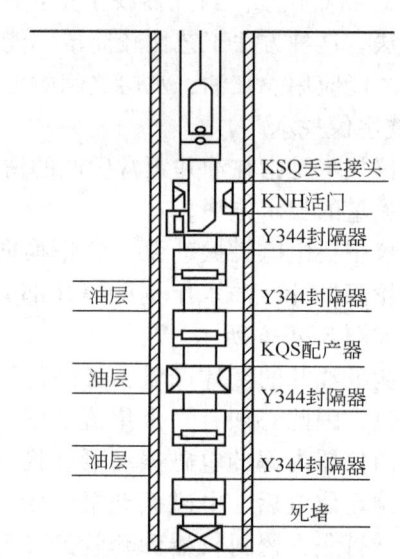

图 8-4-7　机械采油井堵水管柱示意图

2. 化学堵水（chemical water plugging）

化学堵水是用化学剂的化学作用控制油井出水量和封堵出水层的方法。这类方法所使用的化学剂品种多、施工方便、成本低、见效快，是目前油田应用的主要方法。

根据施工方法的不同，化学堵水方法可以分为单液法和双液法两种；根据化学剂对油层和水层的堵塞作用，化学堵水可分为非选择性堵水和选择性堵水两种。

1）非选择性堵水

非选择性堵水是指在油井上采用适当的工艺措施分隔油水层，并用堵剂堵塞出水层的化学堵水方法。

（1）水泥浆封堵。

水泥是一种非选择性堵剂，利用它凝固后的不透水性进行封堵。通常用于打水泥塞封下层水；挤入窜槽井段堵窜槽水，或挤入水层堵水。

水泥塞封水就是为了封住已射开的下层水。用水泥车将地面配好的水泥浆循环至井内预计位置，在预定井段形成一个水泥塞，以堵住欲封层位，如图 8-4-8 所示。

用水泥浆挤入窜槽井段封堵外来水时，通常采用局部循环法。图 8-4-9 所示为油层与上部水层井段窜槽的循环封窜示意图：先在窜槽段上部补孔，以建立循环通路，将封隔器下至油层和补孔段之间；再冲洗窜槽段，而后将水泥浆循环至窜槽段；稍留一定时间后将封隔器上提到补孔段以上，返洗出多余的水泥浆，再起出 1~2 根油管，候凝 48h。

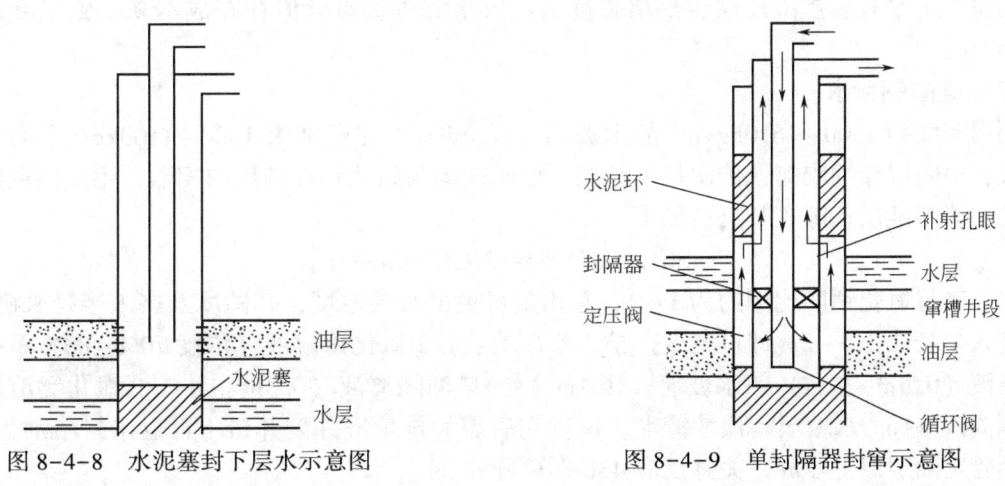

图 8-4-8　水泥塞封下层水示意图　　　　图 8-4-9　单封隔器封窜示意图

在封堵作业中要求水泥浆具有良好的流动性、悬浮性、触变性及一定的凝固时间和固化后有足够的强度。这些性能与使用水泥浆的密度有关。一般使用的水泥浆的密度为 $1600 \sim 1900 kg/m^3$，具体需根据施工目的和条件，通过室内试验来确定。为了改善水泥浆性能，可加入各种添加剂，例如加入干水泥量的 1%~1.5% 的亚硫酸酒精废液做缓凝剂，可将初凝时间延长 5 倍左右；加 1%~2% 的氯化钙做速凝剂时，可使凝固时间缩短 1/3~1/2。

将水泥浆挤入水层时，如果油、水层交错，在工艺上无法确保油、水层分隔开的情况下，将会堵塞油层。为此，可用油基水泥浆代替普通水泥浆。

油基水泥浆就是以油为基液，将水泥颗粒分散悬浮于其中。挤入水层后，油被水替置而使水泥固化；如果挤入油层（不含水），因为不固化，施工后可从油层返出。所以油基水泥也具有一定的选择性，但选择性不高，因为只要少量水与它混合就会大大改变其流动性，从而影响渗透率。为改善油基水泥浆性能，可加入一定的活性剂，如油酸铵、油酸钠、十二烷基磺酸钠、聚氧乙烯辛基苯酚醚-7 等。

由于水泥颗粒不易挤入地层孔道，因而用挤入水泥的方法堵水时封堵强度不高，成功率较低，有效期短。

（2）树脂封堵。

将液体树脂挤入水层，在固化剂的作用下，成为具有一定强度的固态树脂而堵塞孔隙，以达到封堵目的。

第一种是用酚醛树脂堵水。将氢氧化钠作触媒的市售 219# 酚醛树脂（20℃时黏度为 $150 \sim 200 mPa \cdot s$），按一定比例加入固化剂——草酸，混合均匀加热到预定温度，至草酸完全溶入树脂为止。然后挤入水层,便可形成坚固的不透水屏障。树脂与固化剂的比例及加热的温度需通过室内试验来确定。

第二种是糠醇树脂堵水。糠醇是一种琥珀色液体,沸点为174.7℃,熔点为-15℃,密度为1130kg/m³,在20℃时黏度为5mPa·s。存在酸时,糠醇本身进行缩合反应生成坚固的热固性树脂。用糠醇树脂堵水是先将酸液(80%的磷酸)注入欲封堵的水层,再泵入糠醇溶液,中间加隔离液(柴油)以防止酸与糠醇在井筒内接触。当酸与糠醇在地层与水混合后,便产生剧烈的放热反应,生成坚硬的热固性树脂,堵塞地层孔隙。

用树脂堵水有易挤入地层、封堵强度大、效果好等优点,但存在成本高、施工麻烦等问题。

(3) 硅酸钙堵水。

利用密度为1500~1610kg/m³的水玻璃(Na_2SiO_3)和密度为1300~1500kg/m³的氯化钙溶液,中间以柴油隔离,依次挤入地层,使水玻璃与氯化钙在地层内相遇,生成白色硅酸钙沉淀,堵塞地层孔隙。其反应如下:

$$Na_2SiO_3 + CaCl_2 =\!=\!= 2NaCl + CaSiO_3 \downarrow$$

水玻璃与氯化钙的比例约为1:1,总用量可根据水层厚度、孔隙度及挤入半径来确定。一般挤入半径取1.5~2m即可见效。挤入程序为:1/2氯化钙溶液(浓度70%~80%)→柴油隔离液(0.4m³左右)→水玻璃(留1m³)→柴油隔离液(0.3m³)→1/2氯化钙溶液→柴油隔离液→1m³水玻璃→顶替清水。顶替完后需大排量洗井到井口不再返出封堵剂为止,上提油管至油层以上40m,关井反应48h即可开井。

这种封堵剂来源广、成本低、施工安全简便、封堵效果较好,但在施工中必须采取有效保护油层的措施,否则会堵塞油层。

2) 选择性堵水

选择性堵水是指通过油井向生产层注入适当的化学剂堵塞水层或改变油、水、岩石之间的界面张力,降低油水同层的水相渗透率,而不堵塞油层或对油相渗透率影响的较小的化学堵水方法。

(1) 部分水解聚丙烯酰胺。

由于出水层的含水饱和度较高,因而部分水解聚丙烯酰胺可以较容易地进入出水层。在出水层中,部分水解聚丙烯酰胺中的酰胺基(—$CONH_2$)和羧基(—$COOH$)可通过氢键吸附在砂岩的羟基表面,而不吸附部分则留在空间堵塞出水层。进入油层的部分水解聚丙烯酰胺,由于砂岩表面为油所覆盖,所以在油层不发生吸附,不堵塞油层。

在油水两相流动的孔道中,部分水解聚丙烯酰胺有只堵水不堵油的作用,这是因为部分水解聚丙烯酰胺上的亲水基(特别是能解离从而使链节带负电而产生静电斥力的—$COONa$),使留在空间的不吸附部分向水中伸展,因而对水有较大的流动阻力,起到堵水作用;但当油通过吸附部分水解聚丙烯酰胺的孔道时,由于其不亲油,所以分子不能在油中伸展,因此对油的流动阻力很小。

类似于部分水解聚丙烯酰胺的选择性堵水剂有部分水解聚丙烯脂,其堵水原理与部分水解聚丙烯酰胺基本相同,因为它们有基本相同的结构。

为了得到较好的处理效果,在施工中应该注意三个方面的问题:一是注入速度应根据注入剪切试验确定。注入速度高会造成分子长链结构的破坏,聚丙烯酰胺被降解。特别是对射孔完井的井,由于孔眼面积小,更要控制注入速度,而且处理时压力太高将使聚丙烯酰胺溶液转移到低渗透带,也可能侵入含油带,因此要控制注入速度和井口压力的上升。二是保证有足够的注入量,以使聚丙烯酰胺进入地层的一定深度处,延长处理有效时间。三是开始先注入较低浓度的聚丙烯酰胺溶液,然后逐步提高浓度直到受注入能力限制或井口压力达到规定压力为止。

(2) 泡沫。

由于泡沫是气体分散在水中所形成的分散体系,它的分散介质是水,所以它也是优先进入出水层。在出水层中,泡沫是通过气阻效应(即贾敏效应)的叠加产生堵塞。

泡沫也会进入油层,但泡沫在油层中是不稳定的。由于油—水界面张力远小于水—气界面张力,所以当油—水界面、水—气界面共存时,按界面能趋于减小的规律,活性剂将大量由水—气界面转到油—水界面,引起泡沫的破坏,所以进入油层的泡沫将不堵塞油层。

泡沫的堵水效果取决于泡沫的稳定性。为了提高泡沫的稳定性,除了选择起泡剂外,还可加入稳定剂。例如钠羧甲基纤维素、聚乙烯醇、聚丙烯酰胺、部分水解聚丙烯酰胺等水溶性高分子都可作为稳定剂。这些高分子主要通过增加水的黏度,增加气泡合并的阻力来提高泡沫的稳定性。

(3) 松香酸钠。

松香酸钠(即松香酸钠皂或松香钠皂)是由松香(含 80%~90% 松香酸)与碳酸钠(或烧碱)反应生成。由于松香酸钠可与钙、镁离子反应,生成不溶于水的松香酸钙、松香酸镁沉淀,所以松香酸钠适用于水中钙、镁离子含量较大(例如大于 1000mg/L)的油井堵水,而出油层不含钙、镁离子,不发生堵塞。

除松香酸钠外,还可用环烷酸钠、脂肪酸钠(如硬脂酸钠、油酸钠)选择性地封堵钙、镁离子含量高的出水层。

(4) 松香二聚物的醇溶液。

松香可在硫酸作用下进行聚合,生成松香二聚物。由于松香二聚物易溶于低分子醇(如甲醇、乙醇、正丙醇、异丙醇等)而难溶于水,所以当松香二聚物的醇溶液与水相遇时,水即溶于醇中,减少了它对松香二聚物的溶解度,使松香二聚物饱和析出。由于松香二聚物软化点较高(至少 100℃),松香二聚物析出后以固体状态存在,对于水层有较高的封堵能力。

松香二聚物的醇溶液中,松香二聚物的质量分数为 40%~60%。含量太大,则黏度太高;含量太小,则堵水效果不好。

(5) 烃基卤代甲硅烷。

烃基卤代甲硅烷可用通式 R_nSiX_{4-n} 表示,式中 R 表示烃基,X 表示卤素(F、Cl、Br、I),n 为 1~3 的整数,如二甲基二氯甲硅烷。烃基卤代甲硅烷有两个重要性质决定其有堵水的选择性:一是可与砂岩表面的羟基反应,从而使砂岩表面憎水化,由于出水层的砂岩表面由亲水反转为亲油,增加了水的流动阻力,因而减少了油井出水。二是可与水反应,生成相应的硅醇,而硅醇中的多元醇易缩聚,生成聚硅醇,封堵出水层。

由于烃基卤代甲硅烷是油溶性的,所以它们可配成油溶液使用。

(6) 聚氨基甲酸酯。

聚氨基甲酸酯是多羟基化合物与多异氰酸酯聚合而成。在聚合时,只要保持异氰酸基(—NCO)的数量超过羟基(—OH)的数量,就可形成作为选择性堵水剂用的聚氨基甲酸酯。其具有选择性作用是因为过剩的异氰酸基遇水即发生一系列反应，生成氨基并放出二氧化碳。所产生的氨基可继续与异氰酸基作用，生成脲键，脲键上还有活泼氢，它们还可以与其他未反应的异氰酸基反应，从而使原来可流动的线型的聚氨基甲酸酯变成不流动的体型聚氨基甲酸酯，将出水层堵住，而在油层，由于没有上述反应，所以不堵塞油层。

（7）活性稠油。

将加入表面活性剂的稠油挤入出水层，一方面可提高井底附近地带的含油饱和度，使油相渗透率提高，水相渗透率降低；另一方面稠油中的活性剂使活性油遇水后形成性能比较稳定的油包水型乳状液，以增大对水流的阻力。因活性油与地层原油为同相，不会形成阻止油流的阻碍物。

3. 底水封堵技术

为了防止和减少底水锥进而广泛采用的方法是在靠近油水界面的上部以一定的工艺措施注入封堵剂，在井底附近形成人工隔板，即采用人工隔板法堵水。所用的封堵剂有树脂、硅酸钙、硅酸溶胶、稠油和油基水泥等。

建立人工隔板的方法如图 8-4-10 所示。首先在需要建立人工隔板的位置（油水界面以上 1~1.5m）加密射孔（补孔），向井内下入封隔器，将油管与套管环形空间分开。从油管注入封堵剂，通过补孔的地方进入油层下部，在井底附近建立人工隔板，同时要从油管和套管环形空间注入平衡油，使封堵剂不致上升到油层上部形成堵塞。

由于距井底越近，锥进越厉害，可用强度较大的封堵剂（如树脂）；距井越远，锥进越少，因此可用便于向油层深处挤入的弱强度封堵剂（如稠油）；中间可用硅酸溶胶等封堵剂。这就是建立混合人工隔板堵水技术，如图 8-4-11 所示。

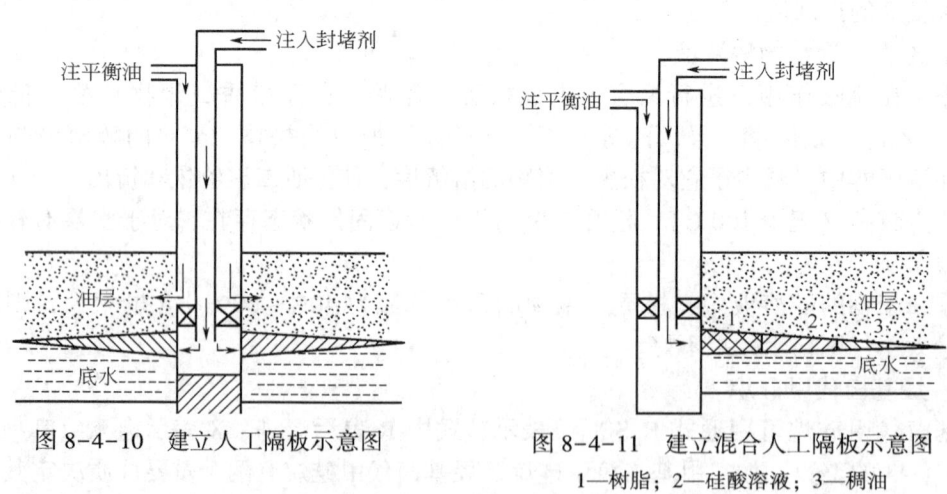

图 8-4-10 建立人工隔板示意图　　图 8-4-11 建立混合人工隔板示意图
1—树脂；2—硅酸溶液；3—稠油

当用油基水泥作人工隔板时，需要采用选择性压裂的方法在欲建立人工隔板的位置形成裂缝，将水泥浆挤入裂缝，在井底形成比较大的人工隔板。该方法只适用于压裂形成水平裂缝的底水油藏。

油井出水原因不同，采取的封堵方法也就不同。一般对于外来水，或者水淹后不再准备生产的水淹油层，在搞清出水层位并有可能与油层封隔开时，采用非选择性堵剂（如水泥、树脂等）堵死出水层位；不具备与油层封隔开的条件时，采用具有一定选择性的堵剂（如油基水泥等）进行封堵。对于同层水（边水和注入水）一般采用选择性堵水剂进行堵水；为了控制个别水淹层的含水，消除合采时的层间干扰，大多采用封隔器暂时封堵高含水层。对于底水，在有条件的情况下采用在井底附近油水界面处建立人工隔板，以阻止底水锥进。

第五节　稠油和高凝油开采技术

在我国，稠油（heavy oil）和高凝油（high pour-point oil）分布广、储量大，产量占总产油量的比例较大。稠油流动性差是其开采过程中的主要问题：一方面原油黏度高，油层渗流阻力过大，使得原油不能从油层流入井筒；另一方面即使原油能够流到井底，在从井底向井口的流动过程中，由于降压脱气和散热降温而使原油黏度进一步增加，严重影响了稠油生产的正常进行。在高凝油的开采过程中，当原油温度低于凝固点以下时，原油凝固使其流动性变差甚至失去流动性，油井无法正常生产。本节简要介绍稠油和高凝油的开采特征、热处理油层技术和井筒降黏技术。

一、稠油和高凝油开采特征

1. 稠油的基本特点

1）稠油的分类标准

稠油是指黏度大的原油，重质油是指密度大的原油，其黏度也大，因此稠油也就是指重质油。1981年2月联合国培训研究署（UNITAR）通过了重质油和沥青砂的标准，见表8-5-1。

表8-5-1　UNITAR推荐的分类标准

分类	第一指标	第二指标	
	黏度*，mPa·s	15.6℃（60℉）相对密度	15.6℃（60℉）重度，°API
重质油	100~10000	0.934~1.000	20~10
沥青质	>10000	>1.0	<10

* 在油藏条件下的脱气原油黏度，用油样测定或计算值。

我国稠油在物理性质上与国外有着明显的不同，主要表现为：沥青质含量低、胶质含量高、金属含量低，稠油黏度偏高，相对密度则较低。根据我国稠油的物理特点，分类为普通稠油、特稠油和超稠油，表8-5-2列出了适合我国实际情况的稠油分类标准。在分类标准中，以原油黏度为第一指标，相对密度为其辅助指标，当两个指标发生矛盾时则按黏度进行分类。

表8-5-2　中国稠油分类标准

稠油分类		黏度，mPa·s	相对密度（20℃）
普通稠油Ⅰ	Ⅰ-1	50*~150*	>0.90（<25°API）
	Ⅰ-2	150*~10000	>0.92（<22°API）
特稠油Ⅱ		10000~50000	>0.95（<17°API）
超稠油（天然沥青）		>50000	>0.98（<13°API）

* 油层条件下的原油黏度；其他指油层温度下脱气原油黏度。

2）稠油的特点

稠油与常规轻质原油相比主要有以下特点：

(1) 黏度高、密度大、流动性差。它不仅增加了开采难度和成本，而且使油田的最终采收率非常低。

(2) 稠油的黏度对温度敏感。随着稠油温度的降低，其黏度显著增加。目前国内外稠油采用热力开采方法正是基于稠油的这一特点。

(3) 稠油中轻质组分含量低，而胶质、沥青质含量高。

2. 高凝油的基本特点

高凝油是指蜡含量高、凝固点高的原油。凝固点是指在一定条件下原油失去流动性时的最高温度。在开发过程中，当原油温度低于凝固点时，原油中的某些重质组分（如石蜡）凝固、析出，并沉积到油层岩石颗粒、抽油设备或管线上，造成油层渗流阻力剧增，或抽油设备正常工作困难。到目前为止，高凝油尚无统一的划分标准，我国某些油田有自己的地区性划分方法，例如有的油田将凝固点大于40℃，含蜡量超过35%的原油定为高凝油。

高凝油在较高的温度时就失去了流动性，这是因为含蜡量高所致，而且这种蜡主要是碳原子数在16以上、结构复杂的高饱和烃的混合物。高凝油胶质、沥青质含量较低。

虽然高凝油和稠油在一定条件下都有流动性差的特点，但原因是不同的。高凝油在原油温度高于凝固点时，油中的蜡处于溶解状态，流体属单相体系，流动性与普通原油差别不大，只是重质烃组分含量高而黏度稍大一些。当原油温度下降到凝固点后，蜡晶析出且相互连接形成空间网络结构，液态烃则被分隔成为分散相，使原油失去流动性，即发生所谓的凝固。高凝油的开采工艺就是针对其这一特点而提出的。

我国大多数高凝油藏埋藏较深，在油藏温度和压力条件下具有较好的流动性，使原油可以从油层流入井筒。原油在沿井筒向上流动的过程中，由于压力和温度的降低，当油流温度低于所含蜡的初始结晶温度以后，大量析出蜡晶并聚集，使原油逐渐失去流动性，最终堵塞管线，导致自喷井停喷或抽油井无法正常生产。因此，高凝油开采的关键在于提高井筒中流体的温度。

二、热处理油层采油技术

热处理油层采油技术是通过向油层提供热能，提高油层岩石和流体的温度，降低油层流体的黏度，防止油层中结蜡，减小流体流动的渗流阻力，达到更好地开采稠油及高凝油油藏的目的。目前常用的热处理油层采油技术主要有注热流体（如蒸汽和热水）和火烧油层两类方法。

注蒸汽处理油层采油方法提高油井产量和采收率的主要原理是通过蒸汽将热能提供给油层岩石和流体，一方面使油层原油的黏度大大降低，从而增加原油的流度；另一方面原油受热后发生体积膨胀，可减少最终的残余油饱和度。注蒸汽处理油层采油方法根据其采油工艺特点主要包括蒸汽吞吐和蒸汽驱两种方式。

火烧油层则是在油层中燃烧部分原油产生热量。通过适当的井网将空气或氧气自井中注入油层，并用点火器将油层中部分原油点燃，然后向油层不断注入空气或氧气，以维持油层燃烧，燃烧前缘的高温不断加热油藏岩石和流体，且使原油蒸馏、裂解，并被驱向生产井的采油方式。

1. 蒸汽吞吐（steam huff and puff）

蒸汽吞吐又称为蒸汽激励或循环注蒸汽。这类方法的开采过程是：周期性地向油井注入高温高压饱和蒸汽，即"吞"的过程；然后关井数天，即"焖井"，在焖井过程中油层中的原油被加热；焖井结束之后开井采油，即"吐"的过程。

1）蒸汽吞吐的开采过程

蒸汽吞吐是在同一口井中注蒸汽和采油，所以又叫单井吞吐采油。蒸汽吞吐采油过程可以分为三个阶段，即注汽阶段（吞蒸汽）、焖井阶段（关井）和回采阶段（吐蒸汽），如图 8-5-1 所示。

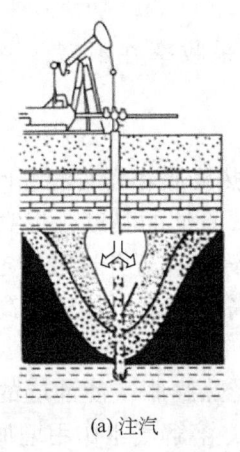 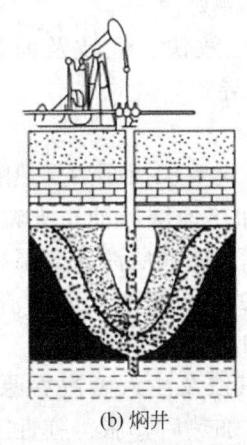 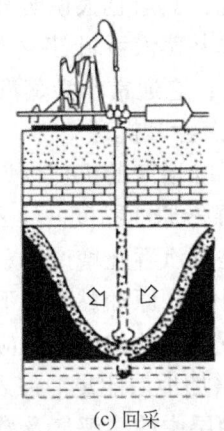

(a) 注汽　　　　　　　　　　(b) 焖井　　　　　　　　　　(c) 回采

图 8-5-1　蒸汽吞吐示意图

（1）注汽阶段。

由锅炉产生的高温高压蒸汽，经地面管线由井口沿井筒注入油层。在这一阶段主要控制注汽量、注汽速度、注汽压力和注蒸汽干度四个参数。

注汽量是指注入油层蒸汽的质量。注汽速度是指单位时间内注入油层的蒸汽量，它的高低直接影响着热能的利用率。注汽速度高有利于减少井筒的热损失和漏失到非目标层的热能，在注入相同量的蒸汽时，高速度注汽对油层加热范围较大，但是注汽速度高则需较高的注汽压力，当注汽压力超过某一极限值（油层的破裂压力）时，可能会压裂油层，对油层有破坏作用，还会引起汽窜和油井出砂等问题，所以要综合考虑各种情况，辩证地确定注汽速度。

蒸汽干度是衡量蒸汽含热量的指标，蒸汽干度越高，单位蒸汽量的含热量就越多。

（2）焖井阶段。

焖井是指注蒸汽后停注关井，使蒸汽与油层岩石和流体进行热交换的过程。为了提高蒸汽热能的效率，必须进行焖井。焖井时间的长短也是影响蒸汽吞吐效果的一个重要因素。若焖井时间过长，则热能传递到非目的层或向油层纵深传热过多，井底附近油层温度下降太大，原油的黏度又会升高；焖井时间过短，则热量没有得到充分的交换，使得蒸汽热能作用半径小，两者均会影响吞吐周期的产量。

合理的焖井时间由现场实际来确定，一般为 1~4d。对于注汽量不大、蒸汽扩散快、注入压力相对低的油井，焖井时间可适当缩短；对于注汽量大、注入压力高的低渗透油层，焖井时间可适当延长。

（3）回采阶段。

焖井结束后，开井进行采油生产，生产方式多种多样，采用何种方式主要以最大限度地利用热能和提高吞吐周期的产油量为目标。

蒸汽吞吐油井在一个吞吐周期的采油过程中不再向油层提供热能，所以一般在开井初期产量较高，随着生产时间的持续，油层温度逐渐降低，原油黏度回升，油井产量也随之下降。另一方面，对同一口油井，不同的吞吐周期内产量也不一样。一般在前两个周期产量较高，这是因为此时油藏中含油饱和度和油层压力高的缘故，随着吞吐周期次数的增加，产量逐渐递减，且每一周期的有效生产时间也相应缩短。

衡量蒸汽吞吐开采效果的另一个重要指标是油汽比。油汽比是指生产出的原油量与注入蒸汽量之比，其值越大说明开采效果越好。

虽然单井蒸汽吞吐工艺简单、见效快，但波及面积小，采收率并不高，一般不超过15%。因此，它通常作为蒸汽驱的先导。

2）蒸汽吞吐机理

蒸汽吞吐增产的机理较为复杂，主要包括原油受热降黏、热膨胀和岩石润湿性改变等。

（1）降低原油黏度。注入蒸汽加热地层原油，大幅度降低原油的黏度，提高了原油的流动性，是蒸汽吞吐增产的重要机理。向油层注入高温高压蒸汽后，近井地带一定范围内的地层温度升高，原油黏度可下降1~2个数量级，原油流度提高几十倍，甚至更高，流动阻力大幅度下降，油井产量相应的增加许多倍。

（2）增加地层能量。注入的蒸汽以及注入蒸汽后原油的受热膨胀，使油层的弹性能增加，原来油层中的溶解气及游离气，加热后膨胀，弹性能增加，溶解气驱作用增加。

（3）清除井筒附近地层的堵塞。油井在钻井、完井、井下作业及采油过程中，外来的流体及油藏流体、沥青质等会污染储层甚至堵塞储层，造成严重的储层伤害。对于稠油井，堵塞物会进一步受到稠油中沥青胶质成分的黏结作用，加上流速低，堵塞物不易被清除。所以，一旦稠油油藏被伤害，常规采油方法、酸化、热洗等很难清除堵塞物。在蒸汽吞吐注入过程中，注入蒸汽的高温使沉积在井筒附近孔隙中的沥青胶质的相态发生变化，使其由固态变为液态，溶于原油中。在回采过程中，由于液流方向的改变，在油、蒸汽、水以高速流入井筒时产生对井筒附近地层的冲刷作用，将堵塞物排出地层，大大改善井筒附近地层的渗流条件，提高原油的流动能力。

（4）改变相渗透率与润湿性。注入的高温高压蒸汽加热油层后，高温使油层的油水相对渗透率发生变化。在相同的含水饱和度下，油相渗透率增加，水相渗透率降低。高温蒸汽使砂粒表面上的沥青胶质油膜破坏，润湿性改变，由原来的亲油或强亲油变为亲水或强亲水。

（5）裂解原油。蒸汽的高温对油层原油能产生一定程度的裂解，使原油的轻质馏分增多。蒸汽使部分原油轻度的裂解对油井的增产是有利的。

2. 蒸汽驱（steam drive）

蒸汽驱是接替蒸汽吞吐的另一种稠油开采方法。蒸汽驱是按一定的注采井网，从注汽井注入蒸汽将原油驱替到生产井的热力开采方法。与蒸汽吞吐相比，蒸汽驱需要经过一段较长的时间才能见到效果，费用回收期较长。

蒸汽驱采油的原理是蒸汽注入到油层后，在注入井周围形成饱和蒸汽带，蒸汽带前缘由于蒸汽与油藏岩石和流体的热交换而冷却，形成蒸汽的凝析水带（热水带），如图8-5-2所示。因此，蒸汽驱的采收率是热水驱、气驱、蒸馏及抽提等各种作用的综合结果。

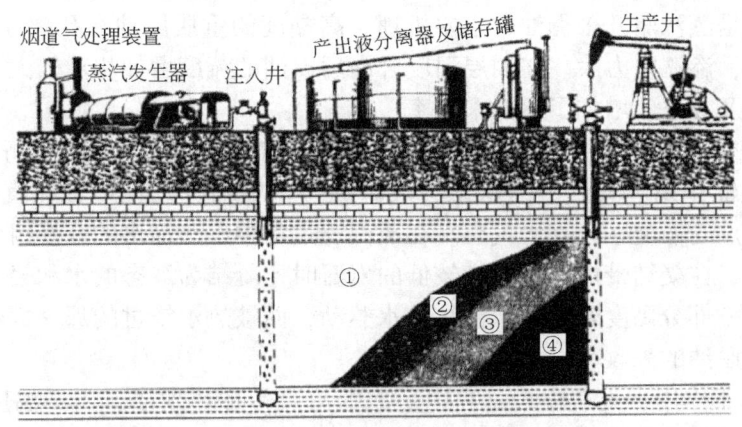

图 8-5-2 蒸汽驱示意图
①蒸汽和冷凝水带；②热水带；③热油带；④原始油带

1）蒸汽驱的开采过程

在蒸汽驱生产过程中，从注蒸汽到蒸汽突破油井，最后淹没油井，一般经历三个阶段。

（1）注汽初始阶段。油层注入蒸汽后，大量的蒸汽热能被注入井井底附近的油层吸收，逐步提高油层的温度，油层压力稳定地回升。由于热能还没有传递到生产井附近，生产井周围的油流阻力仍然很大，油井产油量低。

（2）注汽见效阶段。随着累积注入汽量的增加，油层能量和热量得到了很好的补充，大量蒸汽热能传递到生产井周围，降低原油黏度，使原油的流动性提高，原油产量增加，注汽见效，生产井进入高产阶段。在此阶段，如果是均质油层，则应增大生产压差以提高产油量和蒸汽驱效益；对于非均质严重的油藏，当产油量突然很快上升时，意味着蒸汽将突破油井，应予以高度重视，以防蒸汽过早进入油井造成汽窜。

（3）蒸汽突破阶段（汽窜阶段）。随着开采时间的延长，油层中的原油逐步被驱替出来，蒸汽和热水在油层中向生产井推进，到一定时间，蒸汽驱前缘突破油井，蒸汽和热水进入油井随同原油一起被采出来。在此阶段，由于蒸汽突破油井后，油汽流动阻力迅速下降，蒸汽注入压力急剧下降，且蒸汽的流动能力远超过原油的流动能力，使得产油量下降，油汽比降低，含水迅速升高。

在蒸汽驱的三个阶段中，初始阶段时间较短，而后两个阶段的时间相对较长。为了尽量多地采出油层中的原油，提高原油采收率，应采取一切有效的措施，延长注汽见效阶段的生产时间。到最后的汽窜阶段，则应采取关闭严重产汽井，或关闭采油井一段时间，使蒸汽能够加热油层中下部的原油，减少蒸汽超覆现象带来的不利影响，再开井生产，从而提高驱油效率。

蒸汽驱开采稠油效果差的主要原因有两方面：一方面是在蒸汽驱过程中发生早期汽窜；另一方面是由于蒸汽驱存在超覆现象，使驱油效率较低。因此，在生产过程中要采取封堵汽窜和降低超覆影响程度等方面的措施来提高蒸汽驱效果。

2）蒸汽驱的主要机理

蒸汽驱的机理有降黏、热膨胀、蒸汽蒸馏、溶解气驱、溶剂抽提、重力分离作用及高温对相对渗透率的影响等。这些机理对提高采收率的贡献主要取决于原油及油层的特性。

（1）降黏作用。向地层中注入热的蒸汽，油层温度升高，原油黏度下降，大大改善稠油流动能力,这是蒸汽驱开采稠油的主要机理。高黏度的重质原油在孔隙介质中流动困难,主要因为黏度高,渗流阻力大。在油层温度升高后,油的流度增加相对较大,从而改善了流度比,提高了波及效率,增加了原油采收率。

(2)热膨胀作用。地层中的油、水、岩石在热蒸汽的作用下,温度升高,体积膨胀。

(3)蒸汽蒸馏作用。蒸汽蒸馏指某种液态混合物中的挥发性组分在直接引入蒸汽时,可以在低于其沸点的温度下蒸发为气态。在蒸汽驱过程中,蒸馏出的轻烃组分与水蒸气混合后一起向前推进,在凝结带内遇到温度较低的岩石时,凝结为液态的水和轻质油。轻质油与该处原油混合,一部分黏度降低的原油被热水驱动,而被热水绕过的那一部分原油被后续蒸汽蒸馏,提高了原油的采收率。

(4)溶解气驱作用。蒸汽注入过程中形成的蒸汽带加热地层,由于温度的升高,原油中的溶解气因溶解度降低而分离出来,体积膨胀对原油产生驱替作用,提高原油的采收率。

(5)溶剂抽提作用。溶剂抽提作用也称为油相混相作用或溶剂萃取作用。蒸汽蒸馏出的轻烃组分运移至热水带,和水蒸气同时凝结,并与热水驱后的滞留原油混合,降低了这些热水带扫过后的剩余油黏度。在蒸汽前缘向生产井推进的过程中,轻质馏分不断地被抽提出来并聚集成轻油带,产生溶剂抽提作用。轻油带起到油相的混相驱替作用,从而有助于降低热水带的残余油饱和度,提高蒸汽驱的最终采收率。

(6)重力分离作用。在蒸汽驱过程中,由于蒸汽、原油和水的密度不同而发生汽水分离,导致进入油层的蒸汽发生超覆现象,即蒸汽由于密度小而聚集于油层顶部,并向四周扩散,蒸汽凝结水从油层下部向前推进。上部的原油在蒸汽加热条件下,黏度降低,原油发生膨胀,促使超覆于油层顶部的蒸汽向前推进的速度加快。

(7)高温对相对渗透率的影响。温度升高,油水黏度比大幅度下降,油水流度比得到改善,引起油相相对渗透率增加,水相相对渗透率降低,残余油饱和度降低。温度升高,吸附于岩石颗粒表面及油—水界面上的沥青、胶质等极性物质解附,使油—水界面张力减小,岩石润湿性发生反转,从而导致油的相对渗透率升高,水的相对渗透率降低,促使水驱残余油饱和度降低而提高了原油的采收率。

3. 火烧油层 (in-situ combustion)

注蒸汽热力采油技术由外部热源向油层提供热量,而火烧油层则是在油层中燃烧部分原油而产生热量。

火烧油层采油技术与其他驱替型开采方式相同,需要有注入井和生产井,并按一定比例和排列方式组成井网。其过程是先在注入井中注入空气或氧气等助燃气体,使油层对其有足够的相对渗透率,以便能够向油层提供燃烧所需的氧气和能够排出燃烧过程中产生的废气;然后在井下点燃,继续注气过程中使之在油层中形成一个狭窄的高温燃烧带,由注入井向生产井推进。由于高温,使近井地带原油被蒸馏、裂化,轻质油蒸汽向前流动,与相对温度较低的油层岩石和流体进行热交换而凝析下来;蒸馏和裂化后残留的重质烃变成焦炭作为燃料而被燃烧,并不断产生采油所需的热能,燃烧的热废气向前流动时也有加热油层岩石和流体的作用,并驱替原油;燃烧废气中的水分和被蒸发的油层水蒸气在向前推进中冷凝而形成热水带,产生蒸汽和热水驱油的作用。在热前缘推进过程中,废气、水蒸气、气相烃类和凝析油之间会发生局部混相,从而产生混相驱油作用。只要有足够的残碳量和足够的温度及氧气量,便可维持燃烧,并使燃烧前缘不断向生产井方向推进。

火燃油层的燃烧前缘在推进过程中将形成如图8-5-3所示的几个明显的区带:

(1) 已燃烧区带——燃烧前缘通过后热油层可以预热注入的空气或氧气。
(2) 燃烧前缘——正在燃烧的狭窄地带，燃烧温度主要取决于注入助燃气量和残碳量。
(3) 焦化带——原油焦化裂化后残碳的沉积地带，为燃烧前缘推进提供燃料。
(4) 蒸汽带——含有油层水及燃烧产生的水蒸气和原油蒸馏和裂化出的气相轻质馏分。
(5) 热水带和轻质油带——蒸汽进入温度相对较低的地带时，形成水蒸气及轻质烃凝析物聚集区。蒸汽凝析时放出大量的潜热，加热油层岩石和流体，使原油黏度降低，凝析油与原油混合将给原油提供热能和稀释原油，从而增加了原油的流动性。
(6) 富油带——被驱替到前缘的油带，由于热的作用和轻质油的稀释，以及部分燃烧废气的溶解，其黏度已大大降低。
(7) 原始含油带——热力作用尚未影响到的地区，保持着油层点燃前的状况。

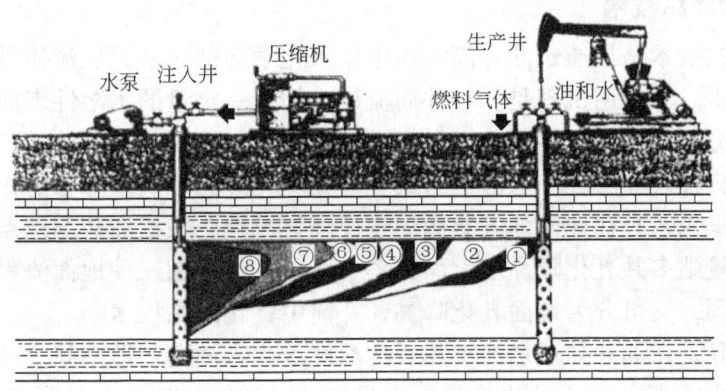

图 8-5-3　火烧油层燃烧过程示意图
①冷的燃烧气体；②油带（接近原始油温度）；③凝结或热水带；④蒸汽带；
⑤焦炭区；⑥燃烧前缘和燃烧区；⑦空气和汽化水区；⑧注入空气和水区

火烧油层是具有热驱、凝析蒸汽驱、混相驱和气体驱动等多种机理联合作用的一种复杂的驱油过程。在燃烧过的油层中除了部分重质油焦化作为燃料被消耗外，理论上驱油效率几乎达到100%。但是，由于油层非均质性和注入气与油层油之间的宏观流度比仍然很大，气和油的重力分离现象严重，因而难以使燃烧前缘能够波及到油层的各个部分，所以波及系数较低，从而限制了总的采收率。矿场实践表明，火烧油层的采收率可达50%~80%，甚至更多，且采油速度快，可加速稠油油藏的开发。

上述火烧油层的方法通常称为正燃法，即燃烧前缘从注入井向生产井方向推进，前缘推进方向与注入空气的流动方向一致。正燃法必须要求未受热力影响的原始含油带的原油在油层条件下能够流动。因此，对采用该方法的原油黏度有上限值，从而限制了在特稠油层中的应用。

为了开采特稠原油，火烧油层发展了一种逆燃法，即燃烧前缘推进方向与流体流动方向相反，燃烧前缘从生产井推向注入井。在燃烧过程中，已蒸发的油、水和燃烧废气驱替原油通过已经燃烧过而被加热的油层流向生产井，原油黏度可降低到原值的1/1000以下，从而能够采出其他方法无法开采的特稠原油。其工艺过程为：在准备成为生产井的井中注入空气，点燃油层燃烧很短距离后，停止注入空气，而转向相应的注入井注空气，而最初的点火井变为生产井。逆燃法的采收率可达50%，但需要的空气量是正燃法的两倍，甚至更多。

为了有效地利用热能，火烧油层方法中提出了湿式燃烧法，它是正燃法的改型。在正向燃烧过程中，同时或交替注入空气和水，水在通过已燃带时，部分或全部汽化，并通过燃烧前缘把热能带到燃烧前缘前面的油层区域，扩大了热能影响范围。湿式燃烧法的燃料用量和空气用量较少。

三、井筒降黏技术

井筒降黏（wellbore viscosity reduction）技术是指通过热力、化学、稀释等措施使井筒中的流体保持低黏度，从而达到改善井筒流体的流动条件，缓解抽油设备的不适应性，提高稠油及高凝油的开发效果等目的的采油工艺技术。该技术主要应用于原油黏度不很高或油层温度较高，原油能够流入井底，只需保持井筒流体有较低的黏度和良好的流动性，采用常规开采方式就能进行开采的油藏。

目前常用的井筒降黏技术主要包括化学降黏技术和热力降黏技术。

1. 井筒化学降黏技术

井筒化学降黏技术是指通过向井筒流体中掺入化学药剂，从而使流体黏度降低的开采稠油及高凝油的技术。其作用机理是：在井筒流体中加入一定量的水溶性表面活性剂溶液，使原油以微小油珠分散在活性水中形成水包油乳状液或水包油型粗分散体系，同时活性剂溶液在油管壁和抽油杆柱表面形成一层活性水膜，起到乳化降黏和润湿降阻的作用。

乳化降黏开采工艺是在地面油气集输中建设降黏流程，根据加药剂地点不同，可分为单井乳化降黏、计量站多井乳化降黏及大面积集中管理乳化降黏三种地面流程。根据化学剂与原油混合点的不同，又可分为地面乳化降黏和井筒中乳化降黏技术。

单井乳化降黏是在油井井口加药，然后把活性水掺入油套环形空间。计量站多井乳化降黏是为了便于集中管理，在计量站总管线完成加药、加压、加热及计量，然后再分配到各井，达到降黏的目的。大面积集中管理乳化降黏则是在接转站进行加药，这种方式的优点是：设备简单、易于集中管理。

地面乳化降黏是适用于油井能够正常生产、地面集输管线中流动困难的油井。原油从油井产出后，经井口油水混合器与活性剂溶液混合成乳状液，由输油管线输送到集油站。

井筒中乳化降黏工艺是油管柱上装有封隔器和单流阀，活性剂溶液由油套环空通过单流阀进入油管与原油乳化，达到降黏的目的。根据单流阀与抽油泵的相对位置，该技术又可分为泵上乳化降黏和泵下乳化降黏，其管柱如图8-5-4所示。

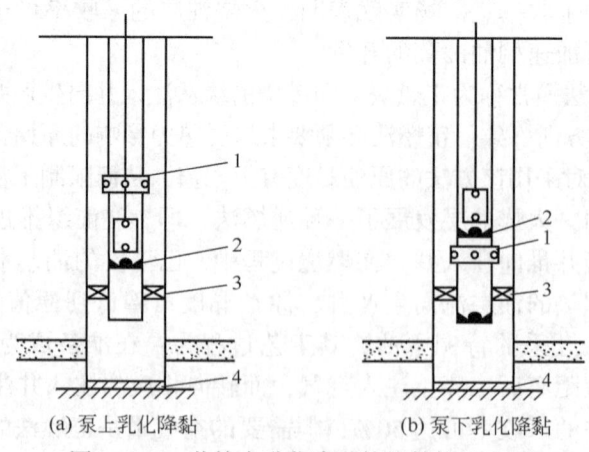

(a) 泵上乳化降黏　　　(b) 泵下乳化降黏

图 8-5-4　井筒中乳化降黏管柱结构示意图

1—掺液器；2—深井泵；3—封隔器；4—人工井底

化学降黏工艺一定要根据油井的实际情况进行选择，其设计中的主要参数包括活性剂溶液的浓度、温度、水液比和掺药剂点位置。

活性剂水溶液的浓度要适当：浓度过低不能形成水包油型乳状液；浓度过高时乳状液黏度进一步下降幅度不大，采油成本提高，经济上不合算，而且有些化学药剂（如烧碱、水玻璃等），在高浓度时易形成油包水型乳状液，反而会造成原油黏度的升高。温度对已形成的乳状液黏度影响不大，但它影响乳化效果。实验证明，随着温度的提高，乳化效果变好。水液比是指活性水与产出液总量的比值，它直接影响乳状液的类型、黏度和油井产油量。水液比应根据油井实际情况而定，某油田现场试验结果表明：在井口活性剂溶液保持60℃，活性剂浓度为0.02~0.03g/mL时，不同的原油黏度与水液比关系见表8-5-3。

表8-5-3　某油田原油黏度与水液比的关系

原油黏度，mPa·s	1000~2000	2000~3000	>3000
水液比，%	25~30	30	>35

掺药剂点位置的确定主要取决于井筒流体的流动阻力、油井生产系统的效率和效益状况，从而保证井筒流体的流动条件得到较好的改善和油井生产的高效率，且满足设备能力的要求。

目前采用的掺轻烃降黏技术在工艺上与化学降黏技术相似。

2. 井筒热力降黏技术

井筒热力降黏技术是利用高凝油、稠油的流动性对温度敏感这一特点，通过提高井筒流体的温度，使井筒流体黏度降低的工艺技术。目前常用的井筒热力降黏技术根据其加热介质可分为以下两大类。

1）热流体循环加热降黏技术

热流体循环加热降黏技术是利用地面泵组，将高于井筒生产流体温度的油或水等热流体，以一定的流量通过井下特殊管柱注入井筒中建立循环通道，以伴热井筒生产流体，从而达到提高井筒生产流体的温度、降低黏度、改善其流动性的工艺技术。根据井下管（杆）柱结构的不同，主要分为以下四种形式：

（1）开式热流体循环工艺。

开式热流体循环工艺的井下管柱结构如图8-5-5所示。根据循环流体的通道不同又可分为正循环和反循环两种。开式热流体反循环工艺是油井产出的流体或地面其他来源的流体经过加热后，以一定的流量通过油套环形空间注入井筒中，加热井筒生产流体及油管、套管和地层，然后在泵下或泵上的某一深度上进入油管并与生产流体混合后一起采到地面。开式热流体正循环工艺则是指热流体由油管注入井筒中，在井筒中的某一深度处进入油套环形空间与生产流体混合。这种工艺技术适用于自喷井和抽油井等不同

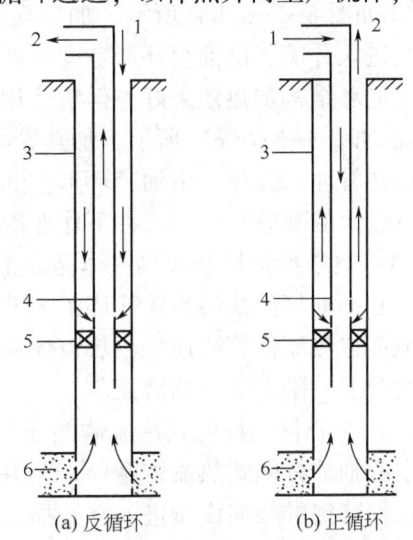

图8-5-5　开式热流体循环工艺管柱结构示意图
1—掺入流体；2—产液；3—套管；
4—油管；5—封隔器；6—油层

采油方式生产的高凝油及稠油油井。

（2）闭式热流体循环工艺。

闭式热流体循环工艺循环的热流体与从油层采出的流体不相混合，而且循环流体也不会对油层产生干扰。图 8-5-6 中列出了三种闭式热流体循环的基本井下管柱结构。

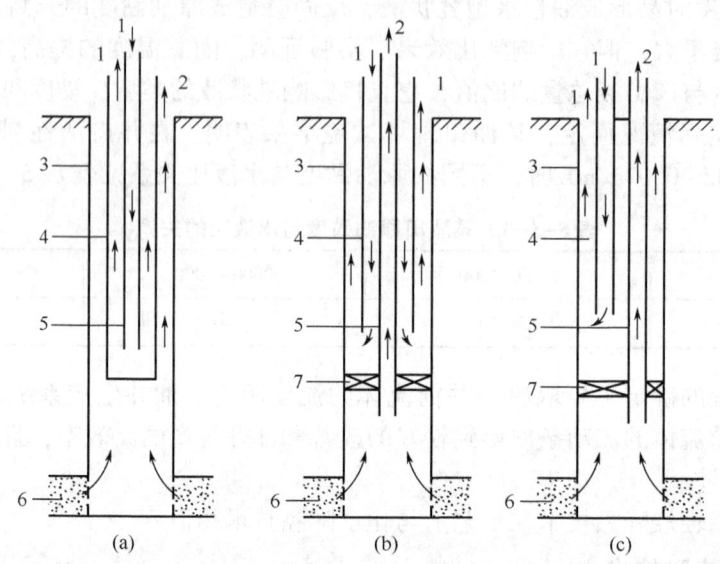

图 8-5-6　闭式热流体循环工艺管柱结构示意图
1—掺入流体；2—产液；3—套管；4—油管 1；5—油管 2；6—油层；7—封隔器

① 如图 8-5-6(a) 所示，加热管同心安装，从油套环形空间采油，该管柱的最大优点是不需要封隔器，井下作业方便，相当于井筒中悬挂了一个加热器，在循环方式上热流体可从中间油管进入，从两油管环形空间返出，也可相反循环。但由于其从套管采油，因而不能用于抽油井。

② 如图 8-5-6(b) 所示，加热管同心安装，油管上安装有封隔器，热流体从两油管环形空间进入井筒，由油套环形空间返回地面，油层采出流体由中心油管举升到地面，此结构不如反循环结构加热效果好，但它适用于自喷井和抽油井。

③ 如图 8-5-6(c) 所示，加热管与生产油管平行安装，在油管下部装有封隔器，热流体由加热管注入井筒，由油套环形空间返回地面，油层采出流体经油管举升到地面，这种结构需有较大的套管空间，且井下作业困难。

（3）空心抽油杆开式热流体循环工艺。

空心抽油杆开式热流体循环工艺井下管柱结构如图 8-5-7(a) 所示。它是将空心抽油杆与地面掺热流体管线连接，热流体从空心抽油杆注入，经杆底部阀流到油管内与油层采出流体混合后一同被举升到地面。

（4）空心抽油杆闭式热流体循环工艺。

空心抽油杆闭式热流体循环工艺井下管柱结构如图 8-5-7(b) 所示。油层流体进入油管后，经特定的换向设备进入空心抽油杆流向地面，而热流体由抽油杆与油管的环形空间进入井筒，然后由油、套环形空间返回地面。

除此之外，热流体循环加热降黏技术的管柱结构变型很多，其基本的原理是相似的，在实际应用中应根据具体情况确定，目标是使所开采的原油具有低的开采成本。

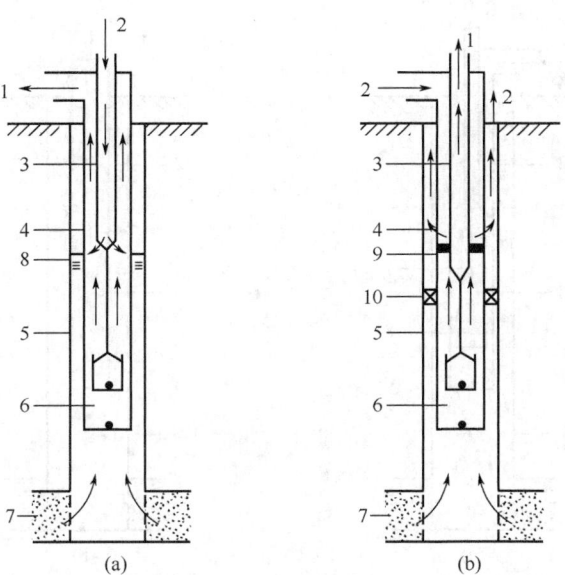

图 8-5-7 空心抽油杆热流体循环工艺管柱结构示意图
1—产液；2—掺入流体；3—空心抽油杆；4—油管；5—套管；
6—抽油泵；7—油层；8—动液面；9—动密封；10—封隔器

热流体循环加热降黏技术的关键在于确定循环流体的量、循环深度、井口循环流体的温度和注入压力四个参数。这四个参数主要受油层采出流体的物性，如凝固点、黏度、含蜡量等的制约和流体在循环通道中流动时与管壁、井筒及地层岩石换热的影响。循环深度的确定主要取决于油层采出流体沿井筒的温度和黏度分布，循环深度确定后要求使得井筒中的流体具有足够低的黏度和较好的流动性，满足油井正常生产的要求。热流体循环量和井口温度的合理确定，必须建立在原油的物性和流体与各部分换热过程研究的基础上，这两个参数是影响加热效果的主要因素，同时热流体循环量往往会受到井口注入压力的限制，在一定循环量的条件下，井口注入压力必须能保证循环的顺利进行；相反，在地面限定井口注入压力的情况下，循环量将受到制约。因此要保证达到加热效果，应根据油井的条件在优化井筒管柱结构的基础上，合理选择热流体循环的四个关键参数。

2）电加热降黏技术

电加热降黏技术是利用电热杆或伴热电缆，将电能转化为热能，提高井筒流体温度，以降低其黏度和改善其流动性。目前常用方法有电热杆采油和伴热电缆采油两种工艺技术。

（1）电热杆采油工艺。

电热杆采油工艺的井筒管柱结构如图 8-5-8(a) 所示。其工作原理是交流电从悬接器输送到电热杆的终端，使空心抽油杆内的电缆发热或利用电缆线与空心抽油杆杆体形成回路，根据集肤效应原理将空心抽油杆杆体加热，通过传热提高井筒生产流体的温度、降低黏度，改善其流动性。

（2）伴热电缆采油工艺。

伴热电缆采油工艺的井筒管柱结构如图 8-5-8(b) 所示。伴热电缆分为恒功率伴热电缆与恒温（自控温）伴热电缆两种，后者节约电能，但价格贵，前者则相反。在生产高凝油和稠油的油井中，将伴热电缆利用卡箍固定在油管外部，通电后电缆发热加热井筒中的生产流体。

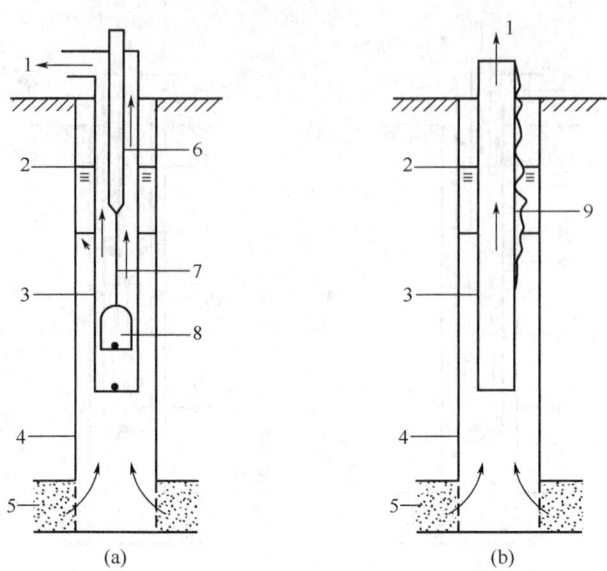

图 8-5-8 电加热降黏工艺井筒管柱结构示意图
1—产液；2—动液面；3—油管；4—套管；5—油层；
6—电热杆；7—实心杆；8—抽油泵；9—伴热电缆

在电加热降黏技术的工艺设计中关键是确定加热深度和加热功率两个主要的参数。加热深度根据井筒中生产流体的温度、黏度分布及流动特性等为基础确定，加热功率的大小取决于所需的温度增值。通过设计使得井筒内的生产流体具有低黏度和较好的流动性，同时考虑到节省材料和节约能源，要根据油井的具体情况确定合理的加热深度和经济的加热功率。

电加热降黏技术对电缆和电热杆制造工艺要求比较高，要求其质量稳定、工作可靠、温度调节容易。在工艺实施过程中，其地面设备简单，生产管理方便，温度调节和控制容易、快速，沿程加热均匀，停电凝管处理容易，热效率高，便于实现自动控制，且对环境无污染，使用安全。电热杆采油工艺还具有井下作业和维修施工方便、简单，一次性投资少，资金回收快的特点，且电热杆的重量加在悬点上，因此只适用于有杆抽油系统采油的油井。而伴热电缆的井下作业和维修施工复杂，且一次性投资较高，但其应用不受采油方式的影响，因而适用范围更广。

第六节 天然气水合物开采技术

世界各国在深海和冻土发现了大量的天然气水合物（natural gas hydrate）。作为一种新型的清洁能源，天然气水合物具有分布范围广、地质储量大、能量密度高、清洁环保和开发难度大等特征。天然气水合物已经成为 21 世纪最具有前景的自然能源，其众多优点决定了天然气水合物势必将成为重要的未来能源。目前世界上许多国家已经广泛开展了天然气水合物的开采理论研究，天然气水合物开采的相关技术、安全生产和经济效益等将成为未来能源开采的核心。

一、天然气水合物基本概念

天然气水合物又称为可燃冰，是在一定的温度和压力条件下由水和天然气混合形成的笼形结晶化合物，可用 $M \cdot nH_2O$ 来表示，M 代表水合物中的气体分子，n 为水分子数。组成

天然气的成分包括 CH_4、C_2H_6、C_3H_8、C_4H_{10} 等同系物以及 CO_2、N_2、H_2S 等非烃类气体，这些气体和水混合可形成单种或多种天然气水合物。形成天然气水合物的主要气体为甲烷，对甲烷分子含量超过 99% 的天然气水合物通常称为甲烷水合物。Makogon 用以下方程描述了甲烷水合物的形成：

$$CH_4 + nH_2O(水) \rightleftharpoons CH_4 \cdot nH_2O$$
$$CH_4 + nH_2O(冰) \rightleftharpoons CH_4 \cdot nH_2O$$

天然气水合物的形成是放热反应，分解吸收热量。

天然气水合物的密度通常在 $0.8 \sim 1.2 g/cm^3$ 之间，具体值取决于形成水合物的气体成分、温度、压力和分子结构。甲烷水合物的密度近似为 $0.91 g/cm^3$，$1m^3$ 甲烷水合物在常温常压下能分解成 $164m^3$ 甲烷和 $0.8m^3$ 水。

天然气水合物成为能源领域研究的热点，主要原因有四个方面：一是全球天然气水合物的含碳量约为其他已探明化石能源（煤，石油，天然气）含碳量的两倍，天然气水合物是一种潜在的未来能源；二是天然气水合物的分解产生大量的甲烷，而甲烷是一种温室效应气体，可能会引起全球气候的变化；三是在有些地质条件下天然气水合物可能会泄漏，有引发海啸等地质灾害的危险；四是在一定的温度和压力条件下，天然气水合物的形成会造成油气管道的堵塞。

二、天然气水合物的开采方式

由于天然气水合物的开发目前还面临许多技术问题，大多数天然气水合物的开采技术尚处于实验阶段。

天然气水合物需要在一定的温度压力条件（温度 $0 \sim 10℃$，压力 10MPa 以上）下形成，并保持稳定存在。天然气水合物开发的主要方法是通过人为打破天然气水合物的平衡条件，使天然气水合物发生分解后采出。目前关于天然气水合分解的机理还不清楚，开采技术和工艺也只停留在理论和实验阶段。关于天然气水合物开采的方法主要有降压法、加热法、注化学试剂法和二氧化碳置换法等 4 种。在实际的生产过程中通常是这几种方法的组合。

1. 降压法

天然气水合物的降压法开采法是指在一定的温度条件下，通过降低储层压力，使之低于天然气水合物的相平衡压力，促使天然气水合物分解，分解出的气体由井筒采出。通过控制天然气的采出速度可控制储层压力，进而可控制地层天然气水合物的分解速率。

天然气水合物中天然气开采的关键是必须破坏天然气水合物的相平衡条件，使水合物分解为水和天然气，然后才能采出。随着天然气水合物储层深度增加，压力和温度同时增加，但达到一定深度时，地层温度会超过对应压力下水合物的临界温度。这种条件下，天然气与水以游离流体状态存在，不能形成水合物。

采用降压法开采，是从井的下部抽取岩层中的流体，当压力降至水合物储层温度的临界压力以下时，水合物即发生分解。

2. 加热法

加热法开采是在一定的压力条件下，将蒸汽、热水、热盐水或其他热流体等从地面注入到天然气水合物储层，通过加热储层，提高局部区域水合物的温度，使之高于天然气水合物分解的相平衡温度而分解释放出气体。也可采用开采稠油时使用的电加热、电磁加热、微波加热等方式加热地层。因此，凡是能提高水合物储层的温度使水合物发生分解的方法都可称为加热法。

加热法开采技术的优点是热量传递直接、作用效果快、水合物分解效果明显等。该方法的缺点是热损失严重，开采效率较低。

加热法与降压法的主要区别在于：降压法不需要注入热量，而加热法需要通过注入井注入热流体等方式对含天然气水合物的地层进行加热，提高储层局部温度，破坏水合物的相平衡条件。

加热法是目前研究较多、较深入的一种天然气水合物开采技术，至今已提出多种注热方式，但这些方式在应用时各有优点和不足。

3. 注化学试剂法

注化学试剂法开采技术是使用化学试剂（如盐水、甲醇、乙醇、乙二醇、丙三醇等）改变天然气水合物储层的温度和压力条件，从而改变水合物的平衡条件，促使天然气水合物分解，达到开采水合物的目的。

注化学试剂的缺点是费用昂贵，因此开发经济有效的化学试剂是关键。化学试剂的性质必须满足以下条件：

（1）能有效降低水合物生成温度；
（2）与储层中的气液组分不发生物理化学反应；
（3）不会增加气体和燃烧产物的毒性；
（4）不腐蚀设备和管线，且完全溶于水；
（5）黏度低、蒸汽压低、凝固点低；
（6）价格低廉。

注化学试剂法与加热法的主要区别在于促使水合物分解的作用机理不同。加热法是通过注入热量改变水合物储层的温度，使水合物在自身性质不变的情况下偏离平衡条件而分解；而注化学试剂法则是通过注入的化学剂改变水合物自身的性质，如在相同温度条件下提高水合物的平衡压力，或在相同压力条件下降低水合物的平衡温度，从而使水合物发生分解。

实验研究表明，天然气水合物的分解速率与化学试剂的种类、注入浓度、注入速度、注入压力和温度、以及水合物和化学试剂的接触面积等有关。一般来说，天然气水合物储层的产气速率随化学试剂的注入速率和注入浓度的提高而提高。

4. 二氧化碳置换法

二氧化碳置换法是指利用二氧化碳与其他水合物生成气之间平衡条件的差别，在适当的压力下注入二氧化碳更容易与水生成水合物。当二氧化碳与天然气水合物接触并达到气—固平衡时，注入的二氧化碳与水合物中的天然气发生置换，使水合物中的部分天然气组分（主要是甲烷）释放出来，二氧化碳进入水合物相，置换过程中水合物的宏观结构不发生变化。

二氧化碳置换法是近年来在常规三种开采技术的基础上，提出的一种新的甲烷水合物分子控制开采技术。用二氧化碳置换法开采水合物的优点在于：一方面可以把工业生产中产生的二氧化碳气体注入天然气水合物储层中，把二氧化碳以水合物的形式储存在海底，这样可以有效地减缓二氧化碳气体引起的温室效应；另一方面，用二氧化碳置换甲烷过程中可以完整保存水合物储层，避免因为水合物的开采引起海洋地质灾害。

这种方法面临的主要问题是反应速度慢、置换效率低。另外，由于大多数地层水合物都是不饱和的，注入的二氧化碳可能首先与游离水反应，从而降低置换效率。

第七节　井底处理新技术简介

油水井生产过程中，由于地层内颗粒运移、细菌和污染物等作用，往往导致井底附近地层的污染或堵塞，影响油水井的生产能力。为此，20 世纪 80 年代后期以来，研发和应用了多种井底处理技术，这些技术成本低、工艺简便、动用设备少、经济效益好，但是其增产、增注机理和设计与效果预测的理论研究尚待深入，工艺也有待进一步完善。本节简要介绍高能气体压裂、水力振荡解堵、电脉冲井底处理、超声波井底处理、微生物采油和人工地震处理油层技术的机理和工艺。

一、高能气体压裂技术

高能气体压裂（high energy gas fracturing，HEGF），又称可控脉冲压裂（control pulse fracturing，CPF）、应力压裂（Stress FRAC）和爆燃压裂，是从爆炸压裂和聚能射孔发展而来的压裂技术。高能气体压裂是利用特定的火药或火箭推进剂在目的层进行可控爆燃和化学燃烧，产生大量的高温高压气体脉冲，并通过控制压力上升速度，释放出大量的高温高压气体作用在井壁岩石上，压开地层形成自井眼呈放射状的多条裂缝，穿透在钻井、完井过程中形成的污染带，沟通地层孔道和天然微裂缝，解除近井地带地层堵塞，有效地降低表皮系数，改善地层的渗透性，提高井筒附近地层的渗流能力，从而达到增产增注的目的。

1. 高能气体压裂的特点

高能气体压裂的过程是一种剧烈的化学反应过程，是火药或推进剂的燃烧或爆燃反应过程，在几毫秒或几百毫秒内完成，它不同于水力压裂，也不同于井筒爆炸压裂（在几微秒内完成）。因此，能在地层中形成多条随机裂缝而不伤害井筒或套管。三种压裂方法的压力和时间的关系曲线如图 8-7-1 所示。表 8-7-1 列出了三种压裂方法的主要参数。

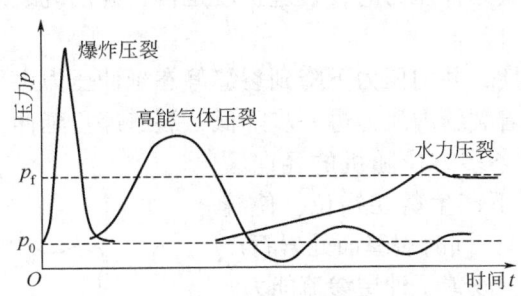

图 8-7-1　三种压裂方法的 p—t 曲线图
p_f—破裂压力；p_0—地层压力

表 8-7-1　三种压裂方法的主要参数

压裂方法	峰值压力 MPa	升压时间 s	加载速率 MPa/s	总时间 s
爆炸压裂	>10^4	10^{-7}	$10^6 \sim 10^7$	10^{-6}
高能气体压裂	10^2	10^{-3}	$10^3 \sim 10^4$	10^1
水力压裂	10^1	10^2	$10^{-1} \sim 10^{-2}$	10^4

高能气体压裂具有成本低廉、工艺简便、动用设备少、对施工现场无特殊要求、增产增注效果好、经济效益高、对油层伤害小、对环境无污染等优点，具有广泛的应用前景。

2. 高能气体压裂的增产机理

国内外的实验和现场研究表明，高能气体压裂的增产机理主要包括造缝作用、热力冲击作用和物理化学作用。

1）造缝作用

火药在目的层引燃以后，迅速产生高温高压气体，对井壁形成脉冲加载，井眼周围地层的岩石被压缩，当井筒内的压力超过对应加载速率下岩石的破裂压力时，即在井眼周围形成多条径向裂缝（一般为3~8条），如图8-7-2所示。根据高能气体压裂实测的压力—温度曲线，可将压开多方位裂缝的过程分为三个连续的阶段：

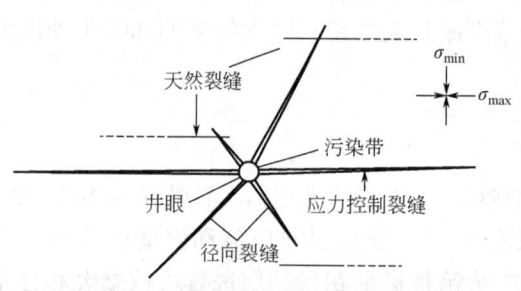

图 8-7-2　高能气体压裂裂缝示意图

（1）增压阶段：裂缝压开之前，火药迅速燃烧，井筒内压力迅速增大，对井壁形成脉冲加载，井筒周围的地层被压缩，能量以受压液体和压缩气体的形式储存于井筒。

（2）破裂阶段：当井筒内受压液体和压缩气体的压力大于井筒周围岩石的破裂压力时，岩石破裂形成裂缝。目的层段因出现裂缝使容积增大，此时突然泄压，压力回落。

（3）裂缝延伸阶段：包括起裂向延伸转化、裂缝沿起裂方向延伸、裂缝向垂直于最小主应力方向偏转以及裂缝延伸的终止。

当岩石突然破裂后，地层内形成了自由容积，一部分气体进入裂缝，形成楔劈效应。火药在高温高压下加剧燃烧，使井筒内压力又迅速上升达到峰值压力。

当裂缝内的压力超过其延伸压力时，裂缝扩展延伸，并出现裂缝之间的相交、破碎、合并，形成更宽的裂缝。

在裂缝延伸过程的后期，井内压力下降到裂缝静态延伸压力水平，此时裂缝将向垂直于最小主应力方向偏转，随着裂缝内压力进一步降低，裂缝停止延伸。

井筒附近油层产生多条多方位随机的径向裂缝，在油层岩石应力作用下产生剪切错位，使缝面凹凸处相错（图8-7-3），同时裂缝面处岩石产生少量碎屑也能支撑裂缝，改善了油层渗流能力。

2）热力冲击作用

火药爆燃产生高温高压作用，产生的爆燃气流温度在2500℃以上，压力近100MPa，它会向一切孔隙冲击。随着各装药段爆燃反应的进行，冲击不断产生，形成高温、高压、高频的冲击气流波，它能够将油层原生孔隙中产生堵塞作用的机械杂质或各种盐类微粒、油层岩石剥落的微粒、胶结物中因膨胀而堵塞孔道的松散物质绝大部分

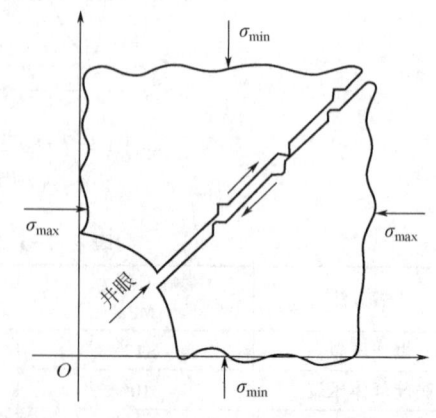

图 8-7-3　高能气体压裂支撑裂缝示意图

冲刷、清扫干净。高温热力作用可清除近井地带的沥青质胶质、石蜡等沉积物的堵塞，同时可以降低原油黏度。

产生高能气体的同时也产生了冲击波、超声波、强声场，它穿透性能极强，作用于油层可疏通油流通道，降低毛细孔道的表面张力，使原油降黏、除垢并解堵、清蜡防蜡，抑制地层中细菌的生长和聚集，从而提高油层的泄油能力。

3）物理化学作用

火药爆燃所产生的高压冲击波作用于油层可疏通孔隙通道，降低毛管力，使原油降黏等。化学反应的气体生成物，如 CO、CO_2、N_2、NO 和 HCl 等，这些携带热能的生成物进入油层后，前三种气体易溶于原油、降低原油黏度、提高原油溶解蜡及胶质、沥青的能力；后两种气体生成物均易溶于水产生硝酸和盐酸，在油层中能起到酸化作用。

二、水力解堵技术

水力解堵（hydraulic plugging removal）技术是利用水力作用实现解除油层近井地带堵塞的技术。目前矿场上所用的水力解堵技术主要有两种：一种是利用 Helmhotz 振荡腔产生水力自激振荡作用形成的脉冲射流作用于油层；另一种是利用高压水射流技术形成的旋转射流产生的脉冲射流作用于油层。图 8-7-4 为一种旋转射流水力脉冲振荡器。该振荡器主要由带斜孔的内外套组成。在内套的横截面上沿径向间隔开有斜向槽孔，而其底部钻有通孔。在内套之外，匹配可以转动滑套，其横截面上也间隔开有斜向槽孔，并与内套上的槽孔成一定角度。内外套上开孔的角度相同，方向相反，由此组成了滑轮式结构，其导向装置是开有斜向槽孔的内套，而工作轮是在斜向槽孔下可定向转动外滑套。内套顶部连接油管，施工时工作液由油管经内套并从其斜向槽孔中流出，推动外滑套转动。工作液周期性地流出形成水力脉冲冲击波作用于油层，再加上射流对井筒壁的冲刷作用，能达到消除近井油层污染的目的。

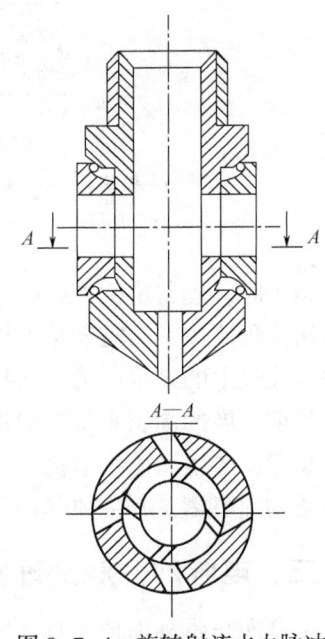

图 8-7-4 旋转射流水力脉冲振荡器结构

1. 振动波作用机理

振动波作用机理包括三个方面：

（1）振动波作用于油层使油层流体及岩石发生振动，减小油—岩的亲和力；油—水界面形成乳状液；毛细管时大时小，减小了毛管力的影响；使岩石应力时大时小变化而产生疲劳裂缝，即振动波压裂的原理。

（2）振动波具有很强的穿透能力，使油层流体发生快速的往复振动，堵塞物（如垢）等从介质上脱离，从而疏通流道，提高油层渗透性。

（3）在振动波场中原油分子结构在剧烈振荡作用下进行周期性的排列组合；空化作用使分子键断裂，从而降低原油的黏度。高频振动波的振荡及空化作用，使石蜡在凝结之前分散，长链分子发生断链，从而降低其固化温度，加上振动波场的热效应，可起到防蜡和清蜡作用。

2. 主要设备和工艺过程

水力振荡解堵施工流程由地面设备和振动管柱两部分组成。地面设备包括泵车、储液罐车和修井机；振动管柱由井口、油管扶正器和振荡器组成，如图 8-7-5 所示。

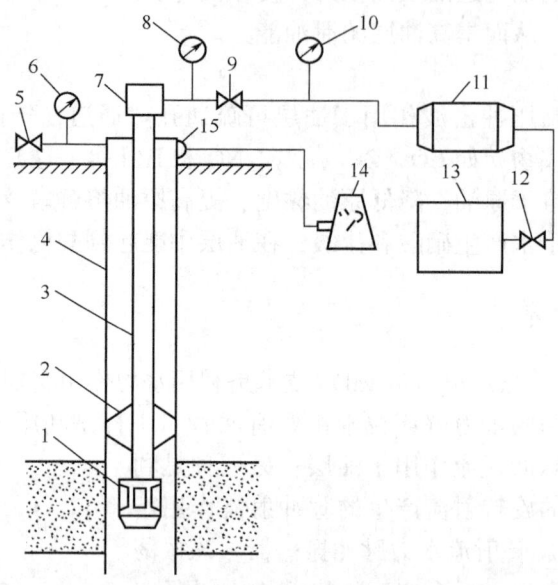

图 8-7-5　水力振荡解堵现场施工示意图
1—振荡器；2—扶正器；3—油管；4—套管；5, 9, 12—阀；6, 8—压力表；
7—井口；10—流量计；11—泵车；13—罐车；14—测调仪器；15—传感器

施工时，先起出生产管柱并进行通井、冲砂，然后用油管下入振荡器，利用泵车向振荡器输送高压流体，对需解堵的油层由下至上逐一处理。对于注水井也可如此处理，也可利用原注水流程中的来水压力进行振荡处理，并在套管上接好放溢流管线。

目前发展的高压水旋转射流处理近井油层技术是利用井下可控转速的旋转自振空化射流解堵装置，产生高压水射流直接冲洗射孔炮眼解堵和高频振荡水力波、空化噪声（超声波）对油层物理解堵，其主要作用机理和施工过程与水力振荡解堵技术类似。

三、电脉冲井底处理技术

电脉冲井底处理技术是通过井下液体中电容电极的高压放电，在油层中造成定向传播的压力脉冲和强电磁场，产生空化作用，解除油层污染，对油层造成微裂缝从而达到增产增注目的。其物理实质是高压击穿充满在井内的局部介质，在容积很小的通道内迅速释放出大量能量，产生强大的冲击波和电磁场。

1. 电脉冲作用机理

电脉冲井底处理（electrical pulse bottom-hole treatment）技术的关键是井下流体中电容电极的高压放电，放电过程是在井下仪器的放电室内进行的，对流体中的电极偶施加电压后，当电压高于介质的击穿值时产生放电。同时在两电极偶之间形成两次击穿放电过程有一定的时间间隔，因而为周期性放电，伴随放电孔道内流体爆炸释放大量能量。其作用机理主要有：

（1）产生压力波和空化作用，解除油层孔道中的堵塞；

（2）在油层中产生微裂缝和改造原有裂缝，改善油层流体渗流能力；

（3）在脉冲作用下，压差交替变换大小和方向，减小了毛管力的影响，使油层流体由滞留区向排液活动区流动，提高原油的采收率。

2. 主要设备和工艺过程

电脉冲井底处理设备主要有地面整流变频器、电缆和井下放电仪，如图8-7-6所示。施工步骤为：

（1）起出生产管柱，通井、冲砂；

（2）在下井仪器上安装定位器；

（3）用电缆车下放仪器到预定位置；

（4）接通电源，以一定频率发射电脉冲处理油层，每米油层为100~300个脉冲；

（5）多层时由下而上逐一处理，处理完毕后，提出井下仪器；

（6）试油或油井正常生产。

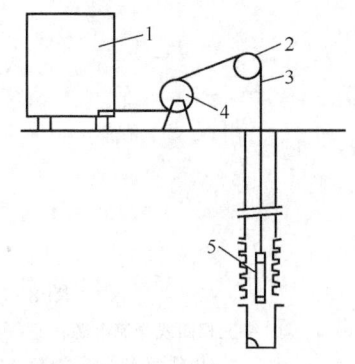

图8-7-6 电脉冲处理油层示意图
1—地面整流变频器；2—滑轮；3—电缆；
4—电缆绞车；5—井下放电仪

四、超声波井底处理技术

超声波井底处理（ultrasonic bottom-hole treatment）技术是利用超声波的振动、空化等作用于油层，解除近井地带的污染和堵塞，以达到增产增注目的的工艺措施。

1. 增产增注机理

超声波井底处理技术的增产增注机理主要包括以下几个方面：

（1）声波传递方向与流体流动方向具有相反的特性，无论其强弱，都会促使原油加速向声源流动，因而与渗流方向相反的井底辐射波可以促进油层流体向井筒渗流和聚集。

（2）超声波处理可使原油降黏、破乳、凝固点下降。

（3）超声波的振动、空化作用可以解除近井地带的堵塞和产生微小裂缝，恢复和提高油层渗透性。

（4）超声波的振动作用使毛细管半径不断发生变化，破坏了油层流体的受力平衡，有利于部分毛细管束缚的原油被开采出来。

（5）对注水井而言降低水的表面张力和毛细管渗流阻力，同时具有杀菌、防垢等作用。

2. 主要设备和工艺过程

超声波处理油层系统由地面声波发生器、传输电缆和井下大功率电声转换装置（发射型换能器）等组成，如图8-7-7所示。

目前常用的超声波处理油层装置采用380V/220V、50Hz电源提供电能，声波频率为15~33kHz，输出功率为4~30kW。

施工时，将井下换能器用普通射孔电缆送至要处理的油层部位，由相应的电源提供电能，地面发生机产生脉冲波、超声波和电功率振荡信号，经电缆传输给大功率发射型换能器，换能器将电功率振荡信号转换成机械振动能—声波，经流体介质（油水混合物）耦合进入油气层，解除污染、堵塞，提高近井地带油层渗透性，达到增产增注的目的。

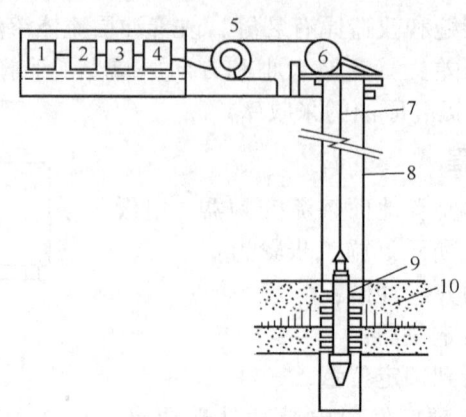

图 8-7-7　超声波处理油层仪器组成示意图

1—三相四线交流电源；2—声波发生机电源；3—声波发生器；4—输出监测脉冲波形、电压；
5—电缆绞车；6—滑轮；7—电缆；8—套管；9—井下大功率电声转换装置；10—油层

五、微生物采油技术

微生物采油（microbiological oil recovery）技术或称微生物强化采油技术是指将地面分离培养的微生物菌液和营养液注入油层，或者单纯注入营养液、油层内微生物，使其在油层生长繁殖，产生有利于采油的代谢产物，提高石油采收率的采油技术。

最早提出利用微生物采油的是美国学者 Paeckmann（1926），美国能源研究院的 ZoBell（1947）进行了补充试验，得出微生物能将石油从砂粒上释放出的结论。20 世纪 50 年代，美国和前苏联等国家已成功地进行了利用微生物采油的矿场试验。

我国从 20 世纪 60 年代开始研究微生物采油技术，20 世纪 90 年代以来，加快了微生物采油技术的研究步伐。到目前为止，我国先后在大庆、大港、辽河、江汉、新疆、胜利等油田开展了微生物采油技术的推广应用，取得了显著的成效。

微生物的应用有助于进一步降低二次采油结束后仍留在油层孔隙中的残余油。因为受该技术本身的某些限制，微生物提高原油采收率方法不太可能取代常规提高原油采收率的方法，但其有独特的优越性。表 8-7-2 中列出了微生物及其产物对提高原油采收率的作用。

表 8-7-2　微生物及其产物对提高原油采收率的作用

微生物及其产物	作　用
酸	(1) 改造油层岩石； (2) 增大孔隙度和渗透率； (3) 与碱质岩石反应生成 CO_2
生命体	(1) 选择性或非选择性封堵； (2) 对烃类黏附引起乳化作用； (3) 改善固体表面； (4) 降解和变质原油； (5) 降低原油黏度和原油凝固点； (6) 原油脱硫作用
气体（CO_2，CH_4，H_2）	(1) 使油层压力增加； (2) 使原油膨胀； (3) 降黏； (4) 对碳酸盐岩的溶解作用

续表

微生物及其产物	作　用
溶剂	溶解原油
表面活性剂	(1) 降低界面张力； (2) 乳化作用
高分子聚合物	(1) 流度控制； (2) 选择性或非选择性封堵

从最初在石油微生物学方面的发现和早期油田试验开始到现在，对微生物提高原油采收率特性的了解不断深入，但由于油藏特性与微生物间的作用机理复杂，对影响微生物细胞在孔隙介质中的穿透因素还不是很清楚，主要有：

（1）油层的物理化学性质，如渗透率、孔隙度及其大小分布、润湿性、表面电性、原油类型、油层水的矿化度和离子组成等；

（2）细胞的特性，如形状、大小、游动现象、细胞生产形式（单个或成簇或链状）、表面电荷、薄膜和黏液的产生、化学反应生成物等；

（3）注入方式，如注入速率、注入水含盐量、细胞悬浮液的密度等。

因此有必要研究油藏条件下微生物采油的适用范围和驱替效率。目前微生物采油工艺主要包括微生物吞吐、微生物驱以及微生物井筒清防蜡、垢等。

六、人工地震处理油层技术

人工地震处理油层（artificial seismic treatment of oil reservoir）技术是利用地面人工震源产生强大的波动场作用于油层进行振动处理，从而提高油层中油相渗透性及毛细管渗流和重力渗流速度，促使石油中的原始溶解气及吸附在油层中的天然气进一步分离，以达到提高原油产量及采收率的目的。

1. 人工地震采油机理

振动波具有很强的穿透能力和其特有的共振现象，当其作用于油层时，将产生以下有利于采油的作用：

（1）振动加速油层中流体的流动；

（2）振动可降低原油黏度，降低界面张力，从而改善原油流动和降低水油流度比，有利于水驱油过程；

（3）振动可促进气体从原油或岩石孔隙表面上分离，产生气驱油作用；

（4）振动使孔隙表面的某些沉淀污染物脱落分散被液流携走，起到疏通孔隙通道、解除油层损害的作用。

2. 主要设备及工艺过程

人工地震处理油层技术矿场施工设备主要包括人工震源和振动监测与分析系统。人工震源由可调频起震机和可调重基础构成；震动监测与分析系统包括两个子系统，即井下监测与分析子系统和震动地面公害监测与分析子系统。目前采用的起震机和检测设备多种多样，但其工作原理基本相同，施工时由地面起震机起震，产生的低频振动波传至油层进行振动处理，同时利用仪器检测其频率和井中液面变化状况，据此优化振动频率及其他施工参数，从而确定出利用振动系统处理油层的最佳工作状态。

一般地,震源的工作频率为 2~50Hz,震动力为 40~800kN,最大垂向作用深度可达 1300m 左右,平面波及范围可达 1000m。

与其他油气层处理措施相比,人工地震处理油层技术具有更清洁、对油层无损害、能耗低、设备简单、效益高、易推广等优点。该项技术的震源设备、起震及设备操作规程、测试手段、使用条件、经济效益评估等方面已形成较成熟的工艺技术。现场使用时,只要选择合适的震源位置,科学地制定实施方案,振动就不会产生公害。

参考文献

[1] 王鸿勋,张琪. 采油工艺原理. 北京:石油工业出版社,1989.
[2] 张琪. 采油工程原理与设计. 东营:中国石油大学出版社,2000.
[3] 赵福麟. 采油化学. 东营:石油大学出版社,1989.
[4] 万仁溥等. 采油技术手册(修订本). 第七、八、十分册. 北京:石油工业出版社,1991.
[5] 胡博仲. 波场采油. 北京:石油工业出版社,1996.
[6] 胡博仲. 磁技术在采油生产中的应用. 北京:石油工业出版社,1993.
[7] 凌建军. 实用稠油热采工程. 北京:石油工业出版社,1996.
[8] 任瑛. 井筒热流体循环采油方法研究. 石油大学稠油研究论文集. 东营:石油大学出版社,1990.
[9] 刘介人. 工频集肤电热开采高凝稠油的理论研究与实践. 石油钻采工艺,1994,4.
[10] 杜金虎,李建忠,郭彬程,等. 中国陆相致密油. 北京:石油工业出版社,2016.
[11] 杨胜雄. 南海天然气水合物成藏理论. 北京:石油工业出版社,2019.
[12] 孙赞东,贾承造,李相方,等. 非常规油气勘探与开发. 北京:石油工业出版社,2011.
[13] 李颖川,钟海全. 采油工程(富媒体). 3 版. 北京:石油工业出版社,2021.
[14] 李海涛,李年银. 采油工程基础(富媒体). 北京:石油工业出版社,2019.

习 题

1. 试分析油层出砂的原因及其危害。
2. 简述人工胶结砂层防砂、人工井壁防砂、砾石充填防砂的基本原理。
3. 简述选择砾石充填防砂的砾石直径的方法。
4. 简述目前油井清砂的有效方法。
5. 分析影响油井结蜡的因素,简述油井清蜡及防蜡方法。
6. 简述油井出水的来源,判断来水方向的方法以及相应的堵水工艺。
7. 简述金属腐蚀的分类、基本原理及相应的防腐措施。
8. 简述目前我国稠油的分类方法、稠油开采工艺及其特点。
9. 简述天然气水合物开采的主要技术。
10. 简述各种井底处理新技术的作用机理、工艺过程及发展趋势。

第九章　智能采油技术

　　随着油田的信息化、数字化、智能化建设，油气生产过程中积累了海量的数据资源，同时数据智能化的应用也逐步展开，采油工程已开始步入大数据的智能时代。国外各大石油公司，如壳牌、BP、沙特阿美、挪威国家石油、斯伦贝谢、哈里伯顿等公司快速推动智能化技术在油气生产领域的应用与实践。壳牌的智能油田2000年启动，在油藏生产监测优化、智能井实时监控等方面的解决方案取得了巨大成功，显著提高了油藏、油井、设施管理和生产运营效率。BP公司重点关注油井实时远程监控、设备可靠性预警等领域，并对各领域解决方案进行了大规模整合并实施，通过数字化项目获取更高的智能化能力及洞察力。2014年，康菲石油公司在鹰滩页岩油气区（Eagle Ford）的业务数据库基础上构建了大数据分析平台（IDW），通过大数据分析、人工智能技术等，精确指导布井、高效钻井和压裂设计优化，实现地质勘探、油藏研究、钻井和完井工程、经济评价的协同，大幅提高钻井作业效率和单井产量，降低吨油成本，该平台应用后，钻井周期缩短了50%，单井产量提高了20%。2017年，斯伦贝谢公司推出了DELFI环境平台。该平台为油气勘探、开发及生产建立了全新的工作和研究流程，基于海量数据和云计算，构建了多专业可操作、数据共享的平台环境，可以为各专业、多流程数据、模型和解释建立公共工作空间，将团队、系统、软件、新旧数据输入到平台环境中，通过融合实现协作效果的最大化。2019年，哈里伯顿公司在微软Azure云上发布了10款Decision Space 365勘探和生产云程序，并使用微软的语音和图像识别、视频处理和AR/VR等技术，为全球客户提供量身定制的E&P数字业务解决方案。2020年，IBM服务公司和贝克休斯（BHC3）联合形成了全球AI企业战略联盟，成为提供AI软件平台的领军者。

　　我国智能油田建设与国外石油公司相比起步较晚，但进步快和成效大。我国石油工业近年来正面临石油资源品位劣质化、主力老油田进入特高含水后期开发阶段、生态环境要求高、低油价、石油战略安全等方面的严峻挑战，在创新发展理念的指引下，国内各大石油公司正在大力实施数字化转型，在油气生产领域重点建立全面感知、自动控制、智能预测、优化决策的生产体系，驱动油气产业高质量发展的战略部署；同时将先进信息技术与传统产业深度融合，持续推动自动化、数字化、智能化发展，加快实现以智能化主导的运营新模式转变。

第一节　智能采油原理及方法

　　采油工程已进入"全数、全息、全智"的时代。物联网、大数据、人工智能技术和采油工程深度融合形成新型的智能化采油技术。

一、智能采油的相关概念

　　物联网（internet of things）、大数据（big data）、人工智能（AI, artificial intelligence）与传统采油工程的深度融合，推动油气生产业务的运作、服务模式，帮助石油公司应对业务挑战。

智能采油（intelligent oil recovery）：应用物联网、大数据、人工智能技术，使采油生产全流程可监测（能够监测所有主要设备的状态）、可控制（能够控制所有主要设备的状态）和智能化（可自适应并实现智能分析决策），从而打造更加安全、节能、经济的采油气生产管理系统，对采油气工程的生产安全、运行效率以及投资成本等进行智能监测、诊断、预测、优化、调控，达到提升油气产量和效益的目的。

油气生产物联网（internet of things for oil and gas production）：为感知全面提供基础。通过传感器、网络、智能终端等设施对油气生产场站、采油气平台、管网、设备、人员、交通运输、物资流转、环境等生产运行状态及参数的全面实时采集，实现对油田现场生产自动监控、生产异常自动预警、自动控制重点生产环节、关键部位的连锁保护。

油气生产大数据（big data of oil and gas production）：为业务洞察提供依据。伴随勘探、开发、生产过程产生了海量的原始数据和成果数据，油气生产大数据是基于广泛多维、动态、静态的数据积累，将各类信息进行收集、整合、加工，利用分析模型与平台为开发、生产等领域提供描述、预测和优化决策服务。油气生产大数据具有智能化分析、预测、优化功能，实现生产决策从"机理驱动"向"数据驱动"的转变，为提高产量、降低能耗、节约成本开辟一条新途径。

油气工程云计算（cloud computing for petroleum engineering）：为资源共享提供平台。基于标准化、模块化，构建专业软件、数据库和IT管理软件资源的共享环境以及服务器、存储等设备资源的共享池，从油气生产企业总部层面、区域公司层面整合资源、集中管理，从而优化投资并提高运维水平。

油田移动互联（oilfield mobile interconnection）：为工作高效提供环境。通过广域网或者互联网等无线通信技术与移动终端的组合，促进油田抄表、巡检、设备运维等移动工作现场与远程中心的双向互动，提高工作效率。

油气生产人工智能（artificial intelligence for oil and gas production）：因油气生产本身及外部环境的多层次、多因素、多变量的关系，具有模糊、非线性映射的属性，需要有全面感知、智能分析、及时预警、自动寻优、自主决策、精准控制的智能系统。

油气井虚拟计量（virtual metering of oil and gas wells）：通过对油气井生产运行参数的全面监测，将物理量（温度、压力和调节阀开度）的检测数据转化成流量、含水率、设备状态等信息的"软测量"模型，计算油气井口多相流的总流量、气油比、含水率等量的精确数值。目前正成为可靠性高、性价比合适的多相流量计的替代或备用品。

数据挖掘（data mining）：指从数据库的大量数据中揭示出隐含的、先前未知的并有潜在价值信息的过程。数据挖掘是一种决策支持过程，它主要基于人工智能、机器学习、模式识别、统计学、数据库、可视化技术等，高度自动化地分析数据，作出归纳性的推理，从中挖掘出潜在的模式，帮助决策者调整策略，减少风险，作出正确的决策。

数据湖（data lake）：维基百科上定义，数据湖是一个以原始格式存储数据的存储库或系统。它按原样存储数据，而无需事先对数据进行结构化处理。一个数据湖可以存储结构化数据（如关系型数据库中的表）、半结构化数据（如CSV，Comma-Separated Values）、日志、XML（EXtensible Markup Language）、JSON（JavaScript Object Notation）、非结构化数据（如电子邮件、文档、PDF）和二进制数据（如图形、音频、视频）。但随着大数据技术的融合发展，数据湖不断演变，汇集了各种技术，包括数据仓库、实时和高速数据流技术、数据挖掘、深度学习、分布式存储和其他技术。逐渐发展成为一个可以存储所有结构化和非结构化任意规模数据，并可以运行不同类型的大数据工具，对数据进行大数据处理、实时分析和机器学习等操作的统一数据管理平台。

数据治理（data governance）：是组织中涉及数据使用的一整套管理行为。由企业数据治理部门发起并推行，包括如何制定和实施针对整个企业内部数据的商业应用和技术管理的一系列政策和流程。数据治理的最终目标是提升数据的价值，数据治理非常必要，是企业实现数字战略的基础。它是一个管理体系，包括组织、制度、流程、工具。

数据驱动（data driven）：是一种问题求解方法。从初始的数据或观测值出发，运用机器学习或启发式规则，寻找和建立内部特征之间的关系，从而发现一些定理或定律。通过采集海量的数据，将数据进行组织形成信息，之后对相关的信息进行整合和提炼，在数据的基础上经过训练和拟合形成自动化的决策模型。数据驱动就是以数据为中心进行决策和行动。

机器学习（machine learning）：专门研究计算机怎样模拟或实现人类的学习行为，以获取新的知识或技能，重新组织已有的知识结构使之不断改善自身的性能，涉及概率论、统计学、逼近论、凸分析、算法复杂度理论等多门学科。大数据时代的机器学习更强调"学习本身是手段"，机器学习成为一种支持和服务技术。如何基于机器学习对复杂多样的数据进行深层次的分析，更高效地利用信息成为当前大数据环境下机器学习研究的主要方向。

数字化转型（digital transformation）：通过大数据、人工智能、云计算、移动互联网等新技术来推动业务的增长。通过对商业模式、用户体验、运营流程、企业组织的改造，让企业业务能够基于数据进行驱动，从而实现更好的客户体验，更高的组织效能，形成新的价值。

数字孪生（digital twin）：是充分利用物理模型、传感器更新、运行历史等数据，集成多学科、多物理量、多尺度、多概率的仿真过程，在虚拟空间中完成映射，从而反映相对应的实体系统的全生命周期过程。

数字孪生注采单元（digital twin injection production unit）：以注采单元生产过程为实体对象，建立井筒—注采单元生产系统的数字孪生体，将物理井筒、数字井筒、信息系统和孪生数据集成融合，达到物理油水井和虚拟油水井实时交互和双向真实映射，满足整个注采单元生产的全生命周期的监测、诊断、预警、调控等需求。该系统能够从时间、空间维度展示油田注采生产动态，演化注采单元生产过程的油水井生产运行规律，智能优化调整注采井生产剖面和井筒工作参数。

智能油田开发（intelligent oilfield development）：主要从云数据平台、油气藏一体化管理、单井全生命周期管理和地面生产一体化管理等方面出发，实现油田开发全过程的数字化运行和智能化管理。即：确立油气田开发过程中的地质、数值模拟与动态分析模型，实现实时监测与分析，实行个性化的不均匀井网设计，用于持续优化开发技术，保证开发过程的高效益，高质量；通过控制、管理单井全生命周期，提高油气藏采收率和产能贡献率；结合物联网技术与互联网技术，全方位监控管理错综复杂的地面集输系统。

作业现场智能化（intelligent operation site）：利用物联网、机器人、人工智能等技术，推动采油（气）井、计量站、集气站及站库智能化建设和物联网数据深化应用，实现智能配水配汽、稠油吞吐智能预警、油井工况智能管理、设备系统能耗监测分析等，推动现场生产管理方式转变，降低人工作业成本和风险。

生产运行一体化（integration of production and operation）：运用大数据、数字孪生、人工智能等技术，建立智能高效生产计划执行体系，搭建可视化调度指挥平台，集成电网调度、生产运维、集输管理、管网完整性管理、应急指挥、水质监测等系统，实现全局效益最优的计划调度和一体化协同管理。

经营管理一体化（integration of operation and management）：建立或完善移动办公平台，按照"提效率、增效益"的总体目标，通过生产经营智能决策、智慧化办公、物资设备智能管控，构建以经济效益为中心的一体化管理模式，推进各项经营管理业务数据共享，提升整体管控和业务协同能力，大幅提高管理效率和经营决策水平。

研究设计协同化（research and design collaboration）：基于开发生产一体化协同环境，利用虚拟、增强现实、认知计算等数字技术手段，实现不同专业研究类型的一体化研究模式，建立数据链接通道智能推送相关数据，多方法检查数据质量，提高数据共享效率和应用能力，集成专业软件建立协同研究环境，实现跨专业、跨部门高效协同，提升科研成果的产出效率和效益。

二、建模方法

采油生产过程建模方法主要包含基于机理的建模方法、基于数据驱动的建模方法以及融合机理和数据的混合建模方法。三类建模方法都分别具有各自的优缺点。过程机理模型可以反映生产过程的本质规律，可靠性强，具有可解释性。其缺点为建模过程复杂，建模周期长，且最终构建的简化机理模型具有一定的误差。数据驱动模型具有实现简单、建模方法多样化、准确性高等优势，但是该类模型的可解释性差。混合建模方法实现了两类建模方法的互补，以现有的机理方程、专家经验约束数据训练神经网络过程，从数据中得出复杂的映射关系，既能拟合数据又符合物理规律、工程实际、专家经验，不受训练数据的范围和条件限制，训练的模型适用于新的条件，也特别适合"小样本"问题，通过对比可以发现，基于机理和数据驱动融合的建模方法更加适用于高维复杂、带有高度非线性和严重不确定性的油气生产过程建模。

1. 基于过程机理的建模方法

基于过程机理的建模方法以遵循物理及化学的基本定律为基础，根据生产过程的内部机制构建关键变量与其他可观测过程变量之间的精确数学模型。油气生产过程是一个流程长、环节多、规模大、工艺繁杂的复杂生产系统，涉及油藏、井筒管线、举升设备一系列复杂的物理规律，包含了动量、质量和热量传递等多种传递过程。此外，油气生产过程中始终存在着油、气、水、砂、蜡等气液固相态转变，工况会随之发生相应的变化，难以准确掌握整个油气生产系统的过程机理。在构建过程机理分析模型时，需要全面掌握整个油气生产过程的内在机理，运用足够可靠的先验知识和实践经验可以确保模型的准确性和可靠性。建立机理模型时通常需要作出不可避免的简化和假设，这就导致所构建的模型与实际过程存在一定的偏差，影响了机理模型的准确性和可靠性。

2. 基于数据驱动的建模方法

数据驱动建模是利用丰富的数据样本，运用多变量统计分析等理论或者机器学习等智能算法，从样本数据中找出问题的内在规律，进而建立起输入、输出间的映射模型。最常见的模型有分类模型和回归模型，但无论哪类模型都无法直接用数学公式进行表达。此外，建模所依赖的数据可以是多类型、多模态的，其中有些数据需要经过一定的预处理后才能被应用。目前常用的数据驱动建模方法包括最小二乘法、局部加权回归、多元统计分析、支持向量机、回声状态网络、人工神经网络等。其中，人工神经网络智能建模方法的相关研究主要集中在网络模型的结构设计、参数设定和学习算法，目标为提高神经网络建模方法的泛化能力、训练速度和工作性能鲁棒等方面。

1）数据驱动建模的步骤

数据驱动建模步骤主要包括定义问题、建立数据挖掘库、分析数据、准备数据、建立模型、评价模型和实施。

（1）定义问题。在开始知识发现之前最先的也是最重要的要求就是了解数据和业务问题。必须要对目标有一个清晰明确的定义，即决定到底想干什么。

（2）建立数据样本库。数据挖掘库的建立包括数据收集，数据描述，选择，数据质量评估和数据清理，合并与整合，构建元数据，加载数据库，维护数据库等。

（3）分析数据。分析数据的目的是找到对预测输出影响最大的数据字段和决定是否需要定义导出字段。如果数据集包含成百上千的字段，这时需要选择一个具有好的界面和功能强大的工具软件来协助完成这些工作。

（4）准备数据。这是建立模型之前的最后一步数据准备工作。可以分为四个部分：选择变量，选择记录，创建新变量，转换变量。

（5）建立模型。建立模型是一个反复的过程。需要仔细考查不同的模型以判断哪个模型对场景问题最有用。先用一部分数据建立模型，然后再用剩下的数据来测试和验证这个得到的模型。有时还有第三个数据集，称为验证集，因为测试集可能受模型特性的影响，这时需要一个独立的数据集来验证模型的准确性。训练和测试数据挖掘模型需要把数据至少分成两个部分，一个用于模型训练，另一个用于模型测试。

（6）评价模型。模型建立好之后，必须评价得到的结果、解释模型的价值。从测试集中得到的准确率只对用于建立模型的数据有意义。经验证明，有效的模型并不一定是正确的模型。造成这一点的直接原因就是模型建立中隐含的各种假定，因此，直接在现实世界中测试模型很重要。先在小范围内应用，取得测试数据，满意之后再向大范围推广。

（7）实施。模型建立并经验证之后，可以有两种主要的使用方法：一种是提供给分析人员做参考；另一种是把此模型应用到不同的数据集上。

2）数据驱动建模的流程

数据驱动建模的流程如图9-1-1所示。

（1）构建数据样本集。数据预处理；用Pearson、Spearman等相关系数法分析变量间的相关性，剔除线性相关性较强和对标签影响较小的参数项；构建预测模型样本集，划分训练集、验证集和测试集。

（2）主控因素分析。选用主成分分析（PCA）、聚类分析等方法对数据进行降维和生产特征分析。

（3）模型训练。在训练集上应用机器学习算法进行样本训练，在验证集上进行模型超参数调优，测试集上进行模型性能效果评价，训练生成数据驱动模型。

（4）算法选择。选择不同的机器学习算法进行模型训练，根据模型性能评价指标遴选

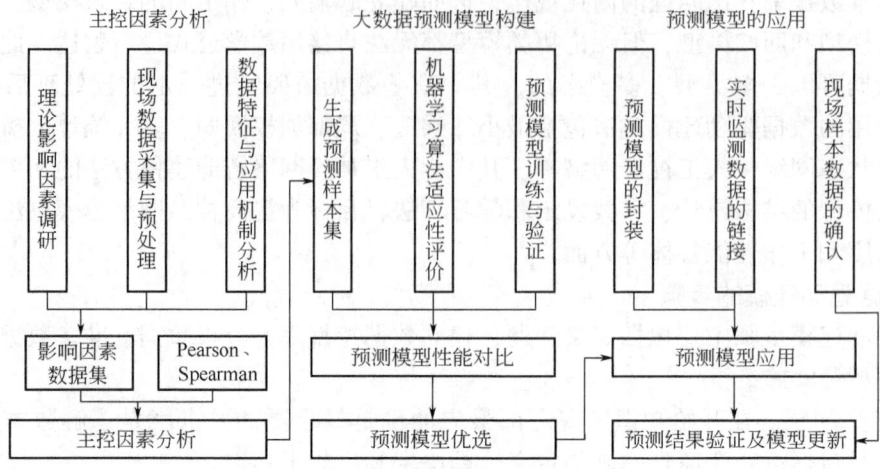

图 9-1-1 数据驱动模型建模流程

算法,获得入选的数据驱动模型。

(5) 模型应用。链接实时监测的数据,应用入选模型进行分类、预测。

(6) 优化决策。统计历史参数和生产参数范围,建立可控参数决策方案集,利用入选模型在决策方案集上进行敏感性分析,根据决策目标对参数进行优化推荐。

数据驱动模型可以通过统计学习发现未被机理模型所表征的隐含动态特性,更加适用于带有不确定性和高度非线性的复杂油气生产过程建模,可以通过最小化误差来确定数据驱动模型的整体结构和相关参数,而数据驱动模型的性能重点取决于数据质量的好坏和建模方法是否合适。基于数据驱动的建模方法具有实现简单、准确性高、无需全面掌握过程机理和适用范围广泛等优势。数据驱动方法已在油气井产能预测、非常规油气压裂产能预测优化、注采设备故障诊断预警、注采生产调控等方面得到了广泛应用。

3. 机理和数据融合的建模方法

融合过程机理和数据驱动的混合建模方法,通过整合复杂的内在机理和生产过程数据将数据信息有机融合到机理模型中,打破了机理建模和数据驱动建模各自存在的局限性,可以实现模型互补。混合建模方法具有良好的应用前景。经典的机器学习算法都以纯数据驱动为主,训练一个有监督的机器学习模型的任务就是建立输入数据到输出数据之间的函数映射,即从事先获得的训练数据和事先定义好的算法结构中学习一个具体模型,其好坏与训练数据或分布息息相关。而在许多物理和工程领域场景中,这些训练数据常常隐含部分先验知识(如流体力学问题中的流场数据需要满足质量守恒和动量守恒物理定律,即满足 Navier G Stokes 方程组),但这部分知识并未体现在经典的机器学习算法中,因此某种程度上来说,这是一种信息资源的浪费。物理约束的神经网络(physical constraints-neural network, PC-NN)正是结合了数据驱动的机器学习和物理模型的优势,能在少量训练数据的条件下,训练出自动满足物理约束条件的模型,在保证精度的同时具有更好的泛化性能,预测模型的重要物理参数。物理约束与数据驱动融合是指将物理准则或实践经验与深度学习模型进行融合,将科学理论、工程控制作为先验知识,利用这些先验知识在训练过程中对深度学习模型进行约束,来提升模型在一些专业学科问题中的准确性和鲁棒性。物理约束的神经网络结构如图 9-1-2 所示。

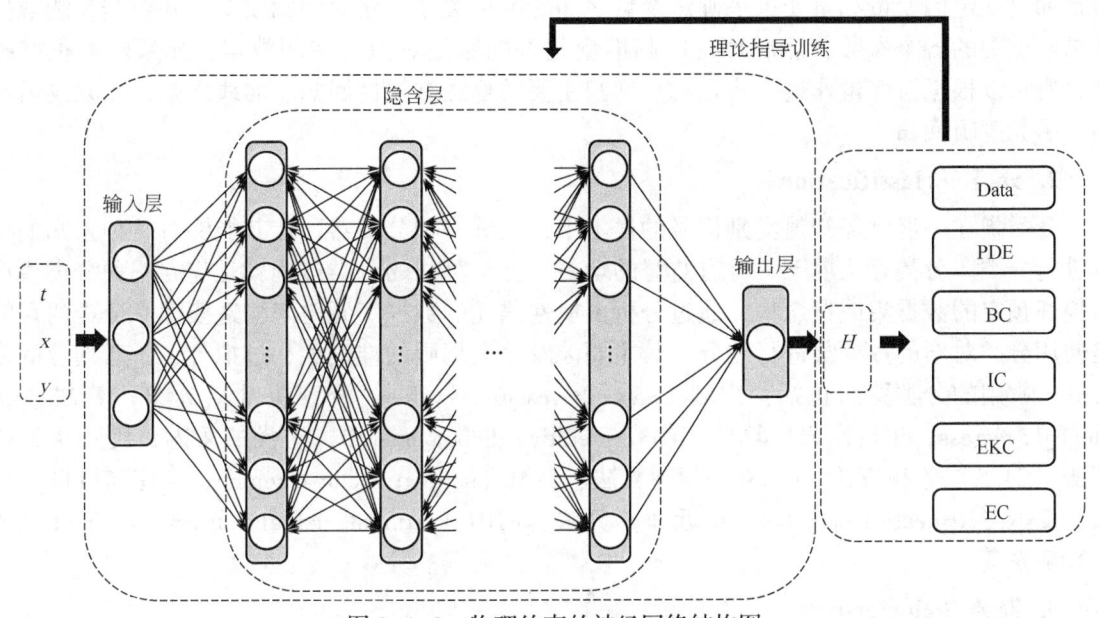

图 9-1-2 物理约束的神经网络结构图

图 9-1-2 中，t 为输入的时间变量；x、y 为输入的空间变量；H 为输出变量；Data 为观测数据（即训练数据、仿真/实验数据等）；PDE 为物理准则—控制方程；BC（boundary condition）为边界条件；IC（initial condition）为初始条件；EK（expert knowledge）为工程控制；EC（engineering controls）为专家经验。对应的损失函数表达式为：

$$L(\theta)=\lambda_{\text{Data}}MSE_{\text{Data}}+\lambda_{\text{PDE}}MSE_{\text{PDE}}+\lambda_{\text{BC}}MSE_{\text{BC}}+\lambda_{\text{IC}}MSE_{\text{IC}}+\lambda_{\text{EC}}MSE_{\text{EC}}+\lambda_{\text{EK}}MSE_{\text{EK}}$$

损失函数中的每一项权重，在模型训练过程中可进行调整。对于工程实践中的控制条件及专家经验，可以通过转化为不等式进行约束。当输出违反约束条件时，在损失函数中会产生相应的惩罚项。

构建的具有物理论约束的深度学习 PC-AN 模型（PC-CNN、PC-LSTM 等），可以将历史参数、控制方程、约束条件、专家经验等先验信息融合到深度学习模型的训练中，实现理论指导训练，使模型获得更高的预测准确性和更强的鲁棒性；通过将控制方程的有限差分离散格式嵌入到模型训练过程中，实现物理约束的训练过程，相比于传统神经网络结构，PC-AN 网络可以更有效地提取电流卡片反映物理特征信息，能及时确定出故障类型；可以在较少的训练数据情况下进行构建，并可达到足够的精度，甚至可以在无标签数据的情况下，仅依赖物理指导完成训练，获得较高精度的预测结果。物理约束的深度学习模型可以在油气生产领域中进行推广应用，如注水井诊断预警、吸水指数曲线识别及预测、举升系统工况诊断与预警、设备预测性维修、油气井虚拟计量等。

三、机器学习算法

数据建模常用的算法可分为回归、分类、聚类、预测、关联分析等。具体而言，回归、分类、预测属于有指导的机器学习，关联分析和聚类属于无指导的机器学习。

1. 回归分析（regression analysis）

回归分析指确定两种或两种以上变量间相互依赖定量关系的一种统计分析方法。回归分析是通过规定因变量和自变量来确定变量之间的因果关系,建立回归模型,并根据实测数据来求解模型的各个参数,然后评价回归模型是否能够很好拟合实测数据;如果能够很好拟合,则可以根据自变量作进一步预测。回归主要的算法有线性回归、曲线回归、二元逻辑回归、多元逻辑回归。

2. 分类（classification）

分类指在一群已经知道类别标号的样本中,训练一种分类器,让其能够对某种未知的样本进行分类。分类算法属于一种有监督的学习。分类算法的分类过程就是建立一种分类模型来描述预定的数据集或概念集,通过分析由属性描述的数据库元组来构造模型。分类的目的是使用分类对新的数据集进行划分,其主要涉及分类规则的准确性、过拟合、矛盾划分的取舍等。常用的分类算法包括：NBC（naive bayesian classifier,朴素贝叶斯分类）算法、LR（logistic regress,逻辑回归）算法、ID3（iterative dichotomiser 3,迭代二叉树3代）决策树算法、C4.5决策树算法、C5.0决策树算法、SVM（support vector machine,支持向量机）算法、KNN（K-nearest neighbor,K近邻）算法、ANN（artificial neural network,人工神经网络）算法等。

3. 聚类（clustering）

聚类是将抽象对象的集合分为相似对象组成的多个类的过程,聚类过程生成的簇称为一组数据对象的集合。聚类源于分类,但聚类与分类的不同点在于：聚类要求归类的类通常是未知的,而分类则要求事先已知多个类。聚类分析的算法可以分为划分法（partitioning methods）、层次法（hierarchical methods）、基于密度的方法（density-based methods）、基于网格的方法（grid-based methods）、基于模型的方法（model-based methods）。对于聚类问题,传统聚类方法已经较为成功地解决了低维数据的聚类,但由于大数据处理中的数据高维、多样与复杂性,现有的聚类算法对于大数据或高维数据的情况下,常面临失效的境遇。受维度的影响,在低维数据空间表现良好的聚类方法,运用在高维空间上却无法获得理想的聚类效果,高维聚类分析已成为聚类分析的一个重要研究方向,也是聚类技术的难点与挑战性的工作。

4. 关联规则（association rules）

关联规则反映一个事物与其他事物之间的相互依存性和关联性,用于从大量数据中挖掘出有价值的数据项之间的相关关系。关联规则是形如$X \rightarrow Y$的蕴涵式,其中,X和Y分别称为关联规则的先导（antecedent或left-hand-side,LHS）和后继（consequent或right-hand-side,RHS）。其中,关联规则XY,存在支持度和信任度。关联规则实际上包含两个子任务：(1) 频繁模式发现,也称频繁模式挖掘、频繁项挖掘等,是指从一系列候选项中选择频繁的部分,通常衡量频繁的程度可以是对每一项出现的频率,当超过某一阈值时则这个项是频繁的;(2) 生成关联规则,指在已经发现的最大频繁项目集中,寻找置信度不小于用户给定的最小置信度的关联规则。关联规则包括Apriori算法、PCY算法、多阶段算法、多哈希算法、FP-Tree算法、XFP-Tree算法、GPApriori算法等。

5. 时间序列预测（time series prediction）

时间序列预测其实是一种回归预测方法,属于定量预测,其基本原理是：一方面承认事物发展的延续性,运用过去的时间序列数据进行统计分析,推测出事物的发展趋势;另一方面充分考虑到由于偶然因素影响而产生的随机性,为了消除随机波动产生的影响,利用历史数据进行统计分析，并对数据进行适当处理，进行趋势预测。时间序列预测及其分析是将系统观测所得的实时数据，通过参数估计与曲线拟合来建立合理数学模型的方法，包含谱分析与自相关分析在内的一系列统计分析理论，涉及时间序列模型的建立、推断、最优预测，非线性控制等原理，时间序列预测法可用于短期、中期和长期预测。依据所采用的分析方法，时间序列预测方法可以分为单序时平数法、移动均法、季节性预测法、趋势预测法、指数平滑法、长短时记忆神经网络（LSTM）等方法。

数据和特征决定了机器学习的上限，而模型和算法只是逼近了这个上限而已。然而，现有的基于深度学习的建模研究大多把研究重心放在算法的选择以及模型参数的优化上，却忽视了数据本身的作用，获取高质量的机器学习训练数据集是构建高质量模型和作出有效优化决策的基础。由于部分数据样本的获取成本较高、某些特殊事件的发生概率较低、系统设计的不合理或由于工况稳定导致所采集的数据重复性高、分布性差等原因，会导致收集到的样本存在数量少、分布离散、不平衡和信息不完整和缺乏多样性等问题。最常见的优化数据方法有特征选择和数据增强。特征选择的目的是找到和预测目标关联性最强的特征，这样可以极大地提升模型性能效果。数据增强也叫数据扩增，意思是在不实质性增加数据的情况下，让有限的数据产生等价于更多数据的价值。数据增强的方法包括传统的数据增广方法（如翻转、添加噪声）、随机擦除、对抗训练、基于GAN的增广、风格迁移等。

第二节　深度学习的抽油机井示功图诊断技术

抽油机井示功图是抽油杆载荷随位移变化的关系曲线，表示悬点载荷与位移关系的示功图称为地面示功图或光杆示功图。在实际生产中，以实测地面示功图作为分析深井泵工作状况的主要依据。目前已形成了几种主流示功图诊断模型，包括傅里叶描述子/不变矩、支持向量机（SVM）、Alexnet、卷积神经网络（CNN）、CNN-SVM等。这些方法大多数都是对典型示功图进行识别来区分常见的井下工况（典型示功图代表的工况一般定义为固定阀漏失、游动阀漏失、气影响、供液不足、气锁等）。然而，油田现场实际存在多种工况，具有复杂性和多样性，实测的示功图类型可达20余种，存在大量典型示功图之外的复杂示功图。这些复杂示功图的自动识别具有难度，代表了井下复杂的单一工况或复合工况，例如单一工况有上碰泵、下碰泵、连抽带喷以及固定阀严重漏失等，复合工况有油井出砂+供液不足以及振动+供液不足等。在现场实际生产过程中，复杂工况发生于少量油井，将某些少量存在的复杂工况井误判为正常生产井不会显著影响诊断模型整体的准确率，只降低对应工况的召回率。因此，衡量工况诊断模型性能除了整体的准确率以外，复杂工况的召回率也是一个重要指标。召回率反映了对已发生的复杂工况查全的能力，其值越大，则越能准确判断出所有发生复杂工况的油井，及时采取维护措施，对于保障生产具有重要意义。

以某作业区1226口井实测的13875张带标签示功图样本作为本节数据集（包含20种单一工况和4种复合工况）进行实验，复现了傅里叶描述子/不变矩+SVM、CNN、Alexnet、CNN-SVM）测试了其性能（70%数据训练，30%数据测试），部分实验结果见表9-2-1。

表 9-2-1　各主流模型性能测试结果

模型		机器学习		深度学习		
		傅里叶描述子+SVM	不变矩+SVM	Alexnet（7层）	CNN（5层）	CNN-SVM
准确率		75.4%	78.3%	82.2%	81.3%	81.8%
复杂工况召回率	杆断脱	8.3%	10.5%	11.6%	9.7%	12.4%
	连抽带喷	16.8%	17.8%	20.8%	29.4%	28.6%
	固定阀严重漏失	18.3%	19.6%	21.3%	23.8%	21.9%
	下碰泵	32.1%	36.4%	78.9%	74.6%	75.4%
	上碰泵	18.5%	23.7%	82.9%	79.6%	80.2%
	振动+供液不足	68.4%	71.3%	79.4%	74.2%	74.9%
	振动+气影响	64.4%	68.0%	75.6%	70.1%	70.9%
	出砂+供液不足	64.4%	68.3%	75.8%	70.6%	71.5%
	出砂+气影响	61.9%	65.2%	71.5%	66.8%	68.1%
平均召回率		39.2%	42.3%	57.5%	55.4%	55.9%

分析表 9-2-1 数据可以发现，在现场多种工况的诊断应用中，基于特征提取结合 SVM 模型的准确率和召回率均较低，基于深度学习 CNN 及其组合模型各项指标略有所提高，两种类别的模型对杆断脱、连抽带喷以及固定阀严重漏失等复杂工况的召回率均较低，不能满足现场实际需求。

针对所有模型对复杂工况召回率低的问题，提出一种新的多尺度归一化方法，即通过聚类分析算法确定多个归一化尺度，从而获得原始示功图的多个归一化图，引入更多的特征信息增强数据的可分性；基于多尺度归一化图，构建多输入通道、深度残差神经网络的示功图分类模型，实现井下多种工况的高精度诊断。

一、示功图的预处理方法

建立智能诊断算法模型时需要对示功图数据进行预处理，将示功图数据归一化到 [0,1]，获得固定大小的归一化示功图，以消除位移和载荷不同对示功图形状特征的影响，使得同一工况的示功图具有相同的形状特征，便于算法模型学习到其中的类别特征。模型分类采取特征提取、SVM 及 CNN 方法，可以在众多图像分类场景中取得良好的效果，但在本数据集的示功图分类上表现较差，尤其针对某些复杂工况井的示功图，主要是不恰当的数据预处理方法造成的。

1. 基于示功图载荷位移最值归一化方法

基于当前示功图数据的实际位移、载荷最值来做归一化，表达式为

$$\overline{X} = \frac{X - X_{\min}}{X_{\max} - X_{\min}} \tag{9-2-1}$$

$$\overline{Y} = \frac{Y - Y_{\min}}{Y_{\max} - Y_{\min}} \tag{9-2-2}$$

对于示功图数据序列中的每个点，$\overline{X}$、$\overline{Y}$ 为归一化后的位移和载荷值。X、Y 为当前示功图数

据的实际位移和载荷值。$X_{\min}$、$X_{\max}$ 和 $Y_{\min}$、$Y_{\max}$ 为位移（m）、载荷（kN）的最值，即归一化尺度。通过归一化处理，大部分同类工况的归一化示功图在形状特征上表现出一致性，利于算法模型更好地学习到同类示功图的共同特征，消除数据中的噪声。

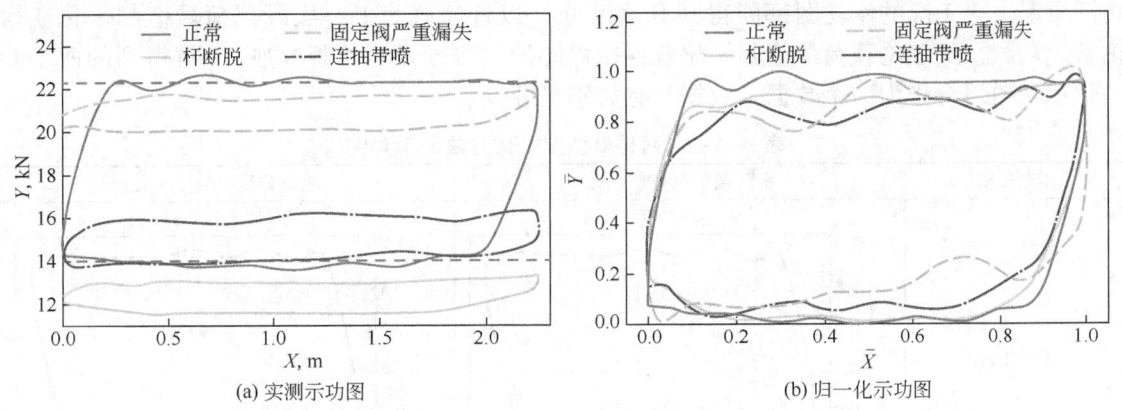

图 9-2-1　杆断脱、连抽带喷和泵阀严重漏失示功图归一化

当油井发生杆断脱、连抽带喷以及固定阀严重漏失等工况时，主要表现为悬点载荷发生变化，其示功图都呈扁平化 [图 9-2-1(a)]，但相对于正常示功图的位置不同。观察这几种工况的归一化示功图 [图 9-2-1(b)]，直观上都与正常示功图呈现出相同的图形特征，不同工况的归一化示功图混淆，不具有良好的可分性，即此归一化方式造成了数据本身的不可分性，因此不论采用何种模型，杆断脱、连抽带喷以及固定阀严重漏失等示功图呈扁平化的工况召回率均极低。

对于每一口抽油机井都存在正常工况的理论最大载荷、最小载荷值、最大位移值，即油井处于正常工况时的理想示功图，当采用理论的上、下载荷作为归一化尺度（$Y_{\max}$、$Y_{\min}$）时得到的归一化示功图如图 9-2-2 所示。

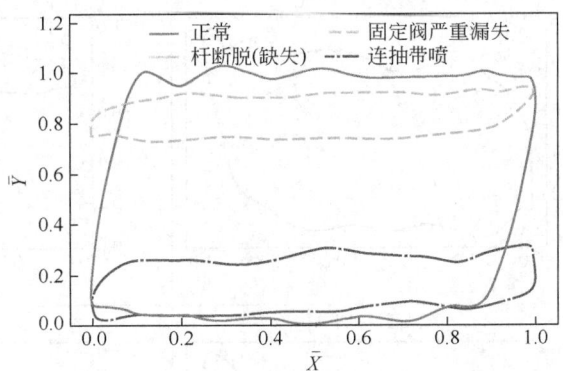

图 9-2-2　抽油机井理论载荷归一化结果

此方式保留了当前示功图相对于正常示功图位置、形状大小的信息，连抽带喷、固定阀严重漏失两种工况的归一化示功图明显具有可分性。但杆断脱工况的示功图由于其载荷低于理论载荷，归一化后在 [0, 1] 区间内不再有几何图形，造成了图像信息丢失，传感器故障、停井作业等问题也会造成图像信息丢失，所以单独使用实际载荷或理论载荷的最值作为归一化尺度，仍无法获得所有工况的具有良好可分性的归一化示功图。

2. 基于聚类分析的多尺度示功图归一化

同时使用实际的载荷最值和理想载荷最值得到两个归一化示功图作为判断标准（表9-2-2），通过两个归一化示功图特征信息之间的互补性，像杆断脱、连抽带喷、固定阀严重漏失等工况的示功图都能得到有效区分（以杆断脱为例，实际载荷最值归一化获得正常示功图，而理论载荷最值归一化获得空白图即可判断发生了杆断脱）。将得到的两个归一化示功图组合作为一个数据，数据具有类别可分性。

表 9-2-2 两种最值归一化方法的示功图

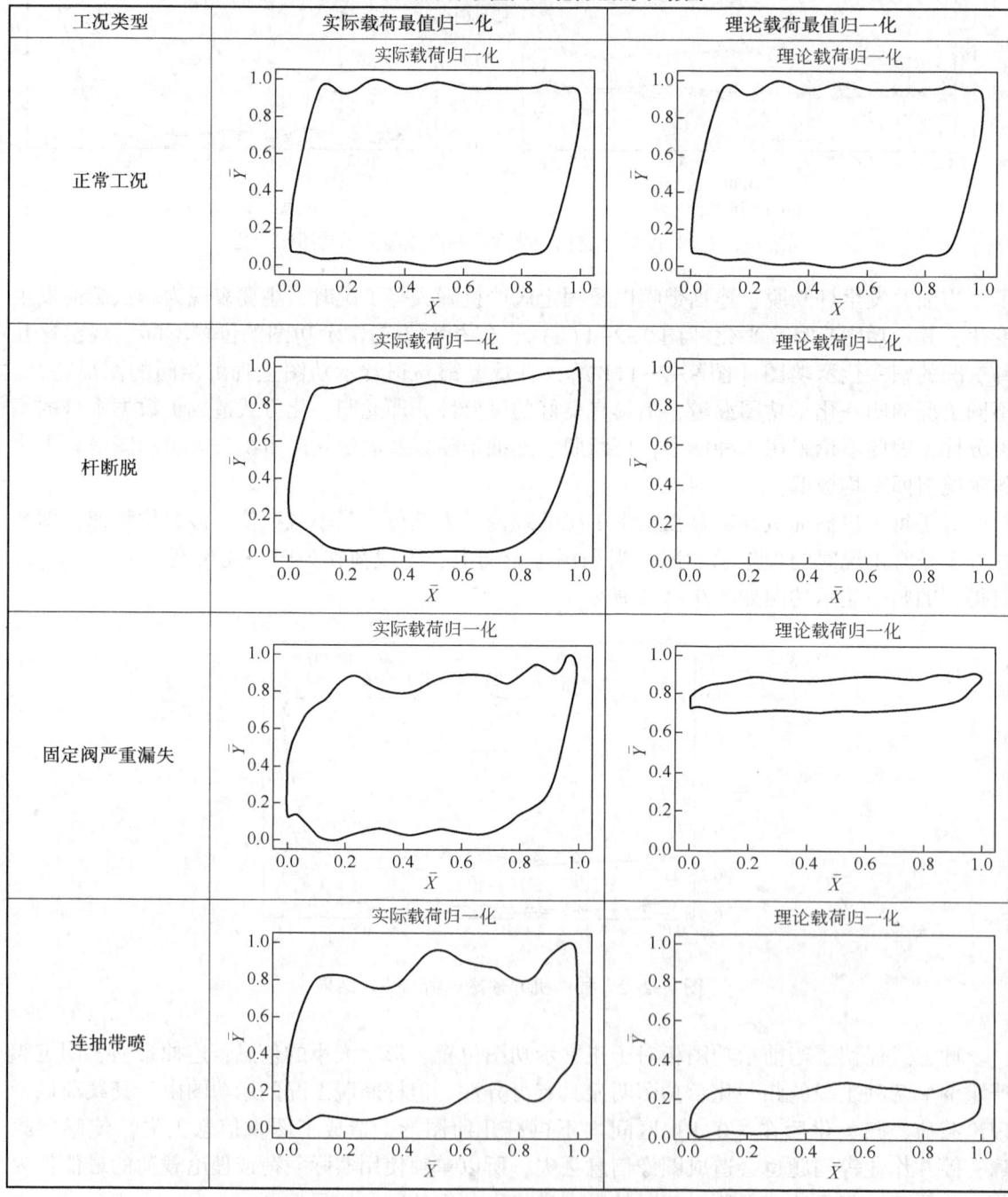

考虑到使用多个不同尺度的归一化方法的本质上是增加归一化后示功图的分类特征，因此除使用当前示功图实际载荷最值进行归一化外，再使用 k 个不同的归一化尺度对当前示功图数据进行归一化，引入足够多的分类特征，增强数据的可分性。对于当前的示功图数据集，使用聚类算法（k-means）获得 k 个归一化尺度 $u_i(i \in [1,k])$。

数据集是每个示功图数据载荷的最值（y_{max}，y_{min}）向量的集合，选择聚类簇数 $k \in [2,30]$ 进行聚类。图 9-2-4 给出了不同 k 值聚类的簇分布（部分），每个彩色代表一个簇，簇中黑色点代表每个簇的均值向量（质心），即归一化尺度（y_{max}，y_{min}）。图 9-2-3 为不同 k 值聚类的成本函数，成本函数是各个类畸变程度之和，每个类的畸变程度等于该类质心与其内部成员距离的平方和。k 越大，获得的簇越多，即归一化尺度 u_i 越多，但获得过多的归一化示功图会增加模型训练、预测的计算量，对于数据可分性的增强却有限。为确定合理的 k 值，需要同时考虑聚类的簇分布情况和成本函数的变化趋势。

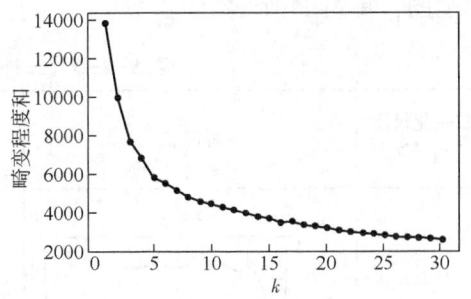

14000
12000
10000
8000
6000
4000
2000
畸变程度和
0
5
10
15
20
25
30
k

图 9-2-3 不同 k 值的成本函数值

Y_{min}，kN
Y_{max}，kN
(a) k=5聚类结果
(b) k=6聚类结果
(c) k=7聚类结果
(d) k=8聚类结果
(e) k=9聚类结果
(f) k=10聚类结果
(g) k=15聚类结果
(h) k=20聚类结果
(i) k=30聚类结果

图 9-2-4 不同 k 值聚类的簇分布

根据肘部法则，选择成本函数肘部的值（成本函数值初始下降很快，在肘部开始下降趋于平缓）作为合理的 k 值。从图 9-2-3 观察到肘部值为 $k=5$，观察图 9-2-4 发现 $k=5\sim10$

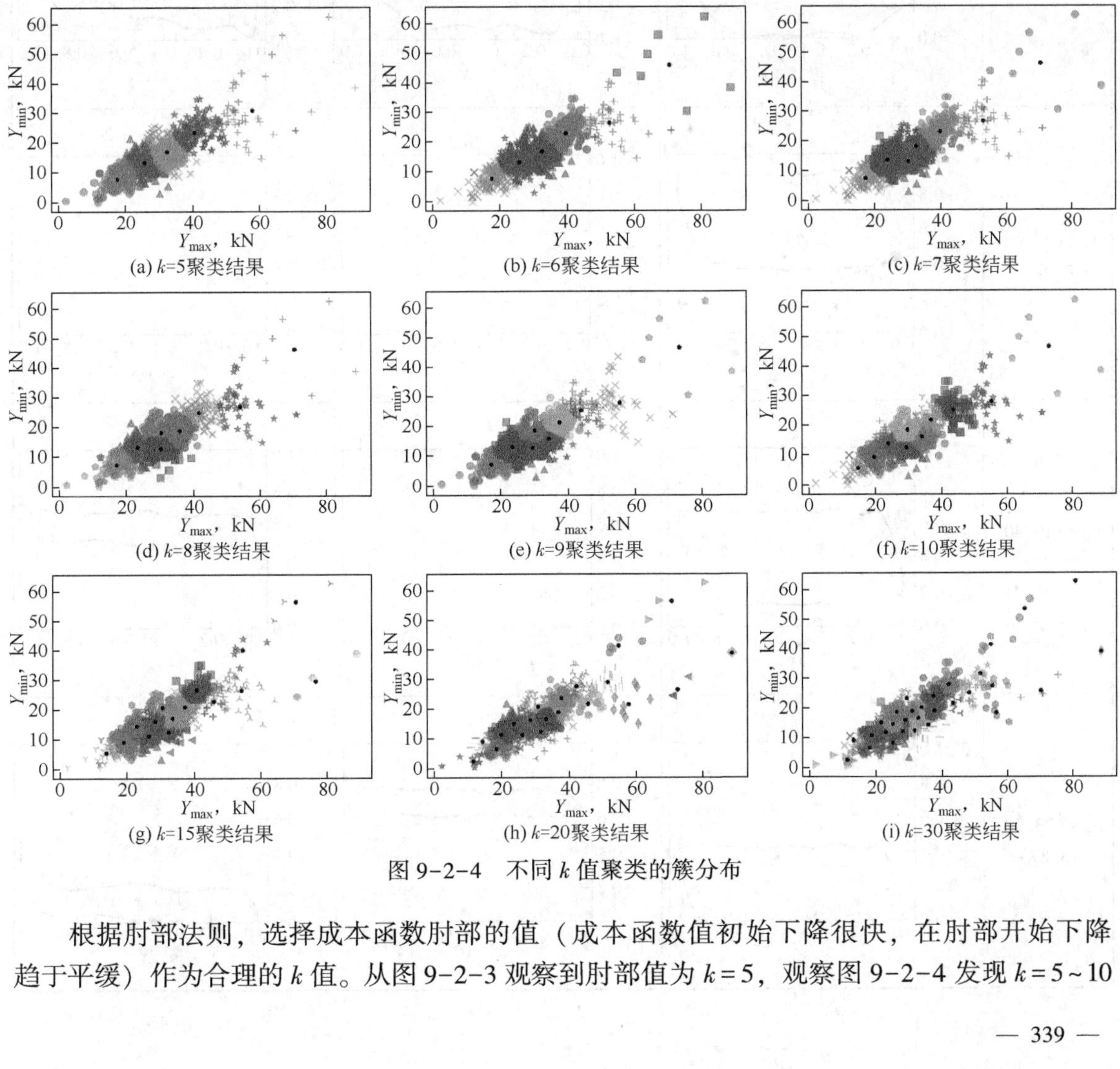

得到的簇逐渐趋于紧凑，$k=10$ 时得到簇分布质量已较好，各簇成员分布紧凑且簇之间的差异也比较明显，针对本节的数据集，$k\in[5,10]$ 是较为合理的区间，即能获得多个有效的归一化尺度，又不会过度增加计算成本。

此外，在后续实验中验证了该 k 值范围的合理性，同时选取了 $k=15$，20，30 等较大值进行归一化时诊断模型的性能表现。表 9-2-3 给出了 $k=10$ 时，杆断脱、固定阀严重漏失以及连抽带喷三种实测示功图呈扁平化的工况的所有归一化示功图，每种工况获得一组归一化示功图，每组 11 个。

表 9-2-3　三种工况的归一化示功图（$k=10$）

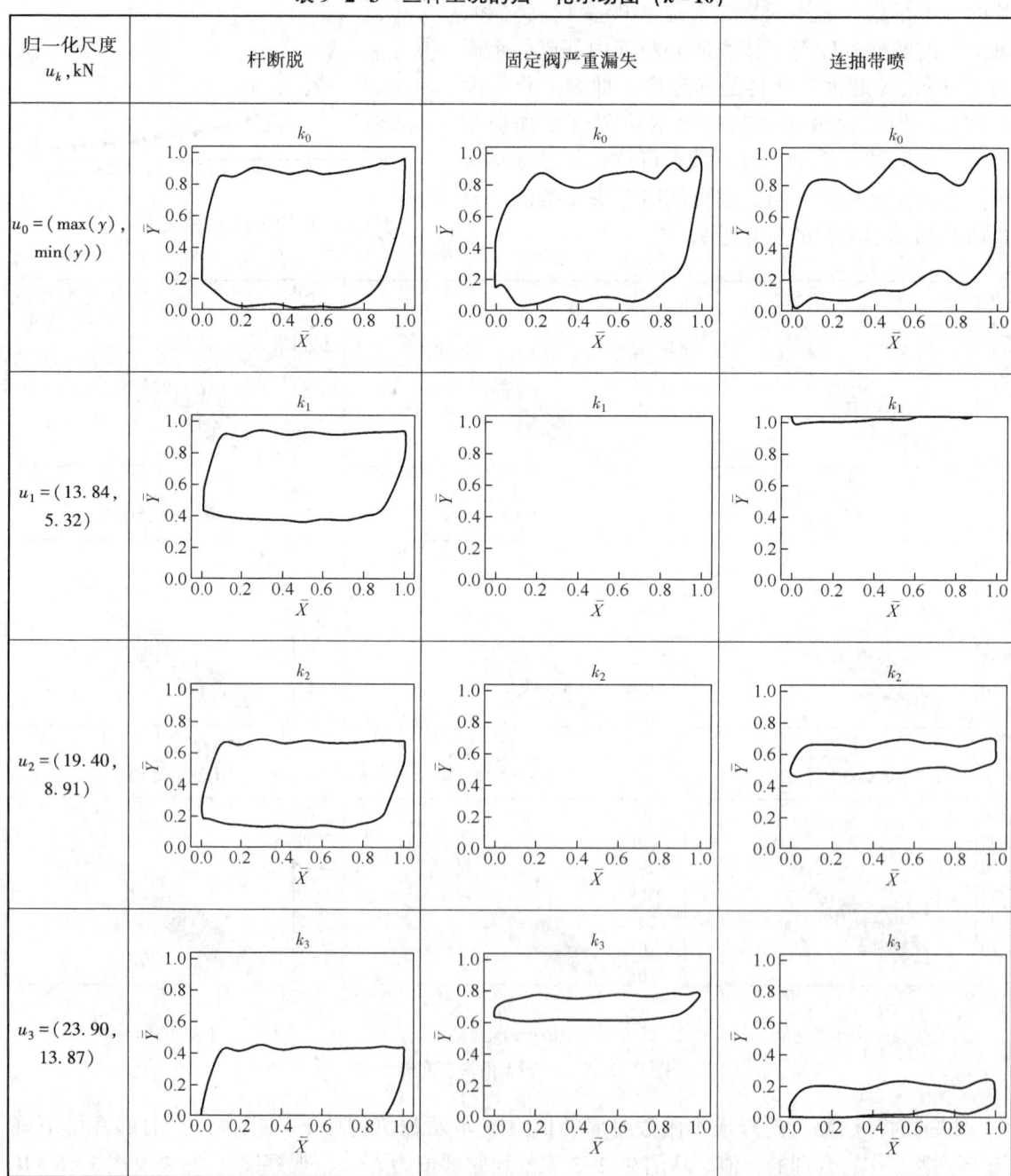

续表

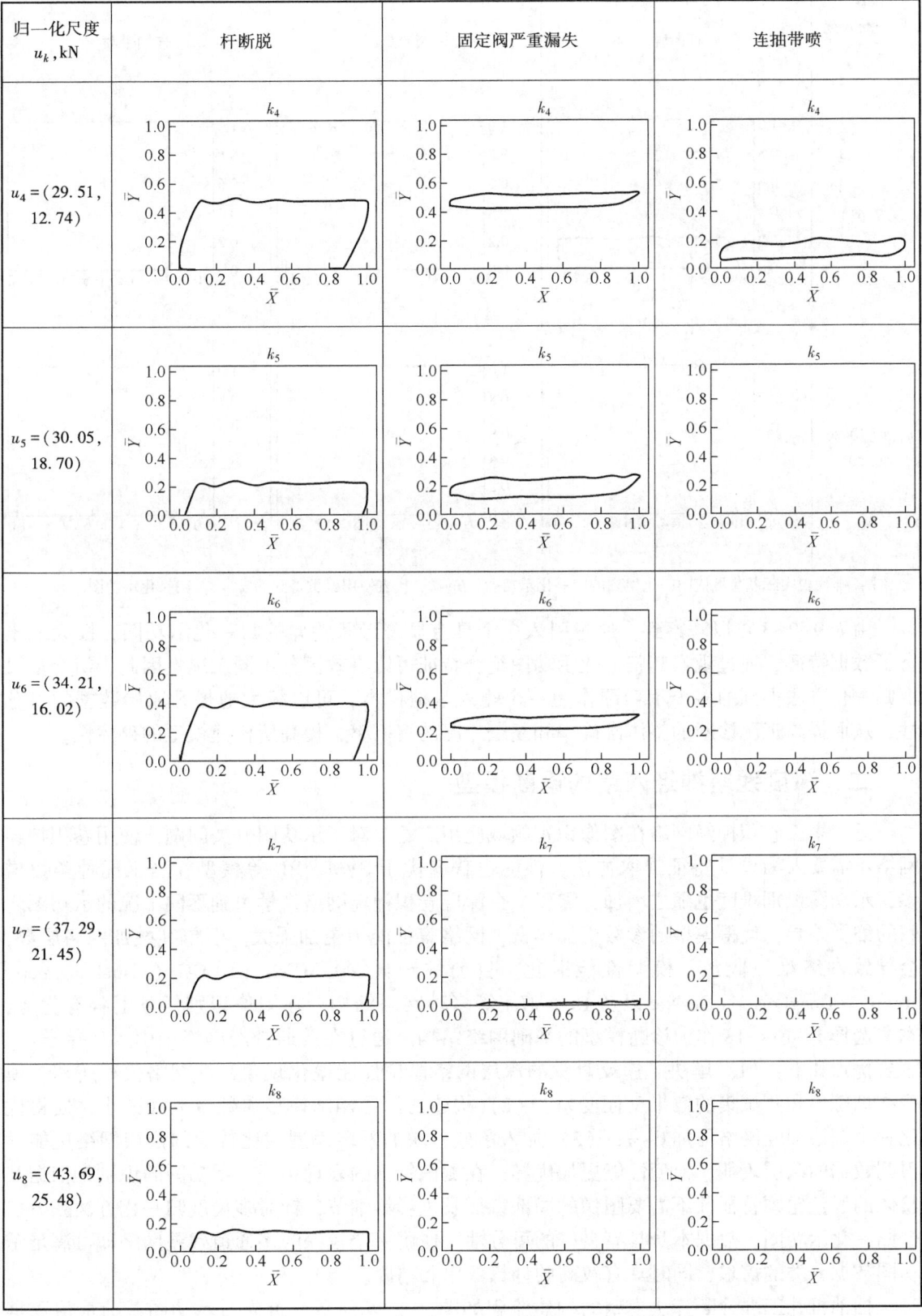

续表

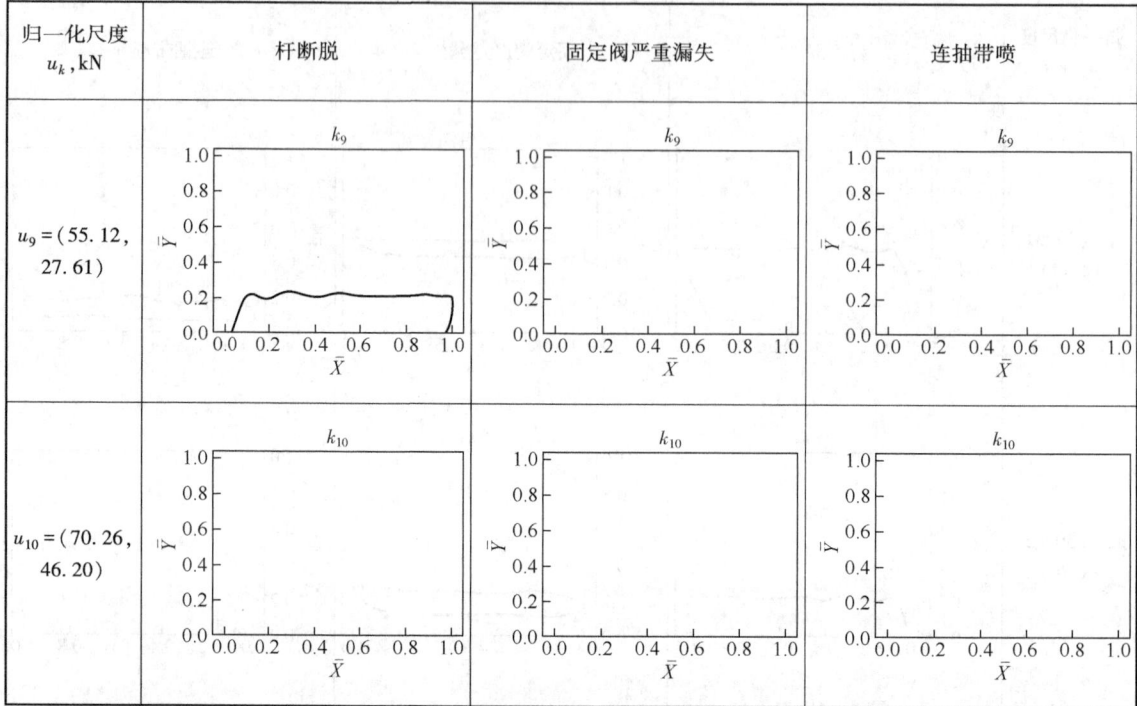

注：k_0 代表实际载荷最值归一化得到的归一化示功图，$k_1 \sim k_{10}$ 代表使用聚类得到的 $u_1 \sim u_{10}$ 归一化示功图。

由表 9-2-3 可以观察到，通过引入多个具有显著形状差异的归一化示功图，极大地丰富了数据特征，通过观察其归一化示功图组合特征可以有效区分不同工况。因此，组合多尺度归一化方法得到的多个示功图作为一个输入数据样本，可以极大地提升原始数据的可分性，从而提高工况诊断的整体准确率和复杂工况的召回率，提高所构建模型的鲁棒性。

二、深度残差神经网络的诊断模型

近年来，卷积神经网络在图像识别领域应用广泛，对于示功图分类问题，使用卷积神经网络不需要人为设计特征提取方法，性能也普遍优于 SVM、BP 等模型。当工况种类数增多，示功图识别难度也随之增加，需要一个深层卷积神经网络来学习到不同工况的示功图之间的细微差异，使得模型的参数更加丰富，网络表征能力更加强大。但单纯叠加网络层数，会导致网络难以收敛，模型性能退化。目前的经典深层 CNN 有 VGG（visual geometry group）、GoogLeNet、ResNet 以及 DenseNet 等多种网络结构，在图像识别任务上各有优势，本文选择 ResNet-18 作为诊断模型的基础网络结构。通过在普通神经网络中引入残差学习，主要优点如下：（1）解决了违反直觉的深层网络模型性能退化现象，即网络模型越深，模型在训练集和测试集的效果反而变差；（2）构建的深层网络模型参数量大大减小，使得优化一个深层神经网络更加容易；（3）加入了残差块的网络模型相比普通的浅层网络更能学习到数据的深层表征，模型性能更加优异，在测试集上的表现更好。示功图的识别是依据其整体的黑色轮廓特征并不需要图像的局部特征及色彩等细节，针对多尺度归一化方法获得多个归一化示功图，数据本身具有良好的可分性，使用一个较深的多通道残差网络即可满足示功图数据分类的需求，同时具有较高的计算效率和精度。

抽油机井工况诊断算法模型的构建流程如图 9-2-5 所示。首先对示功图载荷最值数据

集进行聚类并得到 k 个归一化尺度,然后得到每个示功图数据的多个尺度的归一化示功图。示功图的分类特征只依赖于形状而不需要颜色,因此将示功图二值化以减小参数量,1 表示图像空白区域,0 则表示示功图曲线轮廓,最后获得的 $k+1$ 个 224×224 二值化矩阵即作为模型的输入。

基于 pytorch 实现了 $k+1$ 输入通道的 18 层残差卷积神经网络,在每个卷积层后使用了 batch normalization(BN),激活函数 ReLu,采用下式随机初始化网络权重参数:

$$W_l = R(d_l, d_{l-1}) \times \sqrt{\frac{2}{d_l}} \quad (9-2-3)$$

式中,W_l 是第 l 层的权重参数,d_l、d_{l-1} 是第 l 层和 $l-1$ 层中神经元数量,R 函数生成 [0,1] 之间正态分布的随机函数。随后使用 70% 数据训练网络,30% 进行测试,网络模型训练参数如下:Adam[betas=(0.9, 0.999),eps=1e-08,weight_decay=8e-4];Batch size:64;学习率(learning rate):0.001;训练世代(epoch):20。

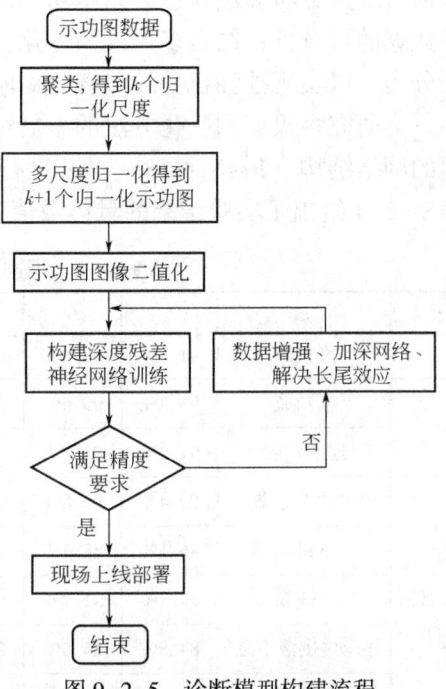

图 9-2-5 诊断模型构建流程

选择 $k=10$,在训练过程的每次迭代中都使用测试集对模型进行测试,图 9-2-6 展示了测试集准确率随迭代次数的变化,图 9-2-7 展示了训练过程中损失的变化。结果表明,针对使用多尺度归一化获得的示功图数据集,该模型是收敛的,采用 Adam 优化方法能获得良好的结果,在测试集上的准确率可达到 95.6%,模型有良好的泛化性能。

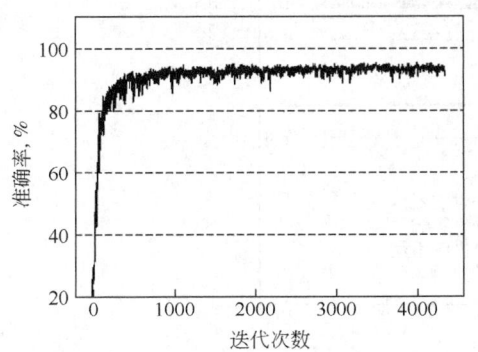

图 9-2-6 训练中的测试准确率变化

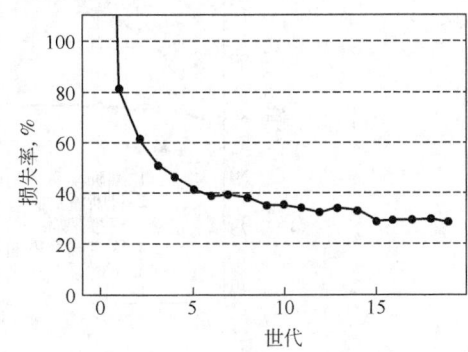

图 9-2-7 训练中的损失变化

三、示功图诊断实例分析

某油田生产中,实测抽油机井示功图类型可达 20 余种,有些工况非常复杂。基于示功图识别的常用抽油机井工况诊断模型,在现场多种工况诊断应用中的准确率及复杂工况召回率均较低,诊断结果不确定性问题突出。为提高抽油机井多工况诊断的精确度和召回率,针对传统的示功图归一化方法造成的数据属性不可分的问题,提出示功图多尺度归一化方法,即通过聚类分析算法获得原始示功图的多个归一化示功图，从而引入更多的特征信息，增强了数据的可分性；结合多尺度归一化方法，构建多输入通道的深度残差神经网络对示功图识别分类，以实现抽油机井故障智能诊断。

为研究多尺度归一化方法的 k 值对模型性能的影响，选择不同 k 值进行归一化，基于相同的网络结构（ResNet-18）对其进行训练、测试，对比其实验结果。共测试了 9 个 k 值，表 9-2-4 给出了实验结果的具体数值，图 9-2-8 反映了其变化趋势。

表 9-2-4　不同多尺度归一化的 k 值下的模型性能

	k	5	6	7	8	9	10	15	20	30
	准确率	91.9%	92.5%	93.9%	95.1%	95.4%	95.6%	95.6%	95.7%	95.8%
复杂工况召回率	杆断脱	93.8%	95.6%	97.8%	98.1%	99.3%	99.3%	99.3%	99.4%	99.7%
	连抽带喷	91.2%	93.2%	94.5%	95.0%	96.1%	96.4%	96.5%	96.6%	96.8%
	固定阀严重漏失	90.4%	90.8%	91.8%	93.7%	93.9%	94.3%	94.4%	94.4%	95.1%
	下碰泵	86.1%	88.2%	91.1%	92.4%	93.6%	94.1%	94.7%	95.1%	95.2%
	上碰泵	89.4%	91.7%	93.0%	94.3%	95.1%	95.5%	95.8%	95.9%	95.9%
	振动+供液不足	84.8%	85.5%	85.6%	85.6%	85.8%	86.0%	86.1%	86.1%	86.2%
	振动+气影响	80.7%	81.8%	82.0%	82.1%	82.6%	82.9%	83.0%	83.2%	83.4%
	出砂+供液不足	89.5%	90.4%	90.6%	91.2%	91.3%	91.7%	91.8%	91.9%	92.0%
	出砂+气影响	92.7%	93.0%	93.8%	93.9%	94.3%	94.9%	95.1%	95.2%	95.4%
	平均召回率	88.7%	90.0%	91.1%	91.8%	92.4%	92.8%	93.0%	93.1%	93.3%

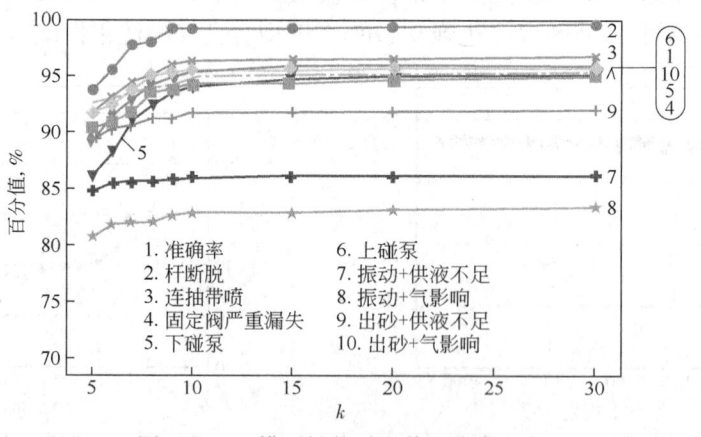

图 9-2-8　模型性能随 k 值的变化趋势

可以发现各项指标随 k 的增大而呈上升趋势，模型效果与 k 呈正相关。表明 k 值的增加有助于数据引入更多的特征信息，增强数据本身的可分性，从而使最终得到的模型效果更好，整体的准确率和复杂工况的召回率均有较大提高。

基于该数据集，使用多尺度归一化方法（$k=10$）获得多个归一化示功图作为模型输入的数据，实现了 ResNet-18 模型和其他 5 种模型，即 SVM、CNN（AlexNet）、CNN-SVM、GoogleNet、DenseNet121（$k=12$）网络结构的模型示功图识别，采用 10 折交叉验证的方法对比不同模型的性能，表 9-2-5 给出了实验结果。

表 9-2-5　不同模型的测试结果

模型		SVM	CNN（AlexNet）	CNN-SVM	GoogleNet	DenseNet121 ($k=12$)	ResNet-18
准确率		82.4%	91.6%	90.8%	93.5%	95.8%	95.6%
复杂工况召回率	杆断脱	91.0%	94.0%	94.3%	98.2%	99.8%	99.3%
	连抽带喷	81.1%	85.4%	86.4%	91.3%	96.1%	96.4%
	固定阀严重漏失	87.5%	90.8%	90.3%	92.0%	94.8%	94.3%
	下碰泵	76.6%	85.8%	86.1%	90.9%	94.4%	94.1%
	上碰泵	78.0%	87.2%	87.5%	90.7%	95.6%	95.5%
	振动+供液不足	76.7%	81.5%	82.0%	84.2%	86.3%	86.2%
	振动+气影响	72.0%	78.8%	79.9%	80.3%	83.1%	82.9%
	出砂+供液不足	80.6%	88.3%	90.7%	91.4%	92.2%	91.7%
	出砂+气影响	79.2%	84.6%	84.9%	88.1%	95.6%	94.9%
平均召回率		80.3%	86.3%	86.9%	89.7%	93.1%	92.8%

实验结果表明：（1）使用多尺度归一化方法极大地提高了工况诊断的整体准确率和复杂工况的召回率，显著提高了相似图形工况的召回率，以 CNN-SVM 为基准，基于多尺度的归一化方法相比于传统归一化方法获得的模型的准确率和平均召回率分别提升了 9.0%、31.0%，表明多尺度归一化方法解决了传统归一化方式造成的扁平化示功图不可分的缺陷，增强了数据本身的可分性，并且适用于所有模型；（2）在 6 种模型中，使用了卷积神经网络的深度学习模型均优于机器学习的 SVM 模型，说明在示功图的识别分类中，卷积神经网络具有天然的优势，其自动提取示功图图形的可分特征优于手动设计的特征，数据样本可分的情况下，模型的效果更好；（3）3 种经典深层 CNN 模型中，具有"残差"结构的 ResNet 和 DenseNet 相比于 GoogLeNet 具有更好的性能，DenseNet 相对于 ResNet 模型的性能提升很小，表明一般性的深度残差神经网络已能够胜任 20 种工况的示功图分类任务，不需要采用复杂结构并对内存要求很高的 DenseNet 模型。

第三节　数据驱动的页岩气井压裂产能预测和施工参数优化

页岩气藏体积压裂改造后，地层裂缝系统复杂，生产中存在许多"未知因素"，导致页岩气井组缝网数值模型计算量大、历史拟合难度大、产量预测效率低、预测结果不确定性高，影响了数值模拟方法在页岩储层产量预测中的应用效果。数据驱动方法能够较好地解决多因素、非线性预测优化问题，已在实际应用中取得了较好的效果。本节以页岩气压裂井的地质、工程、压裂和生产数据为数据集，建立数据驱动的产量预测模型和压裂参数优化模型，用于预测页岩气井压裂产量和优化施工参数。

一、产能预测模型

以 WY 区块的 137 口页岩气压裂井的实际资料为基础数据，应用大数据智能算法建立页岩气井压裂产量预测新方法，预测模型包括：神经网络（BP）、随机森林（RF）、支持向量回归（SVR）、极端梯度提升（XGBoost）、轻量级梯度提升机（LightGBM）和多元线性回归（LR）六种模型，通过对比这些模型的预测效果，优选出预测精度最高的模型来进一步预测页岩气井压裂产量和优化压裂参数。

137 口井页岩气压裂井的地质、压裂和生产数据见表 9-3-1。

表 9-3-1　WY 页岩气区块 137 口压裂井基本数据

序号	变量符号	影响因素	单位	最小	平均	最大
1	P1	随钻平均伽马	API	160	292.19	439
2	P2	TOC	%	2.9	4.37	5.63
3	P3	含气量	m^3/t	3.49	4.80	6.22
4	P4	脆性指数	%	50.8	59.3	69
5	P5	压裂段长	m	874	1486.8	2229
6	P6	施工段数	段	7	21.8	35
7	P7	单井压裂用液量	m^3	14095	38823.8	65063
8	P8	单井加砂量	m^3	562	1464	2393
9	P9	砂液比	/	0.023	0.038	0.062
10	P10	最高排量	m^3/min	10.2	13.3	16.0
11	P11	加砂强度	$m^3/100m$	41.4	97.9	142.95
12	Qg	首年日均产气	$10^4 m^3$	1.70	9.89	18.94

采用 Pearson 相关系数法来分析 WY137 口页岩气井 11 项影响因素之间及其与产量之间的相关关系，皮尔逊（Pearson）相关系数是一种线性相关系数，记作 r，用来衡量两个随机变量 X 和 Y 之间的线性相关程度，r 值介于 $-1 \sim 1$ 之间，其绝对值越大表明相关性越强，分析结果如图 9-3-1 所示。

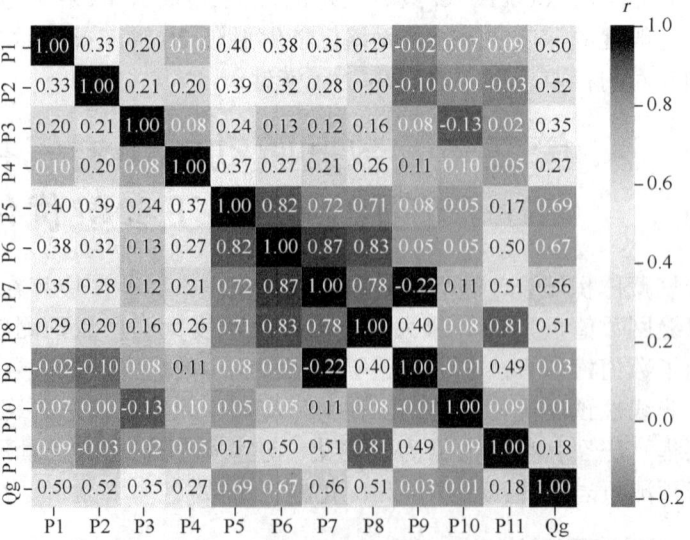

彩图 9-3-1　　　　　图 9-3-1　Pearson 相关性计算结果热力图

由图 9-3-1 可以看出，在 11 项产量影响因素中，压裂段长和施工段数与首年累计产气量强相关；随钻平均伽马、TOC、单井压裂用液量和单井加砂量等 4 项因素与首年累计产气量中等程度相关；含气量和脆性指数与首年累计产气量弱相关；砂液比、最高排量和加砂强度等 3 项因素与首年累计产气量极弱相关。

压裂段长度在一定程度上取决于页岩气井水平段长度，因此当地质条件确定且已完钻的情况下，可以通过优化施工段数、单井加砂量等参数来提高压裂效果。11 项影响因素中，砂液比、最高排量和加砂强度对产量影响程度较小，在建立产量预测模型时，剔除这三项参数，从而简化模型。

二、压裂施工参数优化模型

应用产量预测模型构建压裂参数优化模型的核心问题有三个：一是构建合理的压裂方案集，提高模型的运算速度及模型、数据匹配程度；二是选择预测性能最优的产量预测模型，高精度的产量预测模型是压裂参数优化的前提，能够提高压裂方案的优化效果；三是建立合理的压裂参数最优化评价方法，仅以产量最大化作为压裂参数优化标准并不合理，还需将压裂投入产出比（ROCP）纳入参数优化过程中，因此，有必要建立参数最优化的综合评价指标。

目标函数：$\max Q_g(P_i, ROCP)$，约束条件为

$$\begin{cases} ROCP \leq R_0 \\ P_i \in R, i \in (1,4) \\ M_1 \leq P_5 \leq M_2 \\ M_3 \leq P_7 \leq M_4 \\ M_5 \leq P_8 \leq M_6 \\ ROCP = f(P_i), i \in (5,8) \end{cases} \quad (9\text{-}3\text{-}1)$$

式中，P_i 为产量的影响因素，P_1 为随钻平均伽马、P_2 指 TOC、P_3 为含气量、P_4 是指脆性指数，以上四个参数是油藏静态地质参数；R 为常数；P_5 为压裂段长、P_6 为施工段数、P_7 为单井压裂用液量、P_8 为单井加砂量，Q_g 为目标函数，ROCP、P_5、P_7、P_8 为约束变量，其中 R_0 为油田现场要求的最大 ROCP，$M_{i(i=1,3,5)}$ 为油田现场现有相应施工参数的最小值，$M_{i(i=2,4,6)}$ 为油田现场现有相应施工参数的最大值。约束的最后一项是辅助方程，表示一些决策变量之间的关系。

压裂参数优化模型构建流程如下：

（1）区块压裂方案集构建——建立基于该区块历史压裂井数据分布特征的区块压裂方案全集；

（2）单井压裂方案集构建——通过历史压裂井施工参数范围建立方案集筛选的约束条件，筛选确定该井的压裂方案集；

（3）压裂成本计算——计算目标井压裂方案集中所有方案的压裂成本；

（4）产气量预测——采用预测效果最佳的机器学习模型预测目标井对应的压裂方案集中所有方案的首年累产气量；

（5）投入产出比计算——根据（3）（4）结果，计算目标井压裂方案集中所有方案的投入产出比；

（6）最优压裂参数选取规则的确定——投入产出比不大于 0.5 万元/$10^4 m^3$，首年累产气最高；

（7）压裂参数优化结果输出——根据（6）制定的规则，选出最优的压裂方案，输出压裂施工参数，即施工段数、单段加砂量、单段用液量、单井加砂量、单井用液量、砂液比、加砂度、单段压裂长度、用液强度等。

为建立最优的页岩气压裂产量预测模型，采用多元线性回归、随机森林、支持向量机、XGBoost、LightGBM 和 BP 神经网络等六种数据挖掘算法建立产量预测模型，通过对比分析这六个模型的预测效果，优选出最佳模型作为产气量预测模型。

以 137 口已压裂井样本中最终确定的 8 项影响因素，即随钻平均伽马、TOC、含气量、脆性指数、压裂段长、施工段数、单井压裂用液量、单井加砂量作为模型的输入，首年累产气作为模型的输出，建立产能预测模型。将构建的数据集 60%划分为训练集，20%划分为验证集，20%划分为测试集，分别用于模型的训练、超参数调优和模型预测效果评价。模型性能对比结果见表 9-3-2，可以看出，XGBoost 和 LightGBM 模型的训练集和测试集的预测结果均较好，其训练集和测试集的 R^2 较大，RMSE、MAE、MRE 均较小。其中 XGBoost 模型训练集和测试集预测效果差距较小，预测产量集中分布在对角线附近（图 9-3-2），表明该模型的产量预测结果准确，模型更加稳定，因此，本例选择 XGBoost 作为最终的产量预测模型。

表 9-3-2　六种压裂产量预测模型性能对比表

算法	训练集				测试集			
	R^2	RMSE	MAE	MRE	R^2	RMSE	MAE	MRE
XGBoost	0.90	1.01	0.80	0.12	0.87	1.07	0.83	0.12
LightGBM	0.91	0.95	0.73	0.10	0.83	1.22	0.94	0.12
LR	0.61	2.02	1.58	0.25	0.78	1.41	1.19	0.16
RF	0.73	1.70	1.31	0.19	0.72	1.58	1.16	0.17
SVR	0.59	2.08	1.56	0.25	0.74	1.52	1.28	0.17
BP	0.62	1.99	1.53	0.25	0.82	1.29	1.05	0.16

注：R^2—决定系数；RMSE—均方根误差；MAE—平均绝对误差；MRE—相对误差。

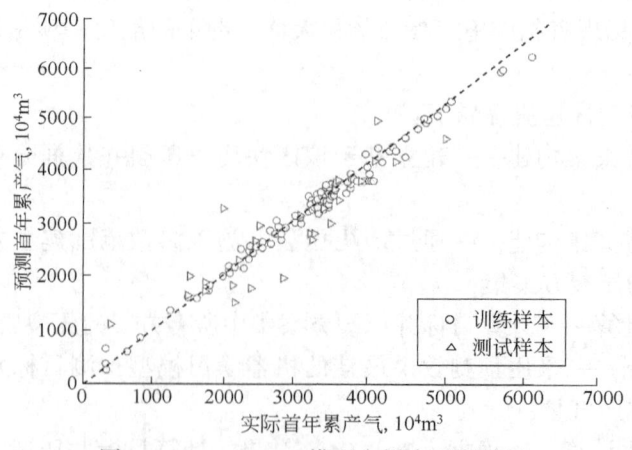

图 9-3-2　XGBoost 模型全样本预测结果

三、页岩气压裂参数优化实例分析

以WY区块137口井的地质、工程、压裂和生产数据为样本,分析影响因素,构建机器学习的压裂产量预测和施工参数优化模型,实现压裂施工方案优化。

统计WY区块已投产井的压裂施工参数分布情况见表9-3-3。可以看出WY区块压裂施工段数12~32段,单段加砂量47~93m³,单段用液量1450~2150m³;单井加砂量550~2350m³,单井用液量14000~66000m³,砂液比0.022~0.062,加砂强度40~145m³/100m,每段压裂长度55~196m,用液强度1000~3600m³/100m。

表9-3-3 WY区块已投产井的压裂施工参数统计

序号	施工段数	单段加砂量 m³	单段用液量 m³	单井加砂量 m³	单井用液量 m³	砂液比	加砂度 m³/100m	单段压裂长度 m	用液强度 m³/100m
1	12	47	1450	550	14000	0.022	40	55	1000
2	14	50	1500	650	18000	0.024	45	60	1100
3	15	55	1600	750	20000	0.026	50	65	1200
4	16	60	1700	850	22000	0.028	55	70	1300
5	17	65	1800	950	24000	0.030	60	75	1400
6	18	70	1900	1050	26000	0.032	65	80	1500
7	19	75	2000	1150	28000	0.034	70	85	1600
8	20	80	2150	1250	30000	0.036	75	90	1700
9	21	85	—	1350	32000	0.038	80	95	1800
10	22	93	—	1450	34000	0.04	85	100	1900
11	23	—	—	1550	36000	0.042	90	105	2000
12	24	—	—	1650	38000	0.046	95	110	2100
13	25	—	—	1750	40000	0.048	100	120	2200
14	26	—	—	1850	42000	0.052	105	145	2300
15	27	—	—	1950	44000	0.054	110	196	2400
16	28	—	—	2050	46000	0.056	115	—	2500
17	29	—	—	2150	48000	0.058	120	—	2600
18	31	—	—	2250	50000	0.06	125	—	2700
19	32	—	—	2350	52000	0.062	130	—	2800
20	—	—	—	—	54000	—	135	—	2900
21	—	—	—	—	56000	—	140	—	3000
22	—	—	—	—	58000	—	145	—	3100
23	—	—	—	—	60000	—	—	—	3200
24	—	—	—	—	66000	—	—	—	3300
25	—	—	—	—	—	—	—	—	3600

首先根据表9-3-4统计的WY区块施工段数、单段加砂量、单段用液量的上下限，并对每个参数设置变化步长，得到包含21×47×15＝14805个参数组合方案，组合方案中所有单井压裂施工参数必须在已施工参数范围内，因此，筛选得到4201个压裂参数组合的方案集。

表9-3-4 单井压裂施工参数范围统计

压裂参数	施工段数	单段加砂量 m^3	单段用液量 m^3	单井加砂量 m^3	单井用液量 m^3	砂液比	加砂强度 $m^3/100m$	单段压裂长度 m	用液强度 $m^3/100m$
最小值	12	47	1450	550	14000	0.022	40	55	1000
最大值	32	93	2150	2350	66000	0.062	145	196	3600
步长	1	1	50	—	—	—	—	—	—
个数	21	47	15	—	—	—	—	—	—

选取WY页岩气区一口目标井A井的基础参数见表9-3-5。

表9-3-5 A井基础信息

平均伽马 API	平均全烃值 %	总有机碳 %	有效孔隙度 %	含气量 m^3/t	脆性指数 %	A点垂深 m	水平段长 m	压裂段长 m
286.5	13.6	4.25	6.32	4.78	59.4	4546.22	1459	1445

采用XGBoost产量预测模型计算所有入选方案中的施工参数（施工段数、单段加砂量、单段用液量、单井加砂量、单井用液量、砂液比、加砂度、单段压裂长度、用液强度、压裂段数、单段加砂量、单段压裂液用量）对应的首年累产气量、压裂成本、投入产出比（ROI），部分方案的计算结果见表9-3-6。

以该区块参数范围和投入产出比不大于0.5万元/10^4m^3为限制条件，最终得到49个压裂方案。这49个方案中施工段数均为18，加砂量介于1278～1422m^3（平均单段加砂71～79m^3），压裂液用量介于28800～35100m^3（平均单段用液量1600～1950m^3），预测首年累产气介于3636.9～3772.0×10^4m^3（折合日产气9.96～10.33×10^4m^3）。图9-3-3、图9-3-4、图9-3-5分别展示了预测产量、压裂成本、投入产出比随加砂量和用液量的变化情况。由图9-3-3和图9-3-4可以看出，平均单段加砂量在73m^3以上，且单段压裂用液量在1800m^3以上时，预测产量较高，且压裂施工成本较低，在压裂方案设计时，砂量不小于73m^3且液量不小于1800m^3。从图9-3-5明显可以看出，当施工参数为73m^3支撑剂、1800m^3压裂液时，能够获得最低的投入产出比；而采用79m^3支撑剂、1800m^3压裂液预测产量最高。

应用上文建立的压裂参数优化模型和产量预测模型，还可以通过敏感性分析获得合理压裂参数方案。当设计假定平均单段加砂量为79m^3、平均单段压裂液用量为1800m^3时，进行参数敏感性分析，结果如图9-3-6所示。

从图9-3-6可以看出，设计压裂段数为18段时，能获得最高产量3805×10^4m^3，且投入产出比最低，为0.53，因此当单段砂量为79m^3、液量为1800m^3时，最优压裂段数为18段。

表 9-3-6 A 井部分入选方案的计算结果表

随钻平均伽马 API	TOC %	含气量 m³/t	脆性指数 %	压裂段长 m	施工段数	单井压裂用液量 m³	单井加砂量 m³	砂液比	最高排量 m³/min	加砂强度 m³/100m	压裂成本	预测产量 10⁴ m³	投入产出比 万元/10⁴ m³
286.5	4.25	4.78	59.4	1445	18	37800	1134	0.030	13	78.48	1802.664	3886.84	0.464
286.5	4.25	4.78	59.4	1445	18	38700	1134	0.029	13	78.48	1807.884	3896.81	0.464
286.5	4.25	4.78	59.4	1445	18	36900	1152	0.031	13	79.72	1803.132	3689.42	0.489
286.5	4.25	4.78	59.4	1445	18	37800	1152	0.030	13	79.72	1808.352	3903.26	0.463
286.5	4.25	4.78	59.4	1445	18	38700	1152	0.030	13	79.72	1813.572	3911.60	0.464
286.5	4.25	4.78	59.4	1445	18	28800	1170	0.041	13	80.97	1782.72	3601.55	0.495
286.5	4.25	4.78	59.4	1445	18	36900	1170	0.032	13	80.97	1808.82	3697.81	0.489
286.5	4.25	4.78	59.4	1445	18	37800	1170	0.031	13	80.97	1814.04	3743.33	0.485
286.5	4.25	4.78	59.4	1445	18	38700	1170	0.030	13	80.97	1819.26	3958.87	0.460
286.5	4.25	4.78	59.4	1445	18	32400	1296	0.040	13	89.69	1822.536	3666.29	0.497
286.5	4.25	4.78	59.4	1445	18	32400	1314	0.041	13	90.93	1828.224	3715.07	0.492
286.5	4.25	4.78	59.4	1445	18	33300	1314	0.039	13	90.93	1833.444	3669.14	0.500
286.5	4.25	4.78	59.4	1445	18	32400	1332	0.041	13	92.18	1833.912	3728.00	0.492
286.5	4.25	4.78	59.4	1445	18	33300	1332	0.040	13	92.18	1839.132	3738.01	0.492
286.5	4.25	4.78	59.4	1445	18	32400	1350	0.042	13	93.43	1839.6	3686.96	0.499
286.5	4.25	4.78	59.4	1445	18	33300	1350	0.041	13	93.43	1844.82	3717.38	0.496
286.5	4.25	4.78	59.4	1445	18	33300	1368	0.041	13	94.67	1850.508	3716.08	0.498
286.5	4.25	4.78	59.4	1445	18	34200	1368	0.040	13	94.67	1855.728	3720.48	0.499
286.5	4.25	4.78	59.4	1445	18	34200	1386	0.041	13	95.92	1861.416	3735.74	0.498
286.5	4.25	4.78	59.4	1445	19	37050	1121	0.030	13	77.58	1857.516	3920.85	0.474
286.5	4.25	4.78	59.4	1445	19	38000	1121	0.030	13	77.58	1863.026	3938.73	0.473
286.5	4.25	4.78	59.4	1445	19	38950	1121	0.029	13	77.58	1868.536	3933.42	0.475
286.5	4.25	4.78	59.4	1445	19	39900	1121	0.028	13	77.58	1874.046	3749.96	0.500
286.5	4.25	4.78	59.4	1445	19	38000	1140	0.030	13	78.89	1869.03	3921.75	0.477
286.5	4.25	4.78	59.4	1445	19	38950	1140	0.029	13	78.89	1874.54	3914.64	0.479
286.5	4.25	4.78	59.4	1445	19	38000	1159	0.030	13	80.21	1880.544	3911.55	0.481
286.5	4.25	4.78	59.4	1445	19	38000	1178	0.031	13	81.52	1881.038	3786.33	0.497
286.5	4.25	4.78	59.4	1445	19	38950	1178	0.030	13	81.52	1886.548	3990.15	0.473
286.5	4.25	4.78	59.4	1445	19	39900	1178	0.030	13	81.52	1892.058	3834.47	0.493
286.5	4.25	4.78	59.4	1445	19	40850	1178	0.029	13	81.52	1897.568	3811.97	0.498
286.5	4.25	4.78	59.4	1445	20	37000	1120	0.030	13	77.51	1919.72	4005.89	0.479

单段用液量, m^3 \ 单段加砂量, m^3	70	71	72	73	74	75	76	77	78	79	80	81	82	83	84	85
1950	3526	3610	3670	3677	3687	3694	3699	3709	3730	3761	3676	3629	3624	3605	3577	3494
1900	3559	3635	3666	3671	3671	3679	3704	3725	3727	3745	3659	3612	3610	3598	3569	3471
1850	3588	3663	3683	3688	3709	3730	3735	3742	3744	3762	3677	3640	3635	3609	3550	3463
1800	3588	3665	3706	3725	3726	3732	3736	3743	3746	3772	3687	3609	3605	3587	3554	3461
1750	3575	3664	3686	3689	3689	3695	3700	3714	3709	3703	3618	3577	3569	3551	3492	3400
1700	3577	3651	3671	3674	3679	3687	3683	3666	3669	3690	3603	3563	3529	3512		
1650	3568	3642	3669	3673	3664	3648	3651	3656	3656	3675	3563					

图 9-3-3　产量随加砂量和用液量变化图（方格中数据为预测产量，10^4m^3）

单段用液量, m^3 \ 单段加砂量, m^3	70	71	72	73	74	75	76	77	78	79	80	81	82	83	84	85
1950	1827	1833	1838	1844	1850	1855	1861	1867	1872	1878	1884	1889	1895	1901	1906	1912
1900	1822	1827	1833	1839	1844	1850	1856	1861	1867	1873	1878	1884	1890	1896	1901	1907
1850	1816	1822	1828	1833	1839	1845	1851	1856	1862	1868	1873	1879	1885	1890	1896	1902
1800	1811	1817	1823	1828	1834	1840	1845	1851	1857	1862	1868	1874	1879	1885	1891	1896
1750	1811	1817	1823	1828	1834	1840	1845	1851	1857	1862	1868	1874	1879	1885	1891	1896
1700	1811	1817	1823	1828	1834	1840	1845	1851	1857	1862	1868	1874	1879	1885		
1650	1811	1817	1823	1828	1834	1840	1845	1851	1857	1862	1868					

图 9-3-4　施工成本随加砂量和用液量变化图（方格中数据为施工成本，万元）

单段用液量, m^3 \ 单段加砂量, m^3	70	71	72	73	74	75	76	77	78	79	80	81	82	83	84	85
1950	0.518	0.508	0.501	0.502	0.502	0.502	0.503	0.503	0.502	0.499	0.512	0.521	0.523	0.527	0.533	0.547
1900	0.512	0.503	0.500	0.501	0.502	0.503	0.501	0.500	0.501	0.500	0.513	0.522	0.523	0.527	0.533	0.549
1850	0.506	0.497	0.496	0.497	0.496	0.495	0.495	0.496	0.497	0.496	0.509	0.516	0.518	0.524	0.534	0.549
1800	0.505	0.496	0.492	0.491	0.492	0.493	0.494	0.495	0.496	0.494	0.507	0.519	0.521	0.526	0.532	0.548
1750	0.507	0.496	0.494	0.496	0.497	0.498	0.499	0.498	0.501	0.503	0.516	0.524	0.527	0.531	0.542	0.558
1700	0.506	0.498	0.496	0.498	0.498	0.499	0.501	0.505	0.506	0.505	0.519	0.526	0.533	0.537		
1650	0.508	0.499	0.497	0.498	0.500	0.504	0.505	0.506	0.508	0.507	0.524					

图 9-3-5　投入产出比随加砂量和用液量变化图

（方格中数据为投入产出比，万元/10^4m^3）

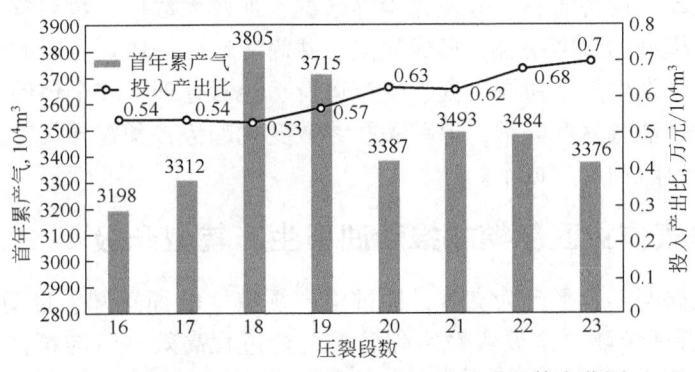

图 9-3-6 预测产量、投入产出比随压裂段数变化图

第四节 智能采油技术展望

全球科技正朝着数字化、信息化、智能化方向迅速发展，油气勘探开发智能化已经成为行业前沿热点和发展趋势，有望大幅度提高油气勘探开发生产作业效率和质量，降低成本和风险，提升复杂油气藏的勘探开发水平。

一、智能注采是提高水驱油藏采收率的关键技术

智能注采技术目标是形成智能化分层注采实时监测与控制工艺技术系列，以及油藏—工程一体化智能优化生产系统。国外在智能完井方面已经形成了较为先进的液控、全电控、电液一体化控制、无线控制系统等技术。国内目前形成了多种类型的油水井智能分层控制技术，在单项技术方面，其水平与国外技术已经较为接近，但在智能分层测试和分层调控方面还需要进行攻关研究。未来应开展分层采油、分层注水技术的区块协同应用，分层采油、分层注水方案一体化设计，强化采出端和注入端井下层段的对应分析，即利用同一区块注入端和采出端多层段连续、长期、丰富的井下监测数据，开展大数据驱动的精细地质建模，获取分层注采实时数据约束下的油藏流体饱和度和压力场演化模型，深化对油藏非均质性及流动条带的认识，降低剩余油分布预测的不确定性，最终利用实时智能调控技术进行注入端和采出端参数匹配调整，实现开发调整由"滞后调控"向"实时优化"转变。

二、智能压裂是推动非常规油气开发进程的变革技术

智能压裂发展目标是构建智能设计—诊断—装置—材料—调控理论体系，实现非常规油气藏复杂地层井下闭环智能调控。因此，应大力开展基于机器学习的储层可压性评价与产能预测、基于水击信号压裂事件智能评估方法、基于深度学习的压裂参数闭环智能调控、井下无限级智能滑套核心装置研制、基于压裂—产能耦合模型的压裂方案优化设计等方面的研究，未来的发展重点是加快压裂智能设计、智能装置、智能材料等软硬件研发，形成大功率电驱成套压裂装备、智能全生命周期管理系统、智慧压裂作业系统，实现设备"小体积、大功率和智能化"压裂作业。

三、"数据+机理"协同驱动油气开采的"认知"和"决策"

采油生产过程涉及多场景，其相互耦合、互相影响，难以定量地、客观地描述，应基于

油藏地质、井筒流动、设备监测、分析化验等数据，加快大数据、数字孪生、人工智能等技术与油气生产机理模型的深度融合，形成油藏、井筒、地面一体化生产的认知和协同决策能力，构建覆盖油气开发生产、协同研究、生产运行、经营管理、安全环保等业务领域的智能应用生态，实时发现油气生产问题，追踪关联参数变化趋势，预警异常工况，优化决策和及时处置，降低安全风险和生产成本。

四、智能油气作业区新模式推动油田生产转型升级

以物联网、数据湖、云平台为支撑，通过生产领域"全面感知、自动操控、预测趋势、优化决策"，经营管理领域"全要素数字化管控、全过程高效经营与精益生产"、科学研究领域"资源共享、研究协同、主动优化、决策智能"，形成油田生产管控、协同工作、低碳供配电的智能油气作业区新模式，实现作业现场智能化、生产运行一体化、经营管理一体化、研究设计协同化，提高作业效率和质量，改造业务流程，优化管理模式，促进组织机构变革和油田生产模式转型升级。

油气生产物联网、云计算、大数据、人工智能技术将进一步推动传统油气工业的变革，并带来管理思想、体制、流程、组织模式等的创新，为油田的效益开发、科学管理创造了良好的外部环境和内在动力。智能油田推动转变观念，理论创新，技术进步，油气开采行业的未来必将呈现出安全、经济、高效、低碳的全新气象。

参考文献

[1] 檀朝东，韩国庆. 石油工程大数据. 青岛：中国石油大学出版社，2019.

[2] 李大伟，石广仁. 油气勘探开发常用数据挖掘算法优选［J］. 石油学报，2018，39（2）：240-246.

[3] Chen H, Liu S, Magomedov R, et al. Optimization of inflow performance relationship curves for an oil reservoir by genetic algorithm coupled with artificial neural-intelligence networks［J］. Energy Reports, 2021, 7.

[4] Tan C, Chen P, Feng Z, et al. Multi-scale normalization method combined with deep CNN diagnosis model of dynamometer card in SRP well. Front. Earth Sci. doi: 10.3389/feart.2022.852633.

[5] Tan C, Wang S, Deng H, et al. The health index prediction model and application of PCP in CBM wells based on deep learning. Geofluids, 2021: 6641395.

[6] 檀朝东，贺甲元，周彤，等. 基于PCA-BNN的页岩气压裂施工参数优化［J］. 西南石油大学学报（自然科学版），2020，42（6）：56-62.

[7] Tan C, Deng H, Feng Z, et al. Data-driven system efficiency prediction and production parameter optimization for PW-LHM. Journal of Petroleum Science and Engineering, 2021.

[8] 匡立春，刘合，任义丽，等. 人工智能在石油勘探开发领域的应用现状与发展趋势［J］. 石油勘探与开发，2021，48（1）：1-11.

习　题

1. 简述智能采油技术的内涵。
2. 列举几个比较典型的采油工程中机器学习算法的应用场景。
3. 简述智能采油技术发展趋势。